Medien im Deutschunterricht 2003 *Jahrbuch*

Themen-Schwerpunkt **Lesen und Symbolverstehen**

Herausgegeben von Volker Frederking

Medien im Deutschunterricht 2003 *Jahrbuch*

Herausgegeben von Volker Frederking (Erlangen-Nürnberg), Hartmut Jonas (Greifswald), Petra Josting (Essen) *und* Jutta Wermke (Osnabrück)

in Zusammenarbeit mit der AG Medien im Symposion Deutschdidaktik (SDD)

Themen-Schwerpunkt **Lesen und Symbolverstehen**

Herausgeber dieses Bandes: Volker Frederking

Mit Beiträgen von Ulf Abraham, Matthias Berghoff, Elin-Birgit Berndt, Mette Börder, Helge Bonholt, Jörn Brüggemann, Karin Buchgeister, Ricarda Dreier, Marie Joan Föh, Volker Frederking, Klaus Gattermaier, Axel Goldbeck, Petra Heyer, Thomas Hirschle, Hartmut Jonas, Michael Kämper-van den Boogaart, Sven Kantak, Peter Klotz, Ralph Köhnen, Axel Krommer, Beate Laudenberg, Bodo Lecke, Martin Leubner, Klaus Maiwald, Thomas Möbius, Hermann Noering, Joachim Pfeiffer, Caroline Roeder, Gerhard Rupp, Michael Staiger, Antje Streit, Wolfgang Wangerin *und* Adalbert Wichert

kopaed, muenchen (www.kopaed.de)

Bibliografische Information Der Deutschen Bibliothek
Die Deutsche Bibliothek verzeichnet diese Publikation in der Deutschen Nationalbibliografie; detaillierte bibliografische Daten sind im Internet über http://dnb.ddb.de abrufbar

Druck: Kessler-Druck, Bobingen

Pfälzer-Wald-Str. 64, 81539 München
Fon: 089. 688 900 98 Fax: 089. 689 19 12
e-mail: info@kopaed.de Internet: www.kopaed.de

Inhaltsverzeichnis

Forum

„Sprechen die Ergebnisse der PISA-Studie für mehr oder für weniger Medien im Deutschunterricht?"

Forschungsprojekte

Berichte

Service

Rezensionen

Bibliographien

Linkliste

Lesen und Symbolverstehen

Einleitung

„Lesen und Symbolverstehen“ *Einleitung zu diesem Band*

Im Mittelpunkt des vorliegenden zweiten Bandes des Jahrbuchs ‚Medien im Deutschunterricht‘ stehen zwei komplementäre Formen zeichengestützter Informationsverarbeitung: Lesen und Symbolverstehen. Beide waren in je eigener Perspektive Gegenstand der beiden Halbjahrestagungen der AG Medien im Jahre 2003, die am 17. und 18. Januar an der Universität Erlangen-Nürnberg und am 4. und 5. Juli an der Universität Göttingen stattfanden. Die Mehrzahl der im Thementeil des vorliegenden Bandes zusammengestellten Beiträge zum Lesen und Symbolverstehen beruht auf Referaten, die im Rahmen dieser Tagungen gehalten wurden. Ihr Verständnis wird durch die akzentuierte Erläuterung der umfassenderen geistesgeschichtlichen Bezüge der beiden Themenkomplexe und ihres Zusammenhangs erleichtert. Auf dieser Grundlage werden die Beiträge des Thementeils sowie die in diesem Band enthaltenen Artikel in den Bereichen Forum, Forschung, Berichte und die Rezensionen und Bibliographien im Serviceteil in ihren thematischen Schwerpunkten erläutert.

1. Das Verständnis eines Begriffs und des mit ihm Bezeichneten setzt zumindest ein stückweit die Kenntnis seiner Geschichte voraus. Das zeigt sich auch und gerade beim Lesen. Der Begriff ist durchaus vielschichtiger, als man gemeinhin annimmt - und dies hat auch und gerade mit seiner medialen Konstituiertheit zu tun. Etwas davon zeigt sich schon im kontemporären Sprachgebrauch. Wir lesen in Büchern, wir lesen Briefe, neuerdings auch elektronische, wir lesen Zeitungen, Anzeigen, Werbung, Homepages, Chatprotokolle, SMS-Nachrichten – soweit die schriftsprachlichen Äußerungsformen. Doch wir kennen auch Ausdrücke wie ‚Gedanken lesen‘, ‚in seinen/ihren Augen lesen‘, ‚Träume lesen‘, ‚den genetischen Code lesen bzw. entziffern‘ usw.. Hier klingen Facetten eines erweiterten Leseverständnisses an, das der Münsteraner Philosoph Hans Blumenberg in seinem Buch von der ‚Lesbarkeit der Welt‘ zum Gegenstand einer ebenso umfassenden wie klugen Aufarbeitung gemacht hat. Lesbarkeit wird für Blumenberg (1981, 9ff.) zur Metapher für die Gesamtheit menschlicher Erfahrung zwischen Bücherwelt und Weltbuch.

Doch auf all diese vielfältigen Facetten eines umfassenderen Lesebegriffes wird im Rahmen des vorliegenden Bandes nicht detaillierter eingegangen. Im Mittelpunkt steht vielmehr - neben dem Symbolverstehen - das Lesen im engeren Sinne, d.h. die für jede Hochkultur charakteristische Fähigkeit zur Dechiffrierung des von Menschen generierten Zeichensystems der Schrift (vgl. Haarmann 1990,

15). Richten wir hier unser Augenmerk auf die Gegenwart, lassen sich zwei paradigmatisch erscheinende Veränderungen bzw. Einschnitte benennen. Zum einen ist das Lesen bzw. seine Geschichte mit der durch Computer und Internet ausgelösten medialen Revolution in ein neues Stadium getreten: „Heute ist das Buch nicht mehr die Grundmetapher unseres Zeitalters; es mußte dem Bildschirm weichen. Der alphabetische Text ist inzwischen nur noch eine unter mehreren Arten des Kodierens von Botschaften." (Illich 1990, 9) Mit Vilém Flusser (1989, 41) lässt sich ergänzen, dass Lesen mittlerweile sowohl das Entziffern von Schriftzeichen als auch das Entschlüsseln des alphanumerischen Codes der Digitalmedien meinen kann. Zum anderen hat das Lesen in Deutschland seit dem so genannten PISA-Schock im öffentlichen Meinungsbild eine neue Wertigkeit erhalten. Lesen als Kulturtechnik und Leseförderung als schulische Aufgabe sind seit den Ergebnissen der PISA-Studie (Baumert et al. 2001) auch außerhalb deutschdidaktischer bzw. psychologischer Forschung in den Fokus der Aufmerksamkeit gerückt. Dabei finden die Erkenntnisse der Leseforschung (vgl. z.B. Hurrelmann 1994, Schön 1993, Rosebrock 1995 etc.) endlich einen breiteren Widerhall. Gleichzeitig ergibt sich ein breites neues Aufgabenfeld für deutschdidaktische Forschung (vgl. Hurrelmann 2002; Rosebrock 2002; Abraham/Bremerich-Vos/Frederking/Wieler 2003).

Beiden Problembereichen des aktuellen Lesediskurses, dem durch PISA markierten wie dem durch den medialen Wandel bedingten, soll im Rahmen des vorliegenden Bandes im Horizont deutsch- bzw. fachspezifischer mediendidaktischer Fragen nachgegangen werden. Darüber hinaus wird aber auch dem medial erweiterten Textbegriff Rechnung getragen, wie er durch Film, Fernsehen und Video Eingang in den medienwissenschaftlichen Diskurs gefunden hat. So ist seit zwei Jahrzehnten vermehrt z.B. vom Lesen filmsprachlicher Texturen die Rede (vgl. z.B. Gast 1996). Auch die mit den neuen Digitalmedien immer mehr in den Mittelpunkt rückenden Bild-Text-Korrespondenzen setzen erweiterte Lesekompetenzen voraus. Zu Recht hat Christian Doelker deshalb von der Fähigkeit zum „Bilder lesen" (1997, 146ff.) gesprochen und die Bild-Lese-Kompetenz als Schlüsselkompetenz des anbrechenden Medienzeitalters ausgewiesen.

Spätestens mit einem dergestalt medienspezifisch erweiterten Lesebegriff tritt die inhaltliche Verbindung zum zweiten Themenkomplex des vorliegenden Bandes ins Blickfeld, dem Symbolverstehen. Denn natürlich handelt es sich bei visuellen und audiovisuellen Texturen um medial vermittelte Symbolisierungsformen. Doch nicht nur der Lesebegriff wird vermehrt auch auf Bild, Ton, Film oder hypermediale Konstrukte angewendet. Vice versa lässt sich das Lesen und Verstehen von Schriftzeichen auch als spezifische Form des Symbolverstehens begreifen. Zwar wird innerhalb der Sprachwissenschaft die Unterlegenheit piktographischer gegenüber alphabetischen Schriftsystemen gerade durch ihre „erschreckende Menge von Symbolen" (Ong 1982, 89) begründet, so Ongs Urteil in Bezug auf die chinesische Sprache, und damit implizit eine scharfe Trennlinie zwischen alphabetischen und symbolbasierten Schriftsystemen gezogen. Gleichwohl gibt es gegenläufige Ansätze: In der interaktionistischen Theorie George Herbert Meads (1922) beispielsweise werden gesprochene wie geschriebene Worte als so genannte signifikante Symbole verstanden, die die Interaktion konstituieren. Allerdings ist Meads Zeichenbegriff über den verbalen auch auf den non-verbalen Bereich ausgedehnt und schließt entsprechend Ausdrucksformen wie Gestik, Mimik, Körperhaltung als weitere Kernelemente symbolvermittelter Interaktion bzw. Kommunikation mit ein. Zu nennen ist ebenfalls die durch Ernst Cassirer (1922; 1931; 1944) und Susanne Langer (1942) maßgeblich geprägte kulturphilosophische Debatte um den Menschen als ‚animal symbolicum' (Cassirer 1944, 50). Dabei schließt Cassirers Begriff der „symbolischen Form" (1922) Schriftsysteme ebenso mit ein wie Langers grundlegende Unterscheidung zwischen so genannten diskursiven und präsentativen Symbolen (1942, 102ff.). Auch André Leroi-Gourhans geht in seiner historisch verorteten anthropologischen Theorie von ‚sprachlichen Symbolen' (1964/65, 237ff.) aus, die sich aus piktographischen zunehmend in linearisierte Formen weiterentwickelt haben. Eine andere spezifische Verbindung von Lese- und Symbolwelt ergibt sich aus Sybille Krämers These von der „Schriftbildlichkeit" als einer (fast) vergessenen Dimension der Schrift (2003, 157ff.). Denn auf dieser Grundlage wird Schrift in ihrer impliziten Bildlichkeit, ihrer „notationalen Ikonizität" (ebd., 162) erkennbar und entsprechend als „Symbolsystem" (ebd., 164) bzw. als „intermediales Phänomen" (ebd., 174) verstanden, in dem Sprache und Bild, Symbol und Technik eine komplementäre Einheit bilden.

Krämers gerade auch vor dem Hintergrund der neuen Digitalmedien interessante Überlegungen stellen allerdings nur einen Bereich des aktuellen symboltheoretischen Diskurses dar. Während der Symbolbegriff innerhalb der zeitgenössischen Literaturwissenschaft unvermindert eine eher untergeordnete Bedeutung besitzt (vgl. Kurz 1982), haben in einer Reihe anderer geisteswissenschaftlicher Forschungsrichtungen symboltheoretische Ansätze durchaus ein breiteres Forum gefunden – mit weitreichenden allgemein- wie deutschdidaktischen Implikationen (vgl. dazu Oelkers/ Wegenast 1991; Mollenhauer 1991; Calvert 2000; Belgrad / Niesyto 2001; Holzwarth 2001; Rath 2001; Frederking 2003). Zu nennen ist hier neben den bereits erwähnten Cassirer und Langer beispielsweise Nelson Goodmans 1968 entstandener „Entwurf einer Symboltheorie" im Kontext umfassenderer kunstphilosophischer Überlegungen. Bedeutung besitzt überdies die Applikation des Symbolbegriffs im Feld psychologischer Forschung. Neben den bereits skizzierten Ansätzen bei Mead sind hier vor allem die psychoanalytischen Arbeiten von Sigmund Freud (1900/01), Carl Gustav Jung (1939; 1961), Erich Fromm (1951), Alfred Lorenzer (1970), Paul Ricoeur (1974; 1986), Donald W. Winnicott (1979) oder Robert A. Wicklund und Peter Gollwitzer (1982) zu nennen. In didaktischer Perspektive ebenfalls aufschlussreich sind darüber hinaus symboltheoretische Ansätze, die Spezifika des medialen Wandels erfassen – beispielsweise

Franz-Josef Rölls Aufarbeitung symbolischer Bildmotive in den aktuellen Medien (vgl. 1998; 2001) oder Sybille Krämers Untersuchung symboltheoretischer Implikationen der mit dem Internet generierten virtuellen Realität (vgl. 1998).

2. Im Horizont des hier in einigen Grundlinien skizzierten lese- bzw. symboltheoretischen Diskurses der Gegenwart bewegen sich sämtliche Beiträge zum Thementeil sowie die Mehrzahl der übrigen Beiträge (Forum, Forschung, Berichte, Service) des vorliegenden zweiten Bandes des Jahrbuchs ‚Medien im Deutschunterricht' in je eigener Perspektive.

Primär auf das Problemfeld ‚Lesen' bezogen sind in unterschiedlichen Fragestellungen die Aufsätze von Caroline Roeder, Volker Frederking, Klaus Maiwald und Axel Krommer. Einen besonderen Beitrag zur Diskussion um die Möglichkeiten zur Förderung des Interesses an Literatur bzw. am Lesen leistet Caroline Roeder durch die situative Verortung literarischen Lebens. Grundlage der von ihr entwickelten *Didaktik der literarischen Ortserkundung* ist eine systematische Aufarbeitung unterschiedlicher Schauplatzkategorien. Vor diesem Hintergrund beschreibt sie in der Praxis erfolgreich erprobte Konzepte literarischer Spaziergänge in Berlin als Formen kreativer Ortserkundungen für Kinder und Jugendliche. Volker Frederking untersucht in seinem Beitrag zunächst die medienspezifischen Implikationen der *Geschichte des Lesens*, um auf dieser Grundlage mediendidaktische Ansätze zur Leseförderung vor dem Hintergrund der im Rahmen der PISA-Studie ins Blickfeld getretenen Lesekompetenz- und Leseinteresse-Defizite deutscher Schüler(innen) zu erarbeiten. Zum Ausgangs- und Bezugspunkt avanciert dabei die Konzeption eines so genannten *symmedialen Deutschunterrichts*, die in Weiterentwicklung medienintegrativer, medienreflexiver, multimedialer bzw. intermedialer Ansätze theoretisch expliziert und praktisch exemplifiziert wird. Aus anderer Perspektive nimmt Klaus Maiwald die durch PISA ausgelösten lesedidaktischen Fragen ins medienspezifische Blickfeld, insofern er in seinem Beitrag am Beispiel der *Eminem Show* den Zusammenhang von Lesen und Mediatisierung untersucht und auf dieser Basis die deutschdidaktischen Herausforderungen der mit dem medialen Wandel verbundenen Veränderungen in Kindheit und Jugend reflektiert. Sein Konzept einer *sprachlich fundierten Wahrnehmungsbildung* in einer visuellen Kultur verweist auf neue Aufgaben des Deutschunterrichts zur Entwicklung einer umfassender verstandenen Lesekompetenz. Die Fiktionalitätsproblematik und ihre lese- bzw. mediendidaktischen Bezüge rücken in dem Aufsatz Axel Krommers in den Mittelpunkt der Aufmerksamkeit. Sein philosophisch-didaktisch orientiertes Plädoyer für eine *ontologiefreie Theorie der Fiktionalität* setzt sich kritisch mit vorherrschenden Positionen innerhalb des aktuellen deutschdidaktischen Diskurses auseinander (vgl. z.B. Nickel-Bacon/ Groeben 2002), um auf diesem Fundament die Aporien ontologisch-dichotomischer Realitäts-Fiktions-Unterscheidungen im Literaturunterricht unter Bezug auf Nelson Goodman und Umberto Eco zu überwinden.

Die übrigen sechs Beiträge des Themen-Teils haben mit unterschiedlichen Schwerpunkten das Verstehen symbolischer Formen zum Gegenstand. Symboltheoretisch ausgerichtet sind die Beiträge von Ulf Abraham, Bodo Lecke und Wolfgang Wangerin, einzelne Beispiele medienspezifischer Symbolisierungsformen beleuchten Beate Laudenberg, Hermann Noering und Axel Goldbeck. Für den thematischen Gegenstand des Symbolverstehens grundlegend sind die Ausführungen Ulf Abrahams. Auf der Basis einer akzentuierten Aufarbeitung der Begriffsgeschichte, die vom griechischen *symbolon* bis zum symboltheoretischen Diskurs der Gegenwart – mit besonderem Bezug auf Donald D. Winnicott - reicht, wird der Frage nachgegangen, welche Bedeutung das *Verstehen bzw. die Produktion literarischer Symbole* im schulischen Umgang besitzen und welche didaktische Funktion beiden im Deutschunterricht zukommen kann. Den Besonderheiten medialen Wandels in Bezug auf das wachsende Ineinander von *Wort- und Bildästhetik* und den sich daraus für die Medienpädagogik wie die Deutschdidaktik ergebenden Konsequenzen geht Bodo Lecke in seinem Beitrag nach. Dabei skizziert er kulturpessimistische, entwicklungspsychologische, kulturgeschichtliche, symboltheoretische, ikonoklastische und intermediale Zugänge zum Problemkomplex und wertet sie didaktisch aus. Symboltheoretische Grundlagen einer kreativen Mediendidaktik erläutert Wolfgang Wangerin auf der Grundlage von Susanne K. Langer und Alfred Lorenzer. Besonders Langers Unterscheidung zwischen *diskursiven und präsentativen Symbolmodi* wird differenziert ins Blickfeld genommen und mediendidaktisch fruchtbar gemacht. Dabei verspricht gerade die Erkenntnis, dass literarische Texte, Bilder, Filme, musikalische Werke etc. als präsentative Symbolisierungen zu verstehen sind, für die fachspezifische Mediendidaktik wichtige Impulse. Ein interessantes Beispiel für eine symbolträchtige mediale Selbstinszenierung untersucht Beate Laudenberg mit der multimedialen *Ästhetisierung der „Kanaksta"* durch *Feridun Zaimoglu*. Vor dem Hintergrund einer kurzen Rekonstruktion der sprachlichen Herkunft der 'Kanak-Kultur' werden die literarischen bzw. medialen Abbildungen der 'Generation Kanak' am Beispiel Zaimoglus aufgearbeitet und im Hinblick auf ihre deutschdidaktischen Herausforderungen bzw. Potentiale diskutiert. In mediengeschichtlicher und medienästhetischer Hinsicht beleuchtet Hermann Noering *interaktive Videoinstallationen* und die durch sie ausgelösten symbolischen Transformationsprozesse. Das Spektrum der untersuchten und im Schlussteil didaktisch reflektierten Formen reicht von den *Closed Circuit Installations* bis zu *interaktiven und flottierenden Werken* im Rahmen digitaler Maschinen. Einen medientheoretisch wie mediendidaktisch bislang ebenfalls wenig thematisierten Bereich audiovisueller Texturen untersucht Axel Goldbeck mit *Audiokompositionen im zeitgenössischen Spielfilm.* Seine analytischen und mediendidaktischen Anmerkungen am Beispiel von Baz Luhrmanns *MOULIN ROUGE* rücken die komplexen Ton-Text- und *Ton-Text-Bild-Synopsen* in modernen bzw. postmodernen Filmen ins Blickfeld und machen die Chancen für eine gezielte Aufarbeitung im Deutschunterricht sichtbar.

Lesen und Symbolverstehen

Auch die weiteren Teile des vorliegenden 2. Bandes des Jahrbuchs ‚Medien im Deutschunterricht' haben - bis auf wenige Ausnahmen - in verschiedener Akzentuierung Lesen und Symbolverstehen zu ihrem thematischen Zentrum. Im Forum nehmen vier Fachkollegen zu der Frage Stellung, ob die *Ergebnisse der PISA-Studie* in ihrem Urteil für mehr oder für weniger *Medien im Deutschunterricht* sprechen. Hartmut Jonas und Adalbert Wichert beantworten diese Frage im Grundansatz positiv, ersterer u.a. unter Verweis auf das „Cognitive Apprenticeship"-, das „Anchored Instruction"- und das „Cognitive Flexibility-Konzept und die mit diesen verbundenen didaktischen Chancen, letzterer mit Blick auf die multimedial strukturierte Disposition der Schüler(innen), die medial veränderten fachlichen Gegenstände und das Bedingungsverhältnis von Medien- und Lesekompetenz, das auch in der PISA-Studie selbst eine Rolle gespielt hat. Skeptischer argumentiert demgegenüber Michael Kämper-van den Boogaart unter Hinweis auf die Überfülle von Lerninhalten im Deutschunterricht und die Kostenproblematik, um gleichzeitig die mit den technischen Medien verbundenen innovativen Potentiale, die interessanten medienspezifischen Narrationsmuster und den Einfluss des Medienkonsums auf das im Rezeptionsakt wirksam werdende Vorwissen der Schüler(innen) anzuerkennen. Peter Klotz plädiert für eine gezielte Nutzung bzw. Thematisierung neuer medialer Optionen im Deutschunterricht, sieht allerdings die prinzipielle Gefahr, dass die eigentlichen Konsequenzen aus PISA in den Hintergrund geraten, wenn die Medienerziehung in die Bewältigung von PISA mit hereingenommen wird.

Die im vorliegenden Band skizzierten Forschungsprojekte setzen sich ebenfalls direkt oder indirekt mit Fragen des Lesens bzw. der Literatur in medialen Kontexten auseinander. Klaus Gattermaier stellt unter dem Leitmotiv „Deutschlehrer bauen am 'schiefen Turm von PISA' mit!" empirische Ergebnisse aus einem Teilprojekt des DFG-Schwerpunktprogramms 'Lesesozialisation in der Mediengesellschaft' vor, das das *Lese- und Medienverhalten von Schülern* und die *lesesozialisatorische Wirkung ihrer Deutschlehrer* erforscht hat. Die empirische Untersuchung des durch Computer- und Internetnutzung ausgelösten ‚*kognitiven Wandels*' heutiger Jugendlicher steht im Mittelpunkt eines von Petra Heyer, Gerhard Rupp, Helge Bonholt an zwei Schulen durchgeführten Forschungsprojekts. Martin Leubner analysiert Stärken und Schwächen *interaktiver Literaturadaptationen*, die er im Rahmen seiner Habilitation am Beispiel der multimedialen und interaktiven Transformation von Kinder- und Jugendliteratur unter historischem und systematischem Blickwinkel aufgearbeitet hat.

Im Berichtsteil stellen Thomas Möbius bzw. Adalbert Wichert, Joachim Pfeiffer und Michael Staiger fachspezifische Hochschulprojekte im Rahmen des baden-württembergischen Medienverbundprojekts ‚*Virtualisierung im Bildungsbereich*' vor. Thomas Hirschle und Sven Kantak skizzieren Aufbau und Ergebnisse des brandenburgischen Modellprojekts „Profilbildung *Medien und Kommunikation* in der gymnasialen Oberstufe" (MuK). Interessante Promotionsvorhaben im Bereich der

Mediendidaktik Deutsch stellen Jörn Brüggemann (*Mittelalter intermedial* entdecken), Karin Buchgeister (Erzählen zu *Bilderbüchern*) und Marie Joan Föh (Mündliche *Kommunikation am Computer*) vor.

Der Serviceteil enthält Rezensionen zu medienspezifischen *Fachbüchern* und *Lernmaterialien* unterschiedlichster Art. So setzt sich Klaus Maiwald mit Irina O. Rajewskys Studie ‚Intermedialität' auseinander, bewertet Marie Joan Föh die Unterrichtsmaterialien „Rund ums Internet 5/6" und analysiert Matthias Berghoff die Lernsoftware „Schreiblabor 1" sowie das Lehrbuch ‚Start IT'.

Die im Serviceteil ebenfalls enthaltenen Bibliographien ergänzen teilweise bereits im ersten Band begonnene Zusammenstellungen – so Mette Börder mit Titeln zu ‚*Hörästhetik und Auditive Medien* im Deutschunterricht' und Antje Streit zu ‚Medien im Unterricht des *Deutschen als Fremdsprache*'. Bibliographien zu neuen Themenkomplexen haben Elin-Birgit Berndt über ‚*Digitale Rechtschreibhilfen* und Lernsoftware zur Rechtschreibförderung' und Ralph Köhnen zur *Mediengeschichte des Sehens* erstellt. Eine von Ricarda Dreier zusammengestellte Linkliste zu Leseförderungsprojekten rundet den Serviceteil des Bandes ab.

Literaturliste

Abraham, Ulf/ *Bremerich-Vos*, Albert/ *Frederking*, Volker/ *Wieler*, Petra (Hrsg.) 2003: Deutschunterricht und Deutschdidaktik nach PISA. Freiburg

Baumert, Jürgen/ Eckhard *Klieme* / Michael *Neubrand*/ Manfred *Prenzel*/ Ulrich *Schiefele*/ Wolfgang *Schneider*/ Petra *Stanat*/ Klaus-Jürgen *Tillmann*/ Manfred *Weiß* (Hrsg.) 2001: PISA 2000. Basiskompetenzen von Schülerinnen und Schülern im internationalen Vergleich. Opladen

Belgrad, Jürgen/ Horst *Niesyto* (Hrsg.) 2001: Symbol. Verstehen und Produktion in pädagogischen Kontexten. Baltmannsweiler

Blumenberg, Hans 1981: Die Lesbarkeit der Welt. Frankfurt a.M.

Calvert, Christina 2000: Mit Metaphern philosophieren. Sprachlich-präsentative Symbole beim Philosophieren mit Kindern in der Grundschule. München

Cassirer, Ernst: (1922) 1997: Der Begriff der symbolischen Form im Aufbau der Geisteswissenschaften. In: Ernst Cassirer: Philosophie der symbolischen Formen. Darmstadt, S. 169-200

Cassirer, Ernst (1931) 1997: Philosophie der symbolischen Formen. Darmstadt

Cassirer, Ernst (1944) 1996: Versuch über den Menschen. Einführung in eine Philosophie der Kultur. Hamburg

Doelker, Christian: 1997: Ein Bild ist mehr als ein Bild. Virtuelle Kompetenz in der Multimedia-Gesellschaft. Stuttgart

Flusser, Vilém (1989) 1997: Alphanumerische Gesellschaft. In: Vilém Flusser: Medienkultur. Hrsg. von Stefan Bollmann. Frankfurt a.M., S. 41-60

Frederking, Volker 2003: Symbolisches Verstehen im Deutschunterricht – Transdisziplinäre Begründungszusammenhänge zur Behebung eines fachlichen Desiderats. In: Bodo Lecke (Hrsg.): Fazit Deutsch 2000. Ästhetische Bildung, moralische Entwicklung und kritische Aufklärung? Frankfurt a.M., S. 217-246

Freud, Sigmund: (1900/01) 1999: Die Traumdeutung. In: Sigmund Freud: Gesammelte Werke. Hrsg. von Anna Freud. Bd. II/III. Frankfurt am Main, S. 1-642.

Fromm, Erich (1951) 1981: Märchen, Mythen, Träume. Reinbek

Gast, Wolfgang 1996: Filmanalyse. Praxis Deutsch, H.140, S. 14-25

Goodman, Nelson 1968: Sprachen der Kunst. Entwurf einer Symboltheorie. Frankfurt a.M.

Haarmann, Harald 1990: Universalgeschichte der Schrift. Frankfurt a.M./New York

Holzwarth, Peter 2001: Symbol und Identität. Wahrnehmung und Deutung von Identitätskonstruktionen im Lichte symbolischer Selbstergänzung. In: Jürgen Belgrad/ Horst Niesyto (Hrsg.): Symbol. Verstehen und Produktion in pädagogischen Kontexten. Baltmannsweiler, S. 46-54

Hurrelmann, Bettina 1994: Leseförderung. Praxis Deutsch, H.127 (Themenheft).

Hurrelmann, Bettina 2002: Leseleistung – Lesekompetenz. Folgerungen aus PISA mit einem Plädoyer für ein didaktisches Konzept des Lesens als kultureller Praxis. In: Praxis Deutsch, H.176, S. 6–18

Illich, Ivan: (1990) 1991: Im Weinberg des Textes. Als das Schriftbild der Moderne entstand. Frankfurt a.M.

Jung, Carl Gustav: (1939) 1995: Das symbolische Leben. In: Carl Gustav Jung: Gesammelte Werke. Bd. 18. Das symbolische Leben 1. Solothurn/ Düsseldorf, S. 289-314

Jung, Carl Gustav (1961) 1995: Symbole und Traumdeutung. In: Carl Gustav Jung: Gesammelte Werke. Bd. 18. Das symbolische Leben 1. Solothurn/ Düsseldorf, S. 201-285

Krämer, Sybille 1998: Zentralperspektive, Kalkül, Virtuelle Realität. Sieben Thesen über die Weltbildimplikationen symbolischer Formen. In: Gianni Vattimo/ Wolfgang Welsch (Hrsg.): Medien-Welten Wirklichkeiten. München: Fink 1998. S. 27-37

Krämer, Sybille 2003: „Schriftbildlichkeit" oder: Über eine (fast) vergessene Dimension der Schrift. In: Sybille Krämer/Horst Brederkamp (Hrsg.): Bild – Schrift – Zahl. München, S. 157-176

Kurz, Gerhard: (1982) 1997: Metapher, Allegorie, Symbol. Göttingen

Langer, Susanne K. (1942) 1979: Philosophie auf neuem Wege. Das Symbol im Denken, im Ritus und in der Kunst. Mittenwald

Leroi-Gourhan, André (1964/65) 2000: Hand und Wort. Die Evolution von Technik, Sprache und Kunst. Franfurt a.M.

Lorenzer, Alfred 1970: Zur Kritik des psychoanalytischen Symbolbegriffs. Frankfurt a. M.

Mead, George Herbert (1922) 1987: Eine behavioristische Erklärung des signifikanten Symbols. In: George Herbert Mead: Gesammelte Aufsätze. Band 1. Hrsg. von Hans Joas. Frankfurt a.M., S. 290-298

Mollenhauer, Klaus 1991: Die Funktion des Symbols in der Erziehung. In: Jürgen Oelkers/ Klaus Wegenast (Hrsg.): Das Symbol – Brücke des Verstehens. Stuttgart u.a., S. 98-110

Nickel-Bacon, Irmgard/ *Groeben*, Norbert 2002: Deutschunterricht und kritisch-konstruktive Mediennutzungskompetenz: Impulse aus Medienpsychologie und Literaturwissenschaft zum Umgang mit Fiktionen. In: Michael Hug / Sigrun Richter (Hrsg.): Ergebnisse soziologischer und psychologischer Forschung. Impulse für den Deutschunterricht. Baltmannsweiler, S. 28-43

Oelkers, Jürgen/ Klaus *Wegenast* (Hrsg.) 1991: Das Symbol – Brücke des Verstehens. Stuttgart u.a.

Ong, Walter J. (1982) 1987: Oralität und Literalität. DieTechnologisierung des Wortes. Opladen

Rath, Matthias 2001: Das Symbol als anthropologisches Datum. Philosophische und medienkulturelle Überlegungen zum animal symbolicum. In: Jürgen Belgrad/ Horst Niesyto (Hrsg.): Symbol: Verstehen und Produktion in pädagogischen Kontexten. Baltmannsweiler, S. 34-45

Ricoeur, Paul 1974: Die Interpretation. Ein Versuch über Freud. Frankfurt a.M.

Ricoeur, Paul 1986: Die lebende Metapher. München

Röll, Franz Josef 1998: Mythen und Symbole in populären Medien. Der wahrnehmungsorientierte Ansatz in der Medienpädagogik. Frankfurt a.M.

Röll, Franz Josef 2001: Das Konzept der aktiven Imagination als Beitrag einer symbolorientierten Medienpädagogik. In: Jürgen Belgrad/ Horst Niesyto (Hrsg.): Symbol: Verstehen und Produktion in pädagogischen Kontexten. Baltmannsweiler, S.74-85

Rosebrock, Cornelia (Hrsg.) 1995: Lesen im Medienzeitalter. Weinheim

Rosebrock, Cornelia 2002: Folgen von PISA für den Deutschunterricht. In: Praxis Deutsch, H.174, S. 51-55

Schön, Erich 1993: Der Verlust der Sinnlichkeit oder die Verwandlungen des Lesers. Mentalitätswandel um 1800. Stuttgart

Schön, Erich 1996: Mentalitätsgeschichte des Leseglücks. In: Alfred Bellebaum/ Ludwig Muth (Hrsg.): Leseglück – eine vergessene Erfahrung? Opladen, S. 151-175

Schön, Erich 2001: Geschichte des Lesens. In: Bodo Franzmann/ Klaus Hasemann/ Dietrich Löffler/ Erich Schön: Handbuch Lesen. Baltmanns-weiler, S. 1-85

Svenbro, Jesper 1995: Archaisches und klassisches Griechenland: Die Erfindung des stillen Lesens. In: Roger Chartier/ Guglielmo Cavallo (Hrsg.): Die Welt des Lesens. Von der Schriftrolle zum Bildschirm. Frankfurt a.M./ New York, S. 59-96

Wicklund, Robert A./ *Gollwitzer*, Peter 1982: Symbolic Selfcompletion. Hillsdale/ N.J.

Winnicott, Donald W. 1979: Vom Spiel zur Kreativität. Stuttgart

Themen-Schwerpunkt

Caroline Roeder (Berlin) **Schauplatz Buch** Literarische Spaziergänge als kreative Ortserkundungen für Kinder und Jugendliche

„Ohne Spazieren wäre ich tot, und mein Beruf, den ich leidenschaftlich liebe, wäre vernichtet. Ohne Spazieren und Berichtauffangen könnte ich auch keinen Bericht mehr abstatten und nicht den winzigsten Aufsatz mehr, geschweige denn eine ganze lange Novelle verfassen. Ohne Spazieren würde ich ja gar keine Beobachtungen und gar keine Studien machen können. [...] Ohne Spazieren und damit verbundene Naturanschauung, ohne diese ebenso liebliche wie ermahnungsreiche Erkundigung fühle ich mich wie verloren und bin es auch." (Walser 1973,47f.)

Dieses eindringlich formulierte Plädoyer für das Spaziergehen als künstlerischer Inspirationsquelle stammt von Robert Walser. In seiner Erzählung *Der Spaziergang* aus dem Jahre 1917 entwickelt der Schweizer Autor eine regelrechte Philosophie dieser Fortbewegungsart. Der Ich-Erzähler erweist sich dabei als Alter ego des Schriftstellers, der hier ein Bekenntnis seiner Leidenschaft liefert. Im Folgenden dient diese Walsersche Passion als Motto, um eine verwandte Gehweise vorzustellen: *Literarische Spaziergänge*. So nennt sich eine für Kinder und Jugendliche konzipierte Reihe, die das Berliner Literaturhaus LesArt[1] seit knapp zehn Jahren erfolgreich zur Leseförderung und Literaturvermittlung durchführt. Um zur Nachahmung anzuregen, wird das Konzept auch in Form von Seminaren, Fortbildungen, Tagungen etc. Multiplikator/inn/en aus dem Schul-, Bibliotheks- und Universitätsbereich vorgestellt.

Literarisch durch die Städte zu wandern und sich dabei auf den Spuren von Künstler/inne/n zu bewegen, fremde Orte auf diese Weise zu ergehen und sich solcherart einem Autor zu nähern – diese Spaziergangsangebote haben (neben sie begleitenden umfangreichen Publikationen) in den letzten Jahren boomhaft zugenommen. Geführt wird man vornehmlich an die einschlägigen biographischen Orte der Autoren, zu ihren Wohnungen oder künstlerischen Wirkungsstätten, um die Aura dieser Schauplätze zu erfahren. Diese Form der Vermittlung

1 Das Literaturhaus LesArt - Trägerverein ist das Berliner Zentrum für Kinder- und Jugendliteratur - richtet als kulturelle Einrichtung des Berliner Senats literarische Veranstaltungen für Kinder und Jugendliche aus. - Weitere Informationen unter: www.LesArt.org.

bietet sich jedoch vorwiegend für ein jugendliches Publikum an, ab der 10. Klasse.[2] Für Kinder erscheint eine solche Veranstaltungskonzeption nicht attraktiv, da das Verständnis von Autorenschaft noch wenig ausgeprägt ist. Phantasie entwickeln kleinere Kinder (ab der zweiten Klasse) allerdings bereits gegenüber den kindlichen Protagonist/innen aus ihren Büchern. Die *Literarischen Spaziergänge* führen für diese Altersgruppe deshalb vor allem zu den literarischen Schauplätzen aus Kinder- und Jugendbüchern.

Um die Reihe *Literarische Spaziergänge* vorzustellen, werden drei praktische Beispiele beschrieben. Da das konzeptionelle Herzstück die literarischen Schauplätze und der Umgang mit diesen Orten ist, werden sie im Mittelpunkt dieser Darstellung stehen. Eingangs wird der Begriff des Schauplatzes erläutert, um die Komplexität des Gegenstandes deutlich zu machen und eine kleine Typologie zu entwickeln.

1. Wegbeschreibung

Um zu dem Schauplatz zu kommen und um zu spazieren, muss man aufbrechen. Aus diesem Grund soll als erstes zu einem literarischen Spaziergang eingeladen werden, der ein kleines Experiment darstellt. Nicht allein, weil man ihm sitzend und lesend folgt, sondern vielmehr, weil eine Geschichte in recht ungewöhnlicher Form erzählt wird: Nur die Orte bzw. Schauplätze des Textes werden genannt sowie der Eingangs- und der Schlusssatz. Die Geschichte beginnt mit:

> „Es war einmal ..." und führt zu einer ....
> *Mühle* – dort auf einen *Weg* und von hier zu einem *Ofen* – dann erscheint ein *Hoftor* – und eine *Stadt* (deren Namen hier noch nicht genannt wird).
> Die Geschichte führt nun durch eine *Gegend*, hinein in einen *Wald* und dort zu einem *Baum*. Hinauf nun zu dessen *Ästen* – ja sogar hinein in die *Baum-Spitze!*
> Und nun zu einem *Haus* – oder vielmehr zu einer *Herberge*?
> Von wegen, zu einem *Räuberhaus* – und dort an das *Fenster*. Und hier nun ein *gedeckter Tisch* – in der *Stube*.
> Die Geschichte geht weiter und führt zu *Schlafstätten*: so da wären ein *Misthaufen*, ein *Plätzchen hinter der Tür*, ein *Herd* und ein *Hahnenbalken* – noch einmal durch den Wald.
> Nun zu einer *Küche*. Hintertüre, Hof, Misthaufen und Balken kennt man bereits,

2 Für die Altersgruppe ab der 10. Klasse gibt es eine biographische Spaziergangsreihe, die sich auf den Spuren von Bettina von Arnim, Bertolt Brecht, Theodor Fontane, Else Lasker- Schüler, Erich Kästner, Irmtraud Keun, Kurt Schwitters bewegt und deren Leben und Werk vor Ort vorstellt.

doch dann noch hinauf auf das *Dach*. – Und hier endet die Geschichte.
Der letzte Satz lautet: „Und der das zuletzt erzählt hat, dem ist der Mund noch warm."
Als vorerst letzter Ort kommt nun also noch der *Mund* hinzu.

Wie man am Eingangsatz „Es war einmal" erkennen kann, handelt es sich um ein Märchen. Darin befinden sich beachtliche fünfundzwanzig Orte, die namentlich genannt sind. Allerdings fehlt bisher ein Schauplatz, nämlich derjenige, der auch der Geschichte den Titel gibt. Dieser Schauplatz bezeichnet einen geographischen Ort, an dem man hoffte, etwas Besseres als den Tod zu finden. Das meinten zumindest die Stadtmusikanten in spe, die sich in dem Grimmschen Märchen nach *Bremen* aufmachen.[3]

1.1 Mit Orten Geschichten erzählen

Mit diesen 25 Schauplätzen, an denen die Geschichte spielt, hat man noch nicht das Märchen erzählt, aber bereits einen Weg, fast schon eine Handlung, auf jeden Fall Orientierungspunkte, die man mit Assoziationen, Lektüre-Erinnerungen, Phantasie und Bildern, die während des Zuhörens entstehen, zu ergänzen beginnt. Jede Zuhörerin und jeder Zuhörer schafft sich eigene Vorstellungen von den Orten. Erzählt man Kindern oder Erwachsenen das Märchen auf diese besondere Weise und bittet sie, anschließend diese Orte-Geschichte selbst nachzuerzählen oder aufzuschreiben, sehen die einzelnen Fassungen sehr unterschiedlich aus.

1.2 Verborgene Schauplätze

Doch nicht als kreativer Schreibanlass dient dieser virtuelle Spaziergang im Rahmen der Konzeption der kreativen Ortserkundung. Es soll noch einen Gedanken-Schritt weitergehen. Dazu wird das eben ‚verortete' Märchen um weitere Schauplätze ergänzt, also um die, die bereits wörtlich in dem Text stehen bzw. sich implizit in ihm finden. Diese impliziten Orte sollen als *verborgene Schauplätze* bezeichnet werden. Ein Beispiel: Der Anfang des Märchens nennt das traurige Schicksal des Esels. Er hat ausgedient und nun droht ihm, an seinen letzten Ort gebracht zu werden: in die *Abdeckerei*. Liest oder hört man das Märchen der Stadtmusikanten, so assoziiert man diesen Schauplatz, der zwar nicht genannt wird, d.h. er findet sich als eine Art Subtext in der Geschichte.

3 'Erzählt' wurde das Märchen nach der Fassung der Brüder Grimm von 1812: Grimm 1994.

2. Schauplatz-Kategorien

Zwei verschiedene Schauplatz-Arten kamen bisher zur Sprache: Diejenigen, die im Text ‚wirklich' stehen und diejenigen, die sich ‚verborgen' darin finden. Die Schauplätze lassen sich aber auch nach anderen Kategorien sortieren. Hierfür sollen noch einmal die Schauplätze des Grimmschen Märchens herangezogen werden, um eine kleine Typologie zu erstellen (wobei sich Überschneidungen ergeben können).

2.1 Reale Schauplätze

Beispiel Bremen: Ist der Schauplatz Bremen ein Märchen-Ort? Keinesfalls, denn diese Stadt findet man im Atlas, sollte man nicht wissen, wo sie liegt. D.h. diesen Schauplatz gibt es ‚wirklich'. Für das Genre Märchen stellen *reale Orte* die Ausnahme von der Regel dar, aber dies ist hier nicht das Thema. Allerdings eröffnet sich ein anderes Problem: Denn den Schauplatz eines fiktionalen Textes als real, authentisch etc. zu benennen, erscheint literaturwissenschaftlich gesehen irreführend. Doch erweist sich diese Bezeichnung für die praktische und konzeptionelle Arbeit, wie sie mit dem Beispiel der *Literarischen Spaziergänge* vorstellt wird, als äußert hilfreich und dienlich. (Siehe dazu: *3.2 Auf den Spuren literarischer Figuren*.) Zurück aber nach Bremen. Diese Stadt gibt es nicht nur wirklich - Bremen ist ein *geographischer Ort* -, sondern die Stadt hat auch eine Geschichte, Bremen ist ebenso ein *historischer Schauplatz*.

2.2 Exemplarische Orte

Bei dem eben unternommenen Spaziergang fanden sich Märchen-Orte wie Stadt, Wald, Haus. Sie gehören sicher auch zu der Gruppe der realen oder authentischen Orte. Dennoch soll hier noch einmal unterschieden und ein anderer Aspekt in den Vordergrund gestellt werden. Da es sich um Plätze handelt, die in allgemeinster Form einen Ort oder Raum bezeichnen, sollen sie *exemplarische Orte* genannt werden. Die Stadt, der Wald, das Haus sind für die Rezipienten bei der Lektüre Prototypen, die man individuell mit den (kulturell geprägten) Vorstellungen füllt.[4]

2.3 Phantastische Schauplätze

Wie anders angelegt dagegen ist der Schauplatz *Räuberhaus* – er kennzeichnet einen klassischen, märchenhaft anmutenden und oft auch phantastischen Ort.

4 In Zusammenhang mit *exemplarischen Orten* soll auch auf Stereotype verwiesen werden, die in diesen Kontext gehören.

Wie definiert sich aber ein phantastischer Schauplatz? Wieder stößt man auf die Problematik im Umgang mit fiktiv gestalteten Räumen. Sind doch alle literarischen Orte ‚erfunden'. Und, um noch mehr Verwirrung zu stiften: Was unterscheidet das Wohnhaus der Buddenbrooks von Bilbo Beutlins Hütte? Was Huckleburry Finns Mississippi-Insel von Jim Knopfs *Lummerland*? Die einen lassen sich als reale Orte beschreiben, auf dem Mississippi kann man reisen oder das Wohnhaus der Buddenbrooks in Lübeck besichtigen; die anderen liegen in *Anderswelten*. Doch die Frage bleibt vorerst unbeantwortet: Lässt sich, bei dieser Ortsbestimmung, der Phantastik-Anteil von Schauplätzen an unserer empirischen Wirklichkeit messen?[5]

2.4 Schauplatzdimensionen

Ein weiterer Perspektivwechsel erlaubt eine andere Form der Schauplatzdimension zu erreichen. Als Beispiel dient noch einmal das Haus. Dieser Schauplatz, der schon als exemplarischer Ort bezeichnet wurde, lässt sich bei näherer Betrachtung mit einer ´Matrioschka´ vergleichen. Wie bei der russischen Puppe findet man in dem Haus mehrere Häuser darin verschachtelt, genauer gesagt fünf verschiedene. Für den Vergleich muss man noch einmal einen Blick auf das Märchen werfen: Im dunklen Wald scheint das Licht aus dem Haus warm durch die Bäume. Als die Stadtmusikanten erschöpft das Haus erblicken, hoffen sie dort unterzukommen; das Haus im Wald erscheint als *Herberge*. Doch ein Blick durch das Fenster lässt die Musikanten erschauern. Sie sehen die finsteren Gesellen am Tisch, die Herberge erweist sich als *Räuberhaus*! – Doch dann gelingt es, die Räuber zu vertreiben: Als diese nachts wiederkehren, stolpern sie über die neuen Bewohner und erschrecken sich fürchterlich. Das eigene Heim erscheint ihnen als *Hexenhaus*. Letztlich endet das Märchen gut, das Räuberhaus wird zum *Altersruhesitz*. Die Metamorphose des Platzes ergibt sich also aus den Perspektiven der Protagonisten.

2.5 Weitere Schauplatzvarianten

Man könnte noch weitere Schauplatzvarianten anführen. Hier sollen nur mehr einige aufgezählt werden, die sich an dem Grimmschen Text festmachen lassen: städtische oder ländliche, gesellschaftliche oder kulturgeschichtliche, biographische oder autobiographischen Orte (dies erscheint hier weniger relevant, soll aber nicht unerwähnt bleiben). Auch psychologische Räume findet man, wie sie

5 Die Theorie zur Gattung phantastischer Literatur, die sich überwiegend auf das Zweiweltenmodell bezieht, d.h. empirische und von dieser abweichende Welten unterscheidet, erweist sich als hilfreich für die Bestimmung phantastischer Orte.

in Träumen, Phantasien etc. als Ängste erlebt bzw. in dem Räuberhaus durchlitten werden. Und schließlich nicht zu vergessen der Schauplatz *Mund*, der wortwörtlich hinein in den inneren Raum führt.

2.6 Schauplatz-Anatomie

Was für eine Schauplatz-Anatomie! Die Beispiele sollten den Begriff des Schauplatzes problematisieren und gleichzeitig zeigen, wie man einen Text als potentielle/r Spaziergängerin bzw. Spaziergänger lesen kann: Denn zu all diesen eben beschriebenen Orten könnte man aufbrechen und die entsprechende Veranstaltung hierfür konzipieren. All diese verschiedenen Schubfächer in Form von Kategorien oder Typologien erweisen sich in der Praxis als nützlich. Die Analyse eröffnet ein breites Spektrum unterschiedlichster Herangehensweisen an Texte.

Wie kann man mit diesen Orten nun weiterarbeiten? Für das Märchen der Bremer Stadtmusikanten könnte das heißen, man entwickelt ganz unterschiedliche literarische Projekte:

- *Beispiel realer und authentischer Ort*: vielleicht ein Stadtmusikantenzunftprojekt? Eine stadtgeschichtliche Recherche in Bremen; hierzu spaziert man durch die Stadt und forscht in Archiven.
- *Beispiel phantastischer Ort*: Eine Wald-Räuber-Adaption wird ersponnen, die Exkursion führt zu fotographischen Aufnahmen in den Stadtwald.
- *Beispiel Historie*: Ein Projekt über das Alter – der Spaziergang sucht Spuren der Generationen vor Ort, Schauplätze von gestern und heute, von Asylen bis zu heutigen Altersruhesitzen.
- *Beispiel innere Orte*: Ein sehr persönlicher Zugang über eigene Ängste und Träume wird gesucht, der Spaziergang spürt entsprechende Orte in der Umgebung auf, die fotographisch festgehalten werden: Ein U-Bahntunneleingang, ein leerstehendes Haus etc.
- *Beispiel Perspektiven*: Eine reißerische Reportage wird erstellt. Jeder Interviewte hat einen anderen Eindruck von einem mysteriösen Ort gewonnen: Berichtet wird aus unterschiedlichen Perspektiven rund um Haus, Herberge, Räuberhaus etc.

3. Literarische Spurensuche

Nach dieser exemplarischen Herangehensweise sollen nun Beispiele aus der Praxis folgen. Aber zuvor noch in aller Kürze etwas zu den Rahmenbedingungen und der grundsätzlichen Konzeption der Spaziergänge.

3.1 Spaziergangs-Koordinaten

Literarische Spaziergänge werden seit vielen Jahren in Schulen und anderen Einrichtungen durchgeführt. Gundel Mattenklott hat als eine der ersten Spaziergängerinnen diese Veranstaltungsform konzipiert und dokumentiert (Mattenklott 1988). Ihre Wege sind literarische Spurensuchen und stellen den Text, der an den Schauplätzen gelesen wird, in den Vordergrund. Eine ähnliche Konzeption findet man bei den *Lesegängen* von Rams-Schumacher/Voigt (1988) oder Hamman (1998). Die Reihe *Literarische Spaziergänge*, die für LesArt konzipiert wurde, entspricht in der Schauplatzsuche diesen Modellen. In der Gesamtdramaturgie und konzeptionellen Planung unterscheidet sie sich jedoch von diesen Veranstaltungen in wesentlichen Aspekten und entwickelt diese Form weiter. Als die zwei wichtigsten Unterschiede wären zu nennen: die Gestaltung des Schwerpunkts Eigenaktivität der Kinder und Jugendlichen sowie der Umgang mit den Schauplätzen.

Entwickelt wurden bis zum Jahr 2000 rund dreißig Spaziergänge (rund Zweidrittel davon für Kinder ab neun Jahren).[6] Da die *Literarischen Spaziergänge* als Veranstaltungsreihe für ein Kinderliteraturhaus erarbeitet wurden, haben sie feste Eckdaten: Die Spaziergänge finden an einem Vormittag statt (damit Schulklassen während der Unterrichtszeit teilnehmen können) und dauern rund 3,5 Zeitstunden. Ausgangspunkt für einen *Literarischen Spaziergang* ist jeweils ein Text für Kinder- oder Jugendliche, in der Regel eine Erzählung oder ein Roman. Aber auch ein Gedicht oder eine Biographie können den Anlass bieten, spazieren zu gehen.

Die Spaziergänge sind ihrem Ablauf nach sehr verschieden, haben aber ein konzeptionelles Grundschema: Sie beginnen jeweils mit einem Einstiegsspiel, das in das Buch und seine Thematik einführt. Diese Einstiegssituation dient dazu, jedes Kind zu Wort kommen zu lassen, d.h. die Angst vor der ungewohnten Umgebung zu nehmen und die Schwellenangst gegenüber der ´ominösen literarischen Veranstaltung´ zu senken. Nach diesem literarischen *Warming up* wird eine zentrale Stelle aus dem Text vorgelesen. Aus dieser Lesestelle oder dem sich anschließenden Gespräch ergibt sich eine Situation, die zur Spurensuche einlädt. Der Spaziergang selbst führt ein bis zwei Stunden durch die Stadt.

Literarische, historische bzw. stadtgeschichtliche Orte werden gesucht. Während dieser Spaziergänge gibt es konkrete Aufgaben und Aktionen für die Kinder oder Jugendlichen. Das Ende der Spurensuche führt vor Ort zu den literarischen Schauplätzen und mündet anschließend in eine eigene kreative Arbeit: Das kann z. B. eine Schreib- oder Malwerkstatt, ein Interview oder eine Talkshow sein. Eine

6 Die Publikation *Von Alex bis Zoo* dokumentiert zehn dieser Spaziergänge ausführlich und stellt sie in ihrem konzeptionellen Rahmen vor. s. Roeder 1998 u. LesArt 2003.

Abschlussrunde greift schließlich das gemeinsam Erlebte auf. Oft wird an dieser Stelle wieder das Buch ins Spiel gebracht, das bei der Aktion thematisch, aber nicht als Text gegenwärtig war.

3.2 Auf den Spuren literarischer Figuren

An drei praktischen Beispielen werden nun unterschiedliche Konzeptionen des Umgangs mit literarischen Orten vorgestellt.

3.2.1 Lisa Tetzner: Die Kinder aus Nr. 67

Exemplarisch zeichnet Lisa Tetzner ihr Berliner Mietshaus mit Vorderhaus und Hinterhäusern, die man über zahlreiche Aufgänge erreichen kann. Der Roman mit sozial-historischem Thema aus den frühen 1930er Jahren schildert das Leben dieser Hausbewohner/innen als ein Soziogramm (und in einer strikten schwarz-weiss Zeichnung). Das Berlin der 1920er Jahre, der Armeleutebezirk und das Milieu verdichten sich zu einem Schauplatz (vgl. Abb. 1).

Tetzner versieht ihren Hauptschauplatz mit keiner konkreten Adresse. Vom Alexanderplatz aus gesehen liegt ihr Haus „... zweimal rechts, gerade aus, dann links, noch einmal gerade aus und dort um die Ecke" (Tetzner 1987, 132 Bd.8). Folgt man dieser recht vagen Wegbeschreibung aus Berlin-Mitte, gelangt man in das ehemalige jüdische Viertel namens Spandauer Vorstadt. Dorthin führt auch der Spaziergang, der sich aber als Zielpunkt den *Schauplatz Treppenhaus* wählt.

Abb. 1

Zur Veranstaltung: Eingangs erzählen die Kinder (ab 11 Jahre) von ihren eigenen Treppenhäusern; zuerst gibt es oft lange Gesichter, wenn man das vorschlägt, dann folgen jedoch wunderbare Geschichten.

Nach den eigenen Treppen-Szenarien werden die beiden ersten Seiten des Romans vorgelesen.

> „Wie oft mag eine Treppe müde sein, weil sie immerzu getreten wird und Lasten tragen muß. Denn keiner gibt ihr ein freundliches Wort, sondern alle trampeln nur eilig auf und ab. Ihr braucht mich nicht zu unterbrechen und mir vorzuhalten: das alles spürt eine Treppe nicht, sie ist aus Holz und dazu da. Aber warum soll sie nicht trotzdem etwas fühlen und ihre eigenen Gedanken haben." (Tetzner 1987, 9 Bd.1)

So beginnt die Geschichte. Die ersten zwei Seiten des Buches stellen eine regelrechte ‚Treppengeschichte' dar, denn Tetzners Treppe erzählt von ihren Bewohnern. Aus ‚ihrer' Perspektive, die von unten auf die Dinge blickt, sieht sie deren durchgelaufene Schuhsohlen, 'riecht' die Kohlsuppe, berichtet von der Familie Kurze und der Familie Lange, aber auch von den Familien Israel und Gabriel, die hier wohnen. Nach der Lektüre folgt ein Gespräch über das Gehörte. Es bietet sich an, Bilder aus dem alten Berlin dazu zu zeigen. Als Fragen stellen sich: Was für Leute lebten hier zusammen? Die genannten Namen (Gabriel und Israel) deuten auf Juden hin. Kann man von diesem Leben noch etwas finden? Der Spaziergang führt nun auf Spurensuche in die Spandauer Vorstadt. Die Kinder durchstreifen das Viertel und entdecken beispielsweise in den Hausfassaden Einschusslöcher aus den letzten Kriegstagen, sie entziffern alte Firmennamen in Hauseingängen oder finden Spuren jüdischen Lebens, meist in Form von Gedenktafeln (vgl. Abb. 2).

Abb. 2

Schließlich mündet der Spaziergang in eine gezielte Aufgabe. Die Kinder werden in Gruppen aufgeteilt und inspizieren in einem alten Mietshaus das darin befindliche Treppenhaus. Jede Gruppe untersucht ihr Treppenhaus nach einem vorgegebenen Fragenkatalog: Wie viele Stockwerke besitzt das Haus? Welche Namen haben dessen Bewohner? Was befindet sich im Treppenhaus (Kinderwagen etc.)? – Alles wird notiert.

Nach Abschluss der Recherche geht es zurück und nun beginnt eine Schreibwerkstatt. Allein oder zu zweit verfassen die Treppenhausreporter/innen eigene Texte. Dabei wird die Eingangssituation vorgegeben: Die Texte sollen aus der Perspektive einer erdachten Person geschrieben werden, die einmal in dem Haus gewohnt hat, das die Kinder eben besichtigt haben. Die Person musste das Haus verlassen – so die Aufgabe - und erinnert sich nun an den Ort zurück. (Auch die Ich-Perspektive kann gewählt werden.)

Möglichst viele Details aus der Treppenuntersuchung sollen in diese 'Erinnerung' eingebaut werden. D.h. die Treppentexte nehmen die Ergebnisse der Recherche auf, beziehen beispielsweise die notierten Namen in die erfundene Geschichte ein. Der Umgang mit diesen Fakten erleichtert zudem schwachen Textverfasser/inne/n die Arbeit. Sind alle fertig, werden zum Abschluss die Texte reihum vorgelesen. Alle Kinder haben einen Ort als Vorlage – dreißig völlig verschiedene Treppenhausgeschichten sind das Resultat. Auf einfache Weise wird für Kinder so vorstellbar, wie Literatur entstehen kann, wie reale Vorstellungen und Eindrücke, beispielsweise eines Schauplatzes, literarisch neue Gestalt annehmen und authentische Versatzstücke davon in die eigene Geschichte einfließen. Kurzum: Den Kindern kann auf diese Weise bewusst werden, welche realen und fiktiven Anteile Geschichten haben können.

Bei dieser Schreibwerkstatt gibt es noch ein besonders schönes Detail: Der Umfang der entstandenen Texte entspricht in der Regel in etwa dem Vorgelesenen. Es darf also gefragt werden: Hat Lisa Tetzner ähnlich begonnen? – Eine Ermunterung für alle junge Autor/innen, zu Hause den angefangenen Roman weiterzuschreiben.

3.2.2 Christa Kozik: Der Engel mit dem goldenen Schnurrbart

> „Wenn ihr einmal bei Regen oder bei Schnee am Fenster sitzt, und es sollte plötzlich und zufällig ein Engel auf eurem Fenster stehen, und er hat einen goldenen Schnurrbart (und vielleicht noch ein Gipsbein?), und er bittet euch, sein Nachthemd zu waschen, dann ist es der Engel Ambrosius.
> Dann schreibt bitte gleich eine Karte an Lilli Herzog, Berlin, Fischerinsel 6. Denn Lilli sitzt vielleicht noch immer an ihrem Fenster in der 21. Etage und starrt hinaus ..." (Kozik 1994, 203)

Das Zitat stammt aus Christa Koziks Erzählung *Der Engel mit dem goldenen Schnurrbart*, die 1983 in der DDR veröffentlich wurde und 1994 in einer überarbeiteten Fassung erschien.[7] Den literarischen Schauplatz, der hier genannt wird, findet man auch heute noch auf dem Stadtplan. Er liegt im ältesten Viertel von Berlin, der Fischerinsel. Die DDR hatte hier als ein Symbol des real-existierenden Fortschritts die alten Fischerhütten abgerissen und eine Anzahl von Hochhäusern auf die Halbinsel gebaut. An diesem Platz spielt die sehr humorvolle und hintersinnige Geschichte, die sich inhaltlich um individuelle Freiheit und Selbstbestimmung dreht. Und darum geht es auch bei dem Spaziergang.

Eingangs haben die Kinder die Textstelle von der Einschulung des Engels Ambrosius gehört. Der arme Kerl kommt nicht nur bei der Frage nach seiner Herkunft in Bedrängnis: Seine Antwort, er stamme aus dem Himmel, hätte auch im westlichen Teil Deutschlands Aufsehen erregt. Die erfolgreiche Aufnahme in die DDR-Schulgemeinde wird dann allerdings an ein Flugverbot geknüpft.

Nach dieser Vorlesesituation beschäftigen sich die Kinder ausführlich mit Geboten, Verboten, Schildern und Piktogrammen, die das öffentliche Leben regeln oder zu regeln versuchen. Und schließlich bricht die Gruppe auf. Während des Spazierganges protokollieren sie in kleinen Gruppen alle Anschläge, Verbotstexte oder diesbezüglichen Zeichen. Man muss nur wenige Meter gehen, und

7 Zum Sinn und Unsinn dieser Überarbeitungen vgl. Rouvel 1995.

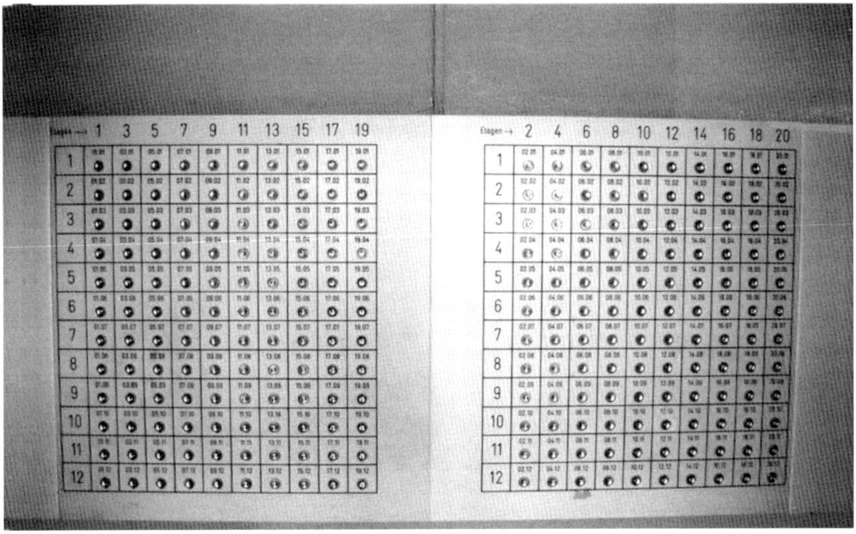

Abb. 3

schon sind Seiten davon gefüllt! Der Spaziergang endet schließlich an der angegebenen Adresse. Die Hochhäuser der Fischerinsel sind schon von weitem gut erkennbar. Eine Nr. 6 findet sich auch, jedoch auf dem Klingelschild steht nicht der Name Herzog

Dies allerdings lässt sich erklären: Vielleicht sind Lilli, ihre Mutter und ihr Papa umgezogen? – Bevor man diese Frage ausdiskutiert hat, wird man erlöst. Denn in jeder Gruppe gibt es ein schlaues Kind, das unaufgefordert anfängt die Stockwerke zu zählen. Und siehe da, das Haus hat nur zwanzig Etagen (vgl. Abb. 3)! Und nun entspinnt sich eine heftige Diskussion, wobei das Argument, die Autorin habe sich verzählt, von zehnjährigen Spaziergänger/inne/n oft mit großem Einfühlungsvermögen verteidigt wird. Aber es gibt auch Skeptiker. Spontan werden Einwände laut, die bisher nicht zur Sprache kamen. Sie lauten: Engel gibt's ja auch nicht! Ist diese Geschichte also gar nicht wahr? Aber das wiederum wollen die Kinder auch nicht glauben. „So was dazwischen", vermuten sie, „ausgedacht, wie's wirklich ist." Die abschließende Aktion schließlich mündet in ‚Eingaben in den Himmel'. Statt Verbote werden nun Engelerlaubnisanträge per Luftballon von der obersten Etage abgeschickt, und damit schweben viele allzu gewichtige Einschränkungen, die die Kinder tagtäglich erleben, in den Himmel über Berlin.

3.2.3 Jo Hoestlandt / Johanna Kang: Die große Angst unter den Sternen

> „'Die Sterne gehören an den Himmel,' sagte Lydias Mama. 'Wenn die Menschen sie vom Himmel herunterreißen, um sie auf ihre Kleider zu nähen, bringt das nur Unglück.'" (Hoestlandt 1995, 7)

Der Schauplatz des Bilderbuchs *Die große Angst unter den Sternen* der französische Autorin Jo Hoestlandt (Illustrationen von Johanna Kang) liegt ohne genau Ortsangabe im Norden von Frankreich; die Zeit der Handlung ist das Jahr 1942. Die Geschichte erzählt von zwei Freundinnen, von Lydia und Hèlene, die gemeinsam den neunten Geburtstag von Hèlene feiern wollen. Aber es kommt nicht dazu. Lydia ist Jüdin und erfährt zufällig an diesem Abend von den beginnenden Deportationen. Voller Angst bittet sie nach Hause gebracht zu werden. Hèlene reagiert enttäuscht und trennt sich zornig von ihrer Freundin. Was Hèlene in diesem Moment nicht ahnen kann: Sie wird ihre Freundin niemals wiedersehen. Ob Lydia und ihre Familie entkommen konnten oder Opfer des Holocaust werden, bleibt am Ende offen. Erzählt wird aus der Retrospektive von Hèlene, die inzwischen eine alte Frau geworden ist. Sensibel wird diese bedrückende Geschichte über die Judenverfolgung und über schuldloses Schuldigwerden erzählt.

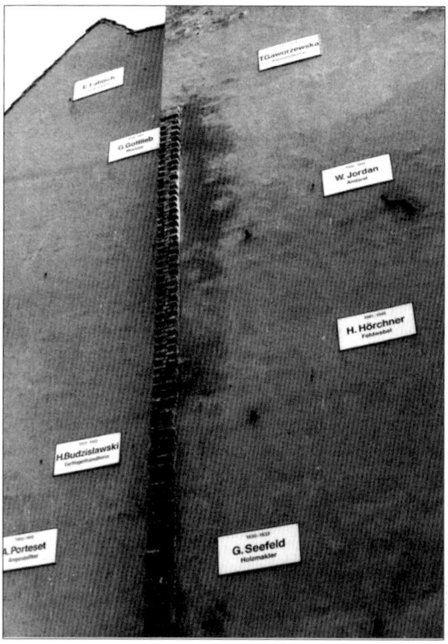

Abb. 4

Der Spaziergang zu dem Bilderbuch wurde für Kinder ab neun Jahren konzipiert und führt zu Orten jüdischen Lebens in Berlin und hier an einen Platz, der sich für diese Thematik hervorragend eignet: *The Missing House*. Der Künstler Christian Boltanski hat in der Hamburger Straße in der Spandauer Vorstadt ein Monument der Erinnerung geschaffen. Mit einer Gruppe von Studenten recherchierte er die Geschichte dieses Hauses, das im Krieg zerstört wurde. Dieses *Missing House* verweist aber weniger auf die Zerstörungen des Zweiten Weltkrieges, sondern vielmehr auf die Vernichtung jüdischen Lebens. Denn das Haus in der Hamburger Straße gegenüber der ehemaligen Jüdischen Knabenschule wurde vorwiegend von jüdischen Menschen bewohnt, die fast alle deportiert und umgebracht wurden.

Ihre Namen sind wie auf überdimensionale Klingelschilder geschrieben, an den Brandmauern der einsäumenden Häuser befestigt. – Nur ihre Namen sind geblieben (vgl. Abb. 4).

Kommt man mit Kindern an diesen Ort, braucht man nicht lange zu warten, bis ein Kind sagt, Lydias Name müsste man auch hier anbringen. Darüber, dass die Geschichte „ausgedacht" ist, wurde ausführlich gesprochen, und dass die Geschichte auch eindeutig in Frankreich spielt (nicht nur das Land wird genannt, auch die Figuren wie die Concierge oder der französische Polizist verweisen auf den Ort), ist bei dieser bewegenden Geschichte unbedeutend.[8] Der Schauplatztransfer scheint für die kleinen Spaziergänger/innen kein Problem darzustellen.

4. Ende des Rundganges - Nachgedanken

Nach der eingangs aufgestellten Typologie sollen nun die Beispiele noch einmal kurz betrachtet werden.

Tetzners Haus Nr. 67 ist eine prototypische Adresse, ihr Schauplatz *ein exemplarischer Ort*, den man überall finden kann.

Koziks Fischerinsel Nr. 6 gibt es *wahrhaftig*, dafür zeigt sich vor Ort mit der nicht-existenten 21. Etage eine subtile Abweichung, einen Engelsflügelschlag sozusagen entfernt von der Realität. Die Phantastik der Figur des Ambrosius spiegelt sich hier also auch im Schauplatz wider.

Bei Jo Hoestlandt gibt es historische und reale Schauplätze der Geschichte, die allerdings für den Spaziergang nach Berlin *transferiert* wurden. Der reale und historische Ort wurde an einen anderen verlegt, an dem diese Geschichte sich ebenso hätte abspielen können.

Gezeigt werden sollte, wie unterschiedliche Schauplätze aus den jeweiligen Texten ausgewählt und zum Ziel der literarischen Spaziergänge gemacht wurden. Dabei sollte mit der Auswahl der Beispiele deutlich werden, welchen Stellenwert der Schauplatz bzw. die Art des Schauplatzes für die Konzeption der Veranstaltung hat (denkt man beispielsweise an Tetzners Treppenhaus).

Doch ein Aspekt bei dieser Schauplatzsuche wurde bisher außer Acht gelassen, auch wenn er bereits Erwähnung fand: Alle Schauplätze stammen aus literarischen Vorlagen, sind also fiktional gestaltete Räume, Orte, Landschaften. In der Veranstaltung werden sie jedoch real gesucht. Diese Problematik soll nachfolgend reflektiert werden.

8 Nominiert für den DJLP (Deutschen Jugendliteratur Preis) 1996, stand das Bilderbuch verwirrenderweise in der Sparte Sachbuch, obwohl der Text keine reale Lebensgeschichte zum Vorbild hat noch ein Glossar zur Zeitgeschichte beinhaltet etc.

4.1 Authentizität und Fiktionalität

Die Weidendammer Brücke, auf der Erich Kästners Pünktchen und Anton Streichhölzer verkaufen, gibt es wirklich. Aber erlaubt ein authentischer Schauplatz den Rückschluss auf die Authentizität der Geschichte? Immer wieder wird man von Kindern und Jugendlichen gefragt: Ist denn die Geschichte wahr?

In seinem Vorwort zu *Pünktchen und Anton* schreibt Erich Kästner, er habe die Grundidee für den Roman der Zeitung entnommen und sie dann ausgebaut. Er begegnet vermuteten Einwänden: „Nun stellen sich aber viele Leser, große und kleine, breitbeinig hin und erklären: ‚Sehr geehrter Herr, wenn das, was Sie da zusammengeschrieben haben, nicht passiert ist, dann läßt es uns eiskalt'. Und da möchte ich antworten: ‚Ob es wirklich passiert oder nicht, das ist egal: Hauptsache, daß die Geschichte wahr ist! Wahr ist eine Geschichte dann, wenn sie genau so, wie sie berichtet wird, wirklich hätte passieren können.'" (Kästner 1935, 9)

Kästner bringt das komplexe Problem kindgerecht auf den Punkt. Seine Aussagen über den Wahrheitsgehalt von Literatur lassen sich problemlos auf die Frage nach der Authentizität der Orte übertragen. Wichtig erscheint eines: Unternimmt man mit Kindern oder Jugendlichen *Literarische Spaziergänge,* sollte man immer diese Problematik thematisieren. Denn welchen Sinn machte es, sich auf literarische Spurensuche zu begeben und so zu tun, als hätte sich die Geschichte an diesem Ort wirklich ereignet?

Die Veranstaltungsform *Literarische Spaziergänge* mag zu dieser – provokant formuliert – Wundertütenpädagogik verleiten. Doch äußerst fragwürdig erscheint es, Kindern diese Fiktion der Fiktion vorzuspielen. Und fraglich ist auch, ob die Kinder wirklich dabei ein größeres Vergnügen erleben. Angenommen, es gäbe irgendwo auf der Welt Rowlings Internat Hogward wirklich und man würde einen Ausflug dorthin unternehmen. Was könnte man dort erleben? Außer einem staunenden Gang, der wie durch ein Museum führen würde, wäre die Inspektion des Ortes wahrscheinlich enttäuschend. Denn obwohl man sich nun an diesem originalen Ort befände, könnte man noch lange nicht mit Besen fliegen oder ähnliche phantastische Abenteuer erleben wie der bewunderte Harry Potter. Und keinesfalls – um noch ein anderes Beispiel mit einem weniger phantastischen Schauplatz zu wählen – erlebt man eine so spannende Verfolgungsjagd wie Emil und seine detektivischen Freunde, fährt man die literarische, aber auch in Berlin nachvollziehbare Original-Strecke der Diebe ab.

Die Aura eines Ortes, um den Benjaminschen Begriff anzuwenden, überträgt sich nicht auf Kinder. Die Spaziergänge müssen hier etwas Eigenes leisten.

4.2 Spazierend balancieren lernen

Einige wichtige konzeptionelle Stichworte zu den Spaziergängen sollen nochmals zusammenfassend genannt werden:

- Die Spaziergänge sind als außerschulische Veranstaltung konzipiert und dienen der Leseförderung. Leistungsnachweise und Beurteilung sind hier nicht vorgesehen.
- Die Veranstaltung dreht sich jeweils um einen literarischen Text. Der Spaziergang ersetzt allerdings keinesfalls die eigene Lektüre.
- Der Spaziergang rekonstruiert nicht die Handlung des Buches, spielt die Geschichten nicht nach, sondern entwickelt eine eigene Dramaturgie, die sich thematisch oder ästhetisch an dem Text orientiert.
- Die Spaziergänge stellen Bücher in den Kontext der eigenen Lebensumgebung der Kinder.
- Die Literarischen Spaziergänge erweitern thematische Aspekte des Textes, liefern beispielsweise historisches Wissen und stadtgeschichtliche Hintergründe, die das Verständnis des vorgestellten Buches vertiefen.
- Kreative Aufgaben erlauben es eigene Ausdrucksformen zu finden, das Erlebte in Worte, Bilder oder mediale Umsetzungen zu fassen.
- Die Literarischen Spaziergänge sind ein unterhaltsames und gemeinschaftliches Erlebnis, eine kleine Reise durch die Stadt oder Landschaft, die Kultur, die Geschichte und zu sich selbst.
- Und: Mittels der Literarischen Spaziergänge lässt sich früh üben, was die mediale Umwelt zu meistern verlangt.

Mit dem letzten Punkt ist eine Aufgabe angesprochen, die zunehmend an Bedeutung zu gewinnen scheint: Mit der fortschreitenden Medialisierung der kindlichen Welten geht die fortschreitende Durchdringung des realen (kindlichen und jugendlichen) Lebens mit virtuellen Bildern, Spielen und Erlebnisräumen einher. Diese gesellschaftliche Entwicklung mag man kulturpessimistisch verdammen, rückgängig zu machen ist sie jedoch nicht mehr. Man muss ihr vielmehr adäquat begegnen. Und hierin liegt das Potential dieser skizzierten Veranstaltung. Kinder und Jugendliche können spielerisch erfahren, wahre und fiktive Geschichten auseinander zu halten, nebeneinander zu stellen und zu vergleichen. Um die Trennlinie zwischen Fiktion und Fiktion der Fiktion, die immer unschärfer wird, wieder besser erkennen zu können, muss man auf ihr spazieren gehen lernen.

4.3 Erprobt, aber nicht untersucht

Die literarischen Spaziergänge sind inzwischen reichlich erprobt. Rund 250 Veranstaltungen mit Kindern und Jugendlichen bin ich in meinem rund zehnjährigen

Spaziergängerinnenleben gegangen, die Fortbildungen und Tagungen mit erwachsenen Gehlustigen nicht mitgerechnet. Die Spaziergänge haben sich in der Praxis – in dem Literaturhaus und in den Schulen – bewährt.

Auch wenn man nicht an einem Ort wie Berlin wohnt, mit seinen unzähligen literarischen Bezügen, Adressen, Rechercheangeboten und zur Verfügung stehenden Materialien, erscheint es gut möglich, literarische Spaziergänge durchzuführen (wie es durch den Schauplatz-Transfer bei dem Spaziergang *Die große Angst* oder durch die Wahl von Büchern mit *exemplarischen Orten* wie bei Lisa Tetzner deutlich gemacht werden sollte).[9]

Eine genauere Untersuchung der Veranstaltung, die zum Beispiel die lesefördernde Wirkung misst, fehlt bisher. Hierfür bräuchte man weitere Dokumentationen dieser Arbeitsweise und neue Materialien, die erlauben, überall zu spazieren. Ein literarischer Reiseführer, dezidiert für Kinder- und Jugendliteratur, wäre eine hilfreiche Arbeitsgrundlage. Neue Wege könnten sich auch für die Literaturdidaktik eröffnen. Jutta Wermke stellt in ihrem Aufsatz *Sehenswürdigkeit und Landschaft oder Wozu literarische Reiseführer?* (Wermke 2002, 174) diese boomende Publikationsform als „Mittel der ästhetischen Erziehung" vor (ebd, S.171) und zeigt damit Möglichkeiten einer neuen methodischen Herangehensweise auf. Die Arbeiten von Gina Weinkauff (1999) zum Schauplatz Stadt oder Carsten Gansels Überlegungen zu der Wirklichkeit der (literarischen) Städte (1999) beinhalten hilfreiche theoretische Überlegungen. Ebenso bieten die Literaturdidaktik und die Kreativitätsforschung wesentliche Ansatzpunkte und „paradoxe" Aufgaben (Wermke 1994). Neben diesem Wunsch nach einer zukünftigen Spaziergangsforschung sollten auch die Spaziergänge selbst methodisch weitergeführt werden, um neue Räume zu erkunden. Beispielsweise könnten die phänomenologischen Überlegungen von Gaston Bachelard genutzt werden, um die *Poetik des Raumes* (1960) ‚praktisch' zu erkunden.

Für diese neuen Aufgaben sei noch einmal auf Walter Benjamin verwiesen. Sein geschichtsphilosophischer Blick ruhte auf dem Flaneur, der mit seiner Schildkröte durch das Paris des 19. Jahrhunderts promenierte. Neugierig betrachtet der Flaneur bei dem Spaziergang seine Umgebung: Und „der Raum blinzelt den Flaneur an: Nun, was mag sich in mir wohl zugetragen haben?" (Benjamin 1983, Bd. 1, 527).

9 Der *Literarischer Führer durch Deutschland* (1995) oder die Reihe *Literarische Stadtpläne* (2001) des Verlages Jena können aber als Grundlagenwerke bezeichnet werden.

Literatur

Primärliteratur

Brüder Grimm/ Klaus Ensikat 1994: Die Bremer Stadtmusikanten. Berlin u.a.
Hoestlandt, Jo / Kang, Johanna (1995): Die große Angst unter den Sternen. München u.a.
Kästner, Erich (113. Aufl.) 1935: Pünktchen und Anton. Zürich
Kozik, Christa 1994 (5. überarb. Aufl.): Der Engel mit dem goldenen Schnurrbart. Berlin u. a.
Tetzner, Lisa 1987: Die Kinder aus Nr. 67. (Bd. 1/2; u. 7/8). Aarau u.a.
Walser, Robert 1973: Der Spaziergang. Ausgewählte Geschichten und Aufsätze. Zürich

Sekundärliteratur

Bachelard, Gaston (1960) 2003: Poetik des Raumes. Frankfurt a.M.
Benjamin, Walter 1983: Das Passagenwerk. Hrsg. von Rolf Tiedemann. 1. Bd. Frankfurt a.M.
Gansel, Carsten 1999: Wand an Wand oder Die Grenze als literarische Kategorie. Berlin und seine Kinder als literarischer Ort. In: LesArt 1999, S. 34-47
Hamman, Christoph 1998: Learning by going 2. Die Revolution von 1848 in Berlin. 1848 – 1948. (Berliner Institut für Lehrerfort- und -weiterbildung) Berlin
LesArt (Hrsg.) 1998: Berliner Zentrum für Kinder- und Jugendliteratur. Von Alex bis Zoo. Auf den Spuren literarischer Figuren. Berlin
LesArt 1999: „Det verwächst sich ...?" Kiezkindheit und Großstadtjugend in literarischen Texten mit Schauplatz Buch. Kinder- und Jugendbücher von 1949-1999. Berlin
LesArt 2003: Von A wie Alphabet bis Z wie Zauberwort. Arbeitsweisen, Erfahrungen, Ideen, Offenbarungen, Urteile. Berlin
Literarischer Führer durch Deutschland 1996: Ein Insel-Reiselexikon für die Bundesrepublik Deutschland und Berlin. Frankfurt a.M.
Literarisches Berlin 2001: Dichter, Schriftsteller und Publizisten. Wohnorte, Wirken und Werken. [Reihe: Literarische Stadtpläne] Jena
Mattenklott, Gundel 1988: Literarische Spaziergänge: Berlin – Vom alten in den neuen Westen. Berliner Institut für Lehrerfort- und -weiterbildung. Berlin
Rams-Schumacher, Barbara / Gerhard *Voigt* 1988: Lesegänge. Fontane – Kästner – Hey. Drei literarische Wandertage für Sekundarstufen. Berliner Institut für Lehrerfort- und -weiterbildung. Berlin
Roeder, Caroline 1998: Um uns die Stadt. Literarische Spaziergänge mit Schauplatz Berlin. In: LesArt (Hrsg.) 1998, S. 7-13

Rouvel, Claudia 1995: „Macht nicht, Leute, was wir erlebt haben, kann uns keiner nehmen..." Von den Verwandlungen märchenhaft-phantastischer DDR-Kinderbücher. In: Renate Raecke/ Ute D. Baumann (Hrsg.): Zwischen Bullerbü und Schewenborn. Auf Spurensuche in 40 Jahren deutschsprachiger Kinder- und Jugendliteratur. Arbeitskreis für Jugendliteratur: München, S.177-186

Weinkauff, Gina 1999: Die Großstadt Berlin in der Kinder- und Jugendliteratur. Symbolische Raumorientierung oder Ist Berlin nur eine Illusion? In: LesArt 1999, S. 18-33

Wermke, Jutta 1994: Kreativität als paradoxe Aufgabe. Entwicklung eines Konzepts der Kreativität und ihrer Förderung durch Literatur. (Bd. 1) Weinheim

Wermke, Jutta 2002: ‚Sehenswürdigkeit' und ‚Landschaft' oder Wozu literarische Reiseführer? In: Jutta Wermke (Hrsg.): Wege durch Europa. Reisen und Reiseliteratur im fächerübergreifenden Unterricht. (Bd. 2, Sekundarstufe II). Hohengehren, S. 158–179

Volker Frederking (Erlangen-Nürnberg) **Lesen und Leseförderung im medialen Wandel** Symmedialer Deutschunterricht nach PISA

Die fachspezifische Medienintegration und Medienreflexion ist seit den neunziger Jahren in immer stärkerem Maße in den Mittelpunkt deutschdidaktischer Diskussionen gerückt (vgl. Wermke 1997). Das Symposion Deutschdidaktik in Jena 2002 hat diese Entwicklung auf eindrucksvolle Weise bestätigt. Mit der PISA-Studie sind andere Problembereiche in den Fokus der disziplinären wie gesellschaftlichen Aufmerksamkeit getreten. Die Mediendidaktik Deutsch hat diesem Prozess und seinen Implikationen in meinem Urteil aus didaktischen wie aus strategischen Aspekten Rechnung zu tragen und sich zu positionieren. Die didaktischen Gründe haben ein fundamentum in re, wie sich im Fortgang meiner Ausführungen hoffentlich zeigen wird, die strategischen ergeben sich aus dem Sachverhalt, dass die durch PISA ausgelösten Debatten die Integration von Medien in den immer noch sehr einseitig buchdominierten Deutschunterricht zunehmend aus dem Blickfeld der didaktischen Agenda rücken könnten. Diese Konsequenz wäre fatal, weil der Deutschunterricht in mediendidaktischer Hinsicht (und damit implizit auch in Bezug auf die Lesekompetenz deutscher Schüler(innen) in einer globalisierten Mediengesellschaft) im Vergleich mit dem Muttersprachenunterricht anderer Länder - gerade im angloamerikanischen und skandinavischen Raum - noch weiter den Anschluss an internationale Standards verlieren würde.

Vor diesem Hintergrund möchte ich nachfolgend im Grundansatz Möglichkeiten einer medienspezifischen Förderung von Lesemotivation und Lesekompetenz im Deutschunterricht skizzieren. Ohne Spezifika im vorliegenden Kontext detaillierter erörtern zu können – dies muss einer umfassenderen späteren Publikation vorbehalten bleiben –, schlage ich zur Bezeichnung der damit verbundenen fachspezifischen mediendidaktischen Interaktionen das Epitheton ‚symmedial'[1] vor. Denn so fruchtbar die Begriffe ‚Medienintegration' bzw. ‚medienintegrativ' im Kontrast zum buchdominierten Standarddeutschunterricht heuristisch gewesen sind, medientheoretisch lässt sich m.E. berechtigt einwenden, dass der Deutschunterricht - wie jeder andere Fachunterricht mehr oder wenig auch – immer schon medienintegrativ gewesen ist, versteht man Stimme und Buch als das, was sie

1 Der Begriff ‚symmedial' bezieht sich in Erweiterung des von Matthias Berghoff (1998, 283) für den Computer geprägten Begriffs ‚Symmedia' auf das gesamte Spektrum medialer Optionen, d.h. auf ‚alte' wie ‚neue' Medien.

sind: als Medien. In diesem Sinne böte sich alternativ die Bezeichnung ‚medienreflexiv' für einen Deutschunterricht an, der sich seiner prinzipiellen medialen Bedingtheit bewusst ist. Allerdings könnte mit dieser Bezeichnung fälschlich der Eindruck entstehen, als hätten emotionale, ästhetische, kreativ-handelnde Elemente darin keinen Platz. Die Begriffe ‚Multimedia' bzw. ‚multimedial' sind aus anderen Gründen problematisch. Zwar wird mit ihnen den vielfältigen medialen Optionen von Computer und Internet entsprochen. Allerdings ist ‚multimedial' im öffentlichen Diskurs zu einem Terminus technicus für ‚Neue Medien' avanciert. Auch wird von vielen eher ein bunter, nicht unbedingt sinnvoll arrangierter Medienmix assoziiert. Die Begriffe ‚Intermedialität' und ‚intermedial' sind demgegenüber weniger vorbelastet und erfassen terminologisch auch adäquat die medialen Verweisstrukturen z.B. auf Buch, Radio, Film, Fernsehen etc.. Allerdings stehen hier in zu starkem Maße die medialen Binnenstrukturen im Focus, während das Spezifikum des mit dem Computer verbundenen medialen Wandels, die Generierung technischer Integrationsmöglichkeiten, nicht hinreichend erfasst wird. Als Alternativbegriff bietet sich vor diesem Hintergrund in meinem Urteil das Attribut ‚symmedial' an. Dieses soll einen Deutschunterricht kennzeichnen, in dem im Wissen um dessen prinzipielle mediale Konstituiertheit auf analytisch-diskursive wie handelnd-produktive Weise versucht wird, der Pluralisierung der medialen Produktions- und Rezeptionsmodi in didaktisch reflektierter Weise zu entsprechen und Schüler(inne)n sprachliche und literarische Bildungserfahrungen in vielfältigster Form zu ermöglichen. Dabei betont ‚symmedial' - anders als die Bezeichnung ‚multimedial' in meinem Verständnis -, dass damit kein beliebiges Nebeneinander von digitalen medialen Optionen verbunden ist, sondern das sinnvolle, durch einen didaktischen Mehrwert spezifizierte Aufeinanderbezogensein ‚alter' wie ‚neuer' Medien im Unterrichtsprozess. Im Unterschied zu intermedial trägt symmedial in stärkerem Maße der auf Komplementarität, Integration und Synergie gerichteten Beschaffenheit des mit den neuen Digitalmedien verbundenen medialen Paradigmenwechsels Rechnung.

Welcher Zusammenhang zwischen einem in diesem Sinne verstandenen symmedialen Deutschunterricht und dem durch PISA intensivierten Diskurs um Möglichkeiten zur Förderung des Leseinteresses besteht, soll im Rahmen dieses Aufsatzes geklärt werden. Eine medien- bzw. lesegeschichtliche Selbstvergewisserung bildet hierfür den geeigneten Ausgangspunkt.

1. Historische Spurensuche. Lesen im medialen Wandel

Lesen, verstanden als zivilisationstypische Technologie der Informationsverarbeitung (vgl. Haarmann 1990, 15), als verstehende Verarbeitung geschriebener Zeichen, d.h. jenes künstlichen menschlichen Zeichensystems, als das die Schrift verstanden werden kann, ist in allen historischen Ausprägungen ein medial konstituierter Modus der Welterschließung gewesen (vgl. Greber/Ehlich/Müller 2002). In gewisser Hinsicht war Lesen lange Zeit ‚symmedial' geprägt, d.h. durch die Verbindung verschiedener medialer Modi gekennzeichnet, wie noch zu zeigen sein wird. In jedem Fall ging der Wandel seiner medialen Grundlagen nicht selten mit Verlusthypothesen einher. Das zeigt sich bereits in den Anfängen. Der erste für das Lesen zentrale mediale Paradigmenwechsel ist gleichzeitig dessen Geburtsstunde: die Erfindung der Schrift. Diese ist nicht das Resultat gesamtgesellschaftlicher Prozesse in den jeweiligen Entstehungskulturen. Schrift hat zwar jeweils sehr bald nach ihrer Entstehung weltlichen und künstlerischen Zwecken gedient. Ihre Entstehung aber geht auf sakral-religiöse Motive zurück (vgl. Haarmann 1990, S.70ff.). Sieht man von den vorskriptografischen Bildtechniken der Steinzeitmenschen, der Indianer oder der Atzteken und den Symboltechniken der Altsteinzeit oder der Inkas ab (vgl. Haarmann 1990, 21ff.), lassen sich mehrere kulturgeschichtliche Entwicklungsstufen der Schrift bzw. der Literalität unterscheiden: die altbalkanische Schrift der Vinca-Zivilisation auf Ton (ca. 5300 v.Chr.), die altkretischen Hieroglyphen auf Ton (ca. 3. Jhrt. v.Chr.), die Keilschrift der Sumerer auf Ton (ca. 4. Jhrt. v.Chr.), die Hieroglyphen der Ägypter auf Baumrinde bzw. Papyrus (ca. 4. Jhrt. v.Chr.), die Zeremonialschrift der Indus-Kultur auf Tierknochen (3. Jhrt. v.Chr.), die Scapulomantik der chinesischen Shang-Dynastie auf Tierknochen (ca. 13. Jhrh. v.Chr.) sowie die zumeist auf Pergament festgehaltenen Alphabete der Phönizier (ca. 17. Jhrh. v.Chr.), der Griechen (ca. 9. Jhrh. v.Chr.), der Hebräer (ca. 9. Jhrh. v.Chr.), der Etrusker (ca. 8. Jhrh. v.Chr.), der Aramäer (ca. 8. Jhrh. v.Chr.), der Römer (7. Jhrh. v.Chr.) und der Araber (ca. 6. Jhrh. n.Chr.) (vgl. Haarmann 1990, 70ff.).

Mit diesen auch medial konstituierten Geburtsmomenten der Schrift- bzw. Lesekultur vollzieht sich ein phylogenetisch zentraler Paradigmenwechsel, der Übergang von der Oralität zur Literalität. Nach Walter Ong (1982, 81f.) geht damit die Generierung einer spezifischen, literal geprägten Bewusstseinsform einher: „Mehr als jede andere Erfindung hat das Schreiben das menschliche Bewußtsein verändert. Das Schreiben ermöglicht das, was man „kontextfreie" Sprache oder „autonomen" Diskurs nannte, einen Diskurs also, der nicht wie die orale Rede befragt oder angefochten werden kann, weil er sich nämlich von seinem Autor unabhängig gemacht hat." So wurde der schreibende wie lesende Gebrauch der Schrift schon von den Sumerern als ‚hohe Kunst' (Haarmann 1990, 13) gepriesen. Diese Wertschätzung durchzieht die gesamte Geschichte der Schriftkulturen. Noch heute gilt vielen Kulturhistorikern Schrift- und damit Lesekultur als wesentliches Merkmal von Hochkultur bzw. Zivilisation.

Gleichwohl ist die Konstituierung des literalen Paradigmas keinesfalls unisono als Meilenstein kultureller Progression verstanden worden. Die älteste literal überlieferte Gegenposition stammt von Sokrates, wie ihn uns Platon vermittelt hat. Gegenüber dem ägyptischen Gott ‚Theuth', der dem Mythos nach neben den Zahlen, der Rechenkunst und der Astronomie auch die Schrift erfunden hat, lässt Sokrates im Phaidros-Dialog Thamus, einen ägyptischen König, das Kernargument der oralen Tradition formulieren: „Diese Erfindung wird den Seelen der Lernenden [...] Vergessenheit einflößen aus Vernachlässigung der Erinnerung, weil sie im Vertrauen auf die Schrift sich nur von außen vermittels fremder Zeichen, nicht aber innerlich sich selbst und unmittelbar erinnern werden; [...] und von der Weisheit bringst du deinen Lehrlingen nur den Schein bei, nicht die Sache selbst." (Platon ca. 365 v. Chr., 55 [Stephanus-Nummerierung: 274e-275b])

In diesen Worten von Sokrates bzw. Thamus erhebt sich noch einmal die Tradition des lebendig gesprochenen Wortes gegen die aufziehende Welt der toten Buchstaben. Gleichwohl war der Siegeszug der Schrift bzw. der schriftbasierten Welt nicht aufzuhalten. Bereits Sokrates' Schüler Platon und Aristoteles nutzten das neue Medium des Selbstausdrucks, Platon in seiner Niederschrift der sokratischen Dialoge paradoxerweise zur Perpetuierung des letzten bedeutenden Repräsentanten oraler Tradition.

In der hellenistischen und in der römischen Kultur errang die Literalität zumindest in den gebildeten höheren Schichten eine exponierte Bedeutung und rückte ins Zentrum des kulturellen Selbstverständnisses. Schreiben und Lesen stellten Alltagskompetenzen der städtischen Oberschicht dar (vgl. Cavallo/Chartier 1995, 26ff.) - anders als im nachfolgenden ersten christlich geprägten Jahrtausend, in dem Literalität zumeist dem Klerus vorbehalten blieb. Endgültig reüssieren konnte die Welt der Schreibens und Lesens dennoch erst im aufsteigenden christlichen Paradigma, in dem Schriftlichkeit partiell zum Synonym von Heiligkeit avancierte. Denn nach christlicher Diktion war die Bibel als ‚Heilige Schrift' zu verstehen, als schriftlich geronnene, lesend zu erschließende göttliche Offenbarung (vgl. Giesecke 1991, 244ff.; Wenzel 2000b, 15ff.). Abb. 1 zeigt eine griechische Handschrift des Neuen Testaments auf Pergament aus dem 13. Jhr., aufgeschlagen ist eine Passage aus dem Johannesevangelium (Johannes 1,23 – 34).

Abb. 1

Dabei bildete das individuelle, leise, intime Lesen die Ausnahme. Lesen blieb vielmehr über viele Jahrhunderte mit der Stimme und damit dem Medium des alten, oralen Paradigmas verbunden. Lesen war in diesem Sinne ein symmedial konstituierter Prozess, der altes und neues Medium, Stimme und Schrift, miteinander verband. Wer las, tat dies nämlich zumeist laut, *alta voce*, wie Erich Schön in seiner Kultursoziologie des Lesens bzw. des Leseglücks erläutert (1996, 155ff.; 2001, 5). Nach Jesper Svenbro (1995, 62) ist das „oralisierte Lesen" sogar die „Urform des Lesens" überhaupt. Das galt schon für die ersten Hochphasen individualisierter Leseprozesse im Hellenismus und im Römischen Reich, auch wenn nach Svenbro (1995, 62) das „stille Lesen" in der griechischen Antike als Rezeptionsmodus entdeckt und auch vereinzelt praktiziert wurde. Doch löste dieses noch zu Zeiten des Römischen Reiches durchaus Erstaunen aus. So berichtet Augustinus (397, 150f.) über den hl. Ambrosius nicht ohne Irritation: „Wenn er las, schweifte sein Blick über des Buches Seite und forschte sein Geist nach dem Sinn, während er schwieg. [...] Er mochte sein leises Lesen wohl auch deshalb sich angewöhnt haben, damit er nicht genöthigt werde, einem neugierigen aufmerksamen Zuhörer dunkle Stellen des von ihm eben gelesenen Buches zu erklären, oder sich auf schwierige Fragen einzulassen und so im Vollbringen dessen, was er zu lesen unternommen hatte, bei der ihm gegönnten Zeit verhindert zu werden. Vielleicht las er aber leise, um seine Stimme zu schonen, die leicht heiser wurde."

Dennoch galt das laute Lesen, das den ganzen Körper und alle Sinne mit einbezog, gegenüber dem leisen, ‚körperlosen', allein durch die Augen bestimmten Lesen als höhere Rezeptionsform. So behielt das Medium Stimme im Akt des Lesens bis ins hohe Mittelalter hinein eine exponierte Bedeutung: als *ruminatio,* dem meditativ-rhythmisch, leise wiederholenden Lesen, und in der nachantik verbreitetsten Form der lesenden Welterschließung: als *lectura* - habituelle Wurzel der heutigen Vorlesung. Diese realisierte sich im Vorlesen und Auslegen, ganz im Sinne der doppelten Bedeutung von *legere* als ‚Lesen' und ‚Lehren' (vgl. Hamesse 1995, 160). Abb. 2 zeigt eine typische Leseszene im Mittelalter: Theologische Unterweisung, Textexegese durch den Repräsentanten der Kirche, gleichsam *ex cathedra*.

Abb. 2

Nur wenigen erschien diese Art der lesenden Unterweisung vom Katheder herab suspekt – bis in unsere Tage. Allerdings gab es auch kritische Stimmen, die

Lesen und Erfahrung kontrastiv gegenüberstellten, so der Theologe und Mystiker Meister Eckhart mit seinem berühmten Monitum: „Ein Lebemeister ist mehr denn tausend Lesemeister." (Pfeiffer 1906, 599,19f.) Hier klingen Reste jener Tradition an, die - wie Sokrates - das lebendige Wort dem toten Buchstaben überordneten bzw. dieses zumindest als gleichrangig betrachteten – bei Eckhart überhöht durch eine ontologisch fundierte Sprachmystik, die sich im *sermo mysticus* realisiert (vgl. Ruh 1982, 360).

Doch der Siegeszug der Schrift und damit des Lesens war unaufhaltsam. Dies gilt auch für das im Mittelalter bereits verbreitete individuelle leise Lesen (vgl. Saenger 1995, 181ff.). Dieses war allerdings den gebildeten Schichten, vor allem den Mönchen, vorbehalten. Außerdem drohten hier - medial bedingt - aus dem Blickfeld religiöser Orthodoxie durchaus Gefahren: Schon Bernhard von Clairvaux (ca. 1112-1153) hatte ikonoklastisch vor der *concupiscentia oculorum*, der Augenlust, gewarnt. Diese genieße am symbolischen Gegenstand die sinnenhafte Erscheinung mit und verliere dabei Gott aus dem Blick. Tatsächlich luden die kunstvollen farbigen Verzierungen zu etwas ein, was auch heute noch gerade in philologisch-wissenschaftlichen Kreisen partiell verpönt ist, wie Hans Robert Jauß (1982, S.31ff.) gezeigt hat: der ästhetische Genuss. Allerdings hatten diese Bild-Text-Verbindungen nach Wenzel (2000b, 50) durchaus auch eine verständniserleichternde und damit pädagogisch-theologisch-erkenntnistheoretische Funktion: „Die integrative Verwendung von Schrift und Bild ist ein Charakteristikum mittelalterlicher Handschriften, und vieles deutet darauf hin, daß es sich nicht nur um eine bildliche Ausstattung für *illitterati* handelt, sondern auch um eine Entlastung des Lesers, um eine Form der Visualisierung, die der optischen Präsentation der Schrift zumindest einen Teil der visuellen Komplexität unmittelbarer Anschauung zurückzugeben versucht." (Wenzel 2000b, 50)

Doch gleich ob das von Jauß betonte ästhetische Genussmoment oder die von Wenzel akzentuierte epistemologische Dimension tatsächlich von stärkerer Bedeutung war: Mit der Erfindung der Buchdruckkunst wich die Bilder- und Farbenfülle der mittelalterlichen Handschriften und damit die symmediale Verbindung von Text und Bild dem Schwarz-auf-Weiß der monomedial bzw. printmedial geprägten Neuzeit (vgl. dazu Flusser 1978, 21ff.; Giesecke 1991, 624ff.; Ernst 1994, 397f.; Wenzel 2000a, 7) - ob gewollt oder ungewollt, lassen wir einmal dahingestellt. In jedem Fall lenkten Gutenbergs Druckerzeugnisse den Blick auf den literalen Kern zurück – denn Farbdruck für Massenprodukte gibt es erst in unseren Tagen. Dafür leitete Gutenberg einen Paradigmenwechsel ein. Dieser hatte auf der einen Seite eine Pluralisierung der Lesestoffe zur Folge, wie schon Herder feststellte (1797, 92f.), auf der anderen Seite aber auch eine radikale Individualisierung des Lesens für breitere Kreise– exemplarisch ins Bild gesetzt von G.A. Hennig in seinem Gemälde *Læsende pige* (Lesendes Mädchen) aus dem Jahre 1828 (Abb. 3). Dabei war das individualisierte Lesen natürlich keinesfalls nur

Abb. 3

dem weiblichen Geschlecht vorbehalten. Eine Passage aus Karl Philipp Moritzs Entwicklungsroman ‚Anton Reiser' (1785, 18) zeigt dies exemplarisch: „Seine Begierde zu lesen war nun unersättlich. [...]. Durch das Lesen war ihm [...] eine neue Welt eröffnet, in deren Genuß er sich für all das Unangenehme in seiner wirklichen Welt einigermaßen entschädigen konnte."

Zugleich trat eine neue Form der Vorlesesituation in den gebildeten bzw. aristokratischen Kreisen in Erscheinung – besonders verbreitet in der Empfindsamkeit, im Sturm und Drang, in der Klassik und Romantik: Vorlesen als Form literarischer Geselligkeit und ästhetischen Genusses (vgl. Abb. 4). Dazu exemplarisch ein Zitat aus den Lebenserinnerungen Goethes (1812/13, 469-470): „Die Damen wünschten mich lesen zu hören. [...] Ich war sogleich bereit, nur bat ich um Ruhe und Aufmerksamkeit auf mehrere Stunden. Dies ging man ein, und ich las an einem Abend den ganzen »Hamlet«". Doch diese salonartigen Formen literarischer Geselligkeit haben sich mit dem Siegeszug neuzeitlicher Rationalität sukzessive verflüchtigt. Was blieb, war in den folgenden Jahrhunderten aber immerhin eine Lesekultur auf individueller Ebene.

Abb. 4

Mit Radio, Film, Fernsehen, Computer und Internet hat das Buch im 20. Jahrhundert allerdings mächtige mediale Konkurrenten erhalten. Während Marcel Proust in seinen ‚Tagen des Lesens' noch schreiben konnte, es gäbe „vielleicht keine Tage unserer Kindheit, die wir so voll erlebt haben wie jene, [...] die wir mit einem Lieblingsbuch verbracht haben" (1905, 7f), würden viele Kinder und Jugendlichen der Gegenwart wohl eher intensive Stunden des Fernseh- oder Videoschauens oder des Computerspiels als genussvolle Momente ihrer individuellen Medienrezeption angeben – auch wenn sich dies nach dem durch die Harry-Potter-Bände ausgelösten Leseboom verändert haben könnte. In jedem Fall haben Studien seit den achtziger Jahren den Nachweis erbracht, dass sich durch Film und Fernsehen die Lesesozialisation von Kindern und Jugendlichen sowie die Lesegewohnheiten der Erwachsenen merklich verändert haben (vgl. Meyrowitz 1985; Bonfadelli 1986; 1999; *Baacke/ Frank/ Radde* 1989; Hurrelmann 1991, 270ff.; 1995 17ff.; 1999, 106ff.; Saxer/ Langenbucher/ Fritz 1989).

Mit dem Anbruch des Computerzeitalters ist die Geschichte des Lesens in eine neue Phase eingetreten. Tatsächlich sind die durch die Digitalmedien bedingten Veränderungen paradigmatisch. Der Medienphilosoph Norbert Bolz (1993) hat programmatisch vom Ende der Gutenberg-Galaxis und – in Anlehnung an den legendären Pionier der Computertechnologie Alan Turing - vom Anbruch der Turing-Galaxis gesprochen. Nach Vilém Flusser (1989, 53) wird die durch den Computer eingeleitete digitale Revolution das Lesen im traditionellen Sinne sogar an sein Ende bringen: „Das Lesen von Buchstaben wird künftig als Symptom von Rückständigkeit gelten, wie etwa in der Neuzeit ein magisch-mythisches Verhalten". Grundlage dieser These ist ein Fünf-Stufen-Modell der menschlichen Evolution, nach dem wir uns im Übergang von der vor viertausend Jahren eingeleiteten vierten, narrativ-historisch-linear-textuell geprägten Entwicklungsstufe des *homo sapiens* zu einer fünften Stufe befinden, der „des Kalkulierens und des Komputierens" (Flusser 1985, 11). Auf dieser erweisen sich Texte als unzulänglich, da sie keine anschaulichen Bildvermittlungen mehr erlauben und sukzessive durch ‚technische Bilder' ersetzt werden, d.h. solche, in denen „Punktelemente zu scheinbaren Bildern eingebildet werden" und ein „komputiertes Universum" (Flusser 1985, 14) generieren.

Ob diese in der Geburtsphase der PC-Revolution getroffene Prognose zutreffend sein wird, ist zum gegenwärtigen Zeitpunkt nicht eindeutig zu beantworten. Auf kurze Sicht hat sie sich jedenfalls noch nicht bestätigt. Im Gegenteil: Zumindest quantitativ haben sich die Lesegewohnheiten durch den Siegszug der neuen Medien scheinbar kaum gewandelt, wie empirische Erhebungen aus den neunziger Jahren gezeigt haben. Der Anteil der ‚Leser(innen)', die angeben, in den letzten 12 Monaten zumindest ein Buch gelesen zu haben, lag 1996 und 1999 gleichbleibend bei 69% (vgl. Infas 1999, 6; vgl. Abb. 5). Immerhin 80% der Befragten gaben 1999 an, dass sich ihre Lesegewohnheiten durch die Nutzung der neuen Digitalmedien nicht verändert

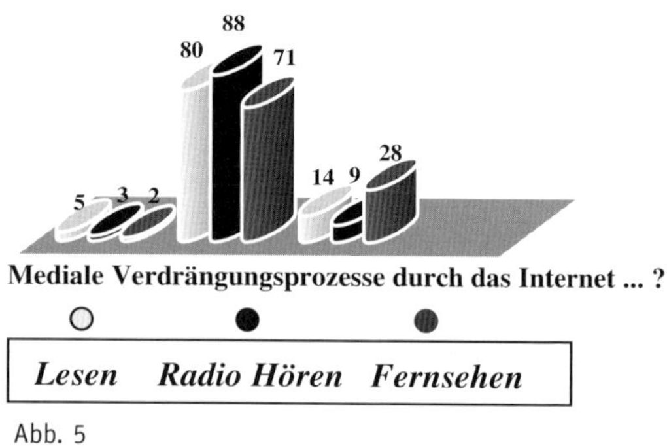

Abb. 5

haben, nur 14% sehen eine Abnahme ihrer Leseintensität, 5% stellen sogar eine Zunahme fest. Das Internet scheint vor allem mit dem Fernsehen zu konkurrieren: 28% der Befragten machten deutlich, aufgrund des neuen Mediums Computer bzw. Internet weniger fernzusehen (Quelle: ARD/ZDF-Arbeitsgruppe Multimedia 1999, 412).

Nicht die Verdrängungs-, sondern die Ergänzungsthese scheint sich nach gegenwärtigem Stand der Erkenntnisse damit in Bezug auf das Lesen im Computerzeitalter zu bewahrheiten. In jedem Fall sind es weniger Zeitdauer und Intensität, als vielmehr die medialen Rezeptionsmodi des Lesens, die sich verändert haben. Wir lesen eben nicht mehr nur Bücher, Briefe und Zeitungen, sondern auch Seiten im Netz, E-Mails, Chat-Kommunikationen, SMS-Nachrichten usw. Lesen ist mit anderen Worten zu einem multimedial konstituierten Modus der Weltaneignung geworden. Zurecht gilt deshalb in der Leseforschung das Lesen auch und gerade im Kontext der Medien-, Wissens- und Informationsgesellschaft als Schlüsselkompetenz, die überhaupt erst die Voraussetzung für eine aktive Teilnahme an der mediatisierten Lebenswirklichkeit schafft (vgl. z.B. Rosebrock 1995; Christmann/Groeben 1999; Groeben/Hurrelmann 2002a, 2002b).

Dabei hat sich das Lesen aber auch qualitativ verändert. Es kehrt zu seinen symmedialen Ursprüngen zurück. Das gilt sowohl für die Verbindungen zur Oralität als auch zur Piktoralität. Während die Renaissance oralisierter Leseformen gegenwärtig zumeist noch auf den Rezeptionsprozess beschränkt ist, insofern es vor allem Hörbücher oder genussvolle Vorleserunden von Erfolgsbüchern wie Harry Potter sind, die reüssieren, sind Text-Bild-Korrespondenzen längst zu zentralen Elementen der zeitgenössischen Medienästhetik in Fernsehnachrichten, in der Werbung, in Musikvideoclips, in Computersoftware und im Internet avanciert.

2. Leseförderung im symmedialen Deutschunterricht nach PISA

Halten wir hier einmal inne und reflektieren die deutschdidaktischen Implikationen des bisher Entfalteten: So wie Schrift als Medium der Technisierung des Wortes seit ihrer Erfindung einem permanenten Entwicklungs- und Veränderungsprozess unterlag, wie Walter Ong gezeigt hat, ist die Geschichte des Lesens zugleich eine Geschichte der das Lesen jeweils konstituierenden medialen Präsentationsformen. Diese haben sich in der Gegenwart signifikant erweitert. Das Lesen eines Buches, seit Gutenbergs epochaler Erfindung das Leitmedium, ist nur noch eine unter vielen Formen lesender Welterschließung. Der Deutschunterricht hat dieser Pluralisierung der Produktions- und Rezeptionsmodi und der damit verbundenen Erweiterung seiner fachlichen Gegenstandsbereiche Rechnung zu tragen (vgl. dazu Frederking 2002, 143ff.). Ein symmedial ausgerichteter Umgang mit Sprache und Literatur erweist sich hierfür in meinem Urteil als Bedingung der Möglichkeit. Denn wenn Heranwachsende in ihren medialisierten privaten Lebens- und Erfahrungswelten Lesen in vielfältigen medialen Formen kennen lernen und praktizieren, ist eine Monomedialität, d.h. eine reine Buchorientierung bei der schulischen Lektürepraxis ein Anachronismus. Das aber heißt gleichzeitig: Die zeitgemäße Förderung des Leseverhaltens, der Lesekompetenz und der Leselust von Kindern und Jugendlichen sollte auf der Grundlage vielfältiger Medien erfolgen. Dass damit symmediale Formen des Lesens selbst in medial transformierter Form neu belebt werden, wie der kleine Ausflug in die Geschichte des Lesens gezeigt hat, verleiht diesen mediendidaktischen Bemühungen zur Leseförderung eine bislang nicht zur Kenntnis genommene geistes- bzw. mediengeschichtliche Tiefendimension.

Dies alles galt im Prinzip bereits vor PISA (vgl. Baumert et al 2001b), mit PISA haben sich allerdings die Begründungszusammenhänge noch einmal signifikant erweitert. Insbesondere die erkennbar gewordenen motivationalen Defizite deutscher Schüler(innen) im Zusammenhang mit dem Lesen bzw. im Umgang mit Texten sind hier zu nennen. Im Rahmen der PISA-Studie besitzt die Leselust eine exponierte Bedeutung im Kontext des Lesekompetenzmodells. Neben ‚Kognitiven Grundfähigkeiten', ‚Decodierfähigkeit' und ‚Lernstrategiewissen' ist das Leseinteresse als einer von vier Prädiktoren, d.h. konstituierenden Einflussfaktoren der Lesekompetenz, ausgewiesen und empirisch erhoben worden (vgl. Artelt/Stanat/Schneider/Schiefele 2001, 129). Angesichts dieser Schlüsselstellung der Lesemotivation ist es natürlich um so bedeutsamer, dass deutsche Schülerinnen und Schüler hier in besonders eklatanter Weise Schwächen gezeigt haben. In kaum einem anderen Land lesen 15-Jährige weniger gern. Der viertletzte Platz ist eindeutig (vgl. ebd. 114). Dabei ist in Deutschland der Zusammenhang zwischen mangelnder Lesekompetenz und mangelnder Leselust von allen getesteten Ländern der OECD am ausgeprägtesten. Aus diesem Grunde besteht hier im Urteil des PISA-Konsortiums - neben der Informationsverarbeitungskompetenz und dem darauf bezogenen Lernstrategiewissen - ein besonderer Ansatzpunkt für eine pädagogisch-didaktische Intervention (vgl. ebd, 134).

Dieser Befund lässt sich angesichts der geschlechtsspezifischen Differenzen der Lesemotivation noch präzisieren. Denn in diesem Zusammenhang werden fast noch alarmierendere Problemlagen erkennbar. So gibt es auch im OECD-Durchschnitt geschlechtsspezifische Unterschiede der Leselust. In Deutschland verschärft sich die Schieflage jedoch dramatisch. Bekennen sich im OECD-Durchschnitt immerhin noch 25,2 % der Jungen zu einer wie auch immer gelagerten Lesemotivation, schrumpft der Anteil in Deutschland auf 17,1 % (vgl. Stanat/Kunter 2001, 263). Es scheint: Lesen ist gerade für die Jungen einfach ‚uncool' bzw. reine ‚Mädchensache'.

Die Ursachen dieser allgemeinen wie geschlechtsspezifischen Leseunlust sind vielfältig. Einige Faktoren liegen im außerschulischen Bereich: Sozialstruktur,

Medialisierungsprozesse, familiale Strukturen etc.. Manche Ursachen allerdings sind eindeutig innerschulischer Natur. So haben empirische Erhebungen von Erich Schön (vgl. 1995a, 163f.; 1995b, 122; 1996, 172f.) den Deutschunterricht selbst mit seiner lehrerzentrierten, einseitig kognitiven und identifikatorische Rezeptionsweisen ablehnenden Ausrichtung als Mitverursacher der verbreiteten Leseunlust ausgemacht. In jedem Fall kommt Lesemotivationsförderung im Deutschunterricht zu kurz, wie Bettina Hurrelmann (1994), Klaus Maiwald (2001) u.a. gezeigt haben. Dies gilt auch und vor allem in Bezug auf die Jungen. Der Deutschunterricht wird sich deshalb in Zukunft in sehr viel stärkerem Maße als bisher um die Förderung des Leseinteresses der Jungen in der Primar- und in der Sekundarstufe I bemühen müssen (vgl. Garbe 2003; Schilcher 2003; Frederking 2003a). Denn wenn Leseinteresse tatsächlich ein Prädiktor von Lesekompetenz ist, wie im PISA-Test-Design unterstellt wurde und sich durch die psychologische Lerntheorie plausibilisieren lässt (vgl. Artelt / Stanat/ Schneider/ Schiefele 2001, 69ff.; Schiefele 1996), und Lesekompetenz wiederum als zentrale Kulturtechnik erst die erfolgreiche Teilhabe am modernen gesellschaftlichen Leben ermöglicht, werden die weitreichenden Implikationen der von PISA ermittelten motivationalen Defizite im Bereich des Lesens erkennbar.

Zu deren Behebung kann die fachspezifische Nutzung der multimedialen Optionen der Sprach- und Literaturproduktion, -präsentation bzw. -rezeption einen entscheidenden Beitrag leisten. Denn Jungen besitzen neben ihrem ausgeprägten Interesse an Abenteuerliteratur (Bischof/Heidtmann 2002, 27ff.) nachweislich eine spezifische Affinität zu den neuen Digitalmedien (vgl. z.B. Opaschowski 1999, 42f.; Hurrelmann 1999, 116; Heyer/Rupp/Bonholt in diesem Band). So haben Joachim Wirth und Eckhart Klieme (2003, 195-209) in Bezug auf die im Kontext der PISA-Studie ermittelten Daten zur sogenannten ‚Computer Literacy' festgestellt, dass „die nachweisbaren Geschlechterunterschiede im computerbezogenen Interesse und in den entsprechenden Kompetenzeinschätzungen ein deutlicher Hinweis auf wünschenswerte Verbesserungen des Bildungsanbotes an deutschen Schulen" (Wirth/Klieme 2003, 209) darstellen. Das Konzept eines symmedialen Deutschunterrichts, d.h. eines Sprach- und Literaturunterrichts, der Printmedien mit analogen bzw. digitalen Mono- bzw. Multimedien (Radio, Cassette, CD, Hörbuch, Film, Video, Fernsehen, Computersoftware, Internet etc.) verbindet, könnte eine fachspezifische Einlösung der hier von Wirth und Klieme skizzierten unterrichtlichen Konsequenzen darstellen. Gerade für die Jungen nämlich verspricht ein medial angereicherter bzw. symmedial ausgerichteter Deutschunterricht einen besonderen Motivationsschub und könnte so zu einer spezifischen Förderung ihres Leseinteresses beitragen. Dazu sollen nachfolgend exemplarisch Ansatzpunkte skizziert und zur Diskussion gestellt werden.

3. Lesemotivierende Grundoptionen symmedialen Deutschunterrichts

3.1 Text-Bild-Korrespondenzen

Eine bekannte und dennoch immer noch eher selten im Deutschunterricht realisierte Option ist die Text-Bild-Korrespondenz. Wie im historischen Abriss des Lesens im medialen Wandel gezeigt, handelt es sich dabei um eine geistesgeschichtlich bis in die Anfänge der Schriftkultur zurückreichende Verweisstruktur, die bis in die Renaissance weit verbreitet war, mit der Erfindung der Buchdruckkunst allerdings zunehmend an Bedeutung verlor und durch eine Pejorisierung der Bilder-Welten theoretisch untermauert wurde. Der Siegeszug der technischen Medien hat nun eine Renaissance piktoraler Formen der Welterschließung bzw. Symbolisierung eingeleitet, die besonders in zeitgenössischen massenmedialen Printmedien wie Zeitschriften oder Werbung ihren Niederschlag findet – von den an anderen Stellen noch zu thematisierenden audiovisuell-cinematischen Formen in Film, Fernsehen und Video einmal abgesehen. Da diese Bild-Text-Korrespondenzen die alltagsweltlichen Erfahrungen heutiger Heranwachsender maßgeblich prägen, ja zum selbstverständlichen Bestandteil ihrer lesenden Welterschließung gehören, sollte der Deutschunterricht seine traditionelle literal-skriptografische Fixierung überwinden und sich zeitgemäßen Rezeptionsmodi öffnen.

Das Spektrum an Möglichkeiten ist breit und reicht vom Vergleich eines epochenspezifischen Motivs oder Gedankens in Literatur und Malerei über den Sonderfall, dass es Bilder eines Autors zu einem literarisch verarbeiteten Motiv gibt (z.B. Goethes Entwurf für den Prolog seines Faust (Abb. 6 und CD-ROM)) bis zu den Bild-Text-Korrespondenzen im Printmedium Zeitung oder auf der Web-Seite im Multimedium Computer.

Abb. 6

Eine derartige piktorale Erweiterung der Textrezeption folgt dabei weder der Maxime ‚Hauptsache bunt' noch ist eine Bestätigung des allseits zu hörenden Lamentos über die Reziprozität von zunehmender ästhetischer Gestaltung und abnehmendem gedanklichen Substrat intendiert. Zugrunde liegt vielmehr die empirisch noch zu erhärtende Beobachtung, dass die Integration von Bild-Text-Korrespondenzen in fachspezifische unterrichtliche Prozesse eine Möglichkeit darstellt, das Interesse der Lernenden am zu erarbeitenden thematischen Gegenstand zu vertiefen. Dass dieses fachspezifische Lerninteresse Bedingung der Möglichkeit fruchtbarer Lehr-Lern-Prozesse ist, hat die moderne Lernpsychologie eindrucksvoll ins Blickfeld gehoben (vgl. Schiefele 1995). Doch auch literatur- bzw. medientheoretisch besitzt ein solches Vorgehen ein fundamentum in re, insofern Bild-Text-Korrespondenzen eine Form von Intermedialität bzw. Intertextualität darstellen (vgl. beispielsweise Schmitz 2003, 249ff.) und sich mit dem zunehmend diskutierten „Übergang zu einem ikonisch bestimmten Zeitalter" (Schmitz/Wenzel 2003, 7) in ihren kultur- bzw. mediengeschichtlichen Implikationen erschließen. Unter Rekurs auf die Symboltheorie Susanne Langers (vgl. 1942) lassen sich Bild-Text-Synopsen auch als eine spezifische Verbindung diskursiver und präsentativer Symbolisierungsformen verorten und damit als Teil eines gerade auch aus deutschdidaktischer Perspektive noch umfassender zu untersuchenden symboltheoretischen Zusammenhangs (vgl. Frederking 2003b, 222ff.; außerdem Wolfgang Wangerin in diesem Band).

3.2 Text-Ton-Korrespondenzen

Die Horästhetik, um die sich vor allem Jutta Wermke in zahlreichen Publikationen verdient gemacht hat (vgl. 1999; 2001), bietet eine weitere Möglichkeit, Deutschunterricht für die Schüler(innen) in symmedialer Form motivierender zu gestalten und ihr Interesse an Texten bzw. am Lesen zu erhöhen. Aus der Fülle mediendidaktisch relevanter Optionen greife ich nur eine literaturdidaktisch besonders fruchtbare heraus: die Text-Ton-Korrespondenzen. Nehmen wir als Beispiel Kästners Gedicht ‚Sachliche Romanze' (1928). Die auf die printmediale Rezeption beschränkte Erschließung des Gedichtes vermag zwar analytisch virtuos sprachliche Spezifika bewusst zu machen. Erst der hörästhetische Zugang aber ermöglicht eine auch emotional verstärkt ansprechende Zugangsweise und schafft damit bei den meisten Schüler(inne)n erst die Grundlage für ein weiterreichendes, intrinsisch motiviertes Interesse am Text, seiner inhaltlichen Bezüge und formalen Strukturelemente. Dies gilt schon für den Versuch, die Schüler(innen) das Gedicht vokal interpretierend erschließen zu lassen, indem sie im Sinne handelnd-produktiver (vgl. z.B. Waldmann 1992, 59ff.) oder auf ästhetische Erfahrung (vgl. z.B. Hopster 1984, 77ff.; Spinner, 1999, 174ff.) zielender Didaktik aufgefordert werden, entsprechend ihres ersten - oder alternativ im Anschluss an eine analytische Erarbeitung ihres vertieften - Leseverständnisses das Gedicht laut zu lesen – allein, in Gruppe oder im Plenum. Damit finden im Rahmen des Deutschunterrichts antike und mittelalterliche Formen oralisierten, d.h. sinnlich-körperlichen Lesens - alta voce - eine Renaissance. Die auf Cassette oder CD zugängliche Originallesung Kästners (vgl. 1961; CD-Rom) kann das Verständnis des Gedichtes nun noch einmal in medienspezifischer Weise vertiefen. Denn Kästners ganz im Duktus der neuen Sachlichkeit gehaltene Interpretation durchbricht die durch das Titelwort ‚Romanze' erzeugte Erwartungshaltung fast provokativ. Kontrastiert man diese Autoren-Lesung mit Hermann van Veens (1985) musikalischer Verarbeitung des Gedichtes (vgl. CD-Rom), erhält die im Titel angesprochene Gattungstradition der Romanze als lyrischer Liedform eine moderne Aktualisierung, dem sachlichen Ton Kästners tritt eine melancholisch-romantische Version zur Seite. Ergänzt werden könnten diese Hördokumente durch eine musikalische Interpretation des Gedichtes durch Udo Lindenberg (1988; vgl. CD-Rom). Diese stellt in der Verbindung romantischer und sachlicher Elemente einen interessanten Kontrast zu van Veen und Kästner dar und fordert zu weiteren Diskussionen heraus.

3.3 Text-Film-Korrespondenzen

Abb. 7

Sind mit den aufgezeigten visuellen bzw. auditiven Möglichkeiten bereits Grundoptionen symmedialen Deutschunterrichts zur ästhetisch fundierten Leseförderung ins Blickfeld getreten, können diese durch audiovisuelle Texturen, d.h. Text-Film-Korrespondenzen, fruchtbar ergänzt werden. Denn die Filmästhetik bietet für den Literaturunterricht bekanntlich mehr als die Möglichkeit, am Ende einer Reihe den Film zum Buch zu zeigen (vgl. Gast 1993, 1996; Kern 2002). Besonders interessant, aber bislang im Deutschunterricht trotz der neuen technischen Möglichkeiten durch DVD und Computer kaum genutzt, ist der unmittelbare Detailvergleich ei-

Aus: **Thomas Mann**

Die Buddenbrooks

Gerda Buddenbrook und der junge, eigenartige Offizier hatten einander, wie sich versteht, auf dem Gebiete der Musik gefunden. Herr von Throta spielte Klavier, Geige, Bratsche, Violoncell und Flöte - alles vortrefflich - , und oft ward dem Senator der kommende Besuch im Voraus angekündigt, dadurch, dass Herr von Throtas Bursche, den Cellokasten auf dem Rücken schleppend, an den grünen Fenstervorsätzen des Privatkontors vorüberging und im Hause verschwand. [...] Dann saß Thomas Buddenbrook an seinem Schreibtisch und wartete, bis er auch ihn selbst, den Freund seiner Frau, in sein Haus eintreten sah, bis über ihm im Salon die Harmonien aufwogten, die unter Singen, Klagen und übermenschlichem Jubeln gleichsam mit krampfhaft ausgestreckten, gefalteten Händen emporrangen und nach allen irren und vagen Ekstasen in Schwäche und Schluchzen hinsanken in Nacht und Schweigen. Mochten sie doch rollen und brausen, weinen und jauchzen, einander aufschäumend umschlingen und sich so übernatürlich gebärden, wie sie nur wollten!

nes Textauszugs mit dem entsprechenden Filmausschnitt. Um es an Thomas Manns ‚Buddenbrooks' zu exemplifizieren: Kontrastiert man beispielsweise Manns Beschreibung der Liaison Gerda Buddenbrooks und des jungen Leutnants von Throta (vgl. 1901, 642-647; siehe oben) mit der entsprechenden Szene aus der berühmten Verfilmung von Alfred Weidemann (1959; vgl. CD-Rom), wird erkennbar, dass der Film nicht nur andere Rezeptionsmodi aktiviert, sondern gleichzeitig ein Dokument der Deutungsgeschichte ist, das medienspezifisch eigene Wege geht. Mit gezielten Beobachtungs- bzw. Analyseaufträgen können Schüler(innen) die Gemeinsamkeiten und Unterschiede, Stärken und Schwächen der jeweiligen medialen Präsentationsformen herausarbeiten. Ein detaillierter Vergleich der im Buch und im Film ins Blickfeld tretenden Charakterprofile, Stimmungslagen, Atmosphären, Verhaltensmuster, Handlungssequenzen etc. macht die medienspezifischen Unterschiede sichtbar und kann Schüler(innen) für die von Mann ebenso feinsinnig wie kunstvoll gestaltete literale Exposition des Stoffes sensibilisieren. Dass im Film im Vergleich mit der Buchvorlage auch Szenen hinzugekommen sind, beispielsweise der Besuch des kleinen Hanno beim musizierenden Liebespaar (vgl. Abb. 7; vgl. CD-Rom), wirft Fragen nach den medialen Besonderheiten wie nach den zugrunde liegenden Intentionen des Autors Thomas Mann und des Regisseurs Alfred Weidemann auf. Auf diese Weise entsteht zusätzliche Motivation, sich mit dem Buch wie mit dem Film genauer auseinander zu setzen. Möglicherweise wird auch eine vertiefte Verstehenskompetenz für die Besonderheiten printmedialer bzw. audiovisueller Texturen angebahnt.

4. Veränderte Inhalte im symmedialen Deutschunterricht

Doch nicht nur im Hinblick auf die Verbindung unterschiedlicher medialer Perzeptions- und Rezeptionsmöglichkeiten kann eine symmediale Grundausrichtung im Umgang mit Sprache und Literatur lesemotivierend wirken. Auch inhaltlich kann ein Deutschunterricht durch die Integration technischer Medien einen Beitrag zur Förderung des Leseinteresses leisten, wie an zwei Grundoptionen verdeutlicht werden soll.

4.1 Kinder- und Jugendliteratur im Medienverbund

Dass Kinder- und Jugendliteratur zur schulischen Förderung von Lesemotivation einen besonderen Beitrag leisten kann und soll, ist innerhalb der Leseforschung hinreichend empirisch belegt und in der Literaturdidaktik deshalb mittlerweile relativ unstrittig. Zurecht hat Bettina Hurrelmann schon 1990 festgestellt: „Mit Kleist und Kafka, Lessing und Brecht setzt man Lesefähigkeiten voraus, die in der Schule selten vermittelt wurden. Man versucht dauernd das Fell des Löwen zu verteilen, ehe es gewonnen ist." (Hurrelmann 1990, 11). Aus diesem Grunde sollte Kinder- und Jugendliteratur einen festen Platz im Deutschunterricht der Grundschule und der Klassen 5-10 an den weiterführenden Schulen erhalten. Allerdings, so die Ergänzung im Horizont eines mediendidaktisch reflektierten Ansatzes: Neben den Printprodukten sollten auch die diversen Möglichkeiten der Medienverbundangebote zum Einsatz kommen, um zusätzliche Leseanreize zu schaffen. Denn natürlich präsentiert sich auch die Kinder- und Jugendliteratur in verschiedenen Medien d.h. im Medienverbund und wird über diesen rezipiert (vgl. Wermke 1998; Frederking/Josting 2004). Kinder und Jugendliche lernen Literatur heutzutage eben nicht mehr nur im Printmedium kennen, sondern auch und gerade in Form auditiver, audiovisueller bzw. digitaler Multimedien. Mit anderen Worten: Ob Johanna Spyris ‚Heidi', Erich Kästners ‚Emil und die Detektive', Astrid Lindgrens ‚Pippi Langstrumpf', Peter Härtlings ‚Ben liebt Anna', Paul Maars ‚Sams' oder Joanne K. Rowlings ‚Harry Potter' - über die Bücher hinaus sollten die vielfältigen medialen Präsentationsformen wie Hörbuch, Film, CD-Rom, Internetseite etc. in die unterrichtliche Behandlung einbezogen werden. Dass diese zusätzliche medienspezifische Leseanreize darstellen, ist empirisch bislang zwar noch nicht verifiziert. Allerdings können die Verkaufszahlen entsprechender Produkte als Indikator für die positive Resonanz und die Plausibilität eines solchen Zusammenhangs gewertet werden.

Das beste aktuelle Beispiel ist sicherlich der Bestseller im Bereich kindlicher, jugendlicher und erwachsener Lesewelten: Harry Potter. Dessen werkimmanente mediale Implikationen hat Ulf Abraham (2002, 537ff.) auf dem Erlanger Germanistentag facettenreich beleuchtet. Ich beschränke mich deshalb ganz auf die medialen Rezeptionsmodi. Dass die Filme Kassenschlager sind, ist hinlänglich bekannt. Ihre Integration zum Zwecke erweiterten ästhetischen Genusses bzw. vertieften Verstehens im Kontext von Text-Film-Vergleichen ist didaktisch überaus sinnvoll, um Leseinteresse und Lesekompetenz zu steigern. Gleiches gilt für die von Rufus Beck (vgl. z.B. 2002) virtuos gestalteten und auf Cassette, CD-Rom und DVD zugänglichen Potter-Lesungen, die fast schon Kultstatus erlangt haben. Weniger bekannt, aber dennoch didaktisch nicht minder interessant sind die unzähligen, teilweise artifiziell gestalteten Internetseiten, auf denen die kindlichen und jugendlichen Fans ihre Rezeption in vielfältiger Weise multimedial gestaltet haben, interessierte Altersgenoss(inn)en zu einer Erkundung der verborgenen Geheimnisse der Zauberwelt einladen und dabei spielerisch Lust auf das Lesen machen (vgl. z.B. http://www.eulenfeder.de/). So ist ein digitales Lexikon des Harry-Potter-Kosmos im Netz zugänglich, das einen literalen Initiationsweg für nicht-eingeweihte Muggle-Kinder verspricht, insofern alle Figuren, Phänomene, Begriffe der bislang erschienenen Potter-Bände in altersadäquater, aber sachkundiger Weise definiert bzw. erläutert werden (vgl. Abb. 8). Hier eröffnet sich zweifelsohne ein breites Feld an Möglichkeiten für ebenso kreative wie informa-

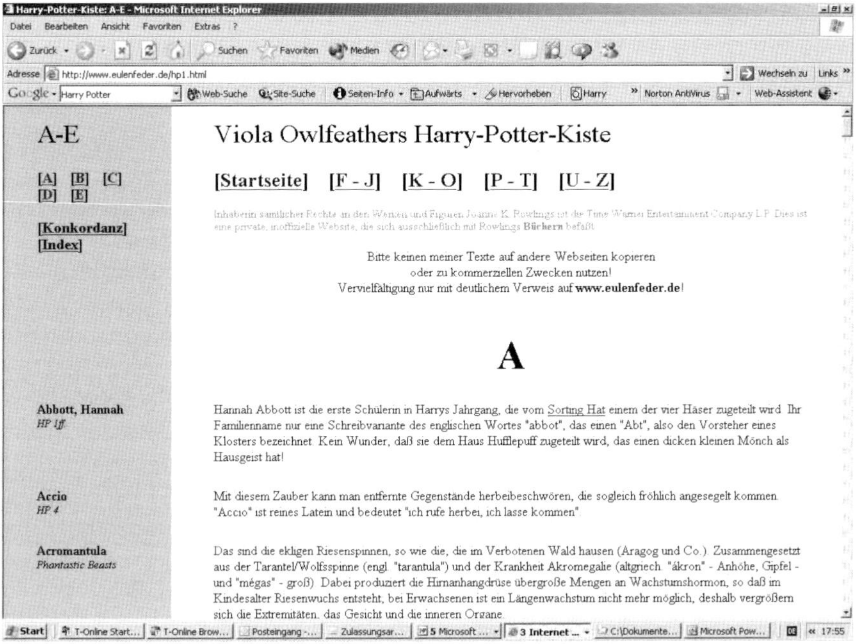

Abb. 8

tionsreiche Erkundungen bzw. Ergänzungen im Potter-Universum und seiner schreibend-lesenden bzw. produktiv-rezeptiven Erkundung.

4.2 Metareflexive Optionen: Lesen als Thema von Buch, CD, Film und Internet

Ein Sonderfall symmedialer Leseförderung stellt die Auseinandersetzung mit literarisch-künstlerischen Verarbeitungen des Themas Lesen bzw. Leselust in alten wie neuen Medien dar. Für Schüler(innen) der ausgehenden Sekundarstufe I könnte sich eine lesegeschichtliche Zeitreise anbieten, ähnlich, aber sehr viel ausführlicher und verweilender, als dies im ersten Kapitel dieses Beitrags schlaglichtartig geschehen ist. Anregungen dazu können neben den oben angeführten Beispielen bzw. Passagen u.a. den lesegeschichtlichen Aufarbeitungen Erich Schöns (1993; 1995a, 151-175; 2001, 1-85), Roger Chartiers und Guglielmo Cavallos (1995), Alberto Manguels (1996) oder Jutta Assels und Georg Jägers (1999, 638-673) entnommen werden. Ein breiter Fundus für eine selbstbestimmte projektartige Auseinandersetzung in themendifferenzierter Gruppenarbeit eröffnet sich aber auch durch die Einbeziehung printmedialer oder digitaler Nachschlagewerke (z.B. *Digitale Bibliothek* o.A.) oder die Recherche nach geeigneten Text- bzw. Bild-Dokumenten im Internet über Suchmaschinen (z.B. www.google.de).

Doch auch jenseits der literalen bzw. piktoralen Verarbeitungen des Lesens in der Geschichte der abendländischen Kunst gibt es interessante altersspezifische Leseimpulse im Rahmen bzw. unter Einbeziehung der technischen Medien, wie ich an zwei Beispielen verdeutlichen möchte.

Zur Leseförderung in der Grundschule nenne ich exemplarisch die Geschichte ,Wie der Tiger lesen lernt' von Janosch (1994). Die Geschichte macht Lust aufs Lesenlernen. Denn Lesen ist ein Initiationsweg in die Welt der Wissenden, so Janoschs Botschaft an die kindlichen ´Noch-Nicht´- oder ,Schon-Leser und Leserinnen´. Sowohl das ´Vorlesen-Lassen´ als auch das ´Selbst-Erlesen´ machen Lust auf den vertieften Erwerb dieser zivilisatorischen Kulturtechnik. Doch die Geschichte muss nicht nur im klassischen Printmedium rezipiert werden, sondern ist auch im Internet (vgl. z.B. http://www.geocities.com/SouthBeach/Lights/3853/lesen.html) zugänglich. Von hier aus könnten Kinder eine kleine virtuelle Entdekkungsreise in die Welt Janoschs antreten, wenn ihnen Printprodukte des Autors nicht oder nur eingeschränkt zur Verfügung stehen. Denn das digitale Angebot begeisterter Janosch-Leser(innen), die Texte ihres Lieblingsautors ins Netz gestellt haben, ist vielfältig und lädt zur eigenständigen Erkundung ein.

Abb. 9

Lesemotivationsförderung in der Sekundarstufe I kann sich anderer Texte und ihrer medialen Transformationen bedienen. Ich nenne als Beispiel ,Die unendliche Geschichte' (1979) von Michael Ende. Hier könnte natürlich mit dem Buch unmittelbar eingestiegen werden, um Kinder bzw. Jugendliche auf printmediale Weise die Zauberwelt ,Phantasiens' lesend entdecken und mit Bastian, der Hauptfigur des Romans, erleben zu lassen. Im Sinne symmedialer Ausrichtung könnte aber auch mit der Anfangsszene des Films begonnen werden (1991; CD-Rom), in der Bastian eine alte Buchhandlung betritt, dort einem zunächst unwirschen Buchhändler begegnet und auf ein geheimnisvolles Buch aufmerksam wird: „Die unendliche Geschichte". Mit diesem begibt sich Bastian – welche Symbolik - auf den Dachboden der Schule, also dorthin, wo gewöhnlich die ausrangierten Utensilien des Schullebens deponiert werden (vgl. CD-Rom). Ob dies in der Aussageabsicht von Ende auch für die Leselust gilt, die hier zumindest in der Geschichte – lange vor PISA – wiedergefunden und belebt wird, sei dahingestellt. In jedem Fall erfolgt hier Bastians Initiation in die lesend zu erschließeden Welt der Phantasie und Imagination - der ideale Ansatzpunkt für Lehrer(innen), im Anschluss an die beiden Filmszenen mit der eigenen Klasse in die Lektüre und Besprechung dieses offensichtlich so geheimnisvollen Buches einzusteigen (vgl. Abb. 9; vgl. CD-Rom).

5. Lesefördernde Potentiale des Internet

Wolf-Rüdiger Wagner wendet sich mit Vehemenz gegen die im medientheoretischen Diskurs verbreitete These vom „Internet als vierter Kulturtechnik". Zutreffender ist in seinem Urteil, dass sich die „Kulturtechniken Schreiben, Lesen und Rechnen im Kontext von Multimedia und Internet verändern und erweitern" und es folgerichtig wichtig ist, „den Blick auf die neuen Medien in ihrer Funktion als innovative Lese-, Schreib-, Präsentations-, Wissens- und Kommunikationswerkzeuge zu lenken." (Wagner 2002, 60) Unter dem Aspekt der Leseförderung zeigt sich, wie fruchtbar dieser Ansatz sein kann. Hier bestätigt sich, was viele Skeptiker des neuen Mediums lange Zeit übersehen haben: Computer und Internet sind im Wesentlichen schriftbasierte Medien. Auch hierfür ist Lesen eine Schlüsselqualifikation (vgl. Vorderer 1998). An drei Beispielen, dem informatorischen, dem kommunikativen und dem ästhetischen Lesen im Internet, soll dies nachfolgend im Grundansatz illustriert werden.

5.1 Informatorisches Lesen im Netz

Dass die Leseforschung angesichts paradigmatischer gesellschaftlicher Wandlungsprozesse im Zeichen der Medialisierung in Zukunft verstärkt Formen des informatorischen Lesens fördern muss, hat nicht zuletzt in Reaktion auf PISA Bettina Hurrelmann jüngst sehr deutlich formuliert und damit in meinem Verständnis eine längst überfällige Korrektur der Leseförderungsdidaktik markiert (vgl. Hurrelmann 2002). Sachtexte sollten in diesem Sinne aus ihrer Randstellung im Deutschunterricht befreit werden (vgl. Hummelsberger 2003, 330ff.). Der Einsatz neuer Medien kann dabei eine Schlüsselrolle spielen. Gerade die leseunlustigen Jungen könnte der Einsatz neuer Medien stärker an das Lesen heranführen. Besonders gilt dies, weil sich das Internet als unerschöpfliche Quelle für Sachinformationen und Sachtexte aller Art anbietet, die ja bekanntermaßen in der PISA-Studie 50% bzw. 88% aller implementierten Textsorten ausmachten, während fiktionale Literatur nur mit 12% Berücksichtigung fand.

Für die Grundschule und die ersten Klassen der weiterführenden Schulen bieten sich beispielsweise Internetangebote von ‚WAS ist WAS?' an (vgl. Abb. 10; http://www.wasistwas.de/). Hier stehen vielfältige lese- und schreibmotivierende Angebote zum spielerisch-lesenden Informationserwerb zur Verfügung. Diese reichen von einer regelmäßig aktualisierten ´Wissensolympiade´ bis zu mannigfachen, symmedial gestalteten Sachinformationen (zur Geschichte des Nürburgringes etc.). All dieses schafft wahrscheinlich gerade für Jungen Leseanreize. Auch das Online-Angebot des Bayerischen Rundfunks (http://www.br-online.de/kinder/fragen-verstehen/wissen/) eröffnet Möglichkeiten zur geschlechtsspezifischen Leseförderung in Form von digital verfügbaren Lexikonangeboten oder

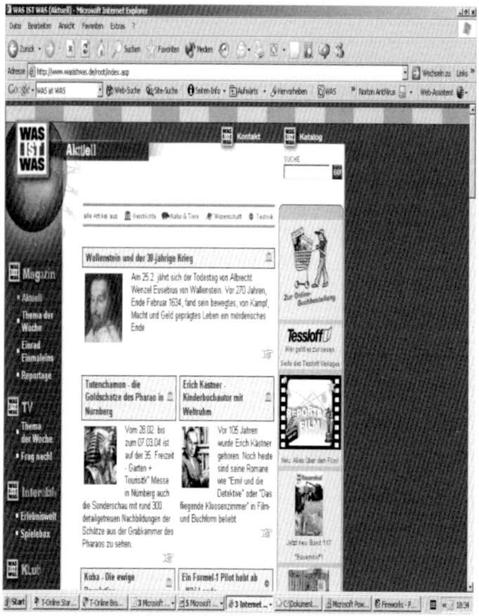

Abb. 10

Abb. 11

alphabetisch strukturierten und multimedial gestalteten Sachinformationen (z. B. Was ist ein schwarzes Loch etc.).

In den Sekundarstufen I und II können Lehrer(innen) wie Schüler(innen) auf vielfältige Online-Text-Angebote zugreifen, die kostenlos zur Verfügung stehen. Zu nennen ist hier beispielsweise das ,Projekt Gutenberg-DE' (http://gutenberg.spiegel.de/index.htm), bei dem in ca. 70.000 Dateien bzw. auf ca. 370.000 Textseiten literarische, philosophische und theologische Primärliteratur von der Antike bis zur Neuzeit online rezipiert, kopiert und weiterverarbeitet werden kann. Gleich ob ich die ,Poetik' des Aristoteles, die ,Bekenntnisse' des Augustinus, Grimms Märchen, Hölderlins ,Hyperion' oder Kafkas Parabeln suche, hier stehen sie als digitale Dokumente kostenlos zur Verfügung. Gerade für projektartige Einzel- oder Gruppenarbeitsprozesse ergeben sich vielfältige Möglichkeiten zur motivierenden selbstbestimmten Recherche. Gleichzeitig werden die Schüler(innen) zum Aufbau der laut PISA gering ausgeprägten Informationsverarbeitungskompetenz im Sinne eines pragmatistischen ,Learning by Doing' im Rahmen selbstregulierter Lernprozesse herausgefordert.

Gleiches gilt für die Möglichkeiten zur selbstständigen Informationsrecherche und Informationsverarbeitung über Suchmaschinen. Wer beispielsweise als Lehrer(in) zur Vorbereitung des Unterrichts oder als Schüler(in) im Rahmen eines Projekts zu einem/r Autor(in) Primär- bzw. Sekundärliteratur, Hintergrundinformationen, Quellen oder Bild- Ton- bzw. Filmmaterialien sucht, dem bietet das Netz vielfältige Angebote. Dazu sind nach neuestem technischen Stand aller-

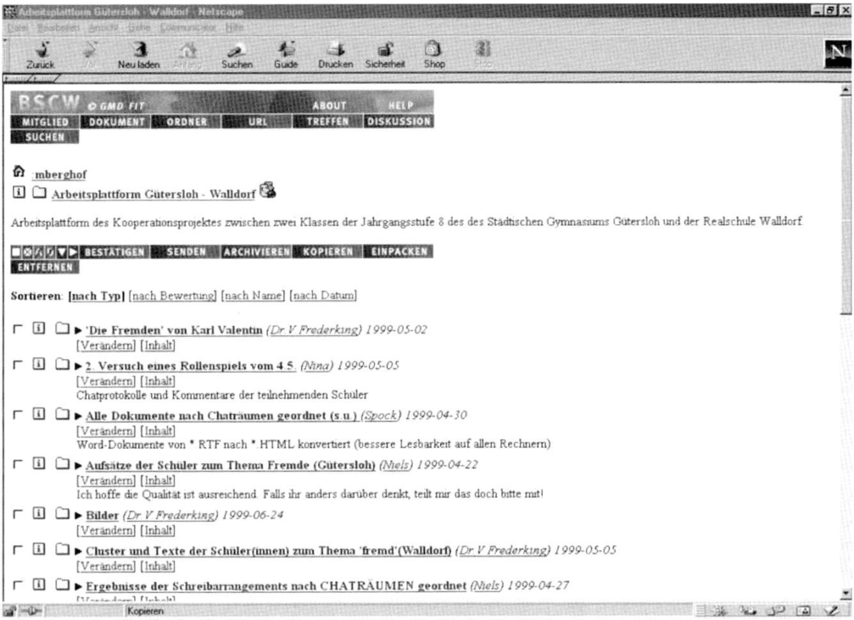

Abb. 12

dings keine artifiziellen Suchstrategien mehr vonnöten. Moderne Suchmaschinen (z.B. www.google.de) ermöglichen die Recherche nach Informationen oder Bildern zu einem Autor oder einem inhaltlichen Stichwort in Sekundenschnelle (vgl. Abb. 11). Schüler(inne)n eröffnet sich hier ein breites Feld zur eigenständigen Informationsrecherche. Verarbeitungsstrategien werden auf diese Weise ebenso spielerisch gefördert wie Leseinteresse.

5.2 Computergestützte Kommunikation und Kooperation

Computer und Internet lassen sich lesemotivierend aber nicht nur als Informationsmedium, sondern auch als Kommunikations- und Kooperationsmedium nutzen. Denn E-Mail- und Chat-Kommunikationen (vgl. Blatt 1998; Blatt/Hartmann/Voss 2001; Berghoff/Frederking/Steinig 1998) bzw. virtuelle Kooperationen via BSCW, einer virtuellen Arbeitsplattform zum Ablegen, Austauschen und Bearbeiten von Text-, Bild-, Ton- bzw. Film-Dokumenten (vgl. Abb. 12; vgl. Berghoff/Frederking 1999), eignen sich nicht nur zur medienspezifischen Förderung schriftsprachlichen Selbstausdrucks bzw. schriftbasierter Interaktion in authentischen Schreibsituationen. Gleichzeitig entstehen damit Leseanlässe besonderer Art. Denn das Interesse am virtuellen Gegenüber hat ein kommunikativ motiviertes Interesse am Lesen seiner Mitteilungen bzw. Ausarbeitungen zur Folge. Besonders Jungen könnten auf diese Weise einen neuen Zugang zum Lesen (und Schreiben) finden. Dabei sind zum einen Formen sachorientierter computerbasierter Interaktion zu einem spezifischen Thema möglich und für die Lernmotivation einer Lerngruppe fruchtbar zu machen. Wenn beispielsweise in einem mehrwöchigen virtuellen Kooperationsprojekt Schüler(innen) via E-Mail- und Chat (in einer geschlossenen Form wie dem Didaktischen Chat-Raum (DCR); vgl. dazu Berghoff/Frederking/Steinig 1998) zeitversetzt bzw. zeitgleich zu einem gemeinsam zu bearbeitenden Themenkomplex miteinander kommunizieren und im BSCW selbst geschriebene Dokumente oder Materialien zum Thema rezipieren, kommentieren und diskutieren (vgl. Frederking/Berghoff/Krommer 2000), so erfolgen all diese Interaktionen schriftsprachlich. Dabei führen sie aus dem situativen Kontext heraus zu einer erhöhten Schreib- und Lesetätigkeit. Denn die fehlende Möglichkeit zum mündlichen Austausch zwischen den Lerngruppen verleiht Schreib- und Leseprozessen eine neue, kommunikativ verortete Bedeutung. Dass dies sogar bereits im Stadium des Schriftspracherwerbs funktioniert, haben Projekte mit ersten Klassen gezeigt, die auf der Grundlage des von Reichen u.a. propagierten Konzepts ‚Lesen durch Schreiben' schon früh den Einstieg in Schreib- und Leseprozesse gefunden hatten und so via E-Mail und Chat mehrere Wochen miteinander schriftsprachlich kommunizieren und kooperieren konnten (vgl. Frederking/Steinig 2000).

Alternativ oder ergänzend eröffnen virtuelle Rollenspiele neue medienspezifische Formen ästhetischer Kommunikation, insofern die Szene eines Dramas oder einer Prosa-Passage in einem geschlossenen Chat in verteilten Rollen erspielt werden kann. Anders als beim normalen, physisch ausgetragenen szenischen Spiel bietet virtuelle Theatralik dabei den Vorteil, dass die Rollenkonstruktion und –interpretation schriftsprachlich erfolgt. Das ist lese- und schreibdidaktisch wie rollenspieltheoretisch interessant. Denn einerseits setzt die synchron verlaufende chatbasierte Interaktion intensive Schreib- und Leseprozesse voraus. Andererseits bilden die im Kontext virtueller Theatralik entstehenden „Personascripte" (Frederking/Krommer 2003, 34), d.h. Textmasken der Akteure und ihre Argumentations- bzw. Handlungsmuster, ideale Ausgangspunkte real-physischer theatraler Fortsetzungen. Das Personascript avanciert mit anderen Worten zum virtuell generierten Szenenskript theatraler Spielformen in der face-to-face-Interaktion.

5.3 Multimediale Literaturrezeption und –produktion

Die kommunikativen Optionen des Internet könnten aber auch in Form literarischer Geselligkeit im Netz genutzt werden. Das eingangs angeführte Goethe-Zitat hat exemplarisch deutlich gemacht, dass uns mit der literarischen Geselligkeit eine sehr lesemotivierende Tradition verloren gegangen ist. Zurecht hat Gundel Mattenklott (1979) deshalb schon in den siebziger Jahren gefordert, Formen literarischer Geselligkeit in den Deutschunterricht zu integrieren. Mit dem Diskurs um PISA könnten solche Ansätze eine neue Virulenz erhalten (vgl. Abraham 2000; Frederking 2003a, 255ff.). Dabei ist allerdings nicht nur an gesellige Visa-vis-Lese- bzw. Vorleserunden zu denken, sondern eben auch an Formen von literarischer Geselligkeit im Netz. Hier haben sich in den letzten Jahren Formen einer virtuellen literarischen Rezeptions- und Produktionsgemeinschaft etabliert, die ebenso lese- wie schreibfördernd wirken und zur Bereicherung des Deutschunterrichts genutzt werden können (vgl. CD-Rom; www.texteratur.de). Teilweise verschwimmen in diesen virtuellen literarischen Zirkeln die Grenzen zwischen Autor und Rezipient, Produktion und Rezeption, insofern die traditionelle Autorenschaft durch kollektive Online-Schreibprozesse aufgehoben wird, bei denen die Leser(innen) von Texten im Netz zum Weiterschreiben und anschließenden Online-Publizieren derselben angeregt werden (vgl. zum Beispiel http://www.poetron-zone.de oder http://schreib-lust.de).

Fazit

Wie breit das Spektrum an Möglichkeiten ist, in einem symmedial ausgerichteten Deutschunterricht Leseinteresse zu fördern, hat das letzte Kapitel im Grundansatz deutlich gemacht. Dabei ist allerdings evident, das all die exemplarisch skizzierten Optionen nur heuristische Funktion haben können. Erst ihre empirische Erforschung führt zu gesicherten Erkenntnissen. Allerdings gilt dies – auch das ist spätestens mit PISA sehr deutlich geworden – für nahezu alle Bereiche didaktischer Theoriebildung.

Literaturverzeichnis

Abraham, Ulf 2000: Übergänge. Wie Heranwachsende zu kompetenten LeserInnen werden. In: Lesen in der Medienwelt. ide, H 2, S. 20-34

Abraham, Ulf 2002: Harry Potter und die Medien der Muggel. In: Hartmut Kugler et al. (Hrsg.): www.germanistik2001.de. Vorträge des Erlanger Germanistentags 2001. Bielefeld, S.537-556

ARD/ZDF-Arbeitsgruppe Multimedia 1999: ARD/ZDF-Online-Studie 1999. Wird Online Alltagsmedium? In: Media Perspektiven, H.8, S. 401-414

Artelt, Cordula/ Petra *Stanat*/ Wolfgang *Schneider*/ Ulrich *Schiefele* 2001: Lesekompetenz: Testkonzeption und Ergebnisse. In: Baumert, Jürgen et al. (Hrsg.): PISA 2000. Basiskompetenzen von Schülerinnen und Schülern im internationalen Vergleich. Opladen, S. 69-137

Assel, Jutta/ Georg *Jäger* 1999: Zur Ikonographie des Lesens – Darstellungen von Leser(inne)n und des Lesens im Bild. In: Bodo Franzmann/ Klaus Hasemann/

Dietrich Löffler/ Erich Schön (Hrsg.): Handbuch Lesen. Baltmannsweiler, S. 638-673

Augustinus, Aurelius (397) 1863: Die Bekenntnisse. Aus dem Lateinischen übertragen von Georg Rapp. 4. durchgesehene Auflage. Stuttgart

Baacke, Dieter/ Günter *Frank*/ Martin *Radde* 1989: Jugendliche im Sog der Medien. Opladen

Baumert, Jürgen/ Eckhard *Klieme*/ Michael *Neubrand*/ Manfred *Prenzel*/ Ulrich *Schiefele*/ Wolfgang *Schneider*/ Petra *Stanat*/ Klaus-Jürgen *Tillmann*/ Manfred *Weiß* (Hrsg.): PISA 2000. Basiskompetenzen von Schülerinnen und Schülern im internationalen Vergleich. Opladen

Berghoff, Matthias 1998: „Wenn ich die Lehrer für eine Sache nicht kriege, kann ich Schule nicht ändern ...". Pädagogisch sinnvolle Nutzung der Neuen Medien setzt Schulentwicklung voraus. In: Volker Frederking (Hrsg.): Verbessern heißt verändern. Neue Wege, Inhalte und Ziele der Ausbildung von Deutschlehrer(inne)n in Studium und Referendariat. Baltmannsweiler, S. 279-301.

Berghoff Matthias/ Volker *Frederking*/ Wolfgang *Steinig* 1998: Produktiv-kreative Verfahren im 'Didaktischen Chat-Raum' (DCR). Vorschläge zu einem (multi) medial unterstützten Deutschunterricht. In: Didaktik Deutsch, H. 5, S. 36-59

Berghoff Matthias/ Volker *Frederking* 1999: Auf dem Weg zum virtuellen Klassenzimmer. Computervermittelte Kooperation zwischen Lerngruppen auf der Basis von E-Mail, DCR-Chat, BSCW, Netmeeting und Video-Konferenz. In: ide, H. 2, S.121-133

Bernhard von Clairvaux: 1112 - 1153: Apologia ad Guillelmum Sancti Theoderici abbatem XII. In: Patrolologia latina

Bellebaum, Alfred/ Ludwig *Muth* (Hrsg.) 1996: Leseglück. Eine vergessene Erfahrung. Opladen

Bischof, Ulrike/ Horst *Heidtmann* 2002: Lesen Jungen ander(e)s als Mädchen? Untersuchungen zu Leseinteressen und Lektüregratifikationen. In: Medien Praktisch, H. 3, S. 27-31

Blatt, Inge 1998: Schreibberatung und kooperatives Schreiben am Computer. In: Praxis Deutsch, H. 149, S. 49-52

Blatt, Inge/ Wilfried *Hartmann*/ Andreas *Voss* 2001: Neue Schriftmedien im Lehramtsstudium Deutsch. Frankfurt a.M. u.a.

Bolz, Norbert 1993: Am Ende der Gutenberg-Galaxis. Die neuen Kommunikationsverhältnisse. München

Bonfadelli, Heinz 1986: Lesen, Fernsehen und Lernen. Stuttgart

Bonfadelli, Heinz 1999: Leser und Leseverhalten heute – Sozialwissenschaftliche Buchlese(r)forschung. In: Bodo Franzmann/ Klaus Hasemann/ Dietrich Löffler/ Erich Schön (Hrsg.): Handbuch Lesen. Baltmannsweiler, S.86-144

Chartier, Roger/ Guglielmo Cavallo (Hrsg.) 1995: Die Welt des Lesens. Von der Schriftrolle zum Bildschirm. Frankfurt a. M./ New York

Christmann, Ursula/ Norbert *Groeben* 1999: Psychologie des Lesens. In: Bodo Franzmann/ Klaus Hasemann/ Dietrich Löffler/ Erich Schön (Hrsg.): Handbuch Lesen. Baltmannsweiler, S.145-223

Ende, Michael 1979: Die unendliche Geschichte. Stuttgart

Ernst, Ulrich 1994: Farbe und Schrift im Mittelalter. Unter Berücksichtigung antiker Grundlagen und neuzeitlicher Repräsentationsformen. In: Testo e Immagine nell' Alto Medioevo. Settimane di studio del Centro italiano di studi sull'alto Medioevo XLI. Teil I. Spoleto, P. 343-415

Flusser, Vilém, (1978) 2002: Die kodifizierte Welt. In: Vilém Flusser: Medienkultur. Hrsg. von Stefan Bollmann. Frankfurt a.M., S. 21-28

Flusser, Vilém (1989) 2002: Alphanumerische Gesellschaft. In: Vilém Flusser: Medienkultur. Hrsg. von Stefan Bollmann. Frankfurt a.M., S. 41-60

Flusser, Vilém (1985) 1999: Ins Universum der technischen Bilder. Göttingen

Frederking, Volker/ Matthias *Berghoff*/ Axel *Krommer* 2000: Virtueller Deutschunterricht. ‚Umgang mit dem Fremden' – eine Internet-Kooperation zwischen zwei achten Klassen. In: Deutschunterricht, H. 3, S. 207-216

Frederking, Volker/ Wolfgang *Steinig* 2000: „Mit dem Computer geht's viel leichter als mit der Hand". Bericht über ein Projekt zur E-Mail- und Chat-Kommunikation im Anfangsunterricht. In: Ekkehard Blattmann/ Volker Frederking (Hrsg.): Deutschunterricht konkret. Band I: Literatur und Medien. Baltmannsweiler, S.166-205

Frederking, Volker 2002: Auf neuen Wegen ...? Deutschdidaktik und Deutschunterricht im Zeichen der Medialisierung – eine Bestandsaufnahme. In: Jutta Wermke (Hrsg.) Literatur und Medien. Jahrbuch Medien im Deutschunterricht 2002. München, S. 143-159

Frederking, Volker 2003a: „Es werde von Grund aus anders"!? Leseinteresse, Lernmotivation und Selbstregulation im Deutschunterricht nach ‚PISA' und ‚IGLU'. In: Ulf Abraham/ Albert Bremerich-Vos/ Volker Frederking/ Petra Wieler (Hrsg.): Deutschdidaktik und Deutschunterricht nach PISA. Freiburg, S. 249-278

Frederking, Volker 2003b: Symbolisches Verstehen im Deutschunterricht – Transdisziplinäre Begründungszusammenhänge zur Behebung eines fachlichen Desiderats. In: Bodo Lecke (Hrsg.): Fazit Deutsch 2000. Ästhetische Bildung, moralische Entwicklung und kritische Aufklärung? Frankfurt a.M., S. 217-246

Frederking, Volker/ Axel *Krommer* 2003: Von der Persona zum Personascript. Virtuelle Theatralik im multimedialen Deutschunterricht am Beispiel von Ludwig Fels' „Soliman". In: Deutschunterricht, H. 4, S. 34-43

Frederking, Volker/ Petra *Josting* (Hrsg.) 2004: Medien und Medienverbund im Deutschunterricht. Theorie und Praxis. Baltmannsweiler (erscheint demnächst)

Garbe, Christine 2003: Warum lesen Mädchen besser als Jungen? Zur Notwendigkeit einer geschlechterdifferenzierenden Leseforschung und Leseförderung. In: Ulf Abraham/ Albert Bremerich-Vos/ Volker Frederking/ Petra Wieler (Hrsg.): Deutschdidaktik und Deutschunterricht nach PISA. Freiburg, S.69-89

Gast, Wolfgang 1993: Film und Literatur. Grundbuch. Einführung in Begriffe und Methoden der Filmanalyse. Frankfurt a.M.

Gast, Wolfgang 1996: Filmanalyse. Praxis Deutsch, H. 140, S. 14-25

Giesecke, Michael 1991: Der Buchdruck in der frühen Neuzeit. Eine historische Fallstudie über die Durchsetzung neuer Informations- und Kommunikationstechnologien. Frankfurt a.M.

Goethe, Johann Wolfgang (1812/13) 1988: Aus meinem Leben. Dichtung und Wahrheit. Dritter Teil. 11. Buch. In: Johann Wolfgang von Goethe. Werke. Hamburger Ausgabe in 14 Bänden. Hrsg. von Erich Trunz. Bd. 9, S. 449-503

Greber, Erika/ Konrad *Ehlich*/ Jan-Dirk *Müller* (Hrsg.) 2002: Materialität und Medialität der Schrift. Bielefeld

Groeben, Norbert/ Bettina *Hurrelmann* (Hrsg.) 2002a: Lesekompetenz. Bedingungen, Dimensionen, Funktionen. Weinheim/München

Groeben, Norbert/ Bettina *Hurrelmann* (Hrsg.) 2002b: Medienkompetenz. Voraussetzungen, Dimensionen, Funktionen. Weinheim/München

Haarmann, Harald 1990: Universalgeschichte der Schrift. Frankfurt a.M./New York

Hamesse, Jacqueline 1995: Das scholastische Modell der Lektüre. In: Roger Chartier/ Guglielmo Cavallo (Hrsg.): Die Welt des Lesens. Von der Schriftrolle zum Bildschirm. Frankfurt a.M./ New York, S. 155-180

Herder, Johann Gottfried (1797) 1971: Briefe zur Beförderung der Humanität. Hrsg. von Heinz Stolpe. Band 1 und 2. Berlin u.a.

Hopster, Norbert 1984: Vorüberlegungen zum Umgang mit literarischen Texten im Deutschunterricht. In: Norbert Hopster (Hrsg.): Handbuch ‚Deutsch' für Schule und Hochschule. Paderborn u.a., S. 77-97

Hummelsberger, Siegfried 2003: ‚Sachtext-Leser' oder ‚Sach-Bearbeiter'? Wie sachdienlich ist die Rede von Sachtexten in eigener Sache? In: Ulf Abraham/ Albert Bremerich-Vos/ Volker Frederking/ Petra Wieler (Hrsg.): Deutschdidaktik und Deutschunterricht nach PISA. Freiburg, S. 330-346

Hurrelmann, Bettina 1990: Kinder- und Jugendliteratur im Deutschunterricht – eine Antwort auf den Wandel der Medienkultur? In: Der Deutschunterricht, H. 42, Jg. 3, S. 5-24

Hurrelmann, Bettina 1991: Kinderwelten in einer sich verändernden Medienumwelt. Eine Untersuchung zum veränderten Seh- und Leseverhalten. In: Christa Berg (Hrsg.): Kinderwelten. Frankfurt a. M., S. 270-294

Hurrelmann, Bettina 1995: Lesesozialisation in der Medienwelt. In: Ulrike Bischof (Hrsg.): Konfliktfeld Fernsehen – Lesen. Kindermedien zwischen Kunstanspruch und Kommerz. Wien, S. 17-34

Hurrelmann, Bettina 1999: Medien – Generationen – Familie. In: Ingrid Gogolin/ Dieter Lenzen (Hrsg.): Medien-Generation. Opladen, S. 99-124

Hurrelmann, Bettina 2002: Leseleistung – Lesekompetenz. Folgerungen aus PISA mit einem Plädoyer für ein didaktisches Konzept des Lesens als kultureller

Praxis. In: Praxis Deutsch, H.176, S. 6-18

Infas 1999: Lesen und Umgang mit Büchern. Lesebarometer 1996 und 1999. Online-Quelle: www.infas.de/studien/leseba.html

Janosch (1994) 2002: ,Wie der Tiger lesen lernt'. München

Jauß, Hans Robert (1982) 1997: Ästhetische Erfahrung und literarische Hermeneutik. Frankfurt a. M.

Kästner Erich (1928) 1998: Sachliche Romanze. In: Erich Kästner: Werke Bd. I. München/Wien, S. 65

Kern, Peter Christian 2002: Film. In: Klaus-Michael Bogdal/ Hermann Korte (Hrsg.): Grundzüge der Literaturdidaktik. München, S. 217-230

Langer, Susanne K. (1942) 1979: Philosophie auf neuem Wege. Das Symbol im Denken, im Ritus und in der Kunst. Mittenwald

Mann, Thomas (1901) 1990: Buddenbrooks. Verfall einer Familie. In: Thomas Mann: Gesammelte Werke in dreizehn Bänden. Bd. I. Frankfurt a.M., S. 642-647

Maiwald, Klaus 2001: Literatur lesen lernen. Begründung und Dokumentation eines literaturdidaktischen Experimentes. Baltmannsweiler, S. 173-193

Manguel, Alberto (1996) 2000: Eine Geschichte des Lesens. Reinbek/Hamburg

Mattenklott, Gundel 1979: Literarische Geselligkeit - Schreiben in der Schule. Mit Texten von Jugendlichen und Vorschlägen für den Unterricht. Stuttgart

Meyrowitz, Joshua 1985: Die Fernsehgesellschaft. Wirklichkeit und Identität im Medienzeitalter. Weinheim/Basel

Moritz, Karl Philipp (1785-1790) 1979: Anton Reiser. Ein psychologischer Roman. Frankfurt a. M.

Ong, Walter J. (1982) 1987: Oralität und Literalität. Die Technologisierung des Wortes. Opladen

Opaschowski, Horst W. 1999: Generation @ - Die Medienrevolution entlässt ihre Kinder. Hamburg

Pfeiffer, Franz (Hrsg.) 1906: Deutsche Mystiker des 14. Jahrhunderts. Bd. 2: Meister Eckhart. Göttingen

Platon: (ca. 365 v. Chr.) 1980: Phaidros. In: Platon: Sämtliche Werke. Bd. 4. Nach der Übersetzung von Friedrich Schleiermacher. Hamburg. S.7-60

Proust, Marcel (1905) 2001: Tage des Lesens. Frankfurt am Main

Rosebrock, Cornelia 1995: Literarische Sozialisation im Medienzeitalter. Ein Systematisierungsversuch zur Einleitung. In: Cornelia Rosebrock (Hrsg.): Lesen im Medienzeitalter. Weinheim, S. 9-29

Ruh, Kurt 1984: Vorbemerkungen zu einer neuen Geschichte der abendländischen Mystik im Mittelalter. In: Kurt Ruh: Kleine Schriften II. Scholastik und Mystik im Spätmittelalter. Berlin/New York, S. 337-363

Saenger, Paul (1995) 1999: Lesen im Spätmittelalter. In: Roger Chartier/ Guglielmo Cavallo (Hrsg.) 1995: Die Welt des Lesens. Von der Schriftrolle zum Bildschirm. Frankfurt a.M./ New York, S. 181-217

Saxer, Ulrich/ Wolfgang R. *Langenbucher*/ Angela *Fritz* 1989: Kommunikationsverhalten und Medien. Lesen in der modernen Gesellschaft. Gütersloh.

Schiefele, Ulrich 1995: Motivation und Lernen mit Texten. Göttingen u.a.

Schilcher, Anita 2003: Was machen die Jungs? Geschlechterdifferenzierender Deutschunterricht nach PISA. In: Ulf Abraham/ Albert Bremerich-Vos/ Volker Frederking/ Petra Wieler (Hrsg.): Deutschdidaktik und Deutschunterricht nach PISA. Freiburg, S. 361-380

Schmitz, Ulrich 2003: Text-Bild-Metamorphosen in Medien um 2000. In: Ulrich Schmitz/ Horst Wenzel (Hrsg.): Wissen und neue Medien. Bilder und Zeichen von 800 bis 2000. Berlin, S. 241-263

Schmitz, Ulrich/ Horst *Wenzel* 2003: Wissen und neue Medien. Einleitung. In: Ulrich Schmitz/Horst Wenzel (Hrsg.): Wissen und neue Medien. Bilder und Zeichen von 800 bis 2000. Berlin, S. 7-12

Schön, Erich 1993: Der Verlust der Sinnlichkeit oder die Verwandlungen des Lesers. Mentalitätswandel um 1800. Stuttgart

Schön, Erich 1995a: ‚Lesekultur' – Einige historische Klärungen. In: Cornelia Rosebrock (Hrsg.): Lesen im Medienzeitalter. Weinheim, S. 137-164

Schön, Erich 1995b: Veränderungen der literarischen Rezeptionskompetenz Jugendlicher im aktuellen Medienverbund. In: Günter Lange/ Wilhelm Steffens (Hrsg.): Moderne Formen des Erzählens in der Kinder- und Jugendliteratur der Gegenwart unter literarischen und didaktischen Aspekten. Würzburg, S.99-127

Schön, Erich 1996: Mentalitätsgeschichte des Leseglücks. In: Alfred Bellebaum/ Ludwig Muth (Hrsg.): Leseglück – eine vergessene Erfahrung? Opladen, S. 151-175

Schön, Erich 2001: Geschichte des Lesens. In: Bodo Franzmann/ Klaus Hasemann/ Dietrich Löffler/ Erich Schön (Hrsg.): Handbuch Lesen. Baltmannsweiler, S. 1-85

Spinner, Kaspar H. 1999: Kinder und Lyrik. Ein Plädoyer für ästhetische Bildung. In: Kaspar H. Spinner (Hrsg.): Kreativer Deutschunterricht. Identität – Imagination - Kognition. Seelze, S. 173-179

Stanat, Petra/ Mareike *Kunter* 2001: Geschlechtsunterschiede in Basiskompetenzen. In: Baumert, Jürgen et al. (Hrsg.): PISA 2000. Basiskompetenzen von Schülerinnen und Schülern im internationalen Vergleich. Opladen, S. 249-269.

Svenbro, Jesper 1995: Archaisches und klassisches Griechenland: Die Erfindung des stillen Lesens. In: Roger Chartier/ Guglielmo Cavallo (Hrsg.): Die Welt des Lesens. Von der Schriftrolle zum Bildschirm. Frankfurt a.M./ New York, S. 59-96.

Vorderer, Peter 1998: Vom Leser zum User – Thesen zur Konkurrenz von Buch und neuen Medien. In: Stiftung Lesen (Hrsg.): Lesen im Umbruch – Forschungsperspektiven im Zeitalter von Multimedia. Baden-Baden, S. 180-187

Wagner, Wolf-Rüdiger 2002: PISA: Leseförderung ohne Medienkompetenz. In: Computer und Unterricht, H. 47, S. 60

Waldmann, Günter 1992: Produktiver Umgang mit Lyrik. Baltmannsweiler

Wenzel, Horst 2000a: Die Verschriftlichung der Welt. Vorwort. In: Horst Wenzel/ Wilfried Seipel/ Gotthart Wunberg (Hrsg.): Die Verschriftlichung der Welt. Bild, Text und Zahl in der Kultur des Mittelalters und der Frühen Neuzeit. Wien, S.7-9

Wenzel, Horst 2000b: Die Schrift und das Heilige. In: Horst Wenzel/ Wilfried Seipel/ Gotthart Wunberg (Hrsg.): Die Verschriftlichung der Welt. Bild, Text und Zahl in der Kultur des Mittelalters und der Frühen Neuzeit. Wien, S. 15-57.

Wermke, Jutta 1997: Integrierte Medienerziehung im Fachunterricht. Schwerpunkt: Deutsch. München

Wermke, Jutta 1998: Kinder- und Jugendliteratur in den Medien oder: Der Medienverbund als ästhetische Herausforderung. In: Gerhard Rupp (Hrsg.): Ästhetik im Prozess. Opladen, S. 179-217

Wermke, Jutta 1999: Medienerziehung im Deutschunterricht – mit Unterrichtsanregungen zu auditiven Medien. In: Kaspar H. Spinner (Hrsg.): Neue Wege im Literaturunterricht. Hannover, S. 54-63

Wermke, Jutta (Hrsg.) 2001: HÖREN und SEHEN. Beiträge zu Medien- und Ästhetischer Erziehung. München

Wirth, Joachim / Eckhart *Klieme* 2003: Computernutzung. In: Jürgen Baumert et al: (Hrsg.): PISA 2000. Ein differenzierter Blick auf die Länder der Bundesrepublik Deutschland. Opladen, S. 195-209

Bildverzeichnis

Abb. 1 Bibelhandschrift aus dem 13. Jahrhundert (Online–Bibelmuseum: http://www.uni-muenster.de/Rektorat/museum/d2musbm1.htm)

Abb. 2 Unterricht in Geologie 1372 (Miniatur aus De proprietatibus rerum, fol. 281; Paris, Bibliothèque Interuniversitaire Sainte-Geneviève ms. 1028)

Abb. 3 *G.A.* Hennig 1828: *Læsende pige* (Universitetsbiblioteket i Tromsø, Breivika)

Abb. 4 Friedrich Schiller, Alexander und Wilhelm von Humboldt, Johann Wolfgang von Goethe (Online-Quelle: www.tyska.lu.se/one/kurser/tys035humrel/intro/ Intro.htm)

Abb. 5 nach Infas 1999: Lesen und Umgang mit Büchern. Lesebarometer 1996 und 1999 (Online-Quelle: www.infas.de/studien/leseba.html)

Abb. 6 Johann Wolfgang von Goethe um 1800: Prolog im Himmel (Weimar, SWK/ GNM, Inv. Nr. 1362, Copus IV, B, 222;)

Abb. 7 Alfred Weidemann 1959: Thomas Mann: Buddenbrooks. (Sreenshot)

Abb. 8 Viola Owlfeathers Harry-Potter-Kiste (Online-Quelle: www.eulenfeder.de/) (Sreenshot)

Abb. 9. Bernd Eichinger/ Wolfgang Petersen 1991: Michael Ende: Die unendliche Geschichte (Sreenshot)
Abb. 10 ‚WAS ist WAS? (Online-Quelle: 'www.wasistwas.de/) (Sreenshot)
Abb. 11 Google: Max Frisch (Online-Quelle: www.google.de/) (Sreenshot)
Abb. 12 Arbeitsbereich im BSCW (Online-Quelle: www.bscw.de) (Sreenshot)

Audioverzeichnis

Beck, Rufus 2002: Joanne K. Rowling: Harry Potter und der Stein der Weisen. München (CD)
Lindenberg, Udo 1988: Sachliche Romanze. In: Udo Lindenberg: Hermine. Udo Lindenberg singt Lieder von 1929 bis 1988. Hamburg (CD)
Kästner, Erich 1961: Sachliche Romanze (Originallesung). In: Erich Kästner: Sachliche Romanze. Gedichte & Chansons. Gesprochen von Erich Kästner. Hamburg (CD)
van Veen, Herman 1985: Sachliche Romanze von Erich Kästner. In: Herman van Veen: Und er geht und er singt. Hamburg (CD)

Filmverzeichnis

Weidemann, Alfred (Regie) (1959) 1999: Thomas Mann: Buddenbrooks. Drehbuch: Erika Mann, Dr. Harald Braun, Jacob Geis. Leipzig
Eichinger, Bernd/ Wolfgang *Petersen* (Regie) 1991: Die unendliche Geschichte (nach Michael Ende). München

Klaus Maiwald (Bamberg) **Was hat die Eminem Show in PISA verloren?** Überlegungen zum Zusammenhang von Lesen und Mediatisierung[1]

The Eminem Show heißt die dritte CD des internationalen Musik-Stars Marshall Mathers, genannt Eminem. *PISA* ist das Kürzel einer weltweiten Studie über die Lesekompetenzen von 15jährigen. Ihre Ergebnisse haben in Deutschland eine ungleich größere Hysterie ausgelöst als der Rapper mit seinen provokanten Ausfällen gegen Homosexuelle und Politiker(gattinnen). *PISA* ist – und dies kann der bildungspolitischen und fachdidaktischen Diskussion über Leseerziehung nur gut tun - weitgehend aus den Schlagzeilen. Der Rapper aus Detroit wiederum ist spätestens seit dem autobiographischen Film *8 Mile* (USA 2002, Regie: Curtis Hanson; vgl. *http://www.8-mile.com/*)[2] nicht nur einem größeren Publikum bekannt, sondern auch fähig für den Salon amerikanischer *mainstream*-Kultur geworden. Zu dieser Eingemeindung beigetragen haben nicht unwesentlich die Preise (MTV Awards, Grammy), die der Videoclip zu dem Lied *Without Me* von besagter CD gewonnen hat. Anhand dieses Clips will ich Überlegungen zum Zusammenhang von Lesen und Mediatisierung anstellen. Selbst wenn man Eminem im Besonderen, Musikvideoclips und MTV im Allgemeinen *nicht* für Totengräber abendländischer Kultur hält, selbst dann lässt sich fragen: Gehört ein solcher Videoclip in den Deutschunterricht? Oder: Was hat die Eminem Show in PISA verloren? Will sagen: Was hat dieser Clip mit Lesekompetenz zu tun? Zu diesen Fragen entfalte ich im Folgenden drei Thesen:

1. Neue Medienangebote verändern einen an linearen Schrifttexten orientierten Lesebegriff.
2. Videoclips wie *Without Me* sind hierfür typisch und daher würdige Gegenstände des Deutschunterrichts.
3. Die Förderung von Lesekompetenz sollte auch beinhalten, derartige Medienerfahrungen zur Sprache zu bringen.

Alle drei Thesen seien nachfolgend erläutert.

1 Ich widme diesen Aufsatz meinem am 27.04.2003 verstorbenen Freund Franz Leicht. Es ist leerer ohne ihn.

2 Letzter Zugriff auf alle Online-Quellen: 28.04.2003.

1. Neue Medienangebote verändern einen an linearen Schrifttexten orientierten Lesebegriff.

Seit den frühen 1980er Jahren dominierte in Deutschunterricht und -didaktik besonders im Zuge der Ausfaltung des handlungs- und produktionsorientierten Paradigmas der Umgang mit literarischen Texten. Sachtexte, Gebrauchstexte, pragmatische Texte hingegen wurden, quasi in einem *roll back* der kommunikationsorientierten 1970er Jahre, zu Mauerblümchen. Wenn die ästhetische Kommunikation mit poetischen Schrifttexten der Inbegriff schulischen Lesens gewesen ist, so hat PISA daran dreifach gerüttelt. Erstens ging es um einen *funktionalistischen Lesebegriff*, also um informatorisches Lesen als Basiskompetenz für die persönlich befriedigende kulturelle und ökonomische Teilhabe eines Individuums in modernen Gesellschaften (vgl. Beisbart 2002, 38). Dem gemäß rückten, zweitens, *Sachtexte* wieder stärker in den Blick. Drittens erfolgte eine Erweiterung traditioneller Textauffassungen, indem neben die ‚kontinuierlichen' Texte ein Anteil von gut einem Drittel ‚nicht-kontinuierlicher' Texte, also Diagramme, Modelle, Karten usf., gestellt wurde, die auch graphische und visuelle Anteile haben. Gerade diese Erweiterung ist sinnvoll und angezeigt, weil sie sich unter dem Einfluss neuer Medienangebote noch ungleich dramatischer zuträgt, als dies in PISA reflektiert ist. Die Bewegung, die ich im Folgenden skizzieren will, geht in der *Tendenz vom unimedialen, unbewegten, materialen Text zur multimedialen, bewegten, emergenten Textur.*

Natürlich umfasste eine (ideologie-)kritische Didaktik bereits eingangs der 1970er Jahre auch visuelle Kommunikation mit Werbeanzeigen, Zeitschriften, Filmen.[3] Hinzu getreten sind mittlerweile aber zahlreiche multimediale Texte. Sie sind teils genuin neu, wie Videospiele, Webseiten, *living books* auf CD-ROM;[4] oder sie verändern ältere Formate durch neue Darstellungs- und Erlebnisqualitäten, z.B. Werbung, Zeitungen/ Zeitschriften, Filme, Computerspiele. Man vergleiche eine asketische *Tagesschau* von vor 25 Jahren (wie sie der Sender BR-alpha täglich um 19:45 Uhr ausstrahlt) mit ihrem heutigen Pendant oder schlichte PC-Spiel-Fossile wie *Space Invaders* und *SimCity* mit modernen Exemplaren wie *Age of Empires* oder *Lara Croft*.

Otto Ludwig hat mit Recht gewarnt, dass Extensionserweiterungen einen Begriff „auch nicht schärfer" (2002, 84) Machen. Daher braucht auch ein erweiterter Textbegriff Trennschärfe. Er muss Aufschluss darüber geben, was kein Text ist, und er muss didaktisch handhabbare Differenzierungen ermöglichen. Lesen ist heute vielmals ein „Sammeln mehrkanaliger Informationen" (Falschlehner 1999,

3 Vgl. exemplarisch Ehmer 1971.
4 Vgl. zu Spielgeschichten auf CD-ROM Abraham / Kepser 2000; Rank 1999 und 2001.

92), und bestimmt ist das Leitbild des Lesens als „distanzierter, reflexiver bis meditativer Zeichenkombination" (Weingarten 2001, 21) zu überprüfen. Wenn aber alles Text ist, ist nichts mehr Text; wenn alles lesbar ist, ist nichts mehr lesbar.[5] Problematisch ist daher ein radikal entgrenzter Textbegriff wie der von Ulrich Schmitz (1996), wonach Textlektüre alles von der (traditionellen) Entzifferung einer diskursiv verfassten Sinnstruktur bis hin zum situativen Zusammenlesen von Wahrnehmungsfetzen, z.B. bei einer Autobahnfahrt, ist.

Die neue Symbolwelt ist vor allem eine Welt der Bilder, die immer häufiger simuliert und immer stärker in schneller und harter Bewegung als im Ruhezustand ist. Werbung auf dem Stand der Kunst verzichtet so gut wie ganz auf Sprache; Kinofilme wie *Lola rennt*, *Matrix* oder *Der Herr der Ringe* sind überwältigende Bilderräusche. Die aufgeschriebenen, linearen Symbolstrukturen von ehedem sind weitgehend auditiv und vor allem visuell codierten, multimedialen Texturen, gewichen. Dies erfordert breitere Auffassungen von Text bzw. Textualität. In einer ersten Erweiterung bezeichne ich auch eine Oper, einen Fotoroman, einen Musikvideoclip, einen Film, eine Nachrichtensendung im Fernsehen als Text. Solche Texte sind nicht mehr exklusiv schriftsprachlich, sondern multimedial. Was sie aber immer noch kennzeichnet, ist ihre Produziertheit und ihre Rezipierbarkeit als abgeschlossenes Ganzes mit Anfang und Ende. Ein *umfassenderer* Begriff resultiert, wenn Text als Ergebnis konkreter Manipulationen - im Wortsinne: Handgreiflichkeiten - entsteht, womit dann auch die Grenzen zu fließen beginnen: beim Zappen durch ein Fernsehprogramm, bei Computer- und Videospielen mit narrativer Struktur, beim Navigieren in Hypertextbasen per Maus oder *touchscreen*. Die Fernbedienung ermächtigt z.B. den Fern-Seher zur momenthaften Konstitution einmaliger, flüchtiger, individueller „*Texte*". Ähnlich verhält sich dies bei komplexen Computerspielen,[6] in denen der Spieler, obschon innerhalb festgelegter Muster, zahllose Varianten und immer neue spannende Geschichten-Fäden spinnt. Höchst variable Produkte entstehen schließlich in der Nutzung von Hypertexten.[7]

Ich will diese Definitions- und Klassifikationsbemühungen ´scharf´ stellen: Texte lassen sich danach unterscheiden, welche Symbolsysteme verwendet, ob die Symbole ruhend oder in Bewegung sind und inwieweit der Text material existiert oder aber erst im Gebrauch bzw. durch Manipulationen emergiert. Dies ergibt eine Matrix aus den Begriffspaaren *unimedial / multimedial*, *unbewegt / bewegt* sowie *material / emergent*. Unimedial, unbewegt und stark material ist der traditionell-lineare Schrifttext, aber auch Fotografien und Gemälde. Eine Illu-

5 Vor entsprechenden Begriffsentleerungen durch -überdehnung warnt auch Scheffer (2001, 202ff.).
6 Vgl. Fritz / Fehr (Hrsg.) 1997; Kepser 1999, 270ff.
7 Vgl. zusammenfassend Kepser 1999, 95ff.; Maiwald 2001.

strierte ist ebenso unbewegt und material, aber multimedial. Multimedial und bewegt sowie von zunehmender Emergenz sind Kinofilm, DVD, Fernsehen und Computerspiele. Am Extrempol multimedialer, bewegter und emergenter Texte liegen schnelles Zappen vor dem Fernseher und Surfen in großen Hypertextbasen. (Die Schmitz´sche Autobahnfahrt lasse ich außen vor.) Die mediale Entwicklung wird somit beschreibbar als Ausbreitung multimedialer, schnell bewegter und hoch emergenter Texturen. Die folgende Abbildung veranschaulicht dies:

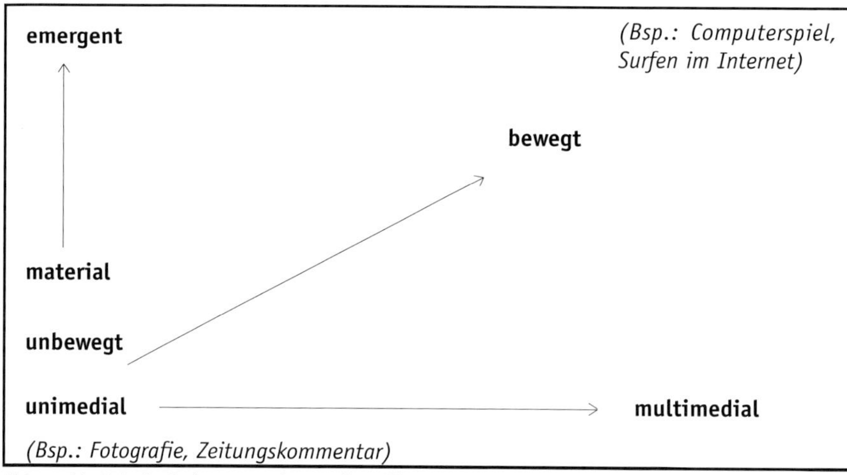

Abb. 1: Mediale Veränderungen des Textbegriffs

Otto Ludwig hat im Zusammenhang mit PISA gefordert, dass „das Verhältnis von Literatur- und Sprachunterricht wieder ins Lot gebracht werden" (2002, 83) müsse. Ich meine darüber hinaus, dass sich der deutschdidaktische Blick auch wenden sollte auf m*ultimediale, schnell bewegte und emergente* Texturen - erstens, weil sie massenhaft da sind; zweitens weil auch ihre *„Lektüre"* zu lernen ist. Man mag nun dennoch fragen, ob Videoclips generell und *Without Me* von Eminem im Besonderen legitime Gegenstände von Deutschunterricht sind. Dieser Frage sei im folgenden Abschnitt nachgegangen.

2. Videoclips wie *Without Me* sind für die Veränderung des Lesebegriffs typisch und daher würdige Gegenstände des Deutschunterrichts.

Musikvideoclips sind eine neue und allgegenwärtige mediale „Heimstatt für das Melancholische, das Märchenhafte, das Magische" (Schnell 2000, 9). Rund 2000 Clips werden jährlich produziert, MTV und VIVA senden 24 Stunden, bis zu 360

Clips täglich (vgl. Schiesser 1996). Musikclips können grob nach *performance-* und Konzept-Typus unterschieden werden. Die *performance* hebt die agierenden Musiker heraus, so dass der kommerzielle Impetus als Promotion für Bands und ihre Konzerte oder CDs hier besonders deutlich wird. Demgegenüber entwerfen konzeptuelle Clips ein narratives oder ein illustratives Szenario.[8]

Die Darstellungsästhetik des Genres setzt insgesamt auf Beschleunigung und Derealisierung von Bildern und Geschichte(n) und storniert dabei nicht selten die Idee eines linear in Zeit und Raum gefügten und von diskreten Subjekten getragenen Handlungsgeschehens.[9] Die vier Sekunden, die der klassische Fernsehschnitt dem Zuschauer für die Bilderkennung einräumt, werden meist dramatisch unterschritten (vgl. Busse 1996, 11). Jürgen Grimm meint: „Die Gesetze des `normalen´ Alltagslebens gelten nicht mehr. Alles wird verfremdet, zerstükkelt und ohne Rücksicht auf Raum und Zeit in traumähnliche Sequenzen montiert" (Grimm 1989, 4). Für Thomas Zabka beerben die Videoclips die Montagetechniken der sowjetischen Avantgarde (vgl. 2001, 113), Peter Weibel sieht in ihnen die Einlösung postmoderner Ästhetik (vgl. 1986, 126), Birgit Richard nennt das Musikvideo „ein nicht-lineares, nicht-cartesianisches, rekursives Medium" und ein „hybrides Bindeglied zwischen künstlerisch-avantgardistischen Ausdrucksformen und Massenkultur" (Richard 1993, 116).

Ungeachtet solcher Grenzverwischungen und Bedeutungszusammenbrüche haben die Clips natürlich Inhalte, meist eine Kunstwelt voller erotischer und glamouröser Verheißungen. Geschichte und Objektsemantik sind nicht komplett suspendiert (vgl. Röll 1998, 179), vielmehr verarbeiten „Videoclips alles, was an Text, Bild und Ton irgendwie und irgendwo greifbar ist" (Schiesser 1996). Sie adaptieren Zeichen, Symbole und Archetypen und amalgamieren sie zu intertextuellen Mythen im neuen Gewand, etwa, so Busse (1996, 138ff.): *„Liebe, Schönheit, Life is dance is sex is body, Spaß, Reich macht glücklich, Held, Rebel without a clue, eine Welt und Gemeinschaft der Völker, guter Wilder und Paradies"*. Arche-

8 Vgl. zu dieser Typologie Altrogge / Amann 1991, 60f.; Röll 1998, 180; Zabka 2001, 110f. Burkhart unterscheidet neben den Selbstdarstellungsclips Assoziations- und narrative Clips. Die Grenzen sind fließend, Mischformen denkbar. In dem Clip *Bop, Bob, Baby* (2002) von Westlife agieren die Mitglieder der Boygroup als Musketiere, die ein Fräulein am Traualtar vor einer Zwangsheirat retten. Selbstdarstellung ist hier verflochten mit Narration. Ähnlich eingebettet sind die Musiker von *The Calling* in das Eifersuchtsdrama, welches ihr Clip *Wherever You Will Go* (2002) zeigt. Mitunter dürfte auch schwer zu entscheiden sein, ob geschlossene Narration oder offene Assoziation vorliegt (zum Kriterium offen / geschlossen vgl. Neuhaus 2002, 138).

9 Natürlich gibt es diese Regel bestätigende Ausnahmen. Altrogge / Amann haben nachgewiesen, dass Heavy Metal Clips mittels linearem und textillustrativem Bildzusammenhang tendenziell eine konventionell ausgerichtete Wahrnehmungsstruktur bedienen, arm an Ironie und Witz sind und daher eher erfahrungsbestätigend wirken (vgl. 1991, 137, 173).

typen und Medien-Images werden „zu einem wilden Spiel aus Klischees und Symbolen verdichtet" (Grimm 1989, 4).

Vor allem dieses wilde Spiel hat den Musikvideos Gegnerschaft eingetragen. Dies verwundert nicht, weil sowohl die Bilderflut als auch das Mythische regressionsfördernd und damit reflexionsfeindlich sind. Tanja Busse besorgen die Auswirkungen der mythischen Sedimente, denn der Mythos, sei „kein Moment der Wachsamkeit, sondern des Rausches. Insofern ist er regressiv" (Busse 1996, 165). Für Busse (vgl. 1996, 159) kommt die Summe aus MTV und VIVA daher der Schöpfung einer eigenen, neuen Welt gleich. Heinz Buddemeier meint gar, der Videoclip „überfordert hemmungslos unsere Wahrnehmungs- und Verstehensmöglichkeiten und ist daher gleichzeitig zum Inbegriff einer zum Schwachsinn tendierenden Unterhaltung geworden" (Buddemeier 1993, 62).

Ich halte Musikvideoclips hingegen *nicht* für das Menetekel einer von der Bilderflut in besinnungslose Regression hinabgesogenen Jugend. Die Wirkungsverhältnisse dürften schon deshalb komplex - und weniger dramatisch - sein, weil für viele RezipientInnen MTV und VIVA im Wahrnehmungs*hintergrund* laufen. Was von den mythisch-archaischen Substraten bewusstseinsformend, möglicherweise handlungsleitend wird, dürfte von einem komplexen Set an Rezeptionsbedingungen abhängen. Der „eremitische, zu Autismus und zur Gewalt neigende Videoclip-Zuschauer ist", so Jaco Schiesser, „[jedenfalls] eine Schimäre" (1996).

Zweifellos gibt es neben witzigen, geistreichen, experimentellen Clips eine Menge platter Dutzendware. Insgesamt stellen Musikvideoclips aber eine Hauptbühne avancierter Medienästhetik dar. Der Deutschunterricht kann an ihnen nicht vorbeigehen, wenn er sich auch einer Wahrnehmungsbildung für und an visuell dominierten Medienangeboten verpflichtet weiß. Eine solche Wahrnehmungsbildung steht im Kontext von *visual literacy*, die erforderlich ist, weil „[mit] den neuen Medien eine visuelle Kultur die Bildungswelt [erreicht], und sie muß ebenso gelernt und verstanden werden wie die klassische Schriftkultur" (Hamm 1996, 57). Entsprechende Kompetenzformulierungen kursieren im pädagogischen, didaktischen und medienwissenschaftlichen Diskurs mit hoher Frequenz. Bernd Weidenmann definiert ein „indikatorisches Bildverstehen", bei dem das Bild nicht als Fenster in die Welt, sondern als etwas intentional Gemachtes betrachtet und auf das codierte Argument hin analysiert wird (vgl. Weidenmann 1998, 248f.). Ralf Schnell hält ein „Plädoyer für eine Schule des Sehens" (Schnell 2000, 6), welche „die Bedeutung der Bilder für die Wirklichkeit, ihre Stellung in dieser und den Bezug zu ihnen an einem signifikanten Schnittpunkt unterschiedlicher Gravitationsfelder gegenwärtiger Realität" abliest (ebd., S. 307). Für Eva-Maria Jakobs ist „piktoriale Literalität" (1998, 190), für Daum et al. (vgl. 1993, 15) visuelle Lesefähigkeit im Gebrauch bildlicher Symbolsysteme von Bedeutung. Christian Doelker (1997) schließlich definiert und reklamiert „visuelle Kompetenz in der Multi-Mediagesellschaft".

Ziel einer von mir vertretenen *sprachbezogenen Wahrnehmungsbildung* ist es, Bilder sehen und verstehen zu lernen, aus wechselhaften Momenteindrücken zur Sprache gebrachte Bilderfahrungen, also aus bloßer Wahrnehmung Beobachtung zu machen. Sie geht aus von neuen ästhetisch-fiktionalen Texten, von einer semiotisch erweiterten Konzeptuierung von *„Text"* und von *„Lesen"* und von der zentralen Rolle sprachlich-kommunikativer Prozesse. (Ich komme darauf noch in Punkt 3.)[10]

Wendet man sich Videoclips mit diesem Ziel zu, so verdient auch der Kontext des Gesamtprogramms Beachtung. MTV, mediales Kind der Reagan-Ära, synthetisiert Paradoxa wie subkulturelle Rebellionsgestik, politisch korrektes Konsensdenken und ökonomisch-hedonistischen Liberalismus. Es präsentiert sich als Gemenge prosozialer Botschaften (Aids, Umweltschutz, Frieden), ästhetischer Avantgarde und kruder Sinnlichkeit. Grenzen zwischen Programm und Werbung sind dabei kaum wahrnehmbar. Die Clips bewerben die Musikware und gezielt platzierte Produkte; die Werbespots setzen die Clipästhetik fort und verweisen zu einem Großteil wiederum auf das Gesendete selbst. VIVA, die Zielgruppe der noch Jüngeren vor Augen, stiftet eine bunt bewegte Welt aus Spaß (Konsum, Erotik, Party) und Gutmenschentum, in der im Grunde traditionale und korrekte Werte vorherrschen (Jungfräulichkeit, Ehe, Kinder, Toleranz, Nettigkeit). Wo Rock´n´Roll, Hippiebewegung und Punk noch die moralischen, sozialen und ökonomischen Grundfesten bürgerlicher Gesellschaft erschütterten, hat die Postmoderne jugendkulturellen Protest erfolgreich eingemeindet und in systemtragende Impulse umgemünzt: Der VIVA-Seher vertelefoniert Handy-Gebühren, isst Chio-Chips und McDonald´s-Burger, kauft am Kiosk die *Bild am Sonntag* mit der VIVA-Beilage. (Auf MTV werden sogar Neckermann-Mode und Allianz-Versicherungen beworben.) MTV oder VIVA sind weit mehr als Sender, auf denen Musikvideos zu sehen sind. Sie sind multi- und transmediale Verbundofferten und semiotische Eigenwelten.

Abb. 2: Eminem als Batman-Gehilfe

10 Zum umfassenderen Begriff Medienkompetenz und zu ihrer Einbettung in sprachliche Grundtätigkeiten vgl. Groeben / Hurrelmann 2002 und Maiwald 2003.

Dass Musikvideoclips paradigmatisch für die symbolische Konstruktion und Dekonstruktion von Welt und Bedeutung in der modernen Medienkultur sind, belegt der Clip *Without Me* von Eminem in eindrucksvoller Weise (vgl. CD-ROM). Ich versuche, obwohl dies dem *„Text"* kaum gerecht zu werden vermag, eine Beschreibung: Eine Art *„Haupthandlung"* erzählt, wie Eminem sich als Batman-Gehilfe Robin aufmacht, um einen Jugendlichen vor dem Anhören einer Eminem-CD zu bewahren.

Durchgängig einmontiert sind Kommentarblasen und Geräuschwörter, wie sie in Comics üblich sind: *What´s this? Another troubled youth in danger? Who will save him? –Duty calls! –Is our hero up to the challenge before him? KROAK!! ZAP! ZAP! POW!* Eine Kontinuität stiftende Einstellung ist der vor seinem gelben E-Logo direkt in die Kamera singende und tanzende Eminem.

Dieses Gerüst wird mit zahlreichen Parallelszenen und –settings ergänzt: Als Comicbildchen tauchen Religionsfiguren (Bischöfe, Rabbis) neben Sumo-Ringern und Hasenpuppen auf. Dann legt Eminem sein schlecht sitzendes Heldengewand an und verlässt mannhaft das Bett und seine Betthäschen. In der nächsten Sequenz sehen wir ihn als OP-Notfall in einem Krankenhaus, dann mit einer Dick Cheney-Figur ein Infomercial bestreiten. Die nächste längere Einstellung zeigt, was *meanwhile, on a national talk show* ... unter dem Thema *WHEN SONS GO BAD* geschieht. Dort treten neben anderen ein Transvestit und eine Sexpuppe auf, ein Studiogast namens Shady (alias Eminem) *disrupts everything*, bevor Rap Boy die Situation rettet. Als nächstes sitzen Eminem und Partner rappend in ihrem Einsatzfahrzeug, einem Sportwagen: *KRAPOW!* Im Refrain wird eine vorläufige Summe gezogen:

Abb.3: Eminem als Eminem

> "Now this looks like a job for me / So everybody just follow me Cuz we need a little controversy / Cuz it feels so empty without me ...".[11]

11 Auf den metaphern- und sprachspielreichen Liedtext gehe ich hier nicht gesondert ein. Er ist beziehbar unter *http://www.geocities.com/bashlak/eminem/show/10.htm*. Im Rahmen einer meiner Lehrveranstaltungen haben Studierende einen Hypertext erstellt, der die Verweis- und Anspielungsdichte des Textes von *Without Me* sinnfällig macht. Das Projekt ist einsehbar unter *http://www.uni-bamberg.de/%7Eba4dd1/VC/navigation.html*.

Abb.4: Eminem als Osama

Die nächste Szene zeigt eine übergewichtige, abgetakelte, glitzergewandete Elvis Presley-Figur in einem bombastischen Badezimmer mit dem Insert: *Across town something different is afoot* und dem Hinweis *TRUE STORY*. Im Folgenden bis zum Schluss wechseln sich Elvis-, Auto-, Talkshow- und andere Reprisen in Hochgeschwindigkeit ab. Als nächstes parodiert Eminem seinen *„Todfeind"* Moby beim Yoga, der Text zieht in derber Manier über den Rivalen, andere Musiker und Musikgenres her. Sodann ein harter Schnitt hinüber zu *THE NATION'S FAVORITE REALITY SHOW*, bei der drei Abenteurer auf einem Baumstamm im Meer balancieren und schließlich bis auf den Sieger hineinstürzen. Der Liedtext macht derweil Eminems zynisch-ehrliches Selbstverständnis deutlich: Sei ein beleidigender, obszöner, kontroverser, egoistischer, narzisstischer Plagiator[12] und werde gerade *damit* bekannt, reich und ein Idol für Millionen Nachfolger. Schließlich erreichen die Helden das Haus des Jugendlichen, wo der Retter Eminem sich überflüssigerweise an der Hauswand emporhangelt. Der Fernsehsender *3NN* präsentiert *LIVE* unter arabischen Schriftzeichen in einer Höhle einen rappenden Osama bin Laden.

Die Retter betreten das Kinderzimmer, nehmen dem traurigen Jungen die CD mit dem Hinweis auf *EXPLICIT LYRICS* und *PARENTAL ADVISORY* weg. Die Bin Laden-Figur kapituliert vor schwarzen Rappern (vgl. Abb. 4).

Kulturpessimistisch kann man in diesem Clip beliebigen und mit allerhand wenig salonfähiger Sprache angereicherten Unsinn sehen. Schon aufgrund seiner rasanten Dichte hat er wenig gemein mit dem Wahren, Guten, Schönen, mit symbolischen Ordnungen, denen durch Hermeneutik beizukommen wäre. Man kann weiter kritisieren, dass die im medialen Dispositiv Musikvideo / MTV stattfindende Ironisierung der eigenen Person und der Musik- / Medienwelt eine besonders zynische Form des Kommerzes ist, denn der Provokateur und Clown Eminem lebt ja *in* und *von* alledem, was er provoziert und verlacht. Man kann natürlich auch Anstoß nehmen an Eminems politisch unkorrekten Äußerungen über Homosexuelle, die auch hier erneut hervortreten.

12 An anderer Stelle heißt es, dann auch wieder gleich selbstironisch: "The center of attention back for the winter / I'm interesting, the best thing since wrestling".

Ich schließe mich solchen Negativurteilen nicht an. Was der Clip leistet, ist die selbstironische und selbstreflexive Totalisierung einer längst nicht mehr totalisierbaren Gegenwartskultur. Er greift hinein in den vollen Zeichen-, Geschichten- und Mythenvorrat und montiert aus diesem Material einen großen und großartigen paradoxalen, intertextuellen Bedeutungskollaps:

Erstens hat der Clip kaum eine *„Botschaft"* außerhalb seiner selbst. Sein Referent sind primär andere Medienereignisse wie Batman, Talkshow, Reality Show, CNN, Werbung, die Musikszene inklusive MTV und Eminem selbst. Auch sein Figurenarsenal besteht weitgehend aus fiktiven oder medial vermittelten Figuren wie Dick Cheney, Elvis Presley, Moby, Osama bin Laden.[13] Zweitens wird jeglicher narrative Sinnzusammenhang unterminiert. Text-Inserts wie *meanwhile, on a national talk show* oder *Across town something different is afoot* suggerieren einen Erzählzusammenhang, den es schlicht nicht gibt. Paradox ist auch, dass Eminem und Partner sich aufmachen, einen gefährdeten Jugendlichen davor zu bewahren, sich eine Eminem-CD anzuhören, vor allem aber, dass diese Rettungsaktion wiederum nur über Eminem in Bild, Text und Ton erfahrbar wird. So ist dieser Clip durchaus als Diskurs über die mediale Konstruktion bzw. Dekonstruktion von Wirklichkeit zu *„verstehen"*: eine Montage von Realitätspartikeln aus und unter Verwendung von medialen Formaten, deren *„Sinn"* sich im Montiertwerden sogleich wieder gegen sich selbst kehrt. Die immer schon mediale Wirklichkeit ist immer nur medial erfahrbar, Sinn macht sie nur noch als großes *patchwork* des Ungleichzeitigen und Disparaten. Ich meine, dass hier ästhetische Programme wie Montagefilm oder Dada ebenso eine würdige Einlösung finden wie postmoderne Diskurse über Intertextualität und Bricolage. Vielleicht schließen wir uns daher Jaco Schiessers Meinung an, dass Videoclips „eine Schule der Ästhetik für ein Leben im digitalen High-Tech-Kapitalismus" sind (1996), wofür dieser Clip wiederum ein besonders gelungenes Schulungsmaterial darstellt.

Dennoch bleibt die Frage, was dieser hoch bewegte, multimediale, ästhetische Text mit PISA zu tun hat, wo es doch um informatorisches Lesen lebenspraktischer Sachtexte ging. Diese Frage ist Gegenstand des folgenden Abschnitts.

13 Vgl. auch die geschmähten Musiker Chris Kirkpatrick, Moby, Limp Bizkit, Elvis, Prince. Bezüge gibt es auch zu zeitgleich (Juli 2002) aktuellen Clips: *Without me* referiert über das Batman/Helden-Motiv auf *Hero* von Chad Kroeger; die unterbrochene Talkshow ist ein rauer Bezug zu Tiziano Ferros *Perdono;* die Betthäschen Jenna und Kiana sind ein fernes Echo sämtlicher Bauch-und-Busen-Räkeleien etwa bei Shakira, Jennifer Lopez und Nelly; eine rasende Autofahrt spielt sich auch in *By the Way* von den Red Hot Chili Peppers ab; und schließlich steht der fette Elvis Presley Rücken an Rücken mit dem König der Tanzenden in *A Little Less Conversation*.

3. Die Förderung von Lesekompetenz sollte auch beinhalten, derartige Medienerfahrungen zur Sprache zu bringen.

PISA zielte auf drei Aspekte einer funktional begriffenen Lesekompetenz für Sachtexte: die Ermittlung von Informationen, eine Gesamtdeutung und die Reflexion und Bewertung (vgl. Ludwig 2002, 83). Ich meine, dass die Rasanz und die Bildwucht von Medienangeboten wie Videoclips, Werbespots und aktuellen Kinofilmen gepaart mit der Leichtigkeit und Unverbindlichkeit von Nutzungsformen wie Surfen, Zappen und Nebenbeirezeption dem, was den 15jährigen in der Studie abverlangt wurde, massiv *zuwider*läuft. Der flüchtige, sprachlose Blick ist eine schlechte Basis für *alles* Lesen, sei es informatorisch oder ästhetisch. Ich plädiere *nicht* dafür, Lesebemühungen an unimedialen Schrifttexten, gleich ob literarisch oder pragmatisch, im Deutschunterricht hintan- oder gar einzustellen. Ich vertraue auch *nicht* darauf, dass der Umgang mit Medienangeboten wie dem gezeigten Clip schnell und automatisch kompetente SachtextleserInnen oder einen besseren Tabellenplatz in der PISA-Liga herbeiführt. Ich meine aber mit Ortwin Beisbart, dass zum Leseangebot „neue, multimediale und bewegliche Texte" (2002, 54) gehören sollten und dass eine sprachlich gebildete Wahrnehmungskompetenz für die hier in Rede stehenden Texturen grundlegend für Lesekompetenz ist. Deutschunterricht und -didaktik sollten sich vor dem audiovisuellen Zeichenreigen nicht in die Burg der Schrift oder gar in den Burgfried der so genannten Hochliteratur zurückziehen, sondern ihn als kulturelle Gegebenheit annehmen und als Erfahrungschance offensiv aufgreifen.

Zu vermeiden wäre dabei dreierlei: Erstens eine am Leitmedium Buch gewonnene, bornierte Abwertung mit dem Ziel einer Immunisierung. Über problematische Setzungen literarischen Wertes hinaus zeigte die Trivialliteraturdidaktik der 1970er Jahre, dass pädagogische Austreibungen vermeintlich niederer kultureller Praxis zum Scheitern verurteilt sind. Zu vermeiden ist zweitens die Absolutsetzung des schulischen Umganges mit solchen Medienangeboten. Schnelle und beiläufige Rezeption sind in den Medienangeboten angelegt und legitim. Ihre Verlangsamung und Intensivierung in didaktischen Arrangements sollte in der Schule erklärtermaßen als eine besondere, partikulare Art des Umgangs erfolgen. Kontraproduktiv sind, drittens, unangemessene Interpretationsziele und -verfahren. Vor avancierten Texturen laufen hermeneutische oder strukturanalytische Fragen oft ins Leere. *Without Me* etwa ist keine verästelte Erzählung, sondern ein additives Panopticum, welches, mit Dieter Matthias, eher eine „assoziative Filmlesefähigkeit" (Matthias 1999, 29) fordert; seine Hauptfigur wiederum ist ein Ensemble aus Verkleidungen und Rollen, und kein Verstehen und Verständnis heischendes Individuum. Verfahren, wie wir sie aus dem Umgang mit literarischen Texten oder aus der Filmanalyse kennen, können hier folglich nicht ohne weiteres übertragen werden.

Wie aber geht es dann? Videoclips haben vor allem auf Seiten der Medien-, der Musik- und der Religionspädagogik Aufmerksamkeit erregt. Gezielt wird häufig auf Symbole und Mythen, der methodische Weg führt oft in die Produktionsorientierung.[14] Ich kann solche Ansätze hier nicht diskutieren, ihr generelles Manko scheint mir jedoch darin zu liegen, dass sich die Produktionsorientierung latent verselbständigt und dass sprachliche Prozesse und Erfordernisse im Umgang mit solchen Texturen nicht reflektiert und implementiert werden. Die deutschunterrichtlichen Vorschläge von Matthias (1999) und Schmid (1999) heben sehr stark auf distanzierende Analyse und auf filmsprachliches Begriffsinstrumentarium ab. Anders hingegen Thomas Zabka in seinem Beitrag zum Symbolverstehen von Videoclips. Er argumentiert sinnvoll für „deskriptive Verfahren" (Zabka 2001, 118), Beschreibungen also, in denen Bildwahrnehmung und -gedächtnis durch Versprachlichungen geschult werden.

Mein eigenes didaktisches Konzept für den Umgang mit Videoclips[15] weist Bezüge zu Zabkas Anregungen auf. Ich fasse *„Text"* und *„Lesen"* als Beobachten von Zeichensystemen und ihren Codifizierungen auf. Umberto Ecos Kultursemiotik steht Pate für eine Systematik, in der sechs Zeichensysteme unterschieden werden: verbal, ikonisch, tonal, somatisch, artefaktisch, objekthaft (vgl. z.B. Eco 2002). Diese Zeichensysteme konstituieren auf Codifizierungsebenen von basalen Elementen bis hin zu Diskursen unterschiedliche kulturelle Einheiten, und zwar gleichermaßen sowohl in Medienangeboten wie in der sozialen Wirklichkeit. Im Falle des Eminem-Clips sind so z.B. Kleidung und Gesten sowie die anzitierten Medienformate sichtbar zu machen. Ich meine, damit ein effektiveres didaktisches Instrumentarium gewonnen zu haben, als es die Literatur- oder die Filmanalyse bislang parat hält. Die Code-Systematik macht Medienangebote beschreibbar und kann somit für ein sprachlich fundiertes Verstehen den Grund legen. Dieses Verstehen vollzieht sich mit einem konstruktivistischen Sprachkonzept, wie es Helmuth Feilke (1994 und 1996) vorgeschlagen hat, als sprachlich-kommunikative Hervorbringung von Bedeutung und Konsensualität. Interpretation kann somit aufgefasst werden als die sozial akzeptierte bzw. Akzeptanz suchende Bereicherung und Umstrukturierung von Codes. Ausgehend von einem Medienangebot unterscheide ich – vorläufig - fünf Möglichkeiten sprachlichen Anschlusses:

1. *Fingierend* nenne ich interne Ergänzungen der Textwelt, z.B. durch innere oder äußere Figurenrede, durch Handlungssequenzen oder durch ein Hineinversetzen anderer Figuren oder der eigenen Person.

14 Vgl. Röll 1998, Neuß 1998; Blume 1996, Bullerjahn / Röhlig 1998; Burkhart, Kubik.

15 Es wird im Rahmen meiner entstehenden Habilitationsschrift detaillierter begründet und entwickelt. Eine Praxiserprobung ist dokumentiert unter *http://www.uni-bamberg.de/%7Eba4dd1/VC/navigation.html.*

2. *Fiktiv* nenne ich vorgestellte Produktionsentscheidungen, z.B. aus der Sicht eines Regisseurs oder Produzenten über Hintergrundmusiken, Kleidung und Requisiten, Schauplätze und Settings, Namengebungen und Sprachregelungen.
3. *Diskursiv* nenne ich Texte, die eine distanzierende / distanzierte Haltung (Beschreibung, Argumentation, Bewertung) einnehmen.
4. *Kommunikativ* nenne ich jedweden Austausch über die unter 1) - 3) entstehenden Texte, z.B. in einem „literarischen Gespräch" oder im Rahmen eines Diskussionsforums, egal ob an einer Pinnwand oder im Internet.
5. *Meta-Kommunikativ* nenne ich Texte, die den Austausch unter 4) zum Gegenstand haben.

Solche sprachlichen Anschlüsse bewegen sich *jenseits* der Dichotomie distanzierender Rationalität und verstrickender Emotionalität. Kritikfähigkeit prägt sich nicht (ideologiekritisch) in Widerstand und Verweigerung aus, sondern eher in der Erfahrung und Reflexion der Leistungsfähigkeit bestimmter Rezeptionsmuster. Wissen um institutionelle Hintergründe soll in zweiten und dritten Schritten aufgebaut werden. Produktive Partizipation ist hier nicht gedacht im üblichen Sinne der eigenen Herstellung von Clips; wohl aber erstellen die Lerner im Umgang mit ihnen natürlich Medienangebote und partizipieren dazu auch an Medientechnologien wie Computer und Internet.

4. Fazit

Anhand des Clips *Without Me* von Eminem wurden die Notwendigkeit und die Grundzüge einer sprachlich fundierten Wahrnehmungsbildung für eine visuelle Kultur aufgezeigt. Die Wahrnehmung von avancierten Medienangeboten über sprachliche Prozesse in Beobachtung zu überführen hat mit dem in PISA Geforderten nicht direkt zu tun. Die SchülerInnen werden aber angehalten, genau hinzusehen, Medienerfahrungen zur Sprache zu bringen und dies mit anderen kommunikativ auszuhandeln. Nicht nur, weil dabei auch reichlich Sachtexte entstehen werden, halte ich die sprachlich fundierte Beobachtung von visuell dominierten, fiktionalen Medienangeboten daher für einen wichtigen Pfeiler einer umfassenden Lesekompetenz.

Literatur

Abraham, Ulf/Matthis *Kepser* 2000: living books zwischen Computermedien und Buchliteratur: medientheoretische und fachdidaktische Überlegungen. In: Der Deutschunterricht Jg. 52, H. 1, S. 45-53

Altrogge, Michael/Rolf *Amann* 1991: Videoclips - die geheimen Verführer der Jugend? Berlin

Beisbart, Ortwin 2002: PISA - Zentrale Befunde, insbesondere zur Lesekompetenz deutscher Schülerinnen und Schüler, und Ansatzpunkte für eine Verbesserung der Leseförderung. In: Verband Bildung und Erziehung (Hrsg.): PISA. Menetekel oder heilsamer Schock. Berlin, S. 37-57

Blume, Jutta 1996: Rock-Ladies und Pop-Divas. Frauenbilder und Weiblichkeitsvorstellungen im Videoclip. In: Musik und Bildung Jg. 28, H. 1, S. 30-34

Buddemeier, Heinz 1993: Leben in künstlichen Welten. Cyberspace, Videoclips und das tägliche Fernsehen. Stuttgart

Bullerjahn, Claudia/Kerstin *Röhlig* 1998: "I want my MTV!". Analyse eines selbstreferentiellen Musikvideos in einem Oberstufenkurs. In: Musik und Unterricht. Zeitschrift für Musikpädagogik Jg. 9, H. 51, S. 36-41.

Burkhart, Petra 2001: Unterrichten mit Musikvideoclips im RU - aber wie? Einige einführende Hinweise für die Praxis. Online-Quelle: *http://www.kirchenbote.de /5-3/5-3-2/5-3-2-2/2001-02-1-2.html#Anchor-Aller-44270*

Busse, Tanja 1996: Mythos in Musikvideos. Weltbilder und Inhalte von MTV und Viva. Münster

Daum, Wolfgang/Gerd *Langenbuch*/Kirsten *Mattern*/Detlef *Schnoor* 1993: Medienprojekte für die Grundschule. Wie Kinder technische Bilder „erzeugen" und „lesen" lernen. Braunschweig

Doelker, Christian 1997: Ein Bild ist mehr als ein Bild. Visuelle Kompetenz in der Multi-Mediagesellschaft. Stuttgart

Eco, Umberto 2002: Einführung in die Semiotik. München

Ehmer, Hermann K. (Hrsg.) 1971: Visuelle Kommunikation. Beiträge zur Kritik der Bewusstseinsindustrie. Köln

Falschlehner, Gerhard 1999: Stichwortsammlung zur Networkgeneration. Lesen. Neue Medien. In: ide H. 2, S. 84-92

Feilke, Helmuth 1994: Common-sense-Kompetenz. Überlegungen zu einer Theorie „sympathischen" und „natürlichen" Meinens und Verstehens. Frankfurt a.M.

Feilke, Helmuth 1996: Sprache als soziale Gestalt. Ausdruck, Prägung und die Ordnung der sprachlichen Typik. Frankfurt a.M.

Fritz, Jürgen/Wolfgang *Fehr* (Hrsg.) 1997: Handbuch Medien: Computerspiele. Bonn

Grimm, Jürgen (Hrsg.) 1989: „Das attraktive Chaos und die Chance zur Reflexivität." Ein Gespräch über Videoclips zwischen Bazon Brock, Jürgen Grimm und Roland Schmitt. Siegen

Groeben, Norbert/Bettina *Hurrelmann* (Hrsg.) 2002: Medienkompetenz. Voraussetzungen, Dimensionen, Funktionen. Weinheim und München

Hamm, Ingrid 1996: Medienkompetenz als neue politische Zielkoordinate. In: Antje v. Rein, (Hrsg.): Medienkompetenz als Schlüsselbegriff. Bad Heilbrunn, S. 51-59

Jakobs, Eva-Maria 1998: Entwicklungsstadien elektronischer Schreibwerkzeuge und ihr Einfluss auf die Kommunikationsformen. In: Werner Holly /Bernd Ulrich Biere (Hrsg.): Medien im Wandel. Opladen, S. 187-209

Kepser, Matthis 1999: Massenmedium Computer. Ein Handbuch für Theorie und Praxis des Deutschunterrichts. Bad Krozingen

Kubik, Johannes (o.J.): Religiöse Botschaften in Videoclips – Bericht über einen Unterrichtsentwurf. Online-Quelle: *http://www.rpi-loccum.de/kuvideo.html*

Ludwig, Otto (2002): PISA 2000 und der Deutschunterricht. In: Der Deutschunterricht Jg. 54, H. 2, S. 82-85

Maiwald, Klaus 2001: Plattformen oder platte Formen? Von der Hyperlust am Text. In: Klaus Maiwald /Peter Rosner (Hrsg. 2001), S.173-193

Maiwald, Klaus 2003: Erwerb einer Medienkompetenz. In: Ortwin Beisbart/ Dieter Marenbach: Bausteine der Deutschdidaktik. Ein Studienbuch. Donauwörth, S. 122-131

Maiwald, Klaus/Peter *Rosner* (Hrsg.) 2001: Lust am Lesen. Bielefeld

Matthias, Dieter 1999: Assoziationstraining mit Videoclips im Sprachunterricht. In: Praxis Deutsch Jg. 26, H. 153, S. 29-34

Neuhaus, Stefan 2002: Revision des literarischen Kanons. Göttingen

Neuß, Norbert 1998: „Spatzenkappen ab" – Medien-Sinnlichkeit und Identität. In: Medien Impulse H. 25, S. 77-83

Rank, Bernhard 1999: Formen und Veränderungen des Erzählens in Bearbeitung kinderliterarischer Szenarien auf CD-ROM. In: Kurt Franz/ Günter Lange (Hrsg.): Bilderwelten. Vom Bildzeichen zur CD-Rom. Baltmannsweiler, S. 190-208

Rank, Bernhard 2001: Per Mausklick in den Mattiswald. Kinderliteratur auf CD-ROM: Zur Bewertung multimedial aufbereiteter Spielgeschichten. In: Julit H. 3, S. 24-30

Richard, Birgit 1993: Music Video Clips. Von der „optophonetischen Schaumaschine" Raoul Hausmanns zum Brain Dance der Techno Kultur. In: Wilhelm Lehmbruck Museum Duisburg (Hrsg.): Frischluft. Installation - Interaktion. Duisburg, S. 116-123. Online-Quelle: *http://www.uni-frankfurt.de/fb09/kunstpaed/indexweb/publikationen/videoclipsundspiele.htm*

Röll, Franz-Josef 1998: Mythen und Symbole in populären Medien. Der wahrnehmungsorientierte Ansatz in der Medienpädagogik. Frankfurt a.M.

Scheffer, Bernd 2001: Zur neuen Lesbarkeit der Welt. In: Klaus Maiwald/ Peter Rosner (Hrsg. 2001), S. 195-209

Schiesser, Jaco 1996: Video killed the radio star. Musikvideos – Kunst der Gehirnwäsche oder Schule der Ästhetik? Online-Quelle: *http://www.xcult.ch/texte/schiesser/video.html*

Schmid, Ulrich 1999: Videoclips - ein Thema für Projekt- und Studientage. In: Praxis Deutsch Jg. 26, H. 153, S. 48-52.

Schmitz, Ulrich 1996: ZAP und Sinn. Fragmentarische Textkonstitution durch überfordernde Medienrezeption. In: Ernest W.B.Lüttich/ Werner Holly/ Ulrich Püschel (Hrsg.): Textstrukturen im Medienwandel. Frankfurt a.M., S. 11-29

Schnell, Ralf 2000: Medienästhetik. Zu Geschichte und Theorie visueller Wahrnehmungsformen. Stuttgart

Weibel, Peter 1986: Von der visuellen Musik zum Musikvideo. In: Veruschka Bódy/ Peter Weibel (Hrsg.): Clip, Klapp, Bum. Von der visuellen Musik zum Musikvideo. Köln, S. 53-163

Weidenmann, Bernd 1998: Psychologische Ansätze zur Optimierung des Wissenserwerbs mit Bildern. In: Klaus Sachs-Hombach/ Klaus Rehkämper (Hrsg.): Bild - Bildwahrnehmung - Bildverarbeitung. Interdisziplinäre Beiträge zur Bildwissenschaft. Wiesbaden, S. 243-253

Weingarten, Rüdiger 2001: Hyperfiction. Strukturen und Rezeptionsprozesse vernetzter Texte im Internet. In: Julit H. 3, S. 17-23

Zabka, Thomas 2001: Zum Symbolverstehen von Videoclips. Didaktische Reflexionen und Ratschläge. In: Jutta Wermke (Hrsg.): Hören und Sehen: Beiträge zu Medien- und Ästhetischer Erziehung. München, S. 109-124

Bildnachweis

Abb.2 Eminem als Batman-Gehilfe. Quelle: *http://eminem-fanside.subnet.dk/_903715.html*]

Abb.3 Eminem als Eminem. Quelle: http://www.uk-flava.com/directory/news/articles/May/eminem_theshow.htm]

Abb.4 Eminem als Osama. Quelle: http://www.mtv.com/news/articles/1455205/20020614/story.jhtml]

Axel Krommer (Erlangen-Nürnberg) **Fiktionen lesen** Ein philosophisch-didaktisches Plädoyer für eine ontologiefreie Theorie der Fiktionalität

1. Rudimentäre Rekonstruktion des „stummen Wissens" von Fiktion und Realität

Die Kenntnis der Unterschiede zwischen Fiktion und Wirklichkeit gehört nach Wolfgang Iser (1991, 18/19) zu den Elementarbeständen unseres „stummen Wissens" und damit zu einer selbstverständlichen und unreflektierten Gewissheit, die – wenn man Harald Weinrich (1966, 70 u. 74) glauben darf – keine literarische Bildung voraussetzt und über die selbst Kinder recht früh verfügen (vgl. z.B. Nickel-Bacon/Groeben 2002, 30 oder Hurrelmann 1978).

Will man hingegen die einzelnen Mosaikstücke dieses „stummen Wissens" explizieren, stößt man unweigerlich auf ein dichtes Geflecht aus literaturtheoretischen und philosophischen Problemen, die erahnen lassen, wie komplex der Versuch einer adäquaten Differenzierung zwischen Fiktion und Wirklichkeit ist, und die gleichzeitig verdeutlichen, wie anspruchsvoll eine *didaktische* Theorie sein muss, die „Realitäts-Fiktions-Unterscheidungen als Aspekt einer kritisch-konstruktiven Mediennutzungskompetenz" (vgl. Schreier/Appel 2002) begreift.

Als besonders einflussreich und seit mehr als zweitausend Jahren prägend für „das abendländische Verständnis von Dichtung im allgemeinen und Erzählung im besonderen" (Vogt 1972, 13) gilt Aristoteles' „Poetik", in der sich auch der *locus classicus* der Differenzierung zwischen fiktionalen und nicht-fiktionalen Texten findet: „[...] der Geschichtsschreiber und der Dichter unterscheiden sich nicht dadurch, dass der eine in Versen und der andere in Prosa schreibt [...]; sondern dadurch unterscheiden sie sich, dass der eine erzählt, was wirklich geschehen ist, der andere, was hätte geschehen können." (Aristoteles: Poetik, 350)

Wie wirkmächtig die von Aristoteles begründete Dichotomie zwischen den Texten des Dichters und den Texten des Geschichtsschreibers ist, lässt sich auch an der Tatsache ablesen, dass die gängige Unterscheidung zwischen Sachtexten, Gebrauchstexten, expositorischen, pragmatischen, faktischen, faktualen, nicht-fiktionalen Texten auf der einen und literarischen bzw. fiktionalen Texten auf der anderen Seite in den Lehrbüchern und Curricula oftmals wie eine moderne Version der einschlägigen aristotelischen Formulierungen klingt. So heißt es z.B. bei Kahrmann, Reiß und Schluchter in ihrem Band zur „Erzähltextanalyse": *„Faktische* Texte nehmen auf Wirklichkeit in der Art Bezug, dass sie das in ihnen Geäußerte als wirklich im Sinne von real, vorhanden, tatsächlich vorstellen. *Fiktionale*

Texte hingegen fingieren; sie stellen das in ihnen Geäußerte als erfunden vor [...]" (Kahrmann/Reiß/Schluchter 1986, 24/25).

Mit den Worten Robert Musils ließe sich der Geschichtsschreiber, ein Produzent faktischer Texte, durch den „Wirklichkeitssinn" und der Dichter, ein Emmitent fiktionaler Texte, durch den „Möglichkeitssinn" charakterisieren: „Wer ihn [den Möglichkeitssinn, A.K.] besitzt, sagt beispielsweise nicht: Hier ist dies oder das geschehen, wird geschehen, muß geschehen; sondern er erfindet: Hier könnte, sollte oder müsste geschehen [...]." (Musil 1930, 16)

Und während sich der Dichter folglich in einem „Gespinst von Dunst, Einbildung, Träumerei und Konjunktiven" (Musil 1930, 16) bewegt, ist der Geschichtsschreiber ganz und gar auf die Wirklichkeit fixiert: Gebrauchstexte, so lehrt uns das „Taschenbuch des Deutschunterrichts" sind daher gegenüber „literarästhetischen Texten durch zwei entscheidende Kriterien gekennzeichnet: reine Zweckhaftigkeit und unmittelbarer (sic!) Realitätsbezug." (Lieberum 2001, 854).

Mit der Vorstellung, dass die nicht-fiktionalen Texte des Geschichtsschreibers unmittelbar auf die Wirklichkeit bezogen sind, verbindet sich gemeinhin die trivial erscheinende These, dass sie wahr sind, wenn sie die Realität so abbilden, wie sie tatsächlich ist. Platon deutet eine solche Wahrheitstheorie – natürlich innerhalb eines idealistischen Bezugsrahmens - in seinem Spätdialog „Sophistes" an (vgl. 240, E10f. und zur Erläuterung Künne 1985, 123-127) und Aristoteles klärt die Verhältnisse in seiner „Metaphysik" mit bemerkenswerter Schlichtheit: Zu sagen, dass das, was ist, nicht ist, oder das, was nicht ist, ist, ist falsch; hingegen (zu sagen), dass das, was ist, ist, oder das, was nicht ist, nicht ist, ist wahr. (Aristoteles: Metaphysik, Buch IV, 7, 1011b).

Der in einer Formulierung Thomas von Aquins bekannt gewordene Grundgedanke der Korrespondenztheorie der Wahrheit („veritas est adaquatio intellectus et rei") wird fortan stets mit Bezug auf Aristoteles aufgegriffen und variiert (vgl. hierzu z.B. Tugendhat/Wolf 1983, Kapitel 13 und kritisch Künne 1985).

Während Nicht-Fiktionales vor diesem Hintergrund an die Wirklichkeit und damit idealerweise an die Wahrheit geknüpft wird, liegen die Verhältnisse auf der Seite des Fiktionalen komplizierter: Uns mag es heute abwegig erscheinen, den Schriftsteller als Lügner zu bezeichnen, nur weil er gelegentlich sagt, dass das, was nicht ist, ist und dass das, was ist, nicht ist. Platon hingegen zeiht in der „Politeia" die Dichter mit folgenden Worten explizit der Lüge: „Hesiodos und Homeros und die anderen Dichter [haben] für die Menschen unwahre Erzählungen zusammengesetzt und vorgetragen und tragen sie auch noch vor." (Platon: Politeia 377d)

Dass die frühgriechischen Philosophen auf dem Weg vom Mythos zum Logos auch durch die Kritik des Dichters als Lügner die Neuartigkeit ihres nicht mehr poetischen Wissens deutlich machten, die heiligen Gesänge profanisierten, deren Wahrheitsanspruch problematisierten und auf diese Weise dazu beitrugen, dass sich ein Wissen von Fiktionen und eine Wissenschaft der Poesie überhaupt ausbilden konnte, kann hier nur kurz erwähnt werden. Die Details hält Heinz Schlaffer in seiner Untersuchung über „Poesie und Wissen" (1990, 26-60) bereit.

Zwar befreit Sir Philip Sydney bereits gegen Ende des 16. Jahrhunderts den Dichter von dem Vorwurf, ein Lügner zu sein (vgl. Sidney 1595, 52:„[...] the Poet, he nothing affirms, and therefore never lieth."), doch wenn man Siegfried J. Schmidt (1991, 185ff.) glauben darf, dann begründet erst Gottlob Frege eine moderne Auffassung der Fiktionalität. Frege schlägt eine Lösung für das Problem des Wahrheitsbezugs und der Referenz fiktionaler Texte vor, die u.a. der Rede von illokutionären Akten im Sinne der Sprechakttheorie Austins (1962) und Searles (1969) vorgreift. Er schreibt z.B. in seinem Aufsatz „Der Gedanke": „Wie der Theaterdonner nur Scheindonner, das Theatergefecht nur Scheingefecht ist, so ist auch die Theaterbehauptung nur Scheinbehauptung. Es ist nur Spiel, nur Dichtung. Der Schauspieler in seiner Rolle behauptet nicht, er lügt nicht, selbst wenn er etwas sagt, von dessen Falschheit er überzeugt ist". (Frege 1918, 36.; vgl. auch Frege 1897, 41-42)

Das Interesse am Wahrheitswert eines Satzes ist für Frege in seinen sprachphilosophischen Überlegungen *ein* Kriterium, um Behauptungssätze speziell in wissenschaftlichen Sachtexten von den Scheinbehauptungen fiktionaler Texte abzugrenzen, denn mit „der Frage nach der Wahrheit würden wir den Kunstgenuß verlassen und uns einer wissenschaftlichen Betrachtung zuwenden." (Frege 1892, 48) Außerhalb der Sprachphilosophie sind diese Thesen vor allem durch Gottfried Gabriels semantische Theorie der Literatur bekannt geworden, in der die fiktionale Rede mit explizitem Hinweis auf Frege als „diejenige nicht-behauptende Rede, die keinen Anspruch auf Referenzialisierbarkeit oder auf Erfülltheit erhebt" (Gabriel 1975, 28), definiert wird.

Der Begriff „Referenzialisierbarkeit" deutet auf einen weiteren Gesichtspunkt hin, der neben der *alethiologischen Dimension* (Wahrheit versus Schein) und dem *ontologischen Modus* (Wirkliches versus Mögliches) für unser „stummes Wissen" von Fiktion und Realität bedeutsam ist, denn ein *naiver Realismus* (vgl. hierzu Vollmer 1975, 35) und eine einfache Variante der *Korrespondenztheorie der Wahrheit* lassen sich kommod mit einer *abbildtheoretischen* bzw. *realistischen Semantik* (vgl. Kutschera 1975, Kapitel 2.1.) verbinden[1], deren Grundprinzip Roy Harris mit dem Begriff „*Surrogationalismus*" charakterisiert hat: „Surrogationalism accepts as axiomatic the principle that words have meaning for us because words ‚stand for' – are surrogates for – something else." (Harris 1988, 10)

1 Anzumerken ist an dieser Stelle, dass Frege zwar eine realistische Semantik vertritt, die Korrespondenztheorie der Wahrheit jedoch strikt ablehnt (vgl. z.B. Frege 1918, S. 31-32). Dieser Umstand verdeutlicht noch einmal, dass das „stumme Wissen" von Fiktion und Wirklichkeit nicht mit einer bestimmten Theorie identifizierbar, sondern lediglich aus Bausteinen unterschiedlicher Theorien rekonstruierbar ist.

Sowohl die adamitische Namensgebung aus der Genesis (Gen 2, 19) als auch der platonische Dialog „Kratylos" lassen sich surrogationalistisch deuten und sind in ihrem Einfluss auf die Entwicklung der Linguistik und Sprachphilosophie kaum zu überschätzen (vgl. z.B. Harris 1988; Aarsleff 1982). Und die nomenklatorische These, dass „words function essentially as names of objects or properties already given in advance of language" (Harris 1988, 7), prägt auch heute noch unser alltagsweltliches Verständnis vom Funktionieren der Sprache (vgl. Switalla 2000, 6).

Schon diese knappe Skizze verdeutlicht, dass das „stumme Wissen" von Fiktion und Wirklichkeit zwar vielfältige und hochkomplexe geistesgeschichtliche Wurzeln besitzt, seine Geltung hingegen für den „common sense" unproblematisch erscheint: Dass Fiktionen nicht die Wirklichkeit abbilden und stattdessen eine mögliche Welt entwerfen, dass ein Sachtext im Gegensatz zu einem literarischen Text buchstäblich wahr sein kann, wenn er die Tatsachen korrekt und unmittelbar wiedergibt, und dass wir zur sprachlichen Abbildung der Wirklichkeit Wörter benutzen, die konkrete oder abstrakte Gegenstände „außerhalb" der Sprache bezeichnen – all das lässt der gesunde Menschenverstand als gewiss erscheinen und in der Regel bleiben mögliche Begründungszusammenhänge dieser scheinbaren Gewissheiten unreflektiert.

Die Dichotomie zwischen Fiktion und Wirklichkeit bzw. zwischen fiktionalen und nicht-fiktionalen Texten setzt sich auch auf den Ebenen der jeweiligen Rezeptionsmodi und Rezeptionsfunktionen fort. So gilt beispielsweise in der PISA-Studie das Informationslesen zur Wissenserweiterung und beruflichen Qualifikation ganz traditionell als kennzeichnend für den Bereich der Sach- und Gebrauchstexte, während das literarische Lesen vor allem Möglichkeiten zur Befriedigung von Unterhaltungsbedürfnissen, zum ästhetischen Erleben, zur Übernahme fremder Perspektiven, zur Immersion und zur Fantasieerweiterung bietet (vgl. Baumert et. al. 2001, S. 69/70; Vorderer/Klimmt 2002).

In der Zusammenschau der hier aufgeführten Aspekte ergibt sich das folgende Bild der ontologisch-dichotomischen Trennung zwischen Fiktion und Wirklichkeit (s. Tabelle auf der nächsten Seite).

2. Zur Kritik des „stummen Wissens" von Fiktion und Realität

Schon Wolfgang Iser benutzt das „stumme Wissen" von Fiktion und Wirklichkeit und die „gewiss handliche Unterscheidung zwischen fiktionalen und nicht-fiktionalen Texten" (Iser 1991, S.18) lediglich als Negativfolie für seine Triade des Realen, Fiktiven und Imaginären und weist auf die vielfältigen philosophischen Probleme hin, die mit dem skizzierten ontologisch-dichotomischen Schema verknüpft sind. Er nennt beispielsweise die alte, für den ontologischen Status des Fiktiven bedeutsame Streitfrage, „wieso es denn etwas geben könne, das – obwohl vorhanden – nicht den Charakter der Wirklichkeit besitze." (Iser 1991, 19)

Die ontologisch-dichotomische Trennung zwischen Nicht-Fiktion und Fiktion:

	Nicht-Fiktion	**Fiktion**
Ontologische Dimension	Wirklichkeit, Tatsache	Mögliche Welt,Erfindung
Semantische Dimension	Referenz auf Wirkliches, Extension **und** Intension	Referenz auf Nicht-Wirkliches bzw. Mögliches, Intension **ohne** Extension
Alethiologische Dimension	Korrespondenztheoretisch verstandene Wahrheit, Wissen	Lüge, Schein
Textsorte	Nicht-fiktionale Texte, Sachtexte, Gebrauchstexte etc.	Fiktionale Texte, Dichtung, „Literatur"
Rezeptionsmodus bzw. -funktion	Information, Wissenserweiterung, berufliche Qualifikation	Unterhaltung, ästhetischer Genuss, Perspektivübernahme

Quine gab der Doktrin, dass auch das Nicht-Sein sein müsse, den Spitznamen „Platons Bart" und wies darauf hin, dass sich diese Ansicht in der Philosophiegeschichte als so hartnäckig erwiesen hat, dass „Ockhams Rasiermesser oft stumpf an ihr wurde" (Quine 1953, 9; vgl. hierzu auch Gabriel 1975, Kapitel 2). Selbst ein Denker wie Bertrand Russell, der in „On Denoting" (1905) einen viel beachteten Lösungsvorschlag für das Problem der Rede von Nicht-Seiendem vorlegte, vertrat in seiner Frühphilosophie noch die These, dass „Numbers, the Homeric gods, relations, chimeras and four dimensional spaces all have being [...]" (Russell 1901, S.449), weil er der Auffassung war, dass ein Satz der Form „A ist nicht" entweder als falsch oder als sinnlos gelten müsse, denn „if *A* were nothing, it could not said not to be." (Russell 1903, 449)

Doch nicht nur die Verbindung des Fiktiven mit dem Nicht-Wirklichen erweist sich als höchst problematisch, sondern auch die Übereinstimmung zwischen der Wirklichkeit und den wahren Sätzen. Wolfgang Künne fasst einen Einwand Freges (vgl. 1918, 32) gegen die Korrespondenztheorie der Wahrheit folgendermaßen zusammen: „Angenommen, wir definieren Wahrsein als Φ-Sein. Dann muß man [...], um zu entscheiden, ob x wahr ist, entscheiden, ob x Φ ist [...]. Letzteres entscheiden, heißt aber: entscheiden, ob es wahr ist, dass x Φ ist [...]. Um das zu entscheiden, muß man [...] ermitteln, ob der Gedanke, dass x Φ ist, selber Φ ist, usw. ad infinitum." (Künne 1985, 137)

In dieser Darstellung führt die Übereinstimmungstheorie der Wahrheit daher geradewegs in einen infiniten Regress. Und die These, dass ein wahrer Satz eine Tatsache darstellt (vgl. z.B. Wittgenstein 1921), lässt sich mit zahlreichen weiteren Argumenten attackieren: Günter Patzig weist z.B. darauf hin, dass Tatsachen überhaupt nur in Gestalt von Sätzen erfasst werden können: Eine Tatsache ist immer „die Tatsache, dass ...", denn „Personen sind zwar u.a. das, was ein Porträt darstellt, aber sie sind außerdem noch etwas anderes als das Dargestellte. [...] Demgegenüber sind nun Tatsachen nicht erstens das, was sie sind, und können zweitens noch durch wahre Sätze dargestellt werden." (Patzig 1988, 11)

Ohne die Sprache kann es aus diesem Grund keine Tatsachen geben und wenn eine Tatsache genau das ist, was ein wahrer Satz ausdrückt, dann gilt, „dass jeder Satz seine Tatsache formuliert und eine Tatsache das ist, was ein bestimmter Satz *p* formuliert" (Patzig 1988, 13). Auch hier führt der Weg von einer schlichten Ausgangshypothese wahlweise zu einer Paradoxie oder zu einer Trivialität.

Wenn der Bezug der Sprache zur Welt in dieser Weise zweifelhaft wird, dann verliert ein weiterer wichtiger Baustein des „stummen Wissens" von Fiktion und Wirklichkeit an Plausibilität. Die Rede geht von der realistischen bzw. abbildtheoretischen Semantik, die Quine als „Mythos von einem Museum, in dem die Ausstellungsstücke Bedeutungen und die Schildchen daran Wörter sind" (Quine 1969, 42) bezeichnet und die Wittgenstein in seinen „Philosophischen Untersuchungen" am Beispiel des augustinischen Modells der Sprache als Nomenklatur heftig attackiert.

Eine attraktive Alternative zur Abbildtheorie ist (nicht nur) für den späten Wittgenstein ein pragmatischer Strukturalismus, der die Bedeutung eines Wortes in seinem *Gebrauch* sieht (vgl. z.B. Wittgenstein 1953, §43) und der durch den Vergleich der Sprache mit dem Schachspiel illustriert werden kann, weil die „Frage: ‚Was ist eigentlich ein Wort?' [...] analog der ‚Was ist eine Schachfigur?'" (Wittgenstein 1953, §108) zu verstehen ist: Eine Schachfigur erhält ihre Bedeutung nicht dadurch, dass man auf etwas außerhalb des Schachspiels Befindliches hinweist, für das diese Figur steht. Vielmehr erlangt sie ihre Bedeutung durch ihre Position auf dem Brett, d.h. durch ihre Beziehung zu den anderen Figuren und die Regeln des Spiels. Ganz analog bestimmt sich auch die Bedeutung eines Wortes nicht dadurch, dass man (gleichsam vertikal) auf etwas außerhalb der Sprache Stehendes Bezug nimmt, sondern dadurch, dass man die Regeln des Sprachspiels und das strukturalistische Netzwerk horizontaler Verbindungen zwischen verschiedenen Wörtern betrachtet.

Die knappe Darstellung möglicher theoretischer Einwände gegen das ontologisch-dichotomische Paradigma mag an dieser Stelle genügen. Auf den gelegentlich erhobenen Einwand, dass über dem gesamten Modell der Unterscheidung zwischen Fiktion und Wirklichkeit das Damoklesschwert der „Ubiquität der Fiktion" im Sinne einer radikalkonstruktivistischen Haltung des ‚Alles ist Fiktion' schwebe (vgl. hierzu z.B. Zipfel 2001, Kapitel 3 und Nickel-Bacon/Groeben 2002, 40-41), soll an anderer Stelle im Kontext *didaktischer* Überlegungen ausführlicher eingegangen werden.

3. Das *Drei-Perspektiven-Modell* der Unterscheidung zwischen Realität und Fiktion

Die Frage nach einer adäquaten Modellierung der Unterscheidung zwischen Realität und Fiktion hat primär außerhalb der literarischen Sphäre durch die rasante Entwicklung im Bereich der neuen Medien an Bedeutung gewonnen. Denn die Grenze zwischen dem körperlich-unmittelbaren „Real-Life" (RL) und der immersiv-körperlosen „Virtual-Reality" (VR) wird zunehmend unklar: Mischphänomene wie die von Kusahara (2001) beschriebene „Mixed-Reality" (MR) prägen mittlerweile den Alltag der Schüler(innen), die sich im RL bewegen und gleichzeitig auf den Computer-Screens ihrer Multimedia-Handys die fiktiven Welten der VR betrachten können.

In der aktuellen deutschdidaktischen Debatte hat in erster Linie das *Drei-Perspektiven-Modell* (*DPM*) der Unterscheidung zwischen Fiktion und Realität (vgl. z.B. Schreier/Rothmund/Groeben 2001, Rothmund/Schreier/Groeben 2001, Nickel-Bacon/Groeben/Schreier 2001, Nickel-Bacon/Groeben 2002, Nickel-Bacon 2003) an Einfluss gewinnen können. Dessen Entwickler(innen) weisen darauf hin, dass vor allem im Literaturunterricht „das ‚stumme Wissen' [...] über Fiktionen bewusst gemacht und z.B. hinsichtlich historischer Veränderungen reflektiert werden" (Nickel-Bacon/Groeben 2002, 31) solle, weil ein „zentraler Erziehungsauftrag von Schule" darin bestehe, das „Realitäts-Fiktions-Urteil immer weiter zu differenzieren" (Nickel-Bacon/Groeben 2002, 31).

Das *DPM* integriert medienpsychologische Kernannahmen der *Perceived-Reality*-Forschung, deren Unschärfen und Inkonsistenzen es zu beseitigen und deren traditionell medienkritische Grundierung es zu relativieren trachtet, mit verschiedenen literaturwissenschaftlichen Ansätzen, die primär auf semantischer (vgl. Gabriel 1975), syntaktisch-formaler (vgl. Hamburger 1957) und pragmatischer (vgl. Schmidt 1980) Ebene argumentieren.

Das *DPM* wird als Ergebnis einer konsequenten pragmatischen Wende der Fiktionalitätstheorie verstanden (vgl. Nickel-Bacon/Groeben/Schreier 2001, 290), d.h. als Resultat einer Umkehrung des historisch begründeten Blicks auf Fiktionen (vgl. Nickel-Bacon/Groeben 2002, 35), so dass nun die pragmatischen Rahmenbedingungen die entscheidende Basis für die Beurteilung semantischer und syntaktischer Kategorien darstellen.

Die Fiktionalisierung literarischer Rede ist aus pragmatischer Sicht an Makro-Konventionen wie die Ästhetik-Konvention und die literarische Polyvalenz-Konvention im Sinne S. J. Schmidts (1980) gebunden, die den Handlungen im Literatursystem zugrunde liegen und die dazu führen, dass ein Text dem fiktionalen Diskurs zugeordnet wird. Und die Notwendigkeit der Vorordnung der Pragmatik ergibt sich aus dem Umstand, dass weder semantische noch formale Fiktionssignale allein zu einer scharfen Trennung zwischen Fiktion und Realität hinreichen. Fiktionalität ist daher keine Eigenschaft des Textes, sondern muss als Werk-

kategorie konzipiert werden, „die ein Autor oder eine Autorin mit einem Text intendiert, und die ein Leser oder eine Leserin diesem Text im Falle kointentionaler Rezeption zuschreibt“ (Nickel-Bacon/Groeben/Schreier 2001, 287).
Unter *pragmatischer Perspektive* wird daher im *DPM* nach der Werkkategorie gefragt, die u.a. durch kommunikationssteuernde Elemente des Paratextes indiziert wird: Durch einen Untertitel wie „Roman“ wird beispielsweise ein Signal zur Suspendierung des Anspruchs auf Wirklichkeitsentsprechung und damit zur Einordnung des entsprechenden Medienprodukts in die Kategorie „Fiktion“ gesetzt. Während Schreier/Rothmund/Groeben (2001, 667) dafür plädieren, die traditionell dichotom konzipierte Werkkategorie („Fiktion“ versus „Nicht-Fiktion“) um so genannte „Mischprodukte“ zu erweitern, wird in allen anderen Publikationen zum *DPM* auf pragmatischer Ebene an der klassischen Zweiteilung festgehalten (vgl. exemplarisch Nickel-Bacon/Groeben/Schreier 2001, 291).
Die *semantische Perspektive* fragt nach der Beurteilung eines Textes im Hinblick auf eine graduell konzipierte Wirklichkeitsnähe bzw. –ferne des jeweiligen Inhalts. Auf der Produktseite wird der Produktinhalt, d.i. „das Gesamt der [...] vermittelten Informationen über eine reale oder imaginäre Welt“ (Schreier/Rothmund/Groeben 2001, 667), beurteilt, auf der Rezeptionsseite wird der Erfahrungsinhalt, d.i. ein mentales Modell als kognitive Repräsentation, in den Blick genommen (vgl. ebd.).
Die *formale Perspektive* wird im DPM produktionsseitig als Vermittlungs- und rezeptionsseitig als Erfahrungsmodus konzipiert. Medienprodukte werden im Hinblick auf ihre Real-Life-Nähe bzw. Real-Life-Ferne beurteilt und ebenfalls innerhalb eines Kontinuums verortet, so dass von alltagsnahen bis hin zu hochartifiziellen Darstellungsformen zahlreiche Abstufungen möglich werden.
Damit sind – in der hier gebotenen Kürze – die wesentlichen Komponenten des *DPM* genannt, das sich zusammenfassend folgendermaßen darstellen lässt:

Drei Perspektiven von Realitäts-Fiktions-Unterscheidungen

	Produktseite – **Rezeptionsseite**	
Textkategorie	**Non-Ficton – Fiction**	**Textkategorie**
Anspruch auf –kein Anspruch auf	Wirklichkeitsentsprechung	Erwartung – keine Erwartung von
Produktinhalt	**Wirklichkeitsnähe-Wirklichkeitsferne**	**Erfahrungsinhalt**
real-irreal möglich-unmöglich		glaubhaft...unglaubhaft plausibel...unplausibel
Vermittlungsmodus	**realistisch...non-realistisch**	**Erfahrungsmodus**

Abb. 1: Drei-Perspektiven-Modell (nach Nickel-Bacon/Groeben/Schreier 2001, 291)

Eine Stärke des medienübergreifend anwendbaren DPM liegt darin, dass die verschiedenen Ebenen unabhängig voneinander betrachtet werden können, so dass die Analyse des komplexen Spiels mit Fiktions- und Realitätssignalen auf pragmatischer, semantischer und formaler Ebene jeweils unterschiedliche Diagnosen erlaubt.

So kann ein pseudo-dokumentarischer Horror-Thriller wie „The Blair Witch Project" (USA 1999) auf der Inhaltsebene Irreales präsentieren, gleichzeitig jedoch einen bewusst alltagsnahen Darstellungsmodus wählen und auf der pragmatischen Ebene über die Beteuerung der Authentizität des gezeigten Materials eine Herausgeberschaft inszenieren, die aus dem Bereich der Literatur als Fiktionalitätssignal wohlbekannt ist.

Am Beispiel der Rezeptionsgeschichte des „Blair Witch Projects" lässt sich zeigen, dass solcherlei Widersprüche und Inkohärenzen das Potenzial besitzen, gerade die jugendlichen Zuschauer zu verwirren und sie zweifeln zu lassen, ob das Gesehene in das Reich der Fiktion oder der Realität einzuordnen ist (vgl. Nickel-Bacon/Groeben 2002, S. 28ff.).

Mit dem DPM steht den Schüler(inne)n nun ein leistungsstarkes Werkzeug zur Verfügung, das eine vielschichtige Analyse des Spiels mit Fiktion und Realität erlaubt und das im Urteil der Entwickler(innen) geeignet ist, „die Schulung eines differenzierten Fiktionsbewusstseins zu einem Baustein der vielbeschworenen Medienkompetenz zu machen" (Nickel-Bacon/Groeben 2002, S. 41). In ihren eigenen Überlegungen zur kritisch-konstruktiven Medienkompetenz weisen Irmgard Nickel-Bacon und Norbert Groeben darauf hin, dass Fiktionalitätstheorien in besonderer Weise transmediale Gültigkeit besitzen, „so dass es ausgesprochen kontraproduktiv wäre, in bezug auf Film und Internet sozusagen das Rad neu zu erfinden und die Entwicklungen der Literaturgeschichte sowie deren Modellierungen in den Literaturwissenschaften zu ignorieren" (Nickel-Bacon/Groeben 2002, S. 40/41).

Zu einem hilfreichen Instrument innerhalb des Deutschunterrichts kann das DPM im Urteil Nickel-Bacons und Groebens jedoch nur werden, wenn „die Deutschdidaktik bereit ist, die Forderungen der Medienpsychologie nach der Schulung der Unterscheidungsfähigkeit von Realität und Fiktion ernst zu nehmen [und] sich über die verbreitete radikal-konstruktivistische Haltung des ‚Alles ist Fiktion' hinwegzusetzen" (Nickel-Bacon/Groeben 2002, S. 41).

Diese Bedingungen beruhen auf Prämissen, die zum Teil ungenannt bleiben und die im Folgenden aus kritisch-deutschdidaktischer Sicht expliziert werden sollen, um den Blick auf einige problematische Aspekte des Drei-Perspektiven-Modells zu lenken.

4. Zur Kritik des Drei-Perspektiven-Modells

Im Zuge ihres Bemühens, das kulturell tradierte Wissen über Fiktionen zu systematisieren, verzichten Nickel-Bacon und Groeben ausdrücklich auf eine Einbeziehung radikal-konstruktivistischer und postmoderner Theorien, deren Gemeinsamkeit sich durch den Slogan „Alles ist Fiktion!" plakativ angeben lässt und die im Kontext der Überlegungen zur Fiktionalität unbrauchbar erscheinen. Als adäquat wird hingegen eine Position erachtet, die „Wahrnehmung und Kognition als aktive Konstrukte des Subjekts [konzipiert], die jedoch nicht frei von externen Reizmustern variieren können" (Nickel-Bacon/Groeben 2002, 32).

Nun gehören Groeben, Schreier et. al. sicher nicht zu den Kritikern des Radikalen Konstruktivismus', denen man mit Siegfried J. Schmidt (1987, 39ff.) unterstellen könnte, triviale und undifferenzierte Argumente vorgetragen zu haben. Im Folgenden soll jedoch der Frage nachgegangen werden, welchen Stellenwert solche ontologisch-epistemologischen Positionierungen im Kontext einer Theorie der Fiktionalität generell besitzen.

4.1. Fiktion und Ontologie

Wenn die Wirklichkeit als Bezugspunkt einer Theorie der Fiktion gewählt wird, bewegt man sich auf der Inhaltsebene, auf der der Begriff „Fiktivität" in Opposition zum Begriff „Wirklichkeit" steht, während „Fiktionalität" als Eigenschaft eines Textganzen gilt. Eine Erläuterung der Fiktivität als mögliches Fiktionalitätssignal ist daher ohne eine Präzisierung des Begriffs „Wirklichkeit" nicht denkbar. In diesem Zusammenhang hat Frank Zipfel darauf hingewiesen, dass sich die Rede von Fiktionen im Rahmen erkenntnistheoretischer Betrachtungen zum Wirklichkeitsbegriff grundsätzlich vom Konzept der literarischen Fiktion unterscheidet (vgl. hierzu und zum Folgenden Zipfel 2001, 68-76) und dass nur die „grobe Mißachtung der grundsätzlichen Differenz zwischen beiden Redeweisen von Fiktion" (Zipfel 2001, 74) dazu führen kann, dass unter dem Schlagwort „Alles ist Fiktion" disjunkte Diskurse gleichgeschaltet werden.

Für die Entwickler(innen) des DPM ist jedoch das Wirklichkeitsmodell eines kognitiven Konstruktivismus' „die entscheidende Grundlage für Realitäts-Fiktions-Unterscheidungen" (Nickel-Bacon/Groeben/Schreier 2001, 270). Wenn sich Nickel-Bacon und Groeben durch den expliziten Hinweis auf die Annahme „externer Reizmuster" (s.o.) von der Position des Radikalen Konstruktivismus absetzen, dann bewegen sie sich – wenn man Zipfels Thesen folgt – im „falschen" Diskurs mit einem „falschen" Wirklichkeitsmodell:

„Die sogenannte Fiktionalisierung der Wirklichkeit [...] hat einen anderen Bezugspunkt und damit eine andere Bedeutung als z.B. die Rede von fiktiven Ereignissen in Romanen. Die Wirklichkeit, auf die sich die Rede von Fiktion in bezug auf Literatur bezieht, kann als sogenannte Alltagswirklichkeit bestimmt werden.“ (Zipfel 2001, 76) Schon Käthe Hamburger weist in ihrer „Logik der Dichtung“ darauf hin, dass der Begriff „Wirklichkeit“ „nicht als Gegenstand und Problem der Erkenntnistheorie“ (1957, S. 15) erscheine, sondern dass vielmehr die „Wirklichkeit des menschlichen Lebens“ (ebd.) gemeint sei, wenn ein Gegensatz zwischen Dichtung und Wirklichkeit behauptet werde.

Wenn man bedenkt, dass die Entwickler(innen) des DPM ihre Konzeption als konsequente Pragmatisierung der Fiktionalitätsdiskussion „auf höchstem Abstraktionsniveau“ (Nickel-Bacon/Groeben/Schreier 2001, 290) bezeichnen, dann muss die Tatsache überraschen, dass nicht auch ein konsequent pragmatischer Wirklichkeitsbegriff etabliert wird, sondern dass stattdessen explizit die epistemologische Realitätskonzeption des kognitiven Konstruktivismus' als grundlegend bezeichnet und infolgedessen der theoretisch relevante Begriff der Alltagswirklichkeit nur unzureichend bestimmt wird.

Um es deutlich zu sagen: Hier soll nicht gegen den kognitiven Konstruktivismus argumentiert werden, sondern für die These, dass „die Frage nach dem Status menschlicher Erkenntnis letztlich nichts mit der Frage nach dem Status von Figuren oder Geschichten in literarischen Texten“ (Zipfel 2001, 73) zu tun hat.

Wenn das DPM im Literaturunterricht als hilfreiches Werkzeug zur Analyse von Realitäts-Fiktions-Unterscheidungen eingesetzt werden soll, dann sind folglich nicht die Pseudo-Bedrohungen des Radikalen Konstruktivismus das vordringliche Problem, sondern vielmehr die Explikation einer pragmatischen Konzeption der Alltagswirklichkeit, die als adäquater Bezugsrahmen für die Beschreibung der Fiktivität innerhalb von unterschiedlichen Medienprodukten dienen kann.

4.2. Ein pragmatischer Begriff der Alltagswirklichkeit

Einen solchen pragmatischen Begriff der Alltagswirklichkeit, der auf jedwede ontologische Wesensbestimmung verzichtet und dennoch nicht in die Sackgasse eines absoluten Relativismus' führt, hat Nelson Goodman in seinem Buch „Ways of Worldmaking“ (1978) vorgeschlagen. Goodman geht – stark verkürzt gesagt - davon aus, dass es einen Pluralismus von Welt-Versionen gibt, die nicht auf Variationen der Beschreibung einer Wirklichkeit reduzierbar sind. Charakteristisch für Goodmans Theorie ist, dass „Bedeutung“ und „Tatsache“ als synkategorematische Termini aufgefasst werden: „So wie Bedeutungen zugunsten bestimmter Beziehungen zwischen Termini verschwinden, so verschwinden Tatsachen zugunsten bestimmter Beziehungen zwischen Versionen.“ (Goodman 1978, 117)

Goodman ersetzt nicht nur eine surrogationalistische Semantik durch eine strukturalistische, er suspendiert auch das korrespondenztheoretisch verstandene Konzept der Wahrheit durch ein Modell der „Richtigkeit“, des „Passens“ und des „Wirkens“: Eine erfolgreiche Weltversion zeichnet sich nicht durch die Übereinstimmung mit der Realität aus, sondern vielmehr dadurch, dass sie „keinen hartnäckigen Überzeugungen widerspricht und keine ihrer eigenen Vorschriften verletzt" (Goodman 1978, 31). Die Alltagswirklichkeit ist für Goodman gleichsam ein Patchwork pragmatischer Weltversionen: „Für den Mann auf der Straße weichen die meisten Versionen der Wissenschaft, der Kunst und der Wahrnehmung auf mancherlei Weise von der vertrauten und dienstbaren Welt ab, die er aus Fragmenten der wissenschaftlichen und künstlerischen Überlieferung und aus seinem eigenen Überlebenskampf zusammengebastelt hat. Am häufigsten wird in der Tat diese Welt für real gehalten; denn Realität in einer Welt ist [...] größtenteils eine Sache der Gewohnheit." (Goodman 1978, 35)

Umberto Eco weist in diesem Zusammenhang darauf hin, dass „in der realen Welt das Prinzip des Vertrauens ebenso wichtig wie das der Wahrheit" (Eco 1994, S. 119) ist, und erläutert diese These folgendermaßen: „Ich habe gelernt, daß ich mich bei vielen Dingen in der Vergangenheit auf das Wissen anderer verlassen konnte, ich behalte meine Zweifel einem speziellen Ausschnitt des Wissens vor, und für den Rest verlasse ich mich auf die Enzyklopädie. Mit ‚Enzyklopädie' meine ich die Gesamtheit des Wissens, von der ich nur einen Teil besitze, aber zu der ich, wenn nötig, Zugang habe, da sie so etwas wie eine riesige Bibliothek darstellt, mit allen Büchern der Welt und allen gesammelten Zeitungen und handgeschriebenen Dokumenten aller Zeiten bis hin zu den altägyptischen Hieroglyphen und den sumerischen Keilschrifttexten." (Eco 1994, 120)

Eco selbst erinnert im Zuge der Erläuterung des Konzepts seiner Enzyklopädie an das holistische Netz unseres so genannten Wissens oder Glaubens, dem in der Sprachphilosophie Quines eine zentrale Rolle zukommt (vgl. Quine 1951). Auch dieser Querverweis auf Quine ist hilfreich, um wesentliche Merkmale der im Anschluss an Goodman und Eco skizzierten pragmatischen Konzeption der Alltagswirklichkeit zu verdeutlichen.

Da ist erstens die Tatsache zu nennen, dass selbst im Rahmen eines naiven Realismus', der von der Einsicht in die Theorieabhängigkeit der Beobachtungen gänzlich unbelastet ist, davon ausgegangen wird, dass wir nur einen verschwindend kleinen Bruchteil unserer Erfahrungen bzw. unserer Aussagen direkt durch einen Vergleich mit der Wirklichkeit verifizieren bzw. falsifizieren können. Selbst ein unbedarfter Realist müsste daher zugeben, dass nahezu unser gesamtes Wissensnetz aus Aussagen besteht, die wir – zum Teil aus prinzipiellen Gründen - nicht empirisch überprüfen können bzw. konnten.

Wir sind zweitens stets bemüht, das Gesamtfeld einer Weltversion und auch das Gesamtfeld der Enzyklopädie in einem Zustand des Gleichgewichts zu halten, d.h. wir versuchen einen Weg zu finden, auftauchende Widersprüche im System zu beseitigen, in dem wir z.B. Aussagen, Gesetze, Regeln, Hypothesen etc. im System modifizieren oder gar eliminieren. Quine macht deutlich, dass uns stets zahlreiche Wege offen stehen, das enzyklopädische Netz zu stabilisieren, denn

„das gesamte Feld ist so sehr durch [...] die Erfahrung unterdeterminiert, daß wir eine breite Auswahl haben, welche Aussagen wir angesichts einer beliebigen individuellen, dem System zuwiderlaufenden Erfahrung neu bewerten sollen." (Quine 1951, 47) Thomas S. Kuhn (1962) hat diese Strategien anhand zahlreicher Beispiele aus der Wissenschaftsgeschichte illustriert.

Ein pragmatischer Realitätsbegriff im Sinne Goodmans und Ecos vermag drittens auch die wirklichkeitskonstituierende Rolle der Medien in besonderem Maße zu verdeutlichen, denn Ecos auf die Schrift fixierte Liste der Enzyklopädie-Bausteine lässt sich problemlos um Bild, Sprache, Fernsehen, Radio, Internet etc. erweitern. Mit anderen Worten: Die Enzyklopädie ist ein gigantischer Medienverbund und ein X kann erst dann zu einem Teil einer bestimmten Weltversion werden, wenn es in diesem Medienverbund auffindbar ist, d.h. einen „Eintrag" in der Enzyklopädie besitzt. Sein bedeutet daher: in einem Medium der Enzyklopädie gespeichert und abrufbar sein.

Wenn Tatsachen durch die Angabe horizontaler Bezüge innerhalb einer Weltversion bzw. zwischen verschiedenen Weltversion(en) eliminiert werden können, dann hat das viertens ontologische Implikationen. Eine typische „Was ist X?" Frage wird nun nicht mehr durch einen vertikalen Verweis auf die Welt, sondern strukturalistisch im medialen Wissensnetz der jeweiligen Weltversion beantwortet.

5. Didaktisch akzentuiertes Fazit

Die didaktischen Implikationen des hier skizzierten pragmatischen Begriffs der Alltagswirklichkeit für die Modellierung von Realitäts-Fiktions-Unterscheidungen sind weitreichend. Zunächst sei noch einmal daran erinnert, dass die hier angestellten Überlegungen in der These gründeten, dass im Rahmen einer Theorie der Fiktion „die Frage nach dem Status menschlicher Erkenntnis letztlich nichts mit der Frage nach dem Status von Figuren und Geschichten in literarischen Texten" (Zipfel 2001, 73) zu tun hat und dass als einziger relevanter Bezugspunkt der Rede von Fiktivität ein pragmatisches Konzept der Alltagswirklichkeit sinnvoll erscheint. Im DPM wird hingegen die Frage nach dem Status menschlicher Erkenntnis als entscheidende Grundlage für Realitäts-Fiktions-Unterscheidungen bezeichnet, während der eigentliche Bezugspunkt der Rede von Fiktivität, ein pragmatisches Konzept der Alltagswirklichkeit, nicht ausreichend expliziert wird.

Der im Anschluss an Goodman und Eco skizzierte Begriff einer Alltagswirklichkeit als enzyklopädischer Weltversion lässt sich nicht nur problemlos in das DPM integrieren, er ist auch für das Lesen, Verstehen und Analysieren von Fiktionen im Unterricht fruchtbar zu machen, weil er trotz aller philosophischer Komplexität für Schüler(innen) ein hohes Maß an Plausibilität aufweist: Wenn Schüler(innen) z.B. darüber nachdenken, wie sie Aussagen über „die Welt" in das

Netz ihrer Überzeugungen integrieren, dann werden sie rasch feststellen, dass in der Regel kein „vertikaler" Abgleich mit der Wirklichkeit möglich ist, sondern ein „horizontales", zum Teil transmediales Ausbalancieren mit anderen Inhalten notwendig wird: Wer im Internet auf der Seite A die Information X findet und herausfinden will, ob X zutrifft, der kontrolliert möglicherweise, ob sich auf der Seite B ebenfalls Hinweise finden lassen, die X stützen, und der zieht ggf. andere Medien zu Rate, die die Plausibilität von X erhöhen oder infrage stellen können.

Wenn für Schüler(innen) deutlich wird, dass Wirklichkeitsbezüge nach diesem Schema horizontal konstruiert werden, dann lässt sich auch die unglückliche Redeweise von „Wirklichkeitsnähe" und „Wirklichkeitsferne" überwinden, die im DPM für die semantische Perspektive konstitutiv ist. Auch wenn die Entwickler(innen) des DPM ausdrücklich darauf hinweisen, dass „Wirklichkeitsnähe" die Wahrscheinlichkeit medialer Inhalte in Übereinstimmung mit dem individuellen Weltwissen meine (vgl. Schreier/ Rothmund/ Groeben 2001, 668), bleibt die suggestive Kraft dieser Metapher zumindest im Unterricht ein Problem, denn sie verführt zu der Annahme, dass es eine feststehende, von uns unabhängige Wirklichkeit geben könne, an die eine Annäherung möglich ist.

Die mediale Grundierung von Wirklichkeit(en) lässt sich im Unterricht in exemplarischer Weise durch eine Analyse des „Krebsgangs" von Günter Grass (2002) verdeutlichen, dessen Protagonist Paul Pokriefke bei dem Versuch, sich an das historische Ereignis des Untergangs der „Wilhelm Gustloff" anzunähern, vor allem deswegen scheitert, weil alle ihm zur Verfügung stehenden Medien (Erinnerungen, Bücher, Filme, das Internet etc.) lediglich verschiedene Versionen der Wirklichkeit liefern, die kein kohärentes Gesamtbild ergeben (vgl. Hesse/Krommer 2003).

Die Integration eines pragmatischen Begriffs der Alltagswirklichkeit in das DPM erlaubt auf semantisch-inhaltlicher Ebene eine ontologiefreie Sicht auf das Phänomen der Fiktivität bzw. der Fiktionalität, lenkt den Blick vom ontologischen Status der Personen, die fiktive Welten bewohnen, auf das Format der Enzyklopädie des (Modell-)Lesers (vgl. Eco 1994, 144), hebt die mediale Konstituiertheit unserer Weltversionen ins Bewusstsein und leistet somit einen weiteren Beitrag dazu, die Aporien der ontologisch-dichotomischen Modellierung von Realität und Fiktion im Literaturunterricht zu überwinden.

Literaturverzeichnis

Aarsleff, Hans 1982: From Locke to Saussure. Essays on the study of language and intellectual history. London

Aristoteles 1977: Poetik. In: Ders.: Hauptwerke. Ausgewählt und eingeleitet von Wilhelm Nestle. 8. Auflage. Stuttgart, S. 336-376

Austin, John L. 1962: Zur Theorie der Sprechakte (How to do things with Words). Zweite Auflage. Stuttgart

Baumert, Jürgen/ *Klieme*, Eckhard/ *Neubrand*, Michael/ *Prenzel*, Manfred/ *Schiefele*, Ulrich/ *Schneider*, Wolfgang/ *Stanat*, Petra/ *Tillmann*, Klaus-Jürgen/ *Weiß*, Manfred (Hrsg. 2001): PISA 2000. Basiskompetenzen von Schülerinnen und Schülern im internationalen Vergleich. Opladen

Eco, Umberto (1994) 1999: Im Wald der Fiktionen. Sechs Streifzüge durch die Literatur. 2. Auflage. München

Frege, Gottlob (1892) 1986: Über Sinn und Bedeutung. In: Ders.: Funktion, Begriff, Bedeutung. Fünf logische Studien. 6. Auflage. Herausgegeben und eingeleitet von Günther Patzig. Göttingen, S. 40-65

Frege, Gottlob (1897) 1990: Logik. In: Ders.: Schriften zur Logik und Sprachphilosophie. Aus dem Nachlaß. 3., durchgesehene Auflage. Herausgegeben von Gottfried Gabriel. Hamburg, S. 35-73

Frege, Gottlob (1918) 1986: Der Gedanke. In: Ders.: Logische Untersuchungen. Herausgegeben und eingeleitet von Günter Patzig. 3., durchgesehene und bibliographisch ergänzte Auflage. Göttingen, S. 30-53

Gabriel, Gottfried 1975: Fiktion und Wahrheit. Eine semantische Theorie der Literatur. Stuttgart- Bad Cannstatt

Goodman, Nelson (1978) 1998: Weisen der Welterzeugung. Übersetzt von Max Looser. 4. Auflage. Frankfurt a.M.

Grass, Günter 2002: Im Krebsgang. Eine Novelle. Göttingen

Hamburger, Käthe (1957) 1994: Die Logik der Dichtung. 4. Auflage. Stuttgart

Harris, Roy 1988: Language, Saussure and Wittgenstein. How to play games with words. London/ New York

Hesse, Matthias / *Krommer*, Axel 2003: Vergangenheitsbewältigung im „Krebsgang". Das Spiel mit der Fiktionalität als didaktische Strategie bei Günter Grass. In: Praxis Deutsch H. 180, S. 41-46

Hurrelmann, Bettina 1978: Überlegungen zur Verarbeitung fiktionaler Erzähltexte durch Kinder im Grundschulalter. In: Diskussion Deutsch, H. 42, S. 406-420

Iser, Wolfgang (1991) 1993: Das Fiktive und das Imaginäre. Perspektiven literarischer Anthropologie. Frankfurt a. M.

Kahrmann, Cordula / *Reiß*, Gunter / *Schluchter*, Manfred (Hrsg.) (1986) 1993: Erzähltextanalyse. Eine Einführung mit Studien- und Übungstexten. 3. Auflage der überarbeiteten Neuausgabe des bisher zweibändigen Taschenbuchs. Königsstein (Ts.)

Künne, Wolfgang 1985: Wahrheit. In: Ekkehard Martens / Herbert Schnädelbach (Hrsg.): Philosophie. Ein Grundkurs. 2 Bände. Band 1. Frankfurt a.M., S. 116-171

Kuhn, Thomas S. (1962) 1989: Die Struktur wissenschaftlicher Revolutionen. Zweite revidierte und um das Postskriptum von 1969 ergänzte Ausgabe. 10.Auflage. Frankfurt a.M.

Kusahara, Machiko 2001: mini screens and big screens. aspects of mixed reality in everyday life. In: Proceedings:cast01 /living in mixed realities. netzspannung. org/journal. The magazin for media production and internet-media research. Special issue. S. 31-33. ISSN number: 1618-1387. Online-Quelle am 20.04.2004: http://netzspannung.org/extensions/cast01-proceedings/pdf/by_panel/Panel_1/Kusahara.pdf

Kutschera, Franz von 1975: Sprachphilosophie. 2., völlig neu bearbeitete und erweiterte Ausgabe. München

Lieberum, Rolf 2001: Gebrauchstexte im Unterricht. In: Günter Lange / Karl Neumann / Werner Ziesenis (Hrsgg.): Taschenbuch des Deutschunterrichts. Grundfragen und Praxis der Sprach- und Literaturdidaktik. Band 2: Literaturdidaktik. 7., unveränderte Auflage, Jubiläumsausgabe. Baltmannsweiler, S. 853-864

Musil, Robert (1930) 1990: Der Mann ohne Eigenschaften. Roman. Reinbek b. Hamburg

Nickel-Bacon, Irmgard / *Groeben*, Norbert / *Schreier*, Margit 2001: Fiktionssignale pragmatisch. Ein medienübergreifendes Modell zur Unterscheidung von Fiktion(en) und Realität(en). In: Poetica, H 3-4, S. 267-299

Nickel-Bacon, Irmgard / Groeben, Norbert 2002: Deutschunterricht und kritisch-konstruktive Mediennutzungskompetenz: Impulse aus Medienpsychologie und Literaturwissenschaft zum Umgang mit Fiktionen. In: Michael Hug / Sigrun Richter (Hrsg.): Ergebnisse soziologischer und psychologischer Forschung. Impulse für den Deutschunterricht. Baltmannsweiler, S. 28-43

Patzig, Günter 1988: Satz und Tatsache. In: Günter Patzig: Tatsachen, Normen, Sätze. Aufsätze und Vorträge. Stuttgart, S. 8-44

Quine, Willard van Orman 1953: Was es gibt. In: Ders.: Von einem logischen Standpunkt. Neun logisch-philosophische Essays. Frankfurt a.M. u. a., S. 9-25

Quine, Willard van Orman (1969) 1984: Ontologische Relativität. In: Ders.: Ontologische Relativität und andere Schriften. Stuttgart, S. 41-96

Rothmund, Jutta / Margit *Schreier* / Norbert *Groeben* 2001: Fernsehen und erlebte Wirklichkeit I: Ein kritischer Überblick über die Perceived Reality-Forschung. In: Zeitschrift für Medienpsychologie H. 13.1, S. 33-44

Russell, Bertrand (1903) 1992: The Principles of Mathematics. London

Russell, Bertrand (1905) 1992: On Denoting. In: ders.: Logic and Knowledge. 2. Auflage. London, S. 39-56

Schlaffer, Heinz 1990: Poesie und Wissen. Die Entstehung des ästhetischen Bewußtseins und der philologischen Erkenntnis. Frankfurt a. M.

Schmidt, Siegfried J. (1980) 1991: Grundriß der Empirischen Literaturwissenschaft. Frankfurt a. M.

Schmidt, Siegfried J.: (1987) 2000: Der Radikale Konstruktivismus: Ein neues Paradigma im interdisziplinären Diskurs. In: Siegfried J. Schmidt (Hrsg.): Der Diskurs des Radikalen Konstruktivismus. 8. Auflage. (=stw 636). Frankfurt a. M., S. 11-88

Schreier, Margit / *Appel*, Markus 2002: Realitäts-Fiktions-Unterscheidungen als Aspekt einer kritisch konstruktiven Mediennutzungskompetenz. In: Norbert Groeben / Bettina Hurrelmann (Hrsg.): Medienkompetenz. Voraussetzungen, Dimensionen, Funktionen. Weinheim und München, S. 231-254

Schreier, Margit / Jutta *Rothmund* / Norbert *Groeben* 2001: „Perceived Reality" als Teilbereich von Realitäts-Fiktions-Unterscheidungen: ein integratives Modell. In: R.K. Silbereisen / M. Reitzle (Hrsg.): Psychologie 2000. Bericht über den 42. Kongreß der Deutschen Gesellschaft für Psychologie in Jena 2000, S. 662-673

Searle, John R. (1969) 1994: Sprechakte. Ein sprachphilosophischer Essay. Übersetzt von R. und R. Wiggershaus. 6. Auflage. Frankfurt a.M.

Switalla, Bernd 2000: Lernen in Zeiten des Internet. Online-Quelle am 10.10.2003: http://www.lehrer-online.de/dyn/9.asp?url=306826.htm. (Paginiertes pdf-Dokument)

Sydney, Philip (1595) 1971: A defence of poetry. Herausgegeben von Jan A. van Dorsten. London

Tugendhat, Ernst / *Wolf*, Ursula (1983) 1986: Logisch-semantische Propädeutik. Stuttgart

Vogt, Jochen (1972) 1998: Aspekte erzählender Prosa. Eine Einführung in Erzähltechnik und Romantheorie. 8., durchgesehene und aktualisierte Auflage. Opladen/Wiesbaden

Vorderer, Peter / *Klimmt*, Christoph 2002: Lesekompetenz im medialen Spannungsfeld von Informations- und Unterhaltungsangeboten. In: Norbert Groeben / Bettina Hurrelmann (Hrsg.): Lesekompetenz. Bedingungen, Dimensionen, Funktionen. Weinheim / München, S. 215-235

Weinrich, Harald (1966) 1970: Lingusitik der Lüge. Kann die Sprache die Gedanken verbergen? Antwort auf die Preisfrage der Deutschen Akademie für Sprache und Dichtung vom Jahre 1964. 4. Auflage. Heidelberg

Wittgenstein, Ludwig (1921) 1990: Tractatus logico-philosophicus. In: Ludwig Wittgenstein: Werkausgabe Band 1. 7. Auflage. Frankfurt a.M., S. 7-86.

Wittgenstein, Ludwig 1953: Philosophische Untersuchungen. In: Ludwig Wittgenstein: Werkausgabe Band 1. 7. Auflage. Frankfurt a.M., S. 225-580

Zipfel, Frank 2001: Fiktion, Fiktivität, Fiktionalität. Analysen zur Fiktion in der Literatur und zum Fiktionsbegriff in der Literaturwissenschaft. Berlin

Ulf Abraham (Würzburg) **Symbolisches Verstehen als unabschließbare Aufgabe einer „Lehre der Literatur"**

„Jugendliche und junge Erwachsene, die [...] dazu aufgefordert werden, sich über ihr Verstehen eines literarischen Textes zu äußern, neigen dazu, zügig eine höhere oder übertragene Bedeutung zu formulieren." So fasst Zabka (2001, 116) ein Problem zusammen, dem er empirisch nachgegangen ist durch die „Erforschung von Unterrichtshandlungen, in denen literarischen Texten übertragene Bedeutung zugeschrieben werden" (ebd.). Sind es aber nun bestimmte Unterrichtshandlungen, über Jahre hinweg an wechselnden Texten vollzogen, die junge Erwachsene als Schüler dazu gebracht haben hinter oder über der inhaltlichen Substanz von Literatur sehr schnell immer noch etwas Anderes, je nach Sichtweise Verborgenes oder Höheres zu vermuten? Einige Fachleute für literaturgestützte *classroom interaction* – Zabka verweist u.a. auf Svensson (1985) und Wieler (1989) – haben das nicht ohne Grund vermutet. Andere dagegen – hier nennt Zabka exemplarisch Applebee (1987) und Spinner (1993a) – suchen den Grund eher in einer bekannten kognitiven Entwicklungsdynamik während der Adoleszenz, wenn sich nämlich formal-operationales Denken herausbildet und dieses in der Literatur sozusagen ein Betätigungsfeld unter vielen für die eben entstehende Fähigkeit zu und Lust an Abstraktion findet.

Ich will dieser Frage nach der eigentlichen Ursache für vielfach beobachtbares Verhalten noch nicht sogleich nachgehen, werde aber später eine dritte Erklärung anbieten, die ich vorziehe. Zunächst möchte ich jenen Hang zur symbolischen Interpretation – verdanke er sich nun eher den Zielen der Lehrenden oder eher den Bedürfnissen der Lernenden – vor dem Hintergrund meines Themas kommentieren.

I. Die Rede von symbolischer Bedeutung als Problem

Sie kennen – aus Mythologie, Geschichte und Literatur - das Motiv, dass vor langer Trennung zwei Menschen einen Gegenstand entzwei brechen, um die beiden Teile später als Erkennungszeichen verwenden zu können. Wurden etwa die zwei Hälften eines Rings dann wieder zusammengesetzt und passten sie so, dass ein Ganzes wiederhergestellt war, so war eine Art Beglaubigungsschreiben übergeben. Die griechische Antike nannte so etwas ein *symbolon*, ein Wahr-Zeichen; und wir Modernen tun nun etwas, was oft hilft in einem Erklärungsnotstand wie dem vorliegenden: Wir besinnen uns auf die *Ursprungsbedeutung*.

Festzuhalten ist, dass ein offensichtlich für literarisches Verstehen so zentraler und spätestens seit Goethe auch eingeführter Begriff in der Fachdiskussion so sträflich vernachlässigt wurde, dass Auskünfte recht rar sind, was man unter symbolischer Bedeutung versteht. Was ein Symbol 'eigentlich ist´, scheint philologisch gesehen weit weniger klar, als es scheint, um es paradox zu sagen. Goethes berühmtes Diktum „Die Symbolik verwandelt die Erscheinung in Idee"(ca. 1800-1832, 638) hat in der Literaturwissenschaft dazu geführt, dass symbolisches Verstehen als *Verstehen auf höherer Ebene* gesehen wurde – nach dem Motto: alles ist symbolisch zu nehmen, und überall steckt noch etwas Anderes dahinter. Handbücher und Lexika betonen ja, bei insgesamt wenig trennscharfer Begrifflichkeit – *Metapher, Allegorie, Symbol* nannte Kurz (1982) seinen Forschungsbericht - den Vorgang der Bedeutungsübertragung. „Noch etwas anderes", als der Wortlaut meine, sei mit ihm gemeint; symbolisch an einem Motiv, einem Bild in der Literatur sei somit der *Verweischarakter*. Das Konkrete verweise auf ein Abstraktes, das Besondere auf ein Allgemeines, das Einzelne auf ein Ganzes. Diese „zweite" Bedeutung wird in der Regel als höhere, tiefere, sozusagen „eigentlichere" verstanden, obwohl sie auf Fachchinesisch ja „uneigentlich" heißt.

Dass Texte solche Bedeutungen (zu) entwickeln (erlauben), gilt vielen geradezu als das eigentlich Literarische an ihnen: Frenzel sprach in ihrer *Stoff-, Motiv- und Symbolforschung* vom „Symbolgewebe als innerem Gerüst der Literatur" (1966, 98). Sie gab damit lediglich wieder, was auch in der Praxis des Literaturunterrichts lange Zeit *usus* war. „Wir müssen auch im Unterricht Ernst machen mit dem so oft zitierten Symbolcharakter der Dichtung", forderte Würtenberg (1930, 85) in einem Aufsatz über *Tonio Kröger* in der Schule.

„Dichtung steigert das Leben" – auf diese Formel hat Beisbart (2002, 45) einen solchen Drang zur höheren Bedeutung im Literaturunterricht gebracht. Mit der Wendung zur rationalen Textanalyse in den 70er Jahren schien das abgetan; aber erstens erweist sich heute auch diese eher als hinderlich denn förderlich für eine „Achtsamkeit" auf literarische Vorstellungsbildung und ihren Zusammenhang mit Form und Struktur (vgl. Andreotti 2002). Und zweitens spricht manches dafür, dass LiteraturlehrerInnen, die im Medienzeitalter unter erhöhtem Legitimationsdruck arbeiten müssen, heute noch oder wieder ihre Zuflucht zum Symbolischen nehmen. Sie führen jene Lebenssteigerung durch literarisches Symbolisieren damit in die Klassenzimmer und Seminarräume hinein fort, seit und *weil* sie eben gelernt haben, einen Fachdiskurs über Literatur damit zu bestreiten. Und sie tun es wohl desto bereitwilliger, je weniger sie selbst sich sicher dabei fühlen, mit ihren SchülerInnen etwas *Anderes* als dieserart „Bedeutung" zu bereden. Das erspart ihnen, *Lesarten* („divergente Deutungen") in dem von Zabka (2001) beschriebenen moderierten Dialog auszuhandeln, darzustellen oder schreibend zu erforschen (hierzu vgl. auch Abraham 1994).

Lesen und Symbolverstehen

Mit anderen Worten und geradeheraus gesagt: Ich halte das (vor-)eilige Springen von der Textlektüre zu einer symbolischen Bedeutung zumindest *auch* für eine Folge fehlenden Methodenrepertoires: Wer an der Universität nichts anderes gelernt hat als die diskursive Äußerung *über* den Text bei möglichst frühzeitiger Etablierung einer Meta-Ebene des Bedeutens (wer also nicht gelernt hat, den Text in eigene Schreib- und Spielhandlungen umzusetzen und sich so an ästhetischer Kommunikation zu *beteiligen*), der wird als Lehrer gerade bei anspruchsvollen Texten seine Zuflucht immer wieder dazu nehmen, von der höheren Warte philologischer Vorbildung herunter Symbolträchtiges aus den Lernenden herauszufragen – die es dann irgendwie sagen und irgendwo bestätigt finden ohne zu wissen, wie ihnen eigentlich geschieht. Denn es geht ja hier nicht um Studierende kurz vor dem Examen, die selbst schon einen Begriff davon hätten, was sie da eigentlich (Prekäres) tun, wenn sie symbolische oder allegorische Bedeutung postulieren, sondern um SchülerInnen etwa ab Jahrgangsstufe 8 und Studienanfänger in Einführungsseminaren. Es geht damit um solche TeilnehmerInnen an literaturgestützter Interaktion, die relativ leicht zu mystifizieren sind. Scheffer (1995) hat deshalb dafür plädiert, mit Lernenden einen *fairen* Dialog über den Text und seine Bedeutung zu führen – einen Dialog, in dem nicht ein Literaturlehrer (scheinbar) besseres Wissen und höheres Verstehen gegen die naiven Vermutungen von Lesern ausspielt, die etwa einen berühmten Kanontext gerade zum ersten Mal zu Gesicht bekommen haben.

II. Symbolisieren als *Lösung* des Problems, wie man Literatur versteht?

Ich habe bisher – wohlgemerkt – nur gesagt, die Rede von der symbolischen Bedeutung, wie sie in herkömmlicher Literaturlehre üblich ist, sei ein Problem; dieses ist die Kehrseite des ebenfalls bekannten Problems, das Andreotti (2002, 56) jüngst „Überbetonung des Inhaltlichen" im Literaturunterricht genannt hat und das bei Rademacher (1995) noch kürzer „Inhaltismus" heißt. Da ist dann vorwiegend oder ausschließlich die Rede vom Inhaltlichen – z.B. Figuren und ihre Probleme, Schauplätze und ihr Ambiente - , und dann folgt unvermittelt ein kühner Sprung zur höheren Bedeutung. Andreotti (ebd., 58) führt das nicht zu Unrecht auf die Verführungskraft der Denkfigur `Inhalt und Form´ zurück, die die Trennbarkeit des einen von der anderen behauptet, und zwar wider unser seit dem Russischen Formalismus besseres Wissen.

Ich habe damit *nicht* gesagt, das Nachdenken über literarische Symbolik sei nicht möglich oder nicht legitim. Es gehört im Gegenteil untrennbar zu einer Lehre der Literatur, die sich vorgenommen hat *von ihrem Gegenstand zu lernen* (vgl. Greiner/Abraham 2002); es gehört ebenso dazu wie das Nachdenken über die Form und über das, was man Modellbildung nennen kann: Wie die Literatur das Allgemeine am besonderen Fall zeigt, die Regel an der Ausnahme bestätigt, auch das sollte uns zu denken geben.

Können wir also symbolisches Verstehen - neben und *als* „Achtsamkeit" auch für die Form, neben und als Einsicht in den Modellcharakter von Literatur – fördern, und wie? Zabka (2001, 116) merkt an, das Formulieren höherer Bedeutung sei dann (ich darf ergänzen: und nur dann) problematisch, wenn es sich nicht aus intensiven Verstehensprozessen heraus entwickle.

In einem zweiten Schritt ist festzuhalten: Nicht weniger rar als literaturwissenschaftliche Differenzierungen des Symbolbegriffs sind nun Auskünfte darüber, *ob* und *warum* symbolisches Verstehen ein Ziel des Literaturunterrichts sein kann, sein soll, oder – wenn man die Frage als empirische auffasst – in welchem Ausmaß tatsächlich ist. Der zitierte Beitrag von Zabka (2001) greift ja ein lange Zeit vernachlässigtes Thema auf.

Wovon können wir *ausgehen* – bei Lernenden in der Schule zu allererst, die über keine literaturwissenschaftliche Grundbildung verfügen und die keine „Textwissenschaftler" sein wollen oder werden sollen (vgl. Kreft 1984). Ausgehen können, ja *müssen* wir im Unterricht von der Alltagsbedeutung der Vokabel *symbolisch*. Auch im Alltag symbolisieren wir; wir bedienen uns regelmäßig und ausgiebig der Möglichkeit sozusagen noch etwas *mitzumeinen*. Aber wir versehen unsere „uneigentlichen" Handlungen oder Redeweisen gern mit einem verräterischen Beiwort: „nur" symbolisch habe das Regime Panzer auffahren lassen; „nur" symbolisch sei jene milde Strafe gewesen.

Damit rückt ein anderer Aspekt des Symbolischen in den Blick. Statt des Vorgangs der Bedeutungsübertragung oder -ausweitung geht es hier um eine auffällige *Kürzel- oder Zitathaftigkeit* symbolischer Rede- und Handlungsweisen: Wir brauchen die eigentliche Handlung gar nicht mehr (oder noch nicht) 'wirklich´ auszuführen; es genügt uns das Kürzel. Solche Symbolik komprimiert gleichsam einen komplexen Zusammenhang und macht ihn für die persönliche, soziale oder politische Interaktion *verfügbar*. Ein Symbol, so betrachtet, speichert ganze „scripts" oder „Schemata" , die wir durch eigene Vorstellungstätigkeit entfalten und damit *verstehen* können: Aha, hier liegt eine Drohung vor, ein Versprechen, eine Wahrung der Form, usw. Dieselbe Speicherungsfähigkeit und Kürzelhaftigkeit liegt ja, in schematisierter Form, auch den symbolischen Piktogrammen zugrunde, die an öffentlichen Orten und im Straßenverkehr Verhalten und Zusammenleben regeln. Hier geht aber dann der Interpretationsspielraum, den wir bei „nur symbolischen" Gesten zweifellos haben, gegen Null. Solche Symbole sind konventionell kodiert. Ihre „Entschlüsselung" ist nicht eine Sache tiefen Nachdenkens oder anspruchsvollen Gesprächs über Psychologie, Kunst und Literatur, sondern schlicht eine Frage des Weltwissens.

Dieser Unterschied ist im Literaturunterricht zu betonen: Nach Regeln Kodiertes ist leicht zu lesen, d.h. in eigentliche Rede zurück zu übersetzen. Bereits, wo Symbole aber nach Konventionen kodiert sind – also in den erwähnten ritualisierten Handlungen des Alltags – gibt es einen gewissen Handlungs- und daher auch Deutungsspielraum (wie ernst ist es ihm damit?). Und die Literatur spielt auf eine nie ganz eindeutige Weise mit unserer Fähigkeit und Bereitschaft kürzelhaft Präsentiertes durch eigene Vorstellungstätigkeit zu entfalten, mit Wissensbeständen zu assoziieren und mit Bedeutung aufzuladen, kurz: zu *symbolisieren*.

Literarisches Symbolisieren hat dabei freilich mit dem alltäglichen eines gemein: Wo übertragene Bedeutung konstruiert wird, dort stehen meist *Werte* zur Debatte. Die Friedenstaube und die rote Rose sind triviale, aber taugliche Beispiele. Wörter und Bilder, die das Symbolisieren herausfordern, haben im Alltag und in der Literatur um sich herum eine Art *Hof* aus Affekten und Werthaltungen. Von Tristans Schwert, das ihn im Bett von Isolde trennt, über die Perücke des Dorfrichters Adam bis hin zu Kafkas offener, aber nicht durchschreitbarer Tür zum Gesetz – so zieht sich das durch die Literaturgeschichte. Meine tückischen Beispiele sollen sagen: Die Affekte müssen nicht unbedingt positiv sein, die Werte keine fraglos gültigen oder ungefährdeten. Es geht gerade darum, dass ein Text das, worüber eine (Selbst-)Verständigung beim Lesen notwendig ist, was er also sozusagen seiner Zeitgenossenschaft zur Klärung aufgibt, auf eine besondere, der Vorstellung und dem Behalten förderliche Weise dingfest macht: ein fragiles Ideal wie der Frieden, eine problematische soziale Norm wie die eheliche Treue, ein beschädigtes Selbstbild wie das in Adams Perücke, eine paradoxe Hoffnung wie diejenige auf Erfüllung selbstbestimmten Lebens durch ein fremdes, höheres „Gesetz".

Der Leser bzw. die Leserin möge die Literaturgeschichtsklitterung, die ich durch solche Aufzählung betreibe, verzeihen; es geht mir nur um die jeweils gefährdeten oder problematisch gewordenen Werte, von der Literatur nicht auf Begriffe gebracht, nicht diskutiert und nicht kritisiert, nicht eindeutig hochgehalten und nicht verurteilt; aber auf schillernde, ambivalente Weise in ihrer Bedeutung *gezeigt*.

Literatur sagt nicht aus, sondern zeigt; sie belehrt nicht, sondern stellt Anschauungsmaterial für Lernen bereit, und daraus können wir, als Lehrer der Literatur, lernen: In Metaphern und Symbolen zu sprechen, also uneigentlich zu reden, ist oft eine Lösung, wenn Eindeutigkeit der Wertung sich verbietet. „Vereindeutigung" ist nicht nur beim Interpretieren von Literatur öfter das Problem als die Lösung. Symbole in „eigentliche Aussagen" rückübersetzen zu wollen, misslingt meist, geht zumindest auf Kosten des erwähnten, oft reichen semantischen Hofes, für den das Symbol auf seine Weise Platzhalter ist. Im Alltag ist, pragmatischen Verständigungsinteressen geschuldet, unser Wunsch nach Vereindeutigung und Reduktion von Ambivalenz im Allgemeinen stark; die Literatur aber unterläuft das und `schult´ die Fähigkeit Ambivalenz auszuhalten, soweit sie nicht überhaupt den Leser mit seiner Sehnsucht nach symbolischer Aufladung und Überhöhung des Lebens konfrontiert.

III. Eine anthropologische Dimension symbolischen Verstehens

Ich habe vorhin einen Gegensatz angedeutet zwischen „doch eigentlich symbolisch" und „nur noch symbolisch". In einem dritten Schritt ist dieser Gegensatz wieder aufzuheben. Natürlich sind im Alltagsdiskurs Symbole Mittel abgekürzter und andeutungshafter Verständigung über die Welt und unsere Handlungsziele in ihr, im literarischen Diskurs dagegen Elemente eines über der Wörtlichkeit liegenden zweiten Bedeutungssystems, das größere Sinnzusammenhänge meint, uns an Höheres oder – wenn man so will – Tieferes erinnert als das scheinbar Gesagte. Aber diese `Erinnerung´ eröffnet eine dritte Dimension des Symbolischen, die tiefenpsychologische. Sie gilt im Extremfall dem, was Carl Gustav Jung (1935-54) mit einem freilich nicht unproblematischen Begriff „Archetypen" genannt hat. Unsere didaktischen Nachbarn aus der Religionspädagogik haben hier angesetzt und eine *Symboldidaktik* entwickelt. Für eine psychoanalytische Sicht auf Literaturproduktion und –rezeption ist betont worden:

„Ohne das Vermögen Symbole zu schaffen und sie zu erfassen, ohne symbolische Kommunikation, wären Kultur und Gesellschaft nicht möglich und gäbe es auch nicht die menschlichste aller menschlichen Fähigkeiten, die Kreativität". (Schönau 1991, 89)

Nun ist freilich nicht Jung - und auch nicht Freud - der wohl wichtigste Gewährsmann für ein tiefenpsychologisches Verständnis des Symbolischen, sondern Donald D. Winnicott. Denn wenn irgendwie doch stimmt, was Frenzel (1966, 22 f.) behauptet, dass nämlich „Symbolisieren ein Grundzug des Dichterischen überhaupt sei", so stimmt erst recht, dass Symbolisieren ein anthropologisches *Grundbedürfnis* ist und der Mensch ein „animal symbolicum" (Cassirer 1931). Von den frühesten Höhlenmalereien bis zur Postmoderne begleiten Symbole die Menschheitsentwicklung. Sie sind gar nichts spezifisch Literarisches, sondern „die einzig universale Sprache", wie Fromm in *Märchen, Mythen, Träume* (1951, 14 f.) griffig sagt. Symbole sieht Fromm als „wichtige Mitteilungen von uns selbst an uns selbst" (ebd., 16). Ihre Verwendung und Neuschöpfung in Kunst und Literatur wird damit zum Spezialfall, auf den aus didaktischer Sicht zurückzukommen ist. Vorher ist in der hier gebotenen Kürze zu umreißen, was Winnicott zur Frage symbolischen Verstehens zu sagen hat. Wie schon Spinner (1993b) herausgearbeitet hat – ging Winnicott von einem „Übergangsraum" aus, den bereits das Kleinkind zwischen äußerer Objektwelt und innerer Wunschwelt etabliert und mit Objekten bevölkert, die wie z.B. der berühmte Teddybär der Außenwelt entnommen, aber affektiv in die Innenwelt hereingeholt werden. Als „Übergangsobjekte" vertreten sie in diesem Zwischen-Raum zunächst abwesende Bezugspersonen und stehen später überhaupt für alle im Augenblick unerfüllten Wünsche und Bedürfnisse. Sie vermögen, wie Neubaur (1987, 75) in ihrer Winnicott-Interpretation sagt, „Entbehrungen in Guthaben umzumünzen". Sie vergegenwärtigen also das nicht Gegenwärtige, und zwar genau in diesem doppelten Sinn von *Bedeutungsübertragung* und *Kürzelhaftigkeit*. Der Sinn dieser Vergegenwärtigung ist Trost – als eine Art Versicherung, dass das Abwesende nicht endgültig weg, nicht verloren, nicht zu betrauern ist.

Daher, halten wir uns an Winnicott (1979), kommt unsere Gewohnheit, noch als Erwachsene - und übrigens besonders in der Phase unseres Lebens, wo wir in die Erwachsenenwelt eintreten – manchen Gegenständen und Orten besondere Bedeutung zuzuschreiben; und dazu gehören auch mediale Gegenstände (Bücher, Filme, usw.) und literarische Orte. Was der Soziologe Tilmann Habermas (1996) „geliebte Objekte" nennt und in den Lebenszusammenhängen von Jugendlichen und Erwachsenen aufgesucht hat, das ist nichts anderes als die Fortsetzung dieses frühen Symbolisierens; persönliche Dokumente wie Tagebücher, Briefe, Fotos und persönliche Objekte wie Kleidungsstücke, Füllfederhalter, Fahrräder, Autos oder Computer, aber nicht zuletzt eben auch geliebte Gedichte und Romane, nehmen dann jeweils eine „zweite" oder „uneigentliche" Bedeutung an, die über das Konkrete hinaus ins Abstrakte und Allgemeine weist, mit anderen Worten: Sie werden zu Objektsymbolen und dienen als solche unserer „symbolic selfcompletion" (Wicklund/Gollwitzer 1982; vgl. dazu auch Frederking 2003, 31ff.). Die menschliche Fähigkeit Symbole zu bilden und zu verstehen beginnt im Winnicottschen Übergangsraum und setzt sich im Sozialisationsprozess überall dort fort, wo Objekte oder Personen affektiv besetzt und mit subjektiver Bedeutung aufgeladen werden. Und ich behaupte: Wäre dies nicht so, Literatur-, Kunst- und Religionsunterricht hätten überhaupt keine Chance den Vorgang symbolischen Verstehens zu \`erklären´. Kinder verstehen das, weil sie es schon wissen (wenn auch sozusagen nicht *bewusst wissen*); weil sie, seit sie \`denken´ (natürlich auch \`fühlen´) können, Symbole schaffen. Sie benutzen sie als „Brücken des Verstehens"(Oelkers/Wegenast 1991) sozusagen immer schon, und sie kennen auch den Vorgang der Selbstergänzung durch symbolische Objekte von klein auf.

Deswegen – und nicht, weil wir Goethe zitieren oder gar Frenzel – leuchtet ihnen ein, dass hinter etwas, was da steht (oder *dasteht*), noch etwas Anderes, „Bedeutenderes" sein kann. Symbole in Texten (als Mitteilung von uns selbst an uns selbst!) *im Prinzip* zu begreifen, gelingt Lesenden bereits im Kindes- und Jugendalter, wenn auch nicht allen und in jedem Fall, immer wieder doch mit einer Leichtigkeit, die uns eigentlich verblüffen müsste. Wo sie scheitern (wie etwa Fingerhut 2001), dort fehlt ihnen nicht das Verständnis für den Vorgang selbst, sondern lediglich *Weltwissen* im konkreten Fall. So fremd ihnen die Literatur oft sein mag, so vertraut ist ihnen der Vorgang des Symbolisierens. (Vielleicht ist das der Grund dafür, dass es in der Fachdidaktik so gut wie keine Theoriediskussion über symbolisches Verstehen gibt.) *Literatur \`spielt´ mit unserer Fähigkeit und unserem Bedürfnis zur Symbolbildung*; und Literaturdidaktik kann darauf bauen, dass Heranwachsende das Spiel jedenfalls kennen, so ungewohnt und abwegig ihnen dann oft die Ziele der Spieler zunächst sein werden. Zwischen der unbewussten, sich selbst noch nicht reflektierenden Symbolbildung in Kindheit und Erwachsenenalltag und einer bewussten, mindestens reflexionsfähigen Symbolisierung im Literatur- und überhaupt Kunstverstehen ist allerdings noch ein Unterschied, und dieser begründet Literaturunterricht; die zweite Stufe zu erreichen, sollte er helfen können. Wir wissen freilich noch wenig darüber, welche Lernumgebungen dafür wirklich günstig sind.

IV. Schlussfolgerungen

In didaktischem Interesse möchte ich nun folgern, dass es problematisch ist das 'wörtliche´ Verstehen eines Textes als frühzeitig erreichbar und das symbolische Verstehen als erst später erreichbar darzustellen. Es ist ebenso problematisch wie der reine Inhaltismus und die Inhalt-Form-Trennung. Und es ist rundheraus falsch, wenn das Symbolisieren mit dieser Begründung für ein Privileg der *Lehrenden* gilt, denen die jüngeren oder noch unerfahrenen Lernenden allenfalls als Stichwortgeber zuarbeiten dürfen.

Indem ich nun sage, warum ich es für falsch und was ich für richtig halte, resümiere ich zugleich – in drei Punkten und einem Beispiel:

1. Kinder sind es gewöhnt und sind sogar *Experten* darin, durch eigene Vorstellungsbildung „Übergangsräume" zu besetzen, sich ein Objekt, ein Motiv oder eine Figur als „bedeutend" zurecht zu denken (fast möchte man anfügen: auch *zurecht zu fühlen*, weil Vorstellungsbildung immer auch ein affektiver Vorgang ist) und damit ein Symbol-Spiel zu eröffnen. Die „imaginären Gefährten", die Kinder ersinnen (Irina Korschunow: *Hanno malt sich einen Drachen*), gehören hier ebenso hin wie die Helden und Heldinnen der Kinder- und Jugendmedien, mit denen ihre Vorstellungswelt bevölkert ist (von *Pippi in Taka-Tuka-Land* bis *„Harry in Hogwarts"*).
2. Literarische Symbolik ist „nur" ein Spezialfall des allgemeinen Prinzips, das die Menschheitsentwicklung von Anfang an begleitet und darin besteht, dass wir das sicht- und greifbar *Gegenwärtige* (sozusagen die reale Objektwelt) ständig überschreiten und verwandeln – und zwar in Zeichen für größere Sinnzusammenhänge, in „Mitteilungen" an uns selbst (geliebte Objekte) und aneinander. Gegenläufig machen wir in Symbolen das Abwesende und vor allem das überhaupt nicht der Anschauung Zugängliche *gegenwärtig*.
3. Das menschliche Bedürfnis Bedeutung zu konstruieren sowie Wahrgenommenes zu *interpretieren* und im Dialog gemeinsam zu verstehen ist also auch die Basis für literarisches Verstehen und Literaturunterricht. Symbolisches Verstehen ist allererst ein Prozess – ein streng genommen unabschließbarer, so wie Köppert (1997) das für „literarisches Fantasieren" generell herausgear-

beitet hat, mit Konsequenzen für den schulischen Literaturgebrauch. Die von einem Text angeregte Vorstellungsbildung ist ja nie nur eine \`am Wortlaut´ entlang, sondern folgt immer schon dem Bedürfnis zur symbolischen Aufladung des Imaginierten: Wofür steht denn dieser Schauplatz, diese Heldin, dieses Sprachbild im Gedicht? Es ist doch nicht so, dass Lernende geduldig warten würden oder könnten, bis der Literaturlehrer mit dem großen Schlüssel kommt und ihnen als Hausmeister der literarischen Interpretation gerade *diesen* Raum aufschließt. Eher ist es doch so, dass *classroom interaction* über Literatur die Aufgabe hat oder *hätte*, Prozesse des Symbolisierens in einem moderierten Dialog und anderen didaktischen Arrangements (schreiben, inszenieren, Medien einbeziehen) der Lerngruppe möglich, zugänglich und vor allem bewusst zu machen (vgl. auch Sumara 1996). Auch sprachliche Interaktion sollte in diesem Zusammenhang nicht nur zur Formulierung von Aufgaben bzw. deren \`Lösungen´ eingesetzt werden, sondern sozusagen auch zum Einkreisen von Symbolisierungsmöglichkeiten.

Symbolisches Verstehen ist insgesamt eher ein begleitbarer Prozess als ein ansteuerbares Unterrichtsziel. Es ereignet sich immer schon im Akt des Lesens und im Versuch des Verstehens. Was man neuerdings „Philosophieren mit Kindern" nennt und z.B. an Hand von Metaphern im Deutschunterricht betreibt (wie Calvert 2000), das macht überhaupt nur Sinn auf der Basis dieser Annahme: Nicht um einmaliges Dekodieren geht es, um Rückübersetzung ins Eigentliche, diskursiv Sagbare, sondern um fortlaufendes Einkreisen von Erfahrungen und Vorstellungen, die sich eben nicht oder nur bedingt anders als in Bilder fassen lassen. Insofern sind Symbollexika irreführend, denn sie schreiben die Symbole unseres abendländischen Kulturkreises sozusagen fest und suggerieren *Übersetzbarkeit*, wo es doch um affektive Besetzung und kognitive Selbstverständigung geht. Nicht umsonst enthalten solche Lexika vorwiegend Symbole für die ersten und die letzten Dinge: Leben und Tod, Liebe und Hass, Jugend und Alter, Weisheit und Suche nach Sinn.

Aber nicht nur Lexika befördern hier ein Missverständnis. Wer eine Neuphilologie studiert, lernt – seit ihrer akademischen Etablierung nach der Mitte des 19. Jahrhunderts – literarische Symbolik als eine Art geschlossenes Verweissystem kennen, das für Laien, insbesondere für Heranwachsende, erst vom Fachmann geöffnet und begehbar gemacht werden müsse. Das Verschlossene aufschließen zu können ist im Selbstverständnis von Philologen heute noch oft so zentral, dass sie als Schulgermanisten zu „Türhütern" der Textbedeutung werden, wie Hoffart (1999) in einer Abschlussarbeit für das Lehramt an Grundschulen (Universität Würzburg) schrieb. In einem empirisch-explorativen Versuch hatte sie in 3., 7. und 12. Klassen Kafkas Parabel „Vor dem Gesetz" zum Gegenstand symbolischen

Verstehens gemacht. Eindrucksvoll zeigt die Arbeit schon bei GrundschülerInnen eine vom Text angeregte Vorstellungstätigkeit, die sich *auch* auf seine symbolische Dimension richtet und noch nicht von sogenannten Fachkenntnissen (über Kafka) zum vorschnellen Abbruch eigenen Symbolisierens verleitet wird. Die Arbeit endet damit, dass die Autorin den Text als Sinn-Bild für die literarische Lektüre selbst interpretiert: „Das Gesetz" ist der „Sinn", der mir so lange verschlossen bleibt, wie ich dem Türhüter *glaube*, statt mir meinen eigenen Eingang zu suchen und das Gesetz sozusagen zu besetzen.

Dieser Versuch symbolischen Verstehens, diese Inanspruchnahme des Kafka-Textes für ein literaturdidaktisches Problem, macht deutlich genug: Was uns im Hinblick auf Unterricht interessieren sollte, ist der Symbolbildungsprozess der LeserInnen, und zwar von der Primarstufe an. Und auch der Umgang mit Kanontexten in der Schule würde zweifellos gewinnen, wenn dies Prozesshafte von Symbolbildung – individuell, aber auch rezeptionsgeschichtlich – mehr zum Tragen käme: Wie ist denn etwa *Michael Kohlhaas* zu dem Symbol geworden, das er uns heute zweifellos ʻistˊ, für einen durch „Rechtgefühl" legitimierten Widerstand gegen sanktionierte (staatliche) Gewalt? Warum *brauchen* wir solche Symbole? Welche „Mitteilung von uns selbst an uns selbst" steckt darin? *Womit* passt, um noch einmal an die Ursprungsbedeutung zu erinnern, *Michael Kohlhaas* als die eine Hälfte eines entzwei gebrochenen „Ganzen" so genau zusammen, dass wir heute noch sagen: ja, das ist es, das ist das Wahr-Zeichen, in dem wir uns wiedererkennen?

Und sind diese Fragen nicht letztlich interessanter als die, was Kleist uns seinerzeit „sagen wollte", selbst wenn man dies halbwegs angeben könnte? Warum schreiben wir manchen Texten besonders leicht und gern symbolische Bedeutung zu? Welche Symbole gehen uns überhaupt persönlich etwas an, und liegt es daran, wenn wir so etwas wie „geliebte Gedichte" haben, von – wie bei allen Übergangsobjekten – begrenzter Haltbarkeit, d.h. oft für eine bestimmte Phase literarisch-medialer Sozialisation.

Symbolisches Verstehen ist von Verstehen der Literatur nicht zu trennen. Zugleich ist es, allerspätestens in den Zeiten der Postmoderne, *reflektiertes Verstehen*, d.h. es tut gut daran, sich den Verstehensvorgang selbst als Thema vorzunehmen: Durch welche Bedeutungszuschreibung glauben wir zu verstehen? Auf welchen – und wie gebildeten – Vorstellungen beruht das? Nicht als zu entschlüsselnden Code, aufzuschließenden Raum, bewachtes „Gesetz" sollten wir die Literatur in der Schule begreifen, sondern als Partitur für Vorstellungsbildung und Nahrung für eigenes Symbolisieren beim Lesen, Schreiben und Inszenieren. Und: Nicht als schulische Spezialveranstaltung sollten wir „Verstehen und Produktion" von Symbolen sehen, sondern den schulischen Umgang mit ihnen als *Chance* etwas zu reflektieren, was wir im Alltag dauernd tun; uns die Welt in Symbolen aneignen und durch diese hindurch mit ihren Widersprüchen versöhnen.

Lesen und Symbolverstehen

Literatur

Abraham, Ulf 1994: Lesarten – Schreibarten. Formen der Wiedergabe und Besprechung literarischer Texte. Stuttgart

Abraham, Ulf 2002: Basiskompetenzen des Literaturunterrichts: Lesen - Schreiben - Vorlesen/Vortragen. In: Klaus-Michael Bogdal/ Hermann Korte (Hrsg.): Grundzüge der Literaturdidaktik. München, S. 105-119

Andreotti, Mario 2002: Literaturunterricht heute: Wie moderne Dichtungen lesen? Plädoyer für eine ganzheitliche Textanalyse. In: Didaktik Deutsch, H. 12, S. 56-61.

Applebee, Arthur N. 1978: The Child´s Concept of Story. Chicago

Bauer, Wolfgang/ Irmtraut *Dümotz*/ Sergius *Golowin* 2000: Lexikon der Symbole. Wiesbaden

Beisbart, Ortwin 2002: Literaturvermittlung zwischen Ästhetik und Pädagogik. Szenen eines unendlichen Themas. In: André Barz/Bernhard Meier/ Marlis Seifert (Hrsg.): „Dem Tüchtigen ist diese Welt nicht stumm!" Literaturdidaktik: systematisch, historisch, integrativ. FS für Annemarie Mieth. Hamburg, S. 43-68

Belgrad, Jürgen/ Horst *Niesyto* (Hrsg.) 2001: Symbol. Verstehen und Produktion in pädagogischen Kontexten. Hohengehren

Biedermann, Hans 1999: Knaurs Lexikon der Symbole. CD-Rom

Biehl, Peter 1989: Symbole geben zu lernen. Einführung in die Symboldidaktik anhand der Symbole Hand, Haus und Weg. Neukirchen-Vluyn1989

Bucher, Anton 1990: Symbol – Symbolbildung – Symbolerziehung. Philosophische und entwicklungspsychologische Grundlagen. St. Ottilien

Calvert, Christina 2000: Mit Metaphern philosophieren. Sprachlich-präsentative Symbole beim Philosophieren mit Kindern in der Grundschule. München

Cassirer, Ernst (1931) 1997: Philosophie der symbolischen Formen. Darmstadt

Fingerhut, Karlheinz 2001: „Ich sah mit betrachtendem Gemüte". Symbolverstehensversuche in einem literaturdidaktischen Seminar. In: Jürgen Belgrad/ Horst Niesyto (Hrsg.): Symbol. Verstehen und Produktion in pädagogischen Kontexten. Hohengehren, S. 192-204

Frederking, Volker 2003: Symbolisches Verstehen im Deutschunterricht – Transdisziplinäre Begründungszusammenhänge zur Behebung eines fachlichen Desiderats. In: Bodo Lecke (Hrsg.) (2003). Fazit Deutsch 2000. Ästhetische Bildung, moralische Entwicklung und kritische Aufklärung? Frankfurt am Main, S. 217-246

Frenzel, Elisabeth 1966: Stoff-, Motiv- und Symbolforschung. Stuttgart

Fromm, Erich (1951) 1981: Märchen, Mythen, Träume. Reinbek 1981

Goethe, Johann Wolfgang von (ca. 1800-1832) 1960ff.: Maximen und Reflexionen. In: Goethe. Berliner Ausgabe. 22 Bände. Bd. 18. S. 475-682

Greiner, Thorsten / Ulf *Abraham* 2002: Die Lehre der Literatur oder Was Literaturlehrende von ihrem Gegenstand lernen können. In: Sprache und Literatur, H. 1, S. 55-68

Habermas, Tilmann 1996: Geliebte Objekte. Symbole und Instrumente der Identitätsbildung. Frankfurt a. M.

Halbfas, Hubertus 1989: Das dritte Auge. Religionsdidaktische Anstöße. Düsseldorf

Hoffart, Astrid 1999: Ein Eingang für Dich. Schriftliche Konkretisationen zu dem Text „Vor dem Gesetz" von Franz Kafka in den Jahrgangsstufen 3, 7 und 12. Abschlussarbeit im Rahmen der 1. Staatsprüfung für das Lehramt an Grundschulen. Würzburg

Jung, Carl Gustav (1935-54) 1976: Die Archetypen und das kollektive Unbewußte. Gesammelte Werke Bd. 9/I. Olten

Köppert, Christine 1997: Entfalten und Entdecken. Zur Verbindung von Imagination und Explikation im Literaturunterricht. München

Kreft, Jürgen 1984: Der Textwissenschaftler als der wahre Mensch und als das wahre Lernziel. In: J. Hein/ H.- H. Koch/ E. Liebs (Hrsg.): Das Ich als Schrift. Über privates und öffentliches Schreiben heute. Baltmannsweiler, S. 151-260

Kurz, Gerhard 1982: Metapher, Allegorie, Symbol. Göttingen. (4. durchges. Aufl. 1997)

Neubaur, Caroline 1987: Übergänge. Spiel und Realität in der Psychoanalyse Donald W. Winnicotts. Frankfurt a. M.

Oelkers, Jürgen/ Klaus *Wegenast* (Hrsg.) 1991: Das Symbol – Brücke des Verstehens. Stuttgart u.a.

Osterreicher-Mollwo, Marianne 1978: Lexikon der Symbole. Freiburg i. Br.

Rademacher, Gerhard 1995: Kinder- und Jugendliteratur = ästhetischer Mehrwert oder Restwert? Zum 'Gebrauch' von KJL und Literatur überhaupt. In: Helmut Fischer (Hrsg.): Umgang mit Kinderliteratur. Essener Beiträge zur Jugend- und Volksliteratur Bd. 4. Institut für Jugend- und Volksliteratur der Universität-Gesamthochschule Essen

Riegger, Manfred 2002: Erfahrung und Glaube ins Spiel bringen. Stuttgart

Scheffer, Bernd 1995: Klischees und Routinen der Interpretation. Vorschläge für eine veränderte Literaturdidaktik. In: Deutschunterricht, H. 3, S. 74-83

Schönau, Walter 1991: Einführung in die psychoanalytische Literaturwissenschaft. Stuttgart

Spinner, Kaspar H. 1993a: Entwicklung des literarischen Verstehens. In: Ortwin Beisbart et al. (Hrsg.): Leseförderung und Leseerziehung. Donauwörth, S. 55-64

Spinner, Kaspar H. 1993b: Phantastische Abenteuer als Weg in die Wirklichkeit. Zu einem Grundmotiv in der Kinder- und Jugendliteratur. In: Otto Schober (Hrsg.): Abenteuer Buch. FS für A.C. Baumgärtner. Bochum, S. 86-97

Sumara, Dennis J. 1996: Private Readings in Public. Schooling the Literary Imagination. New York u.a.

Svensson, Cai 1985: The Construction of Poetic Meaning. Malmö

Wicklund, Robert A./ Peter M. *Gollwitzer* 1982: Symbolic Selfcompletion. Hillsdale, New Jersey

Wieler, Petra 1989: Sprachliches Handeln im Literaturunterricht als didaktisches Problem. Bern

Willems, Lydia 1994: Vom Sichtbaren zum Unsichtbaren. Fächerintegrative Einführung in die Symbolsprache. Essen

Winnicott, Donald W. 1979: Vom Spiel zur Kreativität. Stuttgart

Würtenberg, Gustav 1930: Thomas Manns „Tonio Kröger". Ein Beitrag zur „lebenskundlichen" Gestaltung des deutschen Unterrichts. In: Schule und Wissenschaft, H. 3, S.83-90

Zabka, Thomas 2001: Interpretationen interpretieren. Zur Erforschung von Unterrichtshandlungen, in denen literarischen Texten übertragene Bedeutungen zugeschrieben werden. In: Clemens Kammler/ Werner Knapp (Hrsg.): Empirische Unterrichtsforschung und Deutschdidaktik. Hohengehren, S. 116-127

Bodo Lecke (Hamburg) **Medienpädagogik – zwischen Wort- und Bildästhetik**

1. Wort und Bild – kulturpessimistisch

Beim VIII. Kongress der „Internationalen Vereinigung für Germanische Sprach- und Literaturwissenschaft" im August 1985 sagte deren Präsident Albrecht Schöne in seiner Eröffnungsrede: „Die Lesekraft schwindet, das Schreibvermögen geht zurück, die Redefähigkeit verkümmert. [...] wie weit sind wir noch davon entfernt, dass eine neue Schriftgelehrtenkaste sich abgrenzt von einem neuen Analphabetismus".[1]

Aus kulturpessimistischer Sicht wird hier ein Verfall der Lesekultur beklagt, in der Tradition einer Geschichtsphilosophie von Gibbon und Montesquieu bis hin zu Spengler und Toynbee, die Geschichte als Verfallsgeschichte – decline and fall, grandeur et décadence – sieht. Schönes Bezugspunkt ist dabei die Schädlichkeit neuer audiovisueller Medien. Hier trifft er sich mit Neil Postman (1982) und dessen vielzitierter These vom „Verschwinden der Kindheit" durch den Einfluss der audiovisuellen Massenmedien.

Schöne wie Postman stehen dabei in einer Argumentationslinie, die seit Jahrhunderten zwei Topoi in besonderer Weise tradiert:

1. die Überbewertung sinnlich-unmittelbarer Erfahrung gegenüber der „Mediatisierung", d.h. nur noch medial vermittelter Erkenntnisse;
2. die Überbewertung der literalen (Schrift-)Kultur gegenüber dem Bild.

Entsprechend könnten sich moderne „Medienökologen" wie Mary Winn, Jerry Mander oder Neil Postman auf ein Verdikt beziehen, das man – direkt angewandt auf die weitgehend zum Erliegen gekommene Schriftkultur im Mittelalter – in Umberto Ecos „Der Name der Rose" (1982, 57) nachlesen kann: „pictura laïcorum litteratura (est)" – das Bild ist die Literatur der Nichtchristen, nicht klerikal Ausgebildeten, Ungebildeten, Dummen.

Ich möchte hier allerdings gerade nicht von der kulturpessimistischen Entgegensetzung, der Dichotomie von hohem Wort und niedrigem Bild ausgehen

1 Zit. nach *Helga Neumann*: Die bildungspolitische und pädagogische Aufgabe von Schulbibliotheken – Schulpolitische und schulpädagogische Beiträge zur Förderung der Leseerziehung. Diss. phil. Hamburg 1989, S. 8.

(das wir ja nicht zufällig auch in der Grundsatzdiskussion über Trivialliteratur, hohen und niederen Stil der „genera dicendi"-Lehre oder elaborierten resp. restringierten Code der Soziolinguistik als Argumentationsfigur wiederfinden), sondern im Gegenteil von dem Zusammenwirken bildlicher und schriftlich-literaler Kultur und ihrer symboltheoretischen Verortung.

Zwar gibt es im Mittelalter in der Tat die Grenze zwischen dem Bild für die Dummen und der Literalität für die Klugen (so wie auch moderne Medienpädagogen vor einer immer größer werdenden Schere oder sog. „Wissenskluft" zwischen Laien und Gebildeten, besonders im dynamischen Veränderungsprozess der Informationstechnik, sprechen). Es gibt die Bilderbibeln (oder „Stockbibeln") für die Ungebildeten, Zukurzgekommenen und Armen („biblia pauperum"); es gibt aber auch die Komplementär- und Mischformen bildlich-symbolischer und sprachlicher Information im teuersten Buch der Welt, dem „Evangeliar Heinrich des Löwen" (Vorzugspreis 32 Mill. DM), es gibt die comic-artigen Wandmalereien mit Sprechblasen und Spruchbändern in Monreale und den anderen normannischen Domen Siziliens, es gibt die Emblemata, Bilderbücher und zahlreiche Vorformen der Cartoons und Comics.

Und nicht zuletzt fasziniert onto- wie phylogenetisch der kulturgeschichtliche wie der individualbiographische Übergang, die Sozialisation der „ganzen Menschheit" wie des Individuums von der Bilder- zur Zeichen- bzw. Buchstabenschrift, von den Hieroglyphen zur Keilschrift, vom Malen/ Kritzeln zum Schreiben!

2. Schriftspracherwerb – entwicklungspsychologisch

Amelie Sjölin (1996) untersuchte in ihrer Hamburger Dissertation „Schrift als Geste: Wort und Bild in (skripturalen) Kinderarbeiten" die Entwicklung vom Malen (z.B. der berühmten „Kopffüßler") über das – subjektiv bereits als Mitteilung von Gefühlen und Gedanken empfundene - Kritzeln bis hin zum eigentlichen Schreibenlernen: Die Sicht der psychologischen Dimension des kindlichen Schrifterwerbs hat sich in den letzten Jahren geändert. Der lange Zeit vorherrschende psycholinguistische Aspekt der Phonem-Graphem-Korrespondenzen wird durch eine Forschung über den weitaus komplexer verstandenen Schriftsprach- bzw. „Literalitätserwerb" erweitert. Heute meint man eher, dass die Entwicklung der kindlichen „Literalität" sich keineswegs allein im kognitiven Rahmen des „symbolischen" Denkens, sondern ebenso in den „ikonischen" und „enaktiven" Modalitäten (J. Bruner 1987) vollziehe. Die Kinder nehmen die Schriftzeichen zunächst einmal als eigenständige, opake Gestalten wahr, verleihen ihnen – zumal den selbst geschriebenen –, gleichsam animistisch ein eigenes Leben. So untersuchte Almut Nguyen-Clausen (1987) ungefähr 5000 Kritzelzeichnungen von annähernd 100 Kindern im Alter von 12 bis 42 Monaten. Dabei fand sie 12 Grundmuster heraus, die allesamt implizit in einer bestimmten zeitlichen Abfolge auftreten. Dazu Amelie Sjölin (1996, 99): „Für alle Kinder zeigt sich eine quasi gesetzmäßige Entfaltung des bildnerischen Vermögens: Zunächst treten grobmotorische Muster auf, danach raumgreifende spiralartige und den Raum zentrierende kleine Figuren. Im darauf folgenden mittleren Schub finden sich Muster, die eine verbesserte Hand-Auge-Koordination erfordern, und hochkomplexe Muster wie die Zickzackwelle, die geschlossene Figur und die flächige Ausmalung treten erst kurz vor Ende der Kritzelphase auf."

Ähnlich bereits Wolfgang Grözinger in seinem 1952 erschienenen Buch „Kinder kritzeln, zeichnen, malen": Er führt die Entwicklung des kindlichen Gestaltens auf „innere Formkräfte" zurück und appelliert an alle Eltern, den „natürlichen Reifeprozess" ihrer Kinder geduldig zu unterstützen. Diesen vergleicht er mit der Entwicklung vom Säugling über den „Greifling" zum „Sprechling". Das Auge müsse zuerst mit der Hand, mit dem Tastsinn zusammenarbeiten, um die Welt zu erkunden. Erst ganz zuletzt, meinte ja schon Pestalozzi, komme man ihnen „mit den gefährlichen Zeichen des Guten und Bösen, mit den Wörtern" (1799, 18).

Diese Erkenntnisse decken sich mit modernen medientheoretischen bzw. –didaktischen Positionen. Barbara Eschenauer (1984, 81) z.B. sieht es als notwendig an, die Medien komplementär zu nutzen - nicht nur, um verschiedene Informationsquellen zu vergleichen und Informationen zu vervollständigen, sondern auch, um die unterschiedlichen Wahrnehmungsmöglichkeiten zu berücksichtigen. So werden die durch Druck- und Funkmedien vermittelten Inhalte unterschiedlich verarbeitet und gespeichert und verlangen vom Rezipienten jeweils andere Fähigkeiten. Auch scheinen Lesen, Sehen und Hören unterschiedliche Effekte für das Verständnis und Behalten von Informationen zu haben.

So siedelt auch Sabine Jörg (1993) die „Medienkindheit" zwischen Buchstaben und Bildern an. Sie sieht den Beitrag des Deutschunterrichts nicht in einem wie auch immer gearteten „Konkurrenzverhalten" von sprachlich-literalen und bildlich-medialen Bildungsansprüchen, sondern hebt ebenfalls die „Komplementärfunktion" hervor: z.B. emotionale Erlebnisse, zu denen auch Fernseherlebnisse gehören, sollen in sprachliche Handlungen einmünden.

Bettina Hurrelmann und Michael Hammer (1994) verweisen auf etliche Studien zur Lesesozialisation im Verbund anderer Medien, z.B. auf Angela Fritz' „Lesen im Medienverbund" (1989), Jerôme Bruners (1987) Konzept der „emergent literacy" oder „acquisition of literacy" oder die Untersuchung von Michael Charlton und Klaus Neumann-Braun (1992), und kommen zum Fazit, dass im Gegensatz zu manchen globalen Untergangsprophetien für Buch und Lesekultur die optimistischen Ergebnisse der Untersuchung „Kommunikationsverhalten und Medien" (1989) sowie der Folgestudie 'Lesen im Medienumfeld' (1991) Bestand haben. Hier wird betont, dass die jungen Leute mehr lesen als die älteren. (Hinzugekommen sind in letzter Zeit die beiden von Bettina Hurrelmann mit Norbert Groeben herausgegebenen Sammelbände „Medienkompetenz" und „Lesekompetenz" (2002a; 2002b))

Im Gegensatz zu kulturpessimistischen Vermutungen über das Zurücktreten von Wort- und Schriftkultur, Sprech- und Schreibkompetenz bei Kindern unter dem Einfluss der audiovisuellen Massenmedien dürfte auch die Beobachtung stehen, dass Kinder heute z.T. früher zu schreiben beginnen – meist lange vor der Einschulung – und dass ihnen ständig und überall „logos", Schriftzüge, Buchstabengebilde gerade als Produkt einer audiovisuell geprägten Kommunikationskultur oder –unkultur begegnen.

Es gibt zwar historische Wandlungen der Bild- bzw. Schriftkultur – ebenso wie der Kindheit (bzw. unseres Begriffs oder Konzepts von „Kindheit") – aber nicht, wie Neil Postman annimmt, ein „Verschwinden der Kindheit", monokausal verursacht durch ein „Verschwinden der Literalität und Schriftkultur", sondern eine historisch zu verstehende Veränderung sowohl der Kindheit als auch der Bild- und Schriftkultur.

Der Begriff von Schreiben und Schrift mag eine universal gültige menschliche Kompetenz bezeichnen; aber er ist doch ebenso sehr abhängig von kultur- und gesellschaftsgeschichtlichen Wandlungsprozessen.

3. Schriftlichkeit – kulturgeschichtlich

Werfen wir nun einen Blick auf die kulturgeschichtlichen Implikationen von Schriftlichkeit bzw. Literalität. Walter J. Ong (1982) u.a. weisen auf die grundlegenden Unterschiede oraler und literaler Kulturen hin. Diese wirken bis in die literarischen Gattungen hinein und bis heute nach: das Gedicht, das Lied, die Lyrik, das Epos tragen noch deutlich die Spuren des mündlichen, sogar gesungenen Vortrags vor real präsentem Publikum. Der Roman dagegen ist das moderne Genre des einsamen Lesers im stillen Kämmerlein oder noch schlimmer: des müßigen Frauenzimmers auf dem Chaiselongue.

Der antike griechische Philosoph Platon lebte in einer sog. Achsenzeit, als zunächst die orale durch die literale Kultur und die Bild- und Zeichen- durch die Buchstabenschrift, das sog. chaldäische Alphabet, abgelöst wurde. Im „Phaidros" überliefert er Sokrates' Mythos von Theut, der dem ägyptischen Pharao (der sich nicht von Bild- und Hieroglyphenschrift trennen mag) stolz das soeben von ihm erfundene Buchstaben-Alphabet präsentiert. Der Pharao weist das Geschenk unwillig zurück, weil damit die lebendige Erinnerung, das kulturelle Gedächtnis zerstört würde, auf die eine orale und bildliche Kultur angewiesen ist.

Noch Rousseau und Herder stellen kulturpessimistisch den lebendigen oralen Sprachgebrauch dem toten geschriebenen Wort als etwas „Auswendiges, Erstarrtes" gegenüber. Der große Geschichtsschreiber Montesquieu hatte einen weitaus elaborierteren mündlichen Diktierstil, weil er – modern ausgedrückt – ein „funktionaler Analphabet" war, der weder ordentlich lesen noch schreiben konnte. Auch die berühmte Briefautorin Mme. de Sévigné konnte besser diktieren als selber schreiben – nachzulesen in Jean Pauls Erziehungslehre „Levana" (1807).

Schreiben und Lesen haben sich mit anderen Worten nur zögerlich durchgesetzt. Die vielzitierte „Leserevolution" und schließlich die von aufklärungsfeindlichen Kirchenkreisen angeprangerte „Lesewut" ist auch noch im 18. Jh. eher strukturell als quantitativ zu fassen. Schiller lässt seine Louise Millerin mit einem Buch die Bühne betreten. Ihr biederer – wahrscheinlich des Lesens noch immer unkundiger Vater und Musikus – weiß den schlimmen Ausgang des „bürgerlichen Trauerspiels" sich denn auch ganz einfach zu erklären: „Das ist die Frucht von dem gottlosen Lesen!"

Dabei sind Lesen und Schreiben immer medial geprägt. Dies gilt für ihre Frühformen bei den Sumerern, Ägyptern oder Griechen wie für spätere Zeiten. Letztere sind durch eine fortschreitende Individualisierung der Lese- und Schreibprozesse gekennzeichnet. So ist die individuelle Handschrift eine relativ neue Erscheinung unserer Schriftkultur, die Technisierung der Schrifterstellung hat sie als Gegenimpuls erst ermöglicht. Denn die Anonymität der Druck- und Schreibmaschinenschrift hat den Stellenwert individueller Handschrift hervorgebracht bzw. bewusst gemacht, die elektronische Textverarbeitung wird ihn aller Voraussicht nach nicht rückgängig machen.

Dabei ist der durch die Druck-, Schreibmaschinen- und Computertechnik bedingte mediale Wandel offenkundig. Im Mittelalter war die Handschrift noch die mediale Grundlage von Literalität überhaupt. Ivan Illich hat dies in seinem Buch ‚Im Weinberg des Textes (1991, 115) sehr schön verdeutlicht: „Vorher gleicht Schrift einer Partitur. Murmelnd klauben die Mönche die lateinischen Laute von den Zeilen, die bis zum 7. Jahrhundert ohne Wortlücken geschrieben werden. Maler stellen diese Lektüre immer als intensive Anstrengung dar, die den gesamten Körper ergreift. Die rituellen Leseübungen der Mönche dienen der Meditation und dem Zugang zur göttlichen Weisheit. Die illuminierten, d.h. sorgfältig gestalteten und farbig ausgefüllten Buchstaben und Miniaturen wirken auf dem durchscheinenden Pergament wie mit Eigenlicht versehen und ´erleuchten´ den Leser. Lesen ist wie ein beständiges Auflesen in einer illuminierten Buchstaben-Landschaft" (Sjölin 1996, 123).

Durch Gutenbergs Erfindung des Buchdrucks mit isolierten, beweglichen Lettern hat sich die mittelalterliche Schreib- und Lesekultur dramatisch verändert. Dennoch wird sich Leroi-Gourhans (1965) Befürchtung, die Handschrift könne aussterben, wohl nicht bewahrheiten. Im Gegenteil scheint die Aufmerksamkeit für die Handschrift seit Verbreitung des PC eher gestiegen als gesunken zu sein.

Lesen und Symbolverstehen

Manche Kommunikationswissenschaftler und Medientheoretiker – sowohl Kulturpessimisten wie Medienoptimisten – sprechen freilich vom Ende der Buchkultur, so z.B. der kanadische Medienforscher Marshall Mc Luhan in „The Gutenberg Galaxy" (1962). Die Linearität der Schrift, der Zwang zum geordneten Nacheinander einzelner, für sich genommen sinnloser Zeichen, habe repressive Folgen. Dass Schrift immer von etwas handeln müsse, dass sie dazu da sei, Inhalte zu übermitteln, ist für Mc Luhan eine Illusion der abgelebten Buchkultur. Für ihn ist das Medium die Botschaft - eine Theorie, die H.M. Enzensberger (1988) in seinem „Spiegel"-Essay über das „Nullmedium Fernsehen" wieder aufgenommen hat.

Das 1963 in Paris abgehaltene Kolloquium „L'écriture et la psychologie des peuples" brachte andere Schwerpunkte, wie Folgepublikationen zeigen: André Leroi-Gourhan veröffentlicht 1965 „Le geste et la parole", Jacques Derrida 1967 „De la grammatologie", Jack Goody und Ian Watt 1968 „The consequences of literacy" etc. Sie unterscheiden sich von McLuhans Sichtweise der Kulturgeschichte deutlich: Während McLuhan optimistisch von Befreiung spricht, ist z.B. Leroi-Gourhans Theorie zutiefst kulturpessimistisch und hält gar ein Aussterben des Homo sapiens für denkbar.

4. Lese- und Medienkompetenz – komplementär

Angela Fritz/Alexandra Suess bezeichnen die Lesekompetenz als Grundlage der Medienkompetenz oder sie sprechen – wie auch andere Autoren – lieber von einem „reziproken Verhältnis": „Das reziproke Verhältnis zwischen der Lesekompetenz und der Persönlichkeitsstruktur bedingt deren Bedeutung für die allgemeine Kommunikative Kompetenz. Entwicklung und Ausübung der Kommunikativen Kompetenz ist gebunden an eine Persönlichkeitsstruktur, die das Individuum dazu befähigt, nach eigenen Vorstellungen und Zielen zu kommunizieren. Die Lesekompetenz begünstigt so die allgemeine Kommunikative Kompetenz. Darüber hinaus scheint sie besonders das kommunikative Verhalten bezüglich der Medien zu beeinflussen und bildet so die Grundlage für eine Medienkompetenz." (*Fritz/Suess* 1986, 16) Meine eigene Einschätzung wird abgestützt durch die empirische österreichische Studie von Angela Fritz (1989), die sich ihrerseits auch auf schweizerische Vorgaben bezieht, insbesondere Heinz Bonfadellis Aufsatz „Lesen, Fernsehen, Lernen (...) bei Züricher Jugendlichen" (1988, 437ff.) oder die bereits 1986 mit Ulrich Saxer verfasste Studie „Lesen, Fernsehen und Lernen". Demnach besteht zwar eine gewisse – ich möchte fast sagen: dialektische – Relation zwischen Lese- und Medienverhalten im Allgemeinen sowie Lesekompetenz und Medienkompetenz im Besonderen. Dabei handelt es sich allerdings ausdrücklich weder um eine direkte, monokausale Abhängigkeit noch um ein Konkurrenzverhältnis, sondern um eine „Komplementärerscheinung".

Bild-Text-Verbindungen spielen dabei eine zentrale Rolle. Diese besitzen eine lange Tradition. In der Kalligraphie als Komplement der chinesischen und japanischen Zeichnung und Malerei vereinen sich bildliche und schriftliche Elemente – und natürlich auch in Bilderbuch, Comics u.a. historischen oder modernen Mischformen.

Gerade die Bildlichkeit von Schrift, das „Schriftbild", wird in den sog. „grammatextuellen" Untersuchungen von Jean Gérard Lapacherie (1990) thematisiert: Zwischen den entgegengesetzten Polen Ikonographie und Alphabet/Buchstabe sind allerlei Zwischenformen angesiedelt, wie die altägyptische Hieroglyphenschrift oder die sog. Pikto-, Ideo- und Mythogramme (z.B. die paläolithischen Felszeichnungen oder Otl Aichers Piktogramme, die ihren Weg von den Olympischen Spielen in München 1972 aus in die Flughafengebäude der Welt nahmen!)

In der Kunstgeschichte stoßen wir seit Kubismus, Futurismus, Dadaismus ebenso auf eine wechselseitige Durchdringung von Wort und Bild („peinture conceptuelle") wie in der Poesie auf sog. Figuren- oder Bildgedichte vom Manierismus und Barock bis zu Mallarmé oder apollinaire. Auch in vielen Bildern von Paul Klee und anderen tauchen Buchstaben auf.

5. Symbolverstehen – diskursiv/präsentativ

Einen anderen Zugang zur Wort-Bild-Korrespondenz liefert die Symboltheorie. Indem sie etwas Bestimmtes bedeuten, nähern sich sog. Sinn-Bilder, Allegorien, Emblemata, Symbole durchaus der Vokabel, dem geschriebenen oder gesprochenen Wort als Bezeichnung eines bestimmten Inhalts, einer „Bedeutung". In seiner berühmten Unterscheidung von Symbol und Allegorie meint Goethe, dass es zwischen dem Symbol als Zeichen und seiner Bedeutung eine noch irgendwie anschauliche und sinnlich nachvollziehbare Verbindung, ein gleichsam reales Substrat gebe. So zeigt das Kunstwerk des griechischen Bildhauers Myron eine Kuh mit ihrem Kälbchen – ein durchaus realistisches „Abbild", aber zugleich auch ein Symbol allumfassender, ewiger Mutterliebe und gebärend-ernährender Natur – natura naturans und natura naturata.

Dabei besitzt jedes künstlerische Symbol sein Spezifikum. „Dass die Mahlerey [...] ganz andere Mittel oder Zeichen gebrauchet, als die Poesie, jene nämlich Figuren und Farben in dem Raume, diese aber artikulierte Töne in der Zeit", ist uns spätestens seit G.E. Lessings – schon seinerzeit auf zahlreichen italienischen und französischen Literatur- und Kunsttheorien (z.B. Diderot) beruhendem – Traktat „Laokoon oder über die Grenzen der Mahlerey und Poesie" (Lessing 1766) bekannt. Goethe bemerkt dazu rückblickend im 8. Buch von ´Dichtung und Wahrheit´ (1811-1814, 316): „Das so lange missverstandene *ut pictura poesis* war auf einmal beseitigt, der Unterschied der bildenden und Redekünste klar, die Gipfel beider schienen nun getrennt, wie nah ihre Basen auch zusammenstoßen mochten." Mit dem Bild der doppelten Pyramide– zwei Spitzen mit z.T. gemeinsamer Basis – wird ausgedrückt, dass Malerei/ bildende Kunst und Poesie/ Wortkunst/ Literatur sich an ihrer Basis durchaus berühren oder sogar ineinander übergehen können, aber in ihren Spitzen (-Produkten) doch deutlich unterschieden sind!

Nimmt man das Bild der beiden Pyramiden mit gemeinsamer Basis und doppelter Spitze beim Wort, so lassen sich – im Sinne der „genera-dicendi"-Lehre – für hohe und niedrige, große und triviale Kunst allerdings höchst bedeutsame Unterscheidungen nach der Theorie Lessings treffen: Wenn man Spitzen und Basis im Sinne kultursoziologischer Höhen oder Tiefen versteht oder auch als Maßstab ästhetischer Werturteile, ließen sich in der Tat vielleicht pathetisch-kitschige Schlachtengemälde und Historienschinken oder triviale action painting/ comics als niedrige Kunst von einem Stilleben, einem Portrait oder einer gemalten Landschaft als hoher Kunst unterscheiden – d.h. nach ästhetischem Wert oder kultursoziologischer Höhe bzw. Tiefe! Oder aber: Ist Lessings „Laokoon"-Theorie obsolet geworden, seit die kinematographischen Bilder das Laufen lernten?

Dass derartige Ansätze für eine Theorie symbolischen Verstehens im Deutschunterrichts von zentraler Bedeutung sind, steht außer Frage. Aber auch andere Fragehorizonte scheinen mir sinnvoll und möglich. In dem Sammelband „Fazit Deutsch 2000 – Ästhetische Bildung, moralische Entwicklung, kritische Aufklärung?" finden sich zwei für das „Symbolverstehen" einschlägige Beiträge, die dieses einmal im systematischen Überblick und einmal im exemplarischen Detail behandeln:

So plädiert Volker Frederking (2003) in seinem überaus material- und gedankenreichen Aufsatz „Symbolisches Verstehen im Deutschunterricht – Transdisziplinäre Begründungszusammenhänge zur Behebung eines fachlichen Desiderats" zunächst für eine Rückbesinnung auf jene – bereits von H. J. Heydorn 1972 programmatisch geforderte – „Neuformulierung des Bildungsbegriffs", wie sie dann seit etwa Mitte der 1980er Jahre immer wieder betont worden ist. Wie z.B. Wolfgang Frühwald Bildung eng mit einer „Identitätsfindung in der rationalen Kultur" (1991, 110) und Fuhrmann (2002) sie sogar mit „europäischer Identität" in Verbindung setzt, so möchte Frederking den Focus seiner fachdidaktisch akzentuierten Reflexion literarischer Bildung auf das Paradigma des „symbolischen Verstehens" legen, dessen Diskussion bereits im 18. Jahrhundert anlässlich der Goethe'schen Unterscheidung des Symbol- und Allegoriebegriffs seinen ersten „klassischen" Höhepunkt erlebte, oder sogar mehr noch durch die berühmte Unterscheidung von bildender Kunst und Poesie in Lessings „Laokoon", mit Hilfe einer zwar „modern" anmutenden, aber im Zeitalter der Aufklärung bei vielen Zeitgenossen (z. B. Diderot und div. italienischen Kunsttheoretikern) bereits geläufigen „Zeichentheorie". Diese Unterscheidung der simultan-präsentativen Symbole der „Mahlerey" von den sukzessiv-diskursiven der Poesie konstituieren genau die „Grenzen" – gelegentlich aber wohl auch den „gemeinschaftlichen Rain" (Lessing) – zwischen den beiden Künsten. Es liegt auf der Hand, dass eben diese These zur Basis zweier Grundwerke der Philosophie des 20. Jahrhunderts geraten sollte: Ernst Cassirers „Philosophie der symbolischen Formen" (1922) und Susanne K. Langers „Philosophy in a New Key" (1942) (dt. „Philosophie auf neuen Wegen"), die ihrerseits zur systematischen Grundlegung der von Frederking dargestellten Diskurse zur Legitimation des symbolischen Verstehens für die Literaturdidaktik im transdisziplinären Begründungszusammenhang dienen.

Dem „symbolischen Verstehen" ist auch der unmittelbar anschließende Beitrag gewidmet: Erst in den späteren 1980er und frühen 1990er Jahren ist der Begriff „Ästhetische Rationalität" – als gleichberechtigte Diskursform neben anderen wie z. B. der begrifflich-diskursiven – in die (fach-)didaktische Diskussion – besonders der Fächer Musik- und Kunsterziehung, aber auch Deutsch – gekommen, vor allem durch die Veröffentlichungen von Wolfgang Welsch, Martin Seel oder Richard Shusterman, die u.a. als Gastdozenten an einer Veranstaltungsreihe des Graduiertenkollegs Ästhetische Bildung (1991 – 2000) am FB Erziehungswissenschaft der Universität Hamburg teilnahmen (vgl. Bauer/ Eigenmann/ Lappe/ Schoett 2000). Zu deren Gästen bzw. Kollegiaten gehörte zeitweilig auch Thomas Zabka, dessen Beitrag „Zur Entwicklung der ästhetischen Rationalität" über den (fach-)didaktischen Diskurs hinaus eine zentrale wissenschaftstheoretische Bedeutung zukommt. Insbesondere in der neueren Literaturdidaktik – etwa auf der Entwicklungslinie von Jürgen Kreft zu Heiner Willenberg – hat in den letzten 25 Jahren die Ontogenese bzw. die entwicklungspsychologische Stufung des Symbolverstehens eine besondere Rolle gespielt.

Anhand der literaturunterrichtlichen Rezeption von Peter Hacks' (längst zu einem Lesebuch-Klassiker avancierter) Erzählung „Der Bär auf dem Försterball" stellt Zabka die Schlüssigkeit der Annahme einer gleichsam naturgegebenen Abfolge von „analogischem" und „generalisierendem" Verstehen (wie z.B. von Arthur B. Applebee oder Kaspar H. Spinner behauptet) aufgrund empirischer Analysen von Schülergesprächen in Frage. Ohne die Verdienste entwicklungspsychologischer Herangehensweisen an literaturdidaktische Konzepte und Unterrichtsprozesse schmälern zu wollen, scheint mir eine kritische Betrachtungsweise nötig, die nun auch Zabka in diesem höchst aktuellen Beitrag verfolgt, indem er die an Jean Piaget orientierten entwicklungspsychologischen Untersuchungen einer kritischen Revision unterzieht und – last but not least – das vernachlässigte Verhältnis von ästhetischer und theoretischer Rationalität erörtert und daraus konkrete Forderungen für die Theorie und Praxis des Literaturunterrichts ableitet.

Sowohl Frederkings als auch Zabkas Ansätze bestätigen mein Urteil: Erst durch die konsequente Anknüpfung an das „Paradigma des symbolischen Philosophierens" bei Ernst Cassirer und Susanne K. Langer gelingt es, die Besonderheit präsentativer Symbole – besonders der Metapher – und ihren Stellenwert für das

– im Sinne Cassirers – „mythische" Philosophieren (z.B. auch von und mit Kindern) i.e.S. herauszuarbeiten, die eine wichtige Ergänzung des begrifflich-diskursiven, logisch-argumentativen Denkens darstellen. Für Cassirer ist die Metapher das Verbindungsglied zwischen „mythischem" und „logischem" Denken. Als „Mängelwesen" (A. Gehlen) wie als „ens symbolicum" ist der Mensch darauf angewiesen, das Fehlen von Instinkten durch Bildung kultureller Symbole zu kompensieren: durch Mythos, Religion, Kunst, Sprache und Wissenschaft.

Lessings theoretische Entgegensetzung von Bewegung (= Literatur) und Stillstand (= bildende Kunst) scheint sich in Susanne K. Langers „Philosophy in a New Key" (1942) und ihrer Unterscheidung von diskursiven Sprach- und präsentativen Bildsymbolen fortzusetzen: In Langers kategorialer Unterscheidung zwischen diskursiven und präsentativen Symbolisierungsmodi vermischen sich die Entgegensetzungen von Bild und Sprache bzw. von Einzelnem und Allgemeinem. Allerdings schreibt sie das Allgemeine einseitig der Sprache zu und das Einzelne dem Bild. Sie berücksichtigt dabei nicht, dass Sprache auch unmittelbar zu den Sinnen spricht (vgl. Langer 1987,103). Schon das Wort „Text" heißt ja wörtlich: ein „Gewebe" simultan anzuschauender und zu entziffernder Wörter und Buchstaben als Träger von Sinn und Bedeutung (statt einer linear nacheinander wahrgenommenen, sukzessiven Reihung von Zeichen). Auch in der Musikwissenschaft ist es bekanntlich umstritten, ob ‚Noten lesen' und ‚Töne hören' sukzessive (diskursive) oder simultane (ganzheitliche) Wahrnehmungsweisen sind. Die „richtige" Antwort ist wahrscheinlich weltanschaulich/ ideologisch bedingt, auf jeden Fall aber wohl relativ oder zumindest kulturabhängig.

6. Ikonoklasmus – interkulturell?

Einen anderen Blickwinkel auf die Wechselbeziehung von Wort und Bild erschließt das Phänomen des Ikonoklamus. Die Sprache in Theorien / Reflexionen über das Verhältnis zwischen Wort und Bild zeugt von einer tiefen ideologischen Verwicklung: Neil Postman z.B. bemängelt die „Tyrannei der Bilder" (1982), das Bildhafte gilt ihm als spezifische Macht, die unterdrückt werden müsse. Der Vergleich zwischen Wort und Bild scheint ohne Ideologie, ohne Begriffe wie „Herrschaft", „Unterdrückung" oder „Befreiung", kaum auszukommen.

Nach William J. Mitchell (1986) kann man bei jedem größeren Philosophen von Bacon über Kant bis Wittgenstein eine Furcht vor Bildlichkeit finden: „Die (oftmals martialische) Rhetorik des Ikonoklasmus/ der Bilderstürmerei ist eine Rhetorik des Ausschließens, Beherrschens und Unterwerfens, eine Karikatur des anderen, der in zutiefst irrationalem, ja obszönen Verhalten befangen ist." (*Mitchell* 1986, 113) „Ikonoklasmus" könne als Zerstörung eines weit verbreiteten Bildes vom Bild verstanden werden. Der Mythos vom „natürlichen" Bild wird in seiner Analyse seziert und auseinandergenommen.[2] Ein besonders vorsichtiger Kommunikationstheoretiker wie Nelson Goodman hat wohl Recht mit seiner Annahme: Die kulturpessimistische dualistische Entgegensetzung und wechselseitige Abwertung von Wort- und Bildkultur wird schon nach ihrem bisweilen martialischen Sprachgebrauch als „Ketzerei" und „Bildersturm" entlarvt: „A picture in one system may be a description in another". (1976, 226) Goodman selbst nennt seine Theorie Ketzerei, weil er alle verbreiteten Unterscheidungsmerkmale zwischen Sprache und Bildern wie „Arbitrarität des Zeichens" oder „Ähnlichkeit bzw. strukturelle Entsprechungen zwischen Zeichen und Bezeichnetem" negiert bzw. in Frage stellt.[3]

7. Intermedialität – konsenswürdig

Dagegen hoffen wir zuversichtlich, dass der seit den späteren 1990er Jahren zunehmend beschworene Kernbegriff der „Intermedialität" dem kulturpessimistischen, schlimmstenfalls religiös-fanatischen bis fundamentalistischen Ikonoklasmus endgültig den Garaus machen wird.

In dem Sammelband „Literatur und Medien in Studium und Deutschunterricht" (1999) tritt Jörg Schönert für eine spezifisch literatur- und kulturwissenschaftliche Erforschung von „Medienkultur" ein – also gleichsam als „Medienkulturwissenschaft" (S.J. Schmidt), die bestimmt sei „durch den Objektbereich der ‚symbolischen Formen' der ‚Texte' und ‚Bilder', die in unterschiedlichen Medien [...] vermittelt werden" (1999, S. 57).

Der veränderte kulturelle Stellenwert der Literatur im Medienzeitalter bzw. einer weitgehend „mediatisierten" Erfahrungs- und Lebenswelt wurde von Ludwig Jäger und Bernd Switalla (1994) eingehend analysiert und bereits auf dem Aachener Germanistentag thematisiert. Leider sei für die traditionelle Germanistik, so Jäger und Switalla, „der systematische Ausschluss [...] der tiefgreifenden Wandlungen medialer Strukturen sprachlicher Kommunikation charakteristisch. [...] Über die Aufgaben der Germanistik im Medienzeitalter nachzudenken, heißt also die Frage zu beantworten, ob und inwiefern die [...] Germanistik [...] ihre

2 Die bilderstürmerischen Aktivitäten eines besinnungslosen „Ikonoklasmus" in Christentum wie Islam bleiben hier ebenso außer Betracht wie diejenigen, die uns aus anderen Kulturen, Mythen und Religionen bekannt sind.

3 *Nelson Goodman*: Languages of Art. Indianapolis 1976, S. 230 f. – „All dies summiert sich zu offener Ketzerei ... Nichts beruht auf der internen, eigentlichen Struktur eines Symbols/ Zeichens; dem was in manchen Systemen Beschreibung ist, gilt in anderen als bildliche Darstellung. Die oftmals bemühte Unterscheidung zwischen bildlichen/ ikonischen und anderen Zeichen wird vorläufig und trivial; und so erzeugt die Ketzerei den Ikonoklasmus, die Bilderstürmerei."

wissenschafts- und kulturpolitische Rolle neu definieren muss" (Jäger/Switalla 1994, S. 10f.).

Es wäre tatsächlich wichtig, die medialen Wandlungsprozesse nicht nur kulturkritisch oder gar kulturpessimistisch bis bewahrpädagogisch zu beklagen, sondern sie produktiv aufzunehmen, indem man diese historischen Wandlungsprozesse selbst zum Unterrichtsgegenstand macht. In einer Zeit, in der Stoffe und Motive in vielfacher ästhetischer Gestalt, als Buch, Film, Comic, Serie, Feature, Hörspiel etc. verbreitet werden, steht die Besonderheit und Spezifik der jeweiligen ästhetischen Fassung – und damit auch die Spezifik unterschiedlicher ästhetischer Wahrnehmungsweisen, die es buchstäblich „zu schulen" gilt – im Vordergrund der Didaktik und des Unterrichts – nicht zuletzt als Wahrnehmungs- und Geschmacksbildung in bezug auf Medialität und Intermedialität, Textualität und Intertextualität, Diskursanalyse und Kontextualität, symbolische Formen und Symbolverstehen, Kultur und Kultursemiotik. Dazu Hans Holländer (1995, 137): „In einer Zeit, in der das Stichwort Intermedialität die Diskussion beherrscht, richtet sich das Augenmerk in erster Linie auf das Medium einer Kunstform und auf dessen spezifischen [...] Charakter. Nicht das Wesen der Kunst/ Literatur ist Gegenstand der Betrachtung, sondern die mannigfaltigen Erscheinungen des Ästhetischen [...] in ihrer Besonderheit."
Somit kann die synchrone wie historische, besonders gattungsgeschichtliche Intertextualität bzw. Intermedialität zu einem Schlüsselbegriff für die Integration unterschiedlichster Medien-Genres, Textsorten, Formate, Gattungen werden und zugleich auf exemplarische Weise einen Schnittpunkt von Literaturdidaktik, Kulturwissenschaft und Medienpädagogik bilden.

8. Epilog – persönlich

Dabei ist Intermedialität kein Phänomen, das es erst seit dem Siegeszug der technischen Medien gibt. Um mit einem regionalgeschichtlichen Beispiel für eine evtl. nur zufällige historische Koinzidenz oder aber bereits eine kulturpolitisch notwendig gewordene „Intermedialität" aus meiner nahen braunschweigischen Heimat zu schließen:

- 1594 gründete Herzog Heinrich Julius von Braunschweig-Lüneburg, selbst einer der bedeutendsten Dramatiker der Renaissance und Vorläufer des Barock-Romanciers Herzog Anton Ulrich, das erste „stehende" deutsche Theater in Wolfenbüttel (heute: Lessing-Theater)
- 1603 gründete Herzog August die weltberühmte Bibliotheca Augusta, an der später Lessing als Bibliothekar wirkte
- 1609 erscheint die 1. deutsche Zeitung, der Wolfenbütteler „Aviso".

Mediengeschichtlich gesehen, war damit der Boden bereitet für die frühesten Hochburgen literarisch-publizistischer Aufklärung in Deutschland: die Universität Halle, das Braunschweiger „Collegium Carolinum" mit seinen „Bremer Beyträgern" und schließlich die im weltgeschichtlich glanzvollen Zeitalter der hannoversch-großbritannischen Personalunion von König George II./ Georg II. August und dem Bruder des (durch Gottfried August Bürger literarisch berühmt gewordenen) „Lügenbarons" von Münchhausen 1734 gegründete Universität Göttingen, die Georgia Augusta – jene Universität, an der ich einst als Student und Doktorand begann und an die ich mit dem diesem Aufsatz zugrunde liegenden Vortrag im Rahmen der Sommertagung der AG Medien 2003 in meinem letzten Dienstjahr zurückgekehrt bin.

Literatur

Bauer, Jochen/ Susanne *Eigenmann*/ Cord *Lappe*/ Silja *Schoett* (Hrsg.) 2000: Schnittmengen ästhetischer Bildung. Zwischen Künsten, Medien, Wissenschaften und ihrer Didaktik. (Ästhetik – Medien – Bildung Bd. 1). München

Bertelsmann Stiftung (Hrsg.) 1989: Kommunikationsverhalten und Medien. Lesen in der modernen Gesellschaft. Gütersloh

Bertelsmann Stiftung (Hrsg.) 1991: Lesen im Medienumfeld. Gütersloh

Bonfadelli, Heinz 1988: Lesen, Fernsehen, Lernen Eine Studie über differentielle Kommunikationseffekte bei 15 jährigen Züricher Jugendlichen. In: Publizistik, H. 3, S. 437ff.

Bonfadelli, Heinz/ Ulrich Saxer 1986: Lesen, Fernsehen und Lernen. Wie Jugendliche die Medien nutzen und die Folgen für die Medienpädagogik. Zug

Bruner, Jerome (unter Mitarbeit von Rita *Watson*) 1987: Wie das Kind sprechen lernt. Aus dem Englischen übersetzt von Urs Aeschbacher. Bern u.a.

Cassirer, Ernst 1922: Philosophie der symbolischen Formen. Berlin

Charlton, Michael/ Klaus *Neumann-Braun* 1992: Medienkindheit – Medienjugend. Eine Einführung in die aktuelle kommunikationswissenschaftliche Forschung. München

Derrida, Jacques 1967: De la grammatologie. Paris (dt. 1982 : Grammatologie, Frankfurt a. M.)

Eco, Umberto 1982: Der Name der Rose. München u.a.

Enzensberger, Hans Magnus 1988: Das Nullmedium oder Warum alle Klagen über das Fernsehen gegenstandslos sind. In: Der Spiegel, H. 20 (Auch in: Reihe ex libris kommunikation. Band 8. Hans Magnus Enzensberger 1997: Baukasten zu einer Theorie der Medien. Kritische Diskurse zur Pressefreiheit. Herausgegeben von Peter Glotz. München)

Eschenauer, Barbara 1984: Kommunikationswissenschaftliches Konzept für einen Medienpädagogischen Unterricht in den Fächern Deutsch und Sozialkunde. Mainz

Frederking, Volker 2003: Symbolisches Verstehen im Deutschunterricht – Transdisziplinäre Begründungszusammenhänge zur Behebung eines fachlichen Desiderats. In: Bodo Lecke (Hrsg.) 2003: Fazit Deutsch 2000. Ästhetische Bildung, moralische Entwicklung, kritische Aufklärung? Frankfurt a. M. u.a., S. 217-246.

Fritz, Angela / Alexandra *Suess* 1986: Lesen – Die Bedeutung der Kulturtechnik Lesen für den gesellschaftlichen Kommunikationsprozess. Konstanz

Fritz, Angela 1989: Lesen in der Mediengesellschaft. Standortbeschreibung einer Kulturtechnik. Wien

Frühwald, Wolfgang 1991: Humanistische und naturwissenschaftlich-technische Bildung: die Erfahrung des 19. Jahrhunderts. In: Wolfgang Frühwald/ Hans Robert Jauß/ Reinhart Koselleck/ Jürgen Mittelstraß/ Burkhart Steinwachs: Geisteswissenschaften heute. Eine Denkschrift. Frankfurt a. M., S. 73-111

Fuhrmann, Manfred 2002: Bildung. Europas kulturelle Identität. Ditzingen

Goethe, Johann Wolfgang 1798 (1960 ff.): Über Laokoon. In: Goethe. Berliner Ausgabe. 22 Bände. Hg. von Siegfried Seidel. Berlin, Bd. 19, S. 129-142

Goethe, Johann Wolfgang 1811-14 (1961): Aus meinem Leben. Dichtung und Wahrheit. Zweiter Teil. 8. Buch. In: Goethes Werke. Hamburger Ausgabe. Bd. IX. Hamburg

Goodman, Nelson 1976: Languages of Art. Indianapolis 1976 (dt. 1997: Sprachen der Kunst. Entwurf einer Symboltheorie. Frankfurt a.M.)

Goody, Jack/ *Watt*, Ian 1968: The consequences of literacy. Literacy in Traditional Societies. Cambridge (dt. 1981: Literalität in traditionalen Gesellschaften. Frankfurt a.M.)

Groeben, Norbert/ Bettina *Hurrelmann* (Hrsg.) 2002a: Lesekompetenz. Bedingungen, Dimensionen, Funktionen. Weinheim u.a.

Groeben, Norbert/ Bettina *Hurrelmann* (Hrsg.) 2002b: Medienkompetenz. Voraussetzungen, Dimensionen, Funktionen. Weinheim u.a.

Grözinger, Wolfgang 1952: Kinder kritzeln, zeichnen, malen. Die Frühformen kindlichen Gestaltens. München

Heydorn, Heinz-Joachim 1972: Zu einer Neufassung des Bildungsbegriffs. Frankfurt a.M.

Hurrelmann, Bettina/ Michael *Hammer* 1994: Lesesozialisation in der Familie. In: Praxis Deutsch, H. 123, S. 3-9.

Illich, Ivan 1991: Im Weinberg des Textes. Als das moderne Schriftbild entstand. Frankfurt a. M.

Holländer, Hans 1995: Literatur, Malerei und Graphik. Wechselwirkungen, Funktionen und Konkurrenzen. In: Peter Zima (Hrsg.): Literatur intermedial. Musik, Malerei, Photographie, Film. Darmstadt, S.129-170.

Jäger, Ludwig/ Bernd *Switalla* (Hrsg.) 1994: Germanistik in der Mediengesellschaft. München.

Jörg, Sabine: 1993 Der Einfluß sprachlicher Bezeichnungen auf das Wiedererkennen von Bildern. Göttingen

Langer, Susanne K. 1942: „Philosophy in a New Key". Cambridge (dt. 1987: Philosophie auf neuem Wege. Das Symbol im Denken, im Ritus und in der Kunst. Frankfurt a.M.)

Lapacherie, Jean Gérard 1990: Der Text als ein Gefüge aus Schrift (Über die Grammatextualität). In: Volker Bohn (Hrsg.): Bildlichkeit. Frankfurt a.M., S.69-88

Leroi-Gourhan, Andre 1965: „Le geste et la parole". Paris (dt. 2000: Hand und Wort. Frankfurt a.M.)

Lessing, Gotthold Ephraim 1766 (1970): Laokoon oder über die Grenzen der Malerei und Poesie. In: Lessing: Werke. Bd. 1-8, München, S. 8-188.

Mc Luhan, Marshall 1962: „The Gutenberg Galaxy" (dt. 1968: Die Gutenberg-Galaxis. Das Ende des Buchzeitalters. Düsseldorf u.a.)

Mitchell, William J. T. 1986: Image, Text, Ideology. Chicago/London

Ong, Walter J. 1982: Orality and Literacy: The Technologizing of the Word. London (dt.: 1987: Oralität und Literalität. Die Technologisierung des Wortes. Opladen)

Paul, Jean 1807: Levana, oder Erziehungslehre. Braunschweig

Pestalozzi, Johann Heinrich 1799 (1980): Pestalozzis Brief an einen Freund über seinen Aufenthalt in Stans. In: Pestalozzi über seine Anstalt in Stans. Mit einer Interpretation von Wolfgang Klafki. 4. Aufl. Weinheim u.a., S.6-36.

Platon 1980: Phaidros. In: Platon: Sämtliche Werke. Bd.4. Nach der Übersetzung von Friedrich Schleiermacher hrsg. von Walter Otto, Ernesto Grassi und Gert Plamböck. Hamburg.

Postman, Neil 1982: Das Verschwinden der Kindheit. Frankfurt a. M.

Schönert, Jörg 1999: „Kultur" und „Medien" als Erweiterungen zum Gegenstandsbereich der Germanistik in den 90er Jahren. In: Bodo Lecke (Hrsg.) 1999: Literatur und Medien im Studium und Deutschunterricht. Frankfurt a.M., S. 43-64

Sjölin, Amelie 1996: Schrift als Geste. Wort und Bild in Kinderarbeiten. Neuried

Zabka, Thomas 2003: Zur Entwicklung der ästhetischen Rationalität. Überlegungen anlässlich des Symbolverstehens im Literaturunterricht. In: Bodo Lecke (Hrsg.) 2003: Fazit Deutsch 2000. Ästhetische Bildung, moralische Entwicklung, kritische Aufklärung? Frankfurt a. M. u.a., S. 247-262

Wolfgang Wangerin (Göttingen) **Die Grenzen der Sprache sind enger als die Grenzen der Erfahrung** Was Susanne K. Langers und Alfred Lorenzers Symboltheorie für eine kreative Mediendidaktik bedeuten kann

Der Gebrauch des Begriffs „Symbol" ist nach wie vor höchst ungeregelt, widersprüchlich, vieldeutig und wird in den unterschiedlichen Disziplinen sehr verschieden verwendet. Auf dieses weite Feld lasse ich mich hier nicht ein. Mich interessiert ein Ansatz, in dem der Symbolbegriff sehr präzise definiert wird: Die Symboltheorie Susanne Langers und ihre Weiterführung bei Alfred Lorenzer. Beiden schreibe ich für die Literaturdidaktik wie für die Medienpädagogik eine zentrale Bedeutung zu (Wangerin 1997). Dabei geht es mir besonders um den Zusammenhang mit den *Symbolisierungshandlungen* Jugendlicher, also um deren eigene symbolisierende Tätigkeit.

Ich fühle mich in meinen Überlegungen bestätigt durch den symboltheoretischen Aufsatz von Volker Frederking (2003), der konstatiert, dass in der Literaturdidaktik von symbolischem Verstehen kaum die Rede ist und es sich hier um ein weitgehend unerforschtes fachdidaktisches Feld handelt. Einer der wenigen, die sich innerhalb der Fachdidaktik Deutsch mit Symbolisierungen beschäftigen, ist Ingo Scheller mit seinem Konzept der Szenischen Interpretation (1997).

„Nichts ist neu, nur das, was vergessen wurde". Dieser Satz gilt auch für meine Darstellung des Langerschen Ansatzes, obgleich in den letzten Jahren eine stärkere Beachtung ihrer Symboltheorie zu beobachten ist (vgl. auch den Beitrag von Bodo Lecke in diesem Band).

Susanne Langers Grundansatz

1942 erschien von Susanne Katharina Langer das Buch „Philosophy in a New Key", dt. „Philosophie auf neuem Wege". Es ist ihr einziges auf deutsch erschienenes Buch, bekannt wurde bei uns aber auch „Feeling and Form" 1953, eine Philosophie der Kunst. Susanne Langer ist 1895 in New York geboren und in einer deutschstämmigen, wohlhabenden und kulturell hochgebildeten Familie aufgewachsen. Sie starb 1985 fast 90jährig in Connecticut. Gegen die vorherrschenden Paradigmen von Positivismus und Behaviorismus war sie eine Frau von großer Bekanntheit, eine Harvard-Größe.

Wichtige Einflüsse auf sie hatten Wittgenstein, die Gestaltpsychologie und, durch persönliche Zusammenarbeit, Whitehead und Cassirer. Sie war Philosophin und Musikwissenschaftlerin, die Künste spielten für sie eine große Rolle. Sie macht uns klar, dass 1. jede geistige Verarbeitung bereits in der Wahrnehmung beginnt (dies übernimmt sie *gegen* den vorherrschenden Behaviorismus aus der Gestalttheorie), 2. dass die Grenzen der Sprache enger sind als die Grenzen der Erfahrung, d.h. dass die Sprache ein sehr armes Medium ist, 3. dass es zwei unterschiedliche Symbolisierungsmodi gibt: den allseits bekannten und geachteten diskursiven, der an Sprache gebunden ist, und den zu Unrecht oft geringer geschätzten präsentativen Symbolmodus, der sich in sinnlich erfahrbaren Gestaltungen realisiert. Damit ist Langer eine weitreichende Unterscheidung gelungen, die neuerdings stärker ins Bewusstsein rückt, und zwar eher im Medienbereich als in der Fachdidaktik Deutsch. Ich möchte diesen Ansatz, den Lorenzer von Susanne Langer übernimmt, darstellen und am Ende fragen, was er für eine kreative Mediendidaktik ebenso wie für die Literaturdidaktik bedeuten kann.

Ich erinnere zunächst kurz an den Symbolbegriff Sigmund Freuds, der im Zusammenhang mit der Traumdeutung entstanden ist: „Das Wesen der Symbolbeziehung ist ein Vergleich, aber nicht ein beliebiger (...) Die herabhängende und vom Weib nicht getragene Krawatte ist ein deutlich männliches Symbol. Weiße Wäsche, Leinen überhaupt ist weiblich; Kleider, Uniformen sind (...) Ersatz für Nacktheit, Körperformen; der Schuh, Pantoffel, ein weibliches Genitale, Tisch und Holz wurden als rätselhafte, aber sicherlich weibliche Symbole bereits erwähnt. Leiter, Stiege, Treppe, respektive das Gehen auf ihnen, sind sichere Symbole des Geschlechtsverkehrs. Bei näherer Überlegung wird uns die Rhythmik dieses Gehens als Gemeinsames auffallen, vielleicht auch das Anwachsen der Erregung, Atemnot, je höher man steigt." (Freud 1916, 153, 159)

Hinter diesem knappen Zitat verbirgt sich die aufregende Tatsache, dass ein neuer Kontinent des Seelenlebens, wie es Lorenzer ausdrückt, entdeckt wird. Gleichwohl halten wir für den psychoanalytischen Symbolbegriff Freuds fest: er ist objektivistisch, statisch, ein für allemal festgelegt. Susanne Langers Konzept basiert durchaus auf der Freudschen Entdeckung des unbewussten Denkens, aber seinen Symbolbegriff kippt sie völlig. Ein auch für die Didaktik entscheidender Aspekt der Langerschen Theorie ist nämlich die *individuelle, die subjektive Zuschreibung* der symbolischen Bedeutung, mithin die Abkehr von allen objektivistischen Vorstellungen. Die subjektiven Zuschreibungen will ich Schritt für Schritt erläutern. Dabei beginne ich zunächst mit Winnicott.

Winnicott: Die Bedeutung der Übergangsobjekte

Winnicott hat ein berühmtes und für uns sehr wichtiges Buch geschrieben: „Vom Spiel zur Kreativität" (1973). Er beschäftigt sich mit Kleinkindern und ihren Müttern und sieht wie lange vor ihm schon Freud einen Zusammenhang von spielerischer und ästhetischer Tätigkeit. Hier ereignet sich nach seiner Auffassung

Kulturerfahrung für das Kleinkind, die ein Leben lang bedeutsam bleibt. Der Ort, an dem sich zuerst kreatives Spiel (und damit Kulturerfahrung) des Kleinkindes ereignet, ist der „potential space", der Spannungs- und Erfahrungsraum zwischen Mutter und Kind. Wenn in einer Beziehung Vertrauen herrscht, so kann das Kleinkind (wie später das Kind, der Jugendliche, der Erwachsene) diesen potential space mit Spiel erfüllen, aus dem sich „später die Freude am kulturellen Erbe entwickelt. Es ist die Besonderheit dieses Ortes, an dem Spiel und Kulturerleben sich ereignen, dass er *existentiell von der lebendigen Erfahrung abhängt.*" (Winnicott 1973, 126). Es käme darauf an, diese lebendige Erfahrung ins Erwachsenenalter und in die Kulturbegegnung hinüberzuretten. Was später der Spannungsbereich (potential space) zwischen Individuum und Umwelt ist, ist zunächst der potential space zwischen Kleinkind und Mutter *und* zwischen Kleinkind und dem Objekt. Ich will kurz daran erinnern, was es mit den Übergangsobjekten bei Winnicott auf sich hat. Kleinkinder beginnen irgendwann, Objekte ihrer Umgebung als not-me-Besitz zu begreifen – den ersten Teddybär zum Beispiel. Er wird nicht mehr als Teil des kindlichen Körpers, aber auch noch nicht völlig als zur Außenwelt gehörig angesehen. Interessant für uns ist nun, dass Kleinkinder ihren Übergangsobjekten Leben geben, indem sie erfinden, imaginieren, phantasieren. Diese Tätigkeit ist Symbolbildung, die erste Symbolbildung des Kleinkindes. Auf den Zusammenhang zum (späteren) kulturellen Erleben weist Winnicott selber ausdrücklich hin: In dieser Symbolbildung liegt für ihn die Wurzel der menschlichen Kreativität, die lebenslang gekennzeichnet ist durch ein Ineinandergreifen von Objektwahrnehmung und (subjektiver) Imagination.

Bei Piaget erfahren wir, dass das Symbolisieren des Kindes eine spielerische Tätigkeit ist, in der Außenwelt und Innenwelt, Realität und Imagination miteinander verbunden werden. Um die Möglichkeiten, genau solche Symbolisierungstätigkeiten auch für Jugendliche zu erhalten bzw. zu schaffen, geht es mir.

Spiel ist Symbolspiel, und für Piaget ist insbesondere das „Fiktionsspiel" „die wichtigste Manifestation des 'symbolischen Denkens'" beim Kind (Piaget 1969, 218). Wo haben wir später Raum für solche Manifestationen symbolischen Denkens?

Ich habe durch Winnicott und Piaget zweierlei gelernt: 1. Kunst als Übergangsobjekt zu verstehen, dem der Rezipient Leben gibt, indem er nicht nur wahrnimmt, sondern auch imaginiert, phantasiert, ergänzt, erfindet und ihr dabei die symbolische Bedeutung zuschreibt. Der Sandhaufen im Sandkasten ist für das Kind „Kuchen". Nach diesem Muster, sagt Lorenzer, funktionieren ästhetische Symbole; 2. dass wir Symbolisierungsmöglichkeiten auch jenseits der Kindheit brauchen und gegebenenfalls schaffen müssen.

Was sind ästhetische Symbole?

Mit diesen Überlegungen sind wir bereits mittendrin im Langerschen/Lorenzerschen Denken und seiner didaktischen Bedeutung. Ich möchte deren Symbolbegriff an einem Beispiel entfalten. Es stammt von Freud, und er hat es selbst brillant gedeutet, allerdings nicht im Zusammenhang mit dem Symbolbegriff. Freud berichtet von einem 1 ½ Jahre alten Kind (seinem eigenen Enkel), das erst wenige verständliche Worte spricht, aber über mehrere bedeutungsvolle Laute verfügt. Dieses Kind hat eine enge Bindung an die Mutter, wird von ihr aber häufiger für Stunden verlassen. „Dieses brave Kind zeigte nun die gelegentlich störende Gewohnheit, alle kleinen Gegenstände, deren es habhaft wurde, weit weg von sich in eine Zimmerecke, unter ein Bett usw. zu schleudern, so dass das Zusammensuchen seines Spielzeugs oft keine leichte Arbeit war." Freud merkt schließlich, dass dies ein Spiel sei und das Kind mit den Spielsachen „fortsein" spielt. Wenn es ein Spielzeug fortgeworfen hatte, kam immer ein langgezogenes „oh", das „fort" bedeutete. Freuds Hypothese wurde durch ein differenzierteres weiteres Spiel erhärtet: „Das Kind hatte eine Holzspule, die mit einem Bindfaden umwickelt war. Es fiel ihm nie ein, sie zum Beispiel am Boden hinter sich herzuziehen, also Wagen mit ihr zu spielen, sondern es warf die am Faden gehaltene Spule mit großem Geschick über den Rand seines verhängten Bettchens, so dass sie darin verschwand, sagte dazu sein bedeutungsvolles *o-o-o-o* und zog dann die Spule am Faden wieder aus dem Bett heraus, begrüßte aber deren Erscheinen jetzt mit einem freudigen ‚Da'. Das war also das komplette Spiel, Verschwinden und Wiederkommen." (Freud 1920, 11f)

Wir würden heute sagen, das Holzspulen-Spiel ist ein Symbolspiel. Ästhetische Symbole, wie Lorenzer und Langer sie verstehen, sind nach dem Modell dieses Spiels gebaut. Wir sollten deshalb noch einmal ganz genau hinsehen, was der Freudsche Enkel hier eigentlich macht:

1. Das Kind verknüpft mit seiner Symbolisierung zwei Szenen miteinander, nämlich das Verschwinden und Wiederkommen der Mutter und das Fortwerfen und Wiederherbeiholen der Holzspule. Wichtig ist nun: erst *zusammengefügt* ergeben sie ihren Sinn. Dabei ist die kindliche Tätigkeit höchst bedeutungsvoll, obwohl es sich um eine *nicht-sprachliche* Symbolbildung handelt.
2. Das Kind schreibt der Holzspule die symbolische Bedeutung zu, das ist eine erhebliche kreative Leistung. Wenn wir dies verallgemeinern, können wir festhalten: Den Bedeutungsträgern wird die symbolische Bedeutung von einem Subjekt *zugeschrieben*, sie haben sie nicht per se. Solche Bedeutungszuschreibungen sind immer Symbolbildungen, in denen Erfahrungen aktiv gestaltet werden. Darin liegt die Bedeutung der Symbolisierungsprozesse.

Lesen und Symbolverstehen

Diese Punkte gelten nun bei Langer und Lorenzer auch für die Kunst. Die Künste sind oft ein nicht-sprachliches Symbol, ein sinnlich unmittelbares Symbol, das seine Bedeutung nicht per se hat, dem Bedeutung vielmehr zugeschrieben wird. Für Lorenzer gilt dies in Anlehnung an Langer für alle Kunst, „von der Musik bis zum Tanz und Ritual, von der Raumerfahrung bis zur Bildhaftigkeit der Poesie, die ja ihrerseits den denotativen Rahmen des Sprachgebrauchs (...) aufsprengt" (Lorenzer 1991, 27), ebenso wie etwa der Film.

Mit diesem *dynamischen Symbolbegriff* tritt der Rezipient in das Zentrum aller Überlegungen. Jede Symbolbildung ist eine Ich-Leistung, gleichgültig, ob es sich um Übergangsobjekte, um Kunstwerke oder um selbst gestaltete Symbolisierungsprozesse handelt – etwa wenn Jugendliche, um ein einfaches Beispiel aus der medienpädagogischen Praxis zu nennen, über ihre eigene Situation einen Videofilm drehen.

Symbole sind „Vehikel für die Vorstellung von Gegenständen"

Wer Langers Theorie verstehen will, muss zunächst *Anzeichen* und *Symbole* voneinander unterscheiden. „Ein Anzeichen zeigt das (...) Vorhandensein eines Dinges, eines Ereignisses oder einer Sachlage an. Nasse Straßen sind ein Anzeichen dafür, dass es geregnet hat." (Langer 1984, 69). „Die logische Beziehung zwischen einem Anzeichen und seinem Gegenüber ist sehr einfach": Sie sind so miteinander verbunden, dass sie „ein Paar bilden" (ebd.). Die Deutung von Anzeichen ist auch der tierischen Intelligenz gegeben. Symbole dagegen sind nicht Stellvertretung ihrer Gegenstände, sondern – und das ist ein bedeutsamer Kerngedanke – *„Vehikel für die Vorstellung von Gegenständen"*. „Wenn wir über Dinge sprechen, so besitzen wir Vorstellungen von ihnen, nicht aber die Dinge selber, und die Vorstellungen, nicht die Dinge, sind das, was Symbole direkt ‚meinen'". (ebd.) Allen statisch-objektiven Symbolvorstellungen wird damit eine Absage erteilt. Darüber hinaus wird deutlich, wie wichtig dieser Ansatz sowohl für die Kunstdidaktiken als auch für die Mediendidaktiken ist: Es geht nicht um die Dinge an sich – was sind die Dinge an sich? – sondern um die Vorstellungen von den Dingen.

Denken ist für Susanne Langer ein symbolischer Prozess. Wenn Symbole „das Material des Denkens sind, dann muss der denkende Organismus fortwährend symbolische Übersetzungen seiner Erfahrungen liefern (...). Symbolisierung ist die wesentliche Tätigkeit des Geistes." (ebd., 49)

Nun gehen aber für Langer Symbolisierungen deutlich über ein nur-diskursives, nur-wissenschaftliches, also rationales Denken hinaus; es gibt, mit der Gestalttheorie formuliert, auch ein Denken mit den Sinnen (Arnheim1965, XVI). Sinnliche Erfahrung wird dementsprechend nicht gering geschätzt, sondern rehabilitiert. Symbolisierungen sind häufig vorbegrifflich, aber nicht vorrational. „'Sehen' zum Beispiel ist kein passiver Vorgang, durch den bedeutungslose Eindrücke gesammelt werden, damit der ordnende Geist aus diesen amorphen Daten Formen für seine eigenen Zwecke herauslesen kann, ‚Sehen' ist selber schon ein Formulierungsprozess; unser Verständnis der sichtbaren Welt beginnt im Auge." (Langer 1984, 97) Das entspricht der Gestalttheorie, und manches können wir heute als konstruktivistisch bezeichnen. Mit Descartes und seinem `Clan` hat Langer jedenfalls ebenso wenig gemein wie mit den Behavioristen.

Der diskursive Symbolmodus

Der entscheidende Aspekt der Langerschen Symboltheorie ist die Unterscheidung von diskursiven und präsentativen Symbolmodi. Ich will diese Unterscheidung kurz erklären.

Der *diskursive Symbolmodus* ist an die Sprache gebunden, seine Leistung ist *die Transformation von Erfahrung in Begriffe*. Dieser Symbolisierungsmodus ist eine einzigartige Leistung. Jedoch: Wesentliche Erfahrungen sind mit Hilfe von Sprache nicht mitteilbar. Das hat verschiedene Gründe (die ich für die Theorie der Literaturdidaktik wie der Mediendidaktik für sehr wichtig halte): Das Ungenügen der Sprache liegt darin, „dass wir unsere Ideen nacheinander aufreihen müssen, obgleich Gegenstände ineinander liegen; so wie Kleidungsstücke, die übereinander getragen werden, auf der Wäscheleine nebeneinander hängen. Diese Eigenschaft des verbalen Symbolismus heißt Diskursivität; ihretwegen können überhaupt nur solche Gedanken zur Sprache gebracht werden, die sich dieser besonderen Ordnung fügen; jede Idee, die sich zu dieser 'Projektion' nicht eignet, ist unaussprechbar, mit Hilfe von Worten nicht mitteilbar." (Langer 1984, 88)

Nun ist aber jeder Geist über das diskursive Vernunftdenken und die Sprache hinaus „im Besitz eines gewaltigen Vorrats anderen symbolischen Materials" (ebd., 49). Was machen wir damit? Die Sprache ist „ein sehr armes Medium", sagt Susanne Langer (und jeder Therapeut und viele Dichter geben ihr sofort Recht) – vor allem, um der emotionalen Natur des Menschen zum Ausdruck zu verhelfen. Sprache kann nur grob und vage benennen; vor allem die Ambivalenzen der inneren Erfahrung, „all das namenlose emotionale Material", sagt Susanne Langer, vermag sie nicht zu vermitteln. Die Grenzen der Sprache sind viel enger als die Grenzen der Erfahrung. Solange nur der diskursive Symbolmodus als Träger von Ideen anerkannt ist, bleibt das Denken begrenzt: „Bestenfalls ist das menschliche Denken eine winzige, durch die Grammatik begrenzte Insel inmitten eines Meers von Gefühl." (ebd., 94). Wittgenstein hat gesagt: Worüber wir nicht reden können, darüber müssen wir schweigen. Frederking (2003) zitiert einen anderen berühmten Wittgenstein-Satz: „Die Grenzen meiner Sprache bedeuten die Grenzen meiner Welt." (Wittgenstein 1922, 36)

Der präsentative Symbolmodus

Susanne Langer setzt dagegen: die Grenzen der Sprache sind nicht die Grenzen der Erfahrung. Was nicht in das sprachliche Ausdrucksschema passt, ist nicht notwendigerweise „etwas Blindes, Unbegreifliches, Mystisches; es handelt sich einfach um Dinge, die durch ein anderes symbolisches Schema als die diskursive Sprache begriffen werden müssen." (Langer 1984, 95). Diese Erkenntnis ist die entscheidende Leistung Langers. Sie sagt, für die Philosophie sei dies „normalerweise die Hölle der Verzweiflung", ein gefährlicher Bereich für jeden Denker, der es nur mit der *ratio* hält. Und sie fügt hinzu: leider habe sich das Denken jeden Ausflug in ein „Jenseits des diskursiven Denkens" bisher erspart (ebd., 98). Ich wende mich zum Abschluss diesem Bereich zu, um zu zeigen, dass die vermeintliche Hölle der Verzweiflung eher das Paradies der ästhetischen Erfahrung ist. Denn es handelt sich um einen Symbolmodus, „der unmittelbar zu den Sinnen spricht" (ebd., 102).

Die Leistung des *präsentativen Symbolmodus* ist nicht die Transformation der Erfahrung in Begriffe, sondern *die Transformation der Erfahrung in sinnlich erfahrbare Gestaltungen* – z.B. in Bilder, in Musikstücke, in Tanz, in szenisches Spiel, in fiktionale Texte. Kunst, Mythos, Ritus, Religion – das sind die Bereiche präsentativer Symbolisierungen. Hier gibt es eine Semantik, die jenseits der diskursiven Sprache liegt. Hier gibt es die Möglichkeiten, „das unausdrückbare Reich des Gefühls, der formlosen Wünsche und Befriedigungen" nicht auf ewig *incognito* und damit als *incommunicando* zu belassen (Langer 1984, 92).

Der präsentative Symbolmodus ist nicht zweitrangig, sondern anders. Er setzt den diskursiven nicht etwa außer Kraft, er ergänzt ihn aber notwendigerweise und erweitert unsere Vorstellung von Rationalität. Präsentativ ist jedes symbolische Material, das den Sinnen gegeben ist. Hier gibt es „eine bestimmte Art von Symbolismus, die wie geschaffen ist zur Erklärung des 'Unsagbaren', obgleich ihr die Haupttugend der Sprache, die Denotation, abgeht. Der höchst entwickelte Typus einer solch rein konnotativen Semantik ist die Musik" (Langer 1984, 107). Aber auch Bilder sind (ganzheitlich wahrnehmbare) Musterbeispiele präsentativer Symbolik: visuelle Formen sind nicht diskursiv; sie bieten ihre Bestandteile nicht nacheinander, sondern gleichzeitig dar (ebd., 99).

Der präsentative Symbolmodus gibt dem Gestalt, was diskursiv nicht sagbar ist – und zwar durch eine morphologische Ähnlichkeit mit dem, was er bezeichnet. So sieht Langer – z.B. bei der Musik – Grundentsprechungen zwischen musikalischen Strukturen und Strukturen der menschlichen Erfahrung, etwa (um einfache Beispiele zu nennen) *crescendo* und *diminuendo*, *accellerando* und *ritardando*, Dissonanzen und ihre Auflösung in Konsonanzen, denken Sie an so bekannte musikalische Mittel wie den Dominantseptakkord und seine Auflösung, also Spannung und Entspannung, „Muster von Ruhe und Bewegung", „Übereinstimmung und Unstimmigkeit" (ebd., 225). Musik ist nicht x, Musik ist Vehikel für die Vorstellung von x. Musik hat rein tonale Strukturen, sonst gar nichts, sie hat keinen Inhalt, keine Semantik, und doch ruft sie unsere Vorstellungen wach: sie ist ein unvollendetes Symbol, das einen potentiellen Spielraum eröffnet, den wir als Hörer ausschreiten dürfen: wir schreiben der Musik im Hörprozess jede symbolische Bedeutung zu, die uns gerade wichtig erscheint – und zwar aufgrund der morphologischen Ähnlichkeit zwischen der musikalischen Struktur und den Strukturen der menschlichen Erfahrung. *Erst zusammengefügt ergeben sie ihre symbolische Bedeutung*. Denken wir noch einmal an die Übergangsobjekte Winnicotts und an die Holzspule des Freud-Enkels: Beide sind präsentative Symbolmodi im Sinne Langers und Lorenzers. Das Kind hat dem Spiel mit der Holzspule die Symbolbedeutung zugeschrieben, das Spiel hatte sie nicht per se. Und es hat dafür die zwei Szenen zusammengefügt: das Wegwerfen und Wiederholen der Spule und das Fortgehen und Wiederkommen der Mutter. Eben das läßt sich mit Susanne Langer als morphologische Ähnlichkeit bezeichnen. Genauso funktioniert Symbolbildung im musikalischen Hörprozess und im Umgang mit allen anderen präsentativen Symbolmodi. Dabei sind Kunstwerke für Lorenzer, in Anlehnung an Langer, kein Panorama von Gegenständen, „sondern von Aspekten der Welterfahrung, der Lebensentwürfe in 'ganzen Situationen'" (Lorenzer 1981, 31).

Die Bedeutung des präsentativen Symbolmodus

Der präsentative Symbolmodus ist für die Literaturdidaktik wie für die fachspezifische Mediendidaktik *in zweifacher Hinsicht* bedeutungsvoll: Zum einen sind literarische Texte, Bilder, Filme, musikalische Werke präsentative Symbolisierungen, denen wir im Wahrnehmungsprozess symbolische Bedeutung zuschreiben (was, wenn wir es ernst nehmen, erhebliche Konsequenzen für jeden Unterricht nach sich zieht), zum andern bedienen sich auch die Jugendlichen, wenn sie etwa im Literaturunterricht produktiv tätig werden oder wenn sie einen Videofilm als Selbstrepräsentation drehen, präsentativer Symbolmodi (vgl. dazu die Beiträge von Bodo Lecke und Volker Frederking in diesem Band).

Was bedeutet das Langersche Symbolkonzept, das Lorenzer übernimmt, jetzt für den Umgang mit ästhetischen Gestaltungen? Es macht dabei prinzipiell gesehen keinen Unterschied, ob es sich um hohe oder um populäre Kunst handelt oder um die Gestaltungen Jugendlicher.

1. Susanne Langer hat ein ganz und gar *dynamisches Kunstverständnis*. Es steht in denkbar größtem Kontrast zu dem substantialistischen Kunstverständnis, das in den Fachwissenschaften und Fachdidaktiken, in Schule, Hochschule und in den Unterrichtsmaterialien der Verlage vorherrscht und das „den"

Text, „das" Bild, „die" Komposition, „den" Film zu einem objektiven, leblosen Gegenstand macht, dessen ontologische Gestalt häufig nach Buchhaltermanier auflistet und die Rezipienten mit ihren Symbolisierungen gar nicht in den Blick nimmt. Meine Vermutung ist, dass die Medienpädagogik hier insgesamt gesehen weiter ist als die Fachdidaktiken im Bereich Literatur, Musik, und Kunst. Kurz gesagt: wir lernen bei Susanne Langer, dass es nicht allein um die Gegenstände geht, sondern um die Subjekte, die sie wahrnehmen bzw. gestalten.

2. Dabei ist mir wichtig, jede kreativ-ästhetisch gestaltende Symbolisierung von Jugendlichen als präsentativen Symbolmodus zu verstehen, als einen individuellen Symbolisierungsprozess ernst zu nehmen, nämlich als Selbstrepräsentation – sei es, dass Schüler/innen szenisch interpretieren, schreiben, malen, filmen oder musikalisch improvisieren. Symbolisierungen, die sich hier ergeben, sind eine spielerische Tätigkeit, in der Außenwelt und Innenwelt, Realität und Imagination, Kunsterfahrung und Selbsterfahrung miteinander verbunden werden. Hier, so könnte man mit Mollenhauer sagen, ereignet sich Bildung, und zwar dann, wenn die Wahrnehmungsvorgänge thematisch werden (Mollenhauer 1996, 26, 259). Diffuses wird bearbeitet, strukturiert, erhält eine Gestalt oder wird in eine andere Gestalt transformiert, und das heißt oft: vom Unbewussten oder Halbbewussten ins Bewusste geholt und damit auch der Reflexion zugänglich gemacht. Symbolbildung ist immer auch Verarbeitung. Insofern ist sie in hohem Maße identitätsbedeutsam. Hier können Jugendliche Innenwelten „zur Sprache" bringen, und zwar in präsentativer Form. Ich versuche seit langem in Göttingen mit Studierenden auf dieser Praxisebene zu arbeiten, gemeinsam mit Ingo Scheller. Arnheim, der Gestalttheoretiker unter den amerikanischen Kunstpsychologen, spricht von der Möglichkeit, „wirkliche Situationen durch Als-Ob-Situationen zu ergänzen, auszuprobieren" (Arnheim 1990, 260). Solche Substitutionen, das können wir aus der therapeutischen Erfahrung lernen, werden so erfahren, als seien sie real vollzogen worden. Sie sind nicht abzuwerten. „Ich trete dafür ein", sagt Arnheim, „dass man den Bildern der Imagination Respekt zollt" (ebd., 261). Was in Symbolisierungshandlungen Jugendlicher geschaffen wird, ist eine genuine Realität. Bei Langer können wir uns Rückendeckung holen, wenn wir die im allgemeinen minderbewertete kreative Arbeit mit präsentativen Symbolisierungsprozessen in der Literaturdidaktik und in der Medienpädagogik aufgewertet sehen sollen. Lorenzer beklagt, dass die präsentativen Symbole überall einer Entwertung, wenn nicht gar Zerstörung ausgesetzt seien

Wir hätten hier für Jugendliche einen Selbsterfahrungsmodus, der zugleich Medien- und Rollenschutz bietet und damit Distanzierungsmöglichkeiten gewährt.

Eigenproduktion als präsentativ-symbolischer Selbstausdruck

Ich will didaktische Konsequenzen nur kurz andeuten. Es kommt darauf an, dass wir Erfahrungsräume arrangieren, damit präsentative Symbolisierungsprozesse für jugendliche Schülerinnen und Schüler möglich werden. Solche Räume öffnen sich nicht von allein. Für den Umgang mit Literatur sind solche Konzepte entwickelt worden (u.a. von Mann/ Schröter/ Wangerin 1995). Im Bereich der Medienpädagogik sprechen Holzwarth und Maurer von „Bedeutungskonstruktion im Spannungsfeld von Symbolproduktion und Symbolverstehen" (2003, 139); von „Eigenproduktion mit Medien" spricht Niesyto: Jugendliche brauchen die Chance, sich „mittels eigener, selbst produzierter Medien und damit verbundener präsentativ-symbolischer Formen auszudrücken" (2001, 3). Es geht um „Selbst-Repräsentation". Niesyto beklagt die Unterschätzung präsentativer Formen, und er beklagt fehlende Forschungskontexte (wobei er Ingo Scheller und Wolfgang Nitsch ausnimmt). Er nennt Videoproduktionen, die häufig auf Sprache verzichten, in denen Bilder und Musik die (präsentativen) Symbolisierungsträger für die Jugendlichen sind. Er fordert, den präsentativ-symbolischen Selbstausdruck mit Medien konzeptuell weiterzuentwickeln. Es kann dabei nicht um eine beliebige Irgendwie-Kreativität gehen, sondern um ein pädagogisches Verständnis, das die gestaltende Tätigkeit der Jugendlichen konsequent als einen präsentativen Symbolisierungsprozess versteht und ernst nimmt. In manchen Konzepten produktiven Literaturunterrichts ist das nicht der Fall.

Damit wäre auch der Kreativitätsbegriff bereits umrissen, der einem solchen didaktischen Konzept zugrunde liegt. Kreativität ist keine isolierte Leistung, sondern im Sinne der Gestalttheorie immer eine Sache des ganzen Menschen. Für Rogers und die Humanistische Psychologie lebt Kreativität vom Impuls der Menschen, „sich zu erweitern, sich zu entwickeln" (Rogers 1990, 241), neue Ideen und Haltungen zu finden. Dabei müssen, ganz im Sinne der Humanistischen Psychologie, Umwege und Irrwege erlaubt sein. Aus dem Kinderspiel wissen wir, dass Kinder vor allem aus Gründen der Freude kreativ sein können. Gleichzeitig ereignet sich Selbst- und Welterfahrung. Präsentative Symbolisierungsprozesse unterscheiden sich von den meisten alltäglichen Selbsterfahrungsmöglichkeiten, weil hier den Innenwelten Gestalt verliehen werden kann. In dieser Identitätsbedeutsamkeit liegt ein wesentliches Element ästhetischer Kreativität im Bereich der Eigenproduktion von Medien. Das gleiche gilt – im Prinzip – für jeden richtig verstandenen produktiven Literaturunterricht.

Literaturverzeichnis

Arnheim, Rudolf 1954: Kunst und Sehen. Eine Psychologie des schöpferischen Auges. Berlin (Zuerst: Art and Visual Perception – A Psychology of the Creative Eye 1954)

Arnheim, Rudolf 1990: Kunst als Therapie. In: Hilarion Petzold/ Ilse Orth (Hrsg.): Die neuen Kreativitätstherapien. Handbuch der Kunsttherapie. Bd. 1.2. Paderborn, S. 257 - 265

Belgrad, Jürgen/ Horst Niesyto (Hrsg.): Symbol. Verstehen und Produktion in pädagogischen Kontexten. Baltmannsweiler 2001

Cassirer, Ernst 1922: Philosophie der symbolischen Formen. Darmstadt 1997

Frederking, Volker 2003: Symbolisches Verstehen im Deutschunterricht – Transdisziplinäre Begründungszusammenhänge zur Behebung eines fachlichen Desiderats. In: Bodo Lecke (Hrsg.): Fazit Deutsch 2000. Ästhetische Bildung, moralische Entwicklung und kritische Aufklärung? Frankfurt a.M., S. 217-246

Freud, Sigmund 1900: Die Traumdeutung. In: S.F.: Gesammelte Werke. Chronologisch geordnet. Bd. 2.3. London 1942

Freud, Sigmund: Vorlesungen zur Einführung in die Psychoanalyse. X. Vorlesung: Die Symbolik im Traum. In: Sigmund Freud: Gesammelte Werke. Chronologisch geordnet. Bd. 11. London 1940, S.150 – 172

Freud, Sigmund 1920: Jenseits des Lustprinzips. In: Sigmund Freud: Gesammelte Werke. Chronologisch geordnet. Bd. 13. London 1940, S. 1 –69

Holzwarth, Peter/Björn Maurer: Kreative Bedeutungskonstruktion im Spannungsfeld von Symbolproduktion und Symbolverstehen. In: Horst Niesyto (Hrsg.): VideoCulture. Video und interkulturelle Kommunikation. München, S. 139 – 168

Lachmann, Rolf 2000: Susanne K. Langer. Die lebendige Form menschlichen Fühlens und Verstehens. München

Langer, Susanne K. 1942: Philosophie auf neuem Wege. Das Symbol im Denken, im Ritus und in der Kunst. Frankfurt a. M. 1984 (Zuerst: Philosophy in a New Key. A Study in the Symbolism of Reason, Rite and Art, 1942)

Langer, Susanne K. 1953: Feeling and Form. New York

Lorenzer, Alfred 1976: Kritik des psychoanalytischen Symbolbegriffs. Frankfurt a.M.

Lorenzer, Alfred 1981:Das Konzil der Buchhalter. Die Zerstörung der Sinnlichkeit. Eine Religionskritik. Frankfurt a.M.

Lorenzer, Alfred 1991: Der Symbolbegriff und seine Problematik in der Psychoanalyse. In: Jürgen Oelkers/ Klaus Wegenast (Hrsg.): Das Symbol – Brücke des Verstehens. Stuttgart, S. 21 – 29

Mann, Christine/ Erhart Schröter/ Wolfgang Wangerin 1995: Selbsterfahrung durch Kunst. Methodik für die kreative Gruppenarbeit mit Literatur, Malerei und Musik. Weinheim

Mollenhauer, Klaus unter Mitarbeit von Cornelie Dietrich, Hans Rüdiger Müller und Michael Parmentier 1996: Grundfragen ästhetischer Bildung. Theoretische und empirische Befunde zur ästhetischen Erfahrung von Kindern. Weinheim und München

Niesyto, Horst 2001: Eigenproduktionen mit Medien als Gegenstand der Kindheits- und Jugendforschung. Bericht über eine Fachtagung in Ludwigsburg. Online-Quelle: www.medienpaed.com 19.3.2001

Niesyto, Horst (Hrsg.) 2003: VideoCulture. Video und interkulturelle Kommunikation. München

Piaget, Jean 1969: Nachahmung, Spiel und Traum. Die Entwicklung der Symbolfunktion beim Kinde. Stuttgart

Rogers, Carl R. 1990: Auf dem Wege zu einer Theorie der Kreativität. In: Hilarion Petzold/Ilse Orth (Hrsg.): Die neuen Kreativitätstherapien. Handbuch der Kunsttherapie. Bd. 1.2. Paderborn, S. 237 – 256

Scheller, Ingo 1997: Szenisches Spiel. Berlin

Wangerin, Wolfgang 1997: Sich in den Künsten selbst erfahren. Kreative Rezeption als Gruppenprozess. Weinheim

Wangerin, Wolfgang 2001: Rezeptionsästhetik und –didaktik. In: Dietlinde H. Heckt/Karl Neumann (Hrsg.): Deutschunterricht von A bis Z. Braunschweig, S. 292 - 297

Wangerin, Wolfgang 2002: „Der Leser macht eigentlich aus einem Buche, was er will" (Novalis). Läßt sich produktiver Literaturunterricht konstruktivistisch begründen? In: Göttinger Fachdidaktische Beiträge Heft 4, S. 36 – 66

Winnicott, Donald Woods 1973: Vom Spiel zur Kreativität. Stuttgart

Wittgenstein, Ludwig 1922: Tractatus logico-philosophicus. In: Ludwig Wittgenstein. Ein Reader. Hrsg. von Anthony Kelly. Stuttgart 1996

Beate Laudenberg (Karlsruhe) **Die multimediale Ästhetisierung der 'Kanakster' am Beispiel Feridun Zaimoglus**

> Weil / jeder Deutsche / ein Türke / ist / weiß ich / wie unwichtig / es ist / ein Spanier / zu sein.
> (Oliver, José F. A.: Auf-Bruch. Berlin 1987, S. 94)

Die gegenwärtige Inflation von Symbolfiguren ist eine Folge der Entwicklung und wachsenden Bedeutung von Medien einerseits und des Geltungsverlusts religiöser und nationaler Symbole andererseits. Der folgende Beitrag zeigt dies am Beispiel von Feridun Zaimoglu auf, der durch eine geschickte Nutzung aller Medien innerhalb weniger Jahre zur Symbolfigur der ,Kanakster' avancierte. Da die schulische Sozialisation dabei eine nicht unerhebliche Rolle spielte, endet der Beitrag mit Hinweisen zur didaktischen Dimension seiner Person und seines Werkes.

1. 'Kanake' – (sprachliche) Herkunft und mediale Abbildung

„Unser Verständnis der sichtbaren Welt beginnt im Auge. [...] Auge und Ohr nehmen ihre eigenen Abstraktionen vor und schreiben daher auch ihre besonderen Formen des Begreifens vor." (Langer 1965, 97) Was Susanne Langer hier wahrnehmungstheoretisch formuliert, eröffnet interessante Zugänge zum Thema dieses Beitrags. Was bzw. wen wir (vor unserem inneren Auge) sehen, wenn wir das Wort 'Kanake' hören, ist bis in die Gegenwart hinein bestimmt durch medial vermittelte sowie persönliche Erfahrungen und Bilder.

Vorstellungsprägend waren dabei beispielsweise auch die Cover berühmter Dokumentarliteratur.

Max von der Grün hat gut 15 Jahre nach der ersten Anwerbung von 'Fremdarbeitern' - die man, als sie so dringend benötigt wurden, 'Gastarbeiter' nannte - diese portraitiert (1975, Abb. 1). Günter Wallraff hat am eigenen Leibe erfahren (wollen), wo sie sich 'im gelobten Land' befinden, nämlich „Ganz

Abb.: 1

Abb.: 2

unten" (1985, Abb. 2). Dabei sind die Text- und Bildbotschaften beider Cover durchaus missverständlich. Beide erlauben sowohl eine gesellschaftskritische als auch eine ausländerfeindliche Lesart. Auch wenn letztere sowohl die Intentionen von der Grüns als auch die Wallraffs in ihr Gegenteil verkehrt, so ist sie doch möglich, falls nur das Cover in den Blick genommen und auf eine – wenn auch nur auszugsweise – Buchlektüre verzichtet wird.

Der Ambivalenz der ersten medialen Abbildungen steht die Eindeutigkeit einer pejorativen Bedeutung des Wortes 'Kanake' entgegen. Die ausländerfeindliche Verortung des Begriffs zeigt sich deutlich im Blick auf seine sprachlichen Wurzeln. Alliteration und Suffix verstärken die (bewusst oder unbewusst) angelegte Anbindung von 'Kanake' an 'Kakerlake', einem 'ganz unten' angesiedelten, sich schnell vermehrenden Ungeziefer, das durch Ausräucherung beseitigt wird - in diesen Kontext stellt Jürgen Link in seinem Artikel über „sprachliche Benennungen und neorassistische Mentalitäten" die Brandanschläge von Hoyerswerda, Mölln u.a. (1994, 46). Link diskutiert in seinem interessanten Beitrag v.a. die deutsche Eigentümlichkeit, das Wort 'Ausländer' anstelle von 'Einwanderer' zu benutzen. Erweitert man seinen Vergleich mit Nachbarsprachen bzw. -ländern, ist festzustellen, dass im Gegensatz zum Englischen, wo 'kanaka' nur die Südseeinsulaner bezeichnet, 'canaque' im Französischen schon seit Ende des 19. Jahrhunderts auch als pejorative und rassistische Bezeichnung für einen wilden, ungehobelten Menschen verwendet, heute aber als veraltet angesehen und angesichts der Zuwanderer maghrebinischer Herkunft durch 'beur' ersetzt wurde; eine aus dem Pariser 'banlieu' stammende Bezeichnung, die zunächst als Schimpfwort, mittlerweile aber wertneutral verwendet wird (vgl. Schumann 2002).

Warum im Deutschen bis in die Gegenwart hinein die negative Verwendung des Wortes dominiert, lässt sich aus seiner Herkunft und langen Tradition erklären: Nach Heinz Küpper wurde 'Kanake' durch 'Hanake' beeinflusst, einer aus dem Abwehrkampf der deutschsprechenden Böhmen gegen die Minderheiten der tschechischen Volksstämme herrührenden, seit Mitte des 18. Jahrhunderts verwendeten Bezeichnung für einen groben, plumpen Menschen bzw. niederträchtigen Mann (Küpper 1984). Berücksichtigt man noch Links Annahme, dass zur Kaiserzeit und zur Zeit der deutschen Kolonien in der Südsee der Kurzschluss zwischen den 'Polacken' und 'Kanaken' erfolgt sein müsse (Link 1994, 50), lässt sich erklären, warum 'Kanake' nicht nur mit 'Ausländer', sondern vorrangig mit 'Türke' gleichgesetzt wird (vgl. Duden). Während das Wort 'Polack' (poln. 'polak' = 'Pole') Fremdarbeiter aus dem christlich geprägten Osten bezeichnet, umfasst das Wort 'Itaker' Gastarbeiter aus dem ebenfalls christlich geprägten Mittelmeerraum. Bevölkerungsstatistisch bilden die Einwanderer aus der Türkei die größte Gruppe der in Deutschland lebenden Ausländer. Zudem sind sie in ihrer physischen wie religiösen und kulturellen Erscheinung vermeintlich fremder als andere Einwanderer. Dies trifft z.B. auch auf Japaner zu, doch sie werden in Deutschland nicht 'ganz unten' angesiedelt, u.a. wohl aufgrund ihrer wirtschaftlichen Macht, ihres internationalen Ansehens, aber auch wegen ihres helleren Teints und ihrer offenbar ansprechenderen Religion (Doris Dörries Film „Erleuchtung garantiert" beispielsweise hätte nicht in Istanbul spielen können).

Vermutlich spielt in die deutende Wahrnehmung einer von dunklen Farben geprägten Physis - wenn zum Beispiel (Spät-)Aussiedler von 'Schwarzen' reden, dann meinen sie nicht nur Afrikaner, sondern insbesondere Türken - unbewusst die negative Symbolisierung des Dunklen als etwas Böses/Unwissendes hinein. Dass daneben noch andere Faktoren von Bedeutung sind, stellte Jens Schneider Ende der 90er in seiner Befragung von Berliner Jounalisten, Politikern und Kulturschaffenden der Jahrgänge 1957-1970 fest: Die zu ihrem Selbst- und Fremdbild befragten Dreißig- bis Fünfundvierzigjährigen sehen die Türken als besonders dominante Ausländergruppe, die „abgeschlossen sei, sich selbst ghettoisiere und sich nicht für deutsche Einflüsse öffne" (Schneider 2001, 239). Weil bekanntlich Umgang mit dem Fremden immer auch Umgang mit dem Eigenen meint, hat Schneider die Probanden „Deutsch sein" - so der Titel der Arbeit - definieren lassen und in der Auswertung festgestellt, dass sich die Argumentation zwar im Kreise drehe, aber ihren Zweck erfülle: „Die Kombination aus Herkunfts- und Abstammungsdiskurs schottet die Definition des Deutschseins nach außen ab: Alle Personen, die nicht in Deutschland geboren und aufgewachsen sind und/ oder keine deutschen Eltern haben, 'können' keine Deutschen sein. Als Erkennungsmerkmal dafür dienen im Zweifelsfalle äußere Merkmale wie Aussehen, Sprachakzent oder der Familienname." (Schneider 2001, 266)

Dieser homogenen Wahrnehmung einer zumindest politisch heterogenen Gruppe entspricht auch das Bild, das die Medien von Ausländern entwerfen. Als Beispiel genüge das größte deutsche Nachrichtenmagazin, das zu Beginn des Jahres, in dem die Mauer fiel, auf dem Titelblatt „Die neuen Deutschen. Asylanten - Aussiedler - Gastarbeiter" in einer Collage vorstellte (Der Spiegel 2/1989, vgl. Abb. 3). Wenngleich jeder 'Gesichtsausschnitt' eine andere Hautfarbe andeutet, ähnelt der Gesamteindruck Wallraffs Ali (vgl. Abb. 2).

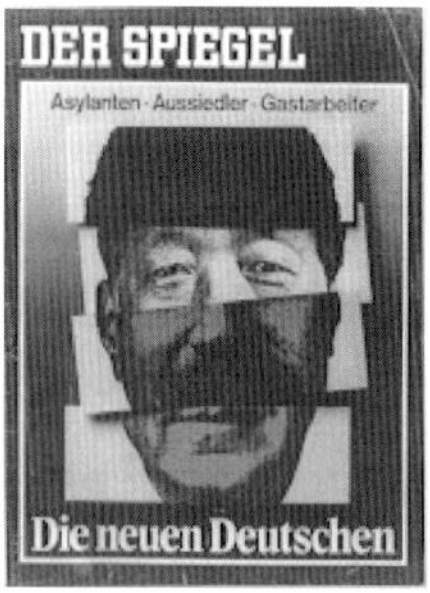

Abb.: 3

Abb.: 4

Zum Zeitpunkt dieser Titelgeschichte konnte man noch nicht wissen, dass die neuen Deutschen die DDR-BürgerInnen werden und die Einwanderungsdebatten Rückschritte erleiden würden. Fünf Jahre später wird die Darstellung der Spiegel-Umfrage „Jugend 1994" unter dem Titel „Die Deutschen von morgen" mit drei aus der Vogelperspektive aufgenommenen Personen ins Bild gesetzt: Die beiden Frauen und der Mann blicken die BetrachterInnen mit vertraut mitteleuropäischer Physiognomie an (Der Spiegel, 38/1994). Die negativen Auswirkungen der Wiedervereinigung für den gesellschaftlichen und rechtlichen Status von ImmigrantInnen lassen sich an weiteren „Spiegel"-Titeln ablesen: „Gefährlich fremd. Ausländer und Deutsche: Das Scheitern der multikulturellen Gesellschaft" (Der Spiegel, 16/1997, vgl. Abb. 4) oder „Zu viele Ausländer" (Der Spiegel, 48/1998). Nimmt der „Spiegel" die Deutschen ins Blickfeld, greift die Redaktion überwiegend auf positiv besetzte Symbole zurück: den Gartenzwerg auf dem Brandenburger Tor („Wir, die Deutschen. Eine verkrampfte Nation", Der Spiegel 23/1994), Germania („Das Ost-Gefühl. Heimweh nach der alten Ordnung", Der Spiegel 27/1995) oder - bei Thematisierung der Europäischen Union - Marianne bzw. Europa („Aufbruch ins Euro-Land", Der Spiegel 1/1999 und „Guten Morgen, Europa!" Der Spiegel 22/2000)[1]. Im Gegensatz zu Letztgenannten ist die Titelfigur der Freiheit (vgl. Abb. 4) - trotz der Anspielung auf das berühmte Gemälde Delaxcroix' - nicht kämpferisch-erotisch, sondern durch die martialische Darstellung im Profil dem Titel entsprechend „gefährlich fremd" (detailliertere Analyse vgl. Luchtenberg 2000). Ähnlich fremd, aber weniger gefährlich erscheint die junge Berlinerin Meral Düzgün, die auf dem Titelbild zur „Spiegel"-Frage „Wer darf Deutscher [sic] werden?" den BetrachterInnen zwei Pässe hinhält, die zusammen mit dem Wort 'Doppelpass' die Hälfte des Covers einnehmen („Operation Doppelpass", Der Spiegel 2/1999). Dadurch geschieht genau das, was die „Frau mit der Löwenmähne" im Interview beklagt: „Ich werde als Bedrohung dargestellt, nicht als gleichwertiger Mensch." (Ebd. 24).

Jürgen Link sieht die „Ablehnung der doppelten Staatsbürgerschaft aus dem Kulturkreis-Denken heraus begründet" und damit als „logische Folge der völkischen Reinheitsvorstellungen: schon das 'Doppelte' erscheint dann symbolisch als gefährliche Mischung und Verunreinigung des eigenen Kulturkreises" (Link 1994, 46). Dass Deutschsein, wie bereits dargestellt, nicht nur eine Frage des Passes - auch nicht eines einzigen - ist, signalisiert auch der Titel „Fremd und deutsch" des „Spiegelreporter" (2/2000) mit der Abbildung von Nadja Abd El Farrag und Cem Özdemir, die im Leitartikel zusammen mit Feridun Zaimoglu zu Wort kommen. Zaimoglu, der Mitte der Sechziger als Kleinkind mit seinen Eltern aus der Türkei nach Deutschland einreiste, führt in seiner Rede auf der Weltenbürger-Veranstaltung in Hannover ähnliche Gründe wie Link an: „Der Argwohn gegenüber den Zuzüglern und ihren Nachkommen speist sich nicht etwa aus den importierten Kulturkreisphänomenen der Einwanderer, aber aus einer alten deutschen Tradition der Fremdskepsis." (Zaimoglu 2000b)

1 Unter http://www.spiegel.de/spiegel/titelbilder/0,1518,jahr-2000,00.html lassen sich die Titelbilder (zzt. ab 1/1994) aufrufen.

In dieser Tradition stehen mehr oder weniger alle Bevölkerungsschichten (vgl. Link 1994, 50). Sie zu erreichen, um die Tradition zu durchbrechen, bedarf es nicht nur gesetzlicher Regelungen, sondern interkultureller Erziehung im Sinne eines Cross-Culture, die positive Identifikationsangebote und Symbolisierungen schafft - u.a. mit einem entsprechenden Angebot der Künste, insbesondere der Literatur. Es hat über 30 Jahre gedauert, bis aus der Gast-Arbeiterliteratur, gefördert von den bereits genannten Autoren Wallraff und von der Grün, aus der Literatur der Betroffenheit, propagiert in eigens gegründeten Vereinen und Verlagen, aus der Ausländer- bzw. Migrantenliteratur, ausgezeichnet mit dem Adelbert-von-Chamisso-Preis, eine interkulturelle Literatur erwuchs, deren AutorInnen sich nicht mit einer Nische im Literaturbetrieb oder einer Schublade im germanistischen Begriffsregister zufrieden geben, sondern selbstbewusst ihren Platz im kulturellen Leben einfordern (vgl. Laudenberg 2000). Was ausgesiedelte SchriftstellerInnen wie beispielsweise Maxim Biller, Herta Müller oder Ilija Trojanow eher im Stillen tun (können), vollziehen die am stärksten Diskriminierten nunmehr lauthals nach dem Motto 'Angriff ist die beste Form der Verteidigung': „Wir sind die Kanaken, vor denen ihr Deutschen immer gewarnt habt. Jetzt gibt es uns, ganz eurem Bild und euren Ängsten entsprechend", so lautet die Botschaft Ertans im Film „Kanak Attack".

2. Feridun Zaimoglu: der 'Kanaken'-Hansdampf in allen Gassen resp. Medien

Die Verfilmung der „wahren Geschichte des Ertan Ongun" - so der Untertitel von Zaimoglus zweitem 1997 erschienenen Buch - ist nicht nach dessen Titel „Abschaum", sondern nach der Protestbewegung „Kanak Attak" benannt, mit dem kleinen Unterschied, dass Lars Becker und sein Drehbuchautor die deutsche Schreibweise „Attack" wählen. „Kanak Attak" ist, so lässt sich auf den Internet-Seiten mit abgeändertem Aldi-Emblem und Reisetaschen-Symbol nachlesen, „ein selbstgewählter Zusammenschluss verschiedener Leute über die Grenzen zugeschriebener, quasi mit in die Wiege gelegter Identitäten hinweg" mit der Absicht durch eine multimediale Präsenz „die Kanakisierung bestimmter Gruppen von Menschen durch rassistische Zuschreibungen mit allen ihren sozialen, rechtlichen und politischen Folgen anzugreifen" (*http://www.kanak-attak.de/main.htm*). Das Manifest endet mit der Parole „Es geht ab. Kanak Attak!", die auch Mitbegründer Feridun Zaimoglu am Ende seines Auftritts im Frankfurter Römer anlässlich der Buchmesse 1997 dem (Fernseh-)Publikum mit auf den Weg gab. Das Gespräch mit Klaus Bednarz, der den Autor sowie dessen Helden mit unsicherer Aussprache vorstellte, und die Lesung einer Story aus „Abschaum" gab Joachim Lottmann wenig später in der „Zeit" folgendermaßen wieder: „Er wirkt wie das genaue Gegenteil eines türkischen Straßenjungen. Malcolm X der Türken? Er ist ruhig, vom Medienrummel unbeeindruckt. Süffisantes Lächeln, hochgezogene Augenbrauen, dünnes Oberlippen- und Kinnbärtchen nach Art eines spanischen Granden, halb Herzog von Alba, halb Großwesir von Palermo, wallendes Haupthaar. So einer zerstört die Inka-Kultur, so ein vornehmer Konquistator, aber auch unsere? Amüsiert sieht er sich im Publikum um. Dem Moderator Klaus Bednarz verrutscht die Brille." (Lottmann 1997)

Die gekonnte Selbstinszenierung des Autors erfüllte ihren Zweck: Dieser Auftritt und der umfangreiche „Zeit"-Artikel, insbesondere der Vergleich mit dem amerikanischen Schwarzenführer verhalfen dem „Deutschländer mit Kultstatus" (so Jamal Tuschick 1997 in der „Frankfurter Rundschau") zum Erfolg:

Für das „Sonntagsblatt" war er „Mensch des Jahres" (19.12.1997), „Die Zeit" stellte ihn zwei Jahre später als ihren neuen Kolumnisten vor („Junges Deutschland" in: ZeitMagazin, 04.03.99) und die großen Zeitungen der Republik lassen ihn seither zu aktuellen Fragen zu Wort kommen. So beantwortet Zaimoglu Fragen wie „Warum Bibliotheken?" (Die Welt 28.04.2001) und „Was ist Heimat?" (Die Woche 10.08.2001), schreibt über harte Krimis (Die Welt 24.07.2001), über 40 Jahre Einwanderung aus der Türkei (taz-dossier 27./28.10.2001), über den „Zauber des Fastenmonats Ramadan" (Die Woche 16.11.2001), über ein mögliches NPD-Verbot (Die Woche 01.02.02) und über die „Couture Islam als Ausdruck eines neuen Selbstbewusstseins junger Musliminnen in Deutschland" (Die Woche,15.02.2002)[2].

Dass auch Mode symbolhaltig ist (vgl. Roderer 1986), weiß der Autor nicht allein durch seinen Haar- und Bartschnitt auszudrücken, sondern auch durch Kleidung und Schmuck. Im „ZeitMagazin" lässt er sich - wie vorher schon der Bundeskanzler - im Designer-Anzug ablichten und weist im Begleittext auf die hier eingangs schon angesprochene Wahrnehmung des Aussehens durch die Deutschen hin, nämlich auf „diesen ganz spezifischen Blick: eindringlich, kalt, hassend und steinhart. [...] Es ist dieser Blick, den man nicht loswerden, den man nur mit doppelter Finsternis in den Augen kontern kann. Sie richten dem Augenschein nach. Irgendwann trifft es jeden von uns." (ZeitMagazin, 02.06.99)

Wie Zaimoglu auch sprachlich 'kontert', konnte er seit seinem Auftritt mit Bednarz im Frankfurter Römer des Öfteren im Fernsehen vorführen: Als Gast zusammen mit Wolf Biermann, Heide Simonis und Norbert Blüm in Alfred Bioleks Talk-Runde (Okt. 1998, ARD) und mit Walter Jens, Klaus von Dohnanyi, Wolfgang Niedecken, Florian Langenscheidt, Annette Schavan und Gerd Schrammen zur Frage „Man spricht Deutsch - aber wie?" im Juli 2001 bei Sabine Christiansen (ZDF). Im Mai 2002 wurde er von Andreas Malessa zum Thema „Allah im Westen"

2 Hier wie im Folgenden werden nur die Highlights angegeben, Vollständigkeit ist daher nicht angetrebt.

befragt (SWR), im Dezember desselben Jahres war er Studiogast in der Sendung „Planet Wissen" zum Thema „Fremd in der Heimat - Gastarbeiter" (SWR) und durfte sich jüngst in „Polylux" (ARD, Sept. 2003) zum sog. Kopftuchurteil äußern.[3]

Zaimoglus Auftritte vor der Kamera sind auch deshalb so publikumswirksam, weil er preisgekrönte Erfahrungen hinter der Kamera hat: 1997 erhielt er den „civis Hörfunk- und Fernsehpreis" zusammen mit Thomas Röschner für den Beitrag „Deutschland im Winter - Kanakistan. Eine Rap-Reportage", ein Jahr später den Drehbuchpreis des Landes Schleswig-Holstein. Schließlich hat er auch an der Verfilmung von „Abschaum" mitgewirkt und spielt sogar - den großen Vorbildern entsprechend - in „Kanak Attack" als Junkie für einige Sekunden mit. Selbst die Bühne 'betritt' er nicht nur mit seinen adaptierten Prosatexten („Kanak Sprak" und „Koppstoff"), sondern beispielsweise auch als Hausautor des Nationaltheaters Mannheim (1999).

Nur die Internet-Präsenz lässt noch zu wünschen übrig: Eigene Seiten, bezeichnenderweise unter „www.kanak-attack.de", wurden im Mai 2002 wegen mangelnder (v.a. finanzieller) Pflege aus dem Netz genommen. Dennoch gibt es im Netz einschlägige Informationen zu Zaimoglu. So finden sich neben einigen der bereits erwähnten Reportagen und Reden auch aktuelle Interviews, wie z.B. das mit Esther Schweins (Theater in 3sat 27.03.2003, http://www.3sat.de/theater/programm/44943/) zu seiner mit Obszönitäten reich versehenen Bearbeitung von Shakespeares „Othello" (zusammen mit Günter Senkel. Inszenierung an den Münchner Kammerspielen von Luk Perceval. Fernsehregie: Hannes Rossacher. ZDF 2003) oder die Diskussion mit der hessischen Kultusministerin Karin Wolff über „Pisa und die Folgen" (Spiegel online, 03.02.2003, http://www.spiegel.de/unispiegel/studium/0,1518,225814,00.html).

Darin bezeichnet Zaimoglu die Sprache als einen Büchsenöffner, den die Schule nur dann anbietet, wenn die Kinder nichtdeutscher Herkunft dort erfahren, was Zaimoglu als Schüler erlebte: „Aber sie [seine Klassenlehrerin im dritten Grundschuljahr] hat mir nicht das Gefühl gegeben, dass ich nicht dazugehöre oder dass ich ein Problemfall bin, dass ich voller Defizite stecke, obwohl ich in meinem ersten Diktat 47 Fehler hatte." Durch die schulische und familiäre Unterstützung und sein politisches Interesse entwickelte Zaimoglu ein Selbstbewusstsein, das ihn zum Sprachrohr der 'Kanaken' werden ließ, die er von den assimilier-

3 An dieser Stelle sei darauf hingewiesen, dass das bislang einzige ins Türkische übersetzte Werk Zaimoglus „Koppstoff" (2000) mit einer aussagekräftigen Titelbildcollage erschienen ist (s. http://www.iletisim.com.tr/details.asp?Ean=9789754708448). Meinem Kollegen Mehmet Sait Kont verdanke ich den Hinweis, dass die Übersetzung des Titels dem deutschen nahekommt: Statt 'basörtüsü' (Kopftuch) steht das umgangssprachliche Wort für Kopf ('kafa') und wird durch die unübliche Getrenntschreibung hervorgehoben.

ten Türken einerseits und den Abiturtürken andererseits abgrenzt. Im Vorwort seines Erstlings betont der damals 31jährige zudem, dass er mit dieser Protokollsammlung ein Gegengewicht setzen wolle zu einer „weinerliche[n], sich anbiedernde[n] und öffentlich geförderte[n] 'Gastarbeiterliteratur', die seit Ende der 70er Jahre die Legende vom 'armen, aber herzensguten Türken Ali' verbreite" (Zaimoglu 1995, 11). Auf den ersten Blick, der die satirische Absicht verkennt, könnten damit beispielsweise folgende Werke gemeint sein (vgl. Abb. 5 + 6).

Abb.: 5

Abb.: 6

3. 'Kanaken' in der Literatur des Kanaksters Zaimoglu

Mit der Fragestellung 'Wie lebt es sich als Kanake in Deutschland?' knüpft Zaimoglu seine Sammlung „Kanak Sprak" an die Dokumentarliteratur eines von der Grün und eines Wallraff an und steht mit der Wiedergabe der Antworten in der Tradition der Protokollliteratur, die Sprachlosen bzw. Ungehörten eine Stimme verleiht. In der berühmten wie erfolgreichen Sammlung „Guten Morgen, du Schöne" von Maxie Wander (1977) verleihen 17 DDR-Frauen ihrem Stolz auf das bereits Erreichte und ihrer Forderung nach eigenen Formen der Selbstverwirklichung Ausdruck. Was aus den Protokollen der 24 'Kanaken' herauszulesen ist, betont ihr Bearbeiter im Vorwort: „Sie haben eine eigene innere Prägung und ganz klare Vorstellungen von Selbstbestimmung. Sie bilden die eigentliche Generation X, der Individuation und Ontogenese verweigert worden sind. Längst haben sie einen Untergrund-Kodex entwickelt und sprechen einen eigenen Jargon: die 'Kanak-Sprak'. [...] Weil sich die Kanak Kids in den Straßen bewegen, sprechen sie einen sich laufend weiterentwickelnden symbolischen Jargon, der häufig als blumige Orientalensprache missverstanden wird. Dieser Folklore-Falle musste meine *Nachdichtung* [Hervorhebung B.L.] entgehen. Deshalb enthält die deutsche Übertragung nur die Anrede Bruder und nicht gözüm (mein Auge), gözümün nuru (mein Augenlicht) oder vieles andere." (Zaimoglu 1995, 12, 14)

Hier wie auch in der drei Jahre später erschienenen Sammlung „Koppstoff" mit Statements von 26 Kanaka ist der Niederschrift anzumerken, dass der Autor die Aussagen zumindest sprachlich bearbeitete. Denn er will die Kanak Sprak als „sprachliche Manifestation der Mobilmachung" verstanden wissen. Wie Wanders Protokollsammlung finden diese Texte auch über das Theater und als Hörspiel ihr Publikum. Der Kieler Kleinkriminelle Ertan Ognun jedoch erfuhr über das Buch -

er soll „Kanak Sprak" im Gefängnis gelesen haben - von Zaimoglu und ließ sich nach seiner Entlassung diesem durch einen gemeinsamen Freund vorstellen. Die Erzählung seines Lebens formte Zaimoglu zu 37 Stories, die 1997 unter dem Titel „Abschaum" veröffentlicht wurden. Sie machten den Autor über die Community hinaus bekannt und verhinderten sogar die Abschiebung des Erzählers, schließlich sei er inzwischen nicht nur eine Medien-, sondern auch die Symbolfigur des geläuterten Aussteigers aus der Kriminalität (vgl. Rating 1999 in „Die Woche").

Die Aufmerksamkeit der GermanistInnen richtete sich v.a. auf Sprache und Milieu, besonders hervorzuheben die Untersuchungen von Inken Keim (http://www.ids-mannheim.de/prag/personal/keim.html). Die Aufmerksamkeit der KritikerInnen lag auf der angekündigten Verfilmung. Schließlich war auch dem sog. Migrationsfilm in den 90er Jahren der Durchbruch gelungen: Als auf den Berliner Filmfestspielen 1999 mehrere transnationale, in Berlin und Hamburg entstandene Filme unter der Rubrik 'Neues Deutsches Kino' gezeigt wurden, mutmaßten Kritiker, dass die Türken vielleicht die einzigen seien, die in Deutschland politische Gegenwartsfilme machen (zit. in Göztürk 2000, 340). Zu sehen waren einige Filme (u.a. von Fatih Akin, Tevfik Baser, Hussi Kutlucan und Ayse Polat) in der von „3sat" im Herbst 2000 ausgestrahlten Reihe „Jung, deutsch und türkisch. Die zweite und dritte Einwanderergeneration" (http://www.3sat.de/specials/09883/), die mit einer Dokumentation über „Kanak" endete: Die Darstellung und die Interviews mit den drei Rappern türkischer und portugiesisch-deutscher Herkunft und der Rapperin aus dem Kosovo stand unter deren Maxime „Wir sind stolz, Kanaken zu sein" (Regie: Michael Richter 1998). Diesen Stolz vermitteln auch die Figuren in der Verfilmung von „Abschaum", wobei es Becker nicht so sehr um Ausländerfragen geht. In einem von „arte" ausgestrahlten Interview betont der Regisseur, „dass der Film ein Film über Deutschland ist und über die deutsche Identität" (Okt. 2001, Autorin: Diane von Wrede).

Es ist in der Filmkritik nicht unbemerkt geblieben, dass sich Beckers Verfilmung zwischen zwei wegweisende Werke des deutsch-türkischen Kinos - Thomas Arslans „Dealer" und Fatih Akins „Kurz und schmerzlos" - gestellt hat (Farzanefar 2000 im „Kölner Stadtanzeiger"). Vom Thema her mit „Abschaum" vergleichbar, spielt „Kurz und schmerzlos" (1998, Wüste Filmproduktion, bei der auch einige Filme Lars Beckers entstanden) jedoch in einem multi-ethnischen Milieu: Neben der türkischstämmigen Hauptfigur agieren zwei weitere Kleinkriminelle, der eine griechischer, der andere serbischer Herkunft. Wie Fatih Akin, der zurzeit erfolgreichste und produktivste Filmemacher (türkischer Herkunft), in seinem nachfolgenden Film „Im Juli" (Buch: Selim Özdogan), wendet auch Zaimoglu sich dem Thema Liebe zu und wählt als Übergang von seiner drei Werke umfassenden testimonialen Phase zu einer bis dato ebenfalls auf drei Werke angewachsenen fiktionalen Phase die Textsorte Briefroman und spielt mit „Liebesmale, scharlachrot" – wie viele MigrantenschriftstellerInnen – auf den größten deutschen Dichter an.

In Stürmer-und-Dränger-Manier berichtet der Student Serdar, der vor seiner Freundin Anke aus Kiel nach Izmir zu seinen Eltern geflohen ist, seinem Freund im ersten Brief am 22. Juni 1999 von seiner großen Not: Seit seiner Ankunft sei er impotent, sehne sich aber so sehr nach einem sichtbaren Liebeszeichen, das er mal poetisch - in Anlehnung an den Titel - Liebesmal, mal alltagssprachlich Knutschfleck nennt (Zaimoglu 2000a, 15). Hakan, der seine Briefe mit „Kanaksta-Kümmel" unterzeichnet, bemerkt nicht nur diese Stilbrüche, sondern verbittet sich auch die intertextuelle Anspielung in seiner Antwort an den von ihm als Assimil-Ali und Intel-Ali apostrophierten Freund: „Hör auf mit der Goethe-Nummer" (Ebd. 18). Serdar greift dies auf und bezweifelt, „ob du wirklich begreifst, worauf ich hinauswill, [...] du, Hormonzombie und elender Vorstadtkanake in Personalunion" (Ebd. 35). So entwerfen die Freunde am Rande ihrer Berichte über die zwischen Liebeslust und Liebesfrust wechselnden Erfahrungen jeweils ein Bild vom anderen. Hakan erhofft sich, aus Serdar „n gefälligen Kanaksta zu formen, der sich Wind und Wetter, guter und schlechter Presse stellen kann und nicht umkippt wie n Scheiß-Zinnsoldat." (Ebd. 37f)

Wenn Ulrich Rüdenauer seine Rezension zu diesem Roman mit „Jeder kann Kanakster werden" überschreibt (Badische Zeitung 09.01.01), trifft er die Intention Zaimoglus wie auch von „Kanak Attak". Dass in der von Joachim Lottmann (1999) herausgegebenen Sammlung „Kanaksta. Von deutschen und anderen Ausländern" auch Texte von Willi Bock, Tanja Dückers, Frank Hornung und Joseph von Westphalen aufgenommen sind, mag ebenso erstaunen wie Zaimoglus Bereitschaft, neben einem Beitrag auch das Vorwort, somit die Aufgabe des Herausgebers zu übernehmen, der sonst nicht in Erscheinung tritt, aber für das Sammelsurium verantwortlich ist. Nicht nur aufgrund dieses Freundschaftsdienstes ist Mark Terkessidis Vermutung, dass sich Joachim Lottmann an Zaimoglus Erfolg anhängen wollte, naheliegend (Die Zeit, 09.03.2000, http://www.demographie.de/lehrstuhl/publlisten/rez50jahre6.htm). Wie die Bücher von Wallraff und von der Grün schmückt auch diese Sammlung zur Visiualisierung des Titels der Kopf eines Mannes vom 'Typ Ausländer', wodurch die vokalisierte Schreibweise mit der weiblichen Form konkurriert bzw. diese aufhebt. Wenngleich die Filme und Bücher der Kanak-Kultur hauptsächlich männliche Protagonisten darstellen, sprechen die ProduzentInnen i.d.R. von Kanaksta und Kanakstern. So auch Zaimoglu in einem Interview mit Jamal Tuschick, in dem er besser als Lottmann mit seiner Sammlung die *deutschstämmigen* Kanakster und Kanakstas folgendermaßen charakterisiert: „Sie sagen, ich bin ein mischiger Aleman, ich plündere alle Depots, ich bin ein Patron und nicht ein Hipsterficker mit Abocard und Fraktionszwang. [...] Außerdem ist ihnen klar, nur mit Kultur kann man heute die große Welle machen, nur mit Kultur geht Einfluss und Parteinahme, und davon das Heißeste kommt nun mal von uns." (Tuschick 1998 in „Junge Welt", http://www.cikolata.de/feridun.htm). Die Zugehörigkeit zu den Kanakstas und Kanakstern ist somit eine

Frage der inneren Haltung, während ein Kanake sich darüber hinaus auch durch seine äußere Erscheinung, seine Stilisierung zu erkennen gibt, die Ertan Ongun im Film „Kanak Attack" so beschreibt: „Die Haare müssen liegen, man möchte gut riechen, und die Jacke muss sitzen. Gerade dann, wenn man sich zuvor die Hände bei einem Deal oder einer Schlägerei schmutzig gemacht hat. Kanake sein, das ist ein Image, ein Feeling, ein Sound. [...] Wir sind allesamt Kanake [sic]. Unser Schweiß ist Kanake, unser Leben ist Kanake, unsere Goldketten sind Kanake. Unser ganzer eigener Stil ist Kanake."

Auf dem Titelbild des „Kanak-Kultur-Kompendiums", das Zaimoglu 2001 unter dem Titel „Kopf und Kragen" vorlegte, ist der Oberkörper eines Mannes abgebildet, ohne Kopf und Arme: Er umfasst mit den Händen das Revers seines Nadelstreifenanzugs, so dass auf dem dunklen Hintergrund des Anzugs und der Haut der zahlreich an Fingern, Armgelenken, Hals und Hemd verteilte Goldschmuck hervorsticht. Das Bild evoziert Typen wie „Ali 'Juwelenherz' Bülbül, Meister der Bagatelldelikte, fleißiger Freitagsgebet-Moscheegänger und Liebhaber arabesker Unterschichtsschnulzen", die Figur der Prosa-Miniatur „Rubin und Gold" (Zaimoglu 2001a, 140). Neben diesem Kanak-Gangster finden sich in dem Kompendium auch Kanak-Youngster wie „der schmucke Prinz, der Löwe aus Istanbul" („Blue Rondo à la Kanak", ebd. 96). Angereichert ist die kleine Sammlung von Kürzestprosa über das Kieler Milieu mit „fiktiven Protokollen von Talkshows, in denen sich Leute des öffentlichen Lebens um Kopf und Kragen reden" (Hillenkamp 2001 in „Die Zeit") sowie bereits veröffentlichten Zeitungsartikeln und dem Vortrag auf der Weltenbürger-Veranstaltung. Der kleine Unterschied zwischen den dargestellten Figuren und ihrem Autor liegt z.B. darin, dass Zaimoglu Silberschmuck trägt und sein Ein- und Auskommen mit Büchern und Bildern bestreitet. Im Vergleich mit dem Beinahe-Intellektuellen und -Haikudichter Serdar in „Liebesmale, scharlachrot" steht seine zweite Kunstfigur in „German Amok" (2002) dem Autor noch näher: Der Ich-Erzähler, türkischstämmiger Maler im zweifelhaften Dunstkreis der „Kunstfotze" in einer Kunstszene, in der 'alle Völkerschaften zusammenströmen' (Ebd. 16), wird wegen seiner Herkunft beispielsweise im Schlachthof als Schächter und vom Gebetsvorsteher als Dolmetscher in die Pflicht genommen. Als der Hodscha ihn sogar zum Kuppler machen will, erklärt er ihm: „Wir leben hier in einem anderen Kulturkreis. Der Mann darf der Frau nicht das Gefühl geben, dass er sie nur zum Reinhau..., ja zum Reinhauen benutzt." (Ebd. 43) Das lässt der Gebetsvorsteher allerdings nicht gelten in der Überzeugung, dass alle Kulturkreise reinhauen würden. Auch die Situation der Gastarbeiter der ersten Generation wird kurz gestreift: „den kleinen dicken Türken verwirren die Regeln der Moderne" und da er „Weib und Aufzucht in die Heimat geschickt hat", betont der Ich-Erzähler: „Ein arbeitsloser Fremder, den die Nutten nicht gern ficken, kann von sich zu Recht behaupten, dass er ein armes Schwein sei." (Ebd. 85)

Neben Sex und Kunst beherrscht v.a. der Fremdenhass in Ostdeutschland die zweite Hälfte des Romans. Die Kanakster-Welt wird zwar nicht explizit thematisiert, ist aber in der Figur des Ich-Erzählers latent präsent. Er gewinnt durch die Fürsorge für seine Nachbarin Clarissa an Klarsicht, gelangt aber in Anbetracht der Situation in Ostdeutschland zu der pessimistischen Einsicht: „Sie [Clarissa] ist eine Fremde, sie ist wesenhaft fremdartig, wie jene, die in dieses Land hineinströmten, wird ihre Fremdheit nicht vergehen. [...] Die deutschen Fremden werden glauben, sie seien sich schuldig, aus dem Klima der Verunsicherung heraus- und in die Totalität einzubrechen. Die Eindringlinge werden unglücklich bleiben, und ihr Unglück ist unser Verhängnis." (Ebd. 233) Ob solch eingestreute Reflexionen vom Leser überhaupt wahrgenommen werden, ist hier so fraglich wie in Zaimoglus für das Frühjahr 2003 angekündigtem, gerade rechtzeitig zur Frankfurter Buchmesse erschienenen Roman „Leinwand": Nur der Titel und ein wenig Kritik an der „allgemeinen Begeisterung über die entdeckte Kunstsensation" (Zaimoglu 2003a, 155) auf den Leinwänden, in die eine weibliche Wasserleiche eingewickelt war, verbindet die neueste Fiktion Zaimoglus mit der vorhergehenden. Da es weder um Kunst noch eigentlich um die Aufklärung eines noch nicht einmal als Mord nachgewiesenen Falles geht, steht die Hauptfigur, „der erste eingedeutschte Türke, der in der Bereitschaftspolizei aufgetaucht war" (Ebd. 9), im Mittelpunkt des Geschehens. Im Kreis der KollegInnen ist Seyfeddin Karasu ein Mitarbeiter wie alle anderen, es kommt allenfalls hin und wieder zu witzig-(selbst-)ironischen Anspielungen auf Stereotype, etwa wenn Seyfeddin von sich begauptet: „Als Angehöriger meines Kulturkreises werde ich von einem solch schönen Anblick [einer Frau] völlig überwältigt." (Ebd. 76) Probleme ergeben sich dagegen mit Türkengangs, denn nachdem der Kommissar zu Beginn des Romans bei einer Razzia den Bandenchef Remzi verhört und dessen „lächerlichen kleinen gelben japanischen Billigporsche" (Ebd. 13) hat durchsuchen lassen, wirft der Dealer ihm vor, seine eigenen Brüder zu verkaufen. Remzi erhält in anderen Worten die Antwort, die Seyfeddin später seiner Praktikantin Claudia gibt, als diese ihn angesichts einer Schlägerei zwischen überwiegend türkischstämmigen Jugendlichen und Polizisten fragt, ob er das harte Vorgehen der Polizei richtig finde, das seien doch seine Landsleute: „Wenn das zu hart ist, dann sollen die doch mal in der Türkei herausfinden, was passiert, wenn die da so einen Larry machen. Es zwingt sie ja keiner, hier mit Drogen zu handeln, einzubrechen, Lärm zu machen oder rumzurandalieren. Das hat mit Solidarität unter Landsleuten nichts zu tun." (125)[4] Allerdings muss er diese Haltung mit dem Leben bezahlen, denn die Nebenhandlung tritt am Ende überraschend in den Vordergrund: Der über glänzende

4 Dieser vereinheitlichende Blick inner- wie außerhalb ethnischer Gruppen wird häufig in interkultureller Literatur thematisiert; insbes. zu 'Kanake' vgl. Zoran Drvenkar 1998: Niemand so stark wie wir. Reinbek, 238.

Dialoge aufrecht erhaltenen Spannung auf *sex and crime* wird nur bezüglich des zweiten Bestandteils entsprochen. Der Mordfall könnte einen Kemal Kayankaya, die türkischstämmige Detektivfigur des Autors Jakob Arjouni, auf den Plan rufen. Doch zum Serienautor eignet sich Zaimoglu wohl kaum - bleibt abzuwarten, welche Textsorte er sich demnächst spielerisch anverwandeln wird.

4. 'Generation Kanak'

Der letzte Roman wie auch die Dorfgeschichte „Häute", für die Zaimoglu den Preis der Jury beim Ingeborg-Bachmann-Wettbewerb erhielt, unterstreichen die Vielfalt des Kanaksters, der sich nicht auf die Kanak Sprak festlegen oder als Kanaken-Houellebecq (http://www.single-generation.de/kohorten/feridun_zaimoglu.htm) etikettieren lässt. Er will auf unterschiedlichste Weise mit seinen Büchern und Auftritten verwirklichen, was er in der deutschen Gegenwartsliteratur vermisst, nämlich „den Herzensmumm, einen langen Blick auf die verzweifelten Massen vor der Haustür zu wagen." (Die Zeit 18.11.1999). Das Zitat ist dem „Zeit"-Artikel entnommen, in dem Zaimoglu mit deutscher Popliteratur abrechnet, die er als reaktionäres Kunsthandwerk abtut und sprachgewaltig „Knabenwindelprosa" nennt. Mehr Aufruhr im Literaturbetrieb verursachte ein Jahr später ein anderer Migrantenschriftsteller beim Autorentreffen in Tutzing mit der Bezeichnung „Schlappschwanz-Literatur" (Biller 2000 in „Die Zeit", http://www.partetour.de/forum/200016.moral_.pdf). Angesichts der zahlreichen Diskussionen und Denunziationen forderte Zaimoglu „Gerechtigkeit für Maxim Biller" (Die Welt 16.02.2002). Als 'Kombattanten im Kulturkampf' (vgl. Tuschik 2000) v.a. gegen die Angehörigen der „Generation Golf" (vgl. Zaimoglus Rezension „Frust schieben" im „Tagesspiegel" 09.07.03) sehen die AutorInnen der zweiten Einwanderer-Generation die Migration anders als ihre Eltern und die VertreterInnen aus Politik und Wissenschaft: „Migration ist weder eine Bereicherung noch eine Belastung. [...] Ich kann heute sagen, ich bin fremd und ich bin trotzdem deutsch. [...] Der Auslöser für meine Tohuwabohu-Literatur waren ja meine Probleme damit, wie Begriffe über die Köpfe der Beteiligten gemacht worden sind. [...] Ich vermisste in der medialen Inszenierung allerdings den positiven Ton." (Zaimoglu 2001b)

Zaimolgu ist es innerhalb von wenigen Jahren gelungen, zur Symbolfigur der ´Kanaken´ zu werden und den Begriff - zumindest im medialen wie im kulturellen Bereich - positiv zu besetzen bzw. durch 'Kanakster' zu ersetzen. Letzteres ist von größerer Bedeutung, da dem Wort 'Kanake' Erinnerungen anhaften, wie sie beispielsweise Fatih Akin beschreibt:: „Es ist ein Label, und es ist ein Slangbegriff, mit dem ich mich nicht identifizieren kann. Das klingt jetzt spießig, aber meine Eltern und ich sind aufgewachsen mit ‚Kanaken raus' an den Wänden, und dann heißt es auf einmal: Hey wir sind Kanaken, yo und cool." (Akin 2002, 78)

Für Zaimoglus Erfolg sprechen die hohen (Wieder-)Auflagen seiner Bücher, deren multimediale Vermarktung (Film, Theater, Hörfunk, CD) und seine unermüdlichen (TV-)Auftritte und zahllosen Lesungen. Doch Zaimoglu ist deshalb nicht nur „Medienstar und Entertainer" (vgl. Kaulen 2002) wie beispielsweise Wladimir Kaminer mit „Russendisko", sondern ein Autor mit einem dezidiert politischen Anspruch und dem unerschütterlichen Glauben an die Wirkung des Kulturellen, das sich in drei von Thomas Ziehe dargestellten Tendenzen, namentlich der Subjektivierung, der Ontologisierung und Ästhetisierung manifestiert (Ziehe 1988, 107ff): Der 'Sehnsucht nach unmittelbarem und lebendigem Selbstausdruck' hat Zaimoglu mit der Kanak Sprak entsprochen, diese ist eingebettet in den Wirkkreis von „Kanak Attak", „Persembe" u.a. (vgl. Burkhard 2001). Zur Ästhetisierung zählen auch populäre Formen, wie der Rap mit Texten wie „fremd im eigenen land" von Advanced Chemistry oder Comedy wie „Was guckst du?" des in Frankfurt geborenen 'Turkoarabers' Kaya Yanar. Die titelgebende, mittlerweile unter Jugendlichen sehr verbreitete Frage (Was guckst du, bin ich Kino oda was?) entstand als Reaktion auf den oben beschriebenen Blick, ihr Erfinder spielte jüngst in seiner Sendung vom 26.09.2003 (sat.1) mit dem Wort 'Kanake', indem er ein Italo-Ikea als 'Itakea' und ein Turk-Ikea als 'Kanakea' präsentierte[5]. Die Ästhetisierung des 'Kanaken' zum Kanakster durch eine 'Fiktionalisierung sozialer Wahrnehmung'[6] lässt sich mit Ziehe folgendermaßen beschreiben: „Je künstlicher ich mir die Welt mache und je künstlicher ich sie wahrnehme, um so mehr ist es eine von mir 'gemachte', und insofern dann 'meine Welt'. Das Hässliche, Langweilige, Brutale dieser Welt muss ästhetisch-künstlich gesteigert werden, um sie mir auf diesem Wege ekstatisch oder ironisch wieder verfügbar zu machen. Besser Überdrehen als Durchdrehen!" (Ziehe 1988, 111).

Wer wie Jürgen Wertheimer die 'aggressive Potenz der Kanaken in die Nähe zum Skin treten' sieht (Wertheimer 2002, 133), bestärkt die sich abzeichnende Reethnisierung und verkennt die didaktischen Möglichkeiten, die in der hier dargestellten Ästhetisierung und Symbolisierung liegen. Es ist daher an der Zeit, dass sich die Deutschdidaktik dem Phänomen in einer angemessenen Weise widmet, um deutschen wie nichtdeutschen Youngstern bei der offenen, pluralistisch angelegten Selbstfindung und -gestaltung zu helfen.

5 Angesichts der eingangs dargelegten sprachlichen Überlegungen sei auf die zunehmende Verwendung von „Turk", analog zu „Turksprache" bzw. „Turkvolk" allerdings mit Bindestrich-Schreibung, hingewiesen, z.B. „Turk-Commerce", das Branchenbuch für türkische Geschäfte, Vereine und Kultur im Internet (http://www.turk-commerce.de/de/de/home/index.php3), oder der „Turk-Berliner Erkan Arikan auf Erfolgskurs" (wdr-print, Okt. 2003). Bleibt abzuwarten, ob sich diese und ähnliche Verbindungen wie 'Afrodeutsche/-r' oder 'Italodeutsche/-r' durchsetzen werden.

6 Beachtenswert sind auch die unterschiedlichen Cover-Gestaltungen seiner Bücher und CDs, die z.B. über eine virtuelle Buchhandlung angesehen werden können.

5. „Kanak Kultur" im Deutschunterricht

Wo es nicht gerade um Fragen der Produktionsästhetik oder des Literaturbetriebs geht - und darum geht es in der Schule selten -, wird der Werdegang von SchriftstellerInnen als sekundär erachtet und im Literaturunterricht in der Regel auf einige biographische Eckdaten beschränkt. Dem entgegen steht seitens der RezipientInnen ein großes Interesse an der Person der Schreibenden, das sich (aus meiner Erfahrung mit Studierenden) in der Gleichsetzung von Autor und Erzähler und in ausführlichen Recherchen zum Verfasser sowie in dem Wunsch zeigt, der Text möge auf tatsächlich Erlebtem beruhen. Daher eignen sich besonders die dokumentarischen Texte Zaimoglus aufgrund ihrer Authentizität, ihrer jugendsprachlichen Gestaltung und ihres geringen Umfangs für den Unterricht. Dabei sollte aber deutlich werden, dass es sich um einen stilisierten O-Ton handelt.

Die Sprache wird den Lehrenden wohl fremder erscheinen als den Lernenden, die nicht nur die (oben bereits erwähnte) „Was guckst du"-Spielart pflegen, sondern - zumindest im Großstadtmilieu - an einer entsprechenden Erweiterung ihrer Umgangssprache mitwirken: Neuere Untersuchungen zur Jugendsprache zeigen, dass „unter Kindern und Jugendlichen verschiedenster sprachlicher Herkunft ein intensives 'language crossing' stattfindet, d.h., dass Kinder und Jugendliche in ihren 'peer groups' Elemente unterschiedlicher Sprachen erwerben und gebrauchen" (Dirim 2003, 74; vgl. o. Keim).

Dies unterstreicht, dass 'Kanak Sprak' im Besonderen wie das Selbstverständnis eines Kanakster / einer Kanaksta im Allgemeinen keine Frage der Herkunft bzw. der Staatsangehörigkeit sind, sondern eine bestimmte Einstellung symbolisieren. Welche Person man aus Zaimoglus Protokollsammlungen auch immer zu Wort kommen lässt, der aggressive Ton wird durch das Anliegen, als Mensch ernst und wahrgenommen zu werden, relativiert. Die „Misstöne" rufen zunächst Widerspruch hervor. Dieser bildet eine gute Grundlage für eine Diskussion über die Eigen- und Fremdwahrnehmung. Was Jugendliche über ihre Herkunft hinaus bewegt, stellt die 17jährige Schülerin Nilgün in „Koppstoff" folgendermaßen dar: „Ich will nicht so leben wie meine Eltern oder die meisten Deutschen hier. Ich sehe keine großen Unterschiede zwischen der deutschen Durchschnittsfamilie und der türkischen. Die Art ist vielleicht etwas anders wegen der Tradition. Ja, wir essen etwas anderes und sprechen eine andere Sprache. Unsere Kulturen unterscheiden sich. Aber ich vergleiche mich mit meinen deutschen Freundinnen und sehe, dass ihre Eltern ungefähr das gleiche für sie wollen wie meine für mich." (Zaimoglu 1998, 128f)

Was hier im O-Ton deutlich wird, ist vor allem für junge ProtagonistInnen in fiktionaler Literatur aus der Feder nicht-autochthoner AutorInnen symptomatisch. Neueren Untersuchungen zufolge stellen diese im Gegensatz zu autochthonen AutorInnen weniger Orientierungs- und Identitätsprobleme dar. Auch erscheinen ihre ProtagonistInnen weniger fremd (vgl. Rösch 2000, Weinkauff 2002).

Es spricht vieles dafür, dass dies nicht nur für die Kinder- und Jugendliteratur gilt. Die Behauptung Ilija Trojanows im Vorwort seiner Sammlung von „Texten aus der anderen deutschen Literatur", das Wundersame an dieser Literatur sei ihre unermessliche Vielfalt an spannenden Biographien, die wiederum spannende Texte ermöglichten (Tojanow 2000), deckt sich mit den genannten Erwartungen eines Teils der Leserschaft und unterstreicht den Erfolg von nicht-autochthonen AutorInnen wie Renan Demirkan, Emine Sevgi Özdamar, Rafik Schami, Feridun Zaimoglu oder Wladimir Kaminer. Letzterer darf sogar seit Januar 2004 im WDR-Fernsehen einmal im Monat 30 Minuten lang mit Gästen in „Kaminers Klub" 'lesen, talken, rocken'. Gerade weil sie nicht nur mit ihren Werken, sondern auch mit ihren migrationsgeprägten Biographien VertreterInnen von Minderheiten und Symbolfiguren einer interkulturellen und plurilingualen Haltung sind, sollten sie im Unterricht angemessen berücksichtigt werden. Sie haben als Kulturschaffende Vorbildcharakter (vor allem für SchülerInnen mit Migrationshintergrund) und geben ein Bild vom vermeintlich Fremden, das einen Perspektivenwechsel jenseits nationaler Zuweisungen ermöglicht. Die Aktualität und multimediale Präsenz von Autor und Werk machen nicht nur Zaimoglu für den Deutschunterricht leicht 'verfügbar'. So sind beispielsweise auf der DVD der Verfilmung von „Abschaum" neben dem Film viele Informationen (z.B. Interviews mit Zaimoglu, Becker und einigen Schauspielern) abrufbar, die einer Interpretation von Buch und Film dienlich sind. Möglichkeiten des Vergleichs mit anderen Filmen lassen sich dem dritten Teil dieses Beitrags entnehmen, der sich als einen Streckenabschnitt auf dem Wege zu einer interkulturellen Deutschdidaktik versteht.

Literatur

Akin, Fatih 2002: So ist es, Digger. Interview zur „Kanak Kultur". In: ¼ nach 5. Magazin für St. Pauli, Sept.

Biller, Maxim 2000: Feige das Land, schlapp die Literatur. Über die Schwierigkeit beim Sagen der Wahrheit. In: Die Zeit, 13.04.; Online-Quelle: http://www.partetour.de/forum/200016.moral_.pdf

Burkard, Astrid 2001: Kanak Attak und Basta! Migrantisches Selbstverständnis. In: Interkulturelles. Forum für Interkulturelle Kommunikation, Erziehung und Beratung. H. 3/4 (Zuwanderung und Minderheiten), S. 83-97

Dikmen, Sinasi 1985: Der andere Türke. Satiren. Berlin

Dirim, Inci 2003: Gestaltung sozialer Beziehungen durch multilinguale Sprachpraxis. In: Inez De Florio-Hansen/ Adelheid Hu (Hrsg.): Plurilingualität und Identität. Zur Selbst- und Fremdwahrnehmung mehrsprachiger Menschen. Tübingen, S. 73-84

Drvenkar, Zoran 1998: Niemand so stark wie wir. Reinbek

Duden 1999: Das große Wörterbuch der deutschen Sprache. (3. Aufl.) Mannheim

Engin, Osman 1992: Alles getürkt. Reinbek

Farzanefar, Amin 2000: Kein Ort, nirgends? Lars Becker verfilmt Feridun Zaimoglu. In: Kölner Stadtanzeiger, 18./19.11.

Göztürk, Deniz 2000: Migration und Kino - Subnationale Mitleidskultur oder transnationale Rollenspiele? In: Carmine Chiellino (Hrsg.): Interkulturelle Literatur in Deutschland. Ein Handbuch. Stuttgart, Weimar, S. 329-347

Grün, Max von der (1975) 1980: Leben im gelobten Land. Gastarbeiterporträts. (6. Aufl.) Darmstadt

Hillenkamp, Franz 2001: 7 Tage mit Feridun Zaimoglu, Schriftsteller. In: Die Zeit 3.5.

Kaulen, Heinrich 2002: Der Autor als Medienstar und Entertainer. Überlegungen zur neuen deutschen Popliteratur. In: Hans-Heino Ewers (Hrsg.): Lesen zwischen Neuen Medien und Pop-Kultur. Weinheim, München. S. 209-228

Küpper, Heinz 1984: Illustriertes Lexikon der deutschen Umgangssprache in 8 Bänden. Bd.6. Stuttgart

Langer, Susanne K. 1965: Philosophie auf neuem Wege. Das Symbol im Denken, im Ritus und in der Kunst. Berlin

Laudenberg, Beate 2000: Aspekte der deutschsprachigen Migrantenliteratur, dargestellt an Yoko Tawadas „Ein Gast". In: Beate Laudenberg/ Manfred Durzak (Hrsg.): Literatur im interkulturellen Dialog: Festschrift zum 60. Geburtstag von Hans-Christoph Graf v. Nayhauss. Bern u.a., S. 130-143

Link, Jürgen 1994: Sprachliche Benennungen und neorassistische Mentalitäten. In: Beate Winkler (Hrsg.): Was heißt denn hier fremd? Thema Ausländerfeindlichkeit: Macht und Verantwortung der Medien. München, S. 45-51

Lottmann, Joachim 1997: Kanak Attack! Ein Wochenende in Kiel mit F.Z., dem Malcolm X der deutschen Türken. In: Die Zeit, 14.11.

Lottmann, Joachim (Hrsg.) 1999: Kanaksta. Von deutschen und anderen Ausländern. Weinheim

Luchtenberg, Sigrid 2000: Migration, Multikulturalismus, Mehrsprachigkeit in den Medien: text- und diskursanalytische Überlegungen. Oldenburger Arbeitspapiere 4

Oxford 1993: The New Shorter Oxford English Dictionary. vol. 1, Oxford

Rating, Britta 1999: Ein Sechser im Lotto. Ertan Ongun aus Kiel wurde vom Gangster zur literarischen Figur: Nun wird sein Leben verfilmt. Der geläuterte 'Kanake' entgeht sogar der Abschiebung in die Türkei. In: Die Woche, 28.05.

Robert 1985: Le grand Robert de la langue francaise, t.2, Paris

Roderer, Ursula 1986: Mode als Symbol: ein interaktionistischer Ansatz zur Bedeutung der Mode für Altersgruppen. Regensburg

Rösch, Heidi: Jim Knopf ist (nicht) schwarz: Anti-/Rassismus in der Kinder- und Jugendliteratur und ihrer Didaktik. Baltmannsweiler

Schneider, Jens 2001: Deutsch sein. Das Eigene, das Fremde und die Vergangenheit im Selbstbild des vereinten Deutschland. Campus

Schumann, Adelheid 2002: Zwischen Eigenwahrnehmung und Fremdwahrnehmung. Die Beurs, Kinder der maghrebinischen Immigration in Frankreich, Frankfurt

Trojanow, Ilija (Hrsg.) 2000: Döner in Walhalla. Texte aus der anderen deutschen Literatur. Köln

Tuschik, Jamal 2000: „Bruder, du bist meine Stimme". Feridun Zaimoglu. Kombattant im Kulturkampf. In: Thomas Kraft (Hrsg.): Aufgerissen. Zur Literatur der 90er. München, Zürich, S. 105-117

Wander, Maxie 1977: Guten Morgen, Du Schöne. Protokolle nach Tonband. Ost-Berlin. (BRD 1979)

Wallraff, Günter 1985: Ganz unten. Köln

Weinkauff, Gina 2002: Multikulturalität als Thema der Kinder- und Jugendliteratur. In: Günter Lange (Hrsg.): Taschenbuch der Kinder- und Jugendliteratur. Bd.2, Baltmannsweiler (3. Aufl.), S. 766-782

Wertheimer, Jürgen 2002: Kanak/wo/man contra Skinhead - zum neuen Ton jüngerer AutorInnen der Migration. In: Aglaia Blioumi (Hrsg.): Migration und Interkulturalität in neueren literarischen Texten. München, S. 130-135

Ziehe, Thomas 1988: Der Gehalt des Symbols und die kulturelle Modernisierung von Jugend. In: Jürgen Heumann (Hrsg.): Bilder, Mythen und Symbole. Oldenburg

Zaimoglu, Feridun 1995: Kanak Sprak. 24 Misstöne vom Rande der Gesellschaft. Rotbuch. Fischer 2001 [CD: Der Audioverlag 2000]

Zaimoglu, Feridun 1997: Abschaum. Die wahre Geschichte des Ertan Ongun. Rotbuch [Filmfassung: Lars Becker (2000): Kanak Attack. Concorde (VHS und DVD 2001)]

Zaimoglu, Feridun 1998: Koppstoff. Kanaka Sprak vom Rande der Gesellschaft. Rotbuch [Übersetzung: Kafa Örtüsü. Das Arabische Buch 2000]

Zaimoglu, Feridun 2000a: Liebesmale, scharlachrot. Roman. Hamburg [CD: Der Audioverlag 2000]

Zaimoglu, Feridun 2000b: Kanak Attack: Rebellion der Minderheiten. Die Rede des Schriftstellers Feridun Zaimoglu auf der Weltenbürger-Veranstaltung in Hannover. In: Frankfurter Rundschau, 20.05. Online-Quelle: www.fr-aktuell.de/fr/160/t160005.htm,v.23.05.00

Zaimoglu, Feridun 2001a: Kopf und Kragen. Kanak-Kultur-Kompendium. Fischer [CD: Der Audioverlag 2001]

Zaimoglu, Feridun 2001b: 40 Jahre Einwanderung aus der Türkei: „Der Zusammenprall ist ein Segen". Interview von Eberhard Seidel. In: taz-dossier 27./28.10.

Zaimoglu, Feridun 2002a: German Amok. Roman. Rotbuch

Zaimoglu, Feridun 2002b: Gerechtigkeit für Maxim Biller. Der Schriftsteller F.Z. portraitierte den begabtesten Polemiker Deutschlands. In: Die Welt, 16.02.

Zaimoglu, Feridun 2003a: Leinwand. Roman. Rotbuch

Zaimoglu, Feridun 2003b: Häute. Online-Quelle: wysiwyg://31/http://studios.orf.at/ktn/bp2003/autoren/zaimoglu

Hermann Noering (Osnabrück) **Interaktive Videoinstallationen** Symbolische Transformation als ästhetische und didaktische Kategorie

Mit der erweiterten Mediatisierung der Gesellschaft finden Neue Medien wie Film, Fernsehen, Video und Computer Eingang in die Bildende Kunst und führen zu einer Hybridisierung der verschiedenen traditionellen Kunstgattungen. Gleichzeitig hat sich die Rolle des Kunstpublikums entscheidend verändert: vom bloßen Rezipienten zum aktiven Partizipienten interaktiver Medienkunst. Umberto Eco schreibt dazu in seiner ‚Poetik des offenen Kunstwerkes' schon 1962: „Das Kunstwerk in Bewegung ... bietet die Möglichkeit für eine Vielzahl persönlicher Eingriffe, es ist aber keine amorphe Aufforderung zu einem beliebigen Eingreifen: Es ist weder zwingende noch eindeutige Aufforderung zu einem am Werk selbst orientierten Eingreifen, die Einladung sich frei in eine Welt einzufügen, die gleichwohl immer noch die vom Künstler gewollte ist" (Eco 1962, 55).

Diese kunsttheoretischen Facetten des medialen Wandels besitzen interessante ästhetische und didaktische Implikationen, wie ich am Beispiel interaktiver Videoinstallationen und der durch sie ausgelösten symbolischen Transformationsprozesse verdeutlichen möchte. Dazu werde ich die wichtigsten Entwicklungslinien interaktiver Videoinstallationen von den Analog- zu den modernen Digital-Medien skizzieren. Auf diese Weise soll das breite kunst- und mediengeschichtliche Spektrum ins Blickfeld gehoben werden, aus dem sich der Deutsch- oder Kunstunterricht bei einer Thematisierung dieser avantgardistischen Medienkunstströmungen bedienen kann.

1. *Closed Circuit Installation* als Vorläufer interaktiver Werke

Das Spiegelmotiv, das Spiegelbild und der eigene Schatten, die Welt hinter dem Spiegel, das Doppelgängermotiv und literarische Figuren wie Amphytrion, Dorian Gray oder Peter Schlehmil ziehen sich durch die Kunst- und Literaturgeschichte. Schon Leon Bapttista Alberti meinte 1435 in ‚Della Pintura': „Narziss ist der eigentliche Erfinder der Malerei" (Alberti 1435, 135). In der jüngeren Geschichte der Modernen Kunst werden im Fluxus, in der Op-Art und dem Expanded Cinema sogenannte *Closed Circuit* Installationen bzw. Environments entwickelt, die die Widerspiegelungsthematik mit dem Medium Video (aber durchaus auch mit Glasspiegeln) weiterführen. Eine oder mehrere Kameras nehmen die Situation auf und spielen das Abgebildete zeitgleich oder zeitnah auf Monitoren ab. Abgebildetes und Abbild sind zeitlich parallel oder leicht verzögert im Raum vereint. Die äußere körperliche Realität und ihre Reproduktion sind in der Einheit von Raum und Zeit erfahrbar. Der Besucher wird in den Bildkreislauf einbezogen, seine Anwesenheit und sein Handeln werden Teil des Werkes, die Subjekt-Objekt-Beziehungen werden unmittelbar thematisiert.

Partizipatorische Kunst gab es schon Anfang des letzten Jahrhunderts. Zuschauer wurden direkt angesprochen, um in das Kunstwerk einzugreifen. So konnte sich der Zuschauer bei Dada-Veranstaltungen beteiligen und entscheidend Einfluss nehmen. Dies konnte soweit gehen wie bei Max Ernst, der eine Axt neben sein Werk legte und die Besucher aufforderte, es zu zerschlagen, falls es nicht gefalle. Duchamp entwickelte später ein Einschaltsystem mit einer Lichtschranke, so dass die Besucher die Beleuchtung der Werke durch Betreten des Raumes steuern konnten.

Die Künstler des Fluxus, der „Art + Technology"-Bewegung New Yorks der 60er Jahre und des „Expanded Cinema" mit ihren Happening-Aktionen (so z.B. Gene Youngblood, Valie Export, Peter Weibel) hatten das gleiche Bestreben. John Cage, Wolf Vostell, Allan Kaprow wollten mit ihren Events heraus aus den Galerien und Museen und näher zu den Menschen. Der Einsatz verschiedener Medien und die Beeinflussung der Präsentation des offenen Kunstwerkes waren die bestimmenden Themen dieser Epoche. In John Cage's großer Aktion ‚Variations V', 1965 (vgl. Abb. 1; CD-ROM), an der auch Tinguely, Rauschenberg, Klüver, Paik, Vanderbeek und Cunningham beteiligt waren, wurde ein Klangsystem Klüvers eingesetzt, das über Fotozellen und Theremin vom Tänzer (Merce Cunningham) durch seine Bewegungen gesteuert wurde. Dazu liefen Videos von Nam June Paik.

Abb.: 1

In den sechziger und siebziger Jahren wurden in vielen Ländern Europas, in den USA und Japan Closed Circuit Kamera-Installationen entwickelt, die die Teilnahme des Betrachters am Werk weiter steigerten.

In der Frage nach Selbst-Reflexion, Selbst-Wahrnehmung und Selbst-Benennung im Closed-Circuit fand sowohl die formal-ästhetische als auch die inhaltsästhetische künstlerische Auseinandersetzung mit dem elektronischen Medium statt. Formal bezog man sich auf das Trägermedium Video und die Auslotung seiner Möglichkeiten. Inhaltlich setzte sich die künstlerische Verwendung des neuen Mediums mit wahrnehmungstheoretischen Fragestellungen und der Erforschung

Abb.: 2

des Kommunikationspotentials der neuen elektronischen Medien auseinander. Aber man spielte auch häufig auf die Alltagsrezeption und die Herrschaftsfunktion des Massenmediums TV an.

Es wurden Fragen nach dem sozialen Stellenwert der Kunst, nach der Konstruktion von Realität und Identität, nach Raumerfahrung und Medienrezeption, nach Emotionalität und haptischer Sensibilisierung für den dreidimensionalen Raum und für den flachen Medienraum, aber auch nach der Autorenschaft und der Vollendung des Werkes virulent. Ferner gehörte auch der direkte Bezug auf die Überwachungstechnologie und den situativen, voyeuristischen Schock, dem sich der Besucher bei Konfrontation mit Gewalt und Sex ausgesetzt sah - wie zum Beispiel in der Arbeit ‚Heuschrecken' von *Wolf Vostell* aus dem Jahr 1969 (vgl. Abb. 2; CD-ROM) - zu den Thematiken dieser Kunst mit und über Medien.

Beispiele

Les Levine stellte 1968 in seiner Skulptur ‚Iris' (vgl. CD-ROM) Kameras auf, die die Besucher aus unterschiedlichen Distanzen aufnahmen und auf sechs Fernsehern wiedergaben. Die allererste Close Circuit Installation entstand bereits 1966: In seiner Arbeit ‚Slipcover' verzögerte Les Levine für einige Sekunden die Wiedergabe. Der skulpturale, in sich geschlossene Aufbau dieser Arbeit - aber noch viel mehr der hier erstmals benutzte Verzögerungseffekt der Bildwiedergabe wurde von vielen Künstlern aufgegriffen und weiterentwickelt.

Peter Campus (vgl. CD-ROM) - ebenfalls ein Closed Circuit Künstler der ersten Stunde - ging es weniger um Selbstkonfrontation und ‚Reality- bzw. Identy-Check' des Betrachters, sondern um die Befragung des Abbildes, das er in geringer Schwarz-Weiss-Auflösung und in struktureller Anmutung überlebensgroß projizierte. Durch die schemenhafte Darstellung mit Winkelverzerrungen zielte Campus auf die emotionale Einbindung des Betrachters.

Nam June Paik's ‚TV Buddha' (1975) (vgl. Abb. 3; CD-ROM) ist sicherlich die bekannteste Closed Circuit Installation und gilt auch als die schlüssigste, auf das Wesentliche reduzierte Arbeit dieser avantgardistischen Medienkunstrichtung. Bekannt und wichtig sind ebenfalls die Installationen von *Bruce Naumann* ‚Live/Taped Video Corridor' (vgl. CD-ROM) und *Bill Viola* mit ‚He Sweeps for You' (1976) (vgl. CD-ROM).

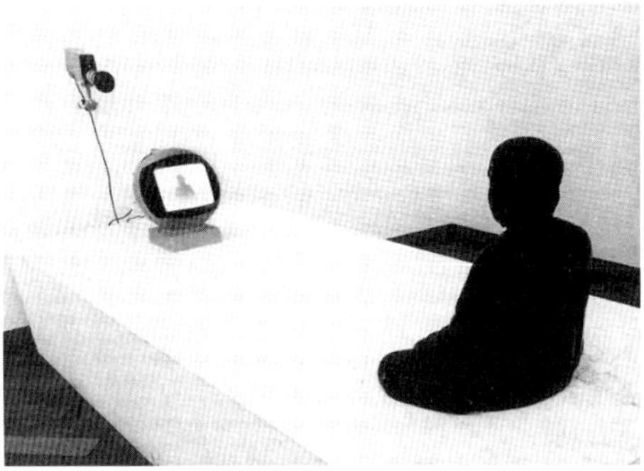

Abb.: 3

Dan Graham lässt in seiner Rauminstallation ,Present Continous Past(s)' (vgl. CD-ROM) aus dem Jahr 1974 den Betrachter zum Beobachter seines eigenen Beobachtens werden. Über Spiegel, die die Zeitdehnungsebene unaufhörlich steigern, erzeugt er eine Raum-Zeit-Rückkoppelung. Mit diesen parallelen Zeitebenen im Gegenwarts-Erlebnis führt Campus ein Verunsicherungsmoment ein, das er auch durch die verzögerte Wiedergabe des per Kamera eingefangenen Raum-Bildes auslöst.

Takahiko Iimura (vgl. Abb. 4; CD-ROM) bezog sich in vielen seiner Kamera/ Monitor-installationen als Bindeglied zwischen „Ich und Du" auf die Sprache. Mit dem Satz „Ich sehe Dich" thematisiert er die vertauschten Rollen im Beobachtungsprozess zwischen dem Beobachtenden und dem Beobachteten und weist auf die Funktion der Sprache in intersubjektiven und in Subjekt-Objekt-Beziehungen hin.

Abb.: 4

2. Digitale Maschinen ermöglichen das *„Flottierende Werk"*

Mit Einbeziehung von Rechnersystemen und Computern in die Kunst werden die operationalen Qualitäten der digitalen Technologie genutzt, um Erfahrungsräume zu schaffen, die sich durch die Handlungen und das Eingreifen der Rezipienten verändern. Interaktive Systeme bestehen aus mehreren Komponenten, die im Zusammenwirken ein individuell oder kollektiv erlebbares Kunstwerk entstehen lassen, das in seinem Resultat relativ offen und abhängig von der Teilnahme des Nutzers ist. Dies können sowohl räumlich konzentrierte Systeme wie Installationen oder Performances sein, aber auch offene, vernetzte Prozesse oder Aktionen, die im Internet und/oder im öffentlichen Raum stattfinden.

Video, Videoinstallationen und damit die hier besprochenen Closed Circuit Installationen basieren auf Analogtechnologien, die die Spuren des Abgebildeten auf das repräsentierende Bild übertragen. Das Abgebildete ist in allen Stadien des elektronischen Prozesses nachvollziehbar. Das ändert sich mit der digitalen Aufzeichnung, der digitalen Speicherung, ihrer Bearbeitung und der digitalen Wiedergabe.

Film und Video, jene zeitabhängigen technischen Medien - the Time based medias - lassen sich nur linear wiedergeben und rezipieren. Man drückt auf „Play", und sodann wird Szene für Szene nach der Organisation des Autors, Regisseurs oder Cutters abgespielt. Ein Eingriff ist nur über Stop und Fast-Forward oder Return möglich. Innerhalb digitaler Medien lässt sich - theoretisch - jede gespeicherte Information von jedem „Punkt" innerhalb des Gesamtaufbaus direkt ohne Zeitverlust über sogenannte Hotspots und Sprungadressen ansteuern und damit non-linear rezipieren. Dazu Jeffrey Shaw und Peter Weibel: „Der digitale Bereich zeichnet sich vor allem durch seine reichhaltige Palette neuer Interaktionsmodi aus. Es muss nicht eigens erwähnt werden, dass alle traditionellen Ausdrucksformen insofern interaktiv sind, als dass sie durch den Wahrnehmungsprozess interpretiert und rekonstruiert werden müssen. Doch bietet die digitale Interaktivität eine neue unmittelbare Dimension der Kontrolle des Geschehens durch den User und dessen Einbeziehung in den kreativen Vorgang. Das zwanghafte Verhältnis zwischen Zuschauer und Dargebotenem im traditionellen Film wird sich verändern, da das wachsende Spektrum der Input-Output-Technologien und algorithmischer Produktionstechniken im digital erweiterten Film zur Anwendung kommen." (Shaw/Weibel 2002, 1)

Die binäre Zahlenfolge der digitalen Information transformiert das Bild, es hat weder Gestalt noch Stabilität. Es ist referenzlos, entkoppelt von Raum und Zeit. „Die Zeit ist entqualifiziert", wie Peter Gendolla in dem Aufsatz ‚Interaktion von Raum und Zeit' (Gendolla 2001, 36) sagt. Denn digitale Darstellungen sind momentane Organisationsformen der Zahlen im digitalen, algorithmischen Prozess, unabhängig davon, ob sie sich auf ein Bild, auf Messdaten, auf eine Filmsequenz oder einen Text beziehen. Diesen Umstand fasst Söke Dinkla mit dem Begriff des „Flottierenden Werkes" (Dinkla 2001, 73) zusammen, mit dem sie Kunstwerke bezeichnet, die die Eigenschaften digitaler Technologien nutzen. Das Hauptmerkmal dieser Werke ist es, dass sie sich in ständiger Veränderung befinden und damit einen paradigmatischen Wandel von Realitätswahrnehmung und Realitätsorganisation einleiten. „Das Flottierende Werk entwickelt Modelle, in denen wir unser verändertes Selbstbild erproben und, im besten Falle, selbst entwerfen können" (Dinkla 2001, 73). Diese Art interaktiver Kunst konzipiert das digitale Medium nicht als Erweiterung der menschlichen Sinnesorgane, sondern als einen ästhetischen Raum, der die Rekonstruktion einer veränderten Ordnung der Welt erlaubt. In den offenen Systemen der künstlerischen Computerinstallationen wird der Raum zur „Möglichkeitsform, in dem die Interventionen der Besucher zu einer kontinuierlichen Neudefinition der Bedeutungsfelder im Netzwerk der Assoziationen" (Dinkla 2001, 76) führen.

3. *Kombinatorik und Hypertext* als Basis *Flottierender Werke*

Kombinatorik und Hypertext sind die Schlüsseleigenschaften des offenen interaktiven Werkes, die sich aus der Digitalität ergeben. Die Digitalität, die Vereinheitlichung der Information auf 0 und 1, macht den Rechner zur idealen Kombinationsmaschine, die auch dringend benötigt wird, denn „nicht die Produktion ist heutzutage das Hauptproblem in der Ökonomie, der Liebe und der Kunst, sondern die Kombination" (Idensen/Krohn 1989, 181). Werfen wir einen Blick auf mediengeschichtliche Hintergründe der Hypertextualität. Das chinesische Buch der Wandlungen „I Ging" kann als erster primitiver Computer gesehen werden: die Hexagramme des I Ging stellen einen Katalog von Phänomenen aus Natur, Kultur und Gesellschaft des frühen China dar, die in ein binäres Zeichensystem überführt und somit in vielfacher Art und Weise verknüpft werden konnten.

Der katalanische Gelehrte Raimundus Lullus konstruierte im 13. Jh. eine syllogistische Kombinations-Maschine: bestehend aus drei ineinandergestellten Kreisen, von denen die beiden inneren beweglich sind. Aus diesen lassen sich neun absolute und neun relative Prädikate kombinieren und diesen Urteilen dann wieder Prinzipien mittels des inneren Kreises als Schlüsselbegriff zuordnen.

Hypertextfähigkeit, also die Verknüpfung verschiedener Textstellen - aber auch anderer medienbasierender digitalisierter Bausteine - über Sprungadressen stellt die weiterentwickelte Kombinatorik dar. Der parallele, zeitgleiche Zugriff auf zu kombinierende Elemente ist ein Wesensmerkmal verschiedenster Künste der Moderne.

1965 wurde der Begriff ‚Hypertext' von Ted Nelson (der übrigens auch den Begriff „multi-media" einführte) als nicht-sequentielles Schreiben und Lesen definiert. Dabei soll es die Gleichzeitigkeit verschiedener Ebenen eines produktiven Schreibprozesses aufnehmen und dazu analoge Verarbeitungsmöglichkeiten auf dem Computer zur Verfügung stellen.

Mit der Rezeptionsform hypertextueller Werke werden Metaphern verknüpft. Arlindo Machado (1997) zieht das Bild des Labyrinths als Beschreibung heran, denn in ihm gibt es keine herausgehobene exponierte Stellung der Übersicht. Im Labyrinth ist vielmehr das dezentrale Erforschen, der Rückzug zum Nachdenken über den zu beschreitenden Weg notwendige Verhaltensregel. Es gibt kein Ziel; die Krönung der Erfahrung ist das Erkennen einer Struktur, indem man möglichst vollständig alle Verzweigungen des Rhizoms (Wurzelwerk) durchreist.

Ein Modell für eine mimetisch-ästhetische Praxis leiten Gilles Deleuze und Felix Guattari (1977) aus ihrer Kritik am traditionellen Denken, das dem hierarchischen System des Baumes folgt, und aus dem Prinzip des Rhizoms ab: der Wurzelstock kann an jeder beliebigen Stelle aufbrechen, weiterwuchern und sich nach allen Richtungen verzweigen. Daraus entwickeln sie eine literarische Produktionsmethode, die in kollektiven Aussageverkettungen besteht. Das Ideal eines Buches, das viele Eingänge und Ausgänge hat, besteht in einer mehrdimensionalen Verkopplung von Aussagen, die sich wie auf einer Landkarte ausbreiten und verzweigen. Dazu Stefan Günzel (1998, 7): „Doch auch dies war eine Intention ihres Schreibens: Texte zu produzieren, die sich - da sie keine zentrale Idee oder Aussage vertreten - nicht von einer zentralen Instanz (dem Autor) verfassen und zeichnen lassen."

4. *Interaktivität* als Transformation künstlerischer Praxis

Robert F. Malina stellte in der von ihm herausgegebenen Zeitschrift ‚Leonardo' 1990 fünf wesentliche Merkmale der interaktiven Medienkunst im Computer zusammen:

- Die Interaktion erfolgt in real time;
- der Computer lernt; er ändert seinen inneren Status;
- der Computer kann - auch über weite Entfernungen - mit anderen Computern vernetzt werden;
- der Computer kann eine Vielzahl von Signalen verschiedener Modi empfangen und synästhetisch verknüpfen;
- der Computer kann große Mengen an Daten speichern und zugänglich machen.

Doch diese sehr technologisch orientierte Definition griff zu kurz, um die kombinatorische Poetik zu benennen, die basierend auf Digital-Technik möglich wurde. Partizipatorische, interaktive Kunst transformiert mit Hilfe der strukturellen Systemoffenheit des Rechners und seiner Fähigkeit, Informationen zu synchronisieren sowie auf Grund der Erfahrungen mit Close Circuit Installationen die künstlerische Praxis. Assoziationen, Intuitionen und Imaginationen des Teilnehmers werden angesprochen und es wird ihm angeboten, semantische Felder neu zu besetzen.

Vorausgesetzt ist dabei immer die Immersion des Besuchers, sein Einlassen auf die interaktive Situation. Mit der interaktiven Kunst wird der Besucher Teil des Werkes, seine intervenierenden Handlungen machen ihn zum Agenten, zum Mittäter des Künstlers. Im Rahmen des vorgegeben Handlungsradius ist ihm ein Teil der Autorschaft zuzugestehen. Damit verabschiedet sich die Kunst endgültig von der Vorstellung eines autonomen, genius-getriebenen Künstlersubjektes, das - allerdings auch erst seit der Romantik - ein Leitbild westlicher Kultur war.

Beispiele
Der Pionier computerbasierender Werke *Myron Krueger* war stark von John Cage beeinflusst. Mit ‚Videoplace', an dem er seit 1975 arbeitete und das er bis 1990 weiterentwickelte (vgl. CD-ROM), schuf er einen von ihm als ‚Responsive Environment' bezeichneten Raum, in dem der Computer die Bewegungen der Besucher interpretierte, auf diese reagierte und sie unter Umständen sogar vorwegnahm. Als Silhouette dargestellt, konnten die Besucher auf der Leinwand mit den vom Rechner generierten virtuellen Grafiken interagieren, spielen, sie manipulieren. Krueger konzentrierte sich auf Videowände als Ausgabemedium und Videokameras mit Software-Bilderkennung als Eingabemedien, die den Benutzern ein Dritte-Person-Erlebnis in einer synthetischen, zweidimensionalen Computergrafikwelt ermöglichten.

Die Arbeiten Kruegers waren auch sehr einflussreich im Hinblick auf die Entwicklung von Interfaces. Allerdings ist ihm sein enthusiastischer Technik-Optimismus und die Allmachtsphantasien der Anhänger der Artificial Reality-Szene (ein vom ihm geprägter Begriff) bzw. der KI / AI - Gemeinde der siebziger und achtziger Jahre des Öfteren vorgeworfen worden.

David Rokeby (Toronto) stellte mit ‚Very Nervous System' (1983 - 94) ein interaktives Sound Environment vor (vgl. Abb. 5; CD-ROM), das ebenfalls auf einem Bild- und Bewegungserkennungssystem per Kamera beruht. Das Kamerabild wird von einem Computer auf Bewegungen analysiert, die über einen angeschlossenen Synthesizer in Sound und Töne umgesetzt werden. Der Besucher schafft über seine Körperbewegungen eine Soundkomposition, die in ihrer permanenten Veränderung eher einer Klangwolke als einer festen Komposition ähnelt. Rokeby hat die dem Computerprogramm zu Grunde liegende Matrix abzurufender Sounds und Tonfolgen sehr vage und unfixiert gehalten, so dass ein ergebnisoffener ‚Austausch' zwischen System und Besucher stattfindet. Nicht nur thematisiert er auf diese Weise den Mensch-Maschine Prozess, er verfolgt auch eine dezidiert medienpädagogische Absicht, wenn er dem Besucher die absolute Kontrolle über die Maschine verweigert. Ein weiteres Ziel ist es, ein leicht zugängliches und verständliches Interface-System anzubieten, das es auch Behinderten erlaubt, ‚tanzend' Klangräume zu schaffen und sie damit zu motivieren, ihre Körper auf andere Weise zu erfahren.

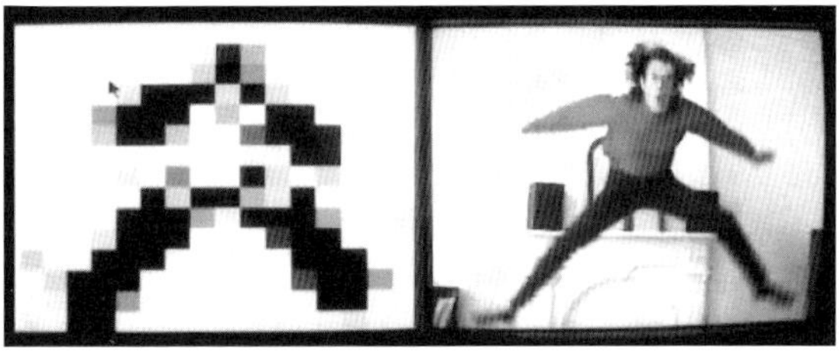
Abb.: 5

Das motion-tracking-system, das von ihm entwickelt wurde, haben auch andere Künstlerinnen und Künstler genutzt, um ihre Vorhaben damit zu realisieren.

Mit „Giver of Names" (vgl. CD-ROM) entstand 1997 eine Arbeit von David Rokeby, die den Computer als Assoziationsmaschine nutzt, die kontinuierlich neue Metaphern bildet und auf diese Weise die Regelhaftigkeit der Alltagssprache vorführte. Der Besucher kann beliebige Gegenstände auf ein Podest innerhalb des Ausstellungsraumes stellen. Eine Kamera nimmt das Bild des Gegenstandes auf, das wiederum mehrere Durchläufe durch ein Rechnerprogramm vollzieht. Abhängig von dem Scanvorgang des Bildes bietet der Computer verschiedene Beschreibungssätze zum Gegenstand an. Ein Ziel Rokeby's ist es, die Verwandtschaft zwischen visueller Wahrnehmung und Sprache zu demonstrieren, gleichzeitig aber auf die Abhängigkeit der Wahrnehmung von Annahmen hinzuweisen.

Die Computerprogramme fungieren bei Rokeby und Krueger als Instrumente, die die Gesten der Teilnehmer transkribieren und in eine neue Sprache übertragen - bei Krueger in eine visuelle, bei Rokeby in eine auditive bzw. in eine verbale.

Mit ‚Fugitive' (ab 1997) von *Simon Penny* (vgl. Abb. 6; CD-ROM) möchte der Künstler die Beziehung zwischen Mensch und Maschine vereinfachen und das Verständnis der Maschinenabläufe auf intuitive Weise herstellen. In seiner Arbeit werden die Bewegungen der Besucher über ein maschinelles Bildanalysesystem erfasst, dass im Laufe der Zeit deren Verhalten erlernen, vorausberechnen und damit „die Sprache der Körper sprechen lernen soll" (Penny). Tritt ein Zuschauer in die Arena der Rundleinwand von ‚Fugitive', so sieht er Videobilder und auch sein eigenes Abbild auf die Innenwand projiziert. Diese Bilder versuchen, ihm ständig auszuweichen. Sie sind für ihn nicht greifbar, sie entfliehen. Anfänglich ist der Grad der Interaktivität noch sehr niedrig, das System reagiert zunächst direkt auf das menschliche Verhalten. Mit dem fortschreitenden Lernerfolg des Rechners werden die Verhaltensmuster der fliehenden Projektion komplexer, womit sich auch der Trainingsgrad des Zuschauers erhöht. Penny nennt diesen Prozess des gegenseitigen Lernens „auto-pädagogisch".

Abb.: 6

Nach Penny haben wir es bei Interaktiven Kunstwerken mit Repräsentations-Maschinen zu tun, deren bildliche und kinetische Manifestationen stark abhängig sind vom Input der Rezipienten. „A painting is an instance of representation. A film is a sequence of representations. Interactive artworks are *not* instances of representation, they are virtual machines which themselves produce instances of representation based on real time inputs." (Penny 1998, 150)

Mehr noch als Rokeby sieht er diesen offenen, dialogischen Mensch-Maschine-Prozess unter pädagogischen Aspekten. „Im Idealfall führen Veränderungen im Verhalten des Systems zu Veränderungen im Verhalten des Besuchers, und es entwickelt sich ein Spiel aus Aktion und Reaktion, statt dass nur eine Serie pawlowscher Reflexe abläuft" (Penny 1998, 150).

Ein herausragendes Beispiel des assoziativen, poetischen Potentials, das sich mit Hilfe digitaler Kombinationsmöglichkeiten erreichen lässt, ist die Arbeit „Passage Sets" (vgl. CD-ROM) des Australiers *Bill Seaman* (1997); eine Betrachtung über Reise, Sensualität und Identität im Cyberspace, die Seaman durch die Kombination eines interaktiven Sprachprogramms sich generierender poetischer Texte und einer assoziativen Bild- und Tonebene inszeniert. Die Arbeit konfrontiert den Betrachter mit einer großen Zahl an Kombinationsmöglichkeiten und stellt unterschiedliche Erzählformen nebeneinander, die sich zu einem dichten Gefüge individuell lesbarer Strukturen ergänzen. Im Zentrum stehen dabei die Überlagerungen dreier Ebenen: Sprache, Bild und Ton. Jedoch geht es keineswegs nur um die Parallelität dieser drei Ebenen, die ja auch jeder Film enthält. Vielmehr ist die Arbeit ein Versuch, die wechselseitige Beeinflussung zu analysieren, die diese Ebenen auf unsere Wahrnehmung und auf unsere Konstruktion von Assoziationen ausüben.

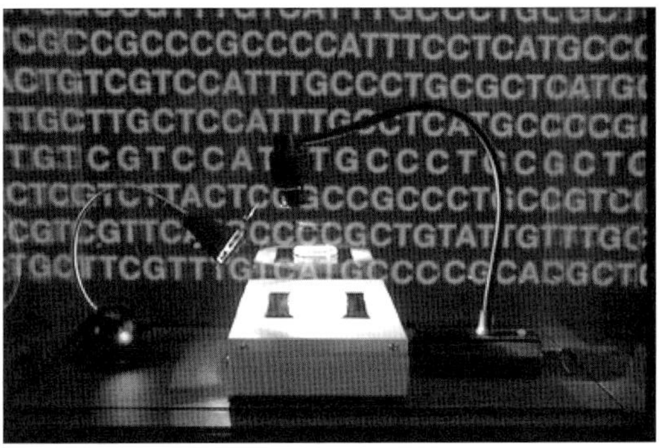

Abb.: 7

Auf aktuelle gesellschaftliche Diskussionen geht *Eduardo Kac* ein, ein brasilianischer Bio-, Medien- und Netzkünstler, der vorwiegend in Chicago lebt. Eduardo Kac's „Genesis" (1998/99) ist ein - wie er es nennt - „transgenes Kunstwerk", das ein Gen enthält, das vom User verändert werden kann (vgl. Abb. 7; CD-ROM).

Kac ließ eine Textstelle der biblischen ‚Genesis' in den Code eines Gens übertragen, er transformierte die Schöpfungsgeschichte in die Sprache des Lebens. Da es sich um ein Gen in einem lebenden Bakterium handelt, ist es einer ständigen evolutionären Veränderung unterworfen. Die Ausstellungssituation in der Galerie ermöglicht es Besuchern, die Entwicklung der Arbeit vor Ort oder über das Internet mitzuverfolgen. Über das Internet (http://www.gene-sis.net/home.html) kann man die Intensität des UV-Lichts über der Petrischale verändern und so den Mutationsprozess des Bakteriums beschleunigen. Videoprojektionen im Ausstellungsraum zeigen zum einen die in das Morsealphabet übertragene biblische

Textstelle, zum anderen, in einer vergrößerten mikroskopischen Aufnahme, die Veränderungen im Bakterium. Zum Hintergrund: „Machet Euch die Erde untertan und herrschet über die Fische im Wasser und die Vögel unter dem Himmel und über das Vieh und über alles Getier, das auf Erden kriecht." Die Auswahl dieses Satzes geht auf die Implikationen zurück, die dieser im Hinblick auf die zweifelhafte Vorstellung einer (gottgewollten) Vorherrschaft der Menschheit über die Natur hat. Das Morsealphabet wurde ausgewählt, „weil es erstmals in der Radiotelegraphie eingesetzt wurde und damit am Anfang des Informationszeitalters stand - der Genesis der globalen Kommunikation." (Kac 1999, 45) Mit der Verwendung interaktiver Elemente setzt sich diese Arbeit kritisch und distanziert mit den Möglichkeiten telewirksamer Eingriffe auseinander, denn hier wird der User wirklich zum ‚Mittäter'.

Die Grenzen der partizipatorischen Kunst und die des Engagements der Besucher auslotend bezieht „Painstation" (2001) von *Volker Morawe* und *Tilman Reiff* (vgl. CD-ROM) die Teilnehmer schmerzhaft unmittelbar in ihre Installation ein. Zwei Spieler stehen sich an einem Metalltisch gegenüber, in dem ein Monitor, zwei Joysticks, zwei Heizplatten und zwei kleine Peitschen eingelassen sind. Die Spieler spielen ein beliebiges ‚pong' Computerspiel gegeneinander. Verliert jemand einen Punkt, so wird er von der Maschine mit Hitze und den Stahlruten bestraft, die seine linke Hand malträtieren. Das Spiel ist dann beendet, wenn jemand vor Schmerzen aufgibt.

Abb.: 8

Drei Tage lang können Spieler von überall auf der Welt via Internet gegen die Mitglieder von *Blast Theory* in ihrer Aktion „Can You See Me Now" antreten (vgl. Abb. 8; CD-ROM). Während die Spieler bequem zu Hause sitzen, bewegen sie sich durch eine virtuelle Stadt, entwickeln mit anderen Online-Spielern gemeinsame Taktiken und versuchen, den Läufern von Blast Theory zu entkommen, die in den Straßen der realen Stadt nach ihnen suchen. GPS Technologie ermittelt die genauen Positionen von Läufern und Online-Spielern. Vom Computer aus sehen die Spieler, was der Gegner sieht: die Stadt, die Läufer, sich selbst und das Spiel. Das Belauschen der Läufer durch den audio-stream ihrer Walkie Talkies verschafft ihnen einen zusätzlichen Vorsprung vor ihren Verfolgern, die sie bei geschickter Taktik schwitzend, verloren und vollkommen außer Atem in den Straßen der realen Stadt hinter sich lassen.

„Can You See Me Now?“ ist die Zusammenführung von realem und virtuellem Raum, um Aspekte von An- und Abwesenheit zu erforschen und die vielfältigen Möglichkeiten der Interaktion im elektronischen Raum zu demonstrieren. Es ist ein Plädoyer für die Nuancen dieser »Begegnungen zwischen den Welten« und ihre positive Neubewertung. Denn schon jetzt steht bspw. das Handy für den Sieg unkomplizierter und unbegrenzter Kommunikationstechnologie über Intimität, zwischenmenschliche Begegnungen und tradiertes Raum-Zeit-Gefüge.

Merel Mirage Projekt „Holy“ (vgl. CD-ROM) wird auf großen Multivisionswänden, wie sie an Hausfassaden oder in Bahnhöfen zu sehen sind, präsentiert. Allerdings hat Merel Mirage auch Terminalversionen entwickelt, die in Automaten - von Kaffemaschinen bis Kondomautomaten - eingebaut sind. Per Handy oder Internet ist es möglich, kurze Nachrichten oder kleine selbst erstellte Grafiken bzw. Animationen auf diese Displaywände zu senden oder auf die Meldungen und Bilder anderer ‚Nutzer‘ zu reagieren. In Städten, in denen Holy bereits ausgestellt wurde, wurde es zu einem sehr populären Treffpunkt unterschiedlicher Bevölkerungsgruppen.

5. *Didaktische Potentiale von Interaktivität* und symbolischer Transformation

Viele der in den vorangegangenen Kapiteln aufgezeigten Beispiele für interaktive Videoinstallationen im Bereich von Analog- und Digitalmedien besitzen interessante deutsch- und kunstdidaktische Implikationen. Denn der hier in Grundzügen rekonstruierte Entwicklungsprozess interaktiver Symbolisierungsformen kann im Deutsch- und Kunstunterricht aufgearbeitet werden (am besten in fachübergreifender Form) - angefangen von den frühen *Closed Circuit* Installationen bis hin zu den ambitionierten Beispielen interaktiver Computerästhetik. Auf diese Weise erhalten Schüler einen Einblick in die Konstruktionsgeschichte interaktiver Videoinstallationen. Auf diese Weise kann ein Beitrag zur Entwicklung vertiefter Formen symbolischen Verstehens geleistet werden (vgl. Belgrad/Niesyto 2001; Frederking 2003; vgl. auch den Beitrag von Klaus Maiwald in diesem Band).

Gleichzeitig werden dabei medienspezifische Unterschiede zwischen Analog- und Digitalkunst erfahrbar, die sich mediendidaktisch wie politisch ausdeuten lassen. So hat Mike Sandbothe die Transgression der Medien wie Bild, Schrift, Ton, Video im Internet zu einem transmedialen Hypertext zum Anlass genommen, eine pragmatische Medientheorie des Internet zu postulieren. Parallel zur vorherrschenden theoretizistischen Medientheorie, die auf dem erweiterten Zeichenbegriff und seiner Herleitung aus Differenz und Identität beruht, sieht er die Notwendigkeit, die Medien als Werkzeug und Zeichen von handlungsauslösender Evidenz zu betrachten. Im Internet lesen wir Ikons und Bilder „als differentielles, also als schriftartiges Zeichen, das uns nicht nur semantisch, sondern auch und vor allem pragmatisch, d.h. durch einen einfachen Mausklick auf andere Zeichen und vermittelt über diese auf virtuelle oder reale Handlungskontexte verweist" (Sandbothe 2001, 198). Die Bedeutung des Zeichens ist mit anderen Worten nicht länger sein theoretizistischer Eigenwert, sondern seine Funktion realisiert sich als Werkzeug innerhalb des sprachlich erschlossenen Handlungszusammenhanges und führt zu einer Pragmatisierung unserer Alltagsepistemologie. Traditionelle Medien lassen den Rezipienten die vermittelte Welt als unbeeinflussbare Wirklichkeit erscheinen, die es nicht als veränderbar, sondern nur abbildend zu erkennen gilt, während das Verbreitungsmedium Internet ein vielfältiges Demokratisierungspotential beinhalte. Im Gegensatz zu optimistischen ‚global brain' Utopien der ersten Netzenthusiasten sieht Sandbothe durchaus die Schwierigkeiten eines solchen Ansatzes, die sich insbesondere aus einer kommerziellen Überformung des Internets ergeben. Deshalb und dennoch fordert er, bei entsprechendem Engagement der Medien- und Kommunikationswissenschaften und bei Weiterentwicklung der medienübergreifenden Hypertextprogramme eine kreative und demokratische Transformation der Medienpraxis. Schülern diese kreativen und demokratischen Potentiale des Internet am Beispiel interaktiver Symbolisierungsformen bewusst zu machen kann eine wesentliche Aufgabe medienintegrativen Deutsch- und Kunstunterrichts sein.

Literaturverzeichnis

Alberti, Leon Battista (1435) 2002: Della Pittura. In: Leon Battista Alberti: Della Pittura/ Über die Malkunst. Hrsg. von Oskar Bätschmann und Sandra Gianfreda. Darmstadt

Belgrad, Jürgen / Horst *Niesyto* (Hrsg.) 2001: Symbol: Verstehen und Produktion in pädagogischen Kontexten. Baltmannsweiler

Deleuze, Gilles/ Felix *Guattari* 1977: Rhizom. Berlin

Dinkla, Söke 2001: Das flottierende Werk. Das Entstehen einer neuen künstlerischen Organisationsform. In: Peter Gendolla/ Norbert M. Schmitz/ Irmela Schneider/ Peter M. Spangenberg (Hrsg.): Formen interaktiver Medienkunst. Frankfurt a. M., S. 64 – 91

Eco, Umberto (1962) 1973: Die Poetik des offenen Kunstwerks. In: Umberto Eco: Das offene Kunstwerk. Frankfurt a. M., S. 27 - 59

Frederking, Volker 2003: Symbolisches Verstehen im Deutschunterricht – Transdisziplinäre Begründungszusammenhänge zur Behebung eines fachlichen Desiderats. In: Bodo Lecke (Hrsg.): Fazit Deutsch 2000. Ästhetische Bildung, moralische Entwicklung und kritische Aufklärung? Frankfurt a. M., S. 217-246

Gendolla, Peter 2001: Interaktion von Raum und Zeit. In: Peter Gendolla/ Norbert M. Schmitz/ Irmela Schneider/ Peter M. Spangenberg (Hrsg.): Formen interaktiver Medienkunst. Frankfurt a. M., S. 19 – 38

Günzel, Stefan 1998: Immanenz. Zur Philosophiebegriff von Gilles Deleuze. Essen
Idensen, Heiko/ Mathias *Krohn* 1989: Poolprocessing. In: Katalog European Media Art Festival. Osnabrück, S. 178 – 196
Kac, Eduardo 1999 In: Genesis, O.K. Center for Contemporary Art. Linz, S. 45-48
Machado, Arlindo 1997: The Labyrinth as Metaphor. Sao Paulo
Malina, Robert F. 1990: Digital Image-Digital Cinema: The Work of Art in the Age of Post- Mechanical Reproduction. In: Leonardo/MIT Press. Boston
Penny, Simon, 1998: Fugitive. In: Hermann Nöring/ Alfred Rotert/ Ralf Sausmikat (Hrsg.): Katalog European Media Art Festival. Osnabrück, S. 150
Sandbothe, Mike, 2001: Pragmatische Medientheorie des Internet. Überlegungen zu einer integralen Konzeption zeitgenössischer Medienwissenschaft. In: In: Peter Gendolla/ Norbert M. Schmitz/ Irmela Schneider/ Peter M. Spangenberg (Hrsg.): Formen interaktiver Medienkunst. Frankfurt a. M., S. 183 - 204
Shaw, Jeffrey/Peter *Weibel* 2002: Vorwort zur Ausstellung „Future Cinema“, Karlsruhe (Online-Ausgabe: http://www.zkm.de/futurecinema)

Bildverzeichnis

Abb 1: Cage, John 1965: Variations V
Abb 2: Vostell, Wolf 1969: Heuschrecken
Abb.3: Paik's, Nam June 1975: TV Buddha
Abb.4: Limura, Takahiko *1974:* Face Ings
Abb. 5: Rokeby David 1983–94: Very Nervous System
Abb. 6: Penny Simon 1997: Fugitive
Abb. 7: Kac, Eduardo 1998/99: Genesis
Abb. 8: *Blast Theory*, 2002: Can You See Me Now?

Bildverzeichnis CD - wie oben sowie:

Levine, Les 1968: Iris
Campus, Peter 1973: Interface
Naumann, Bruce 1976: Live/Taped Video Corridor
Viola, Bill 1976*:* He Sweeps for You
Graham, Dan 1974: Present Continous Past(s)
Krueger Myron 1975-1990: Videoplace
Rokeby, David 1997: Giver of Names
Seaman Bill 1997: Passage Sets
Morawe Volker/Tilman *Reiff* 2001: Painstation
Merel Mirage 2002: Holy

Axel Goldbeck (Osnabrück) **Analytische und mediendidaktische Anmerkungen zur Audiokomposition im zeitgenössischen Spielfilm** am Beispiel von Baz Luhrmanns *MOULIN ROUGE*

1. Einleitung

Seit den späten 70er Jahren des 20. Jahrhunderts hat sich filmische Klangkomposition elementar verändert. Der Begriff Sounddesign markiert symbolhaft die umfassende Gestaltbarkeit von Klängen und ihre dramaturgische Funktionalität (nicht nur) im filmischen Kontext. Analog zur aktuellen Musikproduktionspraxis hat die ‚digitale Revolution' die Komposition und Rezeption von Filmen und ihrer Klangwelten im Kern gewandelt. Baz Luhrmanns Film *MOULIN ROUGE* (USA / Australien 2001) wendet die Grundzüge einer neuen Audiokompositionsästhetik prototypisch an und integriert Bild- und Klangwelten zu einem popkulturellen medialen ‚Gesamtkunstwerk', in dem Musik und Sounddesign als Medien entscheidende Bedeutungsträger sind.

Wenngleich sich in den 1990er Jahren zahlreiche Zugänge zur didaktischen Thematisierung des Mediums Film entwickelt haben, ist vielfach noch immer dessen visuelle Seite angesprochen. Mit Ausnahme von Arbeiten, die sich primär mit Filmmusik als Gattung beschäftigen (vgl. Mass/Schudack 1994), ist sowohl aus filmwissenschaftlicher wie mediendidaktischer Perspektive häufig von Film als audio-visuellem Medium die Rede, letztendlich finden dessen auditive Bestandteile aber selten Beachtung. So schreibt Peter Christoph Kern, der Film sei seiner Struktur nach „ein multimediales Paket, ... weil er geschriebenes und gesprochenes Wort, Geräusch und Musik, Bild, Form und Farbe synthetisiert" (Kern 2002, 217). Mit Blick auf die didaktische Maxime, sich dessen strukturelle Beschaffenheit bewusst zu machen, umreißt er dann aber eine „filmische Sehschule ..., die darauf setzt, dass elaboriertes Sehen intensiveres und gleichzeitig kritischeres Sehen bedeutet, dass mithin der Sehgenuss sich erhöht" (Ebd., 220). Die geringe Beachtung der auditiven Seite des im Kern multimedialen Mediums Film entspringt einer langen Tradition innerhalb der Filmwissenschaft, die an dieser Stelle nicht diskutiert werden kann. Andererseits findet auch in der medienpädagogisch motivierten „Wiederentdeckung der akustischen Dimension" (Wermke 1997, 117) der filmische Soundtrack wenig Beachtung, wenngleich er in der Konstruktion seiner geräuschhaften Bestandteile durchaus mit der Hörspielproduktion, der Soundscape-Tradition und der akustischen Kunst in Verbindung gebracht werden kann (vgl. ebd., 125 ff.).

Um den analytischen Blick auf die akustischen Dimensionen des gegenwärtigen Spielfilmkinos zu lenken, werde ich im Folgenden anhand der Audiokomposition von *Moulin Rouge* Grundzüge einer Medienkompositionspraxis skizzieren, die prototypisch aktuell gängige Gestaltungsstrategien zur Anwendung bringt und gleichzeitig individuelle Züge trägt. Im Anschluss an eine theoretische Einführung und die exemplarische Analyse einer ausgewählten Filmsequenz werde ich am Ende mediendidaktische Überlegungen anschließen.

2. Zu Inhalt, Entstehung und Rezeption von *Moulin Rouge*

Die Geschichte des Films ist schnell erzählt:

Der mittellose, aber euphorische Christian kommt Anfang des 20.Jahrhunderts aus England nach Paris mit dem festen Entschluss, als Schriftsteller über die Schönheit, die Freiheit, die Wahrheit, vor allem aber über die Liebe zu schreiben. Problematischerweise war er noch nie verliebt und gerät mit den Warnungen seines Vaters im Kopf nach Montmatre, wo er die *Kinder der Revolution* kennen lernt, eine skurile Künstlergemeinschaft, die unter dem Titel *Spectacular Spectacular* das ultimative Popkunstwerk der Zeit schreiben möchte, um es im legendären Nachtclub Moulin Rouge aufzuführen. Der Club unter Federführung des derben Harold Zidler braucht dazu die Hilfe des reichen Duke, der sich als Gegenleistung für sein finanzielles Engagement die amourösen Dienste der schönen Kurtisane Satine erbittet, in die sich Christian sofort verliebt. Nach kurzem Werben und intensiven Gesangseinlagen werden die beiden ein Paar und proben vor den Augen des eifersüchtigen Duke ihr Musical, das die Handlung des Films nach Indien verlegt. Trotz massiver Eingriffe des Duke wird das Werk schließlich mit dem erhofften Happy-End aufgeführt. Nach dem Finale stirbt Satine an Schwindsucht, Christian verspricht ihr, die gemeinsame Geschichte aufzuschreiben.

Bereits die kurze Schilderung der Handlung lässt Anklänge an populäre Mythen und prominente Vorbilder deutlich werden. Auf Grundlage des antiken Orpheus-Stoffes werden Erzählmomente aus Alexandre Dumas' Roman *Die Kameliendame* und Verdis darauf basierender Oper *La Traviata* sowie Pucchinis *La Bohème* und Henri Murgers *Vie de Bohème* verknüpft. Christian, wie sein antikes Vorbild begabter Sänger, begibt sich als Orpheus in die Unterwelt, hier das Pariser Nachtleben zu Beginn des 20. Jahrhunderts, um seine Liebste zu retten. Allerdings kennen sich die beiden Protagonisten noch nicht, Christian muss die Kurtisane Satine in Analogie zu Alfred und Violetta in *La Travita* erst kennen lernen (vgl. Kloiber/Kunold 1985, 893 ff.). Der Weg zu ihr führt ihn zu einer mittellosen und kulturbewegten Künstlergemeinschaft, deren Darstellung sich am Vorbild des Lebens der Bohème orientiert (vgl. dazu Kloiber/Kunold 1985, 634 ff.). Nachdem sich Satine von Christian getrennt und wie Violetta den reichen Duke gewählt hat, erscheint Christian noch einmal, um sie für ihre Liebesdienste zu bezahlen. In freier Assoziation zu Orpheus, der sich auf seinem Rückweg nicht umdrehen durfte, dreht sich Christian auf dem Weg aus dem Moulin Rouge plakativ um. Die beiden finden zueinander, doch Christian verliert ‚seine Eurydike'. Satine stirbt wie ihre beiden Opern-Vorbilder Mimi und Violetta an Schwindsucht.

Neben den literarischen Anknüpfungspunkten verwebt Baz Luhrmann weitere populäre Topoi in seinem Film. Christians Bezugsfigur in der Künstlergemeinschaft ist Henri de Toulouse-Lautrec (vgl. Arnold 2002), seinerzeit prominenter Besucher des Moulin Rouge und mit Druckgrafiken weltweit bekannt geworden. Er steht gewissermaßen als bekannte Ikone der Bohèmiens für die im Film propagierten Ideale Wahrheit, Schönheit, Freiheit und Liebe, die sowohl eine Ironisierung der berühmten französischen Ideale bedeuten wie in ihrer filmischen Ausgestaltung die so genannte 1968er Revolution zitieren. Die Musikerfigur in der Künstlergemeinschaft heißt Satie und bezieht sich auf Eric Satie, den zur Handlungszeit lebenden Komponisten (vgl. Wehmeyer 1998). Wie viele seiner Zeitgenossen war er auf der Suche nach neuen künstlerischen Ausdrucksformen, was sich im Film an Saties futuristischen Klangerzeugern andeutet und im Bestreben der Künstler nach der Kreation eines neuartigen Bühnenmusikwerks manifestiert. Luhrmann karikiert hier sowohl das künstlerische Ansinnen Richard Wagners und anderer, eine neue Form eines szenisch-musikalischen Gesamtkunstwerks zu schaffen, wie die allgemeine künstlerische Tendenz Anfang des 20. Jahrhunderts, essentiell Neues zu schaffen. Gleichzeitig deutet Luhrmann die Begründung der Popkultur an, die mit der Entwicklung des Films, dem Siegeszug der elektronischen Medien und der Kommerzialisierung von Kulturproduktion das zur Handlungszeit gerade beginnende Jahrhundert prägen sollte und einen Film wie *Moulin Rouge* überhaupt erst ermöglichen konnte. „Wir nennen unsere Art Filme zu machen ‚Kino des Roten Vorhangs'. Ein theatralisches Kino, dass das Publikum aktiv beteiligt. Es geht hier nicht um Realismus oder Naturalismus, sondern im Gegenteil um eine Wiedererfindung eines grundlegenden Mythos. Im Falle von Moulin Rouge ist es der Orpheus-Mythos, der die Reise vom jugendlichen Idealismus ins Erwachsenenleben beschreibt. Keine psychologische Geschichte, sondern ein kurzer, verständlicher, mythologischer Text. Diese schmale Geschichte wird dann möglichst fett ausgestaltet." (Luhrmann 2001a)

Mit diesen Sätzen kommentierte der australische Filmemacher Baz Luhrmann im Rahmen eines Interviews anlässlich des deutschen Kinostarts von *Moulin Rouge* im Oktober 2001 Grundzüge seiner Filmästhetik. *Moulin Rouge* ist der dritte und letzte Teil der so genannten *Rote-Vorhang-Trilogie*. Nach *Strictly Ballroom* (AUS 1992) und *Shakespeare's Romeo + Juliet* (USA 1995) gilt der Film als stilistischer Höhepunkt der vom Regisseur so betitelten Reihe. Moulin Rouge war ein ausgesprochener Kassenerfolg und teilte die Feuilletons in zwei Lager. Während die einen den Film als „Bildersturz aus Kitsch, Kerzen, Körper, Kostümen, Knallchargen und Krawall" (LVZ) oder als „Ode an den Overkill" (Süddeutsche) verstanden, feierten ihn andere als „wunderbaren Leinwandzirkus mit Einladung zum Staunen und Glücklichsein" (Focus) oder als „cineastisches Energiebündel für Augen, Ohren, Herz und Beine" (Kieler Nachrichten). Welches Geschmacksurteil man auch fällen mag, die „wilde Farb-, Ton- und Gefühlsorgie" (Tagesspiegel) des Baz Luhrmann ist ein Film, an dem sich exemplarisch die Audiokompositionsästhetik des gegenwärtigen Unterhaltungskinos verdeutlichen lässt. Deren strukturelle Beschaffenheit hat sich im Laufe der vergangenen fünfundzwanzig Jahre und angesichts der Digitalisierung von Musik- und Medienkomposition grundlegend gewandelt.

Baz Luhrmann beschreibt mit seinem Bild vom ‚Kino des Roten Vorhangs' die künstlerische Idee, sein Publikum beständig an die Künstlichkeit des Mediums Kino zu erinnern. Alle Filmhandlungen der Trilogie arbeiten mit einer Medium-im-Medium-Konstruktion. Bei *Moulin Rouge* öffnet sich zu Beginn ein Vorhang, vor dem ein wild gestikulierender Dirigent mit einer Referenz auf das frühe Stummfilmkino um das Jahr 1900 die Fanfare der Produktionsfirma dirigiert. Am Ende schließt sich der Vorhang mit den letzten Tönen der Filmmusik, bevor der Abspann mit einer weiteren Referenz auf das Stummfilmkino beginnt. Luhrmann ist daran gelegen, sein Publikum überwältigend zu unterhalten und gleichzeitig die Mittel seines Mediums derart plakativ anzuwenden, dass die unterbewusst zuhörenden Zuschauer eine bewusst künstlich geschaffene Medienwelt rezipieren, mit den Worten des Regisseurs: „Metaphorisch gesagt: Der Wecker klingelt ununterbrochen während der ersten zwanzig Minuten. Ich wollte geradezu obsessiv diese merkwürdige Form von Hypnose vermeiden. Diesen langsamen Rhythmus, der suggeriert, dass man sich in irgendeiner Form von Wirklichkeit befindet." (Luhrmann 2001b)

3. Filmische Audiokomposition seit den 1990er Jahren

Auf klanglicher Seite ist das Hollywood-Kino der 1990er Jahre, auf das sich Luhrmann hier bezieht, geprägt durch das Bestreben, den Zuschauer mittels seiner auditiven Wirkung vollends in den Bann der dargestellten Realität zu ziehen. Die seit den späten 70er Jahren entwickelten mehrkanaligen Tonformate wie Dolby Surround und Dolby Digital, die mittlerweile auch ihren Siegeszug in die heimischen Wohnzimmer angetreten haben, sind der prominente Beleg für diese Tendenz. Erklärtes Ziel ist es, das Publikum akustisch real inmitten eines projizierten zweidimensionalen Geschehens zu platzieren, unter der Maßgabe, die gewissermaßen virtuelle Filmwelt emotional erlebbar zu machen (vgl. Flückiger 2001).

3.1 Sounddesign

Seit dem Durchbruch der digitalen Produktionsinstrumente obliegt die Aufgabe, den Zuschauer emotional zu involvieren, nicht mehr allein der Filmmusik. 1978 akzeptierte der amerikanische Bild- und Toncutter Walter Murch mit der Nennung im Abspann zu *Apocalyse Now* (USA 1979) erstmalig die Berufsbezeichnung Sounddesigner, wenngleich das künstlerische Prinzip bereits vorher angewandt worden war. Im gegenwärtigen Hollywoodkino sind ausnahmslos alle Bestandteile der Tonspur das Ergebnis aufwendiger klanggestalterischer Tätigkeiten. Am Drehort aufgenommene Atmos dienen lediglich als Orientierung und als Grundlage für die studiotechnische Kreation einer filmischen Klangrealität. Unter Micro-Sounddesign verstehe ich die Modellierung von Einzellauten. Aus unterschiedlichen, neu aufgenommenen oder aus Archiven abgerufenen Klangpartikeln entstehen durch Schichtung wie durch tonale und rhythmische Variation klangliche Objekte, die verbunden mit bildlichen Vorgängen deren Beschaffenheit definieren, Aufschluss über ihre Funktion geben oder emotionale Qualitäten übermitteln. Der bereits erwähnte Walter Murch fasst den wesentlichen Bestandteil der Tätigkeit mit den Worten zusammen: „You try to abstract the essential quality of a sound and figure out the best way to record that, which may not be to use the thing itself but something else." (Murch, zit. n. Weis 1995, 58)

Murch weist hier daraufhin, dass möglicherweise der gewünschte Klangeffekt eher zustande kommt, wenn assoziativ Klänge neu kombiniert und gestaltet werden. In der Regel werden Alltagsgegenstände verwendet, zum Klingen gebracht und aufgenommen. Anschließend entstehen in mühevoller Detailarbeit durch Schichtung, digitale Klangbearbeitung und Transposition neue Klänge, die mit den Vorgängen im Film kombiniert eine erzählerische Qualität bekommen. Berühmte und dokumentierte Beispiele sind die Arbeiten von Ben Burtt in den ersten *Star Wars-Filmen* (USA 1979-1983) und von Gary Rydstrom, einem Sounddesigner der aktuellen Generation. Burtt erschuf beispielsweise die Fahrgeräusche der Raumgleiter, indem er die Geräuschkulisse eines amerikanischen Highways durch ein Staubsaugerrohr aufnahm und als Grundlage für seine Klangkreationen benutzte. Rydstrom fand das passende klangliche Ausgangsmaterial zur Akustifizierung der körperlichen Deformationen im Science-Fiction-Film *Terminator 2* (USA 1991) beim Füttern seines Hundes: Die Basis für den fiktionalen Klang stellte das sehr direkt aufgenommene Rühren in Hundefutter dar. Neben der akustischen Charakterisierung von Gegenständen und filmischen Aktionen zählen zum Micro-Sounddesign im Einzelfall auch kreatürliche Laute. Für Steven Spielbergs *Jurassic Park* (USA 1993) war es Aufgabe der Sounddesigner, die filmisch zum Leben erweckten Dinosaurier akustisch zu animieren, um sie damit als Figuren dramaturgisch wirksam werden zu lassen. Aus einer Vielzahl von Tierlauten wurden Saurieräußerungen zusammengesetzt und eine Palette möglicher emotionaler Regungen von Furcht einflößend bis Mitleid erregend geschaffen (vgl. www.filmsound.org).

Mit dem Begriff Macro-Sounddesign bezeichne ich die kompositorische Gestaltung mehrerer Elemente zu mitunter musikartigen Strukturen. Als prominentes Beispiel können alle Wind- und Wellengeräusche im Film *Cast away* (USA

2000) gelten. Der Klangkünstler Randy Thom hatte als federführender Sounddesigner die Aufgabe, über weite Strecken des Films ohne eine traditionelle Filmmusik die Einsamkeit des im Südpazifik verschollenen Tom Hanks zu erzählen. Zu diesem Zweck wurden etliche Naturklänge aufgenommen und bearbeitet, um mittels ihrer kompositorischen Kombination eine hyper-reale Klanglandschaft entstehen zu lassen.

Meta-Sounddesign meint die abschließende Mischtätigkeit in der Post-Produktions-Phase, durch die aus allen Musiken, sounddesignten Klängen und sprachlichen Bestandteilen filmische Klangstrukturen entstehen, die durch die Variation der Parameter Tonhöhe, Rhythmus, Klangdichte, Klangfarbe ebenfalls kompositorische Qualitäten aufweisen können.

Zwar werden seit Beginn der Tonfilmzeit in der Spielfilmproduktion Klänge gestaltet. Seit der Umstellung auf digitale Produktionsverfahren hat sich deren Einsatz allerdings potenziert (vgl. Weis/Belton 1985; Flückiger 2001). Unter der Maßgabe, die filmische Wirklichkeit perfekt und möglichst ‚bigger than life', so eine in dem Zusammenhang häufig bemühte Formulierung, zu gestalten, arbeiten mehrere Spezialabteilungen an der auditiven Konstruktion einer hybriden Klanglandschaft. Deren Aufgabe ist es, Filmfiguren buchstäblich zu animieren, Handlungsstränge zu verbinden, Details zu betonen und vor allem die rezeptive Einfühlung des Publikums zu gewährleisten. In diesem Punkt ist das filmische Sounddesign der klassischen Filmmusik mindestens ebenbürtig geworden, in manchen Fällen wird mittlerweile die emotionale Ausgestaltung eher dem Tondepartment überantwortet als dem Komponisten. Aufgrund der integralen Mixtur aus zahlreichen disparaten klanglichen Zutaten ist eine Trennung zwischen Filmmusik und Sounddesign vielfach nicht möglich. Es liegt daher nahe, alle klanglichen Bestandteile eines Films als Ganzheit einer filmischen Audiokomposition zu verstehen, die aus der absichtsvoll und dramaturgisch intendierten Synthese einer Vielzahl von aufwendig montierten Klangelementen besteht, die in Verbindung mit Filmbildern und Narration eine „Polyphonie des visuellen und auditiven Geschehens" (Lissa 1960, 139) bildet, wie es bereits 1960 die polnische Musikwissenschaftlerin Zofia Lissa formulierte.

3.2 Filmmusik

„Zum Repertoire des Filmkomponisten gehören die Klangmöglichkeiten der traditionellen mitteleuropäischen Instrumente, ihre Erweiterungen durch die bis ins Experimentelle reichende Instrumentationserfahrungen des 20. Jahrhunderts, Rock, Pop und Jazz, die Klanglichkeit der ethnischen Musiken quer über den Erdball, geräuschhafte Klänge, Alltagsklänge und die Palette der synthetischen Klänge. Der 'Klang' ist für den Filmkomponisten absolut verfügbar geworden." (Schneider 1997, 189)

Mit dieser Zusammenstellung beschreibt Enjott Schneider in seinem Handbuch *Komponieren für Film und Fernsehen* das klangliche Verfügungspotential für den zeitgenössischen Filmkomponisten bzw. die Filmkomponistin in den späten 1990er Jahren. Der Grund für die Erweiterung der kompositorischen Möglichkeiten liegt in der Digitalisierung der Musikproduktion und den veränderten Kinoerlebnisgewohnheiten des Publikums.

Mit dem Siegeszug von Sampling-Technologie und Harddiskrecording-Systemen sind Filmkomponisten in der Lage, am Rechner nahezu authentisch klingende orchestrale Produktionen herzustellen. Während es in den 50er Jahren noch üblich war, das ein Komponist wie Bernhard Herrmann Alfred Hitchcock seine musikalischen Ideen am Klavier skizzierend erläuterte, ist es gegenwärtig üblich, komplett ausgefeilte Layouts vorzulegen. Hans Zimmer, oscar-prämierter Komponist und Chef der erfolgreichen Produktionsstätte 'Media Ventures' gilt als Experte in diesem Verfahren. Teilweise werden die später mit realen Orchestern realisierten Versionen mit den Computerentwürfen gemischt, in Einzelfällen ist eine Unterscheidung nicht möglich.

Durch das Studio im Rechner haben sich die Verhältnisse zwischen Komposition, Interpretation und Produktion geändert. Entweder aus Budget- und Zeitgründen, wie im hart umkämpften Markt der Fernsehserienherstellung, oder aus ästhetischen Erwägungen ist der Komponist oft Komponist, Arrangeur, Interpret, Tonmeister und Produzent in Personalunion. Gleichzeitig haben die veränderten technologischen Gegebenheiten eine Differenzierung von Kompositionsästhetiken befördert. Neben den klassisch geschulten, mit Notenpapier und Bleistift am Klavier arbeitenden Komponisten ist der autodidaktisch, mit Tastatur und Maus am Bildschirm arbeitende Komponist getreten. Beide Prinzipien wie zahlreich anzutreffende Mischformen führen zu unterschiedlichen Ergebnissen. Während beispielsweise im Film *Chocolat* (USA 2001) der traditionelle Stil einer Rachel Portman gefragt war, entwickelte *Lola rennt* (D 1998) seinen musikalischen Reiz aus der computergestützten Komposition von Reinhold Heil, Jonny Klimek und Regisseur Tom Tykwer. Die Kombination von orchestralen Kompositionen mit elektronischen Stilistiken ist derzeit gefragt und wird am Beispiel der *Matrix-Trilogie* (1999-2003) deutlich. Don Davis, klassisch geschulter Arrangeur und Komponist, kooperierte für die aufwendige Musikproduktion mit der Techno-Band Juno Reactor, um sowohl lyrische Passagen wie die actiongeladenen Kampfszenen adäquat umzusetzen. Entsprechend der gegenwärtigen anzutreffenden Heterogenität in Musikproduktion wie -rezeption gilt auch für die Filmmusik: Anything goes.

Aufgrund veränderter musikalischer Sozialisationen und geschmacklicher Präferenzen finden sich im Kino nicht nur an der klassischen Romantik und Moderne orientierte Klanglichkeiten, sondern zunehmend auch musikalische Konzepte, die sich aus der Jazz-, Rock- und Pop-Geschichte sowie der DJ-Culture entwickelt haben (vgl. dazu Poschardt 1997). Der Kanon möglicher Kompositionsprinzipien hat sich erweitert, da zum einen Komponisten mit sehr verschiedenen musikalischen Biographien agieren, zum anderen das Zielpublikum differiert. Josef Kloppenburgs diesbezügliche Einschätzung zeugt von einer einseitigen Einschätzung, wenn er im Band 11 des 2000 erschienenen Handbuchs der Musik im 20. Jahrhundert schreibt: „Als 'gewinnsüchtige Verneigung vor einem vorzugsweise jugendlichen Kinopublikum' ist die musikalische Ausgestaltung von Filmen, die auf die musikalischen Vorlieben jugendlicher Rezipienten Rücksicht nehmen, zu verstehen." (Kloppenburg 2000, 127)

Mit Bezug auf eine wichtige Filmmusik-Veröffentlichung von Helga de la Motte-Haber und Hans Emons (1980) werden popmusikalische Denkweisen lediglich auf ihre Marktorientierung reduziert. Im Gegensatz dazu kann die musikalische Äußerung in Idiomen außerhalb der Geschichte der europäischen artifiziellen Musik als stilistische Erweiterung verstanden werden, die von ernst zu nehmenden Filmmusikkomponisten vielfach als Grundlage ihrer Arbeit betrachtet wird. Darüber hinaus vollziehen sich seit Beginn der kommerziellen Filmproduktion Herstellung, Distribution und Rezeption von publikumsorientierten filmischen Zusammenhängen innerhalb eines omnipräsenten industriellen Rahmens. Dies gilt auch und gerade für die großen Kompositionen der klassischen Hollywood-Ära (vgl. Smith 1998).

Aus dem oben erwähnten Zitat von Enjott Schneider geht hervor, dass in der aktuellen Filmmusikkompositionspraxis mit klassisch geprägtem Orchestersatz, so genanntem Popscoring und Remixtechniken gearbeitet wird (vgl. Kreuzer 2001).

Der klassisch geprägte Satz eines Filmorchesters bezieht seine Funktionalität aus einer langjährigen Tradition seit Beginn der Tonfilmzeit. Mit Rückgriff auf die späte Romantik, vor allem auf Mahler und Wagner, die frühe Moderne wie Rachmanninoff und Strawinsky und die dosierte Anwendung avantgardistischer Techniken ist die gegenwärtige filmische Orchestermusik als angewandte Rezeptionsgeschichte zu verstehen. Unter Popscoring verstehe ich die Umsetzung gewohnter Prinzipien des Filmorchesters mit Instrumenten und Produktionsweisen der Popmusik. Ursprünglich orchestrale Techniken wie Leitmotivik und Underscoring, die emotive Ausgestaltung von Szenen und Filmfiguren, können auch in der Arbeit mit dem Instrumentarium der Rock- und Popgeschichte wie elektronischen und digitalen angewandt werden. Für diese gelten andere Spiel- und Notationstechniken, vielfach sind derartige Klänge nur per Improvisations- und Produktionsverfahren herstellbar. Das Kompositionsprinzip Remix hat sich parallel in Collageverfahren der elektronischen Musik und der Arbeitsweise des Hip Hop entwickelt und meint die Zusammensetzung musikalischer Bausteine und Zitate unter Verwendung des Samplers als Instrument. In jedem Fall besteht der Soundtrack eines zeitgenössischen Films aus einer technologisch realisierten, weil produzierten und akustisch aufbereiteten Aufnahme. Für die Mikrofonierung und Mischung eines Filmorchesters gelten andere ästhetische Maßgaben als für eine klassische Musikprodukton. Verglichen mit einem live agierenden Symphonieorchester finden sich im Kino deutlich verstärkte Bassanteile, direktere Abnahme, zusätzliche Halleffekte und veränderte räumliche Anordnungen. Sowohl die ohne Filmbilder rezipierbare Filmmusik auf der CD-Veröffentlichung wie die gesamte Audiokomposition auf der Tonspur des Films sind daher als eine besondere Form von Musik beziehungsweise Klangkomposition zu betrachten, die in dieser Gestalt ausschließlich medial existiert. Es handelt sich folglich um Medienmusik oder eine Medienkomposition (vgl. Klages 2002; Großmann 1997).

Eine Sonderstellung nehmen Filmsongs ein. Seit die Filmindustrie spätestens in den 1950er Jahren die verkaufsfördernde Wirkung von Titelsongs entdeckt hat, gehören prominent gesungene Titel, in der Regel im Abspann platziert, zum Marketingkonzept eines Films (vgl. Smith 1998). In Zeiten weltweit vernetzter und cross-medial operierender Unterhaltungskonzerne hat sich diese Tendenz verstärkt und auf die Musik im Film ausgeweitet. Es ist üblich geworden, der Filmerzählung Popsongs zu implementieren, die entweder dramaturgische Funktionen für die Handlung übernehmen, akustische Kulisse eines Handlungsortes sind und/oder den Regeln des Productplacement folgen (vgl. Lichtenhahn 1998). In der Regel erhofft man sich durch erfolgreiche Veröffentlichung zusätzliche Einnahmen aus dem CD-Geschäft, häufig gelangen Oldies aus dem Back-Katalog der beteiligten Plattenfirmen zu neuen Ehren. Bisweilen finden sich auf den Soundtrack-Alben auch Titel, die nicht im Film eingesetzt werden, aber unter dem Label ‚inspired by' im Zusammenhang mit dem Film vermarktet werden, die CD zum ersten Teil der erwähnten *Matrix-Trilogie* ist ein solches Beispiel. Erst auf erhöhte Nachfrage entschied man sich dazu, eine zweite CD mit der eigentlichen Filmmusik von Don Davis zu veröffentlichen.

Neben ökonomischen Aspekten für den Einsatz von Filmsongs gibt es aber zahlreiche Beispiele für vom Regisseur oder Komponisten initiierte Einsätze populärer, präexistenter Songs. Eine neue Generation von Filmemachern hat die bekannte Praxis älterer Regisseure aufgegriffen, von ihnen ästhetisch oder inhaltlich favorisierte Titel zum Bestandteil des Films zu machen. Von Louis Malle ist die sehr individuelle Adaption klassischer Werke bekannt (vgl. Fastenau 2003), Stanley Kubrick galt als Experte für die Auswahl von zeitgenössischer Musik (vgl. Bodde 2002), David Lynch lässt sich gerne von amerikanischen Jazz- und Popsongs zu ganzen Filmszenen inspirieren (vgl. Goldbeck 2003). In jüngerer Zeit feierte Quentin Tarantino Erfolge mit kompilierten Pop-Soundtracks. Aufgrund unterschiedlicher musikalischer Sozialisationen entwerfen zeitgenössische Filmemacher unter Umständen andere musikalische Konzepte als dies noch im goldenen Zeitalter des Hollywood-Kinos und in der darauf folgenden Zeit des New Hollywoods der Fall war (vgl. Romney/Wootton 1995). Ihre Filme wenden sich dementsprechend an ein anderes Zielpublikum respektive eine andere Käuferschicht.

4. Audiokomposition in *Moulin Rouge*

Im Folgenden möchte ich aus *Moulin Rouge* eine Szene herausgreifen (vgl. CD-ROM), um die beschriebenen Grundtendenzen der Audiokompositionsästhetik im aktuellen Spielfilmkino exemplarisch zu vertiefen und am Schluss deren Relevanz für eine schulische Thematisierung zu diskutieren.

Baz Luhrmann betont mit seinem Film die Künstlichkeit des Mediums Film. Neben auffälligen Kamerafahrten, Reißschwenks, Schnitten in Videoclip-Ästhetik und extremen Zeit- und Raumsprüngen ist es auf einer weniger offensichtlichen Ebene der Soundtrack, der mit einer Vielzahl von sehr unterschiedlichen Gestaltungselementen die hybride Machart des gegenwärtigen Mediums Film zu unterhaltenden Zwecken nutzt und gleichzeitig plakativ zur Schau stellt.

Unter dem Titel *Your Song* findet sich auf der handelüblichen DVD-Version[1] das Kapitel 9 des Films, in dem Christian (Ewan McGregor) die jüngst kennen gelernte Satine (Nicole Kidman) in ihrem Zimmer zu einem Rendez-vous besucht. Das Zimmer befindet sich in einem prunkvoll gestalteten überdimensionalen Elefanten, der sich im Garten des Moulin Rouge befindet und inspiriert ist von einem Club in ähnlicher Form, der im historischen Vorbild Anfang des 20. Jahrhunderts

1 20th Century Fox Home Entertainment, deutsche Ausgabe, Best.Nr. 1994508

tatsächlich existierte. Satine erwartet in ihrer Rolle als Kurtisane den reichen Duke, der die geplante Show finanzieren soll. Harold Zidler, der Geschäftsführer des Moulin Rouge, hat sie aufgefordert, den Duke zu verführen, um ihn zur Investition zu bewegen. Anstelle des Duke erscheint Christian, den Satine allerdings noch für den Duke hält. Sie rechnet mit dessen Lust auf ein amouröses Abenteuer, während Christian sie von seinen Qualitäten als Autor überzeugen möchte. Der Beginn der Szene spielt in burlesk-komödiantischer Tradition mit den sehr verschiedenen Erwartungshaltungen der beiden Protagonisten, indem Satine Christians Rezitation mit gespielten sexuellen Aktionen und Kommentaren beantwortet. Nachdem Christian offenbar mit verbalen Äußerungen keinen Erfolg hat, führt er seinen Vortrag in Gesangsform weiter. Satine ist sichtlich beeindruckt, die beginnende gegenseitige Verliebtheit wird stilisiert in Form eines Tanzes über den Dächern von Paris erzählt. Zurück in der Realität des Zimmers erkennt Satine, dass sie sich in einen reichen, talentierten Duke verliebt hat. Christians Bekenntnis, er sei Schriftsteller, bringt sie rasch zurück in die harte Wirklichkeit: sie ist (zunächst) nicht daran interessiert, wieder einmal einen mittellosen Bohemien kennen zu lernen.

Die Kapitelüberschrift dechiffriert bereits die äußere Form der Sequenz. Die Szene basiert auf dem 1970 komponierten Pophit *Your Song* des britischen Sängers und Pianisten Elton John. Bei dem Text von Christians Gedichtvortrag handelt es sich um die beiden ersten Strophen, die Gesangseinlage sowie der Tanz setzen das Zitat mit der Bridge und den folgenden Strophen fort. *Your Song* zählt zu den populärsten Popballaden und dürfte dem durchschnittlichen Radiohörer durchaus bekannt sein. Versierte Kenner der Popgeschichte werden bereits die Herkunft des verbalen Vortrags erkennen. Es gehört zum stilistischen Prinzip von *Moulin Rouge*, die Handlung teilweise mit ausgesuchten Liedern zu erzählen, an dieser Stelle des Films wird es zum ersten Mal in der Ausführlichkeit eines kompletten Songs angewandt. Mit Bezug auf meine Ausführungen zum Thema Filmmusik kann im Fall von *Your Song* eine doppelte Funktionalität angenommen werden. Wenngleich der Titel nicht als werbende Promotionsingle ausgekoppelt wurde, erfuhr Elton Johns gut dreißig Jahre alte Ballade durch den Film eine Auffrischung im kollektiven Popgedächtnis. Der ebenfalls im Film zitierte und erfolgreich in den Charts platzierte Titel *Lady Marmelade* wirkte in ähnlicher Weise. In derart opulenten Produktionen ist es mittlerweile üblich geworden, Music Supervisor zu beschäftigen. In diesem Fall hatte Anton Monsted laut Interviewaussagen umfangreiche Vertragsverhandlungen über Musikrechte zu führen und insgesamt 50 Titel zu lizensieren, von denen 35 in der endgültigen Fassung zu hören sind (vgl. Goldwasser 2001). Neben der anzunehmend kalkulierten ökonomischen Funktion des Einsatzes zahlreicher Songbearbeitungen und -zitate ist den Äußerungen Baz Luhrmanns und seines Mitautors Craig Pearce zu entnehmen, dass *Your Song* von den ersten

Ideenskizzen an Bestandteil der Dramaturgie von *Moulin Rouge* sein sollte (vgl. Goldwasser 2001).[2]

Die Filmsongs in *Moulin Rouge* werden wie an dieser Stelle *Your Song* in handlungstragender Funktion eingesetzt. Angelehnt an die bis in die 1960er Jahre populäre Form des Filmmusicals vollziehen sich elementare Szenen auf der Grundlage von Musiktiteln, äußern Filmfiguren in Form von Gesangseinlagen persönliche Einstellungen und Gefühlslagen (vgl. Flügel 1997). Abgesehen von wenigen Ausnahmen wie Woody Allens *Everyone says I love you* (USA 1996), Alain Resnais *On connait la chanson* (F 1997) und jüngst *8 Femmes* (F 2001) finden sich im aktuellen Spielfilmkino selten Produktionen, die strukturell als Filmmusical zu betrachten sind. Gelegentlich wird allerdings sowohl im Film wie im Fernsehen das Prinzip des gesungenen Handlungskommentars angewandt, als populäres Beispiel sei der Einsatz von Songs in der us-amerikanischen Fernsehserie *Ally McBeal* genannt. Neben dem stilistischen Zitat der Filmästhetik des amerikanischen Filmmusicals bezieht sich *Moulin Rouge* in seiner Form auf die Tradition des indischen Publikumsfilms, die unter dem Label *Bollywood* mittlerweile auch in der europäischen und us-amerikanischen Unterhaltungskultur rezipiert wird (vgl. Alexowitz 2003). Dort ist es üblich, dass die Handlung mehrfach unterbrochen wird und von populären Filmsängerinnen und –sängern in Liedform Handlungskommentare erfolgen. Entweder agiert das Ensemble weiter in der vorausgehenden Szene oder einzelne Figuren wechseln für die Dauer des Titels sprunghaft Ort und Kostüm. An anderer Stelle von *Moulin Rouge* wird der Bezug auf die indische Filmkultur mit Probenszenen und der finalen Premiere des Singspiels *Spectacular Spectacular* aufgegriffen und mittels des Zitats von *Chamma Chamma*, einem bekannten indischen Titel, vertieft. Signifikantes Merkmal für die Musicalreferenz in *Moulin Rouge* ist an dieser Stelle des Films neben singenden Handlungsträgern die erwähnte Tanzszene, im Produktionsjargon *Dance across the sky* genannt. Christian und Satine verlassen sinnbildlich die Realität und begeben sich in Analogie zum sprichwörtlichen ‚auf Wolken schweben' in eine Fantasiewelt. Im Gegensatz zu der roten Farbgebung von Satines Zimmer und Kostümen ist diese farblich in blau gehalten, was an der Stelle des Films bereits Christian zugeordnet werden kann. Das nächtliche Paris erscheint als Kulisse in Miniaturform, prägt damit die Assoziation an den Musicalfilm der 60er Jahre und forciert die Realitätsverschiebung, indem die Bauten deutlich als künstlich gestaltet beziehungsweise animiert preisgegeben werden. Den Höhepunkt bilden der im Maßstab unpassende Eifelturm, den Christian in sein Spiel einbaut, die irrealen Wolken und der singende Mond. Mit dem Gesicht von Impressario Harold Zidler und der Phantasie-Italienisch singenden Tenorstimme von Placido Domingo charakterisiert

2 Vgl. außerdem Interviews mit Baz Luhrmann und Craig Pearce auf der Special-Edition-DVD

Luhrmann die Szenerie als märchenhaft, zitiert gleichzeitig mit Georges Melies' *Die Reise zum Mond* die zur Handlungszeit des Films aktuelle Frühzeit des französischen Kinos und deutet bereits an dieser Stelle Zidlers omnipotente Rolle im Spiel der Hauptfiguren an. Musikalisch liegt Christians Gesang sowie dem Tanz eine filmorchestrale Bearbeitung von Elton Johns Titel aus der Feder von Craig Armstrong zugrunde. Der schottische Komponist wurde für seine Arbeit als Hauptkomponist der Score-Musiken in *Moulin Rouge* mehrfach ausgezeichnet und war neben Chris Elliott maßgeblich für die orchestrale Adaption der Popsongs verantwortlich. Das Klangbild orientiert sich an der erwähnten filmischen Ästhetik, neben dem opulent besetzten Orchester und einem Chor sind mit einem E-Bass, einem Drumset und dem Solo-Piano popmusikalische Instrumente besetzt. Die gewohnte filmische Konvention, dass ein unsichtbares Orchester die Handlung begleitet, wird analog zum ästhetischen Konzept der Plakativität der Mittel demonstrativ eingesetzt. Nach Christians erster gesanglicher Phrase setzten die Streicher betont hörbar ein, etablieren das begleitete Lied und motivieren auf inhaltlicher Seite Satine zum Zuhören. Der zuvor angewandte Delay-Effekt auf Christians Stimme ist ebenfalls aus der Handlung motiviert und soll ihn als Künstler charakterisieren, der in der Lage ist, Menschen zu erreichen. Als Reaktion auf die über die Stadt hallenden Töne erhellen die Fenster des virtuellen Paris. Die Sequenz bezieht sich assoziativ auf Christians erste gesangliche Äußerung im Film. Bei der zufälligen Begegnung mit den Bohemiens hatte er die Künstlergemein-

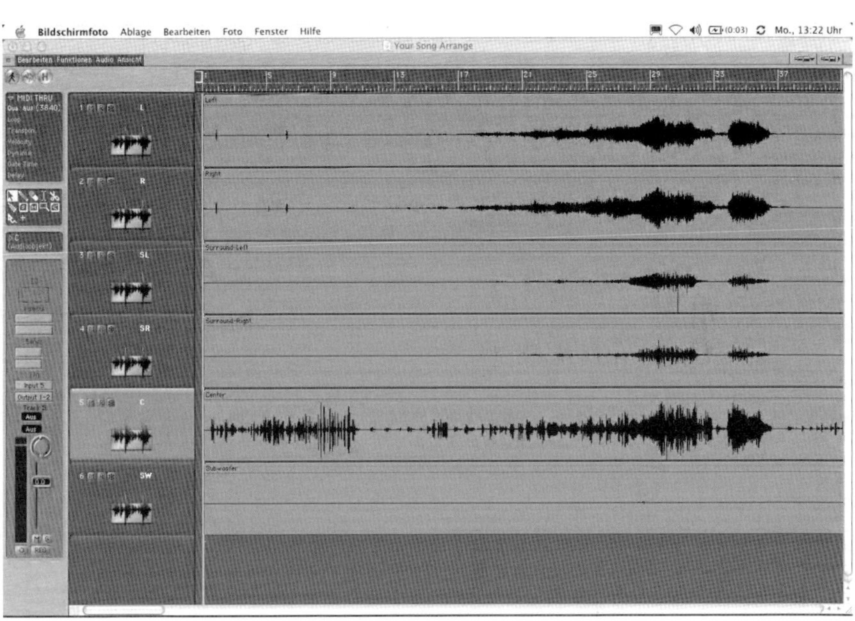

schaft mit einem Zitat aus dem Rodgers & Hammerstein-Musical *The Sound of Music* beeindruckt und ihnen die Worte „the hills are alive with the sound of music" als Stichwort für ihre geplante Show geliefert.

Die obige Abbildung erläutert den dynamischen Aufbau der *Your-Song-Sequenz* und visualisiert die Mischdramaturgie im Bezug auf ihre mehrkanalige Gestaltung. Zu analytischen Zwecken wurde das 5.1-Audiosignal der DVD auf sechs Spuren eines Harddiskrecordingprogramms aufgezeichnet. Auf diese Weise lassen sich die Bestandteile der Tonspur, die im Kino über die Lautsprecherkanäle Left, Right, Surround-Left, Surround-Right, Center und Subwoofer wiedergegeben werden, isolieren, einzeln hörbar machen und in ihrer Wellenform grafisch darstellen. Deutlich zu erkennen ist, dass sowohl der Dialog zu Anfang der Szene wie Christians Gesangsstimme in der akustischen Mitte platziert sind. Das begleitende Orchester befindet sich hauptsächlich links und rechts davon. Die Höranaylse ergibt, dass auch in den Surround-Kanälen Orchesteranteile zu finden sind, den Klang räumlicher gestalten und das Publikum dezent umgeben. Betonter zum Einsatz kommen diese sogenannten Effektkanäle mit der Steigerung zum Höhepunkt der Szene, Satines und Christians Wechsel in die Phantasiewelt. Neben einer Intensivierung der Dynamik steuern die Surroundkanäle in diesem Moment ein in der Mischung nur schwer erkennbares irreales Moment bei. Einzeln abgehört kommen Effektklänge zum Vorschein, die aus digital hergestellten Umkehrungen der Abspielrichtung entstanden sind. Das musikalische Crescendo des Orchesters wird an dieser Stelle durch audiotechnische Gestaltungselemente intensiviert, das Kinopublikum wird sinnbildlich mit den beiden Protagonisten akustisch in eine andere Welt gewirbelt. Unterstrichen wird die Wirkung durch den dosierten Einsatz des Subwoofer-Kanals, der an dieser Stelle zum einizigen Mal in der analysierten Sequenz zum Einsatz kommt.

Auf der Ebene des Sounddesigns bewegt sich die Sequenz im Rahmen des zuvor etablierten und stringent durchgeführten Konzepts. Auf der einen Seite werden visuelle Animationen wie eingangs die Kamerafahrt durch das Stadtviertel Montmatre klanglich auffällig begleitet. Eine bewegt gestaltete und präsent gemischte Windatmosphäre haucht der im Computer erzeugten Kulisse buchstäblich Leben ein, korrespondiert inhaltlich mit der namensgebenden aktiven Windmühle und bemüht den Topos des fatalistischen Fortgangs der Ereignisse. Die Filmerzählung vollzieht sich aus Christians Perspektive, zu Beginn des Films sitzt er am Schreibtisch, der Blick aus dem Fenster zeigt das verlassene Moulin Rouge und eine defekte Mühle. Sein Weltbild und der damit verbundene Glaube an die Liebe sind erschüttert, der Film erzählt die Ereignisse aus der Rückschau. Die mit den beschriebenen Mitteln des Micro-Sounddesigns akustisch gestaltete Mühle dreht sich nur in der zurückliegenden Erzählebene. Die eingeschobenen Musicalszenen sind wie die vorliegende Sequenz betont emotional gemischt, das heißt, eine äußere klangliche Realität wird zugunsten der inneren Realität der Filmfiguren vernachlässigt. Das hörbare oder nicht-hörbare, aber sichtbare Drehen der Windmühlenflügel dient als Indikator für Handlungs- bzw. Gefühlsebene in Form der Songs und gleichzeitig zur Fokussierung der Zuschaueraufmerksamkeit auf die emotionalen Belange der Protagonisten. Im vorliegenden Fall ist die drehende Mühle zu sehen, aber nicht zu hören. Erzählt wird an dieser Stelle des Films Christians Gefühlswelt, die Realität ist akustisch ausgeblendet.

Ein weiterer Beitrag zu der von Baz Luhrmann favorisierten Betonung der filmischen Mittel ist die klangliche Betonung von Reißschwenks, zu Beginn der Sequenz finden sich zwei auffällige Beispiele. Gewöhnlich dient eine Kontinuität der Filmmusik und der Atmosphäre zur Glättung von Schnitten, Kamerabewegungen oder plötzlichen Handlungssprüngen. Der Einsatz von Geräuschen vollzieht sich wie beschrieben selbst unter Anwendung intensiver Designaktivitäten in der Regel diskret und aus der filmischen Diegese motiviert. Allerdings finden sich in der gegenwärtigen Filmproduktion zunehmend Beispiele für klanggestaltete Elemente, die weder der eigentlichen Filmhandlung entspringen noch der Filmmusik zugerechnet werden können. Barbara Flückiger spricht in diesem Zusammenhang von UKOs, undefinierten Klangobjekten (vgl. Flückiger 2001). Baz Luhrmann orientiert sich in Moulin Rouge an mehreren Stellen an der gegenwärtigen Praxis, karikiert sie durch betont künstlichen Einsatz und erreicht gleichzeitig die von ihm anvisierte Lebendigkeit.

Ein markantes Beispiel für die akustische Gestaltung von Ausstattungsdetails in *Moulin Rouge* ist die Behandlung von Schmuck. In inhaltlicher Analogie zur filmischen Figur der Satine, die unter dem Namen *The Sparkling Diamond* der Star des Moulin Rouge ist, und ihrer musikalischen Etablierung in der Handlung mit dem Titel *Diamonds are the girl's best friend* werden jegliche Geräusche von Halsschmuck auffällig betont. Auch in diesem Detail wendet Luhrmann das in Hollywood übliche Verfahren an und überzeichnet es. Ein eigenes Ressort widmet sich unter dem Label Foley der akustischen Gestaltung von menschlichen Bewegungsgeräuschen und Kleidungsstücken (vgl. Sonnenschein 2001; www.filmsound.org).

In der aktuellen Hollywoodpraxis ist es üblich, am Drehort aufgenommene Dialoge nachträglich zu bearbeiten und neu zu synchronisieren. Das Verfahren wird ADR (Automatic Dialog Replacement) genannt und beschäftigt ebenfalls Experten aus einer eigenen Abteilung (vgl. Sonnenschein 2001). Gewöhnlich fällt auch dieses Gestaltungsprinzip nicht auf, es dient der perfekten Integration sprachlicher Bestandteile in die Filmerzählung. Die räumliche Platzierung der Stimmen im Vorder- oder Hintergrund beziehungsweise in den nicht sichtbaren Bereich des Bildes orientiert sich an den natürlichen Gegebenheiten. In der beschriebenen Sequenz finden sich zwei Beispiele für eine bewusste Missachtung dieser Regel. Ewan McGregors Gesangsstimme verlässt auch bei einer Körperbewegung nicht ihren akustischen Platz in der Mitte. Der Effekt ist von der Einbettung der Gesangsdarbietung in die Handlung motiviert und würde in der gegenteiligen Behandlung der Identifikation mit der Figur und der diegetischen Überzeugungskraft ihrer Performance zuwiderlaufen. Weitaus ungewöhnlicher ist der im Verhältnis zur Platzierung im Bildhintergrund deutlich lautere lachende Kommentar der Bohèmiens. Das Stilmittel findet sich bereits in Luhrmanns zweitem Film *Romeo und Julia* und kann ebenfalls als Betonung der hybriden Machart des Mediums Film im Zeitalter digitaler Produktionstechnologie verstanden werden.

Am Schluss der Szene, die auf der DVD bereits zum folgenden zehnten Kapitel gezählt wird, findet sich ein seltenes Beispiel für einen inhaltlich motivierten und technologisch realisierten Kommentar der Filmmusik zur Handlung. Nachdem sich Christian als mittelloser Schriftsteller zu erkennen gegeben hat, endet die Musik abrupt mit dem tonhöhenvariierenden Effekt eines stoppenden Tonbandes. Das kleine Detail ist ein Beleg für die Existenz rein medial existierender Klangelemente und ihres narrativen Erzählpotenzials für ein Publikums, das in der Lage ist, dieses Symbol inhaltlich zu dechiffrieren.

Die Annmerkungen zur filmischen Audiokomposition und im Speziellen zu Baz Luhrmanns *Moulin Rouge* zeigen exemplarisch, welchen großen Anteil im zeitgenössischen Spielfilmkino die Klanggestaltung an der Konstruktion einer virtuellen Medienrealität hat. Seit den Anfängen des Kinos ist das Medium Film ein audio-visuelles Kunstprodukt, dessen Audioästhetik sich seit der Digitalisierung der Produktion grundlegend gewandelt hat. Die Polyphonie des visuellen wie akustischen Geschehens in *Moulin Rouge* bezieht ihre Funktionalität aus der gestalterischen Encodierung von dramaturgisch intendierter Bedeutung und aus der erlebnisorientierten Decodierung auf Seiten des Publikums, aufbauend auf dessen kulturell geprägter Hör- wie Seherfahrung. Baz Luhrmann ruft mit seiner Ästhetik ein Reservoir an popkulturellen Symbolen auf, angefangen bei der Verwendung des Orpheus-Mythos über die Adaption von Motiven der literarischen Vorlagen *La Vie de Bohème, Die Kameliendame,* Puccinis und Verdis Opern wie Offenbachs *Orpheus in der Unterwelt*. Auf musikalischer Seite werden Elemente aus hundert Jahren Pop- und Filmkultur zu Symbolen verarbeitet, die das Publikum durch die Struktur des Films navigieren, um emotionale Wirkungen nahe zulegen.

5. Mediendidaktische Anmerkungen

Das Medium Film als intertextuelles Geflecht von Subtexten mit Bezügen zu den literarischen, visuellen wie auditiven Künsten eignet sich als populäre Kunstform in idealer Weise zur schulischen Thematisierung. Das nordrhein-westfälische Landesinstitut für Schule und Weiterbildung befindet in einer Veröffentlichung zum Thema: „Im Rahmen der überfachlichen Medienerziehung erweist sich das Medium Film als ein geeigneter „quer liegender“ Gegenstand fächerübergreifenden und fächerverbindenden Lernes.“ (Landesinstitut für Schule und Weiterbildung 2000, 5)

Als omnipräsente Medienform in Kino und Fernsehen und als eines der Gestaltungsprinzipien von Videoclip und Computerspiel ist Film als Medium Schülerinnen und Schülern vertraut. Gemäß dem schulischen Auftrag, die medial geprägte Wirklichkeit und die Funktionszusammenhänge ihrer Medientexte zu durchdringen, scheint die Thematisierung von Spielfilmen zum Einen geboten, zum Anderen befördert ihre interdisziplinäre Produktionsweise eine fächerübergreifende Denk- und Arbeitsweise. Eine schulische Beschäftigung mit *Moulin Rouge*, beispielsweise in der gymnasialen Oberstufe, könnte inhaltliche Belange der Fächer Deutsch, Englisch, Literatur, Kunst und Musik integrieren. Eine Behandlung im Kurs- wie Klassenunterricht ist ebenso denkbar wie eine projektorientierte Herangehensweise. Aufgrund der vielen Zitate und der populären Thematik des Films liegt eine Adaption von Spielmomenten und Liedern im Rahmen von Schultheaterproduktionen nahe.[3]

3 Die Gesamtschule Osnabrück-Schinkel produzierte im Frühjahr 2003 unter dem Titel *Die Liebe ist ein seltsames Spiel* eine Musik-Revue zum Thema Liebe und adaptierte mit dem *Elephant Love Medley* eine populäre Sequenz aus *Moulin Rouge*. vgl. www.gesamtschule-schinkel.de

Zunächst war Baz Luhrmanns Film als aktuelles Medienereignis im Winter 2001/2002 vielfach diskutiert. Durch die Etablierung der Trailer-Single *Lady Marmelade* in den Charts, die massive Präsenz des Videos in den einschlägigen Programmsparten und die Wahl der ausführenden Künstlerinnen[4] kann der Bekanntheitsgrad des Films in der Alterstufe 16 – 20 als hoch angesehen werden. Mit Blick auf Baz Luhrmanns Aussage, der Film thematisiere den jugendlichen Übergang in die Erwachsenenwelt, ist eine inhaltliche Affinität von Schülerinnen und Schülern dem Film gegenüber anzunehmen.

Moulin Rouge kann als medialer Anlass zu inhaltlicher Reflexion verstanden werden. Eine Diskussion der Stoff-, Handlungs- und Erzählkonzeption sowie der Figurengestaltung könnte bei der Aufarbeitung der literarischen Vorlagen beginnen. *Moulin Rouge* zitiert antike wie klassische Vorbilder und arrangiert sie auf postmoderne Art und Weise in einem neuen Zusammenhang. Auf musikalischer Seite werden mit *La Traviata* und *La Bohème* zwei Opernhandlungen adaptiert, mit *Orpheus in der Unterwelt* kann ein weiteres Musiktheaterwerk assoziiert werden. Der antike Stoff hat zahlreiche Komponisten, darunter Claudio Monteverdi und Christoph Willibald Gluck, zu Arbeiten motiviert, die das inhaltliche Sujet auf sehr andere Weise verarbeiten. Neben der musikgeschichtlichen und thematischen Beschäftigung mit den Opernbezügen des Films sind unter Umständen Besuche von Aufführungen sowie die Diskussion aktueller Regiekonzepte der historischen Vorbilder in die unterrichtliche Beschäftigung zu integrieren.[5]

Sowohl aus musikdidaktischer wie deutschdidaktischer Perspektive bietet sich der Film mit seiner populären Variation als medialer Einstieg in das Thema Liebeslyrik an. Christian gewinnt die Liebe von Satine unter anderem durch seine Kunstfertigkeit, seinen Gefühlen in Vers- und Liedform Ausdruck zu verleihen. Darin steht er in einer langen Tradition, angefangen bei mittelalterlichen Minnesängern über Shakespeares Sonette, Schumanns und Schuberts Liedern bis zu gegenwärtigen popmusikalischen Varianten wie Rap etc.. Baz Luhrmann etabliert in der analysierten Sequenz von *Moulin Rouge* Christian als einen Protagonisten, der aus einer bestimmten Motivation heraus ‚zu den Versen' greift. Er tut dies mittels eines Popsongs, also in Form des Zitats eines weiteren Medientextes. Neben der Beschäftigung mit historisch wie inhaltlich unterschiedlichen Motivationen, Gedichte und Lieder zu rezitieren beziehungsweise zu erschaffen, bieten sich in Luhrmanns Wahl der Titel zusätzliche Anknüpfungspunkte. Neben der be-

4 Die vier Sängerinnen Christina Aguilera, Lil'Kim, Mya und Pink sowie die Produzentin Missy Elliott können als Top-Stars des gegenwärtigen Pop- und Hip-Hop-Geschäfts gelten, das Video gewann den MTV-Award.

5 Baz Luhrmann selbst hat Pucchinis Oper *La Boheme* Anfang der 90er Jahre in Australien inszeniert, die Produktion war zuletzt am Broadway in New York zu sehen.

schriebenen Sequenz wäre als aufschlussreiches Beispiel das so genannte *Elephant Love Medley* zu nennen. Darin gesteht Christian offen seine Liebe zu Satine. Sie ist zwar angetan von Christians poetischer Ader, keinesfalls aber von seiner Mittellosigkeit. Nach anfänglichem Zögern werden die beiden schließlich dennoch ein Paar. Das Medley besteht aus der kunstvollen Adaption von zehn populären Popsongs, wobei anfangs Christian, später Satine, die jeweils ersten Zeilen des Refrains singt. Geantwortet wird mit einer von Luhrmann und Pearce neu getexteten Phrase, in der beispielsweise Satine Christians Überschwänglichkeit kommentiert. Die bekannten Popzitate werden funktionalisiert, um in aller Kürze eine emotionale Haltung zu erzählen. Das anschließende Spiel mit deren Inhalt ist ein typisch postmodernes Prozedere und kann als solches unter philosophiedidaktischen Aspekten Thema von Unterricht sein. Eine Beschäftigung mit den lyrischen Momenten von *Moulin Rouge* kann sowohl deutsch- wie englischsprachig motiviert sein. Da DVDs mittlerweile neben der synchronisierten Fassung das Original abspielen, sind beide Varianten praktikabel oder vergleichbar. Die deutsche Version wirkt allerdings am Beispiel von *Your Song* betrachtet weniger kunstvoll, da die gesprochenen ersten Strophen synchronisiert sind, der Gesangseinsatz hingegen im Original erfolgt. Christians Zeilen bekommen so einen belangloseren Ton, außerdem stellt sich unter Umständen die Lust an der Demaskierung des Zitats später ein oder bleibt aus.

Aus kunstdidaktischer Perspektive könnte *Moulin Rouge* als opulentes Beispiel eines Ausstattungsfilms eine Vielzahl von Anknüpfungspunkten bieten. Das Produktionsdesign unter der Leitung von Luhrmanns Frau Catherine Martin wurde mehrfach ausgezeichnet und umfasst sowohl die aufwendig gestalteten Kostüme wie die Realisation der Bauten und Accessoirs am Set. Die Gestaltung der Kleider orientiert sich an historischen Vorbildern, adaptiert diese aber in freier Form. Für die Figur der Satine standen in Analogie zur zitatreichen Machart des Films die Schauspielerinnen Marlene Dietrich, Marilyn Monroe und Madonna visuell Pate, insbesondere die Kostüme etablieren diese Assoziation. Das Interieur der Räume, allen voran des Clubs, Satines Zimmer und der Bühnendekoration des geprobten und schließlich zur Aufführung gebrachten Musiktheaterstücks, zitieren in ihrer detaillierten Gestaltung Epochen der Kunstgeschichte und, wie die indisch inspirierte Ausstattung von *Spectacular Spectacular* zeigt, geographische Stile. Diese geben Anlass zu historischer wie inhaltlicher Einordnung. Neben dem Produktionsdesign kann die visuelle Gestaltung von Luhrmanns Film interessante Anregungen für kunstdidaktische Fragestellungen bieten. Das Lichtdesign spielt eine entscheidende Rolle bei der Figurengestaltung. Bildaufteilung, Kameraführung und 3-D-animierte Szenen sind in ihrer Art prototypisch für das Kino der 90er Jahre und eignen sich durch ihre Quantität wie Qualität als lohnenswerter Einstieg in die Beschäftigung mit filmischer Bildgestaltung.

Die musikalischen und, genereller gefasst, audiokompositorischen Details des Films wurden bereits in der Analyse der Sequenz thematisiert. Ihre Querverweise auf Epochen der Musikgeschichte, die zahlreichen Zitate sowie die Funktionalisierung der derzeit populären Kompositions- und Produktionsstile machen die Filmmusik in *Moulin Rouge* im Hinblick auf eine schulische Beschäftigung aufschlussreich. Neben einer Thematisierung der Aspekte Kompositionsprinzipien und Funktionalität von Filmmusik, Gestaltung und Definition akustischer Räume sowie gegenständlicher Details durch das Sounddesign und der dramaturgischen wie inhaltlichen Beschäftigung mit Liedern im filmischen Kontext besitzt die vom Film angewandte mediale Produzierbarkeit von Klängen jeder Art eine weitere didaktische Komponente. Aufgrund des technologischen Wandels von Audioproduktionsinstrumenten lassen sich mittels handelsüblicher und in Schule zunehmend vorhandener Computer auf vergleichsweise einfache Art und Weise Klänge produzieren. Das filmischem Sounddesign und das aktueller Musikproduktion zugrunde liegende Prinzip lässt sich anwenden, um das methodische Reservoir von Unterrichtsprojekten um auditive Mittel zu erweitern. Angewandte Medienkompetenz vermittelt sich nicht nur auf Grund von internetbasierter Recherche, des Umgangs mit Datenbanken, Präsentationswerkzeugen und Layout-Programmen. Die mediale Form der Komponierbarkeit von Klängen übt in ihrer schulischen Umsetzung ebenfalls die Handhabung technologischer Mittel, befördert zusätzlich die Schulung mediengestalterischer Fähigkeiten und besitzt kreatives Potential.

Literaturverzeichnis

Alexowitz, Myriam 2003: Traumfabrik Bollywood: Indisches Mainstream-Kino. Bad Honnef

Arnold, Matthias 2002: Henri de Toulouse-Lautrec, 7. Aufl. Reinbek

Bodde, Gerrit 2002: Die Musik in den Filmen von Stanley Kubrick. Osnabrück

Bullerjahn, Claudia 2001: Grundlagen der Wirkung von Filmmusik. Augsburg

Deutscher Musikrat (Hrsg.) 2001: Filmmusik – Musik der Zukunft (Musikforum Bd. 94). Mainz

Eder, Jens 2000, Dramaturgie des populären Films: Drehbuchpraxis und Filmtheorie (Beiträge zur Medienästhetik und Mediengeschichte Bd. 7). Hamburg

Fastenau, Volker 2003: Die Musik in den Filmen von Louis Malle. Diss. Universität Osnabrück

Flückiger, Barbara 2001: Sound Design. Die virtuelle Klangwelt des Films. Marburg

Flügel, Trixi Maraile 1997: Das Musical im Rahmen des klassischen Hollywood-Kinos. Alfeld/Leine

Goldbeck, Axel 2003: CINeMOTION - Virtual Audio Reality oder: Der Klang im Film. In: H.U. Werner/ G. Schmedes (Hrsg.): VirtuReal Soundscapes Teil 1: Variationen auf Virtual Audio (Massenmedien und Kommunikation Bd. 147/148). Siegen
Goldwasser, Dan 2001: The Music of Moulin Rouge: The Songs. An Interview with Marius de Vries and Anton Monsted. Online-Quelle: http://industrycentral.net/content/music/moulinrouge.shtml
Grossmann, Rolf 1997: Konstruktiv(istisch)e Gedanken zur Medienmusik. In: Thomas Hemker/ Daniel Müllensiefen (Hrsg.): Medien – Musik – Mensch. Neue Medien und Musikwissenschaft. Hamburg
Hickethier, Knut 2001: Film- und Fernsehanalyse, 3. Aufl. Stuttgart
Kern, Peter Christoph 2002: Film. In: Klaus-Michael Bogdal/ Hermann Korte (Hrsg.), Grundzüge der Literaturdidaktik. München
Klages, Thorsten 2002: Medium und Form – Musik in den (Re-)Produktionsmedien (Beiträge zur Medienästhetik der Musik, Bd. 3). Osnabrück
Kloiber, Rudolf / Wulf *Kunold* 1985: Handbuch der Oper, 8. Aufl. Kassel
Kloppenburg, Josef (Hrsg.) 2000: Musik medial: Filmmusik, Videoclip, Fernsehen (Handbuch der Musik im 20. Jahrhundert, Bd. 11). Laaber
Kreuzer, Anselm C. 2001: Filmmusik. Geschichte und Analyse (Studien zum Theater, Film und Fernsehen Bd. 33). Frankfurt a. M.
Landesinstitut für Schule und Weiterbildung (Hrsg.) 2000: Film als Gegenstand fächerübergeifenden und fächerverbindenden Arbeitens in der gymnasialen Oberstufe. Bönen
Lichtenhahn, Andreas 1998: Die Musik im Film. In: Bastian Clevé (Hrsg.): Von der Idee zum Film: Produktionsmanagement für Film und Fernsehen. Gerlingen
Lissa, Zofia (1964) 1965: Ästhetik der Filmmusik. Berlin (Ost)
Luhrmann, Baz 2001a: Online-Quelle: www.ultimo.devcon.de (18.10.2001)
Luhrmann, Baz 2001b: taz 18.10.2001
Maas, Georg/ Achim *Schudack* 1994: Filmmusik. Informationen und Modelle für die Unterrichtspraxis. Mainz
Motte-Haber, Helga *de la* / Hans *Emons* 1980: Filmmusik. Eine systematische Beschreibung. München/Wien
Poschardt, Ulf 1997: DJ Culture. Diskjockeys und Popkultur. Reinbek
Rabenalt, Peter 1986: Dramaturgie der Filmmusik. In: Theorie und Praxis des Films, H. 3, Berlin (Ost)
Rabenalt, Peter 1999: Filmdramaturgie. Berlin
Romney, Jonathan / Adrian *Wootton* (Hrsg.) 1995: Celluloid Jukebox. Popular music and the movies since the 50s. London
Schneider, Norbert Jürgen 1997: Komponieren für Film und Fernsehen. Ein Handbuch. Mainz
Smith, Jeff 1998: The Sounds of Commerce. Marketing Popular Film Music. New York

Sonnenschein, David 2001: Sound Design. The Expressive Power of Music, Voice, and Sound Effects in Cinema. Studio City/CA

Wehmeyer, Grete 1998: Eric Satie. Reinbek

Weis, Elisabeth 1995: Sync Tanks. The Art and Technique of Postproduction Sound. In: Cineaste vol. 21 No. 1/2, S. 56-61

Weis, Elisabeth / John *Belton* (Hrsg.) 1985: Film Sound. Theory and Practice. New York

Wermke, Jutta 1997: Integrierte Medienerziehung im Fachunterricht. Schwerpunkt: Deutsch. München.

Werner, Hans U. und die Insertionisten 1997: SoundScape. Design. KlangWelten. HörZeichen. Basel

Forum

Hartmut Jonas (Greifswald) **Chancen des computerbasierten Deutschunterrichts für neues Lernen**

Es liegt auf der Hand, dass nach den schwachen Lernergebnissen im Textverstehen, die die PISA-Untersuchungen dem Fach Deutsch bescheinigen (vgl. Baumert u.a. 2001), die Suche nach neuen Wegen in der unterrichtlichen Arbeit beschleunigt wird. Die gesellschaftlichen Erwartungen sind relativ hoch, in möglichst kurzer Zeit einen gravierenden Wandel des Deutschunterrichts durchzusetzen. Als Gegenpol des Konzepts *textnahen Lesens* (Belgrad/Fingerhut 1998), das weitgehend auf den multimedialen Verzicht des Deutschunterrichts setzt (vgl. Paefgen 1999, 155ff.), scheint sich der computerbasierte Deutschunterricht anzubieten. Der schulische Computereinsatz hat in den aktuellen lerntheoretischen Diskussionen in der Regel einen hohen Stellenwert, wird doch neues Lernen oft mit der Nutzung neuer Medien im Unterricht unmittelbar verbunden. Es zeigt sich aber bereits jetzt sehr deutlich, dass die Erwartungen oftmals zu hoch gesteckt sind und einer realistischen Einschätzung auf Grund gewonnener Erfahrungen zu weichen beginnen. Der Computereinsatz ist kein Allheilmittel, um die Probleme des Deutschunterrichts lösen zu können, denn die Nutzung des PC verändert zunächst nur *einen* Faktor der Lernumgebung - nicht mehr. *Automatisch* entsteht dabei nicht neues oder prinzipiell anderes Lernen. Auch mit dem PC kann traditionell gut oder schlecht gelehrt und gelernt werden.

Sinn macht die Diskussion über das Für und Wider des Computereinsatzes erst, wenn man sich fragt, worin die neue Qualität des Lernens bestehen könnte, die durch neue Medien unterstützt wird. Angesichts des inflationären Gebrauchs des Begriffs *neu* scheint es geraten zu sein, sich seiner Bedeutung zu vergewissern. Als Gegensatz zu *alt* kann man das Wort u.a. im folgenden Sinne verstehen: gerade entstanden, also bisher noch nicht vorhanden, dem Einzelnen unbekannt oder, auf einen Gegenstand bzw. auf eine Auffassung bezogen, noch nicht viel angewendet bzw. gebraucht oder auf andere Weise zusammengestellt (vgl. Paul 1960, 431ff.). Wichtig ist vor allem die Feststellung, dass *neu* ein relationaler Begriff ist, der je nach Standpunkt der Personen, die ihn verwenden, eine andere Bedeutung erhalten kann. Es gibt demnach keine von menschlichen Subjekten losgelöste Bedeutung des Wortes, sondern immer nur eine subjektiv gebundene. Diese Relativierung ist auch aus praktischer Perspektive durchaus hilfreich, weil sie vor modischen Tendenzen oder vorschnellen Versprechungen schützen kann. Wie verschieden die Vorstellungen über neues Lernen bzw. über eine neue Lernkultur sind, soll an einigen Beispielen erläutert werden. Für einige LehrerInnen kann im Deutschunterricht zum Beispiel neu sein, sich bewusster als üblich zu konzentrieren

- auf das *ausgewogene* Verhältnis von zielbewusster und systematischer rezeptiver und handlungs- und produktionsorientierter Vorgehensweise bzw. von systematischem, situativem und integrativem Unterricht,
- auf die *bewusste* Zielorientierung und Planung der Entwicklung sprachlicher und literarischer Kompetenzen über einen *längeren* Zeitraum hinweg,
- auf die sinnvolle Berücksichtigung der Lebens- und speziell der *Medienerfahrungen* der Lernenden oder
- auf die Entwicklung von *Methodenkompetenz*.

Für andere können auch verschiedene Methoden des Textumgangs nach dem Konzept des *textnahen Lesens* neu sein, etwa wenn tiefenhermeneutische, soziologische oder dekonstruktivistische Zugänge zu Texten geschaffen werden (vgl. Belgrad/Fingerhut 1998). Wiederum andere finden Neues beispielsweise in der integrativen Didaktik Gassers (1999), in der interessanterweise computerunterstütztes Lernen und die Nutzung des Hypertextes lediglich ganze zwei Druckseiten ausmachen. Manche dagegen nehmen den Einsatz des Computers im Rahmen des computerunterstützten Deutschunterrichts für sich als neu wahr, weil das Medium neu sei und damit Aufgaben, wie etwa das Recherchieren, das Verarbeiten von Texten oder das Präsentieren von Lernergebnissen bzw. Demonstrieren von Arbeitsschritten, eine andere Qualität erhalten können. Für den Einzelnen oder für eine Gruppe von Lehrkräften kann die Erprobung oder bewusstere Umsetzung dieser wichtigen und in der Praxis viel zu selten konsequent und planvoll realisierten didaktischen Aspekte durchaus *neu* sein, aus lerntheoretischer Perspektive sind sie es aber nicht. Ähnliches lässt sich auch für den Einsatz des Computers im Deutschunterricht feststellen, gibt es doch in verschiedenen unterrichtlichen Fächern, auch im Deutschunterricht, einige Erfahrungen. An diesen Beispielen wird deutlich, dass die Bestimmung des neuen Lernens im Deutschunterricht zum ersten subjektabhängig und auch historisch veränderbar ist, vor allem aber nicht durch den Einsatz eines – alten oder neuen - Mediums determiniert wird. Denn „[...] Medientechniken selbst haben keine pädagogische Wertigkeit, den Artefakten der Kultur werden diese zugeschrieben [...]" (Kerres 2000, 180). Ihre Relevanz erhalten sie erst in einer konkreten Lernumgebung auf der Basis eines bestimmten Lehr-Lernkonzepts. Mit Blick auf neue Konzepte lässt sich auch die Frage nach den Chancen eines computerbasierten, eines computerunterstützten oder eines computergestützten (vgl. zur Unterscheidung Jonas 2003) Deutschunterrichts für neues Lernen m.E. beantworten.

Die Frage, wie Lernen mit dem PC auf neue Art erfolgen soll, ist in den letzten vier Jahrzehnten intensiv diskutiert worden. Im Ergebnis dieser Diskussionen ist eine Fülle von Vorschlägen unterbreitet worden (vgl. Strittmatter/Niegemann 2000). Dabei stehen oft konstruktivistisch begründete Konzepte im Mittelpunkt, die den Zusammenhang von Wissenskonstruktion und *situiertem Lernen* beachten (vgl. Mandl/Gruber/Renkl 1997). Danach sei Lernen anhand von weitgehend authentischen realen oder multimedial präsentierten komplexen Problemen im sozialen Austausch zu entwickeln. Die Problemlösung kann bedingungsabhängig nach drei Lernkonzepten, die auch im Deutschunterricht eine Rolle spielen können, erfolgen:

1. Das „Cognitive Apprenticeship"-Konzept

Vorbild für dieses Konzept ist die Handwerkslehre, nach der die Lernenden nach anfänglich starker Anleitung durch den Lehrenden Schritt für Schritt selbstständiger die Aufgabe lösen und der Lehrende dabei – je nach Bedingungen – immer stärker zurücktritt und nur im Bedarfsfall korrigierend und helfend zum Zuge kommt. Etwa: In Auswertung einer Klassenfahrt nach Weimar kommt es zur Auseinandersetzung über das Verhältnis zum klassischen Erbe. Die SchülerInnen wollen ihre Standpunkte objektivieren und entscheiden sich für die Entwicklung einer CD-ROM, auf der sie multimedial ihre Erfahrungen verarbeiten und anderen SchülerInnen zur Verfügung stellen wollen. Angesichts konzeptioneller Schwierigkeiten im Deutschunterricht müssen nicht nur die inhaltlichen Aspekte, sondern auch die formalen und technischen Lösungen (etwa Visual Basic) strukturiert werden. Gemeinsam wird deshalb unter Anleitung der Lehrkraft eine Konzeption erarbeitet, die von der Idee, über die Themenformulierung, das Treatment, das „Drehbuch" und das Pflichtenheft zur Realisierung führen soll. Erst dadurch ist es möglich, die komplexe Aufgabe, die über einen langen Zeitraum reicht, auch erfüllen zu können. Ist die Konzeption erarbeitet, können die SchülerInnen immer selbstbestimmter vorgehen (vgl. Kups/Müller 2003; auch in: http://www.bildung-mv.de/Projekte/MeKo/Deutsch).

2. Das „Anchored Instruction"-Konzept

Die multimediale Präsentation einer Geschichte durch den PC enthält eine komplexe Problemaufgabe mit Elementen der Problemlösung, deren Wahrnehmung den SchülerInnen bei der selbstständigen Problemlösung helfen sollen. Damit wird eine realitätsnahe komplexe (Lern-)Situation geschaffen, die einerseits die Lernenden motivieren, andererseits verschiedene Lernfelder verknüpfen, aber auch die Fähigkeiten im literarischen Lesen und heuristischen, auch kreativen Schreiben entwickeln. So wird in der CD-ROM „Die Agenten des Horus" (Erprobungsversion; Stiftung Lesen) in einer Videosequenz eine Science-Fiction-Handlung erzählt: Die Agenten und mit ihnen die NutzerInnen suchen Romanfiguren, die von „Extremlesern“ aus den Büchern „herausgelesen“ worden sind, sich in der Realität befinden und dort Chaos anstiften. Die Agenten begeben sich auf die Suche nach Shakespeares Julia, nach Graf Dracula oder Sherlock Holmes. Dabei stoßen die NutzerInnen auf eine Vielzahl von Büchern und auf zahlreiche literarische Querverweise. Rund 230 Buchtitel nach den thematischen und genretypischen Orientierungen der drei Handlungsstränge (Liebe, Krimi, Horror) geordnet, sind - übrigens auch unabhängig vom Spielverlauf - in einer Bibliothek abrufbar. Die NutzerInnen müssen, wenn sie die literarischen Figuren wieder in die Buchwelt zurückführen wollen, diese genauer kennen lernen, dabei viel lesen, recherchieren, kombinieren, schreiben und darauf aufbauend eine Strategie entwickeln, wie das geschehen kann (vgl. Schreiber-Jonas 2001).

3. Cognitive Flexibility-Konzept

Dieses Konzept veranlasst die Lernenden im Umgang mit dem Lerngegenstand multiple Perspektiven einzunehmen. So kann ein Zugang zum Jugendbuch (zum Beispiel zu Marie Hagemanns *Schwarzer, Wolf, Skin*) mit Hilfe des Internet aus der Perspektive des Autors, des Verlages, verschiedener Leser, von Interpreten, eventuell auch von Betroffenen geschaffen oder Goethes Textfassung des „Werther“ im Vergleich zur Verfilmung, zum Hörbuch, zur CD-ROM und zu verschiedenen Versionen im Internet betrachtet werden. Die jeweils andere Perspektive tritt möglichen Vereinfachungen entgegen und zwingt die SchülerInnen, aus verschiedenen Gesichtswinkeln das Lernproblem zu betrachten.

Ohne Frage ist die Umsetzung dieser Konzepte in der Unterrichtspraxis aufwändig und auch im besten Sinne des Wortes problematisch. Bei einer kritischen Betrachtung dieser Konzepte lässt sich feststellen, dass es sich im Wesentlichen um relativ bekannte (meist reformpädagogisch orientierte) Rahmenkonzepte in teilweise neuem Gewand handelt, die mit traditionellen Instruktionsmethoden kombiniert werden. Eine neue Qualität des Lernens kann allerdings dadurch erreicht werden, dass durch den PC problemorientiertes, situiertes, realitätsnahes, vor allem selbstbestimmtes bzw. -organisiertes, reflektiertes Lernen mit komplexeren Anforderungen und effektiveren Möglichkeiten der Lösung optimiert wird. Das geht in vielen Fällen auch ohne Computer, mit ihm aber motivierter, effizienter, möglicherweise lernwirksamer, ergebnisorientierter und vermutlich auch nachhaltiger. Die vorsichtigen Erwartungen, die sich mit diesen relativ komplexen Unterrichtskonzepten verknüpfen, ergeben sich daraus, dass bisher noch keine überzeugenden besseren Ergebnisse gegenüber einer herkömmlichen Unterrichtsweise nachgewiesen werden können. Das trifft im Wesentlichen auch auf das

Konzept des *textnahen Lesens* zu. Insofern können sich mit beiden Konzepten, mit dem Konzept des *textnahen Lesens* und mit Konzepten computerbasierter Lernumgebungen, Hoffnungen auf eine Verbesserungen der Unterrichtsergebnisse verbinden. Der Nachweis wird in jedem Falle schwierig sein. Es bleibt – vorerst oder generell - nur der Kompromiss: die Verknüpfung computerbasierten Unterrichts mit Unterrichtsformen, die sich anderen Konzepten öffnen.

Literatur

Baumert, Jürgen/ *Klieme*, Eckhard/ *Neubrand*, Michael/ *Prenzel*, Manfred/ *Schiefele*, Ulrich/ *Schneider*, Wolfgang/ *Stanat*, Petra/ *Tillmann*, Klaus-Jürgen/ *Weiß*, Manfred 2001: PISA 2000. Basiskompetenzen von Schülerinnen und Schülern im internationalen Vergleich. Opladen

Belgrad, Jürgen/ Karlheinz *Fingerhut* (Hrsg.) 1998: Textnahes Lesen. Baltmannsweiler

Gasser, Peter 1999: Neue Lernkultur. Eine integrative Didaktik. Aarau (Pädagogik bei Sauerländer; Bd. 26: Schwerpunkt: Unterrichten)

Jonas, Hartmut 2003: Methoden und Arbeitstechniken des Umgangs mit neuen Medien im Deutschunterricht. In: Jutta Wermke (Hrsg.): Literatur und Medien. Medien im Deutschunterricht 2002. Jahrbuch. München, S. 160-181

Kerres, Michael 2000: Potenziale des Lernens im Internet: Fiktion oder Wirklichkeit. In: Hilmar Hoffmann (Hrsg.): Deutsch global. Neue Medien – Herausforderung für die Deutsche Sprache? Köln, S. 170-195

Kups, Elke/ Jürgen *Müller* 2003: Die Idee ist noch nicht alles ... Der schwierige Weg von der Idee zur CD-ROM. In: Computer+Unterricht, Jg. 13, H. 52, S. 26-29

Mandl, Heinz/ Hans *Gruber*/ Alexander *Renkl* 1997: Situiertes Lernen in multimedialen Lernumgebungen. In: Ludwig J. Issing/ Paul Klimsa (Hrsg.). Information und Lernen mit Multimedia. 2., überarb. Aufl. Weinheim, S. 167-178

Paefgen, Elisabeth K. 1999: Einführung in die Literaturdidaktik. Stuttgart, Weimar (Sammlung Metzler; Bd. 317)

Paul, Hermann 1960: Deutsches Wörterbuch. 7.Aufl., bearb. v. A. Schirmer. Halle (Saale)

Schreiber-Jonas, Gertrud 2001: Entwicklung von Lesekompetenzen und von literarischen Interessen. In: http://www.bildung-mv.de/Unterricht/Modellversuche/ Meko/Unterrichtsbeispiele/Deutsch

Strittmatter, Peter/ Helmut *Niegemann* 2000: Lehren und Lernen mit Medien. Eine Einführung. Darmstadt

Michael Kämper-van den Boogaart (Berlin) **Einerseits - andererseits**

Nimmt man den Wortlaut der aufgetragenen Frage ernst, scheint mir nur eine negative Antwort begründbar zu sein. Die entsprechende Begründung liefe dann darauf hinaus, dass die PISA-Studie bestimmte Schülerleistungen überprüft hat, nicht aber didaktische Arrangements des muttersprachlichen Unterrichts und deren leistungsfördernde bzw. -senkende Funktionen. Gemeint sind mit der Frage jedoch sicher andere Überlegungen: Im Anschluss an die Publikation der PISA-Rankings hat eine hektische Debatte um die Qualitätsverbesserung des deutschen Schulsystems eingesetzt, und in diesem Kontext ist es sicher legitim zu fragen, ob nicht auch ein offensiverer Umgang mit Medien die Qualität des Unterrichts verbessern könnte. Angesichts des weit gefassten Medienbegriffs, des Mangels an empirischen Untersuchungen und der Schwierigkeit, zu einem entsprechend umfassenden Untersuchungsdesign zu gelangen[1], kann allerdings hierüber zur Zeit nur spekuliert werden. In der Rolle als Spekulant würde ich die Frage mit einem entschiedenen „einerseits, andererseits" beantworten.

Das „einerseits nein" möchte ich folgendermaßen begründen: Nach meinen Beobachtungen krankt der Deutschunterricht am ehesten daran, dass er die Lernenden mit einer Überfülle von Lernangeboten konfrontiert, die nur unzureichend so verzahnt werden können, dass die Produktion des berühmten trägen Wissens vermieden werden kann. Insofern scheint mir jede zusätzliche Aufgabenstellung des Deutschunterrichts von Übel, solange nicht gleichzeitig für curriculare Entlastungen gesorgt wird. Ebendies wird aber in der Regel nicht getan, da eine entsprechende Reduktion des Kanons der Lernfelder schwer legitimierbar ist. In der Tat würde auch ich in der Rolle des Zeitgenossen Legitimationsprobleme geltend machen, vollzöge sich die Karriere des neuen Unterrichtsgegenstandes „Medien" auf Kosten des alten Unterrichtsgegenstandes „Literatur". Hier teile ich die – konservative - Einschätzung jener, die zu bedenken geben, dass der Schule eher mehr als zuvor die Rolle zukommt, solche

1 Vgl. hierzu allerdings das von S. Blömeke, D. Eichler & Ch. Müller zur Zeit durchgeführte Projekt H-A-M-L-E-T im Rahmen des DFG-Schwerpunktprogramms Schwerpunktprogramms „Die Bildungsqualitität von Schule: fachliches und fächerübergreifendes Lernen im mathematisch-naturwissenschaftlichen Unterricht in Abhängigkeit von schulischen und außerschulischen Kontexten": http://www2.hu-berlin.de/didaktik/de/forschung/hamlet2.html .

kulturellen Erfahrungen zu ermöglichen, die Heranwachsenden in einer kulturindustriell geprägten Lebenswelt immer seltener zuteil werden. Zu diesen Erfahrungen zählt mit Sicherheit nicht der Konsum symbolischer Güter audiovisueller Medien, wohl aber der Umgang mit solchen Texten, deren Emissionsniveau eine lustvolle Rezeption an Voraussetzungen knüpft, die die Lebenswelt nicht einfach generiert. Dass solche Texte zum Beispiel auch Filme sein können, ist mir klar. Doch scheint mir auch deutlich zu sein, dass die Erweiterung des Deutschunterrichts um die Themen Filmsprache und -geschichte den Prozess der besagten Überlastung des Deutschunterrichts weiter vorantriebe. Dies gilt übrigens bereits für die dann fällige Modifikation der Lehrerausbildung. (In diesem Kontext ist auch an die gegenwärtige Tendenz zur so genannten Rephilologisierung der Germanistik zu denken.)

Ein zweites Bedenken berührt sehr pragmatisch Kostenfragen. Eine probate Ausstattung mit neuen Medien (zum Beispiel PC, Notebook, Beamer etc.) ist nicht nur in der Investition, sondern auch in der Wartung mit beträchtlichen Kosten verbunden. Leicht lässt sich hier sagen, dass die Schule uns das wert sein sollte. Sehe ich aber, wie zumindest in der Hauptstadt Berlin die Identifikation von Schulgebäuden durch den Zustand ihres physischen Zerfalls erleichtert wird und wie zum Beispiel gerade die Lernmittelfreiheit kassiert wurde, scheinen mir andere Prioritäten geboten. Mehr noch: Mir vermittelt sich der Eindruck, als seien hier vielfach über attraktive Förderprogramme bereits beträchtliche Summen in den (märkischen) Sand gesetzt worden.

Doch nun zum ‚andererseits ja', d.h. zu den Aspekten, die eine positive Antwort motivieren können.

Erstens: Medien sind schließlich auch Unterrichts- oder Lernmedien. Hier gibt es für den Deutschunterricht zweifellos Chancen zur Innovation. Nicht weil Digitales den Gout des Modernen in die Klassenzimmer trägt, sondern weil es schlichtweg didaktisch sinnvoll ist, kann hier eine Menge verbessert werden. So sind zum Beispiel das Display eines Bildschirms, die Funktionen eines Textverarbeitungssystems usw. günstige Komponenten, wenn es um das gemeinsame Überarbeiten von Texten geht. Ebenso gilt, dass zum Beispiel die Produktion eines Hörspiels digital erheblich konzentrierter erfolgen kann als mit dem guten alten Tonbandgerät. Keine Frage ist ebenfalls, dass über DVD und Beamer die Auseinandersetzung mit filmischen Dokumenten weit ertragreicher ausfallen kann, als dies mit Videorecorder und Monitor möglich war.

Zweitens: In gewisser Weise berührt das *Literacy*-Konzept, das der PISA-Studie zugrunde liegt, auch die Frage nach einer Alltagswende des Deutschunterrichts. Hierzu zählt nicht zuletzt der Beitrag, den der Deutschunterricht mit Blick auf die Chancen in der Arbeitswelt zu leisten hat. Wenn sich dort in wachsendem Maße Kommunikation medial vermittelt vollzieht, wenn Informationen medial präsentiert werden, darf der Deutschunterricht nicht so tun, als seien ein Stichwortzettel oder eine Overhead-Folie die ultimativen Vortragsmittel, als gäbe es nicht *Powerpoint* usw.

Drittens: Viel spricht dafür, dass es zwischen medialen Codierungen und entsprechend ausgerichteten Rezeptionserfahrungen Interferenzen gibt, die nicht puristisch verschwiegen werden sollten. So kann es beispielsweise sinnvoll sein, sich der rezeptionssteuernden Wirkung narrativer Techniken zu versichern, indem man an die Erfahrungen mit filmischen Narrationen anknüpft und beispielsweise intermedial die Kategorie der Kameraeinstellung auf die Organisation einer literarischen Erzählpassage überträgt.

Viertens: Das in die Rezeption von Texten investierte Vorwissen (Weltwissen, Schemawissen usw.) ist in erheblicher Weise über Medienkonsum aufgebaut. Dies betrifft nicht zuletzt auch die Muster der Vorstellungsbildung, wenn es um die Imagination oder mentale Repräsentation fiktionaler und nicht-fiktionaler Phänome geht. So dürften beispielsweise die Vorstellungen über das Gepräge mittelalterlichen Lebens weit mehr auf filmische Erfahrungen oder auf Eindrücke aus der Bilderwelt von Computerfilmen zurückgehen als auf Besuche fragmentarisierter Baudenkmäler. Für die Art, in der sich Textverstehen vollzieht, hat dies Folgen – und keineswegs nur negative. Mithin erfüllt gerade ein Unterricht, der sich die Steigerung von Lesekompetenzen zum Ziel setzt, seine eigenen Ansprüche, wenn er diese medial produzierten Bestände des Vorwissens nutzt, indem er sie aufruft.

Wie gesagt: einerseits, andererseits ...

Adalbert Wichert (Freiburg) **Lese- und Medienkompetenz**

Die PISA-Ergebnisse haben dem Begriff „*Lesekompetenz*" zur Konjunktur verholfen und den inflationär gewordenen Begriff „*Medienkompetenz*" derzeit aus den Hitlisten verdrängt. Während die Öffentlichkeit teilweise versucht, das Lesen und die Medien gegeneinander auszuspielen und die Klage über Lesedefizite in Medienschelte zu überführen, versuche ich, entgegengesetzte Überlegungen durchzuspielen: Auch wenn der Lesekompetenz absolut Priorität vor der Medienkompetenz einzuräumen ist, fördern wir Lesekompetenz, wenn wir den Medien im Deutschunterricht mehr Raum geben:

1. Schrifttexte sind in der Wahrnehmung unserer Schüler ein Medium im multimedialen Spektrum der gesellschaftlichen Kommunikation.
2. Schrifttexte sind ein wesentlicher Funktionsbestandteil audiovisueller Medienangebote.
3. Mit den neuen Medien, ihren Hypertexten und Hypermedia-Produkten werden Lesefähigkeiten spezifischer Art erforderlich.

1. Multimedialität und Schrift

Wenn wir Medien (in einer sehr weiten Definition) als Träger von Mitteilungen (Autorenperspektive) und als Angebote zur Kommunikation (Rezipientenperspektive) ansehen und wenn wir als Träger/Angebote sowohl die gesellschaftlich akzeptierten Zeichensysteme als auch die kommunikativ wirksamen materiell gewordenen Zeichenmengen begreifen, dann müssen wir davon ausgehen, dass Menschen von Anfang ihres Lebens an multimedial kommunizieren. Wir verständigen uns fast immer zugleich optisch, akustisch, oft auch haptisch oder durch symbolische Handlungen. In einer Medienwelt aufgewachsene Kinder haben sich längst die Verarbeitung von medial angebotenen Bildern und Tönen erworben, wenn sie auf die soziale Bedeutung der für sie zunächst geheimnisvollen Schriftzeichen und ihrer Texte aufmerksam werden und schließlich in die Wunderwelt des Lesens eingeführt werden. Bild- und Tonmedien sind für sie also primär, was auch die oft falsch verstandene Rede von der Schrift als einem sekundären Zeichensystem zum Ausdruck bringt.

Wenn die anfängliche Begeisterung für das neu entdeckte Medium Schrifttext während der Schulzeit allmählich abnimmt, liegt das nicht nur an den hohen

Anforderungen der Schriftkultur, sondern vor allem auch daran, dass die Schule die für die Kinder primären visuellen und auditiven Medien allmählich zurückdrängt und immer mehr zu einer von den Kindern medial als verarmt empfundenen Welt der Schrifttexte und Bücher wird, anstatt Text und Buch in die vielfältige Medienwelt der Kinder zu integrieren und ihnen den spezifischen Platz der verschiedenen Medien im multimedialen Spektrum zu vermitteln.

2. Schrifttexte im audiovisuellen Medienangebot

Fern-Ziel der schulischen Leseförderung ist unumstritten der komplexe, literarische oder wissenschaftliche Text. Ausgangs- und Orientierungspunkt aber dürfen in einer multimedialen Umgebung weder pädagogische Übungstexte sein, die künstlich auf das zurechtgestutzt sind, was man den Kindern bzw. Jugendlichen jeweils zutraut, noch kanonische literarische Texte, die an kulturellen Werten orientiert sind, sondern jene pragmatisch in Situationen oder Medienumgebungen eingebetteten Kleintexte, zu denen auch die in der PISA-Studie als *„diskontinuierlich"* bezeichneten Texte gehören und die den Schülern im Alltag auf Schritt und Tritt begegnen, besonders in den Medien. Hier ist anzuknüpfen an die alte Debatte um die schulische Relevanz von Gebrauchstexten. Während diese ihre schulische Relevanz aus der für Schüler unmittelbar einsichtigen pragmatischen Einbettung gewinnen, erhalten eingeblendete Tabellen, Listen, Schaubilder, Schlagwörter oder Schlagzeilen, Zitate, Vor- und Nachspanne, Untertitel oder Videotext-Programmerläuterungen (um nur einige Beispiele aus dem Fernsehalltag anzusprechen) ihren Erkenntniswert durch ihre mediale Einbettung: Schüler lernen, die spezifischen Funktionen von Texten im Zusammenwirken mit Bildern, bewegten Bildern, gesprochener Sprache, und Audioprodukten zu erfassen. Das gilt insbesondere auch dort, wo audiovisuelle Medien direkt auf Schrifttexte, Textmaterial im WWW oder Bücher verweisen bzw. für sie werben. Wenn in der ZDF-Sendung „Lesen!" Elke Heidenreich Margarethe von Trotta Bücher empfehlen lässt, mit deren Lektüre sie ihren Film „Rosenstraße" vorbereitet habe, so wird die doppelte Intermedialität von der Buchlektüre zum Filmemachen und von der TV-Sendung zum Buchlesen sichtbar. Und gerade derartige Verbindungen der Medien vermögen auch im Deutschunterricht deutlich zu machen, dass das medial Spezifische des Lesens von Texten in der Verlangsamung, Vertiefung und Differenziertheit der kognitiven oder imaginativen Verarbeitung liegt, während andere Medien mit den Vorzügen der Beschleunigung, sensitiver Oberflächenwirkung und ganzheitlicher Wahrnehmung wirken.

3. Lesen von Hypertext und Hypermedia

Das deutsche PISA-Konsortium (2000, 25) weist darauf hin, dass es in Zukunft eine diesmal noch nur aus organisatorischen Gründen übergangene Textsorte in ihre Untersuchungen einbeziehen werde, den elektronischen Hypertext bzw. das elektronische Hypermedia Format.

Die Generation der mit dem Buch Sozialisierten bemüht sich, die notwendigen Lesestrategien aus ihrer literalen Bildung zu entwickeln und erinnert sich an Beziehungen, die vom Leser zwischen Textmodulen herzustellen sind im Umgang mit alt- und neutestamentalischen Textkorpora, im Umgang mit Enzyklopädien, mit Texten des wissenschaftlichen oder journalistischen Diskurses oder mit nicht linear aufgebauter experimenteller Dichtung wie etwa Arno Schmids *„Zettels Traum"*.

Die Mediengeneration unserer Schüler geht vermutlich ganz anders an Hypertext und Hypermedia heran. Sie verfolgt im Fernsehen ein Fußballspiel und sieht einen Regelverstoß oder die Entstehung eines Tores aus drei oder vier unterschiedlichen Kamerapositionen und nochmals in verschieden starken Zeitlupen; sie kennt Filme wie *„Lola rennt"*, die simultane Ereignisse gleichzeitig und Varianten des gleichen Ereignisses aneinandergereiht vorführen. Sie verfolgt die Tagesschau, in der in Fenstertechnik Aufnahmen aus dem Studio und aus zwei Hauptstädten der Welt und vielleicht am unteren Bildrand auch noch ein laufendes Textband verfolgt werden. Sie hört Musik, die technisch aus verschiedenen Platten und Eingriffen des DJs oder des PCs erzeugt wird. Sie praktiziert aktives ´Multitasking´: Berieselung durch MTV, zugleich das Schulbuch aufgeschlagen, das Handy meldet eine ankommende SMS, Griff zum Telefon, am laufenden PC vom Computerspiel auf das Mail-Programm wechseln ... - welch ein Gegensatz zum konzentrierten Lesen eines Textes -, und doch: Derart zum komplexen, multiperspektivischen Verhalten, Denken, Sehen und Hören vorbereitet, könnte diese Generation auch von hier aus herangeführt werden an komplex verwobene Literatur wie etwa Goethes „Wanderjahre" oder E.T.A. Hofmanns „Kater Murr".

Was das deutsche PISA-Konsortium (*Artelt/ Stanat/ Schneider/ Schiefele*: 2001,133) feststellt, bleibt unbestritten: „Lesen ist mehr denn je erforderlich, um die notwendigen Grundlagenkompetenzen für eine selbstbestimmte, bedürfnisgerechte und bedächtige Nutzung des gesamten Medienensembles zu schaffen." Aber es gilt eben auch die Umkehrung: An das Lesen heranzuführen gelingt der Schule nur, wenn sie die multimedial strukturierte Disposition der Schüler, das Umfeld ihrer vielfältigen Medienangebote, ihre dabei entwickelten Strategien der Wahrnehmung, Selektion, Kombination und Deutung einbezieht und von dort aus zum Lesen medial vernetzter Textbausteine, aber auch hochkomplexer Texte hinführt. Wer ein guter Leser ist, wird zum guten Mediennutzer. Wer mit Medienvielfalt umgehen kann, wird zum guten Leser. Es ist wohl wie mit der Henne und dem Ei.

Literatur

Artelt, Cordula/ Stanat, Petra/ Schneider, Wolfgang/ Schiefele, Ulrich 2001: Lesekompetenz: Testkonzeption und Ergebnisse. In: Jürgen Baumert/ Eckhard Klieme/ Michael Neubrand/ Manfred Prenzel/ Ulrich Schiefele/ Wolfgang Schneider/ Petra Stanat/ Klaus-Jürgen Tillmann/ Manfred Weiß (Hrsg.): PISA 2000. Basiskompetenzen von Schülerinnen und Schülern im internationalen Vergleich. Opladen, S. 69-137

Deutsches PISA-Konsortium (Hrsg.) 2000: Schülerleistungen im internationalen Vergleich. Eine neue Rahmenkonzeption für die Erfassung von Wissen und Fähigkeiten. Herausgeber der englischen und französischen Originalfassung: OECD. Betreuung der Übersetzung: PISA-Projektleitung am Max-Planck-Institut für Bildungsforschung; Petra Stanat. Berlin

Peter Klotz (Bayreuth) **Nur eine Stellungnahme**

Was auf den ersten Blick lebendig und zukunftsweisend aussieht, ist bei genauerer Betrachtung doch kritisch und differenziert abzuwägen.

Die Ergebnisse und Konsequenzen von PISA mit der Medienerziehung zu verbinden, leuchtet zunächst ein, zumal angesichts der geringen Bereitschaft, Freude und Fähigkeit der Heranwachsenden, sich dem Lesen intensiv zu widmen. Doch, so muss weiter gefragt werden, ist ein allgemeines Verständnis vom Lesen so wertvoll, sind Bücher- und Zeitschriftenlektüre an sich schon wertvoll? Das darf bezweifelt werden, geht es doch um die Substanz, die rezipiert wird, und geht es doch viel allgemeiner um das Lesen - und um das Adäquat-Nutzen-Können von Zeichen überhaupt. Die PISA-Studie z.B. hat diese Kompetenzen auf einsehbare Weise graduell, d.h. in fünf Stufen, differenziert.

Eine Medienerziehung, die die Zeichenkonfigurationen, die „*Grammatik*" der Bilder und der Töne, der Kommunikationsräume („*chat*" heißt ein viel sagender Begriff) zu einem zentralen Thema macht, hat letztlich auch in Bezug auf PISA eine gewisse Berechtigung, denn was es für Heranwachsende wirklich braucht, ist das ‚Ernstnehmen' der Zeichen und der Vielfalt der Zeichensysteme, ist die Freude am Analytischen ebenso wie am Spielerischen.

Geschähe dies, z.B. mit „durchdringendem Blick" auf Filme oder gar Theateraufführungen, dann bekäme auch das Lesen von Büchern (wieder) einen ganz eigenen, ganz eigentümlichen Stellenwert, nämlich den, den es in unserer Kultur die letzten 150 Jahre z. T. hatte, aber er würde auch gleichzeitig erneuert. Die Krise des Lesens ist ja nicht von den Heranwachsenden gemacht, auch nicht nur von scheinbar anonymen „Entwicklungen", sondern sie ist auch Zeichen von mangelnder Weiterentwicklung, z.B. in Literaturwissenschaft, in Literaturdidaktik und in schulischer Methodik. So gesehen ist die gegenwärtige Krise die durch PISA geschenkte Chance, Orientierung und Bewusstheit in einer Welt der Zeichensysteme, die sich eben ein Stück weit verändert hat, zu überdenken und neu einzurichten. Diese Veränderung reicht trotz allen Geredes davon zwar weit, aber doch nicht so weit, als dass die immer notwendigen Offenheiten – z.B. für ein intensives Lesen – und Fähigkeiten – z.B. bei der eigenständigen Nutzung von Sachtexten – nicht genauso erforderlich wären wie eh und je. Der Fokus hat sich überwiegend technisch zum Elektronischen, medial zum Virtuellen hin verschoben, wobei Virtualität letztlich immer ein Kennzeichen des Verhältnisses von Signifikant und Signifikat ist; so wird Virtualität zu einer Frage ihrer Thematisierung und des

Bewusstseins. Wirklichkeit ist immer ein Ergebnis der Perspektive des wahnehmenden und gestaltenden Subjekts, so dass die pädagogische Aufgabe lautet, den eigenen *„Sehepunkt“*, also von welcher Position aus wir denn eigentlich sehen, zu entdecken und ihn bewusst einzunehmen. Und das genau kann Medienerziehung neben aller Vermittlung technischer Fertigkeiten leisten. Ob dadurch bereits bessere Ergebnisse möglich werden, muss sich erst noch zeigen, aber für das Lesen und das Lesen-Wollen und -Können wäre damit schon viel gewonnen.

Denn was durch PISA auch wieder aufgebrochen ist, ist die harte Tatsache kultureller Differenz, die man unter dem idealen Diktum der Chancengleichheit in didaktischen Amalgamierungen versteckt zu haben glaubte – oder einfach nur als aufhebbares Problem ansah. Auch Mediennutzung und Medienkompetenzen haben längst zu sozialer Differenz geführt, wenngleich diese Differenz zunächst im leisen Summen bzw. im lauten Klingeln und Tönen der Geräte schwerer auszumachen ist. Weithin werden Vorgaben der Technik und Programme – gut – erfüllt, doch ob solches Gehorchen und Spielen zu einem selbstbestimmten Lesenkönnen und zum Verstehen und Umgehen mit Sachtexten helfen können, ist erst einmal wenig wahrscheinlich.

Spätestens bei solcher Betrachtung muss insbesondere Deutschdidaktik auf den Boden alltäglicher Tatsachen zurück. Nach den 70er Jahren haben Sachtexte im Deutschunterricht nicht den Stellenwert erreicht, den sie haben müssen - mit und ohne PISA. Deutschunterricht heißt nicht zuletzt, Sachtexte verstehen und weiter verarbeiten zu können, aus Daten und Bildmaterial Sachtexte zu entwickeln und dies alles miteinander verbinden zu können. Insbesondere die Deutschdidaktik – nicht zuletzt in ihrer Scheu, ernsthaft textlinguistisch viele ihrer Bereiche zu durchdringen – hat hier Versäumnisse einzugestehen und ihre Desiderata neu zu formulieren; die deutschunterrichtliche Alltagspraxis wurde zu lange allein gelassen. Ob also solche Fähigkeiten durch Medienerziehung wirklich zu fördern sind, ist noch fraglich, es sei denn, man nutzt methodisch die Attraktivität, die nun mal an den neuen Medien hängt.

Dies hier sind aber nur „unfrisierte Gedanken“; dafür wurde ein kulturkritischer Gestus gewählt, der zwar einerseits davor warnt, das *eine* fachliche Interesse, das an den Medien, mit der *anderen* Notwendigkeit, nämlich auf PISA zu reagieren, einfach so zu verbinden. Gleichermaßen plädieren diese Gedanken aber für ein ‚Ernstnehmen‘ insbesondere der elektronischen Medien als gegenwärtig dominante Zeichensysteme, was sich nun tatsächlich *auch* mit Bereichen verbinden lässt, die dem Deutschunterricht so nahe stehen wie das Lesen und das Verstehen von Sachtexten.

Für die Konsequenzen aus PISA und für die Medienerziehung bedeutet dies:

1. Jedem Bereich soll sein je eigenes Gewicht zukommen. Pädagogische Bemühungen haben sich zunächst daran zu orientieren.

2. Lesen ist *eine* Rezeptionsweise unter anderen geworden. Jegliche Rezeptionsweise analytisch ebenso zu durchdringen wie das Lesen kann ermöglichen, den ganz spezifischen Wert des (Bücher-)Lesens wieder neu hervorzutreiben.
3. Die Arbeit am und mit dem Text, zumal auch an Sachtexten, erfordert bereits sehr viele Kompetenzen sprachlicher und sachlicher Art. Die medialen Bedingungen der Texte müssen als Differenzfaktor für Struktur, Gestaltung und Kommunikationsweise hinzukommen.
4. Die Integration von Lernbereichen ist immer dann sinnvoll, wenn dies funktional notwendig oder aus methodischen Gründen besonders aussichtsreich ist. Für die Bewältigung der durch PISA aufgedeckten Defizite stellt die Medienerziehung keinen direkten Weg dar; ihre Funktionalität muss/müsste Schritt für Schritt begründet werden, und zwar im Sinne einer Klarheit, die die Ziele den Heranwachsenden unverstellt benennt. Integration setzt basale Kompetenzen aus den zusammenzuführenden Bereichen voraus und hat in Lernprozessen neben der Vertiefung der Bereiche eigenständige Ziele.
5. Wenn die Medienerziehung in die Bewältigung von PISA mit hereingenommen wird, besteht die Gefahr, dass die Medien alle Aufmerksamkeit und Anstrengung bekommen und die Konsequenzen aus PISA dadurch in den Hintergrund geraten. Und das wäre nicht gut.
6. Die Chancen und neuen Offenheiten, die PISA aufgetan hat, gilt es zu nutzen. Medienerziehung ist eine fächerübergreifende Aufgabe und wird sich im Rahmen der allgemeinen technischen und kommunikativen Entwicklung leichter tun.

Forschungs-Projekte

Klaus Gattermaier (Regensburg) **Deutschlehrer bauen am 'schiefen Turm von PISA' mit!** Empirische Ergebnisse aus einem Teilprojekt innerhalb des DFG-Schwerpunktprogramms 'Lesesozialisation in der Mediengesellschaft'

1. Vorbemerkungen

Der schulische Literaturunterricht steht hierzulande nicht erst seit der Veröffentlichung der spezifisch deutschen Ergebnisse der PISA-Lesekompetenzstudie (vgl. Baumert [u.a.] 2000) im Kreuzfeuer der Kritik. Sehr viele kritische Beiträge im Zeitraum der zurückliegenden 25 Jahre legen ein beredtes Zeugnis von einer breiten Unzufriedenheit mit der Literaturunterrichtspraxis ab. Dass bei dieser Kritik oftmals kein Blatt vor den Mund genommen wird, belegen zahlreiche und z.T. sehr pointiert formulierte Einwürfe. Etwa: „Man kann die Augen nicht davor verschließen, dass der Literaturunterricht bei vielen Kindern und Jugendlichen genau das Gegenteil dessen bewirkt, was er erreichen will: Statt die Heranwachsenden zu Lesern zu machen, schafft er Antipathie gegenüber dem geschriebenen Wort" (Haas/Menzel/Spinner, 1994, 17). Oder: „Die grundlegende Aufgabe, *Leser* zu gewinnen, wurde (und wird vielerorts bis heute) im Literaturunterricht nicht nur versäumt, sondern geradezu behindert" (Haas 1997, 19). Einen diesbezüglich vorläufigen Höhepunkt markiert dabei gewiss die besonders harsche Kritik Klaus Maiwalds, der dem konventionellen Literaturunterricht vorwirft, „weitgehend institutioneller Selbstzweck ohne greifbare lesefördernde bzw. -motivationale Relevanz" (Maiwald 1999, 16) zu sein.

Allerdings fußen solche und ähnlich gelagerte Kritiken – was hier freilich nicht gegen sie gewendet werden soll – zumeist 'lediglich' auf je eigenen Erfahrungen im Praxisfeld Schule, bzw. auf wissenschaftsbegleiteten Praxisbeobachtungen. Empirische Daten zum Literaturunterricht, speziell gerade solche, die nicht nur die Schüler und Aspekte deren Lese- und Medienverhaltens, sondern auch die Lehrer und deren unterrichtliches Agieren mit in den Blick nehmen, liegen bislang nur punktuell vor (vgl. etwa Oskamp 1996; Rubinich 1996; Runge 1997). Auf dieses Forschungsdesiderat wurde in jüngerer Zeit immer wieder hingewiesen (u.a. bei Meier 1998, 434; Rosebrock 1999, 62; Bonfadelli 1999, 92). Gerade die einschlägigen PISA-Ergebnisse lassen es jedoch ebenso reizvoll wie geboten erscheinen, bei der Ursachenforschung stärker als bislang auch die Deutschlehrer und Deutschlehrerinnen ins Blickfeld zu nehmen.

2. Konzept und Umfang der empirischen Erhebung

Die folgenden Ergebnisse entstammen meiner Dissertation (vgl. Gattermaier 2003), die eng verflochten ist mit dem DFG-Projekt *Muss-Lektüre versus Lust-Lektüre. Der Einfluss von Schullektüre und Leseempfehlungen von Lehrern auf die Freizeitlektüre und die private Medienpraxis von Jugendlichen.*[1] Dieses wiederum war eingebettet in das DFG-Schwerpunktprogramm 'Lesesozialisation in der Mediengesellschaft' (vgl. Groeben 1999 sowie Franz u.a. 1999; zu ausgewählten Ergebnissen vgl. auch Franz 2002).

Die Ergebnisse meiner Untersuchung basieren auf den in den Monaten Juni und Juli 1999 mittels standardisierter Fragebögen anonym erhobenen Daten von insgesamt 1699 Schülerinnen und Schülern sowie von 359 Deutschlehrerinnen und Deutschlehrern in der 8. Jahrgangsstufe aller allgemeinbildenden Schularten der beiden Bundesländer Bayern und Sachsen. Ganz entscheidend war, dass Schüler und Lehrer – mit zum Teil identischen bzw. aufeinander bezogenen Fragestellungen – parallel befragt wurden. Ein besonderes Ziel der Studie war es dabei, das private Lese- und Medienverhalten von Jugendlichen im Verhältnis zum schulischen Lese- und Literaturunterricht, speziell zu einer Reihe von Aspekten konkreten Unterrichtshandelns der Deutschlehrer, zu untersuchen. Aufgrund der vorgenommenen Stichprobenauswahl sowie der allgemein hohen Beteiligung kann die Erhebung als repräsentativ gelten.

Bei den einzelnen Ergebnisanalysen und –diskussionen wurde, neben den empirischen Manifestationen innerhalb der beiden Gesamtsamples, stets auch den Aspekten 'Gender', 'Unterschiede zwischen den einzelnen Schularten', 'Unterschiede zwischen Bayern (als westlichem Bundesland) und Sachsen (als östlichem Bundesland)', 'Sozialstatus der Schüler' sowie dem 'Lebensalter der befragten Lehrerinnen und Lehrer' besondere Aufmerksamkeit zuteil. Bei der gerafften Zusammenfassung im vorfindlichen Rahmen wird jedoch in erster Linie auf zentrale Ergebnisse in den beiden Gesamtsamples (Schüler: N = 1699; Lehrer: N = 359) rekurriert.

3. Zum (Buch-)Lese- und Medienverhalten heutiger Schülerinnen und Schüler

Das eigentliche Zentrum meiner Untersuchung – es wurde bereits darauf hingewiesen – bildete die Auswertung und Ergebnisanalyse der Lehrerbefragung. Da jedoch das Lehrverhalten von Deutschlehrern im Literaturunterricht in einem

1 Leitung: Prof. Dr. Kurt Franz, Regensburg, Bodo Franzmann, Mainz, Dr. Franz-Josef Payrhuber, Worms, Prof. Dr. Erich Schön, Köln)

untrennbaren und multifaktoriellen Kausalzusammenhang mit dem Medien-, Lese- und speziell Buchleseverhalten heutiger Schüler steht, erschien es sinnvoll und auch von erheblichem Eigenwert, vorab die speziell dazu sich abzeichnenden empirischen Ausprägungen zu erheben, zumal sie für Lehrer unweigerlich immer auch eine zentrale Bezugsgröße für ihr unterrichtspraktisches Handeln darstellen.

Schwerpunkt der Auswertung der Schülerbefragung war dabei die Konzipierung einer Buchlesertypologie, die detailliert darüber Auskunft geben soll, wie es innerhalb des Befragungssamples um die Affinität zum Medium Buch bestellt ist. Erhoben wurden außerdem verschiedene Aspekte des Medienverhaltens. Wichtige Ergebnisse zu diesem Komplex sind:

1. Heutige Jugendliche sind Medien-Vielnutzer. Leitmedium – zumindest unter quantitativen Nutzungsgesichtspunkten – ist (nach wie vor) das Fernsehen. Allerdings zeichnet sich auch ab, dass, vor allem bei den (männlichen) Schülern der betreffenden Altersstufe, einzelne Computernutzungstätigkeiten, allen voran das 'Spielen von Computerspielen', im Begriff sind, in diese Phalanx einzubrechen. Ordnet man alle zur Auswahl gestellten Medientätigkeiten zu Gruppen, ist festzustellen, dass der zeitliche Nutzungsumfang in allen untersuchten Subgruppierungen im audiovisuellen Bereich am größten ist, gefolgt von den rein auditiven Medien. Erst an dritter und letzter Stelle folgen die Printmedien.
2. Die Medientätigkeit 'Buchlesen' rangiert, je nachdem, welche Schüler-Teilsamples gerade betrachtet werden, lediglich auf einem weiter oben oder weiter unten liegenden Mittelplatz innerhalb einer insgesamt neun Medientätigkeiten umfassenden Rangliste. Die Untersuchung bestätigt damit Einschätzungen, wonach Literatur heute im Rahmen der Freizeitgestaltung von Jugendlichen lediglich eine untergeordnete, bestenfalls begleitende Rolle spielt (vgl. Bieber [u.a.] 1999, 3).
3. Das Buchlesen präsentiert sich dabei allerdings, was die Lesefrequenz anbetrifft, als stark polarisierende Medientätigkeit, insofern entweder sehr hochfrequent ('täglich/fast täglich') oder aber sehr niedrigfrequent ('nie') gelesen wird. Dies ist ein deutliches Indiz dafür, dass sich die Schere von regelmäßigen Lesern, die immer mehr lesen, und Wenig- bzw. Nichtlesern, in deren Medienalltag das Buchlesen (fast) keine Rolle spielt, vergrößert.

Zum zweiten oben angeführten Untersuchungsaspekt, der Buchlesertypologie: Eine entscheidende Frage jeglicher Typologisierung ist zunächst stets, welche einzelnen Typen von Buchlesern zugrunde gelegt werden. Hier waren dies: 1. Habituelle Buchleser; 2. Gelegenheits-Buchleser; 3. Wenig- bzw. Nicht-Buchleser Jeder dieser drei Typen wurde ferner, in quasi nochmaliger horizontaler Aufgliederung, zweifach binnendifferenziert, sodass sich insgesamt eine sechsstufige Typologie ergibt:

1. Habituelle Buchleser
   a) Vielleser mit sehr starker Bindung ans Medium Buch
   b) Leser mit starker Bindung ans Medium Buch
2. Gelegenheits-Buchleser
   a) Gelegenheitsleser mit (noch) stärkerer Bindung ans Medium Buch
   b) Gelegenheitsleser mit (schon) schwächerer Bindung ans Medium Buch
3. Wenig- bzw. Nicht-Buchleser
   a) Wenigleser mit schwacher Bindung ans Medium Buch
   b) Nichtleser mit keiner Bindung ans Medium Buch

Die Allokation der 1699 Schülerinnen und Schüler der 8. Jahrgangsstufe zu einer dieser drei (bzw. eben sechs) Buchlesetypen erfolgt auf der Basis der Verschränkung folgender Buchlesedimensionen: dem Selbstbild der Befragten als Leser/Leserin, dem quantitativen Momentum aktueller bzw. im zurückliegenden Zweimonatszeitraum gelesener Bücher, der Buchlesefrequenz sowie der Buchlesedauer pro Tag (differenziert nach Wochentag/Wochenendtag). Für das Gesamtsample ergibt sich daraus das folgende Ergebnis:

Schüler-Gesamtsample (N = 1699) **Buchlesetypus [dreistufig]** jeweilige Anteile in Prozent	**Binnendifferenzierter Buchlesetypus [sechsstufig]** jeweilige Anteile in Prozent	
Habituelle Buchleser 24,8	**Vielleser:** sehr starke Bindung ans Medium Buch 6,4	**Leser:** starke Bindung ans Medium Buch 18,4
Gelegenheits-Buchleser 40,5	**Gelegenheitsleser:** mit (noch) stärkerer Bindung ans Medium Buch 22,1	**Gelegenheitsleser:** mit (schon) schwächerer Bindung ans Medium Buch 18,4
Wenig- bzw. Nicht-Buchleser 34,7	**Wenigleser:** schwache Bindung ans Medium Buch 12,2	**Nichtleser:** keine Bindung ans Medium Buch 22,5

Es ist festzustellen, dass in der vorgenommenen Sechsereinteilung die Gruppe der Buch-Nichtleser mit einem Anteil von 22,5 Prozent des Gesamtsamples die größte Einzelgruppe darstellt. Sie ist damit gut dreimal so groß wie das andere

Ende des Kontinuums, die Gruppe der Buch-Vielleser, zu der nur 6,4 Prozent zu zählen sind. Unter den befragten Schülern in der 8. Jahrgangsstufe aller allgemeinbildenden Schularten der beiden Bundesländer Bayern und Sachsen gibt es somit dreimal mehr Jugendliche, die keine Bindung ans Medium Buch erkennen lassen als solche, die eine sehr starke Bindung an das Buch signalisieren.

Reduziert man die Sechsereinteilung zu einer Dreiergruppe, indem die jeweils binnendifferenzierten zwei Gruppen zu einer zusammengefasst werden, zeigt sich deutlich, dass die alte, und zumeist als ungefähre Richtschnur gehandelte Schätzung, wonach es über die Jahre hinweg relativ stabile und gleich große, jeweils ca. 33 Prozent starke Gruppen von Lesern, Durchschnittslesern und Wenig- bzw. Nichtlesern gäbe (vgl. Bonfadelli 1999, 137; Schön: Kein Ende von Buch und Lesen, 1998, 46), so nicht (oder nicht mehr) haltbar ist. Das Gewicht der einzelnen Gruppen zeigt sich gegenüber dieser Einschätzung in der vorliegenden Untersuchung vielmehr deutlich nach unten verlagert: 24,8 Prozent habituellen Buchlesern steht mit 40,5 Prozent eine sehr viel größere Anzahl von Gelegenheits-Buchlesern gegenüber, gefolgt von einer mit 34,7 Prozent ebenfalls noch deutlich größeren Gruppe von Wenig- bzw. Nicht-Buchlesern.

Die eindeutig größte Gruppe innerhalb dieser Typologie stellen mit einem Anteil von 40,5 Prozent die Gelegenheits-Buchleser dar, die sich vielleicht am besten wie folgt charakterisieren lassen: Bücher spielen in ihren medialen Alltagsvollzügen eine zu geringe Rolle, um ihr Buchleseverhalten als 'habituell' (und damit als wenig anfällig gegenüber Abwerbungen bzw. Ablenkungen durch ausschließlich oder überwiegend andere Medientätigkeiten bzw. anderweitige Freizeitaktivitäten) bezeichnen zu können. Andererseits signalisieren die Zugehörigen zu dieser Gruppe aber auch eindeutig, dass Bücher und Buchlesen innerhalb einer bestimmten Bandbreite sehr wohl einen gewissen medialen Part in ihren Lebens- und Medienvollzügen spielen. Speziell im Hinblick auf den schulischen Literaturunterricht dürfte deshalb gerade diese große Gruppe der Gelegenheits-Buchleser die möglicherweise interessanteste sein.

Wesentlich an Dramatik gewinnt diese Buchlesertypologie nun allerdings innerhalb einzelner Subgruppenanalysen. Hierzu nur soviel: Neben der Geschlechtszugehörigkeit erweist sich vor allem die Zugehörigkeit zu einer bestimmten Sozialstatusgruppe als ausschlaggebend für eine spezifische Positionierung innerhalb der Buchlesertypologie. Beispielsweise rangieren über zwei Drittel der männlichen bayerischen Hauptschüler in der Gruppe der Wenig- bzw. Nicht-Buchleser! Entscheidend aber sind dabei weniger die hier grundsätzlich erwartbaren Ergebnisse, nämlich dass einzelne unterschiedene Mädchensamples innerhalb der Typologie weiter oben platziert sind als die komplementären Jungen-Samples oder die Höher-Positionierung von Schülern der hohen und mittleren Sozialstatusgruppe im Vergleich zu denjenigen der niedrigen Sozialstatusgruppe. Besorgnis erregend ist vielmehr, dass die skizzierten Unterschiede vielfach in einer Schroffheit sichtbar werden, die eine These Erich Schöns in erschreckender Weise bestätigt: Die Schere zwischen Lesern und Nichtlesern und also auch zwischen Schülern, die damit verbundene Kompetenzen erwerben bzw. eben nicht erwerben (vgl. Schön: Lesen im Zeitalter der Medienvielfalt, 1998, S. 3), öffnet sich weiter bzw. hat sich bereits weiter geöffnet, als dies für ein demokratisches Gemeinwesen gut sein kann.

4. Neuralgische Zonen des schulischen Lese- und Literaturunterrichts: Zentrale Ergebnisse der Lehrerbefragung

Im zweiten Teil der Arbeit wurde die Blickrichtung verlagert - weg von den Schülern hin zu den Lehrern. An zentralen Handlungs- und Entscheidungsfeldern schulischen Lese-/Literaturunterrichts wurde eruiert, wie Lehrer im Schulalltag konkret agieren. Unter anderem wurden dabei folgende Frage- bzw. Themenkomplexe der empirischen Überprüfung unterzogen:

1. Einstellungen von Deutschlehrern zum Literaturunterricht und dessen Einfluss auf das Lese-/Medienverhalten der Schüler
2. Lehr-/Lernziele für den Lese-/Literaturunterricht
3. Theoriefundament und literaturdidaktische Grundpositionen
4. Art und Weise sowie Umfang der Benotung im Literaturunterricht
5. Methoden im Lese-/Literaturunterricht
6. Art und Weise einer lesefördernden Konstruktion von Literatur- bzw. Deutschunterricht
7. Verhältnis von Privatlektüre (der Schüler) und der im Lese/Literaturunterricht gelesenen Lektüre (Schullektüre)

Diese sieben Fragekomplexe werden als *neuralgische Zonen* des schulischen Literaturunterrichts bezeichnet. Die Kernergebnisse in den einzelnen Bereichen sind:

1. Einstellungen: Die befragten Deutschlehrerinnen und Deutschlehrer zeigen in Bezug auf den Lese- und Literaturunterricht eine deutliche Tendenz zu negativ getönten Einstellungen bzw. Sichtweisen. So sprechen sie beispielsweise ihren Schülern mehrheitlich das Lesemotiv ab, bei und mit der Lektüre von Büchern einen Lern- und Wissenszuwachs erfahren zu wollen. Mit unverhohlener Skepsis betrachtet ferner die überwiegende Mehrheit der Lehrer das generelle Einflusspotential ihres literaturunterrichtlichen Wirkens auf das Lese- und Medienverhalten ihrer Schüler. Auch sind sie mehrheitlich nicht der Auffassung, dass ihr Literaturunterricht schichtspezifische Lesesozialisationsdefizite kompensieren könne. In diesen (und anderen) Attüden manifestiert sich meines Erachtens eine deutliche Statusunsicherheit der Literatur vermittelnden Lehrer. Diese sich vielfach ausprägende negative Sicht auf das eigene Tun birgt, bei allen realen Schwierigkeiten und Problemen heutiger schulischer Alltagswirklichkeit, die nicht in Abrede zu stellen sind, unweigerlich die Gefahr einer 'self-fulfilling prophecy' in sich: Wer als Lehrer bereits vom Grundansatz her nicht oder nicht mehr davon überzeugt ist, eine lesesozialisatorische Einflussgröße zu sein, wird die Herausforderungen, die die Aufgabe stellt, schwerlich erfolgreich bewältigen können.

2. Lehr-/Lernziele: Die befragten Deutschlehrer unterscheiden in Bezug auf ihren konkreten Literaturunterricht zu wenig trennscharf zwischen Zielsetzungen, die ihnen eher wichtig, und Zielen, die ihnen weniger bzw. nicht wichtig sind. Aus der Datenlage ablesbar ist, dass Lehrer dazu neigen, tendenziell *alle* Ziele, die im und mit dem Literaturunterricht angepeilt werden können, für sich selbst und ihren Unterricht als wichtig und bedeutsam zu erachten. Es zeigt sich also, dass die Mehrheit der Lehrer ein unzureichend markantes Profil individueller Zielpräferenzen ausgeprägt hat. Vor dem Hintergrund, dass Erfolg versprechende Leseerziehung heute in sehr starkem Maße schülerspezifischer Planung und Umsetzung bedarf, muss dies als deutlicher Mangel erscheinen.

3. Theoriefundament: Einem Großteil der befragten Lehrer kann ein unscharfes Theoriebewusstsein bzw. sogar ein Defizit an notwendigem theoretischen Wissen nachgewiesen werden. Dies zeigt sich beispielsweise daran, dass gegensätzlichen bzw. sich sogar ausschließenden literaturdidaktisch-theoretischen Axiomen gleichermaßen Zustimmung erteilt wird. So stimmen etwa, um hier nur ein Belegbeispiel dafür anzuführen, die Lehrer mehrheitlich gleichermaßen dem literaturdidaktischen Axiom 'Es geht im Lese- und Literaturunterricht darum, zu erschließen, was der Autor sagen will' wie auch dem rezeptionsästhetischen Axiom 'Der Leser schafft den Sinn des Textes mit' zu. Als bedenklich einzustufen sind solche (und andere) theoretische 'Unschärfen' insofern, als dabei die Gefahr nicht von der Hand zu weisen ist, dass ein nicht konsistentes Theoriefundament auch ein wenig konsistentes Vorgehen bzw. ein Lavieren in unterrichtsrelevanten Entscheidungsfeldern nach sich ziehen kann.

4. Benotungspraxis: Der schulische Lese-/Literaturunterricht unterliegt in überraschend hohem Ausmaß der Bewertung/Benotung von Schülerleistungen. Eine deutliche Mehrheit der befragten Lehrer bekundet, mit der Benotung im Lese-/ Literaturunterricht nicht anders zu verfahren als in anderen Lernbereichen des Faches auch. Grundsätzlich hat dabei zwar zu gelten, dass die Benotungspraxis per se nichts über die Qualität des zugrunde liegenden Unterrichts aussagt. Auch muss die Bewertung von Schülerleistungen als untrennbar mit den Aufgaben von Lehrern verbunden betrachtet werden. Allerdings müssen dabei für den speziellen Fall des Lese-/Literaturunterrichts Einschränkungen gemacht werden, die gleichzeitig auch das neuralgische Potenzial von Benotung innerhalb dieses Teilbereichs offenbaren: Eine zu intensive bzw. zu dichte Benotungspraxis kollidiert in hohem Maße mit der Konzeption einer schulischen Leseförderung.

5. Methoden: Im Unterricht der befragten Deutschlehrerinnen und Deutschlehrer dominieren in sehr eindeutiger Weise die 'eher traditionellen', kognitiv-textanalytischen literaturunterrichtlichen Methoden. Alternative Verfahren, wie sie etwa der seit gut 25 Jahren diskutierte Ansatz des handlungs- und produktionsorientierten Literaturunterrichts entwickelt und bereitgestellt hat, treten diesen gegenüber deutlich in den Hintergrund. Von 20 zur Auswahl vorgegebenen methodischen Möglichkeiten für den Literaturunterricht favorisierten alle unterschiedenen Lehrersamples die 'eher traditionellen' bzw. 'eher kognitiv akzentuierten' Verfahren, weit vor den 'eher handlungs- und produktionsorientiert' zu nennenden methodischen Möglichkeiten. Keiner Methode des zuletzt genannten Blockes gelang es, in die Phalanx des zuerst genannten Methodenclusters einzudringen. Noch ist also in der Schule nicht erreicht, dass Lehrer „selbstverständlich kreative und produktive Verfahren einsetzen und diese mit kognitiven, textanalytischen Verfahren der Textrezeption sinnvoll koordinieren" (Pommerin-Götze 2000, 129).

6. Leseförderung: Die schulische Leseförderung ist defizitär; die befragten Deutschlehrerinnen und Deutschlehrer signalisieren in eindeutiger Weise, diesem Aufgabenfeld zu wenig Augenmerk zu schenken. Einem großen Anteil an lese- bzw. buchfernen Schülern stehen damit Lehrer gegenüber, deren lesefördernder Aktionsradius und insofern auch Wirkungsgrad als zu gering bezeichnet werden muss. Das in einem so genannten Leseförder-Index gebündelte Gesamtergebnis erbringt innerhalb einer bewusst an den sechs Schulnotenstufen orientierten Skalierung den Durchschnittswert von 3,85. In Noten ausgedrückt entspricht das zwar einer 'ausreichenden' Leistung; im Hinblick auf das Erfordernis professionellen Lehrerhandelns muss dies jedoch gerade als nicht ausreichend angesehen werden. In diesem Leseförder-Index verarbeitet sind im Wesentlichen die empirischen Manifestationen zu folgenden Einzelaspekten: Lese- und Medienempfehlungen der Lehrer an die Adresse ihrer Schüler; Modalitäten und didaktische Orte von Lese- und Medienempfehlungen; lesefördernde Aktionsformen in Unterricht und Schule; Modalitäten der

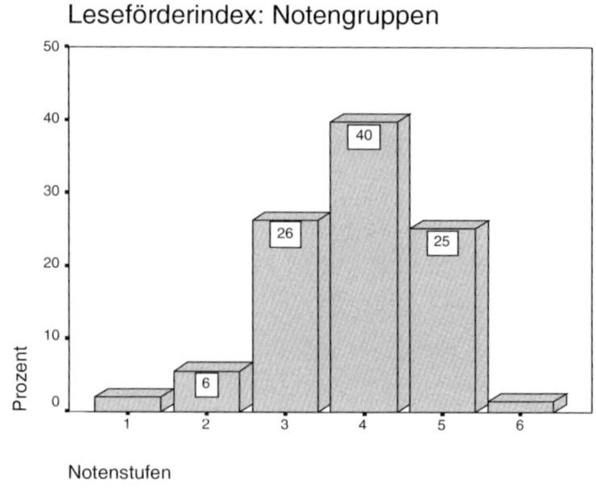

Informationsgewinnung über die Privatlektüre der Schüler sowie der Einfluss, den diese Informationen auf den eigenen Literaturunterricht haben.

Wie sich die 'Leseförder-Noten' innerhalb des Lehrer-Gesamtsamples verteilen, verdeutlicht das folgende Diagramm: Rund zwei Drittel der befragten Deutschlehrer und -lehrerinnen rangieren demnach in punkto 'Leseförderung' lediglich auf den Notenstufen vier und fünf.

7. Schullektüre vs. Privatlektüre: Schüler-Privatlektüre und Schullektüre unterscheiden sich weitestgehend trennscharf hinsichtlich jeweils präferierter Titel bzw. bevorzugter Autoren. Schullektüre und Schüler-Privatlektüre stehen sich demnach – von ganz wenigen Ausnahmen abgesehen – sehr dichotom gegenüber. Was (lesende) Schüler privat lesen, kommt in der Schule nicht vor; was in der Schule gelesen wird, findet keinen Eingang in die privaten Lektürepräferenzen der Jugendlichen. Aus den umfangreichen Titel- bzw. Autorenlisten beider Bereiche seien zur Verdeutlichung hier lediglich die jeweils drei am stärksten favorisierten Titel genannt: Bei der Schüler-Privatlektüre sind dies: 'Akte X' (diverse Bände, verschiedene Autoren) vor 'Wir Kinder vom Bahnhof Zoo' (Christiane F.) vor 'Es' (Stephen King'). Die häufigst genannten Titel der Schullektüre lauten: 'Der Schimmelreiter' (Theodor Storm) vor 'Kleider machen Leute' (Gottfried Keller) vor 'Der Hauptmann von Köpenick' (Carl Zuckmayer).

Beide Bereiche präsentieren sich, von ganz punktuellen Berührungspunkten, etwa dem Tagebuch der Anne Frank und einzelnen 'Jugendbuchklassikern', die in beiden als Titel auftauchen, einmal abgesehen, weitgehend als streng geschiedene Blöcke. Der Deutschunterricht – und diese Aussage schließt die Lehrer genauso ein wie entsprechende curriculare Vorgaben – zeigt sich also bislang zu wenig bzw. nicht willens und/oder in der Lage, einen Literaturunterricht zu organisieren, der das Lektüreangebot von ästhetisch hochkomplexen Texten um solche Bücher erweitert, die vermehrt den vorherrschenden Lesekompetenzen und Leseinteressen zumindest desjenigen Teils jugendlicher Schüler entsprechen, die noch oder überhaupt über Privatlektürepräferenzen verfügen.

5. Fazit

Die Ergebnisse der Studie sind somit insgesamt wenig ermutigend, auch wenn die hier überwiegende Sicht auf das Grundgesamt aller Lehrer 'günstigere' Tendenzen in einzelnen Lehrer-Teilsamples, wie sie im Verlaufe der Arbeit sehr wohl auch sichtbar geworden sind, unberücksichtigt lässt.

Ungeachtet dessen lassen die skizzierten Gesamtergebnisse die vielfach geübte Kritik am schulischen Lese-/Literaturunterricht als durchaus berechtigt erscheinen. Die oftmals monierte methodische Fehlausrichtung sowie der häufig als Vorwurf vorgebrachte mangelnde lesefördernde Ansatz des schulischen Literaturunterrichts können demnach mit dieser Studie als empirisch erhärtet gelten.

Außer Frage steht so auch, dass die aufgezeigten Ergebnisse der Lehrerbefragung insofern mit der PISA-Studie in engem Zusammenhang stehen, als sie zumindest *einen* Erklärungsansatz für das schlechte Abschneiden deutscher Schülerinnen und Schüler dieser internationalen Lesekompetenzstudie liefern. Wenn nämlich belegt ist, dass der Wirkungsgrad schulischen Lese-/Literaturunterrichts in vielen Bereichen als 'suboptimal' anzusehen ist, kann es kaum verwundern, dass auch der gewünschte oder erhoffte 'output' auf Schülerseite - etwa auf jene vom und aus dem Leseunterricht heraus zu generierende Teilleistung 'Lesekompetenz' bezogen - deutlich im defizitären Bereich liegt.

Allerdings sollte nicht nur der Berufsstand der Lehrer im Kreuzfeuer der Kritik stehen. Um dem meist ebenso vorschnellen wie undifferenzierten Reflex zu wohlfeiler Lehrerschelte vorzubeugen, sei am Ende die Frage aufgeworfen, inwieweit die vorgestellten Ergebnisse nicht in starkem Maße auch auf tiefer reichende strukturelle, sozialpolitische, finanzpolitische, bildungs- sowie schulpolitische Defizite verweisen.

Literatur

Baumert, Jürgen (Hrsg.) 2001: PISA 2000. Basiskompetenzen von Schülerinnen und Schülern im internationalen Vergleich. Opladen

Bieber, Christoph/ Eike *Hebecker* /Erich *Meyer* 1999: Beyond Books. Beobachtungen zu Jugendkultur und Literatur vor der Jahrtausendwende. In: JuLit (Arbeitskreis für Jugendliteratur) Jg. 25, H. 3, S. 3-13

Bonfadelli, Heinz 1999: Leser und Leseverhalten heute – Sozialwissenschaftliche Buchlese(r)forschung. In: Bodo Franzmann u.a. (Hrsg.): Handbuch Lesen. München, S. 86-144

Franz, Kurt 2002: Lese- und Medienverhalten von Schülerinnen und Schülern der 8. Jahrgangsstufe. Ausgewählte Ergebnisse einer empirischen Untersuchung in vier Bundesländern. In: Kurt Franz/ Franz-Josef Payrhuber (Hrsg.): Lesen heute. Leseverhalten von Kindern und Jugendlichen und Leseförderung im Kontext der PISA-Studie. Baltmannsweiler, S. 2-25

Franz, Kurt/ Bodo *Franzmann* / Franz-Josef *Payrhuber* / Erich *Schön* 1999: Muss-Lektüre versus Lust-Lektüre? In: Norbert Groeben (Hrsg.): Lesesozialisation in der Mediengesellschaft. Ein Schwerpunktprogramm. Tübingen, S. 78-88

Gattermaier, Klaus 2003: Literaturunterricht und Lesesozialisation. Eine empirische Untersuchung zum Lese- und Medienverhalten von Schülern und zur lesesozialisatorischen Wirkung ihrer Deutschlehrer. Regensburg (Dissertation)

Groeben, Norbert (Hrsg.) 1999: Lesesozialisation in der Mediengesellschaft. Ein Schwerpunktprogramm. Tübingen

Haas, Gerhard 1997: Handlungs- und produktionsorientierter Literaturunterricht. Theorie und Praxis eines „anderen" Literaturunterrichts für die Primar- und Sekundarstufe. Seelze

Haas, Gerhard/ Wolfgang *Menzel* / Kaspar H. *Spinner* 1994: Handlungs- und produktionsorientierter Literaturunterricht. In: Praxis Deutsch Jg. 21, H. 123, S. 17-25

Maiwald, Klaus 1999: Literarisierung als Aneignung von Alterität. Theorie und Praxis einer literaturdidaktischen Konzeption zur Leseförderung im Sekundarbereich. Frankfurt a. M.

Meier, Bernhard 1998: Sind Sachsens Schriftsteller Spitze? Lessing aus Kamenz vor Kästner aus Dresden: Kanon-Umfrage bei sächsischen Gymnasiallehrern. In: Deutschunterricht Jg. 51, H. 9, S. 430-437

Oskamp, Irmtraud M. 1996: Jugendliteratur im Lehrerurteil. Historische Aspekte und didaktische Perspektiven. Würzburg

Pommerin-Götze, Gabriele 2000: Peter Härtling als Mittler. Literaturdidaktische Betrachtungen. In: Claus Ensberg u.a. (Hrsg.): Deutschunterricht: Zugang zu den Lernenden finden. Braunschweig, S. 122-131

Rosebrock, Cornelia 1999: Zum Verhältnis von Lesesozialisation und literarischem Lernen. In: Didaktik Deutsch Jg. 4, H. 6, S. 57-68

Rubinich, Johann 1996: Der Stellenwert des Lesebuchs bei Lehrern und Schülern. Eine empirische Studie. Frankfurt am Main

Runge, Gabriele 1997: Lesesozialisation in der Schule. Untersuchungen zum Einsatz von Kinder- und Jugendliteratur im Unterricht. Würzburg

Schön, Erich 1998: Kein Ende von Buch und Lesen. Entwicklungstendenzen des Leseverhaltens in Deutschland – Eine Langzeitbetrachtung. In: Stiftung Lesen (Hrsg.): Lesen im Umbruch – Forschungsperspektiven im Zeitalter von Multimedia. Baden-Baden, S. 39-77

Schön, Erich 1998: Lesen im Zeitalter der Medienvielfalt. In: Mitteilungsblatt der Landeselternschaft der Gymnasien in Nordrhein-Westfalen e.V., Nr. 163, S. 3-7

Petra Heyer/ Gerhard Rupp/ Helge Bonholt (Düsseldorf/Bochum) **Projekt „Kognitiver Wandel durch Computer- und Internetnutzung Jugendlicher"***

In der öffentlichen Diskussion, aber auch in der Forschung wurde die Computernutzung von Kindern und Jugendlichen zunächst in bewahrpädagogischer Perspektive – ähnlich wie zuvor das Massenmedium Fernsehen – unter dem Aspekt der ‚Gefahren' betrachtet, die aus intensiver Computernutzung resultieren. Als solche wurde z.B. die ‚Computersucht' und die damit verbundene Konsequenz der sozialen Isolation, aber auch die Beförderung von Gewaltbereitschaft (vgl. dazu Groebel 1999) betrachtet. Letztgenannter Aspekt geriet abermals nach den Ereignissen von Erfurt in die öffentlich Diskussion, wo ein Schüler, dem die intensive Nutzung des Ego-Shooters Counterstrike, aber auch Isolation in seinem schulischen und sozialen Umfeld nachgesagt wurde, in einem Amoklauf 16 Menschen und schließlich sich selbst tötete. Forschungen zur Motivation von Kindern und Jugendlichen, Computerspiele zu spielen (vgl. Fritz/Misek-Schneider 1995; Petzold 2000), aber auch zu den Persönlichkeitsmerkmalen von jugendlichen Computernutzern (vgl. Gittler/Kriz 1992), relativieren allerdings vorschnelle Hypothesen über den vermeintlichen Zusammenhang von Computernutzung und Gewalt. Eher zutreffend ist, dass Kinder und Jugendliche, die den Computer intensiv nutzen, auch andere Medien nutzen und über intakte Sozialbeziehungen verfügen (vgl. van Eimeren/Maier-Lesch 1997, 1999).

In unserem Projekt geht es nun jedoch nicht um ‚Gefahren' oder ggf. auch Vorzüge der Computernutzung, sondern um den ‚kognitiven Wandel', der sich derzeit in einer Generation vollzieht, die mit den elektronischen Massenmedien *und* mit den digitalen Medien aufwächst. Dadurch gerät die Konstruktion und Wahrnehmung von Realität unter dem Einfluss der digitalen Medien in den Blick (vgl. Welsch 1995). Computer und Internet ermöglichen als Medien der multimedialen Gestaltung – ähnlich wie das Fernsehen – Simulation und Inszenierung von Wirklichkeit, sie bringen aber auch ganz eigenständige, sog. virtuelle Realitäten hervor. Die Virtualität wird zu einer entscheidenden, neuen Wirklichkeitserfahrung.

* Dieses Projekt ist Bestandteil des Schwerpunktprogramms „Lesesozialisation in der Mediengesellschaft" der DFG, das von Professor Dr. Norbert Groeben (Uni Köln, Psychologie II) geleitet wird. Wir danken der DFG für die finanzielle Unterstützung unseres Projekts (RU-354/6-1), das von ihr seit dem 1. Juli 2002 bis Juli 2004 gefördert wird.

Die durch das Internet und das World Wide Web eröffneten virtuellen Räume, verstanden als eigenständige, von der physikalisch-realen Welt unabhängige Wirklichkeit, ermöglichen kein Durchgreifen auf eine angenommene ‚objektive' Realität, die als Maßstab für die Differenz zur erlebten Wirklichkeit gelten kann. Ebenso wenig existiert eine subjektiv geteilte Realität der Interaktionspartner, die in der sozialen Interaktion durch die Ko-Präsenz der Akteure im physikalischen Raum gegeben ist. Die strukturellen Bedingungen für die Möglichkeit von primären Wirklichkeitserfahrungen (vgl. Berger/Luckmann 1997) sind außer Kraft gesetzt, was ggf. zur Verunsicherung bzgl. der (personalen) Authentizität und der Wahrheit von Wirklichkeitsbeschreibungen im Medium Computer führen kann. Der Einzelne ist somit herausgefordert, bei der Computer- und Internetnutzung zwischen ‚primärer' und ‚medialer' bzw. ‚wahrgenommener medialer Wirklichkeit' (vgl. Doelker 1992, 109/110 und 120) zu unterscheiden. Die besondere ‚kognitive' Anforderung besteht darin, zu lernen, wie von der ‚wahrgenommenen medialen Realität' auf die ‚primäre Realität' geschlossen werden kann. Die Bestimmung dessen, was ‚primäre' und was ‚mediale Realität' ist, wird jedoch mit Blick auf die ‚virtuellen Räume' im Internet zunehmend schwierig.

Lebensweltliche Erfahrung und somit auch die Erfahrung von Wirklichkeit konstituiert sich in sozialen Kontexten, in denen den ‚kulturellen Praktiken' eine besondere Bedeutung zukommt (vgl. Mikos 2001, 19). Die kulturellen Praktiken Lesen und Schreiben sind für die Wirklichkeitswahrnehmung und die allgemeinen lebensweltlichen Erfahrungen insofern von Bedeutung, als durch sie Sinnzusammenhänge gestiftet und Deutungsmuster generiert werden. Ganz allgemein gelten Lesen und Schreiben seit der Erfindung des Buchdrucks als Zugangsvoraussetzung für gesellschaftliche Partizipation. Dies gilt seit der Durchsetzung der Computer- und Internettechnik jedoch nicht weniger, sondern in verstärktem Maße. Bereits terminologisch schlägt sich dies nieder, wenn von Bildschirmlesen (z.B. in monitorgerechten kleinen ‚Portionen') und vom elektronischen Schreiben (mit erheblicher Schnelligkeit) die Rede ist. Vertippen hat beim Schreiben einer Web-Adresse erheblich mehr Konsequenzen als ein Rechtschreibfehler in einem Word-Dokument und auch die Anforderungen an das Lesen unter Computerbedingungen steigen an, weil die Fähigkeit zur Interpretation und zur Re-Kontextualisierung von Informationen, die erst ein Verstehen ermöglichen, Teil einer in diesem Sinn erweiterten Lesekompetenz sind (vgl. Schreier/Rupp 2002).

1. Forschungsstand

In unserer Untersuchung des ‚kognitiven Wandels' durch die Computer- und Internet-Nutzung Jugendlicher soll mit Blick auf die Veränderung der kulturellen Praktiken die kulturorientierte Perspektive (vgl. Dollhausen 2000, 110) im Vordergrund stehen, d.h. die Gebrauchsweisen des Computers in lebensweltlichen Kontexten, aber auch die Veränderung der Kommunikation selbst.

Die zu betrachtenden lebensweltlichen Kontexte der Computernutzung lassen sich in private (Computerspiele, Chats u.ä.) und öffentliche Kontexte (Schule u.ä.) unterteilen. Die Veränderung der Kommunikation in diesen Bereichen ist nicht nur von den Eigenschaften (technische Möglichkeiten der Hard- und Software) und Charakteristika (Vernetzung, Virtualität, Interaktivität) der digitalen Medien abhängig, sondern auch von der Nutzung gesellschaftlicher Partizipationsmöglichkeiten, v.a. Wissensbildung und Kommunikation. An den beiden Gymnasien, die wir für eine Kooperation haben gewinnen können, sind die Jugendlichen aufgrund des dort angebotenen computergestützten Fachunterrichts und der Informatikkurse z.B. in der einen oder anderen Form mit Recherche-Aufgaben im Internet betraut worden. Auch wenn sie diese Möglichkeit der Informationsbeschaffung privat ggf. nicht nutzen, haben sie somit erste Erfahrungen mit der computerbasierten Informationsbeschaffung sammeln können.

Eine aktuelle Studie zur Computer- und Internetnutzung von Gymnasiast/inn/en, die im Vergleich zu Studierenden betrachtet werden, zeigt, dass immerhin 50% der befragten Gymnasiast/inn/en die Möglichkeit der Suche von (Fach-) Informationen im World Wide Web nutzen (Doll/Petersen/Rudolf 2000, 13). Im Unterschied zur Bibliotheks- oder Archiv-Recherche impliziert die computerbasierte Informationsbeschaffung allerdings einen „Verlust von Kontextwissen, wie man es aufnimmt, wenn man sich Wissen aus gedruckten Handbüchern oder durch Befragung von Experten von Angesicht zu Angesicht verschafft" (Degele 2000, 129). Dadurch rückt der Inhalt von Informationen in den Vordergrund, was die Fähigkeit zur Interpretation von Daten voraussetzt. Hierzu ist die basale Kompetenz des Lesens gefordert, die die Interpretation von situationsabstrakten Informationen in symbolischer Form umfasst (vgl. Henzler 1997, 61/2). Aber nicht nur Lesen bildet eine Voraussetzung zur computerbasierten Informationsbeschaffung, sondern auch Schreiben, und zwar insbesondere in der medienspezifischen Form des elektronischen Schreibens.

Das elektronische Schreiben ist zumeist durch ‚konzeptionelle Mündlichkeit', z.B. in privaten Mails, Mailinglisten und Foren als den zentralen Formen der asynchronen und synchronen computergestützten Kommunikation, geprägt. Konzeptionelle Mündlichkeit meint, dass das elektronische Schreiben durch eine dialogisch konstituierte, offene Themenentwicklung sowie durch Emotionalität und Spontaneität gekennzeichnet ist (vgl. Storrer 2000, 153). Emotionalität und Spontaneität werden in der schriftbasierten computergestützten Kommunikation durch Elemente der sog. medialen Mündlichkeit, z.B. Emoticons, Anleihen an comicsprachliche Ausdrucksmuster (*freu* o.ä.), zum Ausdruck gebracht (vgl. ebd. 2000, 165). Insbesondere in den Formen der synchronen Kommunikation, z.B. beim Chat, ist die computergestützte Kommunikation durch eine „Beschleunigung des Lesens und Schreibens“ (ebd. 2000, 167) gekennzeichnet. Es gilt, „die Tippgeschwindigkeit der Sprechgeschwindigkeit“ anzunähern (ebd., 168) und die Mitteilungen der Kommunikationspartner auf dem Bildschirm schnell zu erfassen, um mit einem eigenen Beitrag reagieren zu können. Michael Beißwenger (2001, 124) spricht in diesem Zusammenhang davon, dass die eingehenden Mitteilungen nicht Zeile für Zeile gelesen werden, sondern dass der Bildschirm nach wichtigen Informationen ‚gescannt‘ wird. Er verweist zudem auf die Namensgebung in Webchats, d.h. auf den Nickname, mit dem der Kommunikationsteilnehmer den Channel oder Chatroom ‚betritt‘. An der Namensgebung ist erkennbar, wie der Betreffende von den anderen Kommunikationsteilnehmern wahrgenommen werden möchte (vgl. dazu auch Jacobson 1999). Die virtuelle Kommunikation im Internet und World Wide Web bietet somit die Möglichkeit zur ‚Inszenierung von Identität‘ (Beißwenger 2001, 186) ähnlich wie beim Computerspiel.

Elizabeth M. Reid (1994) und Anke Bahl (1996) haben dies am Beispiel von Spiele-basierten MUDs untersucht, in denen die Konstruktion von Figuren, die als Stellvertreter des Spielers in der fiktiven Spielwelt agieren, im Vordergrund steht. Diese Konstruktion von Figuren bietet insofern Gelegenheit zum Spiel mit der eigenen Identität, als sie von den Bedingungen der realen Interaktion entlastet ist. Der Spieler stellt sich über seine Figur allein in der für MUDs konstitutiven computergestützten, schriftlichen Kommunikation dar und kann somit seiner Figur Züge verleihen (äußeres Erscheinungsbild, Eigenschaften u.ä.), die nicht mit der realen Person des Spielers übereinstimmen. Computerspiele involvieren den Nutzer direkt, was Lennart Koch (1999) am Beispiel von Abenteuerspielen zeigt, in denen der Spieler aktiv an dem auf dem Bildschirm simulierten Geschehen partizipiert. Volker Wagner und Daniel Hoffmann (1995) stellen die Möglichkeit der aktiven Partizipation an und der verändernden Gestaltung von Spielwelten nicht nur als zentrale Motivation der Nutzer von Computerspielen heraus. Sie weisen zugleich auf die Entlastungsfunktion des Spiels hin, in dem die eigenen Handlungsmöglichkeiten durch Probehandeln gegenüber dem Alltagsleben erweitert werden.

Sowohl bei der virtuellen Kommunikation als auch beim Computerspiel, v.a. in der Online-Variante, finden zudem Prozesse statt, die, wie Sonja Utz (1999) ausführt, über soziale Identifikation zur Vergemeinschaftung führen. Diese Formen der Vergemeinschaftung in virtuellen Realitäten sind vergleichbar mit Formen der Vergemeinschaftung im Alltagsleben.

2. Problemstellung der Untersuchung

Mit dem Konzept des kognitiven Wandels heben wir ab auf Veränderungen der individuellen Wissensorganisation und des kognitiven Stils der von uns befragten Jugendlichen. Wandel bezieht sich auf Veränderungen durch den Medienwandel von der Literalität (Buch, aber auch Film und Fernsehen) zur Digitalität und Interaktivität (Computer und Internet). Wir erfassen die kognitiven Veränderungen der Weltwahrnehmung und der Wissensorganisation anhand der in der skizzierten Forschungs- und Fachliteratur vorgefundenen Parameter

- Informationsbeschaffung,
- Internet-Chat,
- Internet-Spiele sowie von
- Lesen und Schreiben.

Parameter wie die Informationsbeschaffung (Bibliothek vs. Internet) sowie Lesen und Schreiben erlauben den direkten Vergleich zwischen den beiden medialen Epochen. Beim Chat und beim Spiel wird der gegenwärtige Stand bestimmt und die Vorstufe interpoliert.

Mit diesem Untersuchungsdesign werden die bisher vereinzelten Forschungsfragen zusammengefasst und konkretisiert, indem die konkreten Veränderungen von Informationsbeschaffung, von Kommunikation und Unterhaltung sowie von Lesen und Schreiben bestimmt werden. Die Summe dieser einzelnen Veränderungen resultiert aus dem veränderten kognitiven Stil. Mit diesen Veränderungen sind als oberste Ebene Veränderungen der Identitätsbildung verbunden.

Wie am Beispiel des Lesens und Schreibens schon angedeutet, besteht die Veränderung möglicherweise einerseits in

- Komplexierungen (z.B. Erweiterung der Lese- und der Schreibkompetenz),

andererseits in

- Reduzierungen (z.B. Portionierung der Lesemenge am Bildschirm).

Beide Tendenzen lassen sich im Begriff der Transformation zusammenfassen. Transformation meint, dass bei der Computernutzung das ‚sekundäre Wissen' um das Wie der Handhabung des Computers und der Beschaffung von Informationen an Bedeutung gewinnt gegenüber dem ‚primären', gegenstandsbezogenen Wissen (Degele 2000, 131). Solch ‚sekundäres Wissen' wird im Umgang mit dem Computer in Selbstlernprozessen aufgebaut (Wetzstein et. al. 1995, 250 ff). Für diese Selbstlernprozesse werden (oder sollten) mit Blick auf die Befähigung zur ‚Metakognition' (vgl. Christmann 1999, 10/1), d.i. ein reflexiver Zugang zum eignen Denken und Handeln, in schulischen Lernprozessen die Grundlagen gelegt werden (Wetzstein et. al. 1995, 264).

Die Transformation des Wissens ist somit ein Aspekt des ‚kognitiven Wandels'. Mit Blick auf das Wissen kann zwischen dem im Gedächtnis des Einzelnen sedimentierten Wissen und der v.a. mit der Erfindung des Buchdrucks gegebenen Möglichkeit der (externen) ‚Informationsspeicherung' unterschieden werden (vgl. Hartmann 2002). Seit der Einführung der digitalen Informations- (Computer, Internet) und Speichermedien (CD-ROM, DVD, Internet-Dokument u.a.) ist nicht nur die Kapazität der Informationsspeicherung erheblich erweitert, sondern auch die Art des Zugriffs (Online-Recherche statt Gang in die Bibliothek) verändert worden. Die wesentliche Veränderung der Informationsverarbeitung, die mit der Nutzung von Computer und Internet einhergeht, besteht darin, dass ‚Informationen' bzw. ‚Daten' in den digitalen Medien dekontextualisiert vorliegen und folglich ‚kognitiv' weiterverarbeitet werden müssen[1], um daraus Wissen aufzubauen.

Zudem fassen wir unter dem Konzept ‚kognitiver Wandel' auch den ‚kognitiven Stil' von Welt- und Wirklichkeitsverarbeitung, der sich durch die Nutzung des Computers und des Internet als Medium der computergestützten Kommunikation und Quelle der Information verändert. Was die Veränderung des ‚kognitiven Stils' von Welt- und Wirklichkeitsverarbeitung anbetrifft, treten die medienspezifischen Charakteristika Interaktivität[2] und Virtualität in den Vordergrund, wobei letztere, wie eingangs beschrieben, eine veränderte Wahrnehmung von Wirklichkeit in den digitalen Medien zur Folge hat.

3. Vorgehen und Erhebungsinstrumente der Untersuchung

Die Untersuchung zum ‚kognitiven Wandel' durch die Computer- und Internetnutzung Jugendlicher gliedert sich in drei Schritte:

- Fragebogenerhebung zur Medien- und Computernutzung (90 Schüler/innen der Jahrgangsstufe 12 in der gymnasialen Oberstufe zweier Kooperationsschulen): Anhand des Fragebogens werden Computer- und Internetnutzung der Jugendlichen, ihre Einstellung zum Computer als Arbeitsgerät, als Informations-, Kommunikations- und Unterhaltungsmedium sowie ihr ‚sekundäres Wissen' bzgl. der Handhabung des Computers und des Findens von Informationen ermittelt.
- Leitfadeninterviews mit nach dem Zufallsprinzip ausgewählten Jugendlichen aus der Gesamterhebungsgruppe (ca. 8-10 Freiwillige): Das Interview stellt die Computerisierung des Berufs- und Alltagslebens als eine ‚gesellschaftlich relevante' (vgl. dazu Witzel 1982, 69) Problemstellung in den Mittelpunkt und fordert die Jugendlichen dazu auf, hierzu aus subjektiver Warte, aber auch mit Blick auf die gesellschaftlichen Entwicklungen Stellung zu nehmen.

---

1 Vgl. dazu Wolfgang Schnotz (1998), der zwischen ‚deskriptiven' (sprachlichen) und ‚depiktionalen' (bildlichen) Repräsentationen unterscheidet, die bei der Verarbeitung von sprachlichen oder bildlichen Informationen gebildet werden.

2 Interaktivität ist in diesem Zusammenhang allerdings in einem eingeschränkten Sinne, und zwar als ‚Mensch-Maschine-Interaktion' zu verstehen, bei der der Computernutzer in seinen Handlungsmöglichkeiten von den Gegebenheiten der Software und des Interfaces abhängig ist (vgl. dazu Heyer und Rupp 2002).

- Rekonstruktion der Subjektiven Theorien der im Interview befragten Jugendlichen: die Rekonstruktion von im Interview geäußerten ‚Welt- und Selbstsichten' (vgl. Groeben 1988, 18) der Jugendlichen nach dem Struktur-Lege-Verfahren soll zu einer ‚Externalisierung' ihrer Kognitionen (vgl. Groeben 1992, 60) bzgl. der Problemstellung des Interviews führen.

Dadurch gerät nicht nur die Nutzung des Computers in verschiedenen lebensweltlichen Kontexten sowie die dadurch ggf. bedingte Veränderung der Kommunikation in den Blick, sondern auch die von den Jugendlichen u.U. vollzogene Ersetzung oder Ergänzung der buchorientierten durch die computerbasierte Informationssuche. Der ‚kognitive Wandel' wird anhand der Bewertung der Bedeutung von ‚sekundärem Wissen' bzw. des Vorhandenseins oder Nicht-Vorhandenseins von ‚sekundärem Wissen' für die effiziente Nutzung des Computers sowie anhand der Beurteilung und tatsächlichen Nutzung des Internet als Quelle der Information, aber auch anhand der Wirklichkeitsverarbeitung im Umgang mit den digitalen Medien beschreibbar.

Im Folgenden werden in gebotener Kürze die einzelnen Erhebungsinstrumente für die oben beschriebenen Untersuchungsschritte dargestellt.

3.1 Fragebogenerhebung

Aus dem INCOBI, dem Inventar zur Computerbildung, werden in unserem Fragebogen v.a. Fragen zu computerbezogenen Einstellungen, zur Selbsteinschätzung in Bezug auf die Sicherheit im Umgang mit dem Computer und zum Computerwissen übernommen. Die computerbezogenen Einstellungen stehen in Zusammenhang mit der Computernutzung und dem Computerwissen. Sie werden als „kognitionsbasierte Einstellungen" gefasst (vgl. Richter/Naumann/Groeben 2001, 3), d.h. als evaluative Überzeugungen gegenüber dem Computer als nützlichem Werkzeug bzw. als unbeeinflussbarer Maschine, als Lern- und Arbeitsmittel sowie als Unterhaltungs- und Kommunikationsmittel (vgl. Richter/Naumann/Groeben 2001, 4f.). Sicherheit im Umgang mit dem Computer meint das Fehlen von Misserfolgserwartungen und Zweifeln an der eigenen Bewältigungskompetenz (vgl. ebd., 4f.). Nach einer Studie Oliver Dieckhäusers (2001) sind hierbei jedoch geschlechtsspezifische Unterschiede in der Computernutzung zu erwarten. Frauen weisen zumeist ein niedrigeres computerbezogenes Selbstkonzept eigener Begabung auf als Männer (vgl. Dieckhäuser 2001, 91) und bevorzugen zudem eher internale Misserfolgsattributionen am Computer, d.h. sie sehen häufiger ‚mangelnde Kenntnis' oder ‚fehlende Begabung' als Ursache für ihren Misserfolg im Umgang mit dem Computer (vgl. ebd., 95-105).

Die Fragen zum praktischen Computerwissen umfassen Angaben zum Umgang mit Betriebssystemen und Computeranwendungen, Computerwissensfragen zur Textverarbeitung, Internet, E-Mail, zur Handhabung von Programmen u.ä. (vgl. Richter/Naumann/Groeben 2001, 4). Durch deren Beantwortung können ggf. bestehende Diskrepanzen zwischen der subjektiven Einschätzung der Sicherheit im Umgang mit dem Computer und dem handhabungsbezogenen Computerwissen offen gelegt werden.

3.2 Leitfadeninterview

Als nächster Untersuchungsschritt ist ein Leitfadeninterview vorgesehen, in dem außer der Bedeutung des Computers im Mediengebrauch der Jugendlichen insgesamt auch die Bedeutungen und Funktionen des Computers im individuellen Gebrauch und im gesellschaftlichen Kontext näher untersucht werden können. Als Form bietet sich hierzu aus unserer Sicht das ‚problemzentrierte Interview' (vgl. Witzel 1982, 66-111) an, in dem ein Interviewleitfaden zur Strukturierung des Gesprächs zwischen Interviewer und Befragtem eingesetzt wird. Die Befragten sollen jedoch gerade zu Beginn möglichst frei ihre Ansichten und Erfahrungen artikulieren können, so dass als Resultat „Explikationen möglichst narrativer Struktur" (ebd., 94) zu einem „gesellschaftlich relevanten Problem" (ebd., 69) zu erwarten sind. Als ein solches ‚relevantes Problem' wird von uns die Computerisierung des Alltags und der Berufswelt erachtet, wobei wir die Jugendlichen im Interview zur Überprüfung ihrer subjektiven Betroffenheit von diesem Phänomen auffordern. Diese Problemstellung bezieht sich nicht nur auf die Computernutzung der Jugendlichen in verschiedenen lebensweltlichen Kontexten (Freizeit, Schule u.a.), sondern auch auf ihre zukünftige Berufs- oder Studienwahl und die Bedeutung von Kompetenzen im Umgang mit dem Computer für diese Wahl.

Auf diese Weise sollen im Leitfadeninterview nicht nur Beschreibungen der Lebenswelt, in der die Befragten agieren, gewonnen werden, sondern auch Ansatzpunkte zu einer Subjektiven Theorie, die auf die Computernutzung sowie auf (die individuellen und gesellschaftlichen) Bedeutungen und Funktionen des Computers bezogen ist.

3.3 Rekonstruktion Subjektiver Theorien

Die Inhalte von Subjektiven Theorien sind „Phänomene der Selbst- und Weltsicht des reflexiven Subjekts" (Groeben 1988, 18), die im Dialog zwischen Forscher/in und Untersuchungspartner/in ermittelt werden. Um als Subjektive Theorien zu gelten, müssen die Alltagstheorien der Untersuchungspartner allerdings bestimmte Anforderungen erfüllen. Sie sollten als „Kognitionen der Welt- und Selbstsicht" bzw. als „komplexe Aggregate" von Konzepten (Begriffen) mit zumindest impliziter Argumentationsstruktur wissenschaftlicher Theorien vergleichbare Funktionen erfüllen (ebd., 22). Mit Blick auf das Alter der von uns befragten Jugendlichen (16 bis 20 Jahre) und die spezifischen Anforderungen der gewählten Methode an die Argumentationsfähigkeit sind Anpassungen des Dialog-Konsens-Verfahrens vorzunehmen. Hierzu bietet die alltagssprachliche Adaptionsvariante der Struktur-Lege-Technik einen Ansatzpunkt.

Die Adaption der Struktur-Lege-Technik an die Personenvoraussetzungen erfolgt in Richtung auf eine Annäherung an die Alltagssprache und an die „flexible Auswahl [...] der einzusetzenden Formrelationen" (Scheele/Groeben/Christmann 1992, 153) aus den vier Bereichen: kommunikative Handlungsbeschreibung (z.B. entweder ... oder, indem u.a.), Ziel-Mittel-Argumentation (z.B. führt zu, deshalb u.a.), Definieren (das ist/das heißt, oder, damit/um zu u.a.) und der empirischen Beziehungen (nur, wenn auch; je weniger/desto mehr u.a.). Mit Hilfe dieser Relationen können die aus der Schriftfassung des Interviews extrahierten Konzepte (Begriffe) in dem Sinne einer Abbildung der zugrunde liegenden Argumentationsstruktur der Subjektiven Theorie in einem Schaubild miteinander verknüpft werden. Die in den Schaubildern abgebildeten Argumentationsstrukturen bieten eine „Visualisierung" und somit zugleich auch eine „Externalisierung" von Wissensstrukturen (Groeben 1992, 60). Insgesamt werden drei Legeversuche vorgenommen, und zwar von dem/der Untersuchungspartner/in, von dem/der Forscher/in und schließlich ein gemeinsames Schaubild, auf das der/die Forscher/in und der/die Untersuchungspartner/in sich haben dahingehend einigen können, dass es die dem Interview zugrunde liegende Argumentation der zu rekonstruierenden Subjektiven Theorie adäquat abbildet (vgl. ebd., 59).

Die Visualisierung der im Interview geäußerten ‚Kognitionen der Selbst und Weltsicht' in einem Schaubild nach der Flexibilisierungsversion der Struktur-Lege-Technik führt zur ‚Externalisierung' von Kognitionen. Sie bietet Gelegenheit, diese Kognitionen im Dialog mit dem Forscher/der Forscherin auf ihre Akzeptierbarkeit hin zu überprüfen.

4. Ergebnisse der Fragebogenerhebung

Erste Ergebnisse zeigen sich nach derzeitigem Stand der Untersuchung v.a. in der Fragebogenerhebung. Betrachtet wird in den folgenden Tabellen die durchschnittliche tägliche Nutzungsdauer in verschiedenen Intervallen, und zwar für Mehrheiten aus der Gesamtbeobachtungsgruppe, zusätzlich unterteilt nach den Untermengen ‚männlich' und ‚weiblich'.

Ø tägliche Nutzungsdauer in der Woche

Fernseher		Computer		Printmedien		Schullektüre		Privatlektüre	
0,5-1,5 h		≥ 1,5 h		≤ 0,5 h		< 0,5-1 h		< 0,5-1 h	
ges. 47,8 %		ges. 44,5 %		ges. 76,7 %		ges. 73,4 %		ges. 77,8 %	
m	w	m	w	m	w	m	w	m	w
45,5 %	54 %	61,4 %	19,5 %	72,7 %	80,5 %	75 %	70,7 %	75 %	80,4 %
		< 0,25-05 h							
		ges. 43,3 %							
		m	w						
		25 %	60,8 %						

Ø tägliche Nutzungsdauer am Wochenende

Fernseher		Computer		Printmedien		Schullektüre		Privatlektüre	
2-3 h		≥ 1,5 h		≤ 0,5 h		< 0,5-1 h		< 0,5-1 h	
ges. 50 %		ges. 45,5 %		ges. 62,2 %		ges. 63,3 %		ges. 62,2 %	
m	w	m	w	m	w	m	w	m	w
50 %	50 %	63,6 %	28,3 %	61,3 %	63,1 %	75 %	52,2 %	65,9 %	58,7 %
		< 0,25-05 h							
		ges. 27,7 %							
		m	w						
		11,3 %	44,4 %						

Aus den Tabellen wird ersichtlich, dass die weiblichen Jugendlichen erheblich weniger Zeit auf die Nutzung des Computers verwenden als die männlichen Jugendlichen, die mit einer durchschnittlichen täglichen Nutzungszeit von 1,5 h (und mehr) noch über der Nutzungszeit für AV-Medien (Fernseher) liegen. Dies trifft allerdings nur auf die Mediennutzung in der Woche zu, da am Wochenende höhere Fernseh-Nutzungszeiten, nämlich bis zu 3 h pro Tag, zu verzeichnen sind, wobei kein Unterschied zwischen den Geschlechtern besteht. Die Buchnutzung zu schulischen und privaten Zwecken liegt mit bis zu einer Stunde pro Tag in der Woche und am Wochenende zwar über der durchschnittlichen täglichen Nutzungszeit für Printmedien (und für den Computer bei den weiblichen Jugendlichen), jedoch unter der durchschnittlichen täglichen Nutzungszeit für AV-Medien. Dies lässt sich durch die höhere Attraktivität der AV-Medien erklären, die die Jugendlichen in ihrer Freizeit wohl intensiver nutzen als das Medium Buch, worauf die höheren Fernsehnutzungszeiten am Wochenende hindeuten. Insgesamt scheint der Computer für die männlichen Jugendlichen eine höhere Attraktivität zu besitzen, was sich u.U. auch aus den tatsächlich genutzten Computeranwendungen[3] erschließen lässt.

Der Computer wird von einer Mehrheit der befragten Jugendlichen als Arbeitsgerät genutzt: zur Textverarbeitung (Text), Informationssuche im Netz (Info) und als Lernmedium (Hilfe).

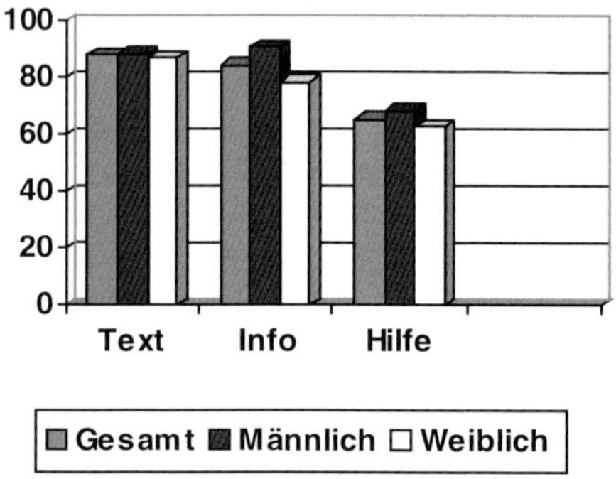

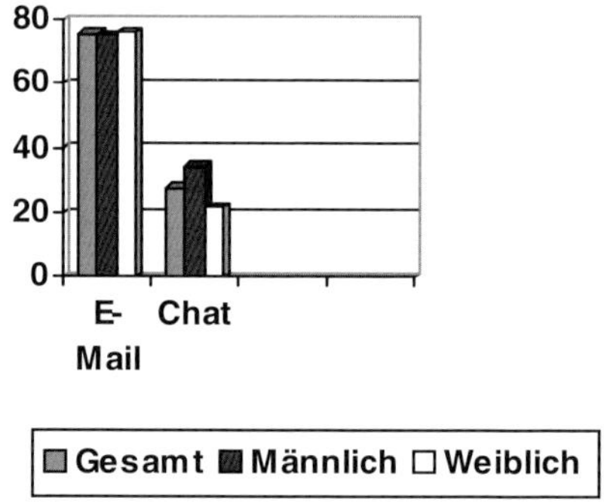

Die Nutzung des PCs als Kommunikationsmedium bezieht sich v.a. auf E-Mail als asynchrone Form der computergestützten Kommunikation (E-Mail), weniger hingegen auf synchrone Formen der computergestützten Kommunikation (Chat). Als Medium der Unterhaltung wird der Computer hauptsächlich zum Surfen im Netz (Netz), für Computerspiele (Spiel) und zum Herunterladen/Bearbeiten von Musik (Musik) genutzt.

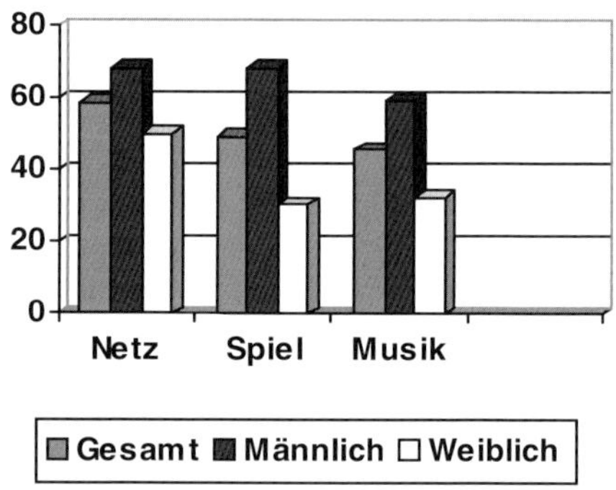

Für alle angeführten Computeranwendungen mit Ausnahme der E-Mail-Kommunikation trifft zu, dass sie von den männlichen Jugendlichen häufiger genannt werden als von den weiblichen Jugendlichen, wobei sich für beide Geschlechter eine graduelle Abstufung der Nutzung des Computers als Arbeitsgerät, als Kom-

3 Betrachtet werden im Folgenden die Häufigkeiten der Nennungen (in Prozent) zu den verschiedenen Computeranwendungen aus der Gesamtuntersuchungsgruppe sowie für die Untermengen ‚männlich' und ‚weiblich', wobei die Ergebnisse mit Blick auf die Geschlechtsunterschiede signifikant sind nach Chi2-Test.

munikationsmedium und als Unterhaltungsmedium feststellen lässt. Die Nutzung des Computers zur netzbasierten Informationsbeschaffung, zum Surfen im Netz, für Computerspiele und Chat sowie zum Herunterladen/Bearbeiten von Musik scheint insgesamt eher eine männliche Domäne. Hier ist jeweils der Prozentsatz der männlichen Jugendlichen erheblich höher als der der weiblichen. Die Interessen der männlichen Jugendlichen erstrecken sich somit über alle Bereiche der Computeranwendungen hinweg, was wiederum auf die hohe Attraktivität dieses Mediums hindeutet.

Auch im Hinblick auf die Selbsteinschätzung der Jugendlichen lassen sich geschlechtsspezifische Differenzen feststellen.

Die männlichen Jugendlichen stufen sich zu einem erheblich höheren Prozentsatz als sicher (2 auf einer Lickert-Skala von 2 bis -2) im Umgang mit dem Computer (PC) ein. Dies trifft ebenso auf den Umgang mit Programmen (Software) und mit Fehlermeldungen des Computers (Fehler) zu.

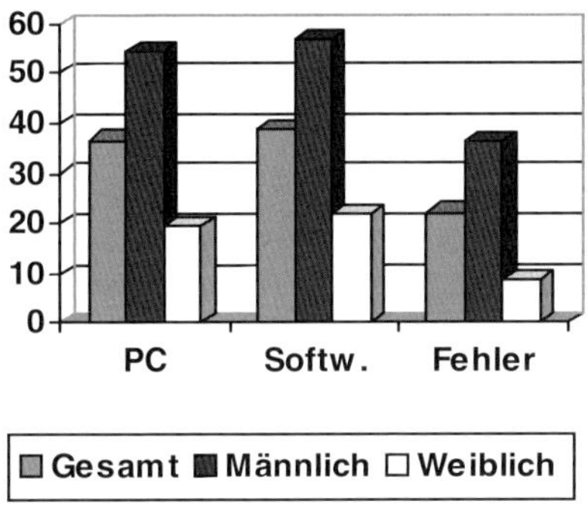

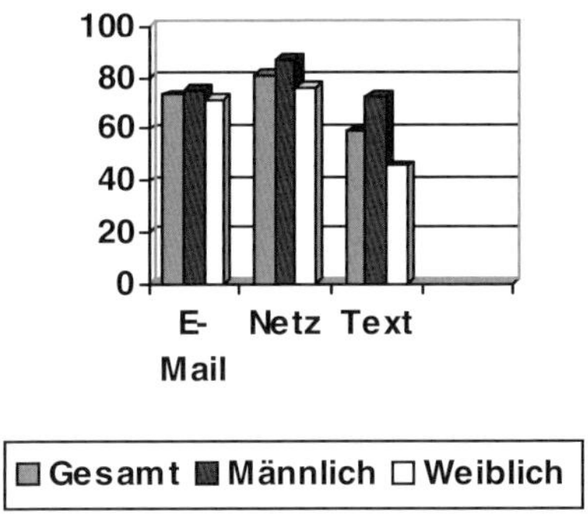

Nahezu übereinstimmend sicher schätzen sich hingegen männliche und weibliche Jugendliche im Umgang mit E-Mail (E-Mail) ein. In Hinblick auf den Umgang mit dem Internet (Netz) und besonders auf die Versiertheit bei der Textverarbeitung (Text) schätzen sich hingegen weniger weibliche Jugendliche als sicher ein.

Zurückführen lässt sich dies wohl auf ein geringeres computerbezogenes Selbstkonzept eigener Begabung bei den weiblichen Jugendlichen, die sich v.a. in Anwendungsbereichen sicher fühlen, die sie ohne besondere Hard- bzw. Software-Kenntnisse und technische Fertigkeiten ausführen können. Im Abgleich mit den richtigen Antworten zum handhabungsbezogenen Computerwissen[4] zeigt sich, dass die hohe Selbsteinschätzung der Sicherheit im Umgang mit dem Computer

4 Fragen zu diesem Komplex sind Bestandteil unseres Fragebogens.

bei den männlichen Jugendlichen nur bedingt zutrifft, dass sie aber insgesamt mehr richtige Antworten zu Problemen der Textverarbeitung, der Recherche im Netz, zu E-Mail, zum Umgang mit Programmen und Fehlermeldungen aufweisen als die weiblichen Jugendlichen.

Diesen Ergebnissen entsprechend ist der Leitfragen-Katalog für das Interview um Fragen ergänzt worden, die auf mögliche Gründe für die geschlechtsspezifischen Unterschiede in der Computernutzung zielen: z.B. zur familialen und schulischen Sozialisation im Umgang mit dem Computer, zu den persönlichen Interessen und Motivationen, die mit der Computernutzung verbunden werden, und zur Einschätzung der besonderen Eignung von Männern und/oder Frauen für den Umgang mit dem Computer. Zudem wurden Fragen zum Unterhaltungswert der Computernutzung v.a. in Verbindung mit Computerspielen ergänzt, und zwar auch im Hinblick auf die Bildung von (virtuellen) Gemeinschaften, da das soziale Moment unseres Erachtens den zentralen Aspekt des Spiels bildet.

5. Weitere Auswertung des Datenmaterials und Fallbeschreibung

Die erhobenen Daten, v.a. die nach der alltagssprachlichen Adaptionsvariante der Struktur-Lege-Technik rekonstruierten Subjektiven Theorien, sollen nach dem von Schreier vorgeschlagenen Verfahren zur Aggregierung Subjektiver Theorien (vgl. Schreier 1997, 52-55; vgl. auch Stössel/Scheele 1992, 352 ff.) ausgewertet werden. Dies bietet sich an, da die daraus resultierende sog. Modalstruktur (vgl. ebd., 337) den gemeinsamen Kern der subjektiven Theoriestrukturen zu einem Themenbereich abbildet, und zwar sowohl in inhaltlicher als auch in struktureller Hinsicht. Dadurch wird in nomothetikorientierter Perspektive eine „Zusammenfassung einzelner Individuen zu relevanten (Teil-) Klassen [bewirkt], von denen aus für den Einzelfall ein Erklärungspotential hergeleitet werden kann" (Stössel/Scheele 1992, 336). Vereinfacht formuliert: die Argumentationen der Befragten zu denselben Themenbereichen werden im Hinblick auf Gemeinsamkeiten in der Begriffsbildung und Argumentationsstruktur zusammengefasst.

Ergebnis dieser Auswertung ist die Zusammenfassung und begriffliche Präzisierung der Subjektiven Theorien der Jugendlichen zur Computernutzung sowie zur individuellen und gesellschaftlichen Bedeutung und Funktion des Computers. Vor dem Hintergrund dieser zusammengefassten ‚Selbst- und Weltsichten' lassen sich die einzelnen Jugendlichen im Folgenden treffend als einer bestimmten Gruppe zugehörig bzw. nicht-zugehörig charakterisieren. Bei einer solchen Einzelfallbeschreibung kommt schließlich auch die Beurteilung der Effizienz von Computer- und Internetnutzung zum Tragen. Hierbei spielt der Hinweis Detlev Schnoors auf die vorhandene oder nicht-vorhandene Fähigkeit der Jugendlichen zur Verarbeitung von Informationen in ihrem Lebensumfeld[5] eine Rolle.

Die Unterscheidung zwischen der vorhandenen bzw. nicht-vorhandenen Fähigkeit zur Verarbeitung von Informationen im persönlichen Lebensumfeld ermöglicht es, die Nachhaltigkeit der informationsorientierten Computer- und Internetnutzung z.B. für den Aufbau von Wissen zu beurteilen. Dabei soll jedoch nicht die Leistungsorientierung im Vordergrund stehen, d.h. nicht allein der Aufbau von in schulischen oder späteren beruflichen Kontexten verwertbarem Wissen durch die computerbasierte Informationsbeschaffung betrachtet werden. Zur Jugendkultur gehören bspw. auch Fankulturen, so dass Informationen über Musikgruppen, die auf Websites präsentiert werden, ebenso zu den im Lebensumfeld der Jugendlichen verwertbaren Informationen gehören, z.B. in Gesprächen unter Freunden (vgl. Barthelmes/Sander 2001, 28 und 120/1). Suchstrategien zum Finden solcher ‚interessanten' Informationen sind zudem übertragbar auf andere Kontexte, z.B. schulische Rechercheaufgaben.

6. Ergebnistendenzen der Untersuchung

Die nachfolgend skizzierten Tendenzen basieren auf ersten Auswertungen der bislang mit sieben Schüler/inn/en geführten Interviews. Sie bleiben einer abschließenden Bewertung nach Durchführung der oben skizzierten weiteren Schritte der Auswertung des Datenmaterials vorbehalten.

In gesellschaftlicher Perspektive ist der Computer, insbesondere mit Blick auf das Internet, für alle befragten Jugendlichen das Medium der Zukunft, während dem Buch lediglich als Unterhaltungsmedium (Unterhaltungslektüre) eine überdauernde Funktion zugesprochen wird. Diese Zuschreibung wird erstaunlicherweise nicht nur von Jugendlichen getroffen, die schon jetzt die digitalen Medien intensiv nutzen, sondern auch von denen, und das sind mehrheitlich die weiblichen Jugendlichen, die in ihrem privaten Mediengebrauch das Buch dem Computer vorziehen. Für alle befragten Jugendlichen fungiert der Computer folglich als Leitmedium in der Informations- und Wissensgesellschaft (vgl. Reinmann-Rothmeier/Mandl 1998), wodurch die Bedeutung des Computers als Informationsmedium in den Vordergrund tritt. Unterschiedlich gewichtet wird im individuellen Gebrauch allerdings die Nutzung des Computers als Kommunikations- und Unterhaltungsmedium.

---

5 Vgl. Schnorr 1998, 101: Detlev Schnorr überträgt die Wissenskluft-Hypothese, die aus der vergleichenden Untersuchung der Nutzung von Print- und von Massenmedien (vgl. Bonfadelli 1994) stammt, auf die Nutzung neuer Medien. Er kommt zu dem Schluss, dass informative Inhalte v.a. von denjenigen gewählt werden, die diese auch in ihrem Lebensumfeld verarbeiten können, während diejenigen, die dies nicht können, auf den Bereich der Unterhaltung zurückgreifen.

Die befragten weiblichen Jugendlichen nutzen z.B. mehrheitlich private E-Mail, die männlichen Jugendlichen nutzen hingegen auch öffentliche Kommunikationsformen wie Newsgroups o.ä. Von den weiblichen Jugendlichen werden Chats selten, von den männlichen Jugendlichen dagegen häufiger genutzt. Auch in Chats bevorzugen die weiblichen Teilnehmer private Kommunikationszusammenhänge, in denen die Teilnehmer einander bekannt sind, während die männlichen Teilnehmer z.B. an Diskussionsforen teilnehmen, in denen sie sich einem (anonymen) Publikum stellen.

Veränderungen des Schreibens, der Sprach- und Schriftformen (vgl. oben Punkt 2) sind in E-Mails nicht zu erwarten. Anders verhält es sich mit den synchronen Formen der computergestützten Kommunikation, die sich in Echtzeit vollziehen und somit der mündlichen Kommunikation näher stehen als die sich vom herkömmlichen Brief kaum unterscheidende E-Mail-Kommunikation (vgl. dazu Wetzstein et. al. 1995, 52). Erfahrung mit der Veränderung des Schreibens und mit der Veränderung von Sprach- und Schriftformen durch den Gebrauch des Computers und des Internets sind daher bei denjenigen zu erwarten, die Erfahrungen mit synchronen Formen der computergestützten Kommunikation, und zwar auch in öffentlichen Kontexten, aufweisen. Das sind nach unseren bisherigen Beobachtungen v.a. die männlichen Jugendlichen.

Die weiblichen Jugendlichen nutzen – im Unterschied zu den männlichen Jugendlichen – auch keine internetbasierten Computerspiele, die gemeinsam gespielt werden. Damit bleibt den männlichen Jugendlichen die Erfahrung mit ‚virtuellen Realitäten' und mit ‚virtuellen' Formen der Vergemeinschaftung vorbehalten (vgl. oben Punkt 2). Erst vor dem Hintergrund dieser Erfahrungen wird jedoch die Unterscheidung von ‚Realität' und ‚Virtualität' bei der Computer- und Internetnutzung problematisierbar. Damit zusammenhängend stellt sich auch erst die Frage, wie von der ‚wahrgenommenen medialen Realität' auf die ‚primäre Realität' geschlossen werden kann (vgl. oben Punkt 1). Hierbei ist die Kompetenz zur (kritischen) ‚Bewertung' von Informationen und der Glaubwürdigkeit von Kommunikationspartnern im Netz, aber auch die Fähigkeit zur Unterscheidung zwischen Fiktion, Simulation, Inszenierung und Wirklichkeit bei der Interaktion in ‚virtuellen (Spiele-) Welten' gefordert.

7. Ausblick

Nach den bisherigen Ergebnissen der Untersuchung zeichnet sich ein Einstellungswandel der Jugendlichen ab, demgemäß den digitalen Medien eine zentrale Rolle bei der gesellschaftlichen Entwicklung zukommt. Der Akzent wird dabei v.a. auf die Informationsfunktion des Computers und des Internets gesetzt. Darin wird eine Verschiebung von der Buchorientierung hin zur Internetorientierung bei der Informationsrecherche und -beschaffung erkennbar (vgl. oben Punkt 3). Da das Buch jedoch von den befragten Schüler/inne/n im schulischen Kontext als Lernmedium intensiv genutzt wird, kommt ihm im Verhältnis zur computerbasierten Informationssuche eine Komplementärfunktion zu. Die Schule fungiert somit innerhalb des gesellschaftlichen Wandels zur Informations- und Wissensgesellschaft nach wie vor als Enklave der literarischen Sozialisation. Mit der Vermittlung von Lese- und Schreibkompetenz schafft sie Voraussetzungen, die für die Handhabung des Computers und des Internet unabdingbar sind.

Kompetenzen im Umgang mit dem Computer werden von den Jugendlichen zumeist in Selbstlernprozessen v.a. im privaten Mediengebrauch erworben (vgl. oben Punkt 3). Hierbei treten Diskrepanzen auf, die sich bspw. im Vorhandensein oder Fehlen ‚sekundären Wissens' bzgl. des ‚Wie' der Handhabung des Computers und des Findens von Informationen bei den einzelnen Nutzern manifestieren. Die Schule kann dadurch kompensierend wirken, dass sie durch Anleitung zum Selbstlernen Grundlagen schafft, die für den Erwerb von Kompetenzen im Umgang mit dem Computer bedeutsam sind. Aufgrund der Kurzzeitigkeit der Zyklen, in denen auf dem Markt neue Hard- und Software für verschiedene Anwendungsbereiche des Computers zur Verfügung gestellt werden, sollte der Akzent der schulischen ‚IuK-Bildung' daher neben der Vermittlung von ‚technischem (Grund-)Wissen' v.a. auf der Befähigung zum Selbstlernen im Umgang mit den Informations- und Kommunikationstechnologien liegen.

Da es sich bei den Unterschieden im Computergebrauch der Jugendlichen um solche handelt, die auch auf geschlechtsspezifische Nutzungsmuster zurückzuführen sind, stellt sich zudem die Frage, ob sich in didaktischer Perspektive z.B. eine stärkere Förderung von Mädchen im Umgang mit dem Computer anbietet. Die schulische Förderung stellt hierzu nach unseren Beobachtungen eine gute Möglichkeit dar, weil die weiblichen Jugendlichen in ihrem privaten Computergebrauch bestimmte Bereiche der Computer- und Internetnutzung ausklammern. Ihnen fehlen somit Erfahrungen, die z.B. zur kritischen ‚Bewertung' von Informationen aus dem Netz und der Glaubwürdigkeit von Kommunikationspartnern in der computergestützten Kommunikation, also zur Wirklichkeitsverarbeitung im Umgang mit den digitalen Medien nötig sind.

Um dem aus unseren Beobachtungen ggf. resultierenden Bild vorzubeugen, junge Frauen seien gegenüber ihren männlichen Altersgenossen ‚rückständig' in der Computer- und Internetnutzung, sei mit Blick auf bisherige Forschungsergebnisse dazu Folgendes angemerkt: Mädchen und junge Frauen sind nicht nur auf dem Vormarsch, was die Erschließung verschiedenster Nutzungs- und Anwendungsbereiche von Computer und Internet anbetrifft (vgl. dazu Geser 1998). Sie stehen auch in ihrem Können und in den Funktionen, die sie z.B. unter den sog. ‚Netzwerkern' einnehmen (Administrator u.ä.), nicht hinter ihren männlichen Altersgenossen zurück. Allerdings ist der Anteil der Mädchen und jungen Frauen unter den versierten Nutzern der neuen Informations- und Kommunikationstechnologien (immer noch) gering (vgl. z.B. Wetzstein et. al. 1995, 272ff.; Bahl 1996, 149; Utz 1999). Hier besteht (Er-) Klärungsbedarf, wozu wir uns im Fortlauf der Untersuchung Aufschluss erhoffen.

Literatur

Bahl, Anke 1996: MUD & MUSH. Identität und Geschlecht im Internet. Ergebnisse einer qualitativen Studie. In: Dagmar Beinzger/ Sabine Eder/ Renate Luca et. al. (Hrsg.): Im Wyberspace – Mädchen und Frauen in der Medienlandschaft. Bielefeld, S. 138-151

Barthelmes, Jürgen/ Ekkehard *Sander* 2001: Erst die Freunde, dann die Medien. Medien als Begleiter in Pubertät und Adoleszenz. Opladen u.a.

Beißwenger, Michael 2001: Das interaktive Lesespiel. Chat-Kommunikation als mediale Inszenierung. In: Michael Beißwenger (Hrsg.): Chat-Kommunikation. Sprache, Interaktion, Sozialität und Identität in synchroner computervermittelter Kommunikation. Perspektiven auf ein interdisziplinäres Forschungsfeld. Stuttgart, S. 79-138

Berger, Peter L. / Thomas *Luckmann* 1997: Die gesellschaftliche Konstruktion von Wirklichkeit. Eine Theorie der Wissenssoziologie. Frankfurt a.M.

Bonfadelli, Heinz 1994: Die Wissenskluft-Perspektive. Massenmedien und gesellschaftliche Information. Konstanz

Christmann, Ursula 1999: Wahrnehmung, Kognition, Metakognition. In: Norbert Groeben (Hrsg.): Lesesozialisation in der Mediengesellschaft: Zentrale Begriffsexplikationen. Sonderheft der Kölner Psychologischen Studien. Beiträge zur natur-, kultur-, sozialwissenschaftlichen Psychologie, 5/1, S. 6-12

Degele, Nina 2000: Zur Transformation von Wissen durch Neue Medien. In: Günther G. Voß/ Werner Holly/ Klaus Boehnke (Hrsg.): Neue Medien im Alltag. Begriffsbestimmungen einer interdisziplinären Forschungsfeldes. Opladen: S. 127-150

Dieckhäuser, Oliver 2001: Computernutzung und Geschlecht. Ein Erwartung-Wert-Modell. Münster u.a.

Doelker, Christian 1992: Medienpädagogik in der Sekundarstufe – der integrative Ansatz. In: Wolfgang Schill/ Wolf-Rüdiger Wagner (Hrsg.): Medienpädagogisches Handeln in der Schule. Opladen, S. 107-131

Doll, Jörg/ Lars-Eric *Petersen*/ Matthias *Rudolf* 2000: Determinanten der Internetnutzung von Gymnasiasten und Studenten – Eine Anwendung der Theorie geplanten und rollengesteuerten Verhaltens. Medienpsychologie, 12/2, S. 5-22

Dollhausen, Karin 2000: Neue Medien und Kommunikation: Medien- und kommunikationstheoretische Überlegungen zu einem neuen Forschungsfeld. In: Günther G. Voß/ Werner Holly/ Klaus Boehnke (Hrsg.): Neue Medien im Alltag.

Begriffsbestimmungen einer interdisziplinären Forschungsfeldes. Opladen, S. 107-126

Fritz, Jürgen / Karla *Misek-Schneider* 1995: Computerspiele aus der Perspektive von Kindern und Jugendlichen. In: Jürgen Fritz (Hrsg.): Warum Computerspiele faszinieren: empirische Annäherung an Nutzen und Wirkung von Bildschirmspielen. Weinheim u.a., S. 86-125

Geser, Guntram 1998: „Weil Burschen es so und so können". Geschlechterunterschiede bei der Computernutzung von Schüler/innen. SWS-Rundschau (Sozialwissenschaftliche Studiengesellschaft Wien), 38/4, S. 411-428

Gittler, Georg / Willi *Kriz* 1992: Jugendliche und Computer: Einstellungen, Persönlichkeit und Interaktionsmotive. Zeitschrift für experimentelle und angewandte Psychologie, 39/2, S. 171-193

Groebel, Jo 1998: Ergebnisse der internationalen UNESCO-Studie „Gewalt in den Medien". In: Gunnar Roters/ Walter Klingler/ Maria Gerhards (Hrsg.): Mediensozialisation und Medienverantwortung (Forum Medienrezeption, Bd. 2). Baden-Baden, S. 99-112

Groeben, Norbert 1988: Explikation des Konstrukts Subjektive Theorien. In: Norbert Groeben/ Diethelm Wahl/ Jörg Schlee/ Brigitte Scheele (Hrsg.): Das Forschungsprogramm Subjektive Theorien. Eine Einführung in die Psychologie des reflexiven Subjekts. Tübingen, S. 11-24

Groeben, Norbert 1992: Die Inhalts-Struktur-Trennung als konstantes Dialog-Kosens-Prinzip?! In: Brigitte Scheele (Hrsg.): Struktur-Lege-Verfahren als Dialog-Konsens-Methodik. Ein Zwischenfazit zur Forschungsentwicklung bei der rekonstruktiven Erhebung Subjektiver Theorien. Münster, S. 41-89

Hartmann, Frank 2002: Wissensgesellschaft und Medien des Wissens. SWS-Rundschau (Sozialwissenschaftliche Studiengesellschaft Wien), 42/3, S. 1-22

Henzler, Herbert 1997: Die Leser als Avantgarde der Informationsgesellschaft. In: Klaus Ring/ Klaus von Trotha/ Peter Voß (Hrsg.): Lesen in der Informationsgesellschaft – Perspektiven der Medienkultur. Baden-Baden, S. 53-62

Heyer, Petra/ Gerhard *Rupp* 2002: Interaktivität als Chance kultureller Praxis im Umgang mit Medien? In: Norbert Groeben/ Bettina Hurrelmann. (Hrsg.): Medienkompetenz. Voraussetzungen, Dimensionen, Funktionen. Weinheim u.a., S. 92-110

Hoffmann, Daniel/ Volker Wagner 1995: Erwachsene beim Computerspiel – Motivationen und Erlebnisformen. In: Jürgen Fritz (Hrsg.): Warum Computerspiele faszinieren: empirische Annäherung an Nutzen und Wirkung von Bildschirmspielen. Weinheim u.a., S. 143-165

Jacobson, David 1999: Impression Formation in Cyberspace: Online Expectations and Offline Experiences in Text-based Virtual Communities. Journal of Computer-Mediated Communication, 5/1, pp. 1-26. WWW-Dokument unter: http://www. ascusc.org/jcmc/vol5/issue1/jacobson.html [06. 06. 03]

Koch, Lennart 1999: Zur Narrativik in Computerspielen. Der Einfluss des Mediums auf die ästhetische Wahrnehmung. Deutschunterricht (Berlin), 2/52, S. 109-118

Mikos, Lothar 2001: Bilderwelten – Zum Verhältnis von Lesekompetenz und visueller Kompetenz in der Medienwelt von Kindern und Jugendlichen. In: Karin Richter / Thomas Trautmann (Hrsg.): Kindsein in der Mediengesellschaft. Interdisziplinäre Annäherungen. Weinheim u.a., S. 17-33

Petzold, Matthias 2000: Die Multimedia-Familie. Mediennutzung, Computerspiele, Telespiele, Persönlichkeitsprobleme und Kindermitwirkung im Fernsehen. Opladen

Reid, Elizabeth M. 1994: Cultural Formation in Text-Based Virtual Realities. Master Thesis on MUDs. University of Melbourne (AU).: Department of English. WWW-Dokument unter: http://www. aluluei.com/cult-form.htm [27. 05. 03]

Reinmann-Rothmeier, Gabi / Heinz *Mandl* 1998: Auf dem Weg zur Entwicklung einer neuen Lernkultur. In: Herbert Kubicek et. al. (Hrsg.): Lernort Multimedia (Jahrbuch Telekommunikation und Gesellschaft, Bd. 6) Heidelberg, S. 55-98

Richter, Tobias/ Johannes *Naumann*/ Norbert *Groeben* 2001: Das Inventar zur Computerbildung (INCOBI): Ein Instrument zur Erfassung von Computer Literacy und computerbezogenen Einstellungen bei Studierenden der Geistes- und Sozialwissenschaften. Psychologie in Erziehung und Unterricht, 48/1, S. 1-13

Scheele, Brigitte/ Norbert *Groeben*/ Ursula *Christmann* 1992: Ein alltagssprachliches Struktur-Lege-Spiel als Flexibilisierungsversion der Dialog-Konsens-Methodik. In: Brigitte Scheele (Hrsg.) Struktur-Lege-Verfahren als Dialog-Konsens-Methodik. Ein Zwischenfazit zur Forschungsentwicklung bei der rekonstruktiven Erhebung Subjektiver Theorien. Münster, S. 152-195

Schnoor, Detlev 1998: Schulentwicklung durch neue Medien. In: Herbert Kubicek et. al. (Hrsg.): Lernort Multimedia (Jahrbuch Telekommunikation und Gesellschaft, Bd. 6). Heidelberg, S. 99-108

Schnotz, Wolfgang 1998: Imagination beim Sprach- und Bildverstehen. Neue Sammlung. Vierteljahres-Zeitschrift für Erziehung und Gesellschaft, H. 1, S. 141-154

Schreier, Margrit 1997: Die Aggregierung Subjektiver Theorien: Vorgehensweise, Probleme, Perspektiven. Kölner Psychologische Studien, H. 1, S. 37-71

Schreier, Margrit / Gerhard *Rupp* 2002: Ziele/Funktionen der Lesekompetenz im medialen Umbruch. In: Norbert Groben/ Bettina Hurrelmann (Hrsg.): Lesekompetenz. Bedingungen, Dimensionen, Funktionen. Weinheim u.a., S. 251-274

Stössel, Angelika/ *Scheele*, Brigitte 1992: Interindividuelle Integration Subjektiver Theorien zu Modal-strukturen. In: Brigitte Scheele (Hrsg.): Struktur-Lege-Verfahren als Dialog-Konsens-Methodik. Ein Zwischenfazit zur Forschungsentwicklung bei der rekonstruktiven Erhebung Subjektiver Theorien. Münster, S. 333-385

Storrer, Angelika 2000: Schriftverkehr auf der Datenautobahn: Besonderheiten der schriftlichen Kommunikation im Internet. In: Günther G. Voß/ Werner Holly/ Klaus Boehnke (Hrsg.): Neue Medien im Alltag. Begriffsbestimmungen einer interdisziplinären Forschungsfeldes. Opladen, S. 151-175

Utz, Sonja 1999: Soziale Identifikation mit virtuellen Gemeinschaften – Bedingungen und Konsequenzen. Lengerich u.a.

van Eimeren, Birgit/ Brigitte *Maier-Lesch* 1997: Mediennutzung und Freizeitgestaltung von Jugendlichen. Ergebnisse einer Repräsentativbefragung von rund 1000 Jugendlichen zwischen zwölf und 19 Jahren. Media Perspektiven, H. 11, S. 590-603

van Eimeren, Birgit/ Brigitte *Maier-Lesch* 1999: Internetnutzung Jugendlicher: Surfen statt fernsehen? Media Perspektiven, H. 11, S. 591-598

Welsch, Wolfgang 1995: Künstliche Paradiese? Betrachtungen zur Welt der elektronischen Medien und zu anderen Welten. In: Dieter Baacke/ Franz Josef Röll (Hrsg.): Weltbilder, Wahrnehmung, Wirklichkeit. Bildung als ästhetischer Lernprozeß. Opladen S. 71-95

Wetzstein, Thomas A./ Hermann Dahm/ Linda Steinmetz/ Anja Lentes/ Stephan Schampaul/ Roland Eckert 1995: Datenreisende. Die Kultur der Computernetze. Opladen

Witzel, Andreas 1982: Verfahren der qualitativen Sozialforschung. Überblick und Alternativen. Frankfurt a. M.

Martin Leubner (Flensburg): **Literatur interaktiv adaptiert** Zur multimedialen und interaktiven Transformation von Kinder- und Jugendliteratur in historischer und systematischer Perspektive

> *... you can't just translate a book into a computer game. There has to be some advantage to using the computer, or the user would be better off reading a book.*
> Joel Berez, Mitgründer des „Interactive Fiction"-Herstellers Infocom, 1988

1. Grundlagen

Begründung und Ziel der Untersuchung

Nachdem sich im 20. Jahrhundert das filmische Erzählen neben dem literarischen etabliert hat, erleben wir zur Zeit den Siegeszug des interaktiven Erzählens. Diese Entwicklung, forciert vor allem durch die Verbreitung von Computerspielen, wird mittlerweile von einer international ausgerichteten Erforschung des Computers als Erzählmedium begleitet. Dabei werden die Spezifika interaktiven Erzählens ebenso diskutiert wie die Möglichkeiten, ein für literarische, filmische und interaktive Erzählungen weitgehend gemeinsames Analyseinstrumentarium zu entwerfen. Im Kontext dieser narratologischen Diskussion ist die hier vorgestellte Untersuchung interaktiver, auf den Computer als Rezeptionsmedium ausgerichteter Adaptionen literarischer Werke angesiedelt.[1] Die Beschäftigung mit ihnen kann einerseits zum Verständnis des interaktiven Erzählens beitragen. Die Produktionen verdienen andererseits jedoch auch als Adaptionen selbst Aufmerksamkeit. Besonders interessant ist dabei die Frage: Können sie an die Erfolgsgeschichte von filmischen Adaptionen im 20. Jahrhundert anknüpfen und vielleicht sogar als zeitgemäße Literaturadaptionen des 21. Jahrhunderts gelten?

Die von mir vorgenommene Untersuchung interaktiver Adaptionen von kinder- und jugendliterarischen Werken zielt auf eine systematische Analyse medienspezifischer Transformationsprozesse. Auf der Basis einer Bestandsaufnahme interaktiver Adaptionen, die das Spektrum dieser Produktionen in den neunziger Jahren deutlich werden lässt und zugleich die Frühgeschichte dieses Adaptionstypus' dokumentiert, werden die wesentlichen Tendenzen, durch die sich die Transformation der literarischen Originale auszeichnet, bestimmt, unterschiedliche Adaptionskonzepte zusammenfassend benannt und die grundsätzlichen Möglich-

1 Dabei handelt es sich um meine Habilitationsschrift mit dem Titel „Literatur interaktiv adaptiert. Zur multimedialen und interaktiven Transformation von Kinder- und Jugendliteratur in historischer und systematischer Perspektive" (2003; Universität Flensburg).

keiten und medienbedingten Beschränkungen erörtert, die für interaktive Adaptionen gelten. Die Ergebnisse dieser Untersuchung werden als Grundlage einer mediendidaktischen Reflexion genutzt: Verdienen interaktive Adaptionen neben filmischen einen Platz im Deutschunterricht und können sie vielleicht sogar besser als filmische Adaptionen einen Zugang zu Werken eröffnen, die im literarischen Original von Schülern kaum mehr rezipiert werden? Im Kontext der Debatte um literarisches und mediales Erzählen wird der Blick darüber hinaus auf Perspektiven einer Didaktik interaktiver Narration gelenkt.

Anlage der fachwissenschaftlichen und fachdidaktischen Untersuchung

Der Gang der fachwissenschaftlichen Untersuchung folgt einem Dreischritt.

(1) In einem ersten Schritt wurden die Grundlagen für die geplante Untersuchung geschaffen, indem der Gegenstandsbereich auf der Basis einer systematischen Beschreibung der Relation zwischen literarischen Werken und ihren Adaptionen geklärt und anschließend das 'Was' durch ein 'Wie' ergänzt wurde: Wie lassen sich die betreffenden Adaptionen mit einem literatur- und medienwissenschaftlichen Instrumentarium methodisch angemessen analysieren? Dabei hat sich insbesondere das Problem der intermedialen Analyse von literarischen Texten und Medienproduktionen sowie das des Vergleichs von Sprache und Bild als zentral erwiesen.

(2) Im Anschluss an das Grundlagenkapitel folgte eine Fallstudie zu einer interaktiven „Robinson-Crusoe"-Adaption. Diese bot sich in besonderer Weise an, weil es sich um eine an den Maßstäben ihrer Entstehungszeit gemessen als anspruchsvoll zu bezeichnende Produktion handelt, die sowohl als selbstständiges Werk (in Anlehnung an das Genre des Adventures) als auch als Adaption in vielerlei Hinsicht aufschlussreich ist.

(3) Vor diesem Hintergrund erfolgte im dritten Untersuchungsteil eine systematische Analyse von interaktiven Adaptionen sowohl als selbstständigen Produktionen als auch als Adaptionen. Erkenntnisleitend waren dabei u.a. die Fragen: Wie 'funktioniert' das multimediale Zusammenspiel von Text und (bewegtem) Bild (Illustrierung, Ergänzung, Konterkarierung etc.)? Welche interaktiven und vor allem Spiel-Elemente prägen die Produktion? Welche Adaptionsprinzipien bestimmen vor dem Hintergrund dieser Eigenarten die Produktion? Auf dieser Grundlage ließen sich die multimedialen und interaktiven Strukturen der vorgestellten Adaptionen systematisieren und typologisieren.

(4) In den abschließenden didaktischen Reflexionen wurden interaktive Adaptionen zunächst im Kontext der Debatte um audiovisuelle Adaptionen und Literatureditionen auf CD-ROM diskutiert, um auf dieser Basis Grundlagen einer Didaktik interaktiver Narration zu erörtern.

Im Folgenden möchte ich ausgewählte Aspekte der Untersuchung im Überblick vorstellen.

Lesen und Symbolverstehen

2. Adaptionsstrukturen im Überblick

2.1 Typologien: Interaktive Adaptionen als selbstständige Produktionen

Voraussetzung für die Bestimmung *der* Tendenzen, die der Transformation von literarischen Werken zu interaktiven zugrunde liegen, ist die zusammenfassende Bestimmung von Merkmalen solcher Adaptionen als selbstständige Produktionen. Weil es jedoch – von der Interaktivität als solcher abgesehen – nicht *die* eindeutigen Merkmale gibt, ist es sinnvoll, unterschiedliche Typen von Erzählproduktionen zu bestimmen. Die bislang vorliegenden Vorschläge für die Kategorisierung von interaktiven Produktionen mit Spielelementen (häufig zusammenfassend als interaktive Spielgeschichten bezeichnet), von denen die interaktiven Adaptionen eine Teilmenge bilden, fallen recht unterschiedlich aus, weil sie unterschiedliche Kriterien nutzen. In der hier vorgestellten Untersuchung werden drei Ansätze zur Kategorisierung von interaktiven Adaptionen nebeneinander gestellt: Der mediale Ansatz (welche Form der (multi-) medialen Präsentation erfolgt?), der Spiel- bzw. ludologische Ansatz (wie werden Spiele bzw. Spielelemente in die Produktionen und insbesondere in den jeweiligen narrativen Kontext integriert?) und der narrative Ansatz (mit welchen Verfahren wird im neuen Medium erzählt?).

Wichtig ist in der 'Typologie-Trias' vor allem die narrative Typologie, die die interaktiven Produktionen nicht als Multimedia- oder Spielproduktionen, sondern als interaktive Erzählungen begreift und auf einer Erörterung der zentralen Merkmale interaktiven Erzählens basiert. In Anlehnung an Ryan (2000; 2001) sind dies die ontologische und explorative Handlungsbeteiligung des Rezipienten sowie die interne und externe Perspektive.[2]

2.2 Interaktivierung literarischer Werke: Die Aspekte Handlung, Perspektive und Spiel

Interaktivität in Erzählungen schafft neue Möglichkeiten für den Rezipienten. Für den Adaptionsprozess, der interaktiven Produktionen zugrunde liegt, könnte dies eine Bereicherung bedeuten. Es ist jedoch auch eine andere Einschätzung möglich: Der Adaptionsprozess ist insofern mit Einschränkungen verbunden, als die Originale auf Merkmale des interaktiven Erzählens hin umgestaltet werden müssen. An erster Stelle sind hier die Möglichkeiten zur Handlungsbeteiligung – ontologisch oder explorativ – und zur Perspektivierung – intern oder extern – zu nennen; mit diesen Möglichkeiten verbunden ist die Integration von Spielele-

2 Die Merkmale explorativ vs. ontologisch entsprechen ungefähr dem Unterschied zwischen: eine Handlung erkunden vs. eine Handlung (mit-) bestimmen; intern vs. extern bedeutet Führung vs. keine Führung einer Spielfigur durch den Rezipienten.

menten im Rahmen des Adaptionsprozesses, die die vorliegenden interaktiven Adaptionen durchgängig auszeichnet.

2.3 Interaktivitäts-Strukturen I: Handlungsbeteiligung des Rezipienten

Im Adaptionsprozess herrscht durch die obligatorische 'Interaktivierung' einerseits ein Zwang zur Veränderung literarischer Strukturen, andererseits können jedoch die Möglichkeiten interaktiven Erzählens im Adaptionsprozess nur eingeschränkt genutzt werden. Interaktives Erzählen ermöglicht – im ontologischen Modus – volle oder – im explorativen Modus – eingeschränkte Handlungsfreiheit. Volle Handlungsfreiheit kann es jedoch in interaktiven Adaptionen kaum geben: Sofern der Rezipient diese Freiheit hat, kann er eine 'eigene' Handlung gestalten – die in einem solchen Ausmaße von der des Originals abweichen kann, dass nicht mehr von einer Adaption zu sprechen ist. Die medienspezifische Freiheit zur Veränderung der Handlung kollidiert also mit dem genrespezifischen Zwang zu ihrer Wahrung.

2.4 Interaktivitäts-Strukturen II: Perspektivierung: Die Fokussierung auf die Protagonisten

Die Möglichkeit zur Einflussnahme auf die Handlung, die das interaktive Erzählen bietet, ist bei der Adaption literarischer Werke vor allem im Hinblick auf die interne Perspektive von Interesse: Der Rezipient erhält die Chance, selbst zum Protagonisten bekannter literarischer Werke zu werden. Diese Chance wird jedoch durch die nur geringen Handlungsmöglichkeiten des Rezipienten beeinträchtigt, denn es gilt im Regelfall: Je weniger Handlungsspielraum, desto reizloser das Angebot der internen Perspektive. Trotz dieser Problematik wird in den untersuchten Adaptionen fast durchgängig die interne Perspektive angeboten.

Ähnlich wie die Handlungsfreiheit des Rezipienten wirft auch die interne Perspektive interaktiver Produktionen grundsätzliche Probleme für den Adaptionsprozess auf. Zunächst kann im Extremfall eine durchgängige interne Perspektivierung auf einen Protagonisten hin abwegig sein. Dies ist etwa dann der Fall, wenn sich die Handlung des Originals nur unvollständig aus der Perspektive einer Figur wiedergeben ließe. Dieser Fall wäre beispielsweise gegeben, wenn die Handlung eines Werkes aus zwei im Wesentlichen parallel geführten Handlungssträngen mit unterschiedlichen Handlungsträgern bestände. Ein vergleichbares Problem wird am Beispiel von „Dornröschen" deutlich: Sofern die Handlung des Märchens aus der Perspektive der Protagonistin Dornröschen erzählt werden soll, tritt vor allem die Schwierigkeit auf, dass Dornröschen die entscheidenden Handlungen buchstäblich verschläft. In der „Dornröschen"-Adaption wird dieses Problem durch den Wechsel der Perspektive gelöst: Der Rezipient steuert nach dem Einschlafen von Dornröschen den Prinzen. Problematisch ist freilich an diesem Perspektivenwechsel, dass das Konzept der konsequenten Rollenübernahme 'beschädigt' wird. Es droht in diesem Fall eine Art 'Rollen-Zapping'.

Bei den untersuchten interaktiven Adaptionen ist insgesamt ein Widerstreit zwischen zwei Konzeptionen festzustellen: Einerseits gilt fast durchgehend das Ideal einer internen Perspektive, das sich in der fast durchgängigen Bemühung um zumindest einzelne Elemente mit interner Perspektive dokumentiert. Andererseits wird, zumal bei den Multimedia-Geschichten mit integrierter Textfassung, das herkömmliche literarische Erzählen und eben auch das der literarischen Vorlage in hohem Maße gewahrt. Auf diese Weise findet ähnlich wie bei der durch Interaktivität ermöglichten Handlungsbeteiligung des Rezipienten keine entschlossene Hinwendung zu den neuen Möglichkeiten interaktiven Erzählens statt.

2.5 Interaktivitätsstrukturen III: Literatur als Spiel: Konflikte als Spielangebote

Sofern in die interaktive Adaption eine Spielkomponente integriert oder die Adaption sogar insgesamt als Spiel konzipiert ist, zeichnet sich der Adaptionsprozess wesentlich dadurch aus, in welcher Weise einzelne Spiele in das adaptierte literarische Werk eingefügt werden oder wie das Werk insgesamt zu einem Spiel transformiert wird. Ausgangspunkt für die Integration einer Spielstruktur ist das für die Spiele grundlegende Schema ´Problemstellung und -lösung´: Innerhalb der literarischen Werke müssen inhaltliche Strukturen hervorgehoben oder auch im Adaptionsprozess neu geschaffen werden, die dem Schema ´Problemstellung – Problemlösung´ entsprechen.

Obgleich sich die Transformationsprozesse bei der Integration von Spielen in literarische Werke im Einzelfall ebenso durch das jeweils betroffene Original wie durch die 'Spiel-Anlage' der Adaption auszeichnen und auf diese Weise ganz unterschiedliche Erscheinungsformen der Spielintegration entstehen, lassen sich zugleich auch Haupttypen der Transformation unter dem Aspekt der Spiel-Integration bestimmen. Angemessen erscheint eine Typologie mit drei Grundmustern:
1. die Bewahrung bzw. Abbildung der Struktur des Originals
2. die 'Verschiebung' bzw. Verzerrung der Struktur des Originals
3. die Abkehr von der Struktur des Originals.[3]

3 (1) *Abbildung der Struktur des Originals*: Interaktive Adaptionen können die Struktur des Originals leicht abbilden, wenn das literarische Werk entsprechende 'Angebote' macht. 'Kandidaten' für Adaptionen dieser Art sind vor allem Abenteuerromane und Märchen. (2) *'Verschiebung' bzw. Verzerrung der Struktur des Originals*: Die Struktur des Originals wird wie bei der Transformation von „Ronja Räubertocher" verzerrt: Zwar bietet die Handlung des Originals eine Reihe von abenteuerlichen Geschehnissen, aber die Konzentration auf das Schema Problemstellung – Problemlösung im Adaptionsprozess führt zu einer rigiden 'Verkürzung' des Werkes. Wichtig ist hier vor allem, dass die Adaption nicht die Entwicklungsgeschichte zu vermitteln vermag, die das Original bietet. (3) *Abkehr von / Verkehrung der Struktur des Originals*: Eine Abkehr von oder

2.6 Ausblick: Literarische Potenziale interaktiven Erzählens

Werden künftige interaktive Adaptionen verstärkt Möglichkeiten des interaktiven Erzählens nutzen? In der Analyse der vorliegenden Adaptionen werden mehrere grundsätzliche Probleme deutlich. Zunächst gibt es eine erzähltheoretische Einschränkung: Interaktive Adaptionen können das Spektrum der Verfahren, das interaktivem Erzählen prinzipiell zur Verfügung steht, keineswegs vollständig nutzen. Dies wird vor allem im Hinblick auf die Handlungsvarianten deutlich, die in interaktiven Adaptionen zugunsten einer Bewahrung zentraler Handlungselemente des literarischen Originals nur maßvoll eingesetzt werden können. Allerdings ist zu bedenken, dass die intensive Nutzung von Handlungsalternativen seit einiger Zeit in der Hyperfiktion-Debatte umstritten ist und hyperfiktionale Erzählungen mit Rhizom-Struktur im Bereich interaktiver Erzählungen zur Zeit fast keine Rolle spielen. Zudem zeichnen sich auch Adventures durch eine Art 'Kern-Handlung' aus, von der nur begrenzte Abweichungen möglich sind.

Wichtiger mögen aus diesem Grunde die Einschränkungen sein, die interaktive Adaptionen aus der 'Perspektive' der literarischen Werke treffen. Die Auswahl an literarischen Vorlagen ist begrenzt, weil die interaktiven Möglichkeiten der Struktur der meisten literarischen Werke widersprechen und sich auch die verbleibenden Werke höchstens beschränkt für eine Interaktivierung eignen. Zunächst müssen literarische Werke für eine Transformation in Produktionen mit Spielelementen eine Struktur aufweisen, die sich durch Handlungsorientierung und nach Möglichkeit durch eine Kette von abenteuerlichen Ereignissen als Grundlage für Spiel-Aufgaben auszeichnet. Zusätzlich sollten Handlungsalternativen möglich sein, weil in medienadäquaten Produktionen zumindest in den integrierten Spielphasen unterschiedliche Weiterführungen der Handlung angeboten werden müssten – abhängig vom Bestehen bzw. Nicht-Bestehen einer Aufgabe. Unabhängig von dem oben angesprochenen Grundsatz, dass im Rahmen des Adaptionsprozesses die Handlung des Originals in wesentlichen Elementen zu wahren ist, ergibt sich das Problem, dass die Hinzufügung von Handlungsalternativen die Form-Inhaltsbeziehung einer Mehrzahl von literarischen Werken erheblich beeinträchtigen würde: Werke der Schema-Literatur vertragen höchstens maßvolle Abweichungen von der ihnen zugrunde liegenden einfachen Handlungsstruktur, während das Zusammenspiel der Handlungselemente in komplexen Werken durch beliebige Veränderungen zerstört würde. Am ehesten sind offenbar Werke der Gattung Abenteuerroman für das Spiel mit Handlungsalternativen geeignet.

---

gar Verkehrung der für das Original maßgeblichen Struktur liegt bei der Adaption „Sams – Eine Woche voller Samstage" vor. Der 'Zwang' zum Schema Problemstellung – Problemlösung führt im Transformationsprozess zu einer radikalen Abkehr von der im Buch erzählten Geschichte, indem nur mehr die Vorgeschichte erzählt wird, die sich für eine Umsetzung anbietet.

Angesichts dieser Problematik könnten sich andere Formen des interaktiven Erzählens anbieten, beispielsweise die Wahrnehmung einer Handlung aus verschiedenen Perspektiven; für diesen Fall wären jedoch Adaptionen ohne Spiel-Struktur geeignet, die eher Prinzipien hypertextuellen Erzählens folgen. Solche Produktionen, in die sozusagen produktionsorientierte Aufgaben integriert wären, werden jedoch bislang nicht hergestellt. Eine Veränderung dieser Situation ist nicht in Sicht.

3. Perspektiven einer 'Didaktik interaktiver Narration'

Selbst wenn interaktive Adaptionen als Kunstwerke kaum oder höchstens ausnahmsweise mit Büchern und Verfilmungen konkurrieren können, bleibt zu überlegen, ob ihnen nicht ein besonderer didaktischer Wert zukommt. In der hier skizzierten Untersuchung wird auf der Grundlage der didaktischen Adaptions-Debatte und der aktuellen Diskussion um Neue Medien zunächst gezeigt, dass eine Integration interaktiver Adaptionen in den Deutschunterricht hinsichtlich seiner Ziele, Organisationsformen und Methoden durchaus möglich ist. Eine hinreichende Begründung für die Arbeit mit interaktiven Narrationen im Deutschunterricht müsste allerdings im Detail zeigen, dass sich die entsprechenden Produktionen auch für den Literaturunterricht mit seinen spezifischen Anforderungen an literarische und mediale Werke qualifizieren beziehungsweise zumindest in einigen Aspekten einen didaktischen Mehrwert gegenüber literarischen Texten aufweisen. Der Frage, ob interaktive Narrationen diese Voraussetzungen erfüllen, wird in der Untersuchung nachgegangen, indem insbesondere Computerspiel-Narrationen im Hinblick auf die zentralen Ziele und Methoden der unterrichtlichen Behandlung erzählender Texte bewertet werden.

3.1 Grenzen: Die Auseinandersetzung mit Figuren im Unterricht

In der didaktischen Erörterung wird erkennbar, dass das didaktische Potenzial der interaktiven Produktionen verglichen mit dem literarischer Texte deutliche Grenzen aufweist und auch für die Zukunft nur in beschränktem Maße neue Chancen erkennen lässt. Dies gilt vor allem für das zentrale Ziel des Literaturunterrichts, Schülern die Begegnung mit und die aktive Zuwendung zu den von der Literatur vermittelten neuen und fremden Welten zu ermöglichen, um das Feld ihrer persönlichen Alltagserfahrungen zu überschreiten und neue Erfahrungen zur Gestaltung des eigenen Lebens zu gewinnen. Deutlich werden didaktische Probleme insbesondere, wenn zur Erreichung dieses Ziels die Beschäftigung mit einer einzelnen Figur im Mittelpunkt des Unterrichts steht. Gerade das besondere Rezeptionserlebnis von interaktiven Produktionen, mittels interner Perspektive den Rezipienten im Rahmen des zur Zeit technisch Möglichen an die Stelle des

Protagonisten treten zu lassen, scheint für den Literaturunterricht nicht besonders ergiebig. Der Literaturunterricht zielt in seiner Beschäftigung mit literarischen Figuren – so jedenfalls die weitgehend konsensfähige Auffassung Kaspar H. Spinners – hauptsächlich darauf, über Empathie das Fremdverstehen in Wechselwirkung mit dem Selbstverstehen der Schüler zu fördern (vgl. Spinner 2001). Für diesen Prozess bedarf es einer Figur, die sich von den Schülern durch ihre Eigenschaften und Erlebnisse mehr oder weniger deutlich unterscheidet: Mit dieser Figur beschäftigen sie sich im Wechselspiel von Einfühlung und distanzierter Betrachtung. Genau dies ist bei interaktiven Produktionen mit interner Perspektive kaum möglich: Es gibt – jedenfalls in den Spielphasen der Produktionen – keine fremde Perspektive, sondern nur die eigene in der Doppelfunktion als Spieler und Spielfigur. Die Untersuchung der interaktiven Adaptionen zeigt, dass das An-die-Stelle-einer-Figur-treten in gewisser Weise zu radikal ist, weil der betroffenen Figur nur ein geringes Eigenleben bleibt und eine Gewinn bringende Auseinandersetzung mit ihr deshalb kaum mehr möglich ist.[4] Wenn die Spielfigur als eigenständige Figur 'ausfällt', dann bleibt das Erleben des Spielers in der Rolle einer Spielfigur als möglicher Gegenstand der reflexiven Auseinandersetzung. Ist das ein Fall für den Literaturunterricht? Selbst wenn man diese Frage positiv beantworten wollte, sind weitere Bedenken zu berücksichtigen: Es dürfte durchaus häufig der Fall sein, dass in der Rezeption von interaktiven Narrationen gar kein 'echtes' Eintauchen in die Handlung, sondern nur eine Fixierung auf zu lösende Aufgaben stattfindet (Vgl. Newman 2002; Wieler 2003; anders dagegen Josting 2003). Möglicherweise hängt dieser Sachverhalt aber auch nur damit zusammen, dass die Spielwelten zur Zeit aus technischen Gründen noch nicht komplex genug strukturiert sind (vgl. Kepser 1999, 375; vgl. auch Hölzer 1995).

In diesem Zusammenhang erfolgt auch die Diskussion methodischer Fragen: Könnte es beispielsweise sein, dass interaktive Narrationen mit interner Perspektive die aktive Rezeption ermöglichen, auf die der produktionsorientierte Deutschunterricht zielt? Zwar ist das 'Hineinschlüpfen' in literarische Figuren zweifellos auch eine der Grundlagen produktionsorientierter Verfahren, aber diese Übereinstimmung ist doch nur 'äußerer' Art, und zwar unabhängig davon, welches Konzept von produktionsorientiertem Unterricht zugrunde gelegt wird. Produktionsorientierte Verfahren zielen nur auf die zeitweilige und probeweise Übernahme einer fremden Perspektive, die durch den bewussten Blick von außen ergänzt

4 Vgl. hingegen Josting (2002), die auf Grundlage ihrer empirischen Untersuchung zur Rezeption von hypermedialen Detektivgeschichten die Ansicht vertritt, dass „Figuren in Hypermedia [...] zu Distanz und Nähe" einladen und „Fremderfahrung [...] auch mit Bildschirmfiguren möglich" sei; es wird allerdings nicht deutlich, wie bei der mangelnden Komplexität der Bildschirmfiguren eine Auseinandersetzung mit diesen Figuren entstehen soll, die den Schülern einen Zuwachs an Erfahrung ermöglicht (vgl. Josting (2002), S. 141f.).

werden soll, insbesondere, indem die eigene Erfahrung mit der der fiktionalen Figur verglichen wird. Eben dieses Wechselspiel ist bei der Rezeption von interaktiven Produktionen mit interner Perspektive kaum möglich.

3.2 Chancen: Künftige Entwicklungen interaktiver Narration

Wenn nun die interaktiven Produktionen strukturbedingt kaum geeignet sind, die Selbst- und Fremderfahrung von Schülern auf der Grundlage von Empathie zu fördern, bleibt zu bedenken, ob diese Produktionen nicht ohne den 'Umweg' über eine fiktionale Figur eine Differenzierung der Wahrnehmungs- und Erlebnisfähigkeit fördern könnten. So wäre es im Prinzip möglich, in interaktiven Narrationen und zumal in Computerspielen virtuelle Realitäten darzustellen, die so fremdartig, komplex beziehungsweise ästhetisch anspruchsvoll gestaltet sind, dass sich für den Rezipienten über die Bewegung in diesen Realitäten eine vertiefte Selbsterfahrung, eine Infragestellung seiner Identität oder auch ein veränderter Blick auf die Lebenswirklichkeit ergeben kann. Solche Erfahrungen wären der im Literaturunterricht angestrebten Rezeption von literarischen Texten ähnlich, die auf die Darstellung von fiktionalen Figuren verzichten oder ihre Figuren zumindest in den Hintergrund treten lassen. Sowohl große Teile der lyrischen als auch der modernen erzählenden Texte eignen sich höchstens bedingt für eine emphatische Annäherung an literarische Figuren und legen eher eine ästhetisch orientierte Rezeption beziehungsweise eine Auseinandersetzung mit dem im Text entworfenen Weltbild nahe.[5] Es wäre nun durchaus denkbar, dass komplexen interaktiven Produktionen gegenüber diesen literarischen Werken ein didaktischer Mehrwert zukommen könnte – zum Beispiel dadurch, dass Computerproduktionen über ihre interaktive und multimediale Gestaltung vor allem jüngeren Schülern einen größeren Anreiz bieten, sich Fremdheitserfahrungen auszusetzen, als dies bei den teilweise schwerer zugänglichen modernen Erzähltexten der Fall ist .

Allerdings sind die hier vorgestellten Überlegungen zu einem Mehrwert interaktiver Produktionen spekulativ, weil bislang Computerspiele von entsprechender Qualität noch ausstehen. In der näheren Zukunft könnte deshalb eine andere Entwicklung für die Deutschdidaktik bedeutsamer sein. Sollte sich der Trend zur interaktiven Narration in Form des Computerspiels fortsetzen – inklusive interaktiver Literaturadaptionen als Medienverbundproduktionen wie von „Der Herr der Ringe" und „Harry Potter" –, dann könnte sich die Narrations-Sozialisation der Schüler wesentlich verändern: Die Partizipation an Geschichten mittels Interaktivität würde vielleicht selbstverständlicher als die herkömmliche Rezeption von Texten – so dass ein medienintegrativer Deutschunterricht trotz der oben

5 Diese Argumentation schließt an die von Wolf (2002) an, der auf die im Computerspiel vermittelte „worldview" verweist (S. 109).

skizzierten Überlegungen nicht darauf verzichten sollte, die veränderten Rezeptionserfahrungen seiner Schüler aufzugreifen. Die zentralen Formen und Funktionen interaktiven Erzählens wären dann Gegenstand des Unterrichts im Vergleich zu denen herkömmlichen Erzählens, wobei der Vergleich an eine lange didaktische Tradition von Konzepten des Medienvergleichs anschließen könnte. In diesem Prozess könnten gerade auch interaktive Adaptionen eine Rolle spielen und auf diese Weise zu einer Trias aus literarischem, audiovisuellem und interaktivem Erzählen als Gegenstand des medienintegrativen Deutschunterrichts beitragen. Die interaktiven Erzählungen könnten dabei ebenso das Verständnis für neue Formen des Erzählens fördern wie den Blick für die Leistungen der alten schärfen. Die Ausarbeitung einer Didaktik interaktiver Narration, so ein Ergebnis meiner Studie, ist eine zentrale Aufgabe zukünftiger deutschdidaktischer Forschung.

Literatur

I. CD-ROM-Produktionen / Interaktive Adaptionen in Auswahl

Barbie als Dornröschen Mattel [nach Brüder Grimm] Matel interaktive Deutschland. 1996.

Das Sams – Eine Woche voller Samstage [Paul Maar] Terzio 1998.

Simsala Grimm – Das tapfere Schneiderlein [nach Brüder Grimm] Tivola 1999.

Der kleine Prinz [nach Antoine de Saint-Exupéry] Tivola 1998.

Der Schatz im Silbersee [nach Karl May]. Software 2000 in Zusammenarb. m. Linel 1994.

Die Reise zum Mittelpunkt der Erde [nach Jules Verne]. [aus der Reihe „Living Classics"] Junior Software 1996.

Die Schildkröte und der Hase [nach Aesop]. Broederbund / Bomico 1995.

Die Schneekönigin [nach Hans Christian Andersen]. Ravensburger interactive 1997.

Gullivers Reisen [nach Jonathan Swift]. [= „CD-ROM-Märchenklassiker"] Infoware Multimedia / Koch 1996.

Hänsel & Gretel und das verwunschene Schloß [nach Brüder Grimm] Terra Glyph 1996.

Robinson Crusoe. Nach dem Roman von Daniel Defoe. Flammarion / Tivola 1998.

Ronja Räubertochter. Nach dem gleichnamigen Buch von Astrid Lindgren. Norstedts Rabén Oetinger 1998 / 2000.

Schneewittchen und die sieben Hänsel [nach Brüder Grimm] Tivola 1996.

Wie der Leopard seine Flecken kriegte [nach Rudyard Kippling] Microsoft 1995.

II. Sekundärliteratur in Auswahl

Abraham, Ulf / Matthis *Kepser* 2000: living books. In: Der Deutschunterricht, 52. Jg. , H. 1, S. 45-53

Bertschi-Kaufmann, Andrea 2000: Lesen und Schreiben in einer Medienumgebung. Die literalen Aktivitäten von Primarschulkindern. Aarau

Bünger, Traudl 2002: Narrative und ludische Elemente in Kinder- und Jugendliteraturadaptionen auf CD-ROM. In: Beiträge Jugendliteratur und Medien , H. 3, S. 163-171

Dolle-Weinkauf, Bernd 2000: Erzählung und Interaktion. Zur Aufbereitung kinderliterarischer Szenarien als PC-Software. In: Karin Richter / Sabine Riemann (Hrsg.): Kinder, Literatur, „neue Medien". Baltmannsweiler, S. 186-197

Dolle-Weinkauf, Bernd 2001: Wenn der Computer erzählt. In: Hannelore Daubert (Hrsg.): Sehen. Hören. Klicken. Kinder- und Jugendliteratur multimedial. (Publikation des „Arbeitskreis Jugendliteratur")., S. 35-49.

Frasca, Gonzalo o.J.: Ludology meets Narratology: Similitude and Differences between (Video-) Games and Narrative. – http://www.jacaranda.org/frasca/ludology.htm.

Grünewald, Dietrich 1999: Zwischen banal und kongenial. Literarische Stoffe als Comic erzählt. In: Kurt Franz/Günter Lange (Hrsg.): Bilderwelten: Vom Bildzeichen zur CD-Rom. Baltmannsweiler, S. 90-108.

Heidtmann, Horst 1996: Kinder- und Jugendliteratur multimedial und interaktiv. Multimedia-Anwendungen auf CD-ROM. (= Beiträge Jugendliteratur und Medien. 7. Beiheft). Weinheim

Heidtmann, Horst 1999: Digital, multimedial, interaktiv. KJL auf CD-ROM und im Internet. In: Renate Raecke in Zusammenarbeit mit Heike Gronemeier (Hrsg.): Kinder- und Jugendliteratur in Deutschland. München, S. 262-267

Hölzer, Ulrich 1995: Alice im Cyberspace. In: Mitteilungen des Deutschen Germanistenverbandes, H. 3, S. 50-58.

Hurrelmann, Bettina 2001: Wer erzählt all die Geschichten? Gedanken zum Wandel unserer narrativen Umwelt. In: Neue Sammlung, 41. Jg., H. 1, S. 57-72

Josting, Petra 2002: Hypermediale Detektivgeschichten: Angebot – Analyse – Rezeption. In: Petra Josting/ Gudrun Stenzel (Hrsg.) Auf heißer Spur in allen Medien. Kinder- und Jugendkrimis zum Lesen, Hören, Sehen und Klicken (= Beiträge Jugendliteratur und Medien. 13. Beiheft)., S. 135-145

Josting, Petra 2003: Der Einfluss von Medien-Orientierungen auf die Rezeption. Untersucht am Beispiel einer hypermedialen Detektivgeschichte. In: Jutta Wermke (Hrsg.): Literatur und Medien (= Medien im Deutschunterricht 2002. Jahrbuch. Hrsg. von Volker Frederking, Hartmut Jonas, Petra Josting, Jutta Wermke). München, S. 42-66

Juul, Jesper 2001:Games telling Storries? – A Brief Note on Games and Narratives. In: The international journal of computer game research; volume 1; issue 1 (July 2001). –http://www.gamestudies.org/0101/juul-gts/

Kepser, Matthis 1999: Massenmedium Computer. Ein Handbuch für Theorie und Praxis des Deutschunterrichts. Bad Krozingen

Koch, Lennart 1999: Zur Narrativik von Computerspielen. Der Einfluss des Mediums auf die ästhetische Wahrnehmung. In: Deutschunterricht 52 , H. 2, S. 109-118.

Koloff, Stephan 2000: „... und wenn sie nicht gestorben sind". Non-lineare Erzählstrukturen und Produktionsprozesse von Multimedia-CD-ROMs. In: Televizion, 13. Jg. , H. 1, S. 10-16

Lange, Andreas 2001: Storykiller. Von der Zerstörung der Geschichten in Computerspielen. In: Ästhetik & Kommunikation. Heft 115: Computerspiele, 32. Jg., S. 79-84

Lange, Günter 2000: Paul Maar – multimedial. In: Karin Richter / Sabine Riemann (Hrsg.): Kinder – Literatur – „neue" Medien. Baltmannsweiler, S. 94-110

Lischka, Konrad 2002: Spielplatz Computer. Kultur, Geschichte und Ästhetik des Computerspiels. Hannover

Murray, Janet H. 1997: Hamlet on the Holodeck. The Future of Narrative in Cyberspace. New York u.a.

Neitzel, Britta 2000: Gespielte Geschichten. Struktur- und prozeßanalytische Untersuchungen der Narrativität von Computerspielen. Weimar (Inaugural Dissertation)

Newman, James 2002: The Myth of the Ergodic Videogame. In: Game Studies. The international journal of computer game research. Volume 2, Issue 1 (= http://www.gamestudies.org/0102/newman [Stand: 27.01.2004])

Propp, Vladimir 1975: Morphologie des Märchens. Hrsg. v. Karl Eimermacher. Frankfurt a. M.

Rank, Bernhard 1999: Formen und Veränderungen des Erzählens in Bearbeitungen kinderliterarischer Szenarien auf CD-ROM. In: Kurt Franz/ Günter Lange: Bilderwelten: vom Bildzeichen zur CD-ROM. Baltmannsweiler, S. 190-208

Rank, Bernhard 2001: Per Mausklick durch den Mattiswald. In: Informationen des Arbeitskreises für Jugendliteratur (JuLit), 27. Jg., H. 3, S. 17-24

Ryan, Marie-Laure 2000: Immersion and Interactivity in Hypertext. In: http://www.dichtung-digital.de/2000/Ryan/29-Maerz/index htm

Ryan, Marie-Laure 2001: Beyond Myth and Metaphor. The Case of Narrative in Digital Medial. In: Game Studies. the international journal of computer game research. Volume 1, issue 1. July 2001. (http://www.gamestudies.org/0101/ryan/)

Spinner, Kaspar H. 2001: Kreativer Deutschunterricht. Identität – Imagination – Kognition. Seelze (Velber)

Wenz, Karin 2002: Computerspiele als hybride Formen. In: Ästhetik & Kommunikation. Heft 115: Computerspiele, 32. Jg., S. 85-90

Wieler, Petra 2003: Narratives Lernen im medialen Umfeld. In: Jutta Wermke (Hrsg.): Literatur und Medien (= Medien im Deutschunterricht 2002. Jahrbuch. Hrsg. von Volker Frederking, Hartmut Jonas, Petra Josting, Jutta Wermke). München, S. 67-86

Wolf, Mark 2001: The Medium of the Video Game. Austin: University of Texas Press

Berichte

Thomas Hirschle/Sven Kantak (Potsdam) **Der Deutschunterricht in einem Bildungsprofil „Gesellschaft, Medien und Kommunikation"**

Auch das traditionell für das Erlernen der Muttersprache, also das Lesen und Schreiben, Verstehen, Deuten und Werten von Texten verantwortliche Fach Deutsch ist in der Gegenwart zentraler Gegenstand gesamtgesellschaftlicher Kritik. Das liegt neben den bedenklichen Ergebnissen von internationalen Vergleichsstudien vor allem auch daran, dass die von ihm erwartete Entwicklung kommunikativer und sprachlicher Kompetenz bei vielen Schulabgängern nicht befriedigend ausgeprägt ist und mitunter selbst Abiturienten Schwächen im Grad der Sprachbeherrschung aufweisen.

Diese Defizite allein mit fehlendem Interesse und lückenhaftem Allgemeinwissen zu begründen erscheint problematisch und löst auch das Problem nicht. Die Ursachen sind komplexerer Natur, gehen einerseits einher mit einem allgemeinen gesellschaftlichen Wertewandel, bei welchem Jugendliche politikferner, selbstbezogener und rücksichtsloser als frühere Schülergenerationen erscheinen, sie müssen andererseits vor allem aber im veränderten medialen Rezeptionsverhalten von Jugendlichen gesucht werden. Auch wenn nach wie vor Printmedien zur Kommunikation genutzt werden, täuscht das aber nicht darüber hinweg, dass sich in der heutigen Gesellschaft in vielen Bereichen ein kommunikativer Wandel abzeichnet, in dem Medien wie das Fernsehen oder vor allem der Computer in eine ernst zu nehmende Konkurrenz zu den Printmedien getreten sind. In der Wissenschaft und der gesellschaftlichen Diskussion wird deshalb auch von einem sich epochal abzeichnenden „Iconic Turn"[1] gesprochen. Letzterer macht erforderlich, dass man in der Schule eine „Bild(lese)kompetenz" zu befördern hat, wie sie immer notwendiger für die außerschulische Praxis, den Berufs- und Lebensalltag schlechthin wird. Eine solche „Bild(lese)kompetenz" setzt das Verständnis von einem erweiterten Textbegriff voraus, der alle Medienprodukte als unterrichtswürdige (Medien)Texte mit einer spezifischen Semiotik begreift. Schule insgesamt und vor allem der für das Lesen und Schreiben primär verantwortliche Deutschunterricht leisten derzeit die Entwicklung einer „Bild(lese)kompetenz" nur unzureichend.

1. Das Modellprojekt „Profilbildung Medien und Kommunikation in der gymnasialen Oberstufe" (MuK)

Vergleichbare Erkenntnisse und Überlegungen spielten zwischen 1995 und 1998 eine Rolle, als im Land Brandenburg ein innovatives Modellprojekt „Medien und Kommunikation" initiiert wurde, um alternative Bildungswege zu beschreiten. Am Ausgangspunkt stellte sich die Voltaire-Gesamtschule Potsdam begleitend zu einem

1 Mit dem Begriff ‚Iconic Turn' lässt sich die zunehmende Bildhaftigkeit gesellschaftlicher Kommunikation beschreiben, in der visuelle Medien und Phänomene das bestimmende Element des Austausches, des Verstehens und Wahrnehmens sind (vgl. die vielbeachtete Vorlesungsreihe „Iconic Turn – Das neue Bild der Welt" der Burda-Akademie in Kooperation mit dem Humanwissenschaftlichen Zentrum der Ludwig-Maximilian-Universität München im Sommersemester 2002).

längerfristigen schulinternen Evaluationsprozess die Frage nach einer Veränderung von Unterricht, da Schule in traditioneller Form nach ihrer Ansicht nicht mehr funktionierte. Vor allem fiel den Initiatoren auf, dass Kinder und Jugendliche heute in ihrer Entwicklung eine Mediensozialisation erfahren, in der sie sich verstärkt auditive, audiovisuelle und multimediale Inhalte aneignen, aber diese Form der Mediennutzung sich im Unterricht der Schule kaum spiegelt. Die Ausblendung dieses Erfahrungshintergrundes mag eine der Ursachen für wachsendes Desinteresse oder passive Schulverweigerung sein und kann in ein mangelndes Leistungsverhalten münden. Mit dieser Erkenntnis war die Idee geboren, verstärkt die in der außerschulischen Praxis vorherrschenden und das Rezeptionsverhalten von Jugendlichen bestimmenden Medien integrativ in traditionelle Unterrichtsprozesse einzubeziehen und auf dieser Grundlage ein medienintegratives Unterrichtskonzept zu entwerfen. Ansatzpunkt für die Schulentwicklung der Voltaire-Gesamtschule war vor allem die Sekundarstufe II, weil gerade hier nahezu ausschließlich von einem traditionellen printmedialen Textbegriff ausgegangen wird, der seine Entsprechung in einer statischen Anlage der Abiturprüfung findet.

Von einer Integration anderer als der traditionellen Printmedien in laufende Unterrichtsprozesse der Sekundarstufe II erhoffte sich die Schule u.a. mit Blick auf die Studierfähigkeit der Schüler/innen, traditionelle Fachinhalte zu erweitern und den bestehenden statischen Fächerkanon interdisziplinär zu öffnen. Allerdings dachte man zu diesem Zeitpunkt noch nicht explizit an die Entwicklung einer neuen Lernkultur. Vielmehr war der Ausgangspunkt der Überlegungen, wie die außerschulischen Medienerfahrungen der Jugendlichen sinnvoll in laufende Unterrichtsprozesse thematisch integriert werden können und welche notwendigen Veränderungen in diesem Zusammenhang eingeleitet werden müssten. Zum einen galt es, Aspekte der bisher vernachlässigten „visuellen Alphabetisierung“ zu berücksichtigen, zum anderen führte die Auseinandersetzung mit Entwicklungstendenzen der modernen Medien- und Informationsgesellschaft zu der Erkenntnis, dass Medienkompetenz ebenfalls als Schlüsselqualifikation anzusehen ist.

Wie aber sollten Medien unter medienerzieherischen und mediendidaktischen Aspekten sinnvoll in den Unterricht integriert werden? Im Orientierungsrahmen „Medienerziehung in der Schule“ der Bund-Länder-Kommission für Bildungsplanung und Forschungsförderung von 1995 wird eine fachspezifische Integration empfohlen. Einige Rahmenpläne verschiedener Fächer enthalten deshalb auch Hinweise zum Medieneinsatz und zu medienbezogenen Themen. In der Schulpraxis bis in die 90er Jahre des letzten Jahrhunderts aber zeigte sich, dass diese Form der Integration nur unzureichend gelang. Teilweise verließen sich einzelne Fächer aus Zeitgründen auf die anderen Fächer, teilweise fehlte der eigene Bezug zum Thema und die entsprechende Ausbildung. Wenn medienpädagogische Fragen aufgegriffen wurden, geschah dies eher punktuell, ohne aufbauende und querverweisende Logik. Im Modellprojekt MuK wurde deshalb ein Konzept entwickelt, das versucht, das fachintegrative Prinzip mit einem Grundkurs „Medien und Kommunikation“ zu verbinden. Der speziell eingerichtete Grundkurs sollte einerseits medienpraktisches und -theoretisches Grundwissen vermitteln und andererseits die interdisziplinäre Zusammenarbeit mehrerer Fächer auf diesem Gebiet koordinieren sowie als Klammer und/oder Kristallisationspunkt für übergreifende Themen und Projekte dienen. In Bezug auf die Medienintegration der Schule insgesamt und auf ein für Schüler/innen systematisch abgestimmtes Konzept erschien darüber hinaus eine einzelne Fachdisziplin überfordert.

Parallel zu diesen schulinternen Prozessen wurde im Rahmen der Bund-Länder-Kommission ein bundesweites Programm zur „Systematische(n) Einbeziehung von Medien, Informations- und Kommunikationstechnologien in Lehr- und Lernprozesse“ (SEMIK) aufgelegt, das ausgehend von einem gemäßigt konstruktivistischen Lernansatz problemorientierte Lernumgebungen und -konzepte erproben wollte.

Mit SEMIK ergab sich 1998 für das Land Brandenburg ein interessanter Projektrahmen für die Realisierung einer systematischen Integration von Medien in den Unterricht der Sekundarstufe II. Das brandenburgische Modellprojekt „Profilbildung Medien und Kommunikation in der gymnasialen Oberstufe“ (MuK) wurde im Rahmen von SEMIK dem Schwerpunkt „Unterrichtskonzepte“ zugeordnet, verfügte aber eigentlich über einen weitaus komplexeren Ansatz, der auch die Aspekte Curriculumentwicklung, Schulentwicklung und Teilbereiche der Lehreraus- bzw. -fortbildung berührte.

2. Der Grundkurs „Medien und Kommunikation“ als Bestandteil eines schulinternen Organisationsmodells

An der Voltaire-Gesamtschule als Pilotschule wurde mit Beginn des Modellprojekts 1998 für die gymnasiale Oberstufe ein Bildungsprofil „Gesellschaft, Medien und Kommunikation“ eingerichtet, das systematisch und interdisziplinär medienwissenschaftliche, kommunikationstheoretische und traditionell fachwissenschaftliche Aspekte in Lehr-Lern-Arrangements der Sekundarstufe II verortet und verknüpft.[2]

Zwar wurden verschiedene Möglichkeiten einer systematischen Medienintegration in die Sekundarstufe II kontrovers diskutiert, letztlich entschieden sich die beteiligten Lehrer/innen aber gegen eine fachspezifische Medienintegration und für einen übergreifenden Ansatz in Form eines Bildungsprofils „Gesellschaft, Medien und Kommunikation“, das auf einer fachübergreifenden Medienintegration mit einem zusätzlichen Wahlgrundkurs „Medien und Kommunikation“ basiert.

Nicht zufällig[3] handelt es sich bei diesem Bildungsprofil um eine primär aus der Sicht der philologischen bzw. gesellschaftswissenschaftlichen Fachdisziplinen definierte Lehr-Lern-Konstruktion, die Lerninhalte verschiedener Fächer unter medienkommunikativen Aspekten bündelt und sie mit einem medienpraktischen und -theoretischen Schwerpunkt in einem dreistündigen Wahlgrundkurs MuK verbindet. Schulorganisatorisch ist die Entscheidung für das Bildungsprofil „Gesellschaft, Medien und Kommunikation“ mit einer Reihe von Pflichtbelegungen anderer Leistungs- und Grundkurse verbunden, um die Voraussetzungen für eine interdisziplinäre Zusammenarbeit zu optimieren und eine weitgehend konstante Zusammensetzung der Lerngruppe zu gewährleisten. In der Modellphase musste von den Schüler/inne/n dieses Bildungsprofils das Fach Englisch als Leistungskurs verbindlich gewählt werden. Darüber hinaus belegten sie obligatorisch den Wahlgrundkurs „Medien und Kommunikation“ und die Grundkurse Deutsch, Politische Bildung und Informatik als eine Lerngruppe. Für den zweiten Leistungskurs konnten sich die Schüler/innen frei entscheiden.

2 Genauer betrachtet handelt es sich dabei um einen mittelfristigen Schulentwicklungsprozess, der im Zusammenhang mit der Entwicklung und Festschreibung individueller Schulprogramme im Land Brandenburg zu betrachten ist und nach einer Phase der schulinternen Selbstverständigung über die eigenen Ausgangsbedingungen und institutionellen Ressourcen, über eine Bestandsaufnahme lokaler und regionaler Besonderheiten und über einen offenen Diskurs zu aktuellen Bildungsansprüchen eingeleitet wurde.

3 Nicht zufällig deswegen, weil es sich dabei um traditionelle Leitfächer der Medienerziehung handelt.

Seit dem Schuljahr 2002/2003 müssen die Schüler/innen neben den entsprechenden Grundkursen nun die Leistungskurse Deutsch und Geschichte belegen, um im Bildungsprofil „Gesellschaft, Medien und Kommunikation" lernen zu können.[4]

Kernstück dieses Organisationsmodells ist aber der wöchentlich dreistündige Wahlgrundkurs „Medien und Kommunikation", der als Koordinationsplattform für die medienintegrativ arbeitenden Fächer fungiert. Mit einer solchen Konstruktion ist es sehr viel leichter möglich, Lerninhalte und Projekte über die Grenzen der beteiligten Fächer hinaus abzustimmen. In der Stundentafel wird darauf geachtet, dass die am Bildungsprofil beteiligten Kurse wenigstens an einem Unterrichtstag in der Woche hintereinander platziert sind, sodass relativ einfach projektorientierte und den traditionellen Stundentakt sprengende Lernformen durchgeführt werden können.

Die Einrichtung des Bildungsprofils funktioniert aber nicht einfach nur als unterrichtsorganisatorische Klammer, sondern primär werden bedeutsame Themen und Probleme der beteiligten Fachdisziplinen interdisziplinär verknüpft, um vernetztes Denken zu befördern. Das intendiert auch, dass über unterschiedliche fachliche Herangehensweisen und Erklärungsmodelle mehrperspektivische Betrachtungsweisen angeregt oder provoziert werden. Parallel dazu wird über die Zusammenarbeit mit (Medien-)Experten oder das Aufsuchen außerschulischer Lernorte in Projekten eine schulische Öffnung angestrebt, die nicht zuletzt unterrichtsmethodisch ihre Entsprechung in Formen problemorientierten Lernens, in der Projektmethode oder in der häufig realisierten produktiven Medienarbeit findet und eng an das selbstgesteuerte Lernen gekoppelt ist, das eine Offenheit von Ergebnissen voraussetzen muss.

Auf der Grundlage eines den Schüler/inne/n schrittweise vermittelten Projektmanagements und durch die Produktion von Medien für klar definierte Zielgruppen werden traditionelle Lehr-Lern-Muster aufgelöst und andere Lernumgebungen geschaffen, z.B. indem Lernende zu Lehrenden werden und nach dem Konzept „Lernen durch Lehren" anderen Jugendlichen ihre Unterrichtsergebnisse nicht nur einfach präsentieren, sondern sie als Lerngegenstand thematisieren. Dabei können sie sich ihre eigenen Lernprozesse vergegenwärtigen und die verarbeiteten Inhalte nachhaltiger aneignen.

Gegenstand der Bewertung sind gleichermaßen die unmittelbar im Kurs nachgewiesenen Leistungen und die entstandenen Medienprodukte, wobei die Schüler/innen maximal die Benotung zweier Schulhalbjahre in die Abiturnote einbringen können. Zum Schulabschluss erhalten sie ein von der Schule beglaubigtes Zertifikat, das detailliert Inhalte des Kurses aufzeigt und konkret erworbene Kompetenzen ausweist.

In der Regel unterrichten die Lehrer des Kurses „Medien und Kommunikation" parallel dazu auch einen der beiden Leistungskurse, was die Planung enorm erleichtert. Diese Lehrer/innen haben sich über eine Vielzahl medienwissenschaftlicher Fortbildungen und Selbststudienphasen qualifiziert, um den Wahlgrundkurs unterrichten zu können. In Teamarbeit entwickelten sie auch ein den Wahlgrundkurs strukturierendes und für das Bildungsprofil zugeschnittenes Curriculum, das spiralförmig aufgebaut ist und gleichermaßen Aspekte der Medienerziehung, des Projektmanagements und der Kommunikationswissenschaft berücksichtigt.

Das Curriculum definiert die kurseigenen Inhalte und Methoden und bildet parallel dazu die interdisziplinäre Öffnung für andere Fachdisziplinen ab, ohne die Ent-

4 Die Wahl dieser beiden Fächer bietet sich wegen der vielfältigen Korrespondenzen an und öffnet inhaltlich ganz andere als die derzeit fachspezifisch vorhandenen Möglichkeiten.

faltung fachwissenschaftlicher Spezifika zu beschneiden. Die inhaltliche Abstimmung basiert auf Themenkomplexen, die in den jeweils einbezogenen Fachdisziplinen zeitlich parallel oder in einer sinnvoll aufeinander bezogenen zeitlichen Abfolge bearbeitet werden. Neben verbindlich festgelegten Leitmedien als strukturierendes Prinzip des Curriculums wird von Beginn an systematisch mit dem Computer als neuem Medium gearbeitet.

Bei der Entwicklung des Curriculums gingen die Verfasser von verschiedenen Dimensionen aus, die das Curriculum strukturieren. Zunächst sind das allgemeine Ansprüche wie u.a. Wissenschaftsorientierung, Entwicklung von Kommunikationsfähigkeit, Handlungs- und Problemorientierung oder Ganzheitlichkeit und Exemplarität, wie sie durch die bestehenden Rahmenpläne des Landes Brandenburg und von der Kultusministerkonferenz in den „einheitliche(n) Prüfungsanforderungen für das Abitur" vorgegeben werden. Eine weitere Dimension spiegelt einerseits Aspekte der Medienentwicklung, andererseits aber den kommunikativen Wandel von einfachen zu komplexen Mediensystemen. Auf der thematisch-inhaltlichen Ebene wurden vorhandene Kongruenzen der beteiligten Fachdisziplinen evaluiert und fachübergreifende Themenkomplexe festgelegt.

Die didaktisch-methodische Dimension folgt vom sinnlichen Erleben bis zum rationalen Diskurs dem Prinzip einer zunehmenden Abstraktion und findet seine Entsprechung in der Perspektive der einzelnen Schulhalbjahre und auf der Ebene der einzelnen Unterrichtssequenzen. Das Curriculum berücksichtigt auch die gesellschaftliche Reichweite der Kommunikation und bewegt sich im Spannungsfeld von individueller Mediennutzung und gesellschaftlichen Bezügen bzw. von der unmittelbar erlebbaren Wirklichkeit und globaler Kontexte.

Die Auseinandersetzung mit Medien beginnt im Schulhalbjahr 11/I mit Aspekten der individuellen Mediennutzung, an die sich eine Auseinandersetzung mit Printmedien als Leitmedium anschließt. Der Deutschunterricht beginnt mit der Suche nach einem Literaturbegriff und setzt sich mit dem Zeitschriftenwesen am Beispiel literarischer Zeitungen auseinander. Printmedien, Foto und ansatzweise Film stehen im Mittelpunkt des Schulhalbjahres 11/II, in dem unter dem Thema „Wir, die Medien und Kommunikation" u.a. Aspekte der Manipulation, Fragen von Abbild und/oder Wirklichkeit, Dokumentation oder Inszenierung thematisiert werden. Der Deutschunterricht konzentriert sich dabei auf den Problemkreis „Dokument oder Drama" und produziert in Kooperation mit dem Kurs „Medien und Kommunikation" Zeitungsseiten zu einem literarhistorischen Problem (s. u.). Das Schulhalbjahr 12/I rückt unter dem Thema „Stereotypen definieren die Welt – Markt und Medien" das Medium Film ins Zentrum der Betrachtung. Während der Deutschunterricht den Aspekt der Dichotomie in der Literaturbetrachtung bzw. Merkmale von Trivialliteratur untersucht, gestalten die Schüler/innen im Kurs „Medien und Kommunikation" eine eigene Folge für eine „Soap", wobei hier beim Schreiben der Drehbücher mit dem Deutschunterricht kooperiert wird.

Fast ausschließlich auf sog. neue Medien fokussiert sich das Schulhalbjahr 12/II. Hier werden die Schüler/innen aufgefordert, eine multimediale CD-ROM zum Thema „Utopie – Gesellschaftsentwürfe der Vergangenheit, der Gegenwart und der Zukunft" zu produzieren. Dabei nähern sich die Schüler/innen interdisziplinär diesem Thema an. Im Deutschunterricht z.B. werden verschiedene literarische Utopien gelesen und analysiert. Als Beitrag für die CD-ROM gestalten die Schüler/innen dann kleine Medientexte, die thematisch in die CD-ROM eingebunden werden. Z.B. setzen sie sich in Text-, Bild- und Hörbeiträgen kreativ mit der Neusprache aus Orwells Roman „1984" auseinander.

Die erworbene Medienkompetenz wird im Schulhalbjahr 13/I unter Beweis gestellt, denn die Schüler/innen müssen in diesem Schulhalbjahr in einer Selbstlernphase ein mediales „Gesellenstück" produzieren und präsentieren. Der Deutschunterricht bringt sich in diesem Schulhalbjahr nur indirekt in das Bildungsprofil ein, wenn nämlich Schüler/innen literarische Texte medial bearbeiten wollen. In diesem Zusammenhang werden im Unterricht Aspekte der Filmanalyse wiederholt und Drehbücher zu lyrischen Texten entworfen. Vor allem geht es in diesem Zusammenhang immer wieder um Grenzen und Möglichkeiten verschiedener Medien, also um einen Medienvergleich. Im abschließenden Semester 13/II wird im Kurs „Medien und Kommunikation" Wittgensteins These „Die Grenzen meiner Sprache sind die Grenzen meiner Welt" als Ausgangspunkt genutzt, um Chancen und Risiken, Möglichkeiten und Grenzen globaler Kommunikation zu erörtern, wobei der Deutschunterricht parallel dazu Leistungen von Sprache untersucht, sich mit ausgewählten poetologischen Vorstellungen vor allem deutscher Autoren auseinandersetzt und dabei u.a. die Verantwortung von Literatur für die Entwicklung von Welt- und Menschenbildern diskutiert.

3. Zur Situation und Rolle des Faches Deutsch im Rahmen einer systematischen Medienintegration

Neben den Fächern Geschichte, Politische Bildung und Kunst war es vor allem der Deutschunterricht, der auf die Integration traditioneller und neuer Medien in den Unterricht drängte. Obwohl der Deutschunterricht zu den traditionellen Leitfächern für Medienerziehung gehört, ist er üblicherweise in der gymnasialen Oberstufe auf Texte im engeren Sinne fixiert. Darüber hinaus wird dem Deutschunterricht im Ensemble der Unterrichtsfächer einseitig die Vermittlung kommunikativer Kompetenzen des Rezipierens (Lesen, Verstehen, Zuhören) und des Mitteilens (Schreiben, Sprechen) zugeschrieben, was aber in dieser isolierten Form nicht funktioniert. So ist der Deutschunterricht damit überfordert, wenn er allein verantwortlich und zuständig für die Kompetenzerweiterung bezogen auf das Verstehen und Auslegen von Texten sein soll. Sinnvoller erscheint deshalb eine durchdachte Aufgabenverteilung bezüglich des Erlernens und Anwendens von Sprachhandlungen zwischen den Unterrichtsdisziplinen, in denen Texte regelmäßig rezipiert und produziert werden. Das setzt aber voraus, dass auch in anderen Unterrichtsdisziplinen neben den konkret transportierten Inhalten die Qualität der Sprachhandlungen selbst thematisiert und Gegenstand der Bewertung wird. Eine solche Unterrichtspraxis erscheint aber mehr als Ausnahme denn als Regel.

Traditionell dienen im Deutschunterricht Printmedien als Lerngegenstand und Mittel des Wissenserwerbs. Und daran hat sich bis heute eigentlich in der Schul- und Unterrichtspraxis kaum etwas geändert, wenn man das Lesen und Schreiben am Computer darin ergänzend einschließt. Eine solche Lernpraxis hat bisher auch kaum jemanden gestört. Aber wenn immer wieder im Lehrbuch ein Text zu lesen und auszuwerten ist, kommen Zweifel seitens der Schüler/innen an der Lehrmethode und auch am Unterrichtsinhalt auf. Ignoriert man diese Unmutsäußerungen kontinuierlich, können sich hausgemachte Schulprobleme entwickeln, die sich im Extremfall als passive oder aktive Schulverweigerung äußern.

Aus der Sicht der Lernenden erscheint die Lebenswelt außerhalb der Schule wesentlich interessanter, denn hier werden sie erstens nicht kontrolliert und bewertet, zweitens agieren sie wesentlich selbstbestimmter und zwangloser als in der Schule, und drittens nutzen sie anstatt der für sie oft monotonen und zeitaufwendigen Printmedien vor allem audiovisuelle und interaktive Medien mit ganz anderen Sinnesreizen. Für die alltägliche Schulpraxis auch in der gymnasialen Oberstufe bedeutet das u. a., dass die Jugendlichen zwar auch lesen, aber sie lesen mit ihrem Erfahrungshintergrund anders und anderes. Anstatt des traditionellen Lesens von Büchern, das in der Schule in nahezu allen Unterrichtsfächern die Lern- und Lehrpraxis beherrscht, verschiebt sich die Rezeption von Printerzeugnissen außerhalb von Schule häufig auf alters- und spartenspezifische Zeitungen oder Zeitschriften, vor allem aber nutzen Schüler/innen tagtäglich intensiv andere Texte, sog. ,,Medientexte", z. B. in Form von Filmen, Videos, Radio, Computerspielen und Internetanwendungen. Gerade der Deutschunterricht böte von seinen Inhalten und Arbeitsformen Möglichkeiten für einen sehr problembezogenen und medial abwechslungsreichen Unterricht, wenn man erstens den engen Textbegriff auf Medientexte mit spezifischer Semiotik erweitert, zweitens die engen thematischen Vorgaben der Rahmen- oder Lehrpläne auflockert und drittens andere mediale Darstellungsformen zur Präsentation von Unterrichtsaufgaben zulässt und gleichberechtigt bewertet. Das bedeutet in keinem Fall, dass man Traditionen des Deutschunterrichts ersatzlos streicht oder aufgibt. Vielmehr geht es um eine sinnvolle Ergänzung bzw. um eine Erweiterung z.B. auch durch fachübergreifende Bezüge.

Dass man die „Blechtrommel" von Grass im Deutschunterricht auch als Film rezipieren und unterrichtlich verhandeln kann, ist keine Neuheit, auch nicht, dass man Bezüge zum Geschichtsunterricht herstellt. Zumeist aber dient der Einsatz von Filmen im Deutschunterricht primär der Illustration oder Festigung von Inhalten, der Film als Medium mit seiner spezifischen Semiotik führt aber eine Randzonenexistenz und wird selten thematisiert. Gleiches gilt auch für andere Medien, vor allem den Computer, den man in der Fachdidaktik des Deutschunterrichts bisher noch wenig systematisch einbinden konnte. Als Mittel zum Recherchieren wird er genutzt und auch als Medium zur Präsentation von Unterrichtsergebnissen, selten aber thematisiert der Deutschunterricht ihn und das Internet als Unterrichtsgegenstand oder setzt sich mit den jeweiligen medienspezifischen Grenzen und Möglichkeiten auseinander.

Letzten Endes läuft der Deutschunterricht in der gymnasialen Oberstufe auf das Trainieren der beiden im Abitur abverlangten Aufgabenarten hinaus, die Analyse und die Erörterung. Dass Jugendliche nach dem dritten oder vierten Übungsdurchlauf das Interesse verlieren, erscheint angesichts dieser Statik verständlich. An dieser Tatsache ändern auch die sich in den Schulhalbjahren verändernden Inhalte und Gegenstände nichts, zumal die sehr stark gegenwartsorientierten Jugendlichen häufig kaum Zugänge zum tradierten Literaturkanon finden, weil ihnen historische Zusammenhänge wenig bekannt sind und sie sich dafür eigentlich auch nicht interessieren.

Solche und ähnliche Überlegungen bewegten die Deutschlehrer/innen der Voltaire-Gesamtschule im Bildungsprofil „Gesellschaft, Medien und Kommunikation", als sie sich für die Kombination einer an Themen orientierten medialen und einer fachübergreifenden bzw. interdisziplinären Öffnung des Deutschunterrichts entschieden. Aus diesem Grund übernimmt der Deutschunterricht im Bildungsprofil verschiedene Funktionen. So ist seine Rolle in Koordination mit dem Wahlgrundkurs „Medien und Kommunikation" z.B. die des Vorbereiters und Initiators einer medialen Auseinandersetzung (z.B. beim Medium Print), des Begleiters und Mitgestalters (z.B. bei den Medien Film/Video, Multimedia) oder er profitiert von in anderen Fachdisziplinen vermitteltem Wissen (z.B. Multimedia, Internet). Als Grundlage dafür, wie sich der Deutschunterricht jeweils kooperierend in das Bildungsprofil einbringt, dienen jeweils die inhaltlich-thematischen Vorgaben des gültigen Rahmenplanes für das Fach Deutsch. Diese wurden hinsichtlich ihrer inhaltlichen und thematischen Tauglichkeit für eine andere als die traditionelle printmediale Auseinandersetzung geprüft.

Innerhalb der Fächer des Bildungsprofils übernimmt der Deutschunterricht die klassische Rolle des Spracherwerbs, der Sprachanwendung und -pflege, delegiert aber auch traditionelle Elemente der Herausbildung kommunikativer Kompetenzen an andere Unterrichtsfächer. Die von den Rahmen- bzw. Lehrplänen des Faches geforderten Inhalte und Kompetenzen werden in Korrelation zum Bildungsprofil, also den anderen daran beteiligten Fachdisziplinen geplant, ohne dass die inhaltlichen Vorgaben des Lehrplanes für Deutsch dadurch beeinträchtigt werden. Mitunter ermöglicht gerade ein anderer medialer Zugang zu einem traditionellen Thema des Deutschunterrichts ein tieferes (Medien-)Textverständnis. Leider findet das im Zusammenhang mit der Abiturprüfung im Fach Deutsch derzeit noch keine Berücksichtigung, denn hier werden traditionell verschriftlichte Texte abverlangt. Aber auch das lernen die Jugendlichen im medienintegrativen Bildungsprofil.

4. Literaturgeschichte als Zeitung - Ein Unterrichtsbeispiel

Der Deutschunterricht bringt sich inhaltlich und didaktisch- methodisch sehr variabel und flexibel in allen Schulhalbjahren des Bildungsprofils „Gesellschaft, Medien und Kommunikation" ein und zeigt sich offen für alle Medien.

Prämisse der Integration anderer Medien in den Deutschunterricht ist die Zweckdienlichkeit für das jeweilige Erkenntnisinteresse einer unterrichtlichen Thematik. Medien sind im Deutschunterricht generell entweder Ausgangs-, Mittel- oder Endpunkt einer Unterrichtsreihe. Sie dienen u.a. als Rezeptions- bzw. Kommunikationsanlass, als Verhandlungs- bzw. Untersuchungsgegenstand, als Vergleichs- bzw. Diskussionsobjekt oder als zu produzierendes Unterrichtsergebnis.

Über Methodenwechsel und den flexiblen Einsatz verschiedener Medien wird beispielsweise die Identifikation der Schüler/innen mit dem Unterrichtsgegenstand erhöht, und verhandelte Themen können tiefgründiger untersucht werden bzw. nachhaltiger wirken. Dies ist eine der zentralen Erfahrungen, die in der Modellphase nicht nur im Deutschunterricht gesammelt wurde.

Das nachfolgende Beispiel aus dem Schulhalbjahr 11/II soll verdeutlichen, wie die medienintegrative Zusammenarbeit im Bildungsprofil funktioniert, vor allem wie das Fach Deutsch einbezogen wird. Das Beispiel stellt eine von vielen möglichen Verbindungen zwischen dem Medium Zeitung und dem Deutschunterricht der Sekundarstufe II dar. Thematisiert wird ein literaturgeschichtliches Problem, das auch mit der herkömmlichen traditionellen Rezeption fachwissenschaftlicher Texte und Quellenliteratur erschlossen werden könnte. Aber erfahrungsgemäß können die Schüler/innen zu diesen Texten selten eine identifikatorische Haltung aufbauen, weil sich die unterrichtliche Auseinandersetzung in der Regel auf das Rezipieren und Analysieren von Texten sowie die Präsentation und Diskussion der zumeist handschriftlich fixierten Untersuchungsergebnisse beschränkt. Nur selten gelingt es auf diesem Wege die Schüler/innen über ihre subjektive Befindlichkeit für literarische Texte zu sensibilisieren. Dafür sind sie erfahrungsgemäß zu „verschult", d.h., sie arbeiten die ihnen vorgelegten Texte nach trainierten ´Algorithmen´ statisch ab, bringen dabei aber nur sehr selten überzeugend ihre subjektiven Erfahrungen mit ein, und das gerade auch, weil sie sich weder mit den Aufgaben noch mit den dazugehörigen Texten identifizieren.

Unter dem übergeordneten Thema „Literaturgeschichte als Zeitung"[5] erlernen die Schüler/innen in Kooperation des Deutschunterrichts mit dem Wahlgrundkurs „Medien und Kommunikation" Grundlagen journalistischen Darstellens und erhalten am Beispiel von Georg Büchners „Woyzeck" einen Einblick in die vielschichtigen Zusammenhänge zwischen literarischen Texten und kontextualen Bedingungen der Wirklichkeit.

Während im Rahmen des Deutschunterrichts Büchners Dramenfragment zunächst als Ausgangs- und Endpunkt literarhistorischer Detailuntersuchungen zur Stoff- bzw. Motivgeschichte analysiert wird, untersucht der Kurs „Medien und Kommunikation" Aspekte der Geschichte, des Aufbaus, der Funktion und der Darstellungsformen von Zeitungen und Zeitschriften. Gemeinsam wird dann eine Kommunikationssituation konstruiert, in der sich die Schüler/innen in die Rolle eines zeitgenössischen Journalisten zur Zeit Georg Büchners versetzen müssen, der den historischen Kriminalfall „Woyzeck" auf der Seite einer Zeitung des 19. Jahrhunderts darstellen und gestalten soll. Unterrichtsorganisatorisch werden über einen Zeitraum von ca. drei Wochen die Stunden des Kurses „Medien und Kommunikation" und die des Faches Deutsch zu einem Stundenpool zusammengefasst, in dessen Rahmen das Zeitungsprojekt in Form von Gruppenarbeit realisiert wird. Dazu müssen die Schüler/innen zunächst recherchieren, dann auf der Grundlage der ausgewählten historischen Quellen Berichte, Kommentare, biographische Texte und Quellenkritiken verfassen. Bei der Produktion dieser verschiedenen journalistischen Darstellungsformen handelt es sich um vergleichbar komplexe Sprachhandlungen, wie es traditionell auch die Analyse, Interpretation oder Erörterung darstellen. Und die Schüler/innen müssen, bevor sie ihre journalistischen Texte verfassen, tatsächlich analysieren, diskutieren, erörtern und werten, allerdings anders motiviert und kontextual anders eingebunden, nämlich als zeitgenössische Journalisten und nicht als Schüler/innen, die didaktisch-methodisch häufig sehr monoton eine Analyse oder Erörterung zu verfassen haben. Auf diesem Wege entsteht bei den Schüler/innen eine erhöhte Sinnhaftigkeit der Textproduktion. Nicht wie sonst müssen sie den einem Quelltext eingeschriebenen Sinn zu entschlüsseln suchen, sondern kreativ kommentierende Texte verfassen. Das löst teilweise das Problem, dass aus der Perspektive der Schüler/innen betrachtet in der Regel der Lehrer über die richtige Lesart oder den richtigen „Quellcode" verfügt und dieses „Monopol" leider kaum zur Disposition stellt.

In der abschließenden Präsentationsphase werden dann die Zeitungsseiten als Projektergebnisse im Rahmen der Lerngruppe vorgestellt, diskutiert und bewertet, wobei in der Präsentation neben Aspekten der medialen Entscheidungen bzw. Gestaltung vor allem Wert auf die in den jeweiligen Zeitungsseiten dargestellten Inhalte und deren formale Gestaltung gelegt wird. Gegenstand der Bewertung sind die Zeitungsseite als komplexes Medienprodukt (Korrespondenz von Inhalt und Form), das Verhältnis von intendierter und tatsächlicher Wirkung und die in der Präsentation offenbarte kommunikative Kompetenz.

Während traditionell Unterrichtseinheiten mit Leistungskontrollen oder Klausuren abgeschlossen werden, erfolgt hier die Lernzielkontrolle über das erstellte Me-

5 Diese Idee geht auf die Zeitung „Die Welt" zurück, in der im Milleniumsjahr für jedes Jahrhundert menschlicher Geschichte <u>eine</u> Zeitungs(Titel)seite entworfen und veröffentlicht wurde. Diese Idee wurde inhaltlich und formal aufgegriffen und mündete in Zeitungsseiten zu literargeschichtlichen Problemen oder zu literarischen Texten.

dienprodukt als komplexe Darstellungsleistung, die verschiedene Kompetenzen abverlangt und ihre Entsprechung in der Bewertung finden müssen.

Diese Herangehensweise an eine literarhistorische Problematik erscheint auf den ersten Blick als zeitaufwendiger „Umweg", aber das Nutzen journalistischer Darstellungsformen für die Erarbeitung von Unterrichtsstoffen befördert zum einen die Kreativität, zum anderen erhöht es die Tiefgründigkeit bzw. Intensität der Auseinandersetzung. Vor allem wird bei den Schüler/inne/n deutlich, dass sie veränderte Zugänge zu literarischen Themen und Texten begrüßen und sie als Herausforderung annehmen. Das schließt kritische Schülerstimmen nicht aus. Sie monieren auch bei dieser Herangehensweise, dass sie als Vorleistung der Textproduktion Texte analysieren und „zerpflücken" müssen. Letztgenanntes Problem relativierte sich aber z.T. dadurch, dass sie nicht eine „stupide" Inhaltszusammenfassung oder Textanalyse zu verfassen haben, wie sie es traditionell in der gymnasialen Oberstufe erfahren. Auch wenn wiederum geschriebene oder printmediale Texte entstehen, entspricht das Versetzen in eine anders geortete Kommunikationssituation viel eher dem Spielcharakter von Literatur. Und was sich angesichts der festen Rahmenplanvorgaben oberflächlich betrachtet als zu aufwendige Spielerei mit Themen und Texten darstellt, offenbart sich perspektivisch für die Schüler/innen als eine Form der Sensibilisierung für literarische Texte und Probleme. So erscheint die Vermittlung anderer Zugänge zu literarischen Texten letztlich als äußerst produktiv für die Motivation und eine gezielte Entwicklung des Erkenntnisinteresses der Schüler/innen, zumal sie Projektunterricht als Veränderung statischer Lehr-Lern-Situationen dankbar aufnehmen, die Teamarbeit begrüßen und Eigenverantwortung übernehmen wollen. Dass sie in diesem Zusammenhang schrittweise und zunehmend sicherer lernen, eigene Problemlösungsstrategien zu entwerfen, ist intendiert und mündet in späteren Projekten darin, dass die Schüler/innen selbständiger werden, auch für verschlüsselte Texte nach Lesarten suchen und zunehmend die Lehrenden als Lernberater oder Moderatoren in Anspruch nehmen.

Ein offener, flexibler Deutschunterricht kollidiert bei solchen oder ähnlichen Medienprojekten auch nicht mit bestehenden Lehr- oder Rahmenplanvorgaben, denn die Schüler/innen führen eigentlich traditionelle Sprachhandlungen aus, die allerdings durch andere mediale Abbildungsformen erweitert, also auch in anderen als den herkömmlich handschriftlich verfertigten Texten dargestellt werden können.

Mit dem geschilderten Zeitungsprojekt kommt man dem Spielcharakter von Literatur sehr nahe, indem die Schüler/innen als „zeitgenössische Journalisten" ganz einfach „mitspielen", die Fiktion eines literarischen Textes kurzzeitig vergessen und sich per Interview z.B. mit dem Autor, dem Erzähler oder einer literarischen Figur gedanklich „unterhalten", um Handlungsmotive herauszufiltern, denn Autoren anspruchsvoller Literatur gestalten ihre Figuren in der Regel als sehr widersprüchliche Charaktere, weshalb sie sich einer eindeutigen Lesart und Wertung häufig entziehen.

Obwohl mit der hier beschriebenen „Spielerei" derzeit kein Abitur im Fach Deutsch absolviert werden kann, werden beim Zeitungsprojekt Denk- und Lernprozesse initiiert, die in der modernen Mediengesellschaft im Umgang mit Literatur so nicht mehr selbstverständlich sind, denn statt reiner Unterhaltung, statt blanker Information oder nervendem Analysezwang intendiert das Zeitungsprojekt Auseinandersetzung, kritisches Hinterfragen, verweilende Rückbesinnung und vor allem auch kreatives Gestalten in einer schwer durchschaubaren „Sinnenflut" massenmedialer Signale und Verführungen.

Es ist und bleibt sehr wohl eine zentrale Aufgabe des Deutschunterrichts gerade auch der gymnasialen Oberstufe sich mit den Funktions- und Wirkungsmechanismen des Zeitungswesens auseinander zu setzen. Dabei geht es neben der Beförderung von Medienkompetenz immer auch darum, ein Bewusstsein für Sprachhandlungen bzw. die „Macht der Sprache" zu entwickeln.

Fazit: Der Deutschunterricht im Bildungsprofil „Gesellschaft, Medien und Kommunikation" versucht über den medienintegrativen Ansatz alternative bzw. modifizierte Zugänge zu konstruieren, die die Schüler/innen als Adressaten in veränderte kommunikative Situationen versetzen. Auf dieser Grundlage setzen sie sich dann mit einem Problem auseinander, wobei durch das Aufbrechen traditioneller Aufgabenstellungen und durch ein Versetzen in einen anderen Situations-, Zeit- oder Verstehenskontext zumindest die Möglichkeit besteht alternative Zugänge zu ermöglichen, in denen die Schüler/innen sich zunehmend als selbstbewusste „Produzenten" mit einkalkulierter Produktionsfreiheit wiederfinden. Projekte in anderen Schulhalbjahren des Bildungsprofils verlangen vom Deutschunterricht phasenweise, dass er das traditionelle Medium Print verlässt und sich auditiven, audiovisuellen oder neuen Medien zuwendet. Hier werden dann nicht nur andere Medien rezipiert und analysiert, sondern sie entwickeln sich zu einer alternativen Darstellungsform für die sonst schriftlich angefertigten Texte. Dabei nutzen die Schüler/innen bewusst die semiotischen Eigenheiten eines anderen Mediums zur Artikulation ihrer Sicht auf ein Problem oder Thema. Solche anderen medialen Umsetzungen, die auch durch den Deutschunterricht befördert werden, sind z.B. Klangcollagen zu Gedichten oder auditive Texte zu Orwells Neusprache aus dem Roman „1984". Und warum soll man in diesem Zusammenhang nicht auch schon vorhandene literarische Texte nutzen und sie nach den Regeln der Orwellschen Neusprache übersetzen? Richtig wirksam wird das aber eigentlich erst dann, wenn man diese Texte oder die Neusprache auch hört. Und wo, wenn nicht im Deutschunterricht, hört man auch auf die Wirkung von Sprache?

Die Möglichkeiten für mediale Flexibilität im Deutschunterricht sind vielfältig. Allerdings muss den Schüler/innen der Entfaltungsrahmen durch z.B. medial offene Fragestellungen bzw. Aufgaben geboten werden.

5. Medienintegration und Schulentwicklung

Auf verschiedenen Ebenen des Schullebens der Voltaire-Gesamtschule wirkte sich das Modellprojekt nachhaltig aus.

Institutionell betrachtet bewirkte die Einführung des Bildungsprofils mit der systematischen Integration von Medien als ideelles Zentrum eine schulinterne und außerschulische Öffnung.

Mit dem Modellprojekt wurde schulintern eine Medienoffensive initiiert, die sich schrittweise zum spezifischen Schulprofil entwickelte und auch die Anwahl der Schule durch Schüler/innen bis heute positiv beeinflusst. Mittlerweile finden in nahezu allen Fachdisziplinen der Sekundarstufe II traditionelle und neue Medien Eingang in den Unterricht – und das nicht nur zur Illustration von Unterrichtsgegenständen, sondern als alternative Darstellungsform mit einer medienspezifischen Semiotik, die mit Blick auf die jeweilige Sinnkonstituierung thematisiert wird. Derzeit wird auch ein Transfer des Medienkonzepts der gymnasialen Oberstufe in die Sekundarstufe I diskutiert. Anders als vor Einführung des Bildungsprofils werden traditionelle und neue Medien jetzt in ihrer Funktion und Wirkung zum Gegenstand aktueller Lernprozesse, vor allem – und das scheint einen Teil der Qualität moderner Schule auszumachen – lösen sie Lernprozesse aus, die traditionell so im Unterricht der Sekundarstufe II nicht stattgefunden hätten.

Die Einführung des Bildungsprofils erbrachte auf der pragmatisch-inhaltlichen Ebene eine lerngegenstandsbezogene Perspektiverweiterung, die verschiedene Zugänge nicht nur ermöglicht, sondern erfordert. Dadurch wurde es notwendig, dass der traditionelle Fächerkanon zu Gunsten von Interdisziplinarität oder fachübergreifenden Ansätzen aufgebrochen werden musste. Das bedeutet nicht automatisch ein unkritisches Aufgeben des traditionell zu erwerbenden Kanons an Wissen bzw. Fähigkeiten und Fertigkeiten. Vielmehr geht es um ein kritisches Prüfen, partielles Verwerfen von Unterrichtstraditionen, aber eigentlich auch um eine Erweiterung von Wissen, Fähigkeiten und Fertigkeiten z.B. im Umgang mit Medien, also um eine systematische Beförderung von Medienkompetenz, wie sie die außerschulische Praxis vielfach stillschweigend voraussetzt. Auf der didaktisch-methodischen Ebene wurden klassische Lehr-Lern-Situationen vielfach durchbrochen und münden in eine Kultur des offenen Unterrichts. Vor allem distanzierten sich die Lehrer/innen von einem Primat des lehrerzentrierten Unterrichtens und kultivierten stattdessen über eine verstärkte Problem- und Handlungsorientierung andere Sozialformen wie Gruppen- oder Projektarbeit. Heute wird in vielen Unterrichtsprozessen das traditionelle „Lehrerdiktat" durch eine zunehmende Schüleremanzipation ergänzt und relativiert. Insgesamt führte die Einführung des Bildungsprofils an der Voltaire-Gesamtschule zur Entwicklung einer neuen Lernkultur, weil das Potential des Medieneinsatzes bewusst dafür genutzt wurde.

Auf Antrag der Voltaire-Gesamtschule in Potsdam wurde vom zuständigen Bildungsministerium der Kurs „Medien und Kommunikation" von einem zusätzlichen Wahlgrundkurs in einen ordentlichen Grundkurs des Aufgabenfeldes II umgewandelt, wodurch er für die Schüler/innen bei der Anwahl einen anderen Anrechnungsstatus für das Abitur erhält, ohne selbst Prüfungsfach sein zu können.

Insgesamt ist die Anwahl des Grundkurses ,,Medien und Kommunikation" sehr groß, und das Angebot spricht auch viele Mädchen an, da es assoziiert wird mit kreativer, inhaltlicher und anwendungsbezogener Auseinandersetzung mit Medien.

Die Auswirkung auf die Schule insgesamt sind bisher an der Pilotschule am deutlichsten.[6] Hier hat sich das oben beschriebene medienorientierte Bildungsprofil fest etabliert, sodass schulprogrammatisch die ganzheitliche Entwicklung medialer und kommunikativer Kompetenzen als zentrale Zielsetzung immer mehr in den Mittelpunkt rückt.

Als vorläufiges Ergebnis des Modellprojekts MuK insgesamt zeigt sich, dass Lernen mit Medien eine andere Lernkultur an einer Schule initiieren oder fördern kann. Die Potenziale des Medieneinsatzes jedoch können ohne eine gleichzeitige Entwicklung einer anderen Lernkultur nicht angemessen ausgeschöpft werden.[7]

6 Neben der Voltaire-Gesamtschule beteiligten sich noch fünf weitere brandenburgische Schulen unterschiedlicher Schulform mit ihrem gymnasialen Ausbildungszweig am Modellprojekt. Auch hier wurde von der Installation eines zusätzlichen Kurses „Medien und Kommunikation" als Schnittstelle für eine systematische Einbeziehung traditioneller und neuer Medien in den Unterricht verschiedener Fächer ausgegangen und es liegen ähnliche Erfahrungen wie an der Pilotschule vor. Mit Ausnahme eines beteiligten Oberstufenzentrums, das eigentlich zum Sektor berufliche Bildung gehört und auch über einen anderen Fächerkanon verfügt, setzen diese Schulen den von ihnen beschrittenen Weg der Medienintegration fort.

7 Vgl. dazu ausführlich: Hirschle, Thomas/ Michael Kaden / Waltraut Kerber-Ganse / Lothar Wolf (Hrsg.): Medien und Kommunikation – Erfahrungen in der gymnasialen Oberstufe", München 2003.

Adalbert Wichert/ Joachim Pfeiffer/ Michael Staiger (Freiburg) **Das Forschungsprojekt „Virtuelle Lehr-/Lernformen in deutschdidaktischen Seminaren"** Ein Projekt der Pädagogischen Hochschule Freiburg

Das Projekt „Virtuelle Lehr-/Lernformen in deutschdidaktischen Seminaren" wurde von 1998 bis 2003 am Institut für deutsche Sprache und Literatur der Pädagogischen Freiburg durchgeführt. Es war Teil des Verbundes „Virtualisierung im Bildungsbereich" von weiteren Projekten an Pädagogischen Hochschulen, der im Rahmen des Förderprogramms „Virtuelle Hochschule" vom Land Baden-Württemberg gefördert wurde.

Förderprogramm „Virtuelle Hochschule"[1]

Im Rahmen seiner „Zukunftsoffensive Junge Generation" initiierte das Land Baden-Württemberg 1998 ein Förderprogramm „Virtuelle Hochschule", das insgesamt mit ca. 25 Mio. Euro dotiert war. Beteiligt waren daran sechs Verbundprojekte, die über alle Hochschularten hinweg ein breites Fächerspektrum abdeckten. Das Programm zielte auf Entwicklung und Erprobung organisatorischer, technischer und didaktischer Aspekte der Virtualisierung von Hochschullehre. Ansatzpunkte waren unter anderem die flexiblere Gestaltung des Studienalltags, eine effektivere und internationalere Ausbildung der Studierenden und die Stärkung der Wettbewerbsposition der Hochschulen. Insgesamt stand die nachhaltige Verbesserung der Qualität von Lehr-/Lernprozessen im Zentrum.

Verbundprojekt „Virtualisierung im Bildungsbereich"[2]

Im Förderprogramm „Virtuelle Hochschule" waren die Pädagogischen Hochschulen Baden-Württembergs mit dem Verbundprojekt „Virtualisierung im Bildungsbereich" (VIB) vertreten. Hier wurden die Möglichkeiten und Auswirkungen erforscht, die der Einsatz von neuen Medien im Hochschulbereich mit sich bringt. Die acht Teilprojekte erarbeiteten einerseits Studienumgebungen zur Förderung des selbstgesteuerten, medienunterstützten Lernens und andererseits Seminarkonzepte, die virtuelle Darstellungs- und Kommunikationsformen einbeziehen. Für die Konzeptualisierung und didaktische Fundierung dieses Prozesses sehen sich die Pädagogischen Hochschulen in besonderer Weise qualifiziert.

Ziele des Verbundprojekts waren die Förderung der Medienkompetenz von Lehrenden und Studierenden, die Entwicklung didaktischer Konzepte zur Anreicherung der Lehre mit virtuellen Elementen und der Aufbau eines medial gestützten Kommunikationssystems zur Kooperation der Pädagogischen Hochschulen untereinander und mit anderen Hochschulen.

Adressaten des Projekts waren in erster Linie Lehrende an den Hochschulen. Denn eine bloße Verbesserung der technischen Infrastruktur hat nicht automatisch eine didaktisch sinnvolle Ergänzung der Lehre durch die neuen Techniken zur Folge. Eine zweite Zielgruppe waren die Stu-

1 Vgl. <http://www.virtuelle-hochschule.de>

2 Vgl. <http://www.vib-bw.de>

dierenden in den internetgestützten Lehrveranstaltungen. Für die Entwicklung einer veränderten Lehr- und Lernkultur in den Schulen ist es unbedingt notwendig, Studierenden derart veränderte neue Lernerlebnisse zu ermöglichen, damit sie später als Lehrende diese Techniken selbst produktiv nutzen können.

Teilprojekt „Virtuelle Lehr-/Lernformen in deutschdidaktischen Seminaren"[3]

Am Institut für deutsche Sprache und Literatur der Pädagogischen Hochschule Freiburg wurde während der gesamten Laufzeit des Förderprogramms das Teilprojekt „Virtuelle Lehr-/Lernformen in deutschdidaktischen Seminaren" durchgeführt (http://www.vib-bw.de/tp8/index.htm). Das Projekt hatte sich als Ziel und Aufgabe gesetzt, die Text- bzw. Kommunikationsformen, die die computerbasierten Medien mit Hypertext und Newsgroups bzw. Diskussionsforen zur Verfügung stellen, für Seminare im Bereich der Sprach- und Literaturdidaktik nutzbar zu machen und hierzu hochschuldidaktische Konzepte zu entwerfen. Diese sich entwickelnde Form der medialen Kommunikation nähert sich an die Beweglichkeit und Reaktionsschnelligkeit der mündlichen Kommunikation an, zugleich werden aber die Kommunikationsinhalte gespeichert und können daher Gegenstand weiterer Reflexion in erneuten mündlichen oder schriftlichen Gesprächen sein. Die Verbindung zweier Kommunikationsebenen – der Gespräche im Präsenzseminar (face-to-face) und der medialen Kommunikation (E-Mails, Newsgroup bzw. Diskussionsforum) – ermöglicht die gegenseitige Reflexion beider Ebenen und schafft so eine neue Qualität von Seminarkommunikation. Die Strukturierung und Präsentation von Arbeitsergebnissen im Hypertext, die Vernetzung dieser Ergebnisse und die begleitende Internet-Kommunikation führen dabei zu neuen Formen von handlungs- und projektorientierten Seminaren, die zugleich Prozesse der Wissensaneignung und -vermittlung reflektieren.

Projektziele

Das zentrale Projektziel, die Entwicklung einer Didaktik der fachspezifischen Nutzung digitaler Medien im Bereich der deutschen Sprache und Literatur, beinhaltete mehrere Bezugsebenen. Neben dem deutschdidaktischen Ziel der Erforschung von Prozessen der Vermittlung sprachlicher und literarischer Kompetenzen, wurde aus mediendidaktischer Perspektive nach den Spezifika medialer Kommunikationsprozesse in Lehr-/Lernzusammenhängen gefragt. Auf hochschuldidaktischer Ebene standen Fragen nach sinnvollen Lehr-/Lernarrangements, z.B. im Hinblick auf die Kombinati-

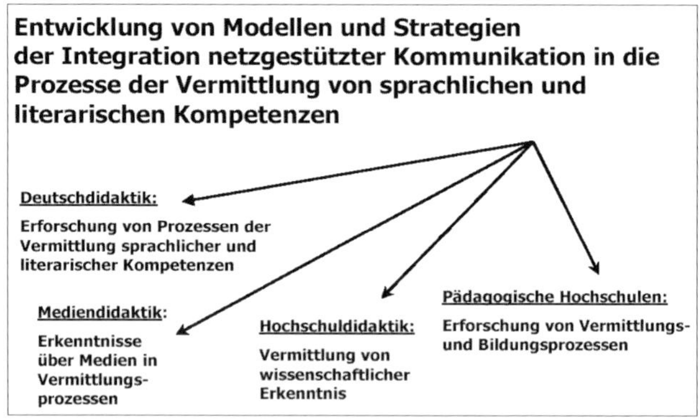

Abb. 1: Ziele des Teilprojekts

3 Vgl. <http://www.vib-bw.de/tp22>

on von Präsenzlehre und virtuellen Komponenten (Blended Learning) sowie nach Formen der Vermittlung wissenschaftlicher Erkenntnisse im Vordergrund. Schließlich positionierte sich das Teilprojekt im allgemeinen Forschungskontext der Pädagogischen Hochschulen, in dem grundsätzlich die Erforschung von Vermittlungs- und Bildungsprozessen im Zentrum steht.

Projektverlauf

Die zu Beginn der Projektarbeit stehenden Erfahrungen und Ergebnisse aus dem Pilotseminar „Interpretationen von Kurzprosa" (WS 98/99) zeigten, dass die für den Austausch individueller Leseerfahrungen nötigen Software-Tools zur Kommentierung und Annotation von Texten nicht in der erwünschten Form zur Verfügung standen und darum geeignete Formen im Umgang mit der üblichen Standardsoftware gefunden werden mussten. Formen rezeptiver und produktiver Aneignung neuer Textsorten und literarischer Experimente, wie sie Hypertext und World Wide Web ermöglichen, wurden im Hauptseminar „Lesen im Internet" (SoSe 99 und WS 02/03) erprobt. Die detaillierte Auswertung der E-Mail-Kommunikation im Hauptseminar „Kafka im Hypertext" (SoSe 99) zeigte, dass Intensität und Qualität der Beiträge Studierender wesentlich von den gegebenen technischen Voraussetzungen abhängen. Studierende, die einen Internetanschluss zu Hause nutzen können, bringen sich intensiver ein und liefern qualitativ hochwertigere Beiträge als Studierende, die auf die Computerarbeitsplätze im Rechenzentrum der Hochschule angewiesen sind. Diese Erfahrungen gingen in die Konzeption von zwei parallelen Hauptseminaren zum Thema „Workshop Literaturgeschichte I" (SoSe 2000) ein. Die Arbeit der Seminargruppe, aufbauend auf den erprobten Techniken der vorausgehenden Seminare, mündete in das gemeinsame Endprodukt eines literarhistorischen Hypertextes, der arbeitsteilig in Kleingruppen zu einzelnen Epochen der Literaturgeschichte entstand. Diese beiden parallelen Seminare hatten experimentellen Charakter, mit dem Ziel, eine Konzeption für parallele Seminare an unterschiedlichen Hochschulstandorten zu entwickeln. Die Fortführung des „Workshops Literaturgeschichte" fand im SoSe 2001 in Kooperation mit der Pädagogischen Hochschule Ludwigsburg statt (vgl. Abb. 2).
Zur Unterstützung der Kommunikation wurden zusätzlich zur Newsgroup zwei Chats zwischen den Seminargruppen durchgeführt. Die Seminare sollten in ihrem Ablauf und in ihrer Kommunikationsstruktur transparent füreinander sein (durch Sitzungs-Protokolle und Kurzfeedback nach jeder Sitzung) und Kommunikationsmöglichkeiten untereinander bereitstellen. Im Hauptseminar „Aspekte der Textlinguistik – Text, Hypertext, Intertext" (WS 2000/01) wurde versucht, gemeinsam einen einführenden Hypertext zum Phänomen „Hypertext" zu erstellen. Die Studierenden gestalteten ihre Seiten hierbei nach bestimmten Vorgaben mit Hilfe des Netscape Composers. In den folgenden Semestern standen Bemühungen im Zentrum, die bislang entwickelten und in den Projektseminaren erprobten virtuellen Komponenten als elementaren Bestandteil auch in solchen Lehrveranstaltungen zu etablieren, die thematisch nicht auf neue Medien bezogen sind oder sie „nur" dienend einbeziehen, z.B. „Einführung in die Literaturpsychologie" (Pfeiffer), „Schreiberziehung in der Realschule" (Wichert), „Eyes Wide Open – Zugänge zu audiovisuellen Medientexten" (Staiger/Huber), „Medienkultur und Deutschdidaktik" (Staiger) und „Sprachdidaktik im Internet" (Wichert). Eine weitere Stufe wird erreicht, wenn das Reflektieren der Medien zum Reflektieren fachspezifischer Grundlagen führt, etwa im Hauptseminar „Textbegriff und neue Medien" (Wichert). Auf diese Weise wurden die veränderten Kommunikations- und Ar-

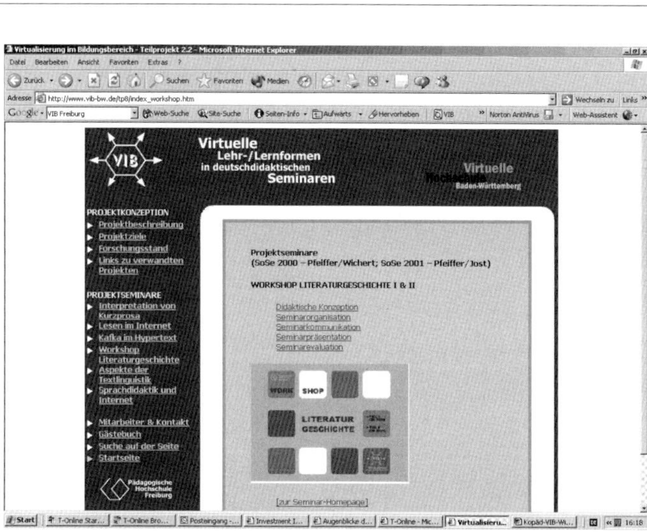

Abb. 2

beitsformen allen Studierenden des Faches näher gebracht und nicht nur jenen, die sich ohnehin bereits für Computer und Medien interessierten. Inzwischen werden die im Teilprojekt entwickelten Seminarkonzeptionen von immer mehr Dozierenden an der Hochschule regelmäßig eingesetzt und sind damit für das Hauptstudium auf einer anspruchsvolleren Ebene nutzbar.

Ergebnisse und didaktischer Mehrwert

Insgesamt lässt sich durch den Einsatz der netzbasierten Kommunikation in den Lehrveranstaltungen eine Intensivierung der sozialen Kontakte feststellen, da sich die Seminargruppe durch die zusätzliche Kommunikation und die persönliche Vorstellung im Internet besser kennen lernt. Außerdem bekommen die Lehrenden in den internetgestützten Seminaren Einblick in die Kommunikationsstrukturen der Seminargruppe und in die emotionale Befindlichkeit der Studierenden. Insgesamt besteht eine sehr hohe Transparenz der Arbeitsprozesse und die Dozierenden erhalten einen besseren Einblick in die Leistungen der einzelnen Studierenden, was sich in „normalen" Seminaren weitaus undifferenzierter darstellt. Die seminarbegleitende Evaluation, z.B. über One-Minute-Papers per E-Mail nach jeder Seminarsitzung, gewährleistet ein dauerndes Feedback der Seminarteilnehmenden und ermöglicht somit eine flexiblere Planung und eine bessere Teilnehmerorientierung.

Evaluation

Das Teilprojekt hat zur Evaluation informelle Beurteilungen durch die beteiligten Lehrenden und Befragungen der Studierenden (Fragebögen, Seminartagebücher, Interviews) durchgeführt, die zeigten, dass die virtuellen Seminare eine starke Motivationskraft hatten und Reflexionsprozesse (intensives Nachdenken, positive Selbstlerneffekte, Diskussionen) auch in didaktischer Hinsicht unterstützten. Die Kommunikation der Studierenden mit den Dozenten war intensiver als im traditionellen Seminar. Allerdings wurde sowohl von der Seite der Studierenden wie von den Lehrenden der deutlich größere Arbeitsaufwand im Vergleich zu traditionellen Seminaren betont.

Thomas Möbius (Heidelberg) **Hochschullehre online - das Projekt „Virtuelle Lernumgebung: ‚Basiswissen für die Deutschlehrerausbildung'"**

1. Zielsetzungen

Das seit 1998 vom Ministerium für Wissenschaft, Forschung und Kunst Baden-Württemberg geförderte landesweite Projekt „Virtualisierung im Bildungsbereich" untersucht die Verknüpfung jeweils fachtypischer Arbeitsweisen mit medienspezifischen Gebrauchsformen in der Hochschullehre. Das an der Pädagogischen Hochschule Heidelberg unter der Leitung von Gerhard Härle angesiedelte Teilprojekt 1.1 „Virtuelle Lernumgebung: ‚Basiswissen für die Deutschlehrerausbildung'" (http://appserv2.ph-heidelberg.de/kwo/index.php) entwickelt Settings für die online-gestützte Vermittlung von didaktischem und methodischem Basiswissen speziell für die Grundstudiumsphase im Fach Deutsch. Zentrale Forschungsanliegen des Teilprojektes sind einerseits die systematische Erprobung verschiedener Nutzungsmodelle von Online-Anwendungen im Lichte ihrer jeweiligen fachspezifischen Fragestellungen und andererseits die didaktische Reflexion und Bewertung von Konzeption und Ertrag. Einbezogen waren auch Fragen nach der möglichen Veränderung nicht nur der Lernformen, sondern auch der Lerninhalte durch die neuen Medien, deren Bedeutung für die Gegenstände des Faches Deutsch noch nicht annähernd erschlossen ist. Dabei werden unter Beteiligung von Sprachwissenschaft und -didaktik, Literaturwissenschaft und -didaktik, Medientheorie und -didaktik Modelle für den Einsatz netzgestützter Computeranwendungen im Rahmen des Deutschstudiums entwickelt, die vorwiegend in Seminarveranstaltungen eingesetzt werden, aber zum Teil auch für die Nutzung im Selbststudium geeignet sind. Im Kontext dieser Module werden die Veränderungen von Sprache und Literatur in computer- und webgestützter Kommunikation nicht nur reflektiert, sondern auch gestaltet und erfahrbar gemacht; gleichzeitig werden fachliche Methoden- und Medienkompetenzen vermittelt, da Studierende die Arbeit am Computer (Lesen, Schreiben, Recherchieren, Gestalten) beherrschen lernen und didaktisch bewerten können.

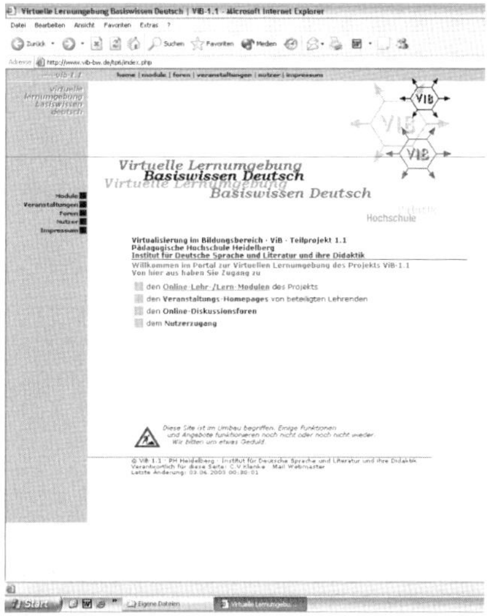

Abb.1: Die Startseite des VIB 1.1-Projektes

Während des Zeitraums der beiden Projektförderungsphasen waren die Forschungsschwerpunkte unterschiedlich akzentuiert: Während in der ersten Projektphase (10/98 – 09/01) das Hauptaugenmerk auf der Erstellung webbasierter Lehr-

/Lernmodule lag, ging es in der zweiten Phase (10/01 – 09/03) um die langfristige Implementierung virtueller Elemente in das Angebot des Faches und um die Realisierung der Architektur einer an konventionellen Lehr-/Lernplattformen orientierten Infrastruktur. Am Ende der zweiten Förderungsphase war die Arbeit vor allem auf die Sicherung der Nachhaltigkeit des Projektes durch eine hochschulindividuelle Lösung konzentriert.

2. Ergebnisse

Module

Am Ende des Förderungszeitraums liegen insgesamt acht fertige Module vor, die sich nach ihrem Öffnungsgrad einteilen lassen:

1. Die relativ geschlossenen Module sehen keine thematische, inhaltliche oder kommunikative Erweiterung durch Studierende vor, sind aber zum Teil mit zahlreichen interaktiven Elementen ausgestattet. Zu diesem Typ zählen die Module „Die Bedeutung sprachlicher Zeichen in der Semantik" (Wieland), „Erzähltextanalyse" (Gölitzer, Härle, Pingel), „Grammatik" (Wieland), „Konzeptionen des Rechtschreibunterrichts" (Huneke), „Neue Medien und Deutschdidaktik" (Gölitzer).
2. Relativ offene Module integrierten studentische Anregungen und werden von einem Online-Forum begleitet. Leistungsnachweise können beispielsweise durch kontinuierliche Arbeit im Modul erworben werden. Zu diesem Typ zählen die Module „Aufsatzdidaktik" (Vinçon), „Strukturmerkmale der deutschen Orthographie" (Huneke) und „Was ist Literatur?" (Gölitzer).

Am Beispiel des Moduls „Grammatik" (Wieland) soll kurz die Grundstruktur eines Typs erläutert werden: Die Startseite gibt einen

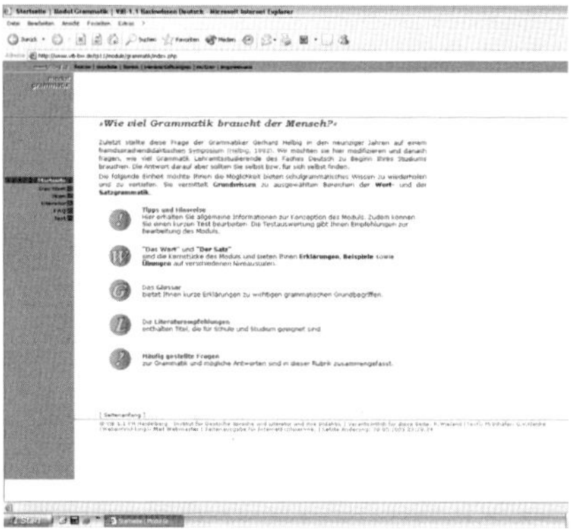

Abb.2: Die Startseite des Moduls „Grammatik" (Wieland)

vollständigen Überblick über die Inhalte der Lerneinheit.

Der eigentliche Grammatik-Lernstoff zu Wort und Satz wird in „wiederholende Informationen" und „vertiefende Informationen" eingeteilt. Das Lernangebot wird durch ein Glossar mit grammatischen Fachbegriffen, Literaturempfehlungen und eine FAQ-Seite komplettiert. Das Modul ist mit zahlreichen interaktiven Elementen ausgestattet, die vor allem in Form von in drei Schwierigkeitsstufen angelegten Übungen der Überprüfung des Wissensstands dienen. Sie haben tutoriellen Charakter und ermöglichen die orts- und zeitunabhängige vertiefende und / oder wiederholende Auseinandersetzung mit dem Lernbereich „Grammatik".

Neben den fertigen Modulen befinden sich weitere Module in der Phase der technischen Realisierung; zu diesen so genannten „Baustellen" gehören: „Aspekte von Medienkompetenz unter deutschdidaktischer Sicht" (Gölitzer), „Einführung in das literaturwissenschaftliche Interpretieren" (Frederking), „Sprache" (Haueis). Drei weitere Module werden zurzeit inhaltlich vorbereitet, und zwar: „Einführung in das wissenschaftliche Arbeiten" (Wieland/Möbius), „Variété der Sprache" (Steinig) und „Sprecherziehung" (Wagner).

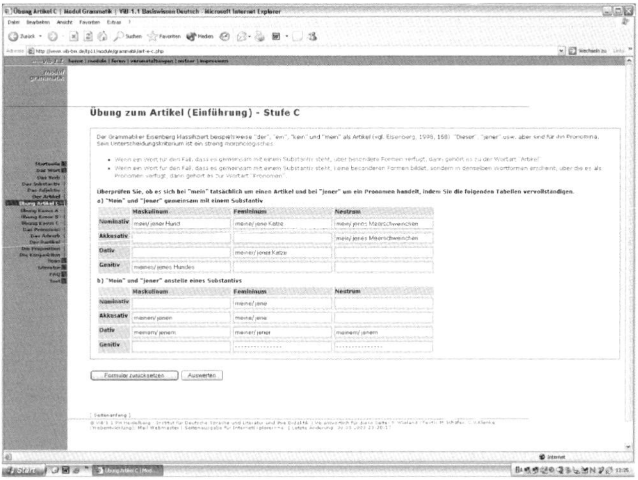

Abb.3: Beispiel für eine Übung der Schwierigkeitsstufe „C" des Moduls „Grammatik" (Wieland)

Das Forum wurde als zentrales, TP1.1 basiertes Kommunikationstool im Kontext der folgenden Seminarveranstaltungen genutzt: „Das Literarische Unterrichtsgespräch" (Härle), „Entwicklung computergestützter Arbeitsmittel und -formen für den Unterricht Deutsch als Fremdsprache" (Huneke), „Erstellung virtueller Lernumgebungen zum Bereich ‚Reflexion über Sprache'" (Huneke), „Kolloquium ‚Lesen' des Lesezentrums" (Rank/Jesch), „Kolloquium Fachdidaktik Deutsch auf dem Prüfstand" (Haueis/Böhmann/Pangh), „Kommunikation im Internet" (Steinig), „Lernen mit

Foren

Über die Bereitstellung von Lernmodulen hinaus bietet das TP 1.1 auch eine eigene Forumsstruktur als Möglichkeit zur wissenschaftlichen Kommunikation in Form eines asynchronen Kommunikationstools an.

Die webbasierte Forenarchitektur wurde gewählt, weil vor allem Studienanfänger mit erfahrungsgemäß geringen Computererfahrungen angesprochen werden sollen und weil eine Einführung in Newsclient-Software oder in webbasierte Usenet-Newsgroups zeitlich nicht leistbar ist. Außerdem lässt sich die webbasierte Architektur individuell an die Bedürfnisse des jeweiligen Seminars anpassen; die Forenarchitektur kann gleichfalls zur Erzeugung von Pinnwänden und Steckbriefen eingesetzt werden, wobei die Umwandlung einer Pinnwand in ein Forum im laufenden Betrieb gewährleistet ist. Um das Forum zu nutzen, loggen sich die Studierenden mit einem eigenem Benutzernamen ein; externe Teilnehmer können die eingestellten Beiträge über einen Gast-Zugang lesen.

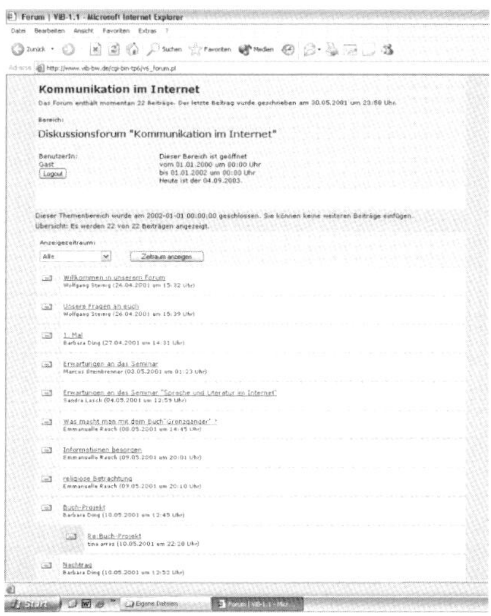

Abb.4: Das Forum als zentrales Kommunikationstool des ViB TP 1.1

Lesen und Symbolverstehen

neuen Medien im Unterricht Deutsch als Fremdsprache" (Huneke), „Literatur lesen" (Gölitzer), „Literatur und Medien für Kinder und Jugendliche" (Rank/ Moch), „Literaturdidaktik aktuell" (Härle), „Neue Medien im Sprachunterricht" (Huneke), „Neue Medien und Deutschdidaktik" (Gölitzer), „Nutzung neuer Medien im Deutschunterricht - produktionsorientierte Verfahren" (Huneke), „Schriftlichkeit und Schriftspracherwerb" (Huneke/Wieland), „Sprachlich-kulturelle Förderung von Kindern und Jugendlichen aus Zuwandererfamilien" (Wieland/Dietrich), „Sprachlich-kulturelle Förderung von Migrantenkindern und -jugendlichen" (Huneke/Dietrich), „Virtuelle Konferenz ´Literarische Kompetenz´" - Forum des FuN-Kollegs" (Gölitzer).

Als wesentlicher Vorteil von Foren, die im Rahmen von Seminarveranstaltungen eingesetzt werden, lassen sich als Zusatzgewinn die Schriftlichkeit sowie die Zeit- und Ortsunabhängigkeit gegenüber der üblichen face-to-face-Kommunikation festhalten. Pingel schränkt in seiner Untersuchung der TP 1.1-Foren allerdings ein, dass die Ergiebigkeit davon abhängig ist, dass die Nutzer die diskursive Erarbeitung von Wissen schätzen bzw. dass das Foren-Setting als Frage-Antwort-Dialog zwischen Ratsuchenden und Ratgebern gestaltet ist (*Pingel* 2003, 142-175).

Projekte

Über die Erarbeitung von modularen Lehr-/Lerneinheiten und die Bereitstellung von Kommunikationsstrukturen in Form von Foren hinaus einen Überblick über die Seminare, in denen Foren und Module verwendet wurden, gibt: http://www.ViB-bw.de/cgi-bin-tp6/index.pl?art=courses haben sich im Kontext des TP 1.1 Projekte entwickelt, die der Sicherung der Nachhaltigkeit dienen und die gleichzeitig den Bekanntheitsgrad erhöhen:

- Eine geeignete Notation für die didaktischen Modelle, ein so genanntes „Didaktisches Design-Pattern", ermöglicht die Übertragung und die leichtere Nutzbarmachung der Ergebnisse des ViB-Projektes.
- Mit mediendidaktischen Fragestellungen im Rahmen des ViB beschäftigte sich ein im Wintersemester 2001 veranstaltetes Kolloquium „Neue Medien und Deutschdidaktik", zu dem interne und externe Experten eingeladen wurden und das zur Grundlage einer Publikation wurde (vgl. *Gölitzer* 2003).
- Fruchtbar sind auch Kooperationen im Rahmen teilvirtueller Seminare mit anderen Hochschulen, und zwar mit der Pädagogischen Hochschule Cakovec (Möbius/Engler), mit der Universität Erlangen/Nürnberg (Steinig/Frederking) und mit dem Zentrum für wiss. Weiterbildung der Universität Ulm (Gölitzer).
- Im Jahre 2001 wurde das TP 1.1 zusammen mit acht weiteren Projekten aus insgesamt 158 Bewerbern für das Finale des Medida-Prix 2001 nominiert.
- Vom Projekt gingen auch wesentliche Anstöße für die Konzeption und Realisierung des gemeinsamen Mediendidaktischen Zentrums mit der Universität Heidelberg aus, in dem ein BA-/MA-Studiengang Mediendidaktik eingerichtet werden wird.

3. Technische Umsetzung

Das ViB-Projekt ist während des Förderungszeitraums auf einem eigenen Server an der PH Ludwigsburg mit einer Standard-LAMPP-Umgebung (Linux/Apache/MySQL/Perl/PHP) angesiedelt, innerhalb derer die Virtuelle Lernumgebung des Projektes Datenbank-basiert verwaltet werden kann: Die Lehr-/Lernmodule werden weitgehend als

(D)HTML- bzw. PHP-Seiten bereitgestellt, Benutzerverwaltung, Diskussionsforen, Modul- und Veranstaltungsadministration, Listenfunktionen (Glossar, Literatur etc.) sowie Administrationsoberflächliche sind in Perl, die (Nutzer-seitigen) Navigationsstrukturen in PHP realisiert. Alle über die grundlegende Servereinrichtung (incl. Mail) hinausgehenden Funktionen sind dabei selbst konzipiert worden.

Mit zunehmender Projektdauer wurde die Nachfrage nach einer Infrastruktur, die das selbstständige Einrichten von Seminaren bzw. Modulen erlaubt, immer größer. Auch die noch intensivere Nutzung der medienspezifischen Möglichkeiten, z.B. in Form interaktiver Elemente wie Online-Tests, entwickelte sich zu einem eingeforderten Desiderat der Autorinnen und Autoren. Dabei wurde schnell klar, dass angesichts der Begrenztheit der verfügbaren finanziellen Mittel keine Implementierung von Funktionalitäten professioneller Plattformen angestrebt werden konnte; statt dessen beschränkte man sich darauf, die Tools bereitzustellen, die im Seminaralltag der Hochschule auch tatsächlich gebraucht werden, um dadurch eine hohe Benutzernähe und Nachhaltigkeit zu sichern.

4. Perspektiven

Dringendstes Problem nach dem Ende der zweiten Förderungsphase ist die Realisierung des Umzuges vom bisherigen ViB-Server in Ludwigsburg auf einen fakultätseigenen Server in Heidelberg, dessen personelle Betreuung im Rahmen einer neu konturierten Mediendidaktik-Stelle gesichert werden konnte. Daneben wird der Schwerpunkt auf technischer Seite auf der Fortsetzung der Modellierung einer Infrastruktur liegen, die auch eine Integration weiterer medienspezifischer Funktionalitäten vorsieht. Auch wenn die Implementierung von Formen synchroner bzw. asynchroner Kommunikationsmittel wie Chat, audio-visuelle Konferenz, Document-Sharing, Whiteboard, Application-Sharing, Quickmessage, Dateiaustausch, Organizer, die die meisten kommerziellen Lehr-/Lernplattformen bieten, aus zeitlichen und finanziellen Gründen nicht realisierbar sein wird, so wird die virtuelle Begleitung der im Seminaralltag anfallenden Problemstellungen durch die zur Verfügung-Stellung einer geeigneten und erprobten Infrastruktur einen hohen Stellenwert einnehmen und eine zentrale Bedeutung bei der Sicherung der Nachhaltigkeit einnehmen. Darüber hinaus werden die Konzeption und die Realisierung neuer Module, beispielsweise das im Sommersemester 2004 im Rahmen eines Seminars zu entwickelnde Modul „Virtuelle Lehr-/Lernplattformen unter deutschdidaktischer Sicht" (Möbius), die bisherigen Angebote für die Vermittlung basaler fachwissenschaftlicher und fachdidaktischer Kenntnisse im Fach Deutsch sinnvoll ergänzen.

Literatur

Pingel, Henning 2003: Online diskutieren. Erfahrungen mit Online-Foren in Hochschulseminare. In: Susanne *Gölitzer* (Hrsg.): Deutschdidaktik und Neue Medien. Konstitutionsprobleme im Spannungsfeld zwischen Altlasten und Neugierde. Baltmannsweiler, S. 142-175

Gölitzer, Susanne (Hrsg.) 2003: Deutschdidaktik und Neue Medien. Konstitutionsprobleme in Spannungsfeld zwischen Altlasten und Neugierde. Baltmannsweiler

Jörn Brüggemann (Berlin) **Mittelalter intermedial entdecken**: Literarische Streifzüge durch die (Vor-) Geschichte(n) der elektronischen Audiovisualität

Die literaturdidaktische Untersuchung der Lernpotentiale exemplarischer Texte der höfischen Klassik, fokussiert auf die Verschiebungen im Verhältnis von Texten und Bildern, die den gegenwärtigen Medienumbruch prägen, stellt ein Desiderat deutschdidaktischer Forschung dar, um dessen Beseitigung ich mich im Rahmen meiner Dissertation bemühe. Angesichts der expandierenden Bildmedien der Gegenwart und ihrer Konsequenzen für unsere Formen der Wahrnehmungs- und Wissensorganisation lässt sich die Literatur der höfischen Klassik als Vorgeschichte der technisch vermittelten Audiovisualität entdecken, die eine Auseinandersetzung mit dem komplexen – heute computergenerierten – In-, Mit- und Nebeneinander von Bild und Schrift ermöglicht. Methodisch soll die Akzentuierung einiger Tendenzen einer kulturwissenschaftlich operierenden Germanistik die Basis abgeben, um die verschiedentlich konstatierte unproduktive Kluft zwischen Schulfach und Wissenschaftsentwicklung ansatzweise zu überbrücken (vgl. Müller 1996, 53; Kämper-van den Boogaart 1997) und Übergänge zwischen beiden Bereichen zu organisieren. Inwiefern die Ausweitung eines textwissenschaftlichen Analyseinstrumentariums auf die Interpretation historischer Bildwelten und Weltbilder die Ausarbeitung unterrichtlicher Interventionsmöglichkeiten ermöglicht, die zur Entwicklung einer kulturellen Deutungskompetenz beitragen können, wird dabei im Detail untersucht werden.[1]

1. Das Mittelalter – eine deutschdidaktische terra incognita?

(1) Motiviert ist die Studie durch eine erstaunliche Diskrepanz: Während ‚das Mittelalter' im Alltag eine schwer zu leugnende Präsenz offenbart – in unterschwelligen geistigen Prägungen nicht weniger als in habitualisierten Verwerfungen (Fuhrmann 1996), in architektonischer Hinsicht ebenso wie verstärkt in Form inszenierter Bilder und Mythen (milieu- und medienübergreifend von Ausstellungen über Historienfilme bis hin zur Fantasy-Kultur) –, zeigt sich die deutschdidaktische Diskussion am Lerngegenstand der Literatur des Mittelalters augenscheinlich wenig interessiert.[2] Und so stellen trotz vereinzelter jüngerer Bemühungen (z.B. Karg 1998 oder das Themenheft „Erziehung und Bildung im Mittelalter" der Zeitschrift ‚Der Deutschunterricht' 2003, H.1.) didaktische Denkbewegungen und Konzepte zum Umgang mit mittelalterlicher Literatur nach wie vor ein vernachlässigtes Feld deutschdidaktischer Forschung dar. Dabei ergeben sich, so meine These, gerade neue Begründungsmöglichkeiten auch für den Umgang mit historischen literarischen Themen und Texten durch die Rolle, die der Literatur in einem veränderten medialen Umfeld zuwächst.

1 Zu der diskursübergreifenden Forderung nach der Vermittlung einer kulturellen Deutungskompetenz bzw. einer Bildung fürs Bild vgl. etwa Müller (1996), Röll (1998), Schmitz (2003).

2 Einen Überblick geben Jäger (1989), Brackert e.a. (1973/1976), Jentzsch/Wachinger (1979), Karg (1998) sowie die Themenhefte des DU 41 (1989), H. 1 und DU 41 (1992), H. 2.

Im Zentrum der Arbeit stehen deshalb didaktisch akzentuierte Interpretationen exemplarischer Texte der höfischen Klassik sowie deren multimediale Adaptionsgeschichte, die durch methodische Anregungen und kommentierte Materialien angereichert werden sollen. Sie zielen darauf ab,

- den Schülern die Aufarbeitung lebensweltlicher Fragestellungen im Horizont unterschiedlicher medialer Annäherungsweisen zu ermöglichen,
- Einblicke in die kulturgeschichtlichen Zusammenhänge der Medienentwicklung zu eröffnen und darin vor allem den Blick für alte wie neue Text-Bild-Verhältnisse zu schärfen,
- die Polyperspektivität der Literatur für fächerübergreifende Kontextualisierungen im Hinblick auf ein forschendes Lernen in Zusammenhängen fruchtbar zu machen.

Eingebettet werden diese inter- und multimedialen Streifzüge zwischen Weltbuch, Buchwelt, Bild und Film in eine mediendidaktische Reflexion der Konsequenzen, die sich aus dem gegenwärtigen Medienumbruch für den Deutschunterricht und seine Gegenstände ergeben, um die Frage zu diskutieren, welche Rolle der literarischen Schrift in der Medienkonkurrenz zukommen kann und soll. Die Veränderungen in der gegenwärtigen Medienlandschaft sollen dabei fokussiert werden auf die Auswirkungen der elektronisch generierten ‚Wiederkehr der Bilder' auf den Literaturunterricht und deren Bedeutung in der literaturdidaktischen Diskussion.

2. Die mittelalterliche Medienkonstellation als Spiegelbild des gegenwärtigen Medienumbruchs – didaktische Implikationen

Gerade die Literatur des Mittelalters bietet didaktische Interventionsmöglichkeiten, spiegelt sich in ihr doch der gegenwärtige Umbruch in der Medienlandschaft in signifikanter Weise wider. Mit McLuhan und Flusser lässt sich darauf verweisen, dass die auf die Sinne zielenden Medien am Ende der Gutenberg-Galaxis erneut den Anschluss an die multisensorischen Wahrnehmungs- und Kommunikationsweisen vor dem Buchdruck suchen (Flusser 1998, 53; McLuhan 1968). Wie die gegenwärtigen Bildschirmtechnologien versuchen Schrift, Bild und Stimme zu multisensorischen Interfaces zu vereinen, so verlangen auch mittelalterliche Handschriften ihre Aktivierung über verschiedene Kanäle. Ihre alphabetisch kodierten Informationen werden beim Benutzerzugriff nicht nur vokalisiert, sondern durch aufwendige Illustrationen, kunstvoll geschmückte Initialen oder ein mehrfarbiges Seitenlayout auch für das Auge illuminiert sowie durch extratextuelle Bildprogramme kontextualisiert. Diese extramentale Bildlichkeit wird interessanterweise durch sprachliche Visualisierungsstrategien ergänzt – gespeist aus antiken rhetorischen Quellen –, die auf die Erzeugung intramentaler Bilder und Schauräume abzielen und in Form einer Poetik der wirkmächtigen Bilder in einer Weise wahrnehmungssteuernd wirken, die weit über die mittelalterliche Literatur hinaus bis in die aktuellen Diskurse der Kultur- und Lebenswissenschaften von entscheidender Bedeutung sind und einen wichtigen Referenzkontext für eine intermediale Annäherung an alte und neue Text-Bild-Verhältnisse im didaktischen Aspekt darstellen.

Weitere Parallelen, die den multimedialen Charakter der mittelalterlichen Kommunikationslandschaft betonen, lassen sich anführen. Denn schon die mittelalterliche Kultur muss als eine (Memorial-) Kultur verstanden werden, in der verschiedene Medien und Körpertechniken bei der Arbeit am kulturellen Gedächtnis zusammenwirken, ohne dass sich ein eindeutiges Leitmedium herauskristallisiert. In dieser intermedialen Konstellation reflektieren die

Texte daher immer schon ihre Rückbindung an kopräsente Medien und mediale Techniken, an die Kunst der Stimme, der Körperinszenierung und des Gedächtnisses im Kontext christlicher und antiker, mythischer und weltlicher, geschriebener, gehörter und gelesener Erzählungen.

Selbst die - auf den ersten Blick – plausibelsten Differenzkriterien verlieren einen Teil ihrer Evidenz im Spiegel der Medienumbrüche. Denn wie das World Wide Web aufgrund seiner kommunikativen, interaktiven und audiovisuellen Optionen als eine Art „interaktive[r] Spiegel symbolischer Welten“ (Krämer 1998, 32) angelegt ist, als ein Medium, dass durch kombinatorische Vernetzungsstrategien Zugang zu einem unendlichen Datenkosmos verspricht, so kann auch die Literatur durchaus ähnlich konzipiert sein. Im Horizont einer intermedialen Annäherung werden die höfischen Texte lesbar als ein Mikrokosmos, der potentiell den gesamten mittelalterlichen Datenkosmos spiegelt (vgl. Wandhoff 2003).

Auch Hypertextstrukturen stellen unter Umständen weniger eine Zäsur in der Literaturtheorie dar, als manche Medientheoretiker bzw. Deutschdidaktiker zur Kennzeichnung der neuen medialen Verhältnisse und ihrer erweiterten pädagogischen Optionen anführen (vgl. Idensen 1995a; 1995b; 1995c; Schulmeister 1996; Maiwald 2001; Frederking 2003). So sind es gerade die sprachlich evozierten Bildprogramme, die gleichsam von der Oberfläche des Textes Fenster öffnen auf eine ‚dahinter' liegende Ebene intertextuellen Weltwissens, das sich aus den Archiven christlicher und antiker Bildwelten speist. Und was sich in der Lektüre der Wörter und Sätze zunächst als ein sprachliches Nacheinander darstellt, überschreitet auf der Ebene des mentalen Bildes in dem Moment die linear-sukzessive Präsentationsform des Buches, da alle Informationen für den Bildaufbau eingegangen sind und – analog zum Bild des Schatzhauses der Erinnerung – räumliche Dimensionen annehmen, von dem aus der Datenkosmos auf der Grundlage quasi-unendlicher (Re-)Kombinationen stets aufs Neue betreten bzw. gelesen werden kann.

Als charakteristisch für die netzspezifischen Formen literarischer Produktion und Rezeption wird oft das partielle Verschwimmen der Grenzen zwischen Produktion und Rezeption, zwischen Autor und Rezipient benannt, „insofern die traditionelle AutorInnenschaft durch kollektive Online-Schreibprozesse aufgehoben wird“ (Frederking 2003, 149). Parallel dazu sind auch die mittelalterlichen Texte in Form einer Reihe mehr oder weniger vollständiger Handschriften überliefert, die eine ‚variance' des Textes, ein lebendiges Interagieren in Vernetzungen dokumentieren, das die Referenz auf einen Autor unmöglich macht, dafür jedoch eine gesteigerte Aufmerksamkeit für die Adaption an unterschiedliche Gebrauchkontexte verlangt. Die Texte, die angelegt sind auf die öffentliche Aufführung unter wechselnden Rahmenbedingungen, sind – ähnlich den Produkten der Internetliteratur – niemals vollendet, nicht authentisch im Sinne der Goethezeit. Doch stellt gerade diese Beweglichkeit der Texte, durch die sie in den Intertext der kollektiven Überlieferung eingewoben werden, eine didaktisch produktiv zu machende Verbindung zwischen den höfischen Texten und den oszillierenden Diskursen der globalen Computernetze her, die die Instanz des individuellen Autors erneut transzendieren. Weitere Parallelen wären der Tendenz nach unschwer anzuführen und en détail auszubuchstabieren.

Für einen didaktischen Zugriff können sich aber gerade die diametral gegenläufigen Tendenzen als produktiv erweisen, unter der die Medienumbrüche gespiegelt und unterrichtlich perspektivierbar werden: Wurde seit dem Mittelalter die Welt zunehmend verschriftlicht (vgl. Wenzel 2000, 7ff.) und hinsichtlich der Ausdifferenzierung von Schrift, Bild, Ritus und Kult reflektiert, so wird die Schrift heute wieder von einer Welt der Bilder eingeholt und flankiert. Kehren heute, wenn man Röll (1998) Glauben schenkt, mythische Bildanteile zurück, so geht es in den höfischen Texten zwar immer auch darum, die Wahrnehmung der Hörer und Leser ,vor dem Text' in das Dargestellte einzubinden, durch Verfahren, die auf Involvement abzielen, jedoch gleichzeitig auch schon die Wahrnehmung der eigenen Wahrnehmung am Beispiel der in identitätsorientierter nicht weniger als in literaturtheoretischer Hinsicht aufschlussreichen Steuerung der Blickverhältnisse (in und durch Schrift und Bild) zu thematisieren und zu verkomplizieren.

3. Methodischer Grundriss der Annäherung an das Mittelalter im Deutschunterricht

Ziel ist es, die Text-Bild-Verhältnisse des Mittelalters im Spannungsverhältnis von Ritual, Kult, Bild und Schrift so zu diskutieren, dass die Alterität des Mittelalters akzentuiert, jedoch zugleich der Zusammenhang, der das Mittelalter mit der Welt der neuen Medien verbindet (vgl. Wenzel 2000, 7), didaktisch nutzbar gemacht wird. Methodisch halte ich es daher für sinnvoll, den mittelalterlichen Medienumbruch von der Mündlichkeit zur Manuskriptkultur nicht zu isolieren, sondern im historischen Vergleich den Übergang zum Buchdruck sowie das Wechselverhältnis von Buchkultur und neuen Medien in literaturgeschichtlichen Streifzügen zu erfassen. Entsprechend fällt auch die Auswahl der Primärtexte aus, die im Zentrum der didaktischen Analyse stehen. Mit Gottfrieds von Straßburg *Tristan*, Hartmanns von Aue *Erec* und *Gregorius* wähle ich Texte aus, an denen sich nicht nur exemplarisch wesentliche Aspekte der Text-Bild-Verhältnisse und der sie fundierenden Blickbewegungen in der höfischen Klassik verdeutlichen lassen. Alle drei Texte sind darüber hinaus auch bis in die Moderne mit den Mitteln der neueren Medien literarisch weiterverarbeitet worden.[3]

Die Behandlung mittelalterlicher Texte im Deutschunterricht soll vor diesem Hintergrund einen Zugriff auf die Sphäre zwischen den Medien, in der die Verhältnisbestimmungen der Menschen zu ihren Medien vollzogen, aktualisiert und verhandelt werden, anbieten (vgl. Reck 1996, 231-244; Matussek 200, 179-202; Jäger 2001a, 19-42; 2001b, 17-31; 2002, 19-41; Wenzel/ Lechtermann 2001, 191-213). Deshalb schlage ich eine Annäherungsweise vor, die die medialen Spiegelungsverhältnisse ins Zentrum didaktischer Interventionsmöglichkeiten stellt. Die Produktivität einer solchen Perspektive erweist sich meines Erachtens darin, dass Literatur über einen streng medienwissenschaftlichen Zugriff hinaus nicht nur als Informationsmedium erkennbar wird, in dem sich die Strukturen vieler anderer Medien spiegeln, sondern ebenso als ein informationsverarbeitendes System, das Spiegelungen aufdeckt und zwischen Medien, Kulturen, Menschen vermittelt und damit auch Raum für die Aufarbeitung divergierender medialer Sozialisationshorizonte eröffnet (vgl. Giesecke 2000, 375, 377).[4] Als Anknüpfungspunkte

3 Vgl. für einen ersten Überblick über die neuzeitlichen Adaptionen von Hartmanns Texten die Zusammenstellungen bei Cormeau/Störmer (1993, 236f.); Anverwandlungen des „Tristan"-Stoffes finden sich (u.a.) bei Richard Wagner, Ernst Hardt, Georg Kaiser, Jean Cocteau und Günther de Bruyn.

4 „Die Vermutung liegt nahe, daß Kulturen, Zeiten, Regionen, soziale Schichten, Autoren sich nach bevorzugten Spiegelungstypen unterscheiden." Grundsätzlich und im historischen Abstand verweise ein spontanes Funktionieren von Spiegelungsverfahren auf Strukturähnlichkeiten zwischen „Systemen, die es ermöglichen, sich mit seinen eigenen Erfahrungen [...] im Medi-

für eine Didaktik des Deutschunterrichts fungieren die Mechanismen des kommunikativen Aushandelns und Revidierens von Bedeutung, die für den Kontext des höfischen Erzählens nicht weniger fruchtbar gemacht werden können als etwa für die Rezeptionssituation des *Tristan*-Stoffes zwischen Novelle, Oper und Verfilmung im 20. Jahrhundert. Neue Aufmerksamkeit erhalten so die wechselseitigen Bezugnahmen zwischen verschiedenen kopräsenten Medien sowie die unhintergehbaren Prozesse sinnstiftenden Über- und Inbezugsetzens, über die die höfischen Kommunikations- und Wahrnehmungsformen ebenso erschließbar werden wie die Konstruktion der späteren literarischen und filmischen Schauräume in den Anverwandlungen der Neuzeit und Moderne.[5]

Grundlage der theoretischen Fundierung solcher didaktischer Implikationen, die auf die Re-Integration der Bildseite unseres Wissens abzielen, ist der Entwurf eines erweiterten Textbegriffs. Dieser muss neben den gegenwärtigen Verschiebungen im Verhältnis von Text und Bild ebenso der Bedeutung der Tatsache Rechnung tragen, dass die zentralen Inhalte des höfischen Lebens wie Recht, Religion und Kult zumeist in Form von Gesten, Gebärden und Zeichen vermittelt wurden, in vom Auge aufzunehmenden, von Körpern erzeugten, starren oder bewegten Bildern. Insofern auch Geschichten und historische Erinnerung zwar sprachlich kommuniziert, jedoch im Gedächtnis des Rezipienten nicht in Form von Wörtern und Sätzen, sondern als räumlich angeordnete Bilder kodiert wurden, muss eine wechselseitige Verschränkung von Text- und Bildmedien dem philologischen Misstrauen vor dem angeblich unmittelbar auf die Sinne wirkenden Bild entgegengesetzt werden (Walliczek 1988, 143-158; Curschmann 1997, 115-138; Curschmann 1999, 378-470). Terminologische Klärungen werden notwendig hinsichtlich der meist paarweisen Verwendung der Begriffe „Text und Bild", „Wort und Bild", „Schrift und Bild", die oftmals synonym gebraucht werden. Im Anschluss an die englische Unterscheidung zwischen *word and image* und *text and picture* schlage ich mit Curschmann eine Unterscheidung vor, die mit *word and image* auf das Allgemeine, die medienspezifischen semiotischen Strukturen, das Verhältnis vor jeder kulturellen Konkretion abhebt, und sich mit *text and picture* auf das Besondere bzw. die Erscheinungsformen der Medien im konkreten Bezug zueinander und in Abhängigkeit der jeweiligen technischen Basis bezieht. Beiden Verhältnisbestimmungen wird in der intermedialen Annäherung didaktisch Rechnung zu tragen sein.

In lesetechnischer Hinsicht kann gerade die semiotische Grundierung der höfischen Schauräume und der darin verankerten Blickbewegungen auch die Aufmerksamkeit für das Spiel von Identität und Abweichungen in thematischen (Wiederholungs-) Lektüren schärfen, ohne den nicht nur aus didaktischer Sicht problematischen Prämissen eines dekonstruktivistischen Sprachverständnisses zu erliegen. Denn die höfischen Texte zeichnen sich durch eine hohe Dichte von Bezügen aus, die sich immer wieder auf neue Spiegelungen hin öffnen, insofern Bilder, Gleichnisse, Szenen, Stationen auf jeweils andere voraus-

um der Literatur am Beispiel der fernen erzählten Umwelt auseinanderzusetzen." (Giesecke 377f.) Hier hätte eine didaktische Untersuchung kritisch mit mittelalterlichen Belegen und modernen Mediensozialisationsprägungen anzusetzen, um den Begriff der Spiegel zu differenzieren.

5 Ludwig Jäger fasst diese im Hinblick auf die für Subjekt- und Weltkonstitution elementare zeichenvermittelte Interaktion als (oszillierende) „Transkriptionen", die – in der Dynamisierung der Differenz – Bedeutungen hervorbringen und lesbar machen, zugleich aber auch neue Differenzen einführen. (Jäger 2001; vgl. auch Raible 1995, 51-73.)

und zurückverweisen, immer wieder neue Blickweisen und Einsichten auf die thematisierten Problemkomplexe eröffnen, punktuelle Durchblicke auf die Heilsgeschichte, die Geschichte des antiken Mythos, zeitgeschichtliche Ereignisse und Personen etc. provozieren und infrage stellen und Hörer bzw. Leser im Sinne eines offenen Kunstwerks in das Geschehen einbinden. Dies kann man als frühes Kriterium ästhetischer Qualität im Zeitalter ‚vor der Kunst' betrachten, doch griffe eine derartige Charakterisierung allein wohl zu kurz. Derselbe Sachverhalt wird in einer kommunikationstheoretischen Perspektive – etwa mit Giesecke – im Horizont medienhistorisch-anthropologischer Theoriebildung verortbar und damit anschlussfähig im Hinblick auf identitätsorientierte Optionen einer Mediendidaktik Deutsch. Denn mit Giesecke wäre darauf zu verweisen, dass „Spiegelungen und Widerspiegelungen [...] Grundcharakteristika von Wahrnehmung und Kommunikation und keineswegs ein ausschließlich künstlerisches Prinzip" sind. (Giesecke 2000, 377f.) In den höfischen Erziehungslehren wird vor dem Hintergrund der Teilhabe an der wechselseitigen Wahrnehmung in der Kommunikation von Angesicht zu Angesicht immer wieder das Bild des Spiegels im Zeichen reflexiven Wahrnehmens mit dem mimetischen Lernen verbunden. Insofern die Autoren dabei höfische Körper, mentale Bilder und die durch Erzählungen gewonnenen Einsichten tendenziell gleichrangig anordnen, wird das Spiegelprinzip auf die Schrift übertragen, so dass diese in die Funktion des Erziehers einrücken kann und zum Träger des prämierenden bzw. korrigierenden Blicks kultureller Verhaltenserwartungen wird. In dieser Hinsicht beziehen die Protagonisten der höfischen Literatur als Träger des Leser- bzw. Hörerblicks ebendiesen in die virtuellen Welten ein und sichern so seine Involviertheit in den Stoff und die gespiegelten Rahmenerzählungen, irritieren diese jedoch durch die Reversibilität der Spiegelungen, die nicht selten zu ambivalenten Text-Bild-Verhältnissen führen.

Vor diesem Hintergrund kann man die höfische Literatur als eine produktive Möglichkeit begreifen, eingeschliffene Geschichtsbilder qua Literatur in Frage zu stellen und damit die habitualisierten Verwerfungen, in denen das Mittelalter auch heute noch eine schwer zu leugnende Präsenz offenbart, produktiv werden zu lassen. Über die Öffnung der Texte gegenüber kulturgeschichtlichen Fragestellungen bieten besagte Verfahren des unablässigen Über- und Inbezugsetzens die Möglichkeit, sich einem (kultursemiotischen) Verständnis von Geschichte anzunähern, das über die reduktionistische Version einer politischer Ereignisgeschichte hinausgeht. Denn gerade durch die beschriebenen Spiegelungsverfahren gelingt es den Texten, an soziale, politische, rechtliche, theologische Wissensbestände anzuschließen, ohne doch auf einen der Bereiche restlos verrechnet werden zu können. Qua Spiegelung ermöglichen es literarische Texte deshalb auch, Perspektiven aus Geschichte, Theologie, Kunst Politik fächerübergreifend anzuschließen und *im Zusammenhang* zu erproben[6]. Die Modernität bzw. Alterität höfi-

6 Im Zuge eines forschenden, Vernetzungen herstellenden Lernens ermöglicht und fordert der Umgang mit mittelalterlicher Literatur geradezu problemorientierte Verknüpfungen mit sprachdidaktischen Gegenstandsbereichen und Handlungsfeldern, wie die Bewusstmachung, Reflexion und handlungsbezogene Verarbeitung des Bedeutungswandels und seiner medialen und kulturellen Voraussetzungen im diachronen Aspekt, wie von Frederking gefordert (Frederking 2003, 146ff.), durch die vergleichende Erprobung und Diskussion der Möglichkeiten hypertextueller Lernräume wie dem benutzerfreundlichen und auch für Laien verständlichen Projekt „Etymologie Entdecken" (http://www.linse.uni-essen.de/kuntermund_loewenmaul/

scher Texte und ihrer medialen Adaptionen werden anhand der Frage nach der Adäquatheit des jeweiligen Referenzkontextes zur Verhandlung freigegeben. Dies setzt jedoch voraus, dass ein wesentliches pädagogisches Potential der Literatur in der Erstellung von Vernetzungen zwischen literarischen Texten und kulturellen Kontexten verortet werden muss, ohne dass das Anstreben sinnhafter Abschlussfiguren pejorativ behandelt wird. Fächerübergreifende Verbindungen werden im Umgang mit mittelalterlicher Literatur aus dieser Perspektive im selben Maß gefordert wie gefördert.

In diesem Sinn schärfen thematische Kontextualisierungen über konkurrierende implizite Deutungsschemata und Verstehensmodelle[7] nicht nur den Blick für die sprachlichen Elemente, die die Spiegelungen und damit die Polyperspektivität des Gegenstandes erst ermöglichen. Sie lassen gleichzeitig erfahrbar werden, dass die Zuordnung von Zeichen und Bedeutungen nicht nur biographisch geprägt ist, sondern stets auch von konkurrierenden, sich geschichtlich verändernden subtextuellen Regelsystemen und ästhetischen Konventionen im Sinne einer kulturellen Grammatik reguliert wird, die zwischen Leser/Hörer und Text angesetzt werden muss, und mit deren Hilfe erst die unterschiedlichen Bilder interpretierbar bzw. stets aufs Neue (re-)kombinierbar werden. Durch die Anforderung, Bilder aus den Kontexten zu entbinden, in kulturelle Kontexte zu übertragen und angesichts der Pluralität an Kontextualisierungsmöglichkeiten die Geltung der Selektion infrage zu stellen, kann der Literaturunterricht zur Ausbildung der von Müller (1996), Schmitz (2003), Röll (1998) und anderen geforderten Bilder- und Mythenkompetenz beitragen, die – darauf verweist die Auseinandersetzung mit der höfischen Literatur – stets im Horizont kulturell präfiguierter Deutungen situiert ist.

etymologie_html/ html.htm). Dass die Bewusstmachung, Reflexion und Verarbeitung des Bedeutungswandels scheinbar selbstverständlicher Konzepte wie Ehre, Liebe, Treue, etc., die für das höfische Ethos von zentraler Bedeutung waren, zur Sensibilisierung gegenüber der latenten Gewalt sprachlicher Repräsentationen beitragen kann und deshalb als ein Aspekt des Erwerbs einer kulturellen Deutungskompetenz anzusehen ist, sei hier nur angedeutet.

7 Muss das Spiegel-Verhältnis von Vor- und Hauptgeschichte im Tristan in einem typologischen Horizont oder im Hinblick auf die weltliche Entwicklung von Krieger zum Höfling verortet werden? Produktiv gemacht werden können ebenso Annäherungen an die irritierende Schuld-Thematiken zwischen shame-culture und guilt-culture, Annäherungen an die Minnekonzeption über die Lehre von den 2 Körpern des Königs, die Konzeption romantischer Liebe, Vorstellungen von der Gleichberechtigung der Frau (Hat auch die Königin zwei Körper?); wenn die Geschichte von Gregorius typologisch auf die Geschichte von Hiob bezogen (=gespiegelt) wird, stellt sich die Frage, ob damit die heilsgeschichtliche Vorlage bestätigt oder irritiert wird. Wenn Gregorius Teil der zitierten Heilsgeschichte ist, stellt sich die Frage, ob auch der höfische Leser in sie involviert ist? Letztendlich wird darüber die Frage diskutierbar, inwieweit in den Text noch christliche, magische oder bereits dezidiert weltliche Weltbilder in Geltung stehen.

Literaturverzeichnis

Brackert, Helmut/ Hannelore *Christ*/ Horst *Holzschuh* 1973/1976: Literatur in der Schule. Mittelalterliche Texte im Unterricht. 2 Bde. München

Cormeau, Christoph/ Wilhelm *Störmer* 1993: Hartmann von Aue: Epoche – Werk – Wirkung. München (2. neubearbeitete Aufl.)

Curschmann, Michael 1997: Wolfgang Stammler und die Folgen: Wort und Bild als interdisziplinäres Forschungsthema in internationalem Rahmen. In: Eckart C. Lutz (Hrsg.): Das Mittelalter und die Germanisten. Zur neueren Methodengeschichte der Germanischen Philologie. Freiburg/Schweiz, S. 115-138

Curschmann, Michael 1999: Wort – Schrift – Bild. Zum Verhältnis von volkssprachigem Schrifttum und bildender Kunst vom 12. bis zum 16. Jahrhundert. In: Walter Haug (Hrsg.): Mittelalter und frühe Neuzeit. Übergänge, Umbrüche und Neuansätze. Tübingen, S. 378-470

Flusser, Vilem 1998: Kommunikologie. Hrsg. von Stefan Bollmann und Edith Flusser. Frankfurt a.M.

Frederking, Volker 2003: Auf neuen Wegen...? Deutschdidaktik und Deutschunterricht im Zeichen der Medialisierung – eine Bestandsaufnahme. In: Jutta Wermke (Hrsg.): Literatur und Medien (= Medien im Deutschunterricht 2002. Jahrbuch. Hrsg. von Volker Frederking, Hartmut Jonas, Petra Josting, Jutta Wermke). München, S. 143-159

Fuhrmann, Horst 1996: Überall ist Mittelalter. Von der Gegenwart einer vergangenen Zeit. München

Giesecke, Michael 2000: Literatur als Produkt und Medium kultureller Informationsverarbeitung und Kommunikation. In: Martin Huber/ Gerhard Lauer (Hrsg.): Nach der Sozialgeschichte. Konzepte für eine Literaturwissenschaft zwischen Historischer Anthropologie, Kulturgeschichte und Medientheorie. Tübingen, S. 359-282

Gottfried von Straßburg 1980: Tristan. 3 Bd. Stuttgart

Hartmann von Aue 1993: Der arme Heinrich. Stuttgart

Hartmann von Aue 1963: Gregorius. Stuttgart

Jäger, Ludwig 2001a: Sprache als Medium. Über die Sprache als audio-visuelles Dispositiv des Medialen. In: Horst Wenzel/ Wilfried Seipel/G otthart Wunberg (Hrsg.): Audiovisualität vor und nach Gutenberg. Zur Kulturgeschichte der medialen Umbrüche. Wien, S. 19-42.

Jentzsch, Peter/ Burghart *Wachinger* 1979: Gegenwart und Mittelalter. Materialien zur kontrastiven Textarbeit in einem problemorientierten Deutschunterricht der Sekundarstufe I. Frankfurt a.M.

Jäger, Ludwig 2001b: Zeichen/Spuren. Skizze zum Problem der Sprachzeichenmedialität. In: Georg Stanitzek/ Wilhelm Vosskamp (Hrsg.): Schnittstelle. Medien und Kulturwissenschaften. Köln, S. 17-31

Jonas, Hartmut/ Kurt *Rose* 2002: Computerunterstützter Deutschunterricht. Frankfurt a.M.

Karg, Ina: „... und waz si guoter lêre wernt...“: Mittelalterliche Literatur und heutige Literaturdidaktik. Versuch einer Kooperation. Frankfurt a.M. u.a.

Kämper-van den Boogaart, Michael 1997: Schönes schweres Lesen: Legitimität literarischer Lektüre aus kultursoziologischer Sicht. Mit einem Geleitwort von Ludwig Fischer. Wiesbaden

Krämer, Sybille 1998: Zentralperspektive, Kalkül, Virtuelle Realität. Sieben Thesen über die Weltbildimplikationen symbolischer Formen. In: Gianni Vattimo/ Wolfgang Welsch (Hrsg.): Medien-Welten Wirklichkeiten. München, S. 27-37

Maiwald, Klaus 2001: Hypertext unter medialen, kulturellen und deutschdidaktischen Aspekten. In: Didaktik Deutsch, H. 11, S. 38-55

Mattussek, Peter 2000: Mediale Praktiken. In: Hartmut Böhme/ Peter Matussek/ Lothar Müller (Hrsg.): Orientierung Kulturwissenschaft. Was sie kann, was sie will. Reinbek bei Hamburg, S. 179-202

Müller, Jan Dirk 1996: Mittelalterliche Literatur im Deutschunterricht. In: Didaktik Deutsch, H. 1, S. 53-62

McLuhan, Marshall 1968: Die Gutenberg-Galaxis. Das Ende des Buchzeitalters. Düsseldorf

Raible, Wolfgang 1995: Arten des Kommunizierens – Arten der Sinnbildung – Arten des Verstehens. Spielarten der generischen Intertextualität. In: Jan Assmann/ Burkhard Gladigow (Hrsg.): Text und Kommentar. Archäologie der literarischen Kommunikation IV. München, S. 51-73

Reck, Hans Ulrich 1996: ‚Inszenierte Imagination' – Zu Programmatik und Perspektiven einer ‚historischen Anthropologie der Medien'. In: Wolfgang Müller-Funk/ Hans Ulrich Reck (Hrsg.): Inszenierte Imagination. Beiträge zu einer historischen Anthropologie der Medien. Wien u.a., S. 231-244

Röll, Franz Josef 1998: Mythen und Symbole in populären Medien. Der wahrnehmungsorientierte Ansatz in der Medienpädagogik. Frankfurt a.M.

Schmitz, Ulrich 2003: Text-Bild-Metamorphosen in Medien um 2000. In: Ulrich Schmitz/ Horst Wenzel (Hrsg.): Wissen und neue Medien. Bilder und Zeichen von 800 bis 2000. Berlin, S. 241-263

Schulmeister, Rolf 1996: Grundlagen hypermedialer Lernsysteme. Theorie-Didaktik-Design. Bonn u.a.

Wandhoff, Heiko 2003: Im virtuellen Raum des Textes. Bild, Schrift und Zahl in Chrétiens de Troyes „Eric et Enide". In: Ulrich Schmitz/ Horst Wenzel: Wissen und neue Medien. Bilder und Zeichen von 800-2000. Berlin, S. 39-56

Walliczek, Wolfgang 1988: Die bibliographische Situation in der Erforschung der Bezüge zwischen höfischer Erzähldichtung und bildender Kunst des Mittelalters. In: Wolfgang Martens (Hrsg.): Bibliographische Probleme im Zeichen eines erweiterten Literaturbegriffs. Weinheim, S. 143-158

Wenzel, Horst/ Christina *Lechtermann*: Repräsentation und Kinästhetik. Teilhabe am Text oder die Verlebendigung der Worte. In: Erika Fischer-Lichte/ Christoph Wulf (Hrsg.): Theorien des Performativen. Paragrana 10, S. 191-213

Wenzel, Horst 2000: Vorwort. In: Horst Wenzel/ Wilfried Seipel/ Gotthart Wunberg (Hrsg.): Die Verschriftlichung der Welt. Bild Text und Zahl in der Kultur des Mittelalters und der Frühen Neuzeit. Wien, S. 7-9

Wermke, Jutta 1997: Integrierte Medienerziehung im Fachunterricht. Schwerpunkt Deutsch. München

Marie-Joan Föh (Flensburg) **Mündliche Kommunikation im computerunterstützten Deutschunterricht** Eine empirische Untersuchung zum Stellenwert von mündlicher Kommunikation und Kooperation bei der gemeinsamen Arbeit am Computer

Der Einsatz des Computers im Deutschunterricht wird zumeist unter fachspezifischen mediendidaktischen Aspekten thematisiert. Ich möchte den Fokus der Aufmerksamkeit auf bislang kaum ins Blickfeld genommene sprachdidaktische Fragestellungen lenken. Der folgende Beitrag fasst in diesem Sinne erste Ergebnisse einer empirischen Untersuchung zusammen, die im Frühjahr diesen Jahres im Rahmen meines Dissertationsvorhabens durchgeführt wurde. Beobachtet wurde eine Unterrichtseinheit in einer achten Gymnasialklasse, in der die Schülerinnen und Schüler in Partnerarbeit am Computer Balladen verfassen und gestalten sollten. Die Texte wurden anschließend im Internet veröffentlicht.

Im Zentrum des Beitrags steht die Untersuchung der mündlichen Kommunikation und Kooperation der Schülerinnen und Schüler bei der Partnerarbeit vor dem Computer im Deutschunterricht. Die Daten, die diesem Beitrag zu Grunde liegen, sind dem laufenden Prozess der Untersuchung entnommen, weshalb im Folgenden lediglich Zwischenergebnisse vorgestellt und erste Überlegungen hinsichtlich der Konsequenzen für die Sprachdidaktik formuliert werden können.

1. Grundlagen

Vielerorts wird heute ein Mangel an empirischen Untersuchungen beklagt, die Aufschluss darüber geben könnten, ob und unter welchen Bedingungen der Computer den traditionellen Deutschunterricht sinnvoll zu ergänzen und zu unterstützen vermag. Um die Lücke zwischen Sprachdidaktik und kommunikationswissenschaftlicher Theorie zu schließen, sprechen Wolfgang Steinig und Hans Werner Huneke die Empfehlung aus, gesprächsanalytische Forschungen als Grundlage für sprachdidaktisches Handeln zu nutzen (vgl. Steinig/Huneke, 2002, 65). Mein Untersuchungsvorhaben nimmt diese Forderungen auf. So sollen das mündliche Sprachhandeln der Schülerinnen und Schüler bei der Partnerarbeit am Computer unter sprachwissenschaftlichen Gesichtspunkten untersucht und die Ergebnisse für Überlegungen zur Sprachdidaktik herangezogen werden. Ziel ist es, zu verdeutlichen, wie der Computer im Deutschunterricht unter der Prämisse eingesetzt werden kann, die kommunikative Kompetenz von Schülerinnen und Schülern zu fördern und welcher Methoden dieses Anliegen bedarf.

2. Untersuchungsgegenstände

2.1 Gespräche vor dem Computer

„Gespräche vor dem Computer" meint die Situation, in der zwei Schülerinnen bzw. Schüler am Computer gemeinsam einem Arbeitsauftrag nachkommen. Dabei sprechen sie sich über ihr Vorgehen ab, klären Fragen zum Layout und zur Handhabung des Computers oder diskutieren individuelle Wünsche und Ideen. Interessant ist die Konstellation, in der diese Gespräche ablaufen. Da sie im Unterricht stattfinden, sind sie geprägt von der institutionellen Form des Unterrichtsgesprächs, das heißt, von den Schülerinnen und Schülern wird eine der Schule angemessene konzentrierte Arbeitshaltung erwartet. Sowohl der zeitliche Rahmen als auch der Arbeitsauftrag sind dabei mehr oder weniger festgelegt. Darüber hinaus werden alle Beteiligten angehalten, sich sozial zu verhalten und Gesprächsregeln zu beachten.

Neben dem institutionellen Rahmen ist zu bedenken, dass die Beteiligten nicht nur ihren Gesprächspartner, sondern auch den Computer verbal und nonverbal in das Gespräch einbeziehen, wobei der Bildschirm einen Teil der Aufmerksamkeit auf sich zieht (Abb. 1).

Weiter können die Schülerinnen und Schüler, bezogen auf ihr Vorwissen und ihre Interessen, gravierende individuelle Unterschiede aufweisen, indem ihre Erfahrungen im Umgang mit dem Computer horizontal und vertikal stark variieren. Während auf horizontaler Ebene komplementäres Vorwissen ausgetauscht werden kann, stoßen auf vertikaler Ebene Laien und Experten mit großen Wissensunterschieden aufeinander. Damit stellt sich die Frage, ob sich durch die Partnerarbeit am Computer zusätzliche Möglichkeiten ergeben, die kommunikative Kompetenz der Schülerinnen und Schüler zu fördern. Überlegungen zu einer für ein solches Anliegen geeigneten Unterrichtsorganisation gehen damit einher.

2.2 Kooperation in den Gesprächen vor dem Computer

Um Kooperation in Gesprächssituationen vor dem Computer zu realisieren, müssen bestimmte Voraussetzungen geschaffen werden. Die Beteiligten sollten sich auf ein gemeinsames Ziel konzentrieren und bereit und bemüht sein, ihre Fähigkeiten und Fertigkeiten in den Prozess einzubringen. Dabei sollten sie nicht nur sich selbst im Hinblick auf den Arbeitsprozess im Blick haben, sondern ihren Fokus auch auf den Partner und dessen Belange richten. Damit neben dem Produkt auch der Einzelne von der Kooperation profitiert, ist es erforderlich, den Schülerinnen und Schülern die Merkmale und Funktionen von Kooperation

Abbildung 1

zu verdeutlichen und Möglichkeiten zu entwickeln, kooperatives, soziales Verhalten zu einem festen Bestandteil der Unterrichtskommunikation zu machen. Diese Forderungen setzen einen elaborierten Kooperationsbegriff voraus, der kurz erläutert werden soll.

Zum einen wird Kooperation bestimmt durch ein gemeinsam angestrebtes Produkt, wobei sich beide Partner kognitiv, kreativ und affektiv am Prozess beteiligen und ihr Können zielorientiert einsetzen.

Neben diese produktorientierte Auffassung von Kooperation tritt ein egalitärer, didaktisch-pädagogischer Kooperationsbegriff, der die Bedeutung von Kooperation für den Einzelnen in den Vordergrund rückt. Bewusste Partnerwahrnehmung und Perspektivübernahme stehen dabei im Mittelpunkt. Wenn jedem Gruppenmitglied daran gelegen ist, dass auch der Partner alle Arbeitsschritte nachvollziehen kann, Neues dazulernt und mit seinen Anteilen am Prozess zufrieden ist, wirkt sich die Kooperation positiv auf den Lernprozess der Schülerinnen und Schüler und die Atmosphäre in den Gruppen aus. Indem die Partner bemüht sind, eigenes Vorwissen einzuschätzen, dieses zu den Kenntnissen des Partners in Beziehung zu setzen und Maßnahmen zu ergreifen, eigene und fremde Defizite zu beheben, profitieren alle Beteiligten aus dem „Informationsfond", der Vorkenntnisse und Erfahrungen der Lerngruppe beinhaltet (vgl. Polz, 1992, 68). Ein solcher Austausch von

Wissen kann dort realisiert werden, wo sich die Beteiligten nicht nur auf das Produkt konzentrieren, sondern sich ihrer Bedeutung als Wissensvermittler, Helfer und Anleiter bewusst sind (vgl. ebd., 48f.).

3. Empirische Untersuchung

Im Mittelpunkt der empirischen Untersuchung steht die Frage, wie Partner vor dem Computer beim Lösen gemeinsamer Aufgaben kommunizieren und kooperieren und inwiefern die Gesprächskonstellation für das Anliegen genutzt werden kann, die kommunikative Kompetenz der Schülerinnen und Schüler zu fördern.

Dieser Frage ist nachzugehen, wobei die folgenden Hypothesen überprüft werden sollen:

1. Bei Interaktionsprozessen vor dem Computer treten Merkmale der mündlichen Kommunikation und der Kooperation auf, die auf die spezifische Gesprächskonstellation zurückzuführen sind.
2. Durch geeignete didaktische Methoden kann bei der gemeinsamen Arbeit am Computer kommunikative Kompetenz gefördert werden.

Folgende Methoden wurden zur Überprüfung der Hypothesen herangezogen:

1. Die Aufzeichnung der Interaktionsprozesse vor dem Computer mit Hilfe digitaler Videokameras.
2. Die teilnehmende Beobachtung, bei der parallel zu den Unterrichtsprotokollen umfangreiche Materialien gesammelt wurden.

Diese Kombination ermöglicht die Untersuchung einzelner Gesprächssequenzen im Kontext der jeweiligen Unterrichtsstunde. Des Weiteren wurden zwei Fragebogen-Erhebungen durchgeführt, die helfen sollten, das Vorwissen der Schülerinnen und Schüler und ihre Einstellungen zum Verlauf der Unterrichtseinheit sowie ihr Bewusstsein im Hinblick auf die Gespräche vor dem Computer zu verdeutlichen. Die folgenden Ausführungen beschränken sich auf kurze Anmerkungen zu ersten Beobachtungen, die bei der Auswertung des Materials gemacht wurden, und münden in Überlegungen zu Konsequenzen für die Sprachdidaktik ein. Auf den Kriterienkatalog, der zum Zweck der Analysen erstellt wurde, soll an dieser Stelle nur knapp eingegangen werden. In diesem werden die Merkmale verbaler und nonverbaler Kommunikation, die Handlungen am Computer, die neben dem bedienenden bisweilen auch einen kommunikativen Charakter haben, die Merkmale des kooperativen Verhaltens der Schülerinnen und Schüler sowie die Interaktionsstrukturen zusammengefasst.

3.1 Erste Beobachtungen

Im Folgenden sollen ausgehend von den Interaktionsstrukturen, die bei der gemeinsamen Arbeit am Computer beobachtet werden konnten, Aussagen über die Abläufe und Merkmale der Gespräche und über die Formen und Funktionen der Kooperation gemacht werden. Solche unter Umständen sehr unterschiedlichen Interaktionsstrukturen lassen sich anhand der folgenden Merkmale klassifizieren:

- sprachliche und außersprachliche Elemente;
- qualitative und quantitative Anteile am Gespräch;
- Anteile an Maus und Tastatur;
- Anteile an Phasen des Prozesses.

Auf diese Weise können Aussagen darüber gemacht werden, wie stark welche Schülerin oder welcher Schüler mit welcher Art von Beiträgen an einzelnen Phasen des Prozesses beteiligt ist und welche Qualität die Zusammenarbeit hat.

Zum Beispiel konnte eine Gruppe beobachtet werden (Abb. 2), in der sich beide Schüler intensiv mit ihrem Vorhaben

Abbildung 2

befassten. Ihr Interesse zeigte sich durch interessierte Blicke auf den Bildschirm, Gesten des Nachdenkens und angeregte Gespräche, bei denen sich die Partner austauschten und über ihr Vorgehen absprachen.

Die Kommunikation erfolgte relativ störungsfrei und bisweilen wortlos, da das Vorwissen der Schüler nahezu identisch war. Außerdem waren beide bemüht, ihre Kenntnisse einzubringen und mit dem Partner auszutauschen. Das Gelingen des Projektes stand im Vordergrund. Wie die Analyse der Gespräche zeigt, fand der Austausch zwischen den Partnern auf kognitiver, affektiver und kreativer Ebene statt, indem Arbeitschritte gemeinsam geplant, bearbeitet und diskutiert wurden. Zu vermuten wäre, dass die gute Zusammenarbeit darauf zurückzuführen ist, dass die Schüler befreundet sind und der Umgang miteinander einen gewissen Vorlauf hat. An dem regelmäßigen und häufig stumm erfolgenden Wechsel von Maus und Tastatur (Abb. 2) lässt sich das Einverständnis beider Schüler bei der Bedienung des Computers erkennen. In der Koordination der Abläufe zeigt sich, dass eingespielte Partner weniger verbaler und bisweilen nonverbaler Kommunikation bedürfen, ohne dass dies Auswirkungen auf die Qualität des Gesprächs hätte. Manchmal reichen in solchen Gruppen Wörter oder Satzfragmente aus, um beim Partner die gewünschte Wirkung zu erzielen. Auch eine Art geistige Kooperation, bei der auf äußere Mittel der Verständigung verzichtet werden kann, ist denkbar. Kontinuierliche Kommunikation, bestehend aus einer Abfolge von Sprecher-Hörer-Wechseln, ist im Hinblick auf das Vorhaben überflüssig, wenn nicht sogar kontraproduktiv.

An dieser Stelle sämtliche Interaktionsstrukturen und ihre Bedeutung für die Qualität der Zusammenarbeit und des Produktes darzustellen, würde den Rahmen des Beitrags sprengen, zumal die einzelnen Zusammenhänge noch nicht bis ins Detail analysiert werden konnten. Doch zeichnet sich bei den Interaktionsprozessen vor dem Computer ab, dass vier Faktoren ausschlaggebend sind für das Maß, in dem die Schülerinnen und Schüler kooperieren:

1. die kognitive, kreative und affektive Ebene der Kooperation,
2. die Vorkenntnisse, einhergehend mit der Bereitschaft, diese einzubringen,
3. das Thema und die zu leistenden Arbeitsprozesse
4. sowie der Gebrauch unterschiedlicher Sprachmuster.

Aufgrund der ersten Untersuchungen kann zusammenfassend behauptet werden, dass Schülerinnen und Schüler vor dem Computer intensiv und effektiv kommunizieren und kooperieren. Dabei treten Merkmale auf, die auf die Gesprächskonstellation vor dem Computer zurückzuführen sind. Vielerorts geäußerte Kritik, wonach die Konzentration auf den Computer die Kommunikation der Beteiligten hemme oder störe, kann durch die ersten Ergebnisse der Untersuchung widerlegt werden. Allerdings wird noch zu zeigen sein, welche Voraussetzungen zu einem Gelingen der mündlichen Kommunikation und Kooperation beigetragen haben und welche spezifische Bedeutung dabei der Computer besitzt.

In diesem Zusammenhang ist ebenfalls die Vermutung zu entkräften, nonverbale Kommunikation würde nur noch eingeschränkt erfolgen, wenn sich beide Partner

Abbildung 3

dem Geschehen auf dem Bildschirm widmen. Es konnte beobachtet werden, dass durch die Arbeit am Computer nonverbale Zeichen provoziert werden, die dazu dienen, persönliche Äußerungen zu verdeutlichen (Abb. 3), auf einen Sachverhalt am Bildschirm hinzuweisen (Abb. 2) oder solche Handlungen an Maus und Tastatur auszuführen, die an die Stelle verbaler Kommunikation treten.

3.2 Konsequenzen für die Sprachdidaktik

Dem Vorhaben geht die Hypothese voraus, dass es spezieller Unterrichtsmethoden bedürfe, um kommunikative Kompetenz zu fördern, wozu situationsangemessenes Sprachhandeln und kooperatives Handeln im Sinne des elaborierten Kooperationsbegriffs zu zählen sind. Im Folgenden soll der Versuch unternommen werden, aus den theoretischen Überlegungen und den praktischen Untersuchungen Konsequenzen für die Sprachdidaktik abzuleiten. Im Hinblick auf das Vorhaben stellt Partnerarbeit, bei der gemeinsam an einem Computer ein vorab festgelegtes Ziel verfolgt wird, eine „intensive Kooperation" dar, die ohne größeren organisatorischen Aufwand praktiziert werden kann (vgl. Schuster, 2001, 128).

Die Sozialform bietet sich an, da auf diese Weise eine gemeinsame Gestaltung von Arbeitsprozessen, der Austausch von Vorkenntnissen und gegenseitige Hilfe begünstigt werden. Allerdings sollte bei der Unterrichtsplanung der Sachverhalt berücksichtigt werden, dass es eine wichtige Rolle spielt, ob ebenbürtige Partner ihr komplementäres Wissen austauschen oder ob ein Laie und ein Experte sich miteinander verständigen müssen. Damit sich beide Partner einbringen können, voneinander lernen und Spaß an der gemeinsamen Arbeit haben, sollte die Lehrkraft im Vorfeld mit den Schülerinnen und Schülern klären, auf welche Art und Weise Zusammenarbeit vor dem Computer organisiert werden kann.

Da eine wichtige Voraussetzung für die gemeinsame Arbeit am Computer die Bereitschaft aller ist, sich aktiv am Prozess zu beteiligen, bedarf das ausgewählte Thema einer besonderen Berücksichtigung. Es sollte die Schülerinnen und Schüler herausfordern, motivieren und ihr Interesse wecken, persönliche Kenntnisse und Ideen einzubringen. Auch sollte die Themenstellung Lösungen auf kognitiver, affektiver und kreativer Ebene zulassen und vielfältige Perspektiven bei Entscheidungen provozieren.

Bezüglich des Unterrichtsverlaufs scheint es vor allem wichtig, den zeitlichen Rahmen so festzulegen, dass die Schülerinnen und Schüler nicht nur die einzelnen Arbeitsschritte abarbeiten und sich dabei die Arbeit so aufteilen, dass jeder das tut, was er am besten kann. Ein solches Vorgehen im Sinne der Arbeitsteilung ist sicher gut und sinnvoll, es widerspricht jedoch dem Bildungsanliegen, wonach jedem Schüler und jeder Schülerin eine Grundqualifikation im Umgang mit den Medien zuteil werden sollte. Lernen die Schülerinnen und Schüler in wechselnden Gruppenkonstellationen zu arbeiten, kooperative Verhaltensmuster zu erproben, Gesprächsregeln aufzustellen bzw. zu gebrauchen und eigenes Verhalten regelmäßig zu reflektieren, so kann dies zu einer gesteigerten Qualität der Kooperation beitragen. Auf diese Weise möchte das Vorhaben Voraussetzungen schaffen, zum Beispiel durch regelmäßige Reflexionen der Verhärtung von Wissensdivergenzen entgegenzuwirken und stattdessen einen regen Austausch von Informationen und bewusste Hilfestellung zu initiieren. Der Verlauf der Gruppenarbeit ist dabei so zu gestalten, dass die Schülerinnen und Schüler Zeit und Anreize erhalten, sich gegenseitig zu helfen, ihr Wissen auszutauschen und Kompromisse hinsichtlich der Ausführung von Arbeitsaufträgen auszuhandeln.

Von Vorteil scheint es zu sein, wenn die Lehrkraft lernt, anhand einfacher Merkmale die Partnerarbeit vor dem Computer einzuschätzen und unter Umständen helfend oder anregend einzugreifen. Um sich vor Augen zu führen, wie Gespräche vor dem Computer tatsächlich ablaufen, kann an dieser Stelle auf die Möglichkeit verwiesen werden, Gespräche auf Video aufzuzeichnen, sie zu analysieren und Konsequenzen für die eigene Praxis abzuleiten. Allerdings setzt diese Methode eine technische Ausstattung sowie einen beträchtlichen Arbeitsaufwand voraus, will man die Kamera parallel zum Unterrichtsgeschehen am Computer postieren und anschließend die Aufnahmen transkribieren und analysieren.

4. Ausblick

Die verstärkte Berücksichtigung und Anleitung des mündlichen Sprachhandelns bei der gemeinsamen Arbeit vor dem Computer und der damit einhergehenden Kooperation kann *kurzfristige und langfristige Auswirkungen* haben.
Als kurzfristig sind zu nennen:

1. Der affektive Aspekt, wonach der Teamgeist der Partner gestärkt wird, indem sich die Schülerinnen und Schüler gegenseitig informieren, helfen und ermutigen, ihre Wünsche formulieren und lernen, die Perspektive des Partners zu übernehmen.
2. Der kreative Aspekt, wonach das angestrebte Produkt durch die Kombination von Ideen und Vorkenntnissen, durch gegenseitige Kontrolle und Verbesserungsvorschläge eine Qualitätssteigerung erfährt;
3. Der kognitive Aspekt, wonach die Schülerinnen und Schüler, indem sie im Prozess ihr unterschiedliches Wissen austauschen, ihre Vorkenntnisse erweitern.

Langfristig lernen die Schülerinnen und Schüler, sich in Arbeitsprozessen mit einem Partner auf eine gemeinsame Sache zu verständigen. Die damit verbundenen sprachlichen Fähigkeiten werden in authentischen Situationen eingesetzt, durch gezielte Methoden bewusst gemacht und durch wiederholte Anwendung vertieft. Die Förderung kommunikativer Kompetenz umfasst in diesem Fall kooperatives mündliches Sprachhandeln sowie ein verstärktes Bewusstsein für die Auswirkungen desselben im Umgang mit anderen. Sie geht damit über das bloße Sprechen vor dem Computer hinaus. Auf diese Weise werden die Schülerinnen und Schüler befähigt, Anforderungen im Schulalltag sowie im Privat- und Berufsleben in all den Bereichen gerecht zu werden, in denen Menschen auf Kooperation und gegenseitige Verständigung angewiesen sind.

Literatur (Auszug)

Polz, Marianne 1992: Zur Prozeßkonzeption mündlichen Darstellens im Ausdrucksunterricht unter besonderer Berücksichtigung der Subjekt-Objekt-Dialektik. Engelsbach

Schuster, Karl 2001: Mündlicher Sprachgebrauch im Deutschunterricht. Baltmannsweiler

Steinig, Wolfgang/ Hans-Werner *Huneke* 2002: Sprachdidaktik Deutsch: eine Einführung. Berlin

Karin Buchgeister (Flensburg) **Bilderbücher als Wegbereiter des Freien Schreibens**

1. Bilderbücher und Schriftspracherwerb

Bilderbücher sind allen Kindern, die in der ersten Klasse lernen, bekannt. Neben Buchausgaben, die nicht nur im Kindergarten und zu Hause im Regal anzutreffen sind, sondern auch bei Freunden, Tanten und Großeltern bereitliegen, kennen vielleicht einige Kinder schon die Abenteuer von Petterson und Findus oder die Forschungsreisen von Oskar, dem Ballonfahrer, der sowohl in Bilderbüchern als auch auf CD-ROMs seine aufregenden Forschungsreisen unternimmt.

Was haben jedoch Bilderbücher und eine sich zunehmend entwickelnde Medienkompetenz der Kinder mit ihrem Schriftspracherwerb zu tun? Auf den ersten Blick nichts: Wenn Kinder eingeschult werden, dann sollen sie das Lesen und Schreiben erlernen statt Bilderbücher zu betrachten. Bei genauerem Hinsehen lassen sich aber durchaus Begründungszusammenhänge für den Einsatz von Bilderbüchern im Sprachunterricht der ersten Klassen der Grundschule finden. Mette Börder z.B. hat jüngst didaktische Möglichkeiten zur Verbindung von Bilderbuch und Hypertext aufgezeigt (vgl. 2003, 118ff.). Meines Erachtens lassen sich aber auch Berührungspunkte zwischen der Bildbetrachtung und dem Schriftspracherwerb erkennen. Bilderbücher fordern zum Ansehen und zum Entdecken heraus, zur Beschäftigung mit den bildhaft dargestellten Szenen. Dieses ist die Voraussetzung, um in einen Dialog mit dem Bild einzutreten. Eine sich daran anschließende Erzählsituation schätzen die Kinder dann besonders, wenn andere Kinder oder Erwachsene als Zuhörende beim Erzählen zugegen sind. Und jetzt, in der Erzählsituation, betreten die Kinder ein ihnen vertrautes Gebiet: Geschichten erzählen oder erzählt bekommen. Das gesprochene Wort hat sie bisher im Leben begleitet. In diesem Moment betreten die Kinder die Welt der Sprache, die Welt des Klangs: Rhythmus und Intonation werden von ihnen angemessen gewählt; Reime und Formeln sind ihnen im mündlichen Sprachgebrauch geläufig, so dass diese Mnemotechniken als Gedächtnisstütze dienen. Ihr Erzählen strahlt Einfühlungsvermögen aus und zeigt, dass sie während des Erzählens die Geschichte noch einmal durchleben (vgl. dazu Ong 1987, 50).

Da das mündliche Erzählen eine wichtige Grundlage für das spätere freie Scheiben in der Schule bildet, darf dieses vom Bild initiierte Erzählen, so meine These, während des Schriftspracherwerbs nicht in den Hintergrund treten. Wenn Kinder eingeschult werden, tritt die skizzierte Art des mündlichen Erzählens in der Schule jedoch stark in den Hintergrund. Im Mittelpunkt stehen vielmehr sprachanalytische, motorische, kinästhetische, artikulatorische, akustische, auditive und visuelle Prozesse, die ausgebildet werden müssen, damit die Übersetzung des gesprochenen Wortes in die angemessene schriftliche Form gelingt. Aber das allein führt nicht zur Schreibkompetenz. Ein entscheidender Punkt muss berücksichtigt werden: „Das Schreibenlernen führt zu einer Spracherfahrung und damit auch zu einem sprachlichen Wissen *eigener Art*. Das Schreiben fordert die Kinder dazu heraus, ihre Sprachproduktion *schriftlich*, das heißt von Kategorien des Schreibens her zu verstehen" (Feilke 1995, 73). Das heißt, dass alle Kinder in der ersten Klasse damit beginnen, ihr orales Wissen in den Erwerb der Literalität zu integrieren. Das führt in der dann folgenden Entwicklungszeit der Schulkinder dazu, dass z.B. „sprachliche Strukturen – etwa bestimmte syntaktische Konstruktionen-, die Kinder im Sprechen bereits sicher beherrschen und gebrauchen, im Schreiben derselben Kinder oft erst um Jahre verzögert verfügbar sind" (Feilke 1995, 73). Dies sei darauf zurückzuführen, so Feilke, dass „das Schreibenlernen, über die bewusste Kontrolle der Sprachtätigkeit hinaus, auch sprachliche Strukturierungen *eigener Qualität* verlangt und ermöglicht." Feilke verweist auf Ergebnisse der Entwicklungspsychologie, die durch Piaget und Wygotski geprägt, von sogenannten \`Verschiebungen´ (décalages) sprechen. „Das Schreibenlernen ist vielleicht die folgenreichste bekannte Verschiebung, denn es umfaßt die kognitiv-sprachliche, die emotionale und die sozial-kommunikative Dimension des Sprachhandelns gleichermaßen" (Feilke 1995, 73).

Swantje Weinhold zeigt in ihrem Buch „Text als Herausforderung", wie Kinder dieses Problem am Ende der ersten Klasse lösen. Sie analysierte 383 Texte von Kindern, die am Ende der ersten Klasse in den Jahren 1991 – 1995 geschrieben worden waren. Die Kinder sollten eine Geschichte zu einem per Visualisierung in Erinnerung gerufenen literarisch-medialen Komplex schreiben. Auf einem weißen Blatt waren dazu verschiedene Figuren aus der Erlebniswelt der Kinder abgebildet, z.B. Arielle oder Batman. Mit Hilfe entwicklungspsychologisch orientierter Schreibforschungsansätze untersuchte sie diese Texte „als Momentaufnahmen eines Auseinandersetzungsprozesses der Kinder" mit den „medialen und konzeptionellen Bedingungen und Möglichkeiten der Schriftsprachlichkeit" (Weinhold 2000, 16). In diesem Zusammenhang entwickelt Weinhold Beschreibungsansätze und zeigt Strategien der Kinder auf, wie und auf welche Art und Weise sie zur Textentfaltung gelangen. Sie zeigt die Suche der Kinder und legt die Anlage jener Texte sowohl auf der prozedural-kognitiven Ebene und bezüglich des Umgangs mit der Schreibabsicht als auch mit dem Fokus auf die schriftsprachliche Konzeptualisierung der Ergebnisse überzeugend dar (vgl. ebd., 194f.). Viele schriftliche Formulierungen in den Texten der Kinder zeigen einen engen Bezug zur Oralität. So wird in dieser Untersuchung besonders deutlich, dass sich die Kinder zu Beginn des Schriftspracherwerbs auf der Schwelle von der Oralität zur Literalität bewegen. Die Kinder nutzen ihr Wissen um Elemente des Geschichtenaufbaus, indem sie dieses in ihren schriftlichen Texten als Aufbaukriterium mit einfließen lassen, wie z.B. narrative Eingangs- und Endformen. Weinhold stellt überzeugend heraus, dass das von den Kindern ausgewählte Bild, zu welchem die Texte entstanden, die Erinnerung an einen bekannten „literarisch-medialen Komplex" erweckt und auf diese Weise das Schreiben des eigenen Textes erleichtert (Weinhold 2000, 16). Dieser und andere Ansätze - z. B. von Jürgen Baurmann (1995) und Gudrun Spitta (1998) - zeigen, dass in der Schreibdidaktik neue Forschungsergebnisse gewinnbringend in den Unterricht übersetzt werden können. Neu in diesem Zusammenhang ist der unterstützende Einsatz von Bilderbüchern, um den Gedankengenerierungsprozess und den mündlichen Sprachgebrauch gezielt herauszufordern.

Hier schließen sich folgende Fragen an:

1. Inwiefern ist möglicherweise das Erzählen zu Bilderbüchern ein hilfreicher Schritt auf dem Weg zum schriftlichen Sprachgebrauch? Die anfangs formulierte These, dass das mündliche Erzählen eine wichtige Grundlage des Schreibens bildet, führt zu folgender Überlegung: Wenn Kin-

der während des Schriftspracherwerbs weiterhin viel erzählen können, geht dieses Vermögen während der Phase des Erlernens der Buchstaben nicht verloren. Auf diese Weise können alle Kinder schneller einen tragfähigen Zugang zur Literalität entwickeln. Die Textentfaltungsstrategien, die Swantje Weinhold beschreibt, sollten von den Kindern dann im zweiten Jahr des Schriftspracherwerbs dahingehend ausgebaut werden können, dass die entstehenden schriftlichen Arbeiten zunehmend den Fokus auf das Schreibprodukt als Gegenstand der Überarbeitung in den Blick nehmen, die Auseinandersetzung mit der Gliederung von Sprache und Text stärker in den Mittelpunkt rückt und formale Prinzipien von Schriftsprache zunehmend gezielt berücksichtigt werden.

2. Wie können solche Momente des Erzählens und Schreibens zu Bilderbüchern in der Klasse didaktisch und methodisch von Lehrern gestaltet werden? Welche Unterrichtsvorschläge für den praktischen Einsatz von Bilderbüchern im Erstlesunterricht lassen sich auf der Basis der gewonnenen Untersuchungsergebnisse formulieren?

Die Sichtung didaktischer Literatur, die Umgangsformen mit Bilderbüchern im Unterricht thematisiert, zeigt, dass die Arbeitsideen von literal geprägten Didaktikern entwickelt wurden. Sie setzen an der Stufe der konkreten Operationen an, schenken jedoch dem gesamten oralen Sprachgebrauch der Kinder im ersten Schuljahr und den damit in Zusammenhang stehenden Denkbewegungen zu wenig Aufmerksamkeit. So werden abwechslungsreiche und fachübergreifende Unterrichtseinheiten und -stunden von Didaktikern vorgeschlagen, die jedoch häufig nicht den Fragehorizont des oral denkenden Kindes der Eingangsphase treffen. Meine These zielt in die folgende Richtung: Wenn das freie Schreiben, ausgehend von der Betrachtung des Bilderbuches mit einer sich daran anschließenden Beschäftigung mit dem Bilderbuch, initiiert wird, sollte die Analyse der Ergebnisse, durchgeführt vor dem Hintergrund entwicklungspsychologisch orientierter Schreibforschungsansätze, zeigen, dass Kindern der Eingangsphase, wenn sie mit Bilderbüchern im Unterricht gezielt handeln können, der Weg in die Schriftsprachlichkeit erleichtert wird.

2. Methoden

Qualitative empirische Untersuchungsmethoden und Fallstudien zu sieben Kindern bilden die beiden Ausgangspunkte meiner Forschung. Auf der einen Seite sollen die mithilfe von Videoaufnahmen, Tonbandmitschnitten, malerischen Ergebnissen und den ersten schriftlichen Äußerungen im Kindergarten und in der Schule gewonnenen Daten als kommunikative Prozesse zwischen den jeweils beteiligten Interaktionspartnern analysiert werden. Gerade die Analyse der mündlichen Erzählfertigkeit zu Bilderbüchern von Kindern vor der Einschulung, hier im Gewand der mündlichen Erzählungen in unterschiedlichen Erzählsituationen, soll dazu dienen, den Verlauf der weiteren Entwicklung der mündlichen Erzählfähigkeit während des ersten Schuljahres unter vergleichbaren Erzählsituationen erforschen zu können. Zugleich werden auf der anderen Seite ausgewählte schriftsprachliche Äußerungen der Kinder, die während des Unterrichts produziert werden, erweiternd hinzugenommen und dem mündlichen Erzählverhalten vergleichend gegenübergestellt. Der besondere Schwerpunkt soll hierbei in der Analyse von schriftlichen Texten, die im Anschluss an das mündliche Erzählen zu Bilderbüchern entstanden sind, liegen. Diese Beobachtungen bilden den Kern des Forschungsvorhabens. Die gewonnenen schriftlichen und mündlichen Ergebnisse werden mit textlinguistischen Analyseverfahren untersucht werden. Ziel der Untersuchung ist das Eröffnen einer didaktischen Perspektive, um Entwicklungsprozesse von Kindern in der Eingangsphase bewusster wahrnehmen und für den Fortschritt des Kindes im schriftlichen Sprachgebrauch gezielter nutzen zu können. Beides, also die gewonnenen Beobachtungen bezüglich des Gedankengenerierungsprozesses während des Erzählens und die sich daran anschließenden schriftlichen Texte der Schüler, bildet für den Lehrenden eine wichtige Grundlage, um Unterrichtsprozesse für jeden Schüler der Klasse leichter zielorientiert planen und durchführen zu können.

3. Beobachtungen in der Schule - Eine Momentaufnahme, die zum Nachdenken auffordert

Wie schwer die mündliche Darstellung eines Spiels für einen Schulanfänger ist, möchte ich durch eine in der dritten Schulwoche gemachte Beobachtung erläutern:

> In die Klasse 1E brachte Jan ein neues Spiel mit. Dieses wollte er im morgendlichen Sitzkreis der Klasse vorstellen. Dieses Konstruktionsspiel bestand aus magnetisierten, fast steichholzlangen dickeren runden Stäben, die so isoliert waren, dass nur ihre Enden magnetische Anziehung zuließen. Außerdem lagen dem Spiel viele kleine, vielleicht glasklickergroße, silbern glänzende Eisen-Kugeln bei, die von den Enden der Stäbe angezogen wurden. Aufgrund der Eigenschaften beider Bauteile konnten nun viele dreidimensionale Körper gebaut werden: Quadrate, Pyramiden etc. Jan stellte das Spiel nun im Morgenkreis vor: Er legte die Teile auf den Boden, die Kugeln separat von den Stäben, die aneinander „klebten", und nun warteten alle Kinder auf weitere Ausführungen - aber Jan sagte nichts. Alle Kinder sahen aufmerksam auf die Dinge und sagten auch nichts.

Warum gab Jan keine sprachlichen Beschreibungen des Spiels? Warum erklärte er nicht, wie das Spiel heißt und was man wie mit den Teilen machen kann? Annäherungen in Hypothesenform:

1. Jan sagte nichts, da er davon ausging, dass alle Kinder wüssten, um welche Art „Spiel" es sich hier handelt.
2. Jan *konnte* nichts sagen, weil er die symbiotische Verbindung von nichtsprachlichem Kontext (also der Situation: alle Kinder sitzen im Kreis, jeder kann das Spiel sehen/ anfassen/ es ausprobieren) und dem Referenzobjekt (das für alle sichtbare Spiel, welches er eben auch nicht extra benannte) *nicht* in Sprache zu übersetzen vermochte.

Gehen wir dieser zweiten Hypothese einmal nach: Was veranlasste Jan, sprachlos vor den Teilen des Spiels zu verweilen? Jan war es nicht möglich, über die sichtbaren Teile des Spiels durch gezieltes sprachliches Handeln mit praktischer Durchführung *in der Weise* Aussagen zu machen, *dass* für alle Beteiligten *Zusammenhänge deutlich werden*. Denn das ist eine sehr abstrakte und komplexe Anforderung, wie die nachfolgende Aufstellung verdeutlicht

Jan sollte nicht mit dem Baumaterial spielen,	sondern	anderen zeigen, wie es funktioniert
Jan sollte von sich absehen	und	allgemein erklären
Jan sollte seine Handlungen in Sprache übersetzen	und	nicht nur etwas zeigen

Mit Bezug auf Wygotski (1986) lassen sich diese Überlegungen vertiefen. Natürlich ist es mir nicht möglich auf Jans individuelle Entwicklung einzugehen, aber klar ist, dass sich Kinder während des Kindergartenalters davon lösen, den Erwachsenen strukturierende Tätigkeiten in der Organisation von Spielen zu überlassen. Kinder planen ihr Vorgehen zunehmend selbst. Zunächst werden diese Handlungen in ihrer Planung sprachlich begleitet; diese sprachliche Planungstätigkeit wird jedoch zunehmend nach innen verlagert und damit lautlos (vgl. Wygotski 1986, 330–350; Wertsch 1996, 153–161; Andresen 2002, 23–27). Jan ist als Schulkind in dem Alter, in dem die Handlungen nicht mehr sprachlich begleitet werden müssen. Nach der Aufforderung der Lehrerin einmal zu zeigen, „...was man damit machen kann", begann Jan damit, Körper zu bauen. Auch dabei sprach er nicht.

Möglicherweise konnte Jan *keine* Distanz zwischen der von ihm ausgeführten Handlung und seiner Person schaffen, um erklären zu können, was er gerade macht. Vielleicht konnte Jan nicht sprechen, da er seine Aufmerksamkeit dazu benötigte, *seine Handlungen selbst noch zu strukturieren*, denn nicht immer „klebten" die Teile sofort an der „richtigen" Stelle; nicht sofort wurde der „Würfel" zum „Würfel"; zuweilen musste Jan genau überlegen, wohin das folgende Bauteil gesetzt wird, damit der angestrebte Körper auch entsteht. Jan benötigte folglich seine ganze Aufmerksamkeit für den Bau des Körpers. Er musste also seine Sprache dahingehend für sich „gebrauchen", um seine Handlungen zu strukturieren. *Folglich konnte Jan gar nicht sprechen* (vgl. Andresen 2002, 162 - 167).

Was haben diese Überlegungen mit dem Einsatz von Bilderbüchern im Unterricht zu tun? Bilderbücher zeigen Bilder. Sie fordern die Kinder zumeist nicht dazu auf, als Konstrukteur oder Bauherr aufzutreten, wie das von Jan verlangt war. Kinder im Primarbereich geraten regelmäßig in diese oder andere, für sie sehr „komplizierten" Momente, in denen sie neue Handlungsstrategien erproben müssen, um den Anforderungen gerecht zu werden. Beim Erzählen, Berichten oder Beschreiben müssen sich die Kinder genau überlegen, was sie sagen wollen, um verstanden zu werden. Beim Schreiben von Texten müssen sich die Kinder darüber hinaus noch an die Buchstaben, deren Schreibschwung uvm. erinnern. Folglich ist es für diese Kinder besonders wichtig zu lernen, von ihrer Person abzusehen und auf einen Hörer oder fiktiven Leser hin, eine Beschreibung oder eine Geschichte zu formulieren. Sie müssen also eine mit Jan vergleichbare Situation zu lösen lernen; sie müssen mögliche „Formulierungsprobleme" bewältigen.

Bilderbücher unterstützen gerade diesen Moment der Suche nach einer passenden sprachlichen Formulierung, indem sie zwar durch die Bilder eine Erzählstruktur vorgeben, aber gleichzeitig mögliche Erzählperspektiven offen lassen. So entscheidet das Kind, was es wie und mittels der sprachlichen Darstellung welcher Zusammenhänge erzählt.

4. Momente des Erzählens zu Bilderbüchern – didaktische und methodische Ideen

Um sich bewusst auf die Suche nach dem „richtigen", dem angemessenen Wort für die Beschreibung eines z.B. bildlich gegebenen Sachverhalts zu machen, müssen sich Kinder zunächst darüber „bewusst" sein, sich mit einem „Formproblem", d.h. einem Formulierungs-Problem zu beschäftigen. Welche Voraussetzungen muss das Kind bis dahin überhaupt entwickelt haben, um sich darüber bewusst zu sein, dass es sich die Geschichte, die es erzählen möchte, gerade in dem Moment sprachlich konstruiert?

Wygotski sagt, dass dem Kind eine psychische Funktion erst dann bewusst wird, wenn es diese Funktion schon weit entwickelt hat, denn „Bewusstwerdung ist verbunden mit Introspektion, da eigene psychische Prozesse zum Gegenstand der Aufmerksamkeit werden. Sie ist sprachvermittelt und erfordert die Verallgemeinerung der eigenen Bewusstseinstätigkeit" (Andresen 2002, 20). Denn „die Dinge anders wahrnehmen heißt gleichzeitig, andere Möglichkeiten der Handlung im Hinblick auf sie zu erwerben" (Wygotski 1986, 206).

Jan hat das Spiel in allen seinen Facetten wahrgenommen, als er es in den Erzählkreis legte. Er konnte aber noch nicht wahrnehmen, wie dieses auf dem Boden liegende Spiel auf andere wirkt, die es nicht kennen. Auch während des Konstruierens konnte Jan, wie eben erläutert, noch nichts sagen, da er sich in dieser Situation noch nicht ihrem Verlangen nach einer zeigenden sprachlichen Geste bewusst war.

Auf den Zusammenhang von Bilderbuch und Schreibprozessen bezogen: Erst eine bewusst gewordene Tätigkeit kann aus ihren Zusammenhängen gelöst werden, in denen sie aufgetreten ist. Erst dann kann sie willentlich und aufmerksam betrachtet werden.

Um (freie) Texte schreiben zu können, müssen Kinder genau das oben Beschriebene leisten können. Das Erzählen zu Bilderbüchern ebnet den Weg zum Schreiben freier Texte, indem während des Erzählens zum Bild die Tätigkeit des Erzählens in den Blick des Kindes gerückt wird. Dieses kann dadurch erreicht werden, dass zum Beispiel ein Erwachsener während des Erzählens „Nachfragen" zu der gerade erzählten Geschichte stellt. In diesem Moment muss sich das Kind an das, was es zuvor gesagt hat, erinnern, inne halten und die Frage mit dem bereits erzählten abgleichen, um nun bewusst die Beantwortung in den Blick nehmen zu können. In diesem Augenblick wird das Erzählen zum Gegenstand der Aufmerksamkeit, die Handlung des Erzählens wird zu einer bewussten Tätigkeit.

Vor diesem Hintergrund lassen sich sprach- bzw. aufsatzdidaktische Implikationen des Einsatzes von Bilderbüchern als Arbeitshypothese formulieren: Wenn das Erzählen zu Bilderbüchern häufiger im Unterricht stattfindet, dann sollte auch das „Freie Schreiben" in Verbindung mit dem Textaufbau und seinen Aspekten von den Kindern schneller und aufmerksamer in den Blick genommen werden können (vgl. dazu auch Weinhold 2000).

Der interaktive Gesprächszusammenhang, die Präsenz der Bilder, auf welche während des Erzählens gezeigt werden kann, die Suche nach angemessenen Begrifflichkeiten und die Möglichkeit des Erwachsenen, immer wieder in die Metakommunikation wechseln zu können, bieten darüber hinaus weitere wichtige Momente, die den Einsatz von Bilderbüchern im Unterricht sinnvoll machen.

Doch auch eigenständige Lernprozesse lassen sich auf diese Weise anbahnen. So üben sich die Kinder z.B. darin, ausgehend vom Bild miteinander ins Gespräch zu kommen und Gedanken auszutauschen. Genau das konnte ich vor einigen Tagen in der ersten Klasse beobachten: Max hatte das Bilderbuch von „Der schlauen kleinen Hexe" ´Lisbeth´ in der Pause auf seinem Tisch liegen, denn Daniel, der das Buch noch nicht kannte, wollte die Geschichte erzählt bekommen. Also „las" Max ihm das Buch vor. Das war der Beginn einer konzentrierten, durch das Medium beflügelten, Pausenaktivität: Beide Kinder verbrachten ihre Zeit in Lisbeths Welt.

Literaturliste

Andresen, Helga 2002: Interaktion, Sprache und Spiel. Zur Funktion des Rollenspiels für die Sprachentwicklung im Vorschulalter. Tübingen

Augst, Gerhard 1995: Frühes Schreiben. Studien zur Ontogenese der Literalität. Essen

Balhorn, Heiko/ Heinz *Giese*/ Claudia *Osburg*,(Hrsg.) 2001: Betrachtungen über Sprachbetrachtungen. Grammatik und Unterricht. Seelze

Beaten, Lieve 2003: Die schlaue kleine Hexe. Hamburg

Brockmeier, Jens 1998: Literales Bewußtsein. Schriftlichkeit und das Verhältnis von Sprache und Kultur. München

Börder, Mette 2003: Vom Bilderbuch zum multimedialen Hypertext. In: Jutta Wermke (Hrsg.): Literatur und Medien (= Medien im Deutschunterricht 2002. Jahrbuch. Hrsg. von Volker Frederking, Hartmut Jonas, Petra Josting, Jutta Wermke). München, S. 118-127

Bruner, Jerome 1993: Wie das Kind sprechen lernt. 1. Nachdruck. Bern

Claussen, Claus 2000: Erzähl´ mal was! Materialien für das mündliche Erzählen in der Grundschule. Donauwörth

Dehn, Mechthild 1999: Texte und Kontexte. Scheiben als kulturelle Tätigkeit in der Grundschule. Berlin

Ehlich, Konrad (Hrsg.) 1996: Kindliche Sprachentwicklung. Konzepte und Empirie. Opladen

Feilke, Helmuth/ Paul R. Portmann (Hrsg.) 1996: Schreiben im Umbruch. Schreibforschung und schulisches Schreiben. Stuttgart

Feilke, Helmuth 1995: Auf dem Weg zum Text. In: Gerhard Augst (Hrsg.): Frühes Schreiben. Studien zur Ontogenese der Literalität. Essen, S. 69 – 88

Ong, Walter J. 1987: Oralität und Literalität. Die Technologisierung des Wortes. Opladen

Richter, Karin 2001: Kinderliteratur in der Grundschule. Betrachtungen – Interpretationen – Modelle. Hohengehren

Scheering, Susanne 2001: Vom Bilderbuch zum Bilderbuchvideo. In: Jörg Diekneite / Marlies große Holthaus / Claudia Vorst (Hrsg.): Grundschule zwischen Bilderbuch und Internet. Erkenntnisse und Anregungen des Paderborner Grundschultages 2000 „Kinderwelt – Medienwelt". München, S. 104–113

Spitta, Grudrun (Hrsg.) 1998: Freies Schreiben – eigene Wege gehen. Lengwil

Thiele, Jens 2000: Das Bilderbuch. Ästhetik – Theorie – Analyse – Didaktik – Rezeption. Oldenburg

Wagner, Klaus R. (Hrsg.) 1995: Sprechhandlungserwerb. Essen (Kindersprache; Bd.10).

Weinhold, Swantje 2000: Text als Herausforderung. Zur Textkompetenz am Schulanfang. Freiburg i.Br.

Wertsch, James 1996: Vygotskij und die gesellschaftliche Bildung des Bewusstseins. Marburg (Georg Rückriem (Hrsg.): Internationale Studien zur Tätigkeitstheorie, Bd. 2)

Wygotski, L.S. 1986: Denken und Sprechen. Frankfurt a.M.

Service

Rezensionen
Bibliographien
Linkliste

***zu* Lernsoftware „Schreiblabor 1"** der Medienwerkstatt Mühlacker. Mühlacker 2002

Sprache und Schrift entdecken im virtuellen Schreiblabor'

Eine ‚Hose' in eine ‚Rose' verwandeln oder ein ‚Kamel' in ein ‚Kabel' – das ist nicht etwa eine Lektion eines Zauberbuchs, sondern eine von vielen Übungen aus der CD-ROM *Schreiblabor 1* der *Medienwerkstatt Mühlacker (Hans Peter Bergmann; Ralf zur Linde)*. Bei dieser Aufgabe soll allerdings keine echte Hose verzaubert, sondern lediglich das Wort ‚Hose' durch Verwandlung (Austausch) eines Buchstabens zur ‚Rose' werden – Spaß macht den Kindern aber beides – zaubern wie mit Sprache experimentieren.

Bei der Gestaltung einer Lernumgebung für den sehr sensiblen Bereich des Anfangsunterrichts im Lesen und Schreiben gilt es, wichtige fachliche und didaktisch-methodische Grundüberlegungen zu berücksichtigen, sollen beim Lernen mit der Software Lernchancen nicht ungenutzt bleiben oder gar verschüttet werden. Die Lernumgebung *Schreiblabor 1* geht von folgenden Prämissen aus[1]:

a) Für Lese- und Schreibanfänger sind Laute, Buchstaben und Wörter eine Welt, die erforscht werden will. Auf dieser Forschungsreise gilt es, das alphabetische Prinzip der Schriftsprache bzw. das lauttreue Schreiben zu entdecken. Diesbezüglich hat sich der Anfangsunterricht im Lesen und Schreiben methodisch in den vergangenen Jahren deutlich gewandelt. Der Erwerb der Schriftsprache wird heute als ein nicht geradlinig, sondern eher sprunghaft verlaufender *aktiv-entdeckender Problemlöseprozess* betrachtet, der bei den Lernern in unterschiedlicher Geschwindigkeit und mit individuellen kognitiven Strategien verläuft. Lesen und Schreiben fördern sich wechselseitig – Schreiben als dem produktiven Faktor des Schriftgebrauchs fällt dabei eine besondere Bedeutung zu.

b) Entdeckendes Lernen im Anfangsunterricht entfaltet sein Potential auch durch die *positive Wertung und konstruktive Wirkung von Fehlern*. Als unvermeidlicher und unentbehrlicher Bestandteil des Erwerbsprozesses sind Fehler (Lern-)Stationen auf dem Weg zur Lese- und Schreibkompetenz. Sie können Auskunft geben über den aktuellen Stand der Lernentwicklung eines Kindes, darüber was es schon beherrscht und nicht in erster Linie darüber, was es noch nicht kann. Unterricht sollte nicht vornehmlich die Vermeidung von Fehlern anstreben, sondern den Kindern die Chance bieten, die *Vermeidung von Fehlern zu lernen*.

c) Der Beweggrund zur Erforschung und Übung der Rechtschreibung soll prinzipiell aus der Mitteilungsfunktion der Texte entstehen, aus dem *Erfordernis der richtigen Schreibung für die Adressaten*. Daher sollten die Schreib-Produkte der Kinder zumeist veröffentlicht und so zu Lese-Texten werden, die nicht nur im Schreibheft stehen, sondern auch von anderen gelesen und besprochen oder kommentiert werden.

Auf diese Grundannahmen eines modernen Anfangsunterrichts ist die mit einem Comenius-Siegel 2003 der Gesellschaft für Pädagogik und Information e.V. (GPI) ausgezeichnete Lernsoftware *Schreiblabor 1* genau zugeschnitten. Es ist eine Lernumgebung, die speziell für den Übergang von der logographemischen (rein visuelle Operationsweise zur Identifizierung von Wörtern) zur alphabetischen (Erkennen der Graphem-Phonem-Korrespondenz) Strategie

---

1 Vgl. zu diesen Aspekten den neuen Hessischen ‚Rahmenplan Grundschule' zum ‚Schreiben und Lesen im Anfangsunterricht'. Online-Quelle: <http://grundschule. bildung. hessen.de/Rahmenplan>)

der Schreib- und Leseanfänger gedacht ist. Kinder lernen in dieser Übergangsphase, die Einzellaute eines Wortes zu identifizieren. Wenn sie in der Schule beispielsweise mit der Anlauttabelle nach Reichen ihre ersten Schreibversuche unternehmen, müssen sie dazu eine beachtliche kognitive Leistung vollziehen, die Reichen in 4 Phasen der *Reduktion* gliedert[2]:

1. Absehen vom Sinn eines Wortes und Reduzierung auf seine *Lautstruktur;*
2. Zerlegung des Lautstrukturgebildes in eine *Lautkette* aus Einzellauten;
3. Isolierung der *Einzellaute* aus der Lautkette;
4. Umsetzung des Einzellauts über eine Buchstabentabelle in einen *Buchstaben.*

Zu diesen Phasen des Lese- und Schreiblernprozesses bietet die Lernumgebung *Schreiblabor 1* auf der Laut-, Wort- und Textebene in acht Lernangeboten (etwas unglücklich *Lernmaschinen* genannt) Übungen an.

Laut-Buchstaben-Ebene

Bei der Übung ***Buchstaben lernen*** werden sowohl die Buchstabenkenntnis trainiert als auch die Bilder bzw. Wörter der Anlauttabelle eingeführt. Auf dem Bildschirm der *Buchstabenlernmaschine* erscheint jeweils ein Anlautbild aus der Anlauttabelle mit den zugehörigen Buchstaben (groß und klein); das Anlautwort wird (bei Bedarf) vorgesprochen. Unterhalb dieses Bildschirms befinden sich vier Hörrohre. Durch Klick auf ein Hörrohr wird jeweils ein Phonem vorgesprochen, nur eines der vier Phoneme passt zum aktuell präsentierten Anlautwort. Die Entscheidung für den zugehörigen Laut fällt durch Klick auf einen großen Auswahlknopf unterhalb des Hörrohrs.

Besonders anzumerken ist, dass bei dieser wie bei allen anderen Übungen, alle Laute und Wörter sehr deutlich vom Programm akustisch ausgegeben werden – an einigen Stellen automatisch, an anderen auf Bedarf per Mausklick, immer jedoch in klickbarer Nähe und beliebig oft wiederholbar. Einerseits ist das zur Bearbeitung der Übungen notwendig, andererseits schult die wiederholte akustische Präsentation der Laute und Wörter das Gehör (selbst eines Erwachsenen) recht intensiv. Nach meinen Beobachtungen von Lernern ist diese Möglichkeit des freien und beliebig oft wiederholbaren Zugriffs auf die visuellen und akustischen Elemente der Übungen eine wesentliche Grundlage für das Training eines genauen Hinhörens und Hinsehens und somit für ein bewusstes Auswählen einer Lösung.

Beim ***Buchstaben unterscheiden*** wird jeweils ein Buchstabe mehrfach in unterschiedlichen typografischen Gestaltungen und mit einigen anderen Buchstaben auf dem Bildschirm angezeigt. Alle gleichen Buchstaben sollen optisch identifiziert und von den eingestreuten *Irritationen* unterschieden werden. Die Kinder können dadurch die konstante Gestalt der Buchstaben trotz der unterschiedlichen Typografie entdecken.

Das Lernangebot ***Nachspuren*** will über den Lernkanal der Schreibmotorik die Einprägung der Buchstaben zusätzlich fördern. Über die Anlauttabelle wird ein Buchstabe ausgewählt und zunächst akustisch präsentiert. Danach wird die Schreibspur des Buchstabens langsam auf den Bildschirm gezeichnet und kann von den Kindern mit dem Finger auf dem Bildschirm nachgezeichnet werden. In einem anderen Modus dieses Lernangebots sollen die Buchstaben über das Schreiben *ohne* bleibende Spur auf dem Bildschirm erkannt werden. Diese Übung

2 Ausführlich in: Bergmann, Hans Peter / zur Linde, Ralf (2003): Softwaregestütztes Lernen im Erstlese- und Schreibunterricht mit dem Programm „Schreiblabor 1". In: e-nitiative.nrw (2003): Neue Medien - Neue Lernkultur. S. 54-81<http://www.e-nitiave.nrw.de/download_pdf/Tagung Do-Feb/ Neue_Medien_Neue_Lernkultur.pdf>.

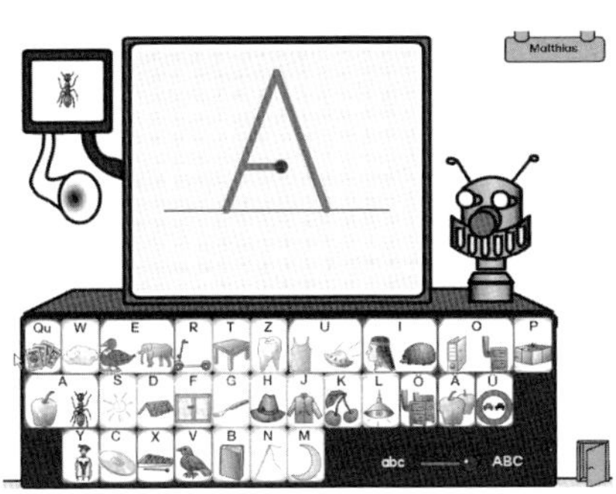

Abbildung 2: Lernmaschine 'Wörter durchgliedern' (Screenshot)

Abbildung 1: Lernmaschine 'Nachspuren' (Screenshot)

ist allerdings nicht für Notebooks geeignet, da die LCD-Bildschirme nach Möglichkeit nicht mit den Fingern berührt werden sollten.

In Form eines ***Memory-Spiels*** sollen Paare aus Anlautbildern und den zugehörigen Lauten bzw. Buchstaben gesucht werden. Beim Aufdecken eines Kärtchens werden jeweils der Laut (bei Buchstaben) oder der Anlautbegriff (bei Bildern) akustisch präsentiert. Das Memory ist als Paarspiel für zwei Spieler angelegt und reizt durch den angenehmen Wettbewerbscharakter zum wiederholten Spielen.

Wort-Ebene

Das Lernangebot ***Wörter durchgliedern*** leitet die Lerner zum systematischen phonetischen Aufbauen von lauttreu zu schreibenden Wörtern an. In steigenden Schwierigkeitsstufen werden Wörter jeweils optisch in Form ihrer Anlautbilder und akustisch präsentiert. Über die Anlauttastatur des Programms können die Lerner die einzelnen Buchstaben des Wortes eingeben. Der Ist- und Sollzustand des zu schreibenden Wortes kann zu jeder Zeit akustisch verglichen und das Wort so systematisch erarbeitet werden.

Die Eingangs schon angeführte Übung ***Wörter verwandeln***, bei der jeweils ein Buchstabe eines Wortes ausgetauscht werden soll, macht erfahrbar, dass schon der Austausch eines Buchstabens in einem Wort zu einem radikalen Bedeutungswandel führen kann (aus ‚Hose' wird ‚Rose'). Die Kinder müssen bei dieser Übung genau hinhören und hinsehen und können so ein Bewusstsein für die Position von Buchstaben im Wort und für die bedeutungsunterscheidende Wirkung von Phonemen erlangen.

Text-Ebene

Auf der Textebene steht eine einfache ***Schreibmaschine*** für die ersten Schreibversuche der Lerner zur Verfügung. Eigene Wörter und Texte können geschrieben und mit einfachen Mitteln gestaltet werden (Größe, Farbe, Schriftschnitt, Textausrichtung). Die Texteingabe erfolgt wahlweise über die Anlauttabelle per Maus oder über die herkömmliche Tastatur des Computers. Das Programm liest die Texte auf Wunsch auch lautweise vor.

Neben der Veröffentlichungsmöglichkeit durch Ausdrucken können die mit der Schreibmaschine produzierten Texte in einer ***Textgalerie*** ausgestellt werden. In der Galerie erscheinen automatisch alle von den Kindern einer Lerngruppe produzierten Texte (es kann allerdings auch festgelegt werden, dass ein Texte nur ‚privaten' Charakter hat und nicht in der Galerie öffentlich zugänglich sein soll).

Lehrkraft-Modus

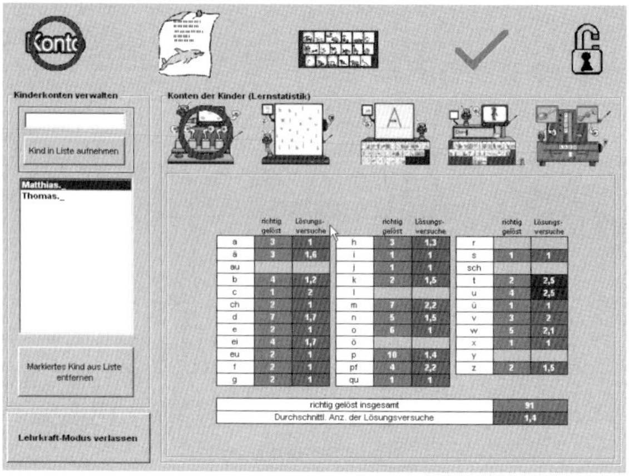

Im Lehrkraftmodus erfolgt die Einrichtung der Lernumgebung auf die jeweiligen Bedürfnisse einer Lerngruppe bzw. der Einzellerner. Hier werden zunächst die einzelnen Lernerprofile angelegt und Standardeinstellungen wie Schreibduktus (abgesetzt oder durchgehend) und Schriftart (Druckschrift Nord, Süd oder Bayern) vorgenommen. Über Lernstatistikkonten zu den verschiedenen Lernangeboten sind lerndiagnostische Informationen über den Lernstand der einzelnen Kinder erhältlich; mit Hilfe dieser Informationen können die Übungen individuell an dem Bedarf einzelner Lerner ausgerichtet werden. Die Lernstandskonten sind übersichtlich gestaltet und die Einstellmöglichkeiten fallen angenehm schlicht und transparent aus. Daher haben die Individualisierungsmöglichkeiten (bei Lernsoftware zwar oft verfügbar, aber genauso oft wohl auch verschmäht) in der Praxis eine echte Chance, genutzt zu werden .

Einsatzmöglichkeiten

Die Lernumgebung wird idealerweise in der Medienecke einer Klasse eingesetzt und dürfte zu den ersten Programmen gehören, mit denen die Kinder in der Schule arbeiten. Für die Nutzung sind keine besonderen Vorkenntnisse erforderlich (außer Bedienung der Maus und den eigenen Namen im Anmeldefenster identifizieren können). Auf dem Bildschirm befinden sich nur wenige, in ihrer Funktion immer transparente Bedienelemente und die Lernumgebung kann jederzeit spontan verlassen oder betreten werden – die Übungsstände und produzierten Texte speichert und lädt das Schreiblabor automatisch. Daher ist es auch für kürzere bzw. wechselnde Arbeitsphasen gut nutzbar. Haben die Kinder einmal erkannt, dass sie über den Roboterkopf jederzeit akustisch Hilfe erhalten, dass man sich mittels der überdimensionalen Hörrohre alle Laute und Worte immer wieder anhören kann und dass die Tür zum Verlassen bzw. Wechseln einer Übung dient, kommen Sie zumeist auch eigenständig mit der Lernumgebung zurecht. Für die Lerner ist allerdings irritierend, dass bei einigen *Lernmaschinen* Punkte auf unterschiedlichen Levels vergeben werden, bei anderen dieser Anreiz jedoch nicht vorhanden ist. Daher suchen und wählen sie zunächst vornehmlich die Übungen, bei denen es Punkte bzw. Levels gibt.

Auch das Fehlermanagement bzw. die *unmittelbare* Hilfe bei den Übungen ist gut gelungen, was für ein selbständiges Nutzen der Lernumgebung ebenfalls sehr wichtig ist. Bei der Übung zum Durchgliedern von Wörtern beispielsweise werden fehlerhafte Eingaben aufgefangen indem Laute, die nicht im Wort vorkommen, sowohl in einem speziellen Bildschirmbereich angezeigt als auch akustisch kommentiert werden. Zudem werden Laute, die erst später im Wort vorkommen, kurz an der korrekten Stelle im Wort in leicht abgeblendeter Farbe angezeigt und ebenfalls mündlich kommentiert.

Fazit

Schreiblabor 1 ist eine Lernumgebung, die ihrem Namen und den Erfordernissen eines modernen Anfangsunterrichts im Schreiben und Lesen (s.o.) in jeder Beziehung gerecht wird, da die Lerner hier mit Buchstaben, Wörtern und Sätzen - schriftlich und akustisch – auf ihre spezifische Lernphase ausgerichtet experimentieren können. Die Bedienung der Lernmaschinen des virtuellen Schreiblabors ist einfach, transparent und stringent gestaltet – es gibt keinen Knopf zuviel. Beim Umgang mit dem Schreiblabor 1 gewinnt man schnell das Gefühl, ein sehr hohes Maß an Selbstbestimmung zu haben. Alle für eine Übung benötigten Elemente sind jederzeit auf dem Bildschirm erreichbar. Kaum etwas läuft von alleine ab, die Lerner entscheiden selber ob, wann und welche Schritte sie gehen wollen. Beispielsweise kann man auch nach der richtigen Verwandlung eines Wortes (z.B. Lupe zu Luke) noch mit den anderen Variationsmöglichkeiten experimentieren, ohne dass das Programm sofort zum nächsten Wort weiterschaltet.

Summa summarum eignet sich das *Schreiblabor 1* in vorbildlicher Wiese zur Unterstützung von Kindern bei ihrem Schriftspracherwerb. Das durchweg spielerische selbstgesteuerte Experimentieren mit Sprache und Schrift macht viel Spaß und vermittelt zudem auch ein Wenig von deren Zauber.

Angaben zum Programm

Schreiblabor 1 ist als Privatversion (max. zwei Benutzer, € 35) und als Schulversion (beliebig viele Benutzer, € 89) erhältlich. Systemanforderungen: Multimediafähiger PC; Windows 9x, ME, NT, 2000, XP; 160 MB Festplattenspeicherplatz.

Matthias Berghoff (Erlangen-Nürnberg)

zu Elin-Birgit Berndt, Manfred Kehlert, Klaus Lienert, Martin Plieninger, Sascha Reuen: **Start IT**. Band 1. Stuttgart: Klett 2003

´Schiffe versenken´ im Unterricht spielen und sogar das Spiel selbst erstellen oder sich seine eigene Visitenkarte gestalten – das sind Dinge, die Schülerinnen und Schülern Spaß machen und bei denen sie zudem Einiges über den sinnvollen Einsatz des Computers lernen können. Viele solcher Ideen und Projekte für den Einstieg in das Arbeiten mit dem Computer bietet das neue Unterrichtswerk ‚Start IT' des Klett Verlags für Schülerinnen und Schüler ab der 5. Klasse. Die Autoren Elin-Birgit Berndt, Manfred Kehlert, Klaus Lienert, Martin Plieninger und Sascha Reuen haben ein Projektarbeitsbuch konzipiert, das sich sowohl für den Einsatz in verschiedenen Fächern als auch in der Informationstechnischen Grundbildung eignet.

Das Buch vermittelt zunächst in einer kurzen allgemeinen Einführung einen Einblick in die Veränderungen von weiten Teilen der Alltagswelt durch Digitalisierung und Computer. Dies geschieht hier wie auch in den anderen Teilen des Buches anhand von Themen aus der Schul- und Alltagswelt der Schülerinnen und Schüler und wird durch viele interessante Bilder und Grafiken unterstützt. So kann man beispielsweise die Gestaltung eines Klassenfahrttagebuchs aus den 70er Jahren mit einem computergestalteten Reisebericht im Internet von 2002 vergleichen, unterschiedlichen Meinungen zur Gestaltung von Poesiealben mit oder ohne Computer nachgehen oder über die Unterschiede beim Archivieren und Ordnen zwischen einer traditionellen Bibliothek und einer Literatur-CD-ROM nachdenken.

Die Gliederung des Buches in einen Projektteil und einen Informationsteil ist sinnvoll umgesetzt. So kann vor allem der Projektteil nahezu frei von ‚trockenen' Funktionsbeschreibungen der Programmbedienung bleiben, wodurch er einen recht stringenten und kompakten Charakter gewinnt. Zudem kann der Informationsteil als kleines Nachschlage- und Lehrwerk eigenständig genutzt werden.

Die Benennung der Themenschwerpunkte beider Buchteile erfolgt sinnvollerweise nach Anwendungsbereichen bzw. nach den Tätigkeiten, die mit Hilfe eines Computers erledigt werden können (Schreiben und Gestalten, Bebildern und Zeichnen, Präsentieren und Veröffentlichen, Berechnen und Darstellen, Ordnen und Archivieren, Suchen und Finden) und nicht etwa – wie so oft - nach Computerprogrammen. Auch so wichtige Themen wie Datensicherung und Datenschutz, die Manipulierbarkeit von Bildern mittels Computer oder die Vertrauenswürdigkeit von Informationen im Internet werden angesprochen – allesamt Aspekte von Medienkompetenz, die sehr wichtig sind, aber bei der weit verbreiteten Computereuphorie oftmals nicht ihrem Stellenwert gemäß berücksichtigt werden.

„*Wie* wird das gemacht?" ist die Frage, auf die der Informationsteil eine kurze, aber immer nachvollziehbare schrittweise Antwort zur Bedienung der verschiedenen Funktionen der Computerprogramme bietet, die bei den vorgeschlagenen Projekten zum Einsatz kommen. Sehr hilfreich ist das Verweissystem des Projektteils, das für alle bei der Projektarbeit benötigten Programmfunktionen passgenaues Nachschlagen von Anleitungen im Informationsteil ermöglicht.

„*Was* kann man damit machen?" ist die Frage, auf die der Projektteil jeweils Ideen für kleinere und größere Projekte innerhalb der Themenfelder anbietet. Durch die (zumeist gemeinsame) Arbeit an den Projekten können die Lerner Basisfähigkeiten der digitalen Welt von Textverarbeitung, Bildbearbeitung, Präsentation, Tabellenkalkulation, Datenbank und Internet erwerben. Durch die geschickte anwendungsorientierte Themenwahl geht das Lernspektrum aber über den Erwerb reiner Bedienungskompetenz mitunter deutlich hinaus.

Gut gelungen ist der oftmals spielerische erste Zugang zu den verschiedenen Tätigkeiten bzw. Programmen in Form einer ‚Ideenbörse'. So wird für den Bereich ‚Berechnen und Darstellen', in dem es um die Nutzung einer Tabellenkalkulation geht, u.a. die Erstellung eines einfachen ‚Vier gewinnt' Spiels vorgeschlagen, für den Bereich ‚Schreiben und Gestalten' (Textverarbeitung) die Gestaltung eines Namenschilds oder für das Thema ‚Suchen und Finden' (Internet) beispielsweise eine kleine Internet-Rallye.

Durchweg alle Themen und Anlässe stammen treffsicher aus der Alltags- und Schulwelt der Kinder (z.B. einen Stundenplan erstellen; eine Schulwegkarte incl. Bildern gestalten; die Klassenkasse oder Musik-CDs mit einer Tabelle verwalten) und lassen sich zum großen Teil auch gewinnbringend bei herkömmlichen Unterrichtsprojekten einsetzen (z.B. Temperaturen messen und darstellen; eine Geschichte als Foto-Story erzählen). Man erkennt schnell, dass sich auch und gerade an solchen schülerorientierten Themen so ‚sperrige' Sachverhalte wie die ‚bedingte Formatierung von Tabellenfeldern' erschließen und einleuchtend vermitteln lassen (z.B. bei der Erstellung des Spiels ‚Schiffe versenken' mit Hilfe einer Tabellenkalkulation).

Viele der vorgestellten Projektideen lassen sich recht einfach auch auf andere Themen übertragen und in verschiedenen Fächern, idealerweise aber fachübergreifend realisieren. So kann man beispielsweise eine Mindmap sowohl für den im Buch genannten Überblick über die Merkmale von Blütenpflanzen als auch für die Darstellung von Personenkonstellationen einer Ganzschrift oder für die Gliederung der Bereiche einer geplanten Schulhomepage nutzen.

Soweit zum Konzept und zum Inhalt des Buches. Will man unbedingt Kritik an diesem rundherum gelungenen Werk üben, ließe sich folgendes anmerken:

Einen schwierigen, aber durchaus gelungenen Spagat versucht das Unterrichtswerk bei den Kurzanleitungen zur Bedienung der Programme. Es bietet zwar einen Einblick in viele Bereiche des Computer- bzw. Programmhandlings, kann aber die einzelnen Funktionen und Arbeitsschritte nur sehr komprimiert und prinzipiell beschreiben. Dies ist auch kaum anders machbar, da eine ausführliche Darstellung aller Funktionen der verschiedenen Programme erheblich zu umfangreich wäre; zudem Arbeiten die Lerner oftmals auch mit unterschiedlichen Text-, Grafik- und Präsentationsprogrammen, die zwar vom Funktionsprinzip her ähnlich gestaltet sind, aber in der Menüführung oder bei den Dialogfeldern in der Regel leicht unterschiedlich ausfallen. Um die einzelnen Bedienungsschritte der vielfältigen Funktionen genauer zu verstehen, muss daher in der Praxis wohl auch auf die (mitunter abschreckenden) Benutzerhandbücher der Programme zurückgegriffen werden. Immerhin werden diese mittlerweile bei fast allen Anwendungen als gut strukturiertes Online-Hilfedokument mitgeliefert, so dass dieses jedem Lerner an seinem Rechner zur Verfügung steht.

Auch die Beschreibungen der vielen Projektideen und -umsetzungen fallen durch den relativ geringen Umfang des Projektteils des Buches (56 Seiten) etwas knapp aus. Das schmälert deren Qualität aber nicht wirklich. Immerhin reichen die Angaben zur Vorgehensweise aus, sich auch als (noch) nicht im Metier der neuen Medien erfahrener Lehrer auf die Projekte einlassen zu können – das ist eine wesentliche Leistung des Buches. Wenn man sich selbst vor dem Beginn eines Projekts diejenigen Fragen beantwortet, die im Buch als Hinweise und Fragen an die Schüler genannt werden, dürfte einem erfolgreichen Verlauf nichts im Wege stehen.

Fazit: Mit Start IT liegt endlich ein gut strukturiertes und für viele Themen aus dem IT-Bereich (im weiteren Sinn) nutzbares Schulbuch vor. Allerdings hätte es etwas mehr Umfang haben dürfen. Dann wäre die Behandlung der vielen interessanten Themen und Projekte nicht ganz so gedrängt ausgefallen. Die gute Gestaltung und Strukturierung des Unterrichtswerks, eine treffsichere Themenwahl, präzise Beschreibungen der Sachverhalte und Anleitungen sowie der reichhaltige Ideenpool zeugen von der umfassenden Erfahrung der Autorin und der Autoren im Bereich des Lehrens und Lernens mit neuen Medien. Man darf gespannt sein auf den zweiten Band der Reihe.

Matthias Berghoff (Erlangen-Nürnberg)

---

zu Irina O. Rajewsky: **Intermedialität.** Tübingen und Basel: A. Francke 2002

Soloalbum nennt ein Autor einen Roman; ein Sträflingsfilm trägt den Untertitel „A Mississippi Odyssey"; *Das Sams* von Paul Maar gibt es als Buch, als Film und als Spiel-CD; der Clip *Without Me* von Eminem ist eine brachiale Collage von Medienfiguren, -ereignissen und -formaten; Computerspiele ziehen Spielfilme nach sich und umgekehrt, vgl. *Lara Croft* und *Matrix;* ein Sender wie MTV ist ein komplex verwobener Gesamttext; Fernsehen und Internet sind multimediale Welten. (Von Harry P. sei wenigstens *einmal* nicht die Rede.) Medien beziehen sich in ausufernder Weise auf sich selbst und aufeinander. Aus diesem amorphen Phänomen, der *media awareness* einschlägiger Wissenschaftsdiskurse und der

Inflation der in ihnen erzeugten Begriffe erwächst die Studie von Irina Rajewsky. Versuche, in den Phänomenbereich wuchernder Medialitäten begriffliche Systematik und Ordnung zu bringen, tun Not; besonders verheißungsvoll klingt daher der monolithische, von keinem Zusatz in kleinliche Schranken gewiesene Titel: „Intermedialität".

Gleichwohl ist die Reichweite des Unterfangens begrenzt: Es geht primär um so genannte „Kontaktnahmen" der Literatur zum medialen „System" des Films, und das Belegmaterial beschränkt sich fast ausnahmslos auf Erzähltexte italienischer Autoren aus den 1980er und 1990er Jahren (z.B. Tabucchi, Brizzi, Nove). Die erarbeitete Systematik beansprucht prinzipielle Übertragbarkeit auf andere Ausgangsmedien, ist jedoch erklärtermaßen „literaturzentriert" (5, 182). Die Begrenzung des Blicks auf Literatur und Film erweist sich zunächst als Stärke der Untersuchung, ermöglicht sie doch exemplarische Prägnanz in einem potenziell unüberschaubaren Feld. Diese kommt sowohl der Unterscheidung von Inter-, Intra- und Transmedialität (Kap. 2) als auch dem Forschungsbericht (Kap. 3) zugute. *Transmedial* sind medienunspezifische Phänomene, ohne „kontaktgebendes Ursprungsmedium". Es kann sich um Genres oder Diskurstypen handeln (z.B. Parodie), aber auch um biblische oder mythische Stoffe. *Intramedial* sind Bezüge innerhalb eines medialen Systems, also zwischen zwei literarischen Texten oder zwischen zwei Filmen. Konstitutiv für die *Intermedialität* schließlich ist das Überschreiten der Grenze zwischen „mindestens zwei konventionell als distinkt wahrgenommenen Medien" (13). Dieses Überschreiten kann vorliegen als 1) Medienwechsel (z.B. Literaturverfilmung), 2) Medienkombination (z.B. Oper) und 3) in Form intermedialer Bezüge.

Diese *intermedialen Bezüge* stehen im Mittelpunkt der Studie. Es geht also um „Formen und Funktionen eben der Bezugnahme eines bestimmten medialen Produkts auf ein anderes mediales System bzw. auf ein diesem fremdmedialen System zugehöriges Produkt" (25). Der Gegenstand „literaturzentrierte Intermedialität am Beispiel ´Literatur und Film`" (26) konstituiert sich gegen eine ältere Einflussforschung (Kap. 3.3.1) und gegen entgrenzende Intertextualitätskonzepte (z.B. Kristeva) der 1990er Jahre. Ein in Kap. 4 entfalteter, „eingeschränkter Intertextualitätsbegriff" (59) und ein eng gefasster, auf Schriftliches reduzierter Textbegriff legen den Grund für eine Systematik intermedialer Bezüge, für die die mediale Differenz zwischen kontaktnehmendem (Literatur) und kontaktgebendem Medium (Film) konstitutiv ist.

Die aufwändige Konzeptuierung dieser Systematik (Kap. 5) nimmt den größeren Teil des Textes ein und kann hier nicht *en detail* rekonstruiert werden. Grundsätzlich unterscheidet Rajewsky zwischen Einzelreferenz und Systemreferenz. Die Einzelreferenz betrifft ein spezifisches Medienprodukt, mit dem jedoch stets das ganze fremdmediale System aufgerufen wird. Systemreferenzen zerfallen prinzipiell in System*erwähnungen* und in System*kontaminationen*, die sich vor allem quantitativ unterscheiden: *Erwähnungen* sind punktuell, bei *Kontaminationen* hingegen werden ganze „Präsentations-, Konstruktions- und Kommunikationsprinzipien des Bezugssystems ... in das literarische Medium verschoben und der Textproduktion unterlegt" (133). Unterhalb der Unterscheidung *Erwähnung* vs. *Kontamination* zieht Rajewsky zwei weitere Differenzierungsebenen ein, auf denen sieben intermediale Rekursionsformen z.B. danach unterschieden werden, ob sie explizit oder qua Transposition funktionieren, ob sie *simulierend* oder *evozierend* sind, ob sie auf der Ebene der *histoire* oder der des *discours* eines Textes wirksam werden.

Das entfaltete Modell überzeugt. (Sein Mitvollzug wird durch auf den Seitenrändern herausgezogene Schlagwörter und Kurzdefinitionen sowie durch graphische Synopsen sehr gut unterstützt. Zusätzliche Leserfreundlichkeit schaffen ein Glossar, ein Sach- und Personenregister sowie ein nahezu fehlerfreier Textsatz.) Deutlich wird, was Intermedialität prinzipiell ist (und was nicht) und auf welchen Ebenen sich intermediale Rekurse vollziehen können (und wie). Deutlich wird auch, dass Intermedialität zwar textseitig angelegt ist, sich aber – abhängig von Medienerfahrungen - erst in der Rezeption vollzieht. Deutlich wird vor allem, dass aufgrund der unhintergehbaren Mediendifferenz kontaktierte Medien niemals realisiert, sondern immer nur fremdmediale Illusionen ihrer Effekte erzeugt werden können. Reden von „filmischer Schreibweise", „Sprache des Films", „Filmhauerei" u.Ä. lassen sich so als bestenfalls heuristische Metaphern ausweisen.

Die *Formen* intermedialer Bezüge werden überzeugend geklärt; ihre *Funktionen* indes nicht, und so regt sich die Frage nach dem Warum des betriebenen Aufwands. Die Autorin verweist zwar wiederholt auf „praktische" bzw. „konkrete Textanalyse" (z.B. 148, 182); schon deshalb, weil keiner der Beispieltexte einer solchen Analyse zugeführt wird, bleibt aber fraglich, welche Rolle Intermedialitätsbefunde in der Beobachtung von Literatur spielen (sollen, können, müssen). Negativ schlagen nun auch der geringe Umfang und die fehlende Begründung des Textkorpus zu Buche: Ist Intermedialität ein italienisches (?), ein postmodernes (?) ein (bevorzugt?) literarisches (?) Phänomen? Was bedeutet es für Literatur als mediales System, wenn sie verstärkt (?) in intermedialen Kontakt mit Film und Fernsehen tritt? Fragen danach, was Intermedialität für die Literatur selbst, für den wissenschaftlichen Umgang mit ihr oder für die Lektüre *bedeutet*, werden nicht oder erst kurz vor Schluss gestellt. Ihre Beantwortung bleibt punktuell oder aus. So wird nicht recht klar, zu welchem „(Hand-)Werk" die Systematik intermedialer Bezüge denn eigentlich das „Zeug" sei (vgl. 182).

Stärkere Zweifel als die der Autorin sind auch an der Übertragbarkeit auf andere Medien anzumelden. *Die Literatur* oder *der Film* können auf der Basis distinkter Texte und Rezeptionsakte als mediale Systeme modelliert werden. *Das Fernsehen* und weit mehr noch *das Internet* sind hingegen mediale Großtexte ohne klare Strukturen und Grenzen, die zudem nicht mehr unabhängig von spezifischen Rezeptionspraxen zu sehen sind. Wie steht es mit intermedialen Bezügen bei Medienereignissen, die einen restriktiven Textbegriff weit weniger (ver)tragen als die sich rein im Schriftlichen bewegende Literatur? (Die Behandlung solcher Fragen würde zuallererst erfordern, den breit verwendeten *System*-Begriff theoretisch zu verorten bzw. abzusichern.) Es spricht für die Autorin, dass sie am Ende die Grenzen ihres Unterfangens problemsicher reflektiert und überaus spannende Fragen stellt: nach den Funktionen, nach der Übertragbarkeit, nach der Bedeutung des Menschen, nach einer „intermedial operierenden Welt" (183). Zu diesen Fragen hätte man – vielleicht anstelle der nicht sonderlich erhellenden Photographien - gerade von einer stringent und elegant argumentierenden Autorin gerne einige Denkansätze gelesen. Streng monomedial.

Klaus Maiwald (Bamberg)

zu **„Rund ums Internet 5/6"** erarbeitet von Ute Fenske. Berlin: Cornelsen.

Das Internet. Informations-, Präsentations- und Kommunikationsmedium

Informationsrecherche, Homepage-Erstellung und E-Mail-Korrespondenzen sind drei zentrale Nutzungsmöglichkeiten des Internets. Ihr Gebrauch erfordert vom Nutzer nicht nur umfangreiche Fähigkeiten und Fertigkeiten, sondern auch Verantwortung, sich der neuen Potentiale bewusst zu werden und diese angemessen und reflektiert zu nutzen.

Vor dem Hintergrund, dass die Internetnutzung heute zügig voranschreitet und somit die Schule in die Pflicht genommen ist, den Bedarf an der Vermittlung von Techniken zum Gebrauch des Internets zu decken, rückt der Deutschunterricht in den Mittelpunkt.

Der gezielte Umgang mit Verfahren und Instrumenten der Informationssuche und der Aufbereitung, Bewertung und Weitergabe von Informationen stellt seit jeher einen wesentlichen Baustein im Lehrplan des Faches Deutsch dar. „Rund ums Internet" greift diese Punkte auf. Auf insgesamt 90 Kopiervorlagen werden wertvolle Anregungen gegeben, das Internet und seine vielfältigen Anwendungsmöglichkeiten in den traditionellen Deutschunterricht zu integrieren, ohne dabei herkömmliche Medien und geläufige Arbeitsmethoden aus den Augen zu verlieren. Das Material wird ergänzt durch einen Online-Kurs: *http://www.cornelsen-teachweb.de/co/rund-ums-internet*. So werden fünf Unterrichtseinheiten der Jahrgangsstufe 5/6 mit drei Lernbereichen für den Umgang mit dem Internet kombiniert. Bei den Unterrichtseinheiten handelt es sich um: „Informationen über Bücher", „Märchen verstehen, Märchen schreiben", „Ein Jugendbuch lesen und verstehen", „Sachtexte verstehen, Sachtexte schreiben" und „Schreibprojekte". Die drei Lernbereiche umfassen: „Recherchieren im Internet", „Im Internet veröffentlichen" und „E-Mail & Co.".

Auf diese Weise wird das Internet nicht um seiner selbst Willen eingesetzt, sondern innerhalb eines festen Rahmens und mit festen Zielvorgaben. Die Schülerinnen und Schüler erlernen Strategien und Instrumente zur gezielten Informationssuche sowie Verfahren zur Be- und Verarbeitung von Informationen.

Weiter lernen sie, die Ergebnisse ihrer Recherche in eigene Texte einzubinden und für eine Veröffentlichung im Internet aufzubereiten. Indem die Bearbeitung der Aufgaben überwiegend auf dem Papier erfolgt, können sich die Schülerinnen und Schüler auf die Gestaltung der Inhalte konzentrieren. Auch werden Homepages, die in den letzten beiden Kapiteln erstellt werden sollen, nicht veröffentlicht. Das hat den Vorteil, dass allen Beteiligten Probleme erspart bleiben, die meist mit der Realisierung im Netz verbunden sind. Ein solches Vorgehen scheint gerade für die Orientierungsstufe sinnvoll und praktikabel. Um das Anliegen am Computer zu realisieren, wurde das Programm ´Frontpage´ ausgewählt. Diese Wahl ist insofern nachvollziehbar, da die meisten Schulrechner das Programm bereitstellen. Andererseits besteht die Gefahr, dass Lehrkräfte in Ermangelung des Programms intervenieren bzw. auf die Materialien verzichten müssen.

Neben die Informationsrecherche und Publikation treten Aufgaben zum Verfassen und Versenden von E-Mails und Texten, die im Vergleich zu dem ausführlichen Umgang mit Informationen große Lücken aufweisen. Im Vergleich zu den von *Jonas/Rose* beschriebenen „vorrangig zu übenden sprachlichen Handlungen" (*Jonas/Rose* 2002, 136) fällt in diesem Zusammenhang auf, dass das Lesen und Beantworten von E-Mails sowie das direkte Bezugnehmen auf erhaltene E-Mails nicht berücksichtigt werden. Erst im letzten Kapitel erfolgt ein Austausch von Textfragmenten, die 1. auch von Mensch zu Mensch hätten übergeben werden können und 2. wenig Ähnlichkeit haben mit realen E-Mail-Kontakten.

Dass alle in den ersten Kapiteln erworbenen Fähigkeiten und Fertigkeiten in zwei Schreibprojekten am Ende wiederholt und vertieft werden, fördert nicht nur den Lernprozess der Schülerinnen und Schüler sowie das selbstständige und eigenverantwortliche Arbeiten, sondern trägt auch wesentlich zur Ausbildung von Teamfähigkeit und Sozialkompetenz bei.

Beispiel

Inhalt des vierten Kapitels ist das Verstehen und Schreiben von Sachtexten. Im Mittelpunkt steht das Thema „Wald", das unter journalistischen Gesichtspunkten zu betrachten ist. In einem ersten Schritt geht es darum, einen Sachtext zu lesen und zu verstehen. Dabei spielen herkömmliche Arbeitstechniken eine Rolle wie das Formulieren von Fragen zum Text, das Unterstreichen unbekannter Wörter und das Klären ihrer Bedeutung. Dazu werden Nachschlagewerke oder das Internet herangezogen. Da die Kopiervorlagen die Aufgaben liefern, ist eine umfangreichere Vorbereitung durch die Lehrkraft nicht mehr notwendig. Allerdings sollte berücksichtigt werden, dass die Autorin Arbeitstechniken und Kenntnisse voraussetzt, für deren Vorhandensein die Lehrkraft Sorge zu tragen hat.

An diesem Umstand wird der ergänzende Charakter der Materialien deutlich. Auch wenn die einzelnen Blöcke den Eindruck abgeschlossener Einheiten vermitteln, ist an dieser Stelle zu betonen, dass der große Wert der Materialien in einer Erweiterung des herkömmlichen Angebots zu sehen ist, das bereits für die genannten Unterrichtseinheiten existiert. Dabei setzen die Kopiervorlagen einerseits herkömmliche Methoden und Vorkenntnisse voraus, andererseits vermitteln sie neue Kenntnisse und Methoden zum themengebundenen Umgang mit dem Internet.

So auch bei den Sachtexten. Die Schülerinnen und Schüler werden angeleitet, Texte unter verschiedenen Gesichtspunkten zu betrachten, bevor sie anhand von Suchbegriffen Informationen im Internet suchen sollen. Wird lediglich dieses Kapitel im Unterricht eingesetzt, so ist zu berücksichtigen, dass die einzelnen Kapitel im Hinblick auf Internetnutzung und Arbeitstechniken aufeinander aufbauen. Diese Steigerung des Schwierigkeitsgrades schließt jedoch die Bearbeitung einzelner Themen nicht aus. Auch können den Unterrichtseinheiten Anregungen zur Vertiefung von Arbeitstechniken entnommen werden. Die freie Kombination von Kopiervorlagen zu einem Lernbereich, die in den verschiedenen Unterrichtseinheiten zur Verfügung stehen, ermöglicht die Konzentration auf einzelne Themen wie die Internetrecherche.

Das Kapitel „Sachtexte verstehen, Sachtexte schreiben" befasst sich weiter mit der Auswertung von Informationen und dem Schreiben eigener Texte, in diesem Fall einem Steckbrief, in den die Informationen einfließen sollen. Es folgen einige Übungen zum Umgang mit Suchmaschinen, eine Internetrallye für Waldexperten, Anweisungen zum Erstellen eigener Internetseiten und Übungen zum Verfassen von E-Mails.

Zusammenfassend zeichnen sich die Aufgaben dadurch aus, dass die Schülerinnen und Schüler zu einem Oberthema vielseitig und eigenständig am Computer und auf dem Papier arbeiten können. Indem viele Aufgaben auf dem Papier gelöst werden, können gedankliche Vorarbeiten geleistet und besprochen werden, die bei der Arbeit am Computer oftmals zu kurz kommen - wie zum Beispiel Überlegungen zu sinnvollen Verlinkungen anhand eines Clusters oder zum Aufbau von Internetseiten.

Der bewusste und reflektierte Umgang mit Nutzungsmöglichkeiten des Internets steht im Vordergrund. Lernfortschritte können, da sie schwarz auf weiß auf den Arbeitsbögen vorliegen, verfolgt, beurteilt und zur Übung und Wiederholung herangezogen werden.

Die Lücke zwischen der Arbeit auf dem Papier und dem Umgang mit dem Computer vermag der Cornelsen Verlag dadurch zu schließen, dass er einen Online-Kurs bereitstellt, der ergänzend zu den Kopiervorlagen eingesetzt werden kann. Dieser stellt ein Zusatzangebot dar, mit dessen Hilfe die Schülerinnen und Schüler selbstständig im Internet agieren und Aufgaben, die das Programm vorgibt, lösen können. Damit dieses nicht in einem ziellosen Herumsurfen endet, liefert der Kurs, in Anlehnung an die ersten vier Themengebiete, einen festen Rahmen und Aufgaben, die bewältigt werden müssen. Links, die den Schülerinnen und Schülern bei der Recherche helfen können, werden von Vornherein vorgegeben und verhindern so ein ´Abdriften´.

Beispiel

Um bei den Sachtexten zu bleiben, stellt der Online-Kurs zu diesem Kapitel sieben Aufgabenbereiche bereit, die die drei Optionen des Internets als Informations-, Präsentations- und Kommunikationsmedium berücksichtigen. Die Aufgaben können von der Lehrkraft vorgegeben oder eigenständig von den Schülerinnen und Schülern je nach Interessenlage ausgewählt werden. Bearbeitet ein Schüler zum Beispiel den Aufgabenbereich „Schreibe einen Steckbrief zu deinem Lieblingstier oder deiner Lieblingsblume", stellt der Kurs vier Aufgaben bereit: den Umgang mit Suchmaschinen, das Suchen von Informationen, das Schreiben eines Steckbriefs, in den die Informationen einfließen sollen (hier kommt zur Strukturierung ein Arbeitsblatt aus den Kopiervorlagen zum Einsatz) und schließlich das Suchen eines Fotos. Dass das ausgewählte Bild ausgedruckt und auf den ebenfalls ausgedruckten Steckbrief geklebt werden soll, ist für die Orientierungsstufe angemessen und problemlos zu realisieren.

Online-Kurs und Printmedium sind eng aufeinander abgestimmt. So verweist der Kurs auf die Möglichkeit, Aufgaben wahlweise auf einem Arbeitsbogen aus den Kopiervorlagen oder am Computer zu bearbeiten. Vorteil des Kurses gegenüber dem Printmedium ist, dass die Schülerinnen und Schüler unmittelbar die Funktion von Verlinkungen kennen lernen, indem auf die Seiten verwiesen wird, auf denen sie nach Informationen suchen können. Auf diese Weise lernen die Schülerinnen und Schüler anhand konkreter Anwendungen Funktionen wie das Kopieren und Speichern von Texten oder das Anlegen von Favoriten kennen.

Fazit

Für einen Einsatz der Materialien spricht die Orientierung an Unterrichtseinheiten der Klassenstufen 5/6 und die Konzentration auf die Möglichkeiten des Internets zur Information, Präsentation und Kommunikation, wodurch sich Lehrkraft und Schüler auf ausgewählte Aspekte konzentrieren können. Dabei gehen die Materialien auf konkrete Nutzungsmöglichkeiten des Internets ein, wie das Suchen von Informationen mit Hilfe von Suchmaschinen, den Umgang mit einem Programm zur Gestaltung von Homepages (in diesem Fall Frontpage) oder das Schreiben und Versenden von E-Mails. Weiter beinhalten die Kopiervorlagen Internetadressen und Fragestellungen. In jedem Kapitel werden den Schülern, während sie Aufgaben lösen, medienspezifische Besonderheiten verdeutlicht, wie Verlinkungen, Suchstrategien, Multimedia oder die Textform E-Mail. Die Begrenzung auf ausgewählte Aspekte scheint ausgesprochen sinnvoll, da sich die Kopiervorlagen an Schülerinnen und Schüler der Orientierungsstufe richten (es gibt auch einen Band für die Klassenstufen 7-10). Gleiches gilt für den Sachverhalt, dass manche Arbeitsschritte auf dem Papier verbleiben und viele Aspekte zum Thema Internet ausgespart werden, wie Probleme, die sich aus der Grenzenlosigkeit des Netzes ergeben, der mangelnden Kontrolle eingestellter Beiträge oder den rechtlichen und sprachlichen Besonderheiten.

Die Verknüpfung von Methoden der Informationssuche und des Umgangs mit verschiedenen Programmen (E-Mail, Textverarbeitung, Homepage-Erstellung), aber auch mit Papier und Stift (leider wird an vielen Stellen auf den Kopiervorlagen wenig Platz für schriftliche Einträge gelassen) stellen ein absolutes Plus der Unterrichtsmaterialien dar. Ansprechend und motivierend sind auch die übersichtliche, einheitliche Gestaltung, ergänzt durch angemessene, themengebundene Illustrationen und zahlreiche Screenshots.

Die eigenständige Bearbeitung der Aufgaben durch Schülerinnen und Schüler wird dadurch erleichtert, dass sowohl die Kopiervorlagen als auch das Online-Angebot über ein Glossar verfügen, in dem markierte Fachbegriffe nachgeschlagen bzw. über Verlinkungen aufgerufen werden können. Äußerst motivierend sind spielerische Elemente, wie „Ein Märchenpuzzle erstellen" oder „Eine Internetrallye rund um den Wald und seine Bewohner". Somit ist „Rund ums Internet" geeignet, ergänzend zu herkömmlichen Methoden eingesetzt zu werden. Lehrkräfte finden sowohl im Printmedium als auch im Online-Kurs interessante und abwechslungsreiche Anregungen, das Internet in den Deutschunterricht zu integrieren und den Schülerinnen und Schülern auf diese Weise Basiskompetenzen im Umgang mit dem Internet zu vermitteln. Dabei empfiehlt es sich, den Einsatz der Kopiervorlagen an den Vorkenntnissen der Klasse zu orientieren und Lücken, die die Materialien nicht zu schließen vermögen, in Eigeninitiative aufzugreifen und zu bearbeiten. Erleichtert wird die Integration durch einen umfangreichen Strukturplan, der den Lehrkräften im Internet zur Verfügung steht und alle Kopiervorlagen zum Online-Angebot sowie zu den Lerngegenständen des Deutschunterrichts in Beziehung setzt.

Literatur

Jonas, Hartmut/Kurt *Rose* 2002: Computerunterstützter Deutschunterricht. Frankfurt am Main; Berlin; Bern; Bruxelles; New York; Oxford; Wien.

Kepser, Matthis 1999: Massenmedium Computer. Ein Handbuch für Theorie und Praxis des Deutschunterrichts. Bad Krozingen.

Koch, Hartmut/Hartmut *Neckel* 2001: Unterrichten mit Internet und Co. Methodenhandbuch für die Sekundarstufe I und II. Berlin.

Marie-Joan Föh (Flensburg)

Digitale Rechtschreibhilfen und Lernsoftware zur Rechtschreibförderung Eine Auswahlbibliographie, zusammengestellt von *Elin-Birgit Berndt* (Bremen)

Stand Ende November 2003

In dem Maße, wie digitale Medien die technologische Basis im Schreibprozess geworden sind, stehen Lernenden sowohl während der Aneignung der Schrift als auch zur Erweiterung ihrer schriftsprachlichen Kompetenzen etliche digitale Hilfen zur Verfügung. An dieser Stelle soll zusammengestellt werden, ob und inwiefern die fachdidaktische Literatur der orthographischen Seite der „Medien-Schrift-Kultur" (Blatt) ihre Aufmerksamkeit widmet.

Mit digitalen Rechtschreibhilfen interagieren Schreibende immer dann, wenn sie Texte am Computer verfertigen:

- mit Tools der Textverarbeitungssoftware wie ABC-Prüfung, Grammatik-Prüfung, Thesaurus oder mit gesonderter Software wie Duden–Korrektor Plus bzw. den Korrekturprogrammen für kommerzielle Verlagsarbeit;
- mit digitalen Rechtschreibwörterbüchern wie z.B. Duden u.a.;
- mit digitalen Schülerlexika wie „Von Wort zu Wort" (Cornelsen);
- mit digitalisiertem Grundwortschatz wie ORD;
- u.v.m.

Darüber hinaus können Lernende zum Üben auf zahlreiche Angebote an „Lernsoftware" zurückgreifen, etliche oft von Schulbuchverlagen herausgegeben (vgl. die weiter unten aufgeführte Liste der derzeit verfügbaren Lernsoftware).

Die Interaktion der Lernenden mit digitalen Medien ist empirisch bisher nur in wenigen Fallstudien untersucht worden, die Evaluierungen der Produkte kommerzieller Hersteller, zumal sie für das „Office" und nicht für die Schule produziert worden sind, wurden bisher nicht publiziert, Rezensionen in Fachzeitschriften sind selten, eher sind sie zu finden in Tageszeitungen, Illustrierten und Computerzeitschriften.

Mit der vorliegenden Auswahlbibliographie soll ein Überblick über den aktuellen Stand der fachdidaktischen Reflexion digitaler Rechtschreibhilfen und Lernsoftware zur Rechtschreibförderung sowie ihrer Einsatzmöglichkeiten gegeben werden. Ausgangspunkt ist dabei die SODIS-Datenbank, ein schon seit mehr als 10 Jahren unter Federführung des Landesinstituts in Soest aufgebautes Software-Dokumentations- und Informationssystem. SODIS ist ein gemeinsames Informations-System für neue Medien im Unterricht der deutschen Länder und Österreichs und Teil der Datenbank Bildungsmedien das (http://www.sodis.de/). Erfahrungsberichte liegen allerdings bislang nur begrenzt vor, in der Regel lediglich Rezensionen nach dem Soester Kriterienkatalog. Die Literatur in der Auswahlbibliographie zitiere ich nach der alphabetischen Reihenfolge der Autorennamen, eine gezielte Suche und andere Sortierfolgen (Erscheinungsjahr) sind in der digitalen Version der Bibliographie möglich.

1. Vorgehen bei der Recherche

Die Publikationen zu digitalen Rechtschreibhilfen sollten - über die Druckversion im Jahrbuch hinaus - in einer Datenbank erfasst werden, damit den Lesern eine digitalisierte Bibliographie gereicht werden kann.

Mit Hilfe des Programms „Bibliographix" (Version 4.010) – Direktvertrieb über www.bibliographix.de – ließ sich dieses Ziel schon recht komfortabel erreichen. Zwar bedürfen einige elementare Funktionen noch der Verbesserung, aber prinzipiell unterstützt diese Software den Aufbau einer persönlichen Literaturverwaltung sehr hilfreich - und darüber hinaus die Integration in das Manuskript. Die Software ermöglicht den Import von bibliographischen Daten aus OPACs und Literatur-Datenbanken, wie z.B. aus FIS Bildung sowie aus einer eigenen Literatursammlung zur Interaktion mit digitalen Rechtschreibhilfen auf der Basis von „Literat".

Für die vorliegende Bibliographie wurden diese Features für eine erste Sammlung von Titeln zu den Schlagworten ´Computer oder Medien´, ´Rechtschreibung´ genutzt. Der Abfragezeitraum beginnt 1980. Aus dieser umfänglichen Titelsammlung wurden dann die aus meiner Sicht fachdidaktisch relevanten ausgewählt und in die nachstehende Liste überführt.

Die für die Publikation in diesem Jahrbuch passende Zitierrichtlinie ließ sich relativ leicht erzeugen. Die Datei zu nachstehender Auswahlbibliographie kann jeder mit der kostenlos im Internet zum Download bereitstehenden Basisversion von „Bibliographix" lesen und in ihr suchen. Bis zu einem gewissen Umfang kann jeder sie den eigenen Bedürfnissen anpassen und für eigene Manuskripte nutzen.

Die Software-Produkte, auf die sich die fachdidaktische Literatur bezieht, werden nicht eigens zitiert. Nachstehend ein Überblick und Hinweise zum Auffinden der Produkte:

2. Hinweise zur Software

Auf eine Bibliographie der Software-Angebote zur Rechtschreibung bzw. Rechtschreibprüfung wurde verzichtet. Auskünfte über die Angebote erteilt SODIS (http://www.sodis.de/). Exemplarisch genannt seien lediglich:

- ABC-Prüfung als Einzelprodukt
- Duden Korrektor plus 2.0
- Rechtschreibung für MS Word/2003
- ABC Prüfungen in Textverarbeitungssoftware
- MS Word
- StarOffice
- OpenOffice
- Netscape bzw. Netzcape-Composer .

Detailliert aufgelistet werden demgegenüber nachfolgend drei Software-Angebotstypen: Digitale Wörterbücher, Grundwortschatz-CD-ROMs, Software zum Üben.

Digitale Wörterbücher

Lt. SODIS Abfrage nach CDs mit den Suchbegriffen: Wörterbu*, Fachgebiet Deutsch (120) und allgemeinbildende Schulen werden 26 Titel genannt, z.B.:

- PC Bibliothek
- DUDEN - Die deutsche Rechtschreibung: 2.0 CD-ROM (1997)
- Wörterbuch Synonyme CD-ROM
- Duden - Deutsches Universalwörterbuch: 3.0 CD-ROM

Grundwortschatz-CD-ROMs

- Von Wort zu Wort 2001 Cornelsen
- Orientierungsliste für Rechtschreib-Unterricht und -Didaktik ORD 2003 Alfa Zentaurus Verlag

Software zum Üben

Die Recherche in SODIS ergab 142 Produkte auf CD-ROM bei der Suche nach „allgemeinbildende Schulen, rechtschreib* und 120 für das Fachgebiet Deutsch speziell.

In der kommerziellen Datenbank www.lernsoftware.de erhält man auf die Abfrage: http://www.lernsoftware.de/katalog/lernsoftware/deutsch/rechtschreibung-schule.htm nachstehende Titel. Die genauen Angaben zu Hersteller, Betriebssystem, Preis etc. können dort abgerufen werden. Schulbuchverlage wie Cornelsen, Klett, Schroedel und Westermann sind darunter.

- Alfons Abenteuer Deutsch 1. Klasse
- Alfons Abenteuer Deutsch 2. Klasse
- Alfons Abenteuer Deutsch 5. Klasse
- Alfons Abenteuer Deutsch 6. Klasse
- Alfons Lernwelt - Deutsch 3-4 CD
- Alfons Lernwelt - Deutsch 5-6
- Alfons Lernwelt - Deutsch 1-2
- Alfons Lernwelt Kompakt Deutsch Klasse 6
- Arbeitsblätter Deutsch Stratego
- Arbeitsblätter Rechtschreiben 2 - 4
- Auftrag Deutsch 5. Klasse
- Auftrag Deutsch 6. Klasse
- Auftrag Deutsch 7. Klasse
- Caesar Schreiben 2.0, 4.-6. Klasse
- Das Elefantenbuch Arbeitsheft 4
- Der Rechtschreibtrainer
- Deutsch 2./3. Klasse Wortdiktate, Rechtschreibung
- Deutsch 4. Klasse Grammatik, Rechtschreibung
- Deutsch 5./6. Klasse Grammatik, Rechtschreibung
- Deutsch Gezielt 3. + 4. Klasse
- Deutsch Gezielt 5. + 6. Klasse
- Diktat 3. und 4. Schuljahr
- Diktat Deutsch - 3./4.Klasse
- Diktat Deutsch - 5./6. Klasse
- Diktat Deutsch - 7./8. Klasse
- Diktate 5. Klasse Mentor
- Diktate 6. Klasse Mentor
- Diktate 7. Klasse Mentor
- Diktate 8. Klasse Mentor
- Diktattrainer plus 3./4. Klasse
- Diktattrainer plus 5./6. Klasse
- Diktattrainer plus 7./8. Klasse
- Duden Rechtschreibung 3./4.
- Fit in Deutsch. Rechtschreibung 1. Klasse
- Fit in Deutsch: Rechtschreibung 2. Klasse
- Fit in Deutsch: Rechtschreibung 3. Klasse
- Frag mich! Wörterbuch ab Kl. 2
- Fürst Marigor und die Tobis
- Galaxie Deutsch 5. Klasse
- Galaxie Deutsch 6. Klasse
- Galaxie Diktattrainer Deutsch 5./6. Klasse
- Galaxie Diktattrainer Deutsch 7./8.
- Leporello - Deutsch 2 Lern-Spiel-Werkstatt
- Leporello 3 - Deutsch
- Lilli, Rudi und Tom
- LolliPop Deutsch 1. Klasse
- LolliPop Deutsch 2. Klasse
- LÜK Rechtschreiben 1 Sek. I
- LÜK Rechtschreiben Grundschule
- Maxi Training Rechtschreibung 5.+6. Schuljahr
- Meisterdetektive jagen Lork - Rechtschreibkrimi
- Okidoki Rechtschreiben 10. Klasse + Buch
- Okidoki Rechtschreiben 5. Klasse + Buch
- Okidoki Rechtschreiben 6. Kl.
- Okidoki Rechtschreiben 8. Klasse + Buch
- PC-Kombi-Training Rechtschreibung 5./6. CD und BuchSchuljahr
- PC-Kombi-Training Rechtschreibung 7./8. Schuljahr
- Pfiffikus 2 - Lernspiele Deutsch 2
- Ponky's Abenteuer Rechtschreiben
- Rechtschreib-Clic 1
- Rechtschreib-Clic 3
- Rechtschreibung Interaktiv
- TIM 7, Deutsch 3, und die Flaschenpost
- TIM 7, Deutsch 4, und der Milliardär
- TIM 7, Deutsch 5, und der Gesandte der UNO
- TIM 7, Deutsch 6, und die Brieffreundin
- ULK - Expedition auf dem Meeresgrund
- ULK - Rettung für die Zeitreisenden
- Wir schreiben ein Buch
- Wortstark 10 Unterrichtssoftware

3. Auswahlbibliographie

Achtenhagen, Frank 1986: Thema: Lernen mit dem Computer. In: Unterrichtswissenschaft, Jg.14, H. 4, S. 329-440

Aping, Angela 2000: Zur Bewertung von Lernsoftware im Bereich der neuen Rechtschreibung. Examensarbeit zur 1. Staatsprüfung für das Lehramt an öffentlichen Schulen. Bremen

Arenhövel, Franz 1993: Computer im Sprachunterricht der Grundschule. In: Pädagogische Welt, Jg. 47, H.12, S. 544-546 u. S. 536

Arenhövel, Franz/Bernhard *Ringbeck* 1994: Ferienkurse für Kinder mit einer Lese- und Rechtschreibschwäche. In: Grundschule, Jg. 26, H.2, S. 48-50

Arenhövel, Franz 1996: Fördern - einmal anders!. In: Grundschulmagazin, Jg. 11, H. 10, S. 4-6

Arold, Marliese 1998: Die Cityflitzer jagen den Computerhacker. Wien

Astleitner, Hermann 2002: Adaptiver Offline-Rechtschreibunterricht als Teil eines Online-Sprachlernkurses. In: Psychologie in Erziehung und Unterricht, Jg. 49, H. 3, S. 184-193

Balhorn, Heiko/Wiebke *Köhn*/Meinolf *Krohner* 1997: Werkzeuge zum Rechtschreiben. In: Heiko Balhorn /Heide Niemann (Hrsg.): Sprachen werden Schrift. Mündlichkeit - Schriftlichkeit - Mehrsprachigkeit. Lengwil, S. 181-197

Balhorn, Heiko (Hrsg.) 1998: Schatzkiste Sprache 1. Von den Wegen der Kinder in die Schrift. Beiträge zur Reform der Grundschule. Band 104, Frankfurt a.M.

Balhorn, Heiko 1999: Rechtschreiben: Übungen und Ausübungen. In: Lernchancen, Jg. 2, H. 11, S. 6-14

Balhorn, Heiko et al. (Hrsg.) 2002: Schatzkiste Sprache 2. Sprachliches Handeln in der Grundschule. Beiträge zur Reform der Grundschule. Frankfurt a.M.

Bangert-Drowns, Robert L. 1993: The Word Processor as an Instructional Tool: A Meta-Analysis of Word Processing in Writing Instruction. In: Review of Educational Research, Vol. 63, S. 69-93

Baurmann, Jürgen/Hans *Brügelmann* 1994: Computer und Deutschunterricht. In: Praxis Deutsch, Jg. 21, H. 128, S. 14-23

BBC 2002: Computers 'boost boys' spelling'. http://news.bbc.co.uk/hi/english/education/newsid_1078000/1078649.stm (19.04.02)

Berghoff, Matthias 2003: Von Briefen, Beziehungen und Balkenstempeln. In: Praxis Deutsch, Jg. 30, H. 177, S. 63

Berghoff, Matthias 2003: Rezension. Fachspezifische Datenbanken im Internet. In: Jutta Wermke (Hrsg.) : Literatur und Medien. München, S. 280-282

Berghoff, Matthias 2003: Rezension. Lernsoftware 'Deutsch Rechtschreibung 5./6. Klasse' von Heureka Klett. In: Jutta Wermke (Hrsg.) : Literatur und Medien. München, S. 274-279

Bergk, Marion 2000: Geschicklichkeitsspiel Nachschlagen: die vernachlässigte Rechtschreibhilfe. In: Renate Valtin (Hrsg.): Rechtschreiben lernen in den Klassen 1-6. Grundlagen und didaktische Hilfen. Frankfurt a.M., S. 86-91

Bergmann, Günther/Bernhard *Hoppius*/Angelika *Scholz* 1986: Arbeitsmittel Computer: Wie man mit ihm schreiben lernt. In: Schulcomputer, Jg. 6, H. 4, S. XVIII-XX

Berndt, Elin-Birgit/Ulrich *Schmitz* (Hrsg.) 1997: Neue Medien im Deutschunterricht. OBST, Bd. 55, Oldenburg

Berndt, Elin-Birgit 2001: 'Das macht doch alles der Computer'. In: Praxis Deutsch, Jg. 28, H.170, S. 36-39

Berndt, Elin-Birgit 2002: Entdecken und experimentieren. Digitale Wörterbücher - ein unbekanntes Terrain zur Erkundung der Rechtschreibung? In: Praxis Schule 5 - 10, Jg. 13, H. 3, S. 12-16

Berndt, Elin-Birgit 2002: Interaktion mit digitalen Rechtschreibhilfen: ein Vergleich von Schülertexten. Neue Wege zur Förderung der Rechtschreibkompetenz in der Sekundarstufe I. Bremen http://elib.suub.uni-bremen.de/publications/dissertations/E-Diss472_berndt2.pdf (10.10.2003)

Berndt, Elin - Birgit 2003: Förderung von Rechtschreibkompetenz durch Interaktion mit digitalen 'Hilfen'. In: Jutta Wermke (Hrsg.): Literatur und Medien. München, S. 199-221

Beyerlein, Franz 1989: Wir verbessern eine fehlerhafte Einladung. In: Lehrer-Journal. Sonderschulmagazin, Jg. 11, H.2, S. 31-32

Biglmaier, Franz 1992: Rechtschreibtraining mit dem PC. In: Ludwig Jäger /Johannes Stoffers: Der Computer als Schiefertafel oder neue Wege auf dem Weg zur Schrift. Aachen, S. 75-84

Bihan, Xavier 2000: Les correcteurs orthographiques sur le web. In: Fremdsprachenunterricht, Jg. 44 (53), H.3, S. 212-213

Bischof, Jürgen 2001: Therapiestudie zu einem computergestützten adaptiven Training mittels nichtsprachlicher Reize zur Förderung der temporalen auditiven Wahrnehmungs- und Verarbeitungsfähigkeit bei Kindern mit einer spezifischen Lese- und Rechtschreibschwäche. Diss. Heidelberg

Blatt, Inge 1996: Schreibprozeß und Computer: eine ethnographische Studie in zwei Klassen der gymnasialen Mittelstufe. Neuried

Blatt, Inge 1999: Computer als Medium - Eine Herausforderung für den Deutschunterricht. In: Bodo Lecke: Literatur und Medien in Studium und Deutschunterricht. Frankfurt a.M., S. 179-203

Blatt, Inge 1999: Internet-Angebote zur neuen Rechtschreibung. In: Praxis Deutsch, Jg. 26, H. 158, S. 15-16

Blatt, Inge 2000: Lernziel 'Medien-Schrift-Kompetenz' im Deutschunterricht'. In: Hansjörg Witte u.a. (Hrsg.): Deutschunterricht zwischen Kompetenzerwerb und Persönlichkeitsbildung. Tagungsband zum Germanistentag 1999 in Lüneburg. Hohengehren, S. 212 - 230

Blatt, Inge 2000: Medien-Schrift-Kompetenz im Deutschunterricht. In: DorotheaThomé /Günther Thomé (Hrsg.): Computer im Deutschunterricht der Sekundarstufe I. Multimediale Anwendungsgebiete im Rechtschreib-, Grammatik- und Literaturunterricht, zum Texte verfassen, Publizieren und Kommunizieren. Braunschweig, S. 24-53

Blatt, Inge 2002: Einsatz von Textverarbeitung und Lernsoftware beim Aufbau von Schreibfähigkeiten. In: Heiko Balhorn u.a. (Hrsg.): Sprachliches Handeln in der Grundschule. Frankfurt a.M., S. 21-26

Bleyhl, Werner 1989: Der Computer als Prüfstein für das Verständnis von Sprachenlernen. In: Praxis des neusprachlichen Unterrichts, Jg. 36, H.2, S. 130-136

Böhl, Wolfgang 1999: Rechtschreibung als virtuelles Abenteuer. In: Computer + Unterricht, Jg. 1999, H.36, S. 14-16

Borrmann, Andreas 2003: CD-ROMs für den Deutschunterricht: gesucht - gefunden -? In: Praxis Deutsch, Bd. 30, H. 178, S. 62

Brakebusch, Jörn 1998: Der Computer als Lern- und Schreibwerkzeug in der Grundschule. http://www.linse.uni-essen.de (10.04.2002)

Bremerich-Vos, Albert 1984: Informationstechnische Grundbildung und Rechtschreibunterricht. In: Diskussion Deutsch, Jg. 23, H. 128, S. 562-573

Brinkmann, Erika 2001: Lernsoftware muss besser geprüft werden. In: Die Grundschulzeitschrift, Jg. 15, H.149, S. 4

Castell, Rolf 1999: Computer pur. Lese- und Rechtschreibförderung von Schülern. In: Zeitschrift für Heilpädagogik, Jg. 50, H.12, S. 583-585

Dederichs, Hans 1987: Computereinsatz in der Grund- und Sonderschule zur Individualisierung des Unterrichts. In: Zeitschrift für Heilpädagogik, Jg. 38, H. 8, S. 594-596

Detheridge, Tina 1992: Concept Keyboard and word processing for children with learning difficulties. In: Ludwig Jäger /Johannes Stoffers (Hrsg.): Der Computer als Schiefertafel oder neue Wege auf dem Weg zur Schrift. Aachen, S. 123-130

Diekmannshenke, Hajo 2000: Lernsoftware und Fehlerdiagnostik. In: Dorothea Thomé /Günther Thomé (Hrsg.): Computer im Deutschunterricht der Sekundarstufe I. Multimediale Anwendungsgebiete im Rechtschreib-, Grammatik- und Literaturunterricht, zum Texte verfassen, Publizieren und Kommunizieren. Braunschweig, S. 54-77

Diekneite, Jörg 1992: Fehlermeldungen und Hilfestellungen im computerunterstützten Rechtschreibunterricht. Frankfurt a.M.

Dümler, Reinhard 1995: Computerunterstütztes Lernen in der Grundschule? In: Pädagogische Welt, Jg. 49, H. 3, S. 101-104

Eicke, Jürgen/Siegfried *Schubenz* 1987: PAC-MAN im LETTERLAND - Mikrocomputer in Sonderpädagogik und Psychotherapie. In: Log in, Jg. 7, H. 1, S. 27-30

Eisenberg, Peter/Helmuth *Feilke* 2001: Rechtschreiben erforschen. In: Praxis Deutsch, Jg. 28, H. 170, S. 6-15

Espinoza, Susan Foley 1992: The Effects of Using a Word Processor Containing Grammar and Spell Checkers on the Composition Writing of Sixth Graders. Texas Tech University

Ezrin, Bob [1998]: Die Abenteuerwelt der Wörter: Lernspiele für Grundwortschatz und Rechtschreibung. Langen

Finkenzeller, Kurt 1992: Sprachbetrachtung und Computer. In: Staatsinstitut für Schulpädagogik und Bildungsforschung (Hrsg.): Informationstechnische Bildung im Deutschunterricht. Anregungen - Materialien - Unterrichtsmodelle. München, S. 95-129

Fischer, Gero 1990: Fiasko angesagt: Neue Techniken in Deutsch. Wie tragfähig sind die Materialien des BMUKS für das Trägerfach Deutsch? In: Informationen zur Deutschdidaktik, Jg. 14, H. 2, S. 32-48

Förster, Diana /Natascha *Lauder*/Anne *Mathee* 2003: Rechtschreiben lernen mithilfe der elektronischen Rechtschreibkontrolle. Eine empirische Studie. Schriftliche Hausarbeit im Rahmen der 1. Staatsprüfung. Köln http://www.lehrer-online.de/dyn/9.asp?path=/elektronische-rechtschreibhilfen (15.11.2003)

Gerecht, Detlef 1993: Lernprogramm DIKTAT. In: Sonderschulmagazin, Jg. 15, H. 9, S. 27-28

Girke, Thomas 2002: Computerunterstützte Diagnose des Rechtschreibens. In: Pädagogik, Jg. 54, H. 10, S. 22-23

Gratzka, Volker 2001: Therapiestudie zu einem computergestützten adaptiven Training mittels sprachlicher Reize zur Förderung der temporalen auditiven Wahrnehmungs- und Verarbeitungsfähigkeit bei Kindern mit einer spezifischen Lese- und Rechtschreibschwäche. Diss. Heidelberg

Greisbach, Michaela 2000: Lernsoftware im Deutschunterricht an Schulen für Lernbehinderte. Frankfurt a.M.

Günther, Klaus-Burkhard 1988: Computergestütztes Lernen für behinderte Kinder. In: Zeitschrift für Heilpädagogik, Jg.39, H. 7, S. 478-491

Hackethal, Renate 1987: Computerunterstützter Unterricht mit dem Kieler Leseaufbau und dem Kieler Rechtschreibaufbau. In: Zeitschrift für Heilpädagogik, Jg. 1987, H. 2, S. 29-35

Hackethal, Renate 1987: Die alphabetische Reihenfolge - Computerunterstütztes Lehren und Lernen im Rechtschreibunterricht. In: Compass, Jg. 1987, H. 2, S. 48-49

Hackethal, Renate 1988: Computerrechtschreibprogramm von Duerr. In: Compass, Jg. 1988, H. 4, S. 51

Hackler, Joachim 1999: Schreib's noch einmal, Sam! Deutschprogramme auf dem Praxisprüfstand (2. Teil). In: LA-Multimedia, Jg. 1999, H.1, S. 42-47

Hackler, Joachim 2000: Dora, zum Diktat bitte!. In: LA-Multimedia Jg. 2000, H. 1, S. 16-18

Hameyer, Uwe/Jürgen *Walter* 1988: Software für die Lernbehinderten- und Förderpädagogik. Bad Honnef

Herné, Karl-Ludwig 1992: Software zur Foerderung der Lese-Rechtschreib- Fähigkeiten. In: Diskussion Deutsch, Jg. 23, H. 128, S. 528-550

Herné, Karl-Ludwig 1994: Vom Buchstabenklötzchen zur Rechtschreibregel. Spielend schreiben lernen mit dem Aachener Rechtschreib-Labor. In: Sprache und Literatur in Wissenschaft und Unterricht, Jg. 25, H. 73, S. 80-90

Herné, Karl-Ludwig/Carl Ludwig *Naumann* 2002: Aachener Förderdiagnostische Rechtschreibfehler-Analyse: systematische Einführung in die Praxis der Fehleranalyse mit Auswertungshilfen zu insgesamt 31 standardisierten Testverfahren als Kopiervorlagen. Aachen

Herrmann, Kathrin 1990: Der Computer als Lernmittel im rehabilitationspädagogischen Prozess von Kindern mit Lese-Rechtschreib-Schwäche. Berlin

Herrmann, Kathrin 1991: Der Computer als Lernmittel für Kinder mit Lese- Rechtschreib-Schwäche (LRS). In: Die Sonderschule, Jg. 36, H. 5, S. 285-291

Hubertus, Peter 1999: „Der Chef regte sich Tiere auf". In: Alfa-Forum, Jg. 14, H. 40, S. 24-25

Hupfer, Günter/Gerald *Rainer* 1990: Composition in Deutsch: Der Computer im Deutschunterricht. Linz

Hyland, Ken 1990: Literacy for a new medium: word processing skills in EST. In: System, Jg. 18, H. 3, S. 335-342

Jäger, Ludwig (Hrsg.) 1992: Der Computer als Schiefertafel oder neue Wege auf dem Weg zur Schrift. Lesen und Schreiben lernen mit Hilfe computerunterstützter Medien. Aachen

Jamieson, Joan/Carol *Chapelle* 1987: Working styles on computers as evidence of second language learning strategies. In: Language learning, Jg. 37, H. 4, S. 523-544

Jolicoeur, Karen/Dale E. *Berger* 1988: Implementing educational software and evaluating its academic effectiveness. 2. In: Educational technology, Jg. 28, H. 10, S. 13-19

Jonas, Hartmut/Kurt *Rose* 2002: Computerunterstützter Deutschunterricht. Frankfurt a.M. u.a.

Jonassen, David H./Chad S. *Carr* 2000: Mindtools: Affording Multiple Knowledge Representations for Learning. In: Susanne P. Lajoie (Ed.): Computers as Cognitive Tools, Volume Two, No More Walls. Theory Change, Paradigm Shifs, and their Influence of the Use of Computers for Instructional Purposes. Mahwah, New Jersey, S. 165-196

Kammer, Manfred 1997: Bit um Bit. Stuttgart, Weimar

Kastel, Cornelia 1999: Computer im PLUS. Hamburg

Kellner, Bernd 2002: Strategie- und Lernspiele zur sicheren Rechtschreibung. In: Schulmagazin 5 bis 10, Jg. 70, H. 5, S. 57

Kelly, Jaqueline M. 1994: Improving Spelling: An Integrated Reading and Writing Approache Using Computers. Boston

Kepser, Matthis 1999: Massenmedium Computer. Bad Krozingen

Klinghardt, Peter 1989: Silbentrennung mit dem Computer. In: Der Deutschunterricht, Jg. 41, H. 6, S. 40-49

Kochan, Barbara 1988: Der Computer als Schreibwerkzeug für Grundschulkinder. In: Heiko Balhorn (Hrsg.): Rechtschreibreform und Rechtschreiblernen. Beiträge 1988. Hamburg, S. 43-47

Kochan, Barbara 1992: Möglichkeiten und Grenzen des computerunterstützten Unterrichts. In: Ludwig Jäger /Johannes Stoffers (Hrsg.): Der Computer als Schiefertafel oder neue Wege auf dem Weg zur Schrift. Aachen, S. 49-60

Kochan, Barbara 1998: Mit Buchstaben kann man Gedanken aus dem Kopf holen. In: Heiko Balhorn u.a. (Hrsg.): Schatzkiste Sprache 1. Von den Wegen der Kinder in die Schrift. Frankfurt a.M., S. 224-237

Kochan, Barbara 1999: Computermerkmale und Unterrichtskonzept. In: Ludowika Huber (Hrsg.): Schriftspracherwerb: Neue Medien - neues Lernen !?. Braunschweig, S. 40-60

Kochan, Barbara 1999: Fähigkeitsentfaltete Alphabetisierung mit dem Computer als Schreibwerkzeug. In: Alfa-Forum, Jg. 14, H. 40, S. 26-28

Köster, Diethard 1995: Lernmaterial für Mediotheken. Beispiel Rechtschreibung. In: Zielsprache Deutsch, Jg. 26, H. 1, S. 2-8

Kraft, Dieter/Hannelore *Körner*/Jürgen H. *Waldner* 1987: Softwarebeispiele. In: Compass, Jg. 1987, H. 3, S. 60-65

Kramer, Dagmar 1998: Evaluation eines multimedialen Programms zum Erlernen der Orthographie „schwieriger Wörter". Köln

Kuschmierz, Daniela/Christian *Schwarz* 2002: Individuelles Grundwortschatztraining mit der Computer-Lernkartei: ein Begleiter auf dem Weg des Rechtschreiblernens. Heinsberg

Lajoie, Susanne P. 1993: Computer Environments as Cognitive Tools for Enhancing Learning. In: Susanne P. Lajoie /Sharon J. Derry (Ed.): Computers as cognitive tools. Hillsdale, New Jersey, S. 261-288

Lajoie, Susanne P./Sharon J. *Derry* (Hrsg.) 1993: Computers as cognitive tools. Technology in Education Series. Hillsdale, New Jersey

Langenbuch, Gerda 1993: Computer als Schreibwerkzeug im Projektunterricht einer Grundschule. In: Computer + Unterricht, Jg. 3, H. 9, S. 49-56

Lesgold, Alan 2000: What Are the Tools For? Revolutionary Change Does Not Follow the Usual Norms. In: Susanne P. Lajoie (Ed.): Computers as Cognitive Tools, Volume Two, No More Walls. Theory Change, Paradigm Shifs,and their Influence of the Use of Computers for Instructional Purposes. Mahwah, New Jersey, S. 399-408

Maas, Utz/Helmar *Gust*/Christian *Albes*/ Christina *Noack*/ et al. 1999: Abschlußbericht des Projektes Computerbasierte Modellierung orthographischer Prozesse. Osnabrück

Masendorf, Friedrich/Michaela *Benoelken*/ Udo *Kullik* 1990: Die Verbesserung der Rechtschreibfähigkeit mit Hilfe eines computerunterstützten Trainingsprogramms bei jüngeren lernbehinderten Sonderschülern. In: Vierteljahresschrift für Heilpädagogik und ihre Nachbargebiete, Jg. 59, H. 3, S. 346-353

Masendorf, Friedrich/Udo *Kullik* 1993: Erfolgskontrolle des computerunterstützten Rechtschreibtrainings ALPHI 2. 0 unter globaler und individueller Bezugsnorm. In: Psychologie in Erziehung und Unterricht, Jg. 40, H. 3, S. 225-229

Mehler, Reiner 1985: Rechtsschreibübung: Gross-Kleinschreibung. In: Paedtronic, Jg. 2, H. 4, S. 30-35

Mitton, Roger 1996: English spelling and the computer. London, New York

Neubert, Jens 1984: Legasthenietherapie und Rechtschreibtraining mit dem Computer. In: Die Neue Schulpraxis, Jg. 54, H. 10, S. 29-30

Nottbusch, Guido/Rüdiger *Weingarten*/Udo *Will* 1998: Schreiben mit der Hand und Schreiben mit dem Computer. In: OBST, Bd. 56, S. 11-27

Offenberg, Klaus 1998: Computerunterstützte Förderung bei Lese- und Rechtschreibschwierigkeiten. In: Johannes Stoffers (Hrsg.): Lese-Rechtschreib-Schwierigkeiten in allen Schulformen. Tagungsbericht des 3. Nordrhein-Westfälischen Legasthenie-Kongresses. Aachen, S. 207-210

Otman, Gabriel 1988: Aide à l'écriture: les correcteurs orthographiques. In: Les Langues modernes, Jg. 82, H. 5, S. 73-80

Plieninger, Martin 2000: Schreiben - Überarbeiten - Veröffentlichen. In: Dorothea Thomé /Günther Thomé (Hrsg.): Computer im Deutschunterricht der Sekundarstufe I. Multimediale Anwendungsgebiete im Rechtschreib-, Grammatik- und Literaturunterricht, zum Texte verfassen, Publizieren und Kommunizieren. Braunschweig, S. 88-106

Plieninger, Martin 2002: Lernsoftware - Lernen mit Software. In: Praxis Schule 5-10, Jg. 13, H. 3, S. 34-38

Plieninger, Martin 2002: Deutschunterricht als Lernort für den Umgang mit neuen Medien. Braunschweig

Pospeschill, Markus 1996: Schreiben mit dem Computer. In: Hartmut Günther / Otto Ludwig (Hrsg.): Schrift und Schriftlichkeit. Ein interdisziplinäres Handbuch internationaler Forschung. Band 10.1 und 10.2. Berlin, New York, S. 1068-1074

Raun, Manfred 1987: Computerunterstütztes Lernen im Rechen-, Lese- und Rechtschreibunterricht. In: Zeitschrift für Heilpädagogik, Jg. 38, H. 16, S. 36-42

Reuen, Sascha 1996: Kleine Finger - große Technik: Wie Grundschulkinder mit Textverarbeitungsprogrammen umgehen. url. http://www.linse.uni-essen.de (10.10.2000)

Reuen, Sascha 1997: Der Computer als Schreibwerkzeug im Deutschunterricht. In: OBST, Bd. 55, S. 90-101

Reuen, Sascha 1997: Der Computer als Schreibwerkzeug: theoretische Grundlagen und praktische Erfahrungen aus einer vierten Grundschulklasse. Frankfurt a.M. u.a.

Röber-Siekmeyer, Christa 1998: Was macht ein Bagger in der Orthographie? Die sprachstrukturierende Einführung der Schärfungsschreibung im 2. Schuljahr. Freiburg

Rose, Kurt 1997: Keine Scheu vor dem Computer im Deutschunterricht. In: Deutschunterricht, Jg. 50, H. 1, S. 20-26

Rose, Kurt 1999: Lernprogramme und Edutainments im Sprachunterricht. Ein Wegweiser durch die Software. In: Deutschunterricht, Jg. 52, H. 2, S. 85-93

Schanze, Helmut/Manfred *Kammer* 1986: Textverarbeitung - Eine Einführung. München

Schmidt, Christina 2001: Rechtschreiben im Dschungel. Gut 1. In: Schulmagazin 5 bis 10, Jg. 69, H. 4, S. 58

Schönweiss, Friedrich 1998: „Open End" - Projekt : „Aus Fehlern lernen" - Ermittlung des Rechtschreib-Förderbedarfs. http://www.uni-muenster.de/Medienpaedagogik (10.10.2000)

Schreger, Christian 1997: Tierkartei, Rechtschreibkartei - oder wie Computer und Bleisatz doch zusammenpassen. In: Fragen und Versuche, Jg. 1997, H. 79, S. 31-32

Schröger, Heike/Jochen *Müsseler* 1995: Entdeckender Schriftspracherwerb am Computer. In: Heiko Balhorn /Hans Brügelmann/Iris Füssenich (Hrsg.): Am Rande der Schrift. Zwischen Sprachenvielfalt und Analphabetismus. Lengwil, S. 356-362

Schröter, Elke 1997: Der Beitrag des Schreibwerkzeugs Computer zur Herausbildung von Schreib- und Lesekompetenz jüngerer Kinder. In: OBST, Bd. 55, S. 70-89

Schütte, Ulrich 2000: Computergestützte Lernprogramme in der beruflichen Bildung junger Erwachsener mit Lese- und Rechtschreibschwächen. In: Alfa-Forum, Jg. 14, H. 44, S. 25-27

Schwanke, Martina 1997: Multimediales Lernen. In: Lernen in Deutschland, Jg. 17, H. 2, S. 168-181

Sennholz, Klaus/Friedrich-Wilhelm *Weißbach* 1997: Neue Rechtschreibung? Kein Problem. In: Informatik betrifft uns, Jg. 1997, H. 3, S. 22-48

Seydel, Otto 1997: Der Zauberlehrling. In: Pädagogik, Jg. 49, H. 3, S. 13-15

Staatsinstitut für Schulpädagogik und Bildungsforschung(Hrsg.) 1992: Informationstechnische Bildung im Deutschunterricht. BUS Themenheft. München

Steinkamm, Franziska 1986: Praktische Arbeit am Computer mit Grundschulkindern. In: Bayerische Schule, Jg. 39, H. 3, S. 13-14

Stoffer, Thomas/Jochen Müsseler/Heike Adolphs 1991: Texte für Auge und Ohr. Untersuchungen zum computerunterstützten Schriftspracherwerb. In: Die Grundschulzeitschrift, Jg. 5, H. 44, S. 10-11

Stoffers, Johannes (Hrsg.) 1998: Lese-Rechtschreib-Schwierigkeiten in allen Schulformen. Aachen

Thees, Sylvia 2001: Computer im Deutschunterricht. Heranführen, Anwenden und Entdecken von Möglichkeiten und Grenzen der Textverarbeitungssoftware „ABC-Prüfung" und „Thesaurus" (Windows-Word 97) im Rechtschreibunterricht einer Klasse 7 am Gymnasium. Hausarbeit, 2. Staatsexamen für Lehramt an Gymnasien in Niedersachen, unveröffentlichtes Manuskript. Nordholz

Thelen, Tobias 1998: Automatische Analyse orthographischer Fehler bei Einzelwortschreibungen. Magisterarbeit. Osnabrück

Thelen, Tobias 2000: Osnabrücker Bildergeschichtenkorpus. www.akot.de (10.10.2002)

Thelen, Tobias 2002: Wie passt das Wort BETTEN in das Haus? Grundlagen und Ergebnisse des Computerprogramms MoPs zur Vermittlung der Schärfungsschreibung. In: Christa Röber-Siekmeyer / Doris Tophinke (Hrsg.): Schärfungsschreibung im Fokus. Zur schriftlichen Repräsentation sprachlicher Strukturen im Spannungsfeld von Sprachwissenschaft und Didaktik. Hohengehren

Thevenard, Alain 1992: Un correcteur orthographique pour le russe. In: Les Langues modernes, Jg. 86, H. 3, S. 57-58

Thomé, Dorothea 1992: Lernsoftware für den Deutschunterricht. In: Diskussion Deutsch, Jg. 23, H. 128, S. 551-561

Thomé, Dorothea 1993: Förderung der Lese- und Schreibfähigkeit. In: Computer + Unterricht, Jg. 3, H. 9, S. 24-27

Thomé, Günther 1999: Experimente zur Rechtschreibung am Computer. In: Inge Büchner (Hrsg.): Lust und Last und Leistung. Rechtschreibung und Grammatik in der Grundschule und Sekundarstufe I. Hamburg, S. 188-195

Thomé, Dorothea/Günter *Thomé* (Hrsg.) 2000: Computer im Deutschunterricht der Sekundarstufe. Praxis Pädagogik. Braunschweig

Thomé, Günther (Hrsg.) 2000: Computer im Deutschunterricht der Sekundarstufe: multimediale Anwendungsgebiete im Rechtschreib-, Grammatik- und Literaturunterricht, zum Texte verfassen, Publizieren und Kommunizieren. Braunschweig

Thomé, Dorothea/Günther *Thomé* 2000: Computereins@tz im Rechschreibunterricht. In: Renate Valtin (Hrsg.): Rechtschreiben lernen in den Klassen 1-6. Grundlagen und didaktische Hilfen. Frankfurt a.M., S. 158-164

Thomé, Günther 2000: Experimente mit dem Computer im Grammatikunterricht der Sekundarstufe. In: Dorothea Thomé / Günther Thomé (Hrsg.): Computer im Deutschunterricht der Sekundarstufe I. Multimediale Anwendungsgebiete im Rechtschreib-, Grammatik- und Literaturunterricht, zum Texte verfassen, Publizieren und Kommunizieren. Braunschweig, S. 78-87

Thomé, Günther 2003: Von Legasthenie bis LRS: Grundlagen, Diagnose, Förderung. Oldenburg

Trippel, Wolfgang 1995: Möglichkeiten des PC's zur Unterrichtsvorbereitung. In: Förderschulmagazin, Jg. 17, H. 9, S. 13-16

Tügel, Hanne 2001: „Bitte versteh mich doch!". In: GEO Wissen, Jg. 2001, H. 27, S. 86-95

Uplegger, Kathrin/Jürgen *Walter* 1998: Multimediales Rechtschreibpaket auf Morphembasis (REMO). Göttingen u.a.

Valtin, Renate/Ingrid M. *Naegele* 2000: Kriterien zur Beurteilung von Rechtschreibmaterialien und Lernsoftware. In: Renate Valtin (Hrsg.): Rechtschreiben lernen in den Klassen 1-6. Grundlagen und didaktische Hilfen. Frankfurt a.M., S. 144-145

Valtin, Renate/Ingrid M. *Naegele*/Günther *Thomé* 2000: Nicht nachahmenswert - Vier Ärgernisse in Rechtschreibmaterialien. In: Valtin, Renate (Hrsg.): Rechtschreiben lernen in den Klassen 1-6. Grundlagen und didaktische Hilfen. Frankfurt a.M., S. 154-158

van Lück, Willi 1996: Können Lern- oder Übeprogramme eigentlich gut sein? In: Computer und Unterricht, Jg. 6, H. 23, S. 45-48

Voß, Ingo 1993: Computereinsatz im Schriftspracherwerb und zur Überwindung von Lese- und Rechtschreibschwierigkeiten.

Wallberg, Hans-Jürgen 1990: Computerunterstütztes Rechtschreibtraining mit dem Homecomputer: häusliches Üben mit dem COLLI-Programm. Soest

Walter, Jürgen 1985: Einsatzmöglichkeiten von Mikrocomputern als Lernhilfe bei Schülern mit Lernschwierigkeiten. In: Zeitschrift für Heilpädagogik, Jg. 36, H. 8, S. 562-573

Walter, Jürgen 1986: Ergebnisse eines Morphem-orientierten Rechtschreibtrainings auf Computerbasis bei mehrfachbehinderten Schülern. In: Unterrichtswissenschaft, Jg. 14, H. 4, S. 343-357

Walter, Jürgen 1993: Neue Technologien in der Sonderschule: das Programm Lese-Zeile: der Einsatz des Computers in der LRS-Therapie. Wiesbaden

Walter, Jürgen/Regine *Bigga*/Helga *Bischof* 1995: Computergestützte Intervention bei Rechtschreibschwäche: Effekte eines kognitions- und lernpsychologisch orientierten Trainingsprogramms auf Morphembasis bei sehr schwachen Sonderschülern. In: Sonderpädagogik, Jg. 25, H. 1, S. 4-22

Walter, Jürgen 1996: Förderung bei Lese- und Rechtschreibschwäche. Göttingen u.a.

Walter, Jürgen 2001: Förderung bei Lese- und Rechtschreibschwäche: Grundlagenforschung, methodische Konsequenzen, Praxisbeispiele und mediendidaktische Anregungen auf der Basis empirischer Forschungsmethoden. Göttingen u.a.

Weingarten, Rüdiger (Hrsg.) 1997: Sprachwandel durch Computer. Opladen

Weingarten, Rüdiger 1998: Schreibprozesse im Schriftspracherwerb. In: Rüdiger Weingarten /Hartmut Günther (Hrsg.): Schriftspracherwerb. Baltmannsweiler, S. 62-81

Weingarten, Rüdiger/Hartmut *Günther* (Hrsg.) 1998: Schriftspracherwerb. Baltmannsweiler

Weingarten, Rüdiger 1999: Dynamische Aspekte der hand- und computerschriftlichen Sprachproduktion. In: Ludowika Huber /Gerd Kegel/Angelika Speck-Hamdan (Hrsg.): Schriftspracherwerb: Neue Medien - neues Lernen !?. Braunschweig, S. 61-72

Weiß, Gert 1992: Üben mit dem Computer. In: Staatsinstitut für Schulpädagogik und Bildungsforschung (Hrsg.): Informationstechnische Bildung im Deutschunterricht. Anregungen - Materialien - Unterrichtsmodelle. München, S. 73-93

Wendlinger, Siegfried 1997: Probleme mit der neuen Rechtschreibung? Der erste 'RechtUmschreiber' - eine erste Hilfe. In: Schulmagazin 5 bis 10, Jg. 12, H. 5, S. 57-58

Wendlinger, Siegfried 1998: Rechtschreibtraining am PC. Die neue Rechtschreibung am Computer einüben. In: Schulmagazin 5 bis 10, Jg. 13, H. 11, S. 52

Wendlinger, Siegfried 1998: Spielend lernen und üben. Lernsoftware für die Fächer Deutsch und Mathematik. In: Schulmagazin 5 bis 10, Jg. 13, H. 9, S. 51

Wendlinger, Siegfried 2000: Nicht mehr lernen als nötig. Lernprogramme, bei denen man sich das Notenziel selbst stecken kann. In: Schulmagazin 5 bis 10, Jg. 15, H. 2, S. 57-58

Werner, Rüdiger 1987: Computer-Lernsoftware. Tips zum richtigen Einkauf. In: Grundschule, Jg. 19, H. 6, S. 47-49

Wespel, Manfred 1989: Computereinsatz im Deutschunterricht. Zur Arbeit mit Grundwortschätzen im Erstlesen, Lesen und Rechtschreiben der Grundschule. Stuttgart

Wichert, Adalbert 1992: Schreiberziehung und Computer. In: Staatsinstitut für Schulpädagogik und Bildungsforschung (Hrsg.): Informationstechnische Bildung im Deutschunterricht. Anregungen - Materialien - Unterrichtsmodelle. München, S. 21-68

Wilde, Dagmar 2002: Durch die Texte zappen. In: Unterrichten, erziehen, Jg. 21, H. 6, S. 306-311

Zeller, Dieter 1996: Projekt: Was ich mit dem Computer alles lernen kann!. In: Grundschulmagazin, Jg. 11, H. 1, S. 23-24

Zimmer, Dieter E. 1998: Deutsch und anders - die Sprache im Modernisierungsfieber. Reinbek bei Hamburg

Mediengeschichte des Sehens Eine Bibliographie, zusammengestellt von *Ralph Köhnen* (Bochum)

Sehen ist kein einfaches, unschuldiges, immergleiches Geschehen, sondern eine kulturelle Handlung und erlernbare Technik. Die verschiedenen optischen Medien (Spiegel, Sehstein oder Leseglas, Fernrohr und Mikroskop, Kunstpanorama, schließlich Fotografie und Film bis hin zum PC-Bildschirm oder zur Videokonferenz) haben Etappen einer Wahrnehmungsveränderung seit der Antike über Mittelalter und Neuzeit bis zur Gegenwart geprägt. Die Sehapparate haben Erkenntniskrisen verursacht, aber auch den künstlerischen Blick verändert und das literarische Sprechen beeinflusst – woraus sich auch die didaktische Relevanz des Themas ableitet. So sehr freilich in den letzten Jahren die Publikationen zu den ‚neuen', digitalen Medien zunehmen, sind Veröffentlichungen zu den ‚älteren' Medien vergleichsweise rarer geworden. Auch scheinen historisch orientierte Darstellungen bzw. Studien, die das Thema der Wahrnehmungsveränderung vergleichend und in geschichtlicher Entwicklung sehen, weitgehend ein Desiderat zu sein.

Die Bibliografie ist in drei Teile gegliedert: 1. Überblicksdarstellungen zur Geschichte oder Epochen des Sehens sowie Studien, die unterschiedliche optische Medien im übergreifenden Zusammenhang darstellen, 2. Untersuchungen, bei denen ein bestimmtes technisches oder Kunstmedium dominiert, 3. Sammelbände oder Einzelaufsätze, die sich mit Geschichte und mehr noch Gegenwart der Medien sowie ihrer Wirkungen auf das Sehen im Deutschunterricht befassen. Dabei wird die umfangreiche Literatur zum Thema ‚neue Medien im Unterricht' nur knapp gestreift, weil sie die digitalen Medien seltener unter optischen Aspekten behandelt; herausgestellt sind dagegen die Beiträge, die sich ausdrücklich mit optischen Medien beschäftigen. Um nicht die Inhaltsverzeichnisse der zahlreichen Sammelbände zu wiederholen, sind bis auf wenige Ausnahmen besonders einschlägiger oder wichtiger Einzelbeiträge ihre Gesamttitel genannt.

1. Überblicksdarstellungen

Amelunxen, Hubertus von/Andrei *Ujica* (Hrsg.) 1990: Television/Revolution. Das Ultimatum des Bildes. Marburg

Amelunxen, Hubertus von/Uta *Brandes* (Hrsg.) 1995: Sehsucht: Über die Veränderung der visuellen Wahrnehmung. Göttingen (Ausstellungskatalog Bonn: Kunst- und Ausstellungshalle der Bundesrepublik Deutschland, 1994)

Appeldorn, Werner van 1972: Die optische Revolution: Die Zukunft der visuellen Medien, Diagnose und Prognose. Reinbek bei Hamburg

Asendorf, Christoph 1984: Batterien der Lebenskraft. Zur Geschichte der Dinge und ihrer Wahrnehmung im 19. Jahrhundert. Gießen

Asendorf, Christoph 1989: Ströme und Strahlen. Das langsame Verschwinden der Materie um 1900. Gießen

Barck, Karlheinz/Peter *Gente*/Heidi *Paris*/ Stefan *Richter* (Hrsg.) 1991: Aisthesis. Wahrnehmung heute oder Perspektiven einer anderen Ästhetik. Essais. Leipzig

Bartels, Klaus 1990: Vom Erhabenen zur Simulation. Eine Technikgeschichte der Seele: Optische Medien bis 1900 und der menschliche Innenraum. In: Jochen Hörisch/Michael Wetzel (Hrsg.): Armaturen der Sinne – Literarische und technische Medien von 1870 bis 1920. München, S.17-42

Belting, Hans 2001: Bild-Anthropologie. Entwürfe für eine Bildwissenschaft. München

Benjamin, Walter 1980: Das Kunstwerk im Zeitalter seiner technischen Reproduzierbarkeit. In: Gesammelte Schriften I, Frankfurt a.M. 1980, S. 471-508

Benjamin, Walter 1983: Das Passagenwerk. In: Gesammelte Schriften V, Frankfurt a.M.

Beyrer, Klaus 1985: Die Postkutschenreise. Tübingen

Binczek, Natalie/Nicolas *Pethes* 2001: Mediengeschichte der Literatur. In: Helmut Schanze (Hrsg.): Handbuch der Mediengeschichte. Stuttgart, S.248-315

Boehm, Gottfried (Hrsg.) 1994: Was ist ein Bild? München

Bolz, Norbert 1991: Eine kurze Geschichte des Scheins. München

Crary, Jonathan 2002: Aufmerksamkeit. Wahrnehmung und moderne Kultur. Frankfurt a.M. (Orig. London 1999)

Crary, Jonathan 1996: Techniken des Betrachters (orig. London 1990)

Decker, Edith/Peter *Weibel* (Hrsg.) 1990: Vom Verschwinden der Ferne. Telekommunikation und Kunst. Köln

Deleuze, Gilles 1991: Das Bewegungsbild. Frankfurt a.M.

Dewitz, Bodo/Werner *Nekes* 2002: Ich sehe was, was du nicht siehst. Sehmaschinen und Bilderwelten: Die Sammlung Werner Nekes. Göttingen (Ausstellungskatalog Köln, Museum Ludwig).

Lesen und Symbolverstehen

Doelker, Christian 1997: Ein Bild ist mehr als ein Bild. Visuelle Kompetenz in der Multimedia-Gesellschaft. Stuttgart

Faßler, Manfred 2002: Bildlichkeit. Wien u.a.

Faßler, Manfred/*Halbach*, Wulf (Hrsg.) 1998: Geschichte der Medien. München

Flusser, Vilém 1992: Die Schrift. Frankfurt a.M.

Flusser, Vilém 1999: Ins Universum der technischen Bilder. Göttingen (Original 1985)

Frieß, Peter 1993: Kunst und Maschine. 500 Jahre Maschinenlinien in Bild und Skulptur. München

Geyer, Bernhard 1994: Scheinwelten. Die Geschichte der Perspektive. Leipzig

Giesecke, Michael 1998: Der Buchdruck in der frühen Neuzeit: eine historische Fallstudie über die Durchsetzung neuer Informations- und Kommunikationstechnologien. Frankfurt a.M.

Graevenitz, Gerhard von 1994: Das Ornament des Blicks: Über die Grundlagen des neuzeitlichen Sehens, die Poetik der Arabeske und Goethes „West-Östlichen Divan". Stuttgart

Guski, Rainer 2000: Wahrnehmung. Eine Einführung in die Psychologie der menschlichen Informationsaufnahme. 2., überarbeitete Aufl. Stuttgart u.a.

Heidegger, Martin 1994: Das Ge-Stell. In: ders.: Bremer und Freiburger Vorträge. Gesamtausgabe Bd. 79, hg. von Petra Jaeger, S.24-45

Hickethier, Knut 2003: Einführung in die Medienwissenschaft. Stuttgart

Hiebel, Hans H. u.a. (Hrsg.) 1999: Große Medienchronik. München

Hörisch, Jochen 2001: Der Sinn und die Sinne. Eine Geschichte der Medien. Frankfurt a.M.

Hörisch, Jochen/Michael *Wetzel* (Hrsg.) 1990: Armaturen der Sinne. Literarische und technische Medien 1870-1920. München

Huber, Hans Dieter/Bettina *Lockemann*/Michael *Scheibel* (Hrsg.) 2002: Bild/Medien/Wissen. Visuelle Kompetenz im Medienzeitalter. München

Kemp, Martin 1990: The Science of Art. Optical Themes in Western Art from Brunelleschi to Seurat. New Haven, London

Kieninger, Ernst/Doris *Rauschgatt* 1995: Die Mobilisierung des Blicks. Wien

Kittler, Friedrich A. 1986: Grammophon, Film, Typewriter. München

Kittler, Friedrich 2002: Optische Medien. Berliner Vorlesung 1999. Berlin

Kittler, Friedrich A. 2003: Aufschreibsysteme 1800/1900. 5. veränd. Aufl. München

Kloock, Daniela/Angela *Spahr* (Hrsg.) 1997: Medientheorien. Eine Einführung. München

Köhnen, Ralph 1995: Sehen als Textkultur. Intermediale Beziehungen zwischen Rilke und Cézanne. Bielefeld

Koschorke, Albrecht 1989: Die Geschichte des Horizonts. Grenze und Grenzüberschreitung in literarischen Landschaftsbildern. Frankfurt a.M.

Kümmel, Albert/Petra *Löffler* (Hrsg.) 2002: Medientheorie 1888-1933. Texte und Kommentare. Frankfurt a.M.

Langen, August 1934: Anschauungsformen in der deutschen Dichtung des 18. Jahrhunderts. Rahmenschau und Rationalismus. Darmstadt (Neudruck 1965)

Lindberg, David: Auge und Licht im Mittelalter. Frankfurt a.M. 1987

McLuhan, Marshall 1995: Die magischen Kanäle. Dresden, Basel (orig. 1964)

McLuhan, Marshall 1968: Die Gutenberg-Galaxis: Das Ende des Buchzeitalters. Düsseldorf, Wien u.a. (orig. 1963)

Möbius, Hanno 2000: Montage und Collage. Literatur, bildende Künste, Film, Fotografie, Musik, Theater bis 1933. München

Münchow, Wolfgang 1983: Geschichte der Augenheilkunde. Leipzig 1983, Bd. IX: Der Augenarzt, hg. von Karl Velhagen. Leipzig

Naumann, Barbara (Hrsg.) 1993: Vom Doppelleben der Bilder. München

Panofsky, Erwin 1924/25: Die Perspektive als ‚symbolische Form'. In: ders.: Aufsätze zu Grundfragen der Kunstwissenschaft, hg. von Hariolf Oberer und Egon Verheyen. Berlin 1980

Patzelt, Otto 1991: Faszination des Scheins. 500 Jahre Geschichte der Perspektive. Berlin

Pfeiffer, Karl-Ludwig 1999: Das Mediale und das Imaginäre. Dimensionen kulturanthropologischer Medientheorie. Frankfurt a.M.

Schanze, Helmut (Hrsg.) 2001: Handbuch der Mediengeschichte. Stuttgart

Schanze, Helmut (Hrsg.) 2002: Metzler Lexikon Medientheorie/ Medienwissenschaft. Stuttgart, Weimar

Schivelbusch, Wolfgang 1983: Lichtblicke. Zur Geschichte der künstlichen Helligkeit im 19. Jahrhundert. München

Schivelbusch, Wolfgang 1989: Geschichte der Eisenbahnreise. Zur Industrialisierung von Raum und Zeit im 19. Jahrhundert. Frankfurt a.M.

Schmidt, Siegfried J. 1998: Die Zähmung des Blicks. Konstruktivismus – Empirie – Wissenschaft. Frankfurt a.M.

Schmiederer, Ernst 1998: Alle Macht geht vom Bild aus. In: Gerfried Stocker/ Christine Schöpf (Hrsg.): Information. Macht. Krieg. Ars Electronica 1998. Wien, New York, S.230-239

Schmitz, Ulrich 1997: Schriftliche Texte in multimedialen Kontexten. In: Rüdiger Weingarten (Hrsg.): Sprachwandel durch Computer. Opladen, S. 131-158.

Schmitz, Ulrich 2000: ZAP und Sinn. Fragmentarische Textkonstitution durch überfordernde Medienrezeption. In: Ernest Hess-Lüttich/Werner Holly/ Ulrich Püschel (Hrsg.): Textstrukturen im Medienwandel. Frankfurt a.M. u.a. S. 11-29.

Schnell, Ralf 2000: Medienästhetik. Zu Geschichte und Theorie audiovisueller Wahrnehmungsformen. Stuttgart

Segeberg, Harro 1993: Rahmen und Schnitt. Zur Mediengeschichte des Sehens seit der Aufklärung. In: Wirkendes Wort, H.2, S.286-301

Segeberg, Harro 1997: Literatur im technischen Zeitalter. Von der Frühzeit der deutschen Aufklärung bis zum Beginn des Ersten Weltkriegs. Darmstadt

Segeberg, Harro 2003: Literatur im Medienzeitalter. Literatur, Technik und Medien in Deutschland seit 1914. Darmstadt

Simmel, Georg 1998: Soziologie der Sinne. In: ders., Soziologische Ästhetik. Hrsg. und eingeleitet von Klaus Lichtblau. Darmstadt, S.135-150

Simon, Gérard 1992: Der Blick, das Sein und die Erscheinung in der antiken Optik (mit einem Anhang: Die Wissenschaft vom Sehen und die Darstellung des Sichtbaren). München

Stankowski, Anton/Karl Duschek (Hrsg.) 1989: Visuelle Kommunikation. Berlin

Virilio, Paul 1989: Die Sehmaschine. Berlin (orig. Paris 1988)

Zielinski, Siegfried 2002: Archäologie der Medien. Zur Tiefenzeit des technischen Sehens und Hörens. Reinbek

2. Einzelne optische Medien

Abramson, Albert 1990: 110 Jahre Fernsehen. Visionen vom Fern-Sehen. In: Edith Decker/Peter Weibel (Hrsg.): Vom Verschwinden der Ferne. Telekommunikation und Kunst. Köln, S.146-208

Albersmeier, Franz-Josef/Volker *Roloff* (Hrsg.) 1989: Literaturverfilmungen. Frankfurt a.M.

Altrogge, Michael/Rolf *Amann* 1991: Videoclips – die geheimen Verführer der Jugend? Berlin

Arnheim, Rudolf 1977: Kritiken und Aufsätze zum Film. Hrsg. von Helmut Diederichs. München, Wien

Baacke, Dieter./Franz Josef *Röll* 1995: Weltbilder. Wahrnehmung, Wirklichkeit. Bildung als ästhetischer Prozeß. Opladen

Bachmair, Ben 1993: TV-Kids. Ravensburg

Berger, Jürgen 1981: Die Projektion. Anmerkungen zur Geschichte der Laterna Magica. In: Laterna magica – Vergnügen, Belehrung, Unterhaltung. Der Projektionskünstler Paul Hoffmann (1829-1888). Ausstellung des Historischen Museums Frankfurt a.M., S.29-54

Berns, Jörg-Jochen 2000: Film vor dem Film. Bewegende und bewegliche Bilder als Mittel der Imaginationssteuerung in Mittelalter und Früher Neuzeit. Marburg

Bruch, Walter 1967: Kleine Geschichte des Deutschen Fernsehens. Berlin

Buddemeier, Heinz 1970: Panorama, Diorama, Photographie. Entstehung und Wirkung neuer Medien im 19. Jahrhundert. München

Busch, Bernd 1989: Belichtete Welt. Eine Wahrnehmungsgeschichte der Fotografie. München (Nachdruck 1995)

Denk, Rudolf (Hrsg.) 1978: Texte zur Poetik des Films. Stuttgart

Doelker, Christian 1989: Kulturtechnik Fernsehen: Analyse eines Mediums. Stuttgart

Esselbach, Matthias 2000: Optische Speicherung und Verarbeitung von Information mit fotoreaktiven Medien. Jena

Füsslin, Georg 1995: Der Guckkasten. Einblick – Durchblick – Ausblick. Stuttgart

Ganz, Thomas 1994: Die Welt im Kasten. Von der Camera Obscura zur Audiovision. Zürich

Hagenbüchle, Walter 1990: Narrative Strukturen in Literatur und Film. Bern, Frankfurt a.M.

Hick, Ulrike 1999: Geschichte der optischen Medien. München

Hickethier, Knut 2001: Film- und Fernsehanalyse. 3. verb. Aufl. Stuttgart, Weimar

Hrabalek, Ernst 1985: Laterna magica. Zauberwelt und Faszination des optischen Spielzeugs. München
Hüppauf, Bernd 1993: Kriegsfotografie und die Erfahrung des Ersten Weltkriegs. In: Barbara Naumann (Hrsg.): Vom Doppelleben der Bilder. München, S.29-50
Koschorke, Albrecht 1996: Das Panorama. Die Anfänge der modernen Sensomotorik um 1800. In: Harro Segeberg (Hrsg.): Die Mobilisierung des Sehens. München, S.149-170
Kracauer, Siegfried 1996: Kino. Essays, Studien, Glossen. Hrsg. von Karsten Witte. Frankfurt a.M.
Krämer, Sybille/ Horst *Bredekamp* (Hrsg.) Bild - Schrift - Zahl. (Reihe Kulturtechnik) München
Messerli, Alfred/Janes *Osolin* (Hrsg.) 1996: Blickführung. Reihe Cinema, H.41. Basel/Frankfurt a.M.
Meyrowitz, Joshua 1987: Die Fernseh-Gesellschaft. Wirklichkeit und Identität im Medienzeitalter. Weinheim, Basel
Monaco, James 2002: Film verstehen. Kunst, Technik, Sprache, Geschichte und Theorie des Films und der Medien. Mit einer Einführung in Multimedia. Reinbek (1989)
Naumann, Barbara 1993: Der Kollaps der Worte. Filmästhetische Darstellungsmittel in Robert Wilsons Bildertheater. In: dies. (Hrsg): Vom Doppelleben der Bilder. München, S.153-179
Oettermann, Stefan 1980: Das Panorama. Die Geschichte eines Massenmediums. Frankfurt a.M.
Paech, Anne/Joachim *Paech* 2000: Menschen im Kino. Film und Literatur erzählen. Stuttgart
Paech, Joachim (Hrsg.) 1994: Film, Fernsehen, Video und die Künste. Strategien der Intermedialität. Stuttgart
Paech, Joachim 1997: Literatur und Film. 2. Aufl. Stuttgart
Peucker, Brigitte 1995: Incorporating Images. Film and the rival arts. Princeton/NJ
Pinthus, Kurt (Hrsg.) (1913) 1983: Kinobuch. Frankfurt a.M. 1983
Plumpe, Gerhard 1990: Der tote Blick. Zum Diskurs der Photographie in der Zeit des Realismus. München
Schlüpmann, Heide 1990: Unheimlichkeit des Blicks. Das Drama des frühen deutschen Kinos. Basel/Frankfurt a.M.
Schneider, Irmela 1981: Der verwandelte Text. Wege zu einer Theorie der Literaturverfilmung. Tübingen
Schnelle-Schneyder, Marlene 1990: Photographie und Wahrnehmung am Beispiel der Bewegungsdarstellung im 19. Jahrhundert. Marburg
Segeberg, Harro (Hrsg.) 1996: Die Mobilisierung des Sehens. Zur Vor- und Frühgeschichte des Films in Literatur und Kunst. München
Springer, Bernhard 1987: Narrative und optische Strukturen im Bedeutungsaufbau des Spielfilms. (Reihe Medienbibliothek Bd. 10) Tübingen
Stiegler, Bernd 2001: Philologie des Auges. Die photographische Entdeckung der Welt im 19. Jh. München
Virilio, Paul 1989: Krieg und Kino. Logistik der Wahrnehmung I. Frankfurt a.M. (orig. Paris 1984)
Vogel, Amos 1999: Film als subversive Kunst. St. Andrä-Wördern
Vogl, Joseph 2001: Medien-Werden: Galileis Fernrohr. In: Lorenz Engell/Joseph Vogl (Hrsg.): Archiv für Mediengeschichte - Mediale Historiographien. Weimar, S.115-123
Von der Camera obscura zum Film 1992. Eine Ausstellung zu Vorgeschichte des Films mit Objekten der Sammlung Werner Nekes. Ausstellungskatalog Mülheim an der Ruhr
Wagner, Monika 1996: Bewegte Bilder und mobile Blicke. Darstellungsstrategien in der Malerei des neunzehnten Jahr-

hunderts. In: Harro Segeberg (Hrsg.): Die Mobilisierung des Sehens. München, S.171-190
Wenzel, Horst 1995: Hören und Sehen. Schrift und Bild. Kultur und Gedächtnis im Mittelalter. München
Wenzel, Horst/Wilfried *Seipel*/ Gotthart *Wunberg* (Hrsg.) 2001: Audiovisualität vor und nach Gutenberg. Zur Kulturgeschichte der medialen Umbrüche. Wien.
Wenzel, Horst/Christina Lechtermann (Hrsg.) 2002: Beweglichkeit der Bilder. Text und Imagination in den illustrierten Handschriften des ‚Welschen Gastes' von Thomasin von Zerclaere. Köln
Zglinicki, Friedrich von 1956: Der Weg des Films. Die Geschichte der Kinematographie und ihrer Vorläufer. Berlin (Nachdruck 1979)

3. Didaktik

Abraham, Ulf 2002: Kino im Klassenzimmer. Klassische Filme für Kinder und Jugendliche im Deutschunterricht. In: Praxis Deutsch, H. 175, S.6-18
Abraham, Ulf 2002: Soll Deutsch ein Medienfach werden? Kulturhistorische, didaktische und bildungspolitische Streitfragen. Streitgespräch mit Elisabeth K. Paefgen (digitalisiertes Filmdokument). http://www.uni-jena.de/~x9krmi/SDD2002/
Barsch, Achim/Hans Dieter *Erlinger* 2002: Medienpädagogik – eine Einführung. Stuttgart
Barth, Susanne 1999: Medien im Deutschunterricht. In: Praxis Deutsch, H.153, S.11-19
Berghoff, Matthias/ *Frederking*, Volker 1999: Auf dem Weg zum virtuellen Klassenzimmer. Computervermittelte Kooperation zwischen Lerngruppen auf der Basis von E-Mail, DCR-Chat, BSCW, Netmeeting und Video-Konferenz. In: Ide, H. 2, S.121-133
Berghoff, Matthias/ *Frederking*, Volker 2002: Multimediale Erfahrungs- und Handlungsräume – neue Möglichkeiten für den Einsatz des Computers im Deutschunterricht. In: Hartmut Kugler (Hrsg.): www.germanistik2001.de. Vorträge des Erlanger Germanistentags 2001. Band 2. Bielefeld, S. 807-816.
Blumensath, Heinz/Stephan *Lohr* 1983: Verfilmte Literatur – literarischer Film. In: Praxis Deutsch, H.57, S.10-19
Bonfadelli, Heinz/Ulrich *Saxer* 1986: Lesen, Fernsehen und Lernen. Wie Jugendliche die Medien nutzen und die Folgen. Zug
Börder, Mette 2003: Vom Bilderbuch zum multimedialen Hypertext. In: Jutta Wermke (Hrsg.): Literatur und Medien (= Medien im Deutschunterricht 2002. Jahrbuch. Hrsg. von Volker Frederking, Hartmut Jonas, Petra Josting, Jutta Wermke). München, S. 118-127
Brenner, Gerd/Horst *Niesyto* (Hrsg.) 1993: Handlungsorientierte Medienarbeit. Video, Film, Ton, Foto. Weinheim
Bütow, Wilfried 2000: Filme im Unterricht und Unterricht in Sachen Film. In: Deutschunterricht, H.6, S.4-5
Calvert, Kristina/Bodo *Lecke* 2003: Mediendidaktische Forschung – Medienübergreifendes Lernen. Grundlagen und Modelle für den (Deutsch-) Unterricht. München
Denk, Rudolf 2000: Hörfunk und Fernsehen. In: Lange, Günter (Hrsg.): Taschenbuch der Kinder- und Jugendliteratur. 2 Bde. Baltmannsweiler, Bd. 1, S. 431- 448
Erlinger, Hans Dieter (Hrsg.) 1997: Neue Medien – Edutainment – Medienkompetenz. Deutschunterricht im Wandel. München
Erlinger, Hans Dieter/Kerstin *Esser*/Birgit *Hollstein*/Bettina *Klein*/Uwe *Mattusch* 1998: Handbuch des Kinderfernsehens. Konstanz

Erlinger, Hans Dieter/Gudrun *Marci-Boehncke* (Hrsg.) 1999: Deutschdidaktik und Medienerziehung. Kulturtechnik Medienkompetenz in Unterricht und Studium. München

Esselborn, Karl 1992: Literatur audiovisuell als Chance fremdsprachlicher Literaturvermittlung? In: Jahrbuch Deutsch als Fremdsprache, S.87-107

Franz, Kurt/Günter *Lange*(Hrsg.) 2000: Bilderwelten. Baltmannsweiler

Frederking, Volker 2003: Auf neuen Wegen...? Deutschdidaktik und Deutschunterricht im Zeichen der Medialisierung – eine Bestandsaufnahme. In: Jutta Wermke (Hrsg.): Literatur und Medien (= Medien im Deutschunterricht 2002. Jahrbuch. Hrsg. von Volker Frederking, Hartmut Jonas, Petra Josting, Jutta Wermke). München, S. 143-159

Gast, Wolfgang 1993: Grundbuch. Einführung in Begriffe und Methoden der Filmanalyse. Frankfurt a.M.

Gast, Wolfgang 1993: Literaturverfilmung. Themen, Texte, Interpretationen. Bamberg

Gast, Wolfgang 1996: Filmanalyse. Praxis Deutsch, H. 140, S.14-25

Glogauer, Werner 1993: Die neuen Medien verändern die Kindheit. Nutzung und Auswirkung des Fernsehens, der Videofilme, Computer- und Videospiele, der Werbung und Musikvideoclips. Weinheim

Heck, Bettina 2001: Medienvergleich als Methode. „Homo faber": Roman und Film im Deutschunterricht. In: Jutta Wermke (Hrsg.): Hören und Sehen. Beiträge zu Medien- und Ästhetischer Erziehung. München, S.125-144

Heidtmann, Horst 2000: Kinder- und Jugendliteratur im Medienverbund. Veränderungen von Lesekultur, Lesesozialisation und Leseverhalten in der Mediengesellschaft. In: Karin Richter/ Sabine Riemann(Hrsg.): Kinder- Literatur – „neue" Medien. Baltmannsweiler, S.20-35

Hübner, Marlies 2000: Spielfilmrezeption und -analyse. Eine unterrichtspraktische Realisierung am Beispiel „Momo". In: Ensberg, Claus/Theodor Diegritz/Marlies Hübner/Karl Schuster (Hrsg.): Deutschunterricht. Zugang zu den Lernenden finden. Braunschweig, S.77- 88.

Hurrelmann, Bettina 1989: Fernsehen in der Familie. Auswirkungen der Programmerweiterung auf den Mediengebrauch. Weinheim, München

Kern, Peter Christian 2002: Film. In: Klaus-Michael Bogdal/Hermann Korte (Hrsg.): Grundzüge der Literaturdidaktik. München, S.217-230.

Köhnen, Ralph 2002: Von der Erfahrung zum Erlebnis. Die Augen der Literatur und ihre Medien (Text des Vortrags). http://mmz-srv4.rz.uni-jena.de:8080/ramgen/sdd/mo1 .rm (Video des Vortrags). Symposion Deutschdidaktik 2002. Jena

Köhnen, Ralph 2002: Die Prosa der Gestelle. Zur mediologischen Grundierung des Erzählens im 19. Jahrhundert In: Jahrbuch Medien im Deutschunterricht, München 2002, S.19-41

Kötter, Engelbert/*Wagener*, Andrea 2001: Literaturverfilmung: Adaptation oder Kreation? Berlin

Korte, Helmut 2001: Einführung in die Systematische Filmanalyse. Berlin

Lange, Günter 2000: Film und Fernsehspiel im Unterricht. In: ders. (Hrsg.): Taschenbuch der Kinder- und Jugendliteratur. 2 Bde. Baltmannsweiler, Bd. 2, S.695-720

Metzger, Klaus 2001: Goof! Fehler im Film als Baustein für eine ‚Schule des Sehens'. In: Praxis Deutsch, H.175, S.19-21

Metzger, Klaus 2001: Handlungsorientierter Umgang mit Medien im Deutschunterricht – didaktische Voraussetzungen, Modelle und Projekte. Berlin

Praxis Deutsch 1993: Fernsehserien (Jg.20, H.121)

Praxis Deutsch 1996: Filmanalyse (Jg.23, H.140)
Richter, Karin/Sabine *Riemann* (Hrsg.) 2000: Kinder- Literatur – „neue" Medien. Baltmannsweiler
Riedel, Margit 2001: Vor dem Gesetz. Ein Video-Projekt zwischen Fantasy und Reality. In: Günther Lange (Hrsg.): Lese-Erlebnisse und Literatur-Erfahrungen. Annäherungen an literarische Werke von Luther bis Enzensberger. Baltmannsweiler, S.170-180
Röll, Franz-Josef 1998: Mythen und Symbole in populären Medien. Der wahrnehmungsorientierte Ansatz in der Medienpädagogik. Frankfurt a.M.
Rupp, Gerhard 1996: Das Oli/ympia-Projekt. Lesen und Medienkonsum in der Informationsgesellschaft. In: Deutschunterricht H.4, S.170-179
Sahr, Michael 2000: Kinderfilm. In: Günter Lange (Hrsg.): Taschenbuch der Kinder- und Jugendliteratur. 2 Bde. Baltmannsweiler, Bd. 2, S.608-619
Schäfer, Eva (Hrsg.) 2000: Internet. Film. Fernsehen. Zur Nutzung aktueller Medien als Folie für Selbst- und Weltbilder. München
Schmid, Ulrich 1999: Videoclips – ein Thema für Projekt- und Studientage. In: Praxis Deutsch, H.153, S.48-52
Schmitz-Emans, Monika 1998: Ästhetische Erziehung heute – Beziehungen zwischen Bildern und Texten als Anlässe literarischer Reflexion über Sprache und Wirklichkeit. In: Ralph Köhnen (Hrsg.): Wege zur Kultur. Perspektiven für einen integrativen Deutschunterricht. Frankfurt a.M., S.325-346
Schneider, Olaf 2001: Texte in digitalen Erfahrungsräumen. In: Jutta Wermke (Hrsg.): Hören und Sehen. Beiträge zu Medien- und Ästhetischer Erziehung. München, S. 191-217
Schön, Erich 2000: Kinder und Jugendliche im aktuellen Medienverbund. In: Günter Lange (Hrsg.): Taschenbuch der Kinder- und Jugendliteratur. 2 Bde. Baltmannsweiler, Bd. 2, S.921-941
Schwerdtfeger, Inge 1989: Sehen und Verstehen. Arbeit mit Filmen im Unterricht Deutsch als Fremdsprache. Berlin, München
Theunert, Helga/Margit *Lenssen*/Bernd *Schorb* 1995: „Wir gucken besser Fern als Ihr!" Fernsehen für Kinder. München
Theunert, Helga/Bernd *Schorb* (Hrsg.) 1996: Begleiter der Kindheit. Zeichentrick und die Rezeption durch Kinder. München
Ulrich, Wilfried 2000: Hypertext und Hypermedia. Abschied vom linear zu lesenden Text. In: Deutschunterricht, H.53, S.60-63
Vollbrecht, Rolf 2001: Einführung in die Medienpädagogik. Weinheim, Basel
Wermke, Jutta 1997: Integrierte Medienerziehung im Fachunterricht. Schwerpunkt Deutsch. München
Wermke, Jutta (Hrsg.) 2001: Hören und Sehen. Beiträge zu Medien- und Ästhetischer Erziehung. München
Wermke, Jutta 2002: Literatur- und Medienunterricht. In: Klaus-Michael Bogdal/Hermann Korte (Hrsg.): Grundzüge der Literaturdidaktik. München, S.91-104
Wermke, Jutta 2001: Medienpädagogik. In: Helmut Schanze (Hrsg.): Handbuch der Mediengeschichte. Stuttgart, S.140-164
Zabka, Thomas 2001: Zum Symbolverstehen von Videoclips. Didaktische Reflexionen und Ratschläge. In: Jutta Wermke (Hrsg.): Hören und Sehen. Beiträge zu Medien- und Ästhetischer Erziehung. München, S.109-124

Hörästhetik und Auditive Medien im Deutschunterricht (2. Teil) Eine Bibliographie, zusammengestellt von *Mette Börder* (Osnabrück)

Fortsetzung und Aktualisierung der von Mette Börder und Jörg Ehrnsberger zusammengestellten Bibliographie in: *Wermke*, Jutta (Hrsg.) 2003: Literatur und Medien. München, S. 283-300. Erläuterungen zu den Auswahlkriterien sind dort ebenfalls aufgeführt.

Folgende Kategorien waren für die Auswahl maßgeblich:

- *Hören*: Titel zum Hören allgemein, zur Hörästhetik und Hörerziehung sind hier zusammengefasst.
- *Hörspiel*: Darunter werden Publikationen zum traditionellen und zum neuen Hörspiel, zur Theorie, Geschichte und Didaktik des Hörspiels subsumiert.
- *Kinderhörkassetten und* CDs: Vorangestellt sind unter 3.1. Publikationen zu Kinderhörkassetten und CDs allgemein, zu ihrer Funktion in Freizeit und Schule, sowie Titel zu Beurteilungskriterien. Es folgen unter 3.2. Beiträge mit Empfehlungen zu Hörkassetten und CDs für Kinder und Jugendliche.
- *Radio*: Vorangestellt sind unter 4.1. Publikationen zu Radiokunst, zur Geschichte des Rundfunks und zum Kinderfunk. Es folgen unter 4.2. Hinweise auf Sendereihen zur Akustischen Kunst im weiteren Sinne, zu Hörspiel und Feature. Titel, die sich in erster Linie mit Rundfunkjournalismus befassen, wurden nicht berücksichtigt.
- *Marktangebot und Mediennutzung*: Im Mittelpunkt stehen Publikationen zur Hörfunk- und Tonträgernutzung.
- *Praxisprojekte*: Publikationen zu schulischen Medienproduktionen – sowohl Radio- als auch Hörspielproduktionen – mit Projektcharakter sind hier zusammengefasst. Andere Titel zur didaktischen Umsetzung wurden dagegen unter 1. bis 4. zugeordnet.

Für die Fortsetzung der Bibliographie wurden einschlägige Sammelwerke und für das Thema relevante Zeitschriften im Zeitraum von 2002 bis 2003 ausgewertet. Es sind dies im Einzelnen: *Der Deutschunterricht. Beiträge zu seiner Praxis und wissenschaftlichen Grundlegung.* Friedrich Verlag Seelze (vor 1987: Klett Verlag Stuttgart); *Didaktik Deutsch. Halbjahresschrift für die Didaktik der deutschen Sprache und Literatur.* Schneider Verlag Hohengehren Baltmannsweiler; *Grundschule. Zeitschrift für die Grundstufe des Schulwesens mit Mitteilungen des Arbeitskreises Grundschule e.V.* Westermann Verlag Braunschweig; *Praxis Grundschule. Materialien für den Unterricht.* Westermann Verlag Braunschweig; *Informationen zur Deutschdidaktik (ide).* Studien Verlag Innsbruck u.a. (vor 1984: VWGÖ Verlag Wien); *Deutschunterricht.* (Zusatz bis 2000: Magazin für Deutschlehrerinnen und Deutschlehrer aller Schulformen) Westermann Braunschweig (vor 1992: Volk + Wissen Berlin, 1993-2000: Pädagogischer Zeitschriftenverlag Berlin); *Mitteilungen des Deutschen Germanistenverbandes.* Aisthesis Verlag Bielefeld (vor 1997: Diesterweg Verlag Frankfurt a.M.); *Praxis Deutsch. Zeitschrift für den Deutschunterricht.* Friedrich Verlag Seelze; *wirkendes wort. Deutsche Sprache und Literatur in Forschung und Lehre.* WVT [Wissenschaftlicher Verlag Trier] Trier; *medien praktisch. Zeitschrift für Me-*

dienpädagogik. GEP [Gemeinschaftswerk der Evangelischen Publizistik] Frankfurt a.M.; *medien + erziehung: merz*. KoPaed Verlag München (vor 1994: Leske + Budrich Leverkusen). Neu hinzugezogen wurde die Zeitschrift: *Börsenblatt für den deutschen Buchhandel*. MVB [Marketing- und Verlagsservice des Buchhandels GmbH] Frankfurt a.M. (ab 1990).

1. Hören

Ackermann, Max 2003: Die Kultur des Hörens: Wahrnehmung und Fiktion. Texte vom Beginn des 20. Jahrhunderts. Haßfurt, Nürnberg

Bergmann, Katja 2003: Hör-Gänge. Konzeption einer Hörerziehung für den Deutschunterricht. 2. Auflage. Oberhausen

Bernius, Volker/Mareille *Gilles* (Hrsg.) 2002: Hörspaß. Über Hörclubs an Grundschulen. Göttingen

Binder, Sigrid/Kerstin *Meier*/Gabriele *Vogt* 2003: Wer nicht hören will ... verpasst was. In: Grundschule, H.4, S. 26-27

Cybinski, Hans/Christian *Neugebauer*/Franziska *Schiller* 2003: Zu Geschichten Geräusche machen – Geräusche-Werkstatt. Mühlheim a.d.R.

Gendolla, Peter (Hrsg.) 2003: Zum Thema: Hören. Siegen

Herrmann-Strenge, Andrea 2003: Laute Flaute – stiller Raum: Praxisbausteine zum Hören und Hinhören für Kindergarten und Vorschule. Dortmund

Huber, Ludowika/Joachim *Kahlert*/Maria *Klatte* (Hrsg.) 2002: Die akustisch gestaltete Schule. Auf der Suche nach dem guten Ton. Göttingen

Huber, Ludowika (Hrsg.) 2003: Hören lernen: Musik und Klang machen Schule. Braunschweig

Loughton, Jennifer 2003: Hör doch endlich mal zu: wie Zuhören funktioniert und wie man es verbessert; Arbeitsblätter und Übungen. Mühlheim a.d.R.

Naab, Karoline 2003: Elias Canettis akustische Poetik: mit einem Verzeichnis von Tondokumenten und einer Bibliographie der akustischen Literatur. Frankfurt a.M.

Projektgruppe Zuhören (Hrsg.) 2003: Über das (Zu-)Hören. Schriftenreihe der Volkskundlichen Kommission für Niedersachsen, Bd. 18. Göttingen

Schmicking, Daniel 2003: Hören und Klang: empirisch phänomenologische Untersuchungen. Würzburg

Welsch, Wolfgang 1993: Auf dem Weg zu einer Kultur des Hörens? In: Paragrana, H.1/2, S. 87-103

2. Hörspiel

Barthel, Henner 2000: Vom Hörverstehen: Zur Interpretation von Kinderhörspielen. In: Henner Barthel (Hrsg.): Aus "Wundertüte" und "Zauberkasten" – Über die Kunst des Umgangs mit Kinder- und Jugendliteratur. Frankfurt a.M., S. 463-476

Kreuzer, Helmut 2003: Deutschsprachige Hörspiele 1924-33: elf Studien zu ihrer gattungsgeschichtlichen Differenzierung. Frankfurt a.M.

Krug, Hans-Jürgen 2003: Kleine Geschichte des Hörspiels. Konstanz

Schlieper, Ulrike (Hrsg.) 2003: Hörspiel 1950-1951: eine Dokumentation (Deutsches Rundfunkarchiv, Bd. 35). Potsdam

Shokoff, James 2001: What is an audiobook? In: Journal of popular culture. Comparative studies in the world´s civilization, H.4, S. 171-183

Würffel, Stefan Bodo 2003: Das deutsche Hörspiel. 2., überarbeitete Auflage. Stuttgart

3. Kinderhörkassetten und CDs

3.1. Allgemein

Bastian, Annette 2003: Das Erbe der Kassettenkinder. Ein spezialgelagerter Sonderfall. Für alle Fans der beliebten Hörspiel-Serien aus den 80ern. Brühl

3.2. Empfehlungslisten

Markgraf, Hendrik 2000: Hörbuch-Bestenliste. Salonfähig. In: Börsenblatt für den deutschen Buchhandel, H.92, S. 30

Markgraf, Hendrik 2001: Hörbuch-Bestenliste. Populär. In: Börsenblatt für den deutschen Buchhandel, H.91, S. 27

4. Radio

4.1. Allgemein

Dachselt, Rainer/Ingo *Schwarz*/Stefan *Sprang* 2003: Radio-Comedy. Konstanz

Gangloff, Tilmann P. 2003: Augen zu, Ohren auf! Ein Traum wird wahr: Das Kinderradio RadiJoJo! ist auf Sendung. In: medien und erziehung, H.4, S. 81-82

Mothes, Ulla 2001: Dramaturgie für Spielfilm, Hörspiel und Feature. Konstanz

Zimmermann, Harro 2003: WortWörtlich: kleine Arbeiten zur Literaturgeschichte im Radio. Bremen

4.2. Sendeplätze im öffentlich-rechtlichen Rundfunk

Sendeplätze für Kinderhörspiel

Informationen in: *Germann*, Heide/Katja *Bergmann*/Susanne *Brandt*/Karen *Gröning*/ Willy *Gröning* 2004: Töne für Kinder. Kassetten und CDs im kommentierten Überblick. Ausgabe 2003/2004. München

Sendeplätze für Feature und Akustische Kunst

Diese Kategorie wurde vollständig überarbeitet und aktualisiert, da sich die Sendeplätze für Feature und Akustische Kunst in einigen Fällen verschoben haben.

Bayerischer Rundfunk (BR):
- *Hör!spiel!art.mix* (Akustische Kunst). Bayern2Radio. Freitag 20.30 - 22.30 Uhr
- *radioFeature* (Feature). Bayern2Radio. Samstag 16 - 17 Uhr, Sonntag 20 - 21 Uhr (Wdh.)
- *KlangArt* (Akustische Kunst). Bayern2Radio. Montag 21.30 - 22.30 Uhr

DeutschlandRadio Berlin / Deutschlandfunk:
- *Das Feature* (Feature). Deutschlandfunk. Dienstag 19.15 - 20.00 Uhr
- *Studiozeit-Feature* (Feature). Deutschlandfunk. Freitag 20.10 - 21.00 Uhr
- *DeutschlandRadio Werkstatt* (Feature). DeutschlandRadio Berlin. Mittwoch 0.05 - 1.00 Uhr
- *DeutschlandRadio Werkstatt* (Akustische Kunst, Feature u.a.). DeutschlandRadio Berlin. Freitag 0.05 - 1.00 Uhr
- *Wortspiel* (Feature). DeutschlandRadio Berlin. Mittwoch 19.05 - 20.00 Uhr

Hessischer Rundfunk (HR):
- *Hörspiel am Mittwoch* (Hörspiel, Akustische Kunst u.a.). HR 2. Mittwoch 20.05 - ca. 22.00 Uhr
- *hr2-Crossover: Sound* (Akustische Kunst). HR 2. Freitag 23.05 - 24.00 Uhr
- *Feature* (Feature). HR 2. Sonntag 17.05 - 18.00 Uhr

Mitteldeutscher Rundfunk (MDR)
- *Feature* (Feature). MDR Kultur. Samstag 9.05 - 10.00 Uhr, Mittwoch 22.00 - 23.00 Uhr, Donnerstag 22 - 23 Uhr

Norddeutscher Rundfunk (NDR):
- *Feature* (Feature). NDR Info. Sonntag 11.05 - 12.00 Uhr

Radio Bremen:

- *Feature* (Feature). Nordwest Radio. Sonntag 9.05 - 10.00 Uhr.

Rundfunk Berlin-Brandenburg (rbb):

- *Feature* (Feature). RadioKultur. Samstag 9.05 - 10.00 Uhr, Sonntag 14.00 - 15.00 Uhr, Mittwoch 21.00 - 22.00 Uhr
- *Internationale Radiokunst* (Akustische Kunst u.a.). RadioKultur. Freitag 22.00 - 23.00 Uhr

Saarländischer Rundfunk (SR):

- *Featurezeit* (Feature). SR 2. Samstag 9.04 - 10.00 Uhr

Südwestrundfunk (SWR):

- *RadioArt* (Feature). SWR 2. Mittwoch 21.00 - 22.00 Uhr, Sonntag 18.30 - 20.00 Uhr

Westdeutscher Rundfunk (WDR):

- *Studio Akustische Kunst* (Akustische Kunst u.a.). WDR 3. Samstag 23.05 - 24.00 Uhr
- *SpielArt* (Feature). WDR 5. Mittwoch 20.05 - 21.00 Uhr
- *Radiofeature* (Feature). WDR 3. Montag 22.00 - 23.00 Uhr, Sonntag 15.05 - 16.00 Uhr

Zu Internetadressen von Rundfunkanstalten siehe die von Daniela Menke und Maren Steinhoff zusammengestellte Linkliste in: Wermke, Jutta (Hrsg.) 2003: Literatur und Medien. München, S. 308-316

5. Marktangebot und Mediennutzung

Ernst-Motz, Antje 1998: Double your time. Audio books. Hörbücher klettern auf der Erfolgsleiter nach oben. In: Wirtschaft – Das IHK Journal für München und Oberbayern, H.2, S. 65-66

Feist, Udo 2002: Höhenflüge mit dem Hörbuch. Last Minute für medial Geblendete? Eine neue alte Gattung hebt wieder ab. In: medien praktisch, H. 4, S. 48-52

Fey, Antje 2003: Das Buch fürs Ohr wird populär. Hörbuch: Definition, Marktentwicklung und Marketingstrategien. In: Media Perspektiven, H.5, S. 231-237

Fuhrmann, Sybille 1996: Audio-Books in Deutschland. Ein altes Medium steht vor dem Durchbruch, aber der ganz große Glanz ist noch nicht in Sicht. In: Buchreport, H.39/40, S. 78-92

Hauck, Stefan 2000: Hörbare Zeitgeschichte. O-Töne. In: Börsenblatt für den deutschen Buchhandel, H.91, S. 32-33

Heidtmann, Horst 1994: „Laß Lesen!" – Literaturtonträger in Öffentlichen Bibliotheken. Mediale Aspekte, Untersuchungen zu Angebot und Nutzung. In: Buch und Bibliothek, H.2, S. 140-149

Heidtmann, Horst 1996: „Facelifting" für Literaturtonträger? Angebot und Nutzung von „Hörbüchern" in Öffentlichen Bibliotheken: Ergebnisse einer aktuellen Umfrage. In: Buch und Bibliothek, H.12, S. 919-922

Heidtmann, Horst 2001: Kinder hören mehr. Tonträgermarkt legt weiter zu. In: Bulletin Jugend und Literatur, H.9, S. 11-14

Kahlefendt, Nils 2002: Sachbücher zum Hören. Bildung aus dem Kopfhörer. In: Börsenblatt für den deutschen Buchhandel, H.89, S. 21-22

Münch, Bernhard 2002: Hörbuchserien. Geisterjäger im Weltraum. In: Börsenblatt für den deutschen Buchhandel, H.89, S. 24-25

Oehmichen, Ekkehardt 2003: Nutzerstrukturen und Hörerpotenzial des Hörbuchs. Nur Konkurrenz oder auch Chance für das Radio. In: Media Perspektiven, H.5, S. 238-246

Schwietert, Sabine 1999: Der Markt für Hörbücher. Verwertung in Eigenregie. In: Börsenblatt für den deutschen Buchhandel, H.50, S. 6-9

Schwietert, Sabine 2000a: Der Hörbuch-

Markt im Überblick. Keine Tonstörungen. In: Börsenblatt für den deutschen Buchhandel, H.92, S. 22-25

Schwietert, Sabine 2000b: Hörbücher für Kinder. Abseits von Benjamin Blümchen. In: Börsenblatt für den deutschen Buchhandel, H.92, S. 28-29

Schwietert, Sabine 2001a: Der Hörbuchmarkt 2001/2002. Neue Töne. In: Börsenblatt für den deutschen Buchhandel, H.91, S. 20-22

Schwietert, Sabine 2001b: Hörbücher für Teens. „Cool" muss es sein. In: Börsenblatt für den deutschen Buchhandel, H.91, S. 28-29

Seefelft, Jürgen 1988: Literaturtonträger in Öffentlichen Bibliotheken. Ein Situationsbericht über Belletristik auf Audio-Cassettenn. In: Buch und Bibliothek, H.9, S.776-784

Zombik, Peter 1995: Tonträger im Markt der Zukunft. In: Media Perspektiven, H. 10, S. 496-511

6. Praxisprojekte: Medienproduktion

Berger, Christian 2003: Macht euch hörbar! Emanzipatorische Radioarbeit mit Kindern. In: Informationen zur Deutschdidaktik (ide), H.2, S. 48-57

Grabner, Gerharg 2003: „Das Gehör ist die Lunge der Seele". Präsentationsformen und -techniken schulischer Radioarbeit. In: Informationen zur Deutschdidaktik (ide), H.2, S. 58-67

Rehm, Angelika/Dieter *Rehm* 2003: Ton ab. Wir produzieren ein Hörspiel. Bausteine zum produktionsorientierten und fächerübergreifenden Unterricht. Deutsch-Musik. 3.-6. Schuljahr. Horneburg

Wermke, Jutta 2003: Ein Wassermärchen-Hörspiel-Projekt. Zum didaktischen Nutzen von Transformationsprozessen. In: Deutschunterricht, H.3, S. 19-26

Medien im Unterricht des Deutschen als Fremdsprache (2. Teil) Eine Bibliographie, zusammengestellt von *Antje Streit* (Osnabrück)

Die Bibliographie versteht sich als Weiterführung und Ergänzung der Bibliographie aus dem vorangegangenen Jahrbuch (vgl. Jutta Wermke (Hrsg.): Literatur und Medien. Jahrbuch Medien im Deutschunterricht 2002, S. 301-307).

1. Medien als Unterrichtsmittel

Clement, Ute/Klaus *Kräft* 2002: Lernen organisieren: Medien, Module, Konzepte. Berlin u.a.

Decke-Cornill, Helene/Maike *Reichart-Wallrabenstein* (Hrsg.) 2002: Fremdsprachenunterricht in medialen Lernumgebungen. Frankfurt am Main u.a.

Dreke, Michael 2003: Wechselspiel: Interaktive Arbeitsblätter für die Partnerarbeit im Deutschunterricht. Berlin u.a.

Holtwitsch, Herbert 2003: Verhaltensfördernde Wortschatzarbeit durch visuelle Hilfen. In: Fremdsprachenunterricht, H.1, S. 12-17

James, Allan (Hrsg.) 2003: Vielerlei Zungen. Mehrsprachigkeit + Spracherwerb + Pädagogik + Psychologie + Literatur + Medien. Klagenfurt, Celovec

Legutke, Michael/Dietmar *Rösler* (Hrsg.) 2003: Fremdsprachenlernen mit digitalen Medien. Gießener Beiträge zur Fremdsprachendidaktik.

Niehoff, Marion 2003: Fremdsprachenlernen mit Multimedia: Anforderungen aus Sicht der NutzerInnen; eine qualitative Untersuchung zum selbstorganisierten Lernen. Frankfurt am Main u.a.

Wassmer, Michaela/Willy *Michel* 2002: Die Reflexion der Medieninterrelation und die Funktionsverschiebung der Literatur im Medienrahmen. In: Jahrbuch Deutsch als Fremdsprache, S. 205-246

Wicke, Rainer E. 2000: Grenzüberschreitungen. Der Einsatz von Musik, Fotos und Kunstbildern im D-a-F-Unterricht in Schule und Fortbildung. München

2. (Audio)visuelle und Auditive Medien

Beck, Andrea 2003: Raymond Chandlers Big Sleep (1939) als Projekt. Gattungsgeschichtliche Voraussetzungen – exemplarische Interpretationen – Vergleich zweier Verfilmungen. In: Fremdsprachenunterricht, H. 4, S. 292-294

Bors, Elisabeth 2002: Vom Erstspracherwerb bis zum audio-visuellen Fremdsprachenunterricht. Eine lernpsychologische Betrachtung. Wien

Czarretzki, Burkhard 2002: Wenn ich König von Deutschland wär. (Der Beitrag stellt ein Lernprojekt in einem Mittelstufenkurs vor. Präsentiert werden die Ergebnisse, d. d. Teilnehmenden im Rahmen eines multimedialen Sprachtraining am Computer erarbeitet). In: Deutsch als Fremdsprache, H. 4, S. 40-42

Hause, Johannes 2002: „Gestern dort – heute fort". Ein selbst erstellter „Rap" dient als Grundlage für Übungen zum Perfekt und Präteritum. In: Deutsch als Fremdsprache, H. 4, S. 43-47

Kretzschmar, Sonja 2002: Fremde Kulturen im europäischen Fernsehen. Zur Thematik der fremden Kulturen in Fernsehprogrammen von Deutschland, Frankreich und Großbritannien. Wiesbaden

Muckenhaupt, Manfred 2000: Fernsehnachrichten gestern und heute. Tübingen

Willkop, Eva-Maria 2003: Auf neuen Wegen: Deutsch als Fremdsprache für die Mittelstufe und Oberstufe. CD: (Hörtexte: Lektionen 1-8)

3. Neue Medien/Computer/Internet

Berghoff, Matthias/Volker *Frederking*/Wolfgang *Steinig* 1998: Produktiv-kreative Verfahren im 'Didaktischen Chat-Raum' (DCR). Vorschläge zu einem (multi)medial unterstützten Deutschunterricht. In: Didaktik Deutsch. Halbjahresschrift für die Didaktik der deutschen Sprache und Literatur. Mitteilungsorgan des Symposions Deutschdidaktik e.V. H. 5, S. 36-59

Berghoff, Matthias/Volker *Frederking* 1999: Auf dem Weg zum virtuellen Klassenzimmer. Computervermittelte Kooperation zwischen Lerngruppen auf der Basis von E-Mail, DCR-Chat, BSCW, Netmeeting und Video-Konferenz. In: Informationen zur Deutschdidaktik (ide), H.2, S.121-133

Berghoff, Matthias/Volker *Frederking* 2001: Umgang mit dem Fremden in Sprache und Literatur. Internet-Kooperationsseminar und Unterrichts-Modell für die Sekundarstufe. In: Jutta Wermke (Hrsg.): HÖREN und SEHEN. Beiträge zu Medien- und Ästhetischer Erziehung. München, S. 169-189

Deubel, Volker (Hrsg.) 2003: Medien Bildung im Umbruch: Lehren und Lernen im Kontext der neuen Medien. Bielefeld

Dittler, Ullrich (Hrsg.) 2002: E-Learning Erfolgsfaktoren und Einsatzkonzepte mit interaktiven Medien. München, Wien

Fleckstein, Jan: E-Learning 2003: Willkommen in der schönen neuen (Medien-) Welt. In: Deutsch als Zweitsprache, H. 2, S. 28-34

Frederking, Volker/Matthias *Berghoff*/Wolfgang *Steinig*/Werner *Jünger* 1998: Produktiv-kreative Verfahren im Internet. Ein interkulturelles Projekt und seine deutschdidaktischen Implikationen. In: ide. Zeitschrift für den Deutschunterricht in Wissenschaft und Schule. Informationen zur Deutschdidaktik (ide). H. 2, S. 129-143

Frederking, Volker/Wolfgang *Steinig* 2000: Früh übt sich. E-Mail- und Chat-Projekte im Deutschunterricht der Grundschule. In: Computer und Unterricht. H. 40, S. 12-15

Huneke, Hans Werner/Wolfgang *Steinig* 1997: Computernutzung im DAF-Unterricht. In: Hans Werner Huneke/ Wolfgang Steinig (Hrsg.): Deutsch als Fremdsprache. Eine Einführung. Berlin, S. 170-177 (2. überarb. Auflage 2000)

Kessler, Rainer 2003: Computer im Deutschunterricht. Zu einer weiteren Fernstudieneinheit. In: Deutsch als Fremdsprache, H. 3, S. 170-173

Niehoff, Marion 2003: Ausgewählte Ergebnisse einer qualitativen Untersuchung zum selbstorganisierten Fremdsprachenlernen mit Multimedia. In: Info Deutsch als Fremdsprache, H. 4, S. 395-405

Rinde, Ann 2003: Das konstruktivistische Lernparadigma und die neuen Medien. In: Informationen Deutsch als Fremdsprache, H. 1, S. 3-22

Roche, Jörg 2003: Plädoyer für ein theoriebasiertes Verfahren von Software – Design und Software – Evaluation. In: Deutsch als Fremdsprache H. 2, S. 94-103

Schiller, Susanne 2003: Ein gutes Produkt, ein bess're Produkt ...? Kriterien zur Beurteilung des Einsatzes der Neuen Medien im Bereich Zweitsprachenlernen. (Diss.) Bochum

Schmidt-Bergmann, Hansgeorg/ Torsten *Liesegang* (Hrsg.) 2001: Liter@tur. Computer – Literatur – Internet. Bielefeld

Schweer, Martin K. W. (Hrsg.) 2002: Bibliografie Neue Medien im Unterricht, 1. Aufl. Oberhausen

Steinig, Wolfgang/Volker *Frederking*/Matthias *Berghoff*/Werner *Jünger* 1998: Fremde im Zug – Fremde im Netz. Ein interkulturelles Schreibprojekt. In: Zielsprache Deutsch, H. 1, S. 13-24

Steinig, Wolfgang/Werner *Jünger*/Matthias *Berghoff*/Volker *Frederking* 2000: „Hallo, seid ihr auch im Netz?" Sich mit Fremden im Internet schreibend begegnen. In: English in the Modern World. Festschrift für Hartmut Breitkreuz on the occasion of his sixtieth birthday. Frankfurt a.M. u.a., S. 229-258

Woodman, Gill 2003: Intercultural Communication Online: Designing a Training Concept for German-British Interactions (Bd.7). (Diss.) München

Projekte zur Leseförderung Linkliste, zusammengestellt von *Ricarda Dreier* (Bielefeld)

Die vorliegende Linkliste (Stand: 29.09.2003) bietet eine Auswahl an Internetseiten zu verschiedenen Leseförderungsprojekten. Dabei sind sowohl die Bildungsserver der einzelnen Bundesländer als auch diverse Institutionen (Arbeitskreise, Bibliotheken, Schulen etc.) von Interesse, da sie das weitläufige Feld der Leseförderung zu einem festen Bestandteil ihrer wissenschaftlichen Arbeit und öffentlichen Präsentation erklärt bzw. einzelne exemplarische Aktivitäten zur Leseförderung initiiert haben.

Die Liste ist in folgende Kategorien unterteilt:

1. Bildungsserver der einzelnen Bundesländer
2. Institutionen und Einrichtungen
3. Bibliotheken, Büchereien und Buchhandlungen
4. Veranstaltungen und Wettbewerbe
5. Schulen und Deutschunterricht
6. Projekte im Medienverbund
7. Sonstige Projekte

Wir bitten um Verbesserungsvorschläge und Ergänzungen an: *ricarda_dreier@yahoo.de*

1. Bildungsserver der einzelnen Bundesländer

www.bildungsserver.de/
Deutscher Bildungsserver

www.schule-bw.de/
Bildungsserver Baden-Württemberg

www.schule.bayern.de/
Bayerischer Schulserver

http://bebis.cidsnet.de/
Berliner Bildungsserver

www.bildung-brandenburg.de/bbs/index.htm
Brandenburgischer Bildungsserver

www.schule.bremen.de/
Bremer Schulserver

http://lbs.hh.schule.de/
Hamburger Bildungsserver

http://portal.bildung.hessen.de/
Bildungsserver Hessen

www.bildung-mv.de/
Bildungsserver Mecklenburg-Vorpommern

http://nibis.ni.schule.de/index.phtml
Niedersächsischer Bildungsserver NiBiS

http://learn-line.nw.schule.de/
learn:line - der NRW Bildungsserver

http://bildung-rp.de/
Bildungsserver Rheinland-Pfalz

http://www.bildungsserver.saarland.de/
Bildungsserver Saarland

http://www.sn.schule.de/
Sächsischer Bildungsserver

www.bildung-lsa.de/
Bildungsserver Sachsen-Anhalt

www.lernnetz-sh.de/
Bildungsserver Schleswig-Holstein

www.thueringen.de/tkm/
Thüringer Bildungsserver

2. Institutionen und Einrichtungen

www.ajum.de
AG Jugendliteratur und Medien der GEW

www.aleki.uni-koeln.de/
Arbeitsstelle für Leseforschung und Kinder- und Jugendmedien in Köln (ALEKI)

www.bertelsmann-stiftung.de
Umfangreiche Präsentation der Bertelsmann Stiftung und ihren Projektpartnern

www.bkj.de/akj/
Arbeitskreis für Jugendliteratur e.V.

www.boersenverein.de
Informationen zum Friedenspreis des deutschen Buchhandels und weiteren Projekten

www.gkjf.de
Gesellschaft für Kinder- und Jugendliteraturforschung

www.ibby.org/
Internationales Kuratorium für das Jugendbuch

ifak.hbi-stuttgart.de/
Das Institut für angewandte Kindermedienforschung ist eine zentrale wissenschaftliche Einrichtung der Fachhochschule Stuttgart.

www.izop.de/
In den 70er Jahren wurde im IZOP-Institut *Zeitung in der Schule* konzipiert. Seither führt das Institut mit einer ständig wachsenden Zahl von Zeitungsverlagen dieses Projekt regelmäßig durch.

www.lag-jugendliteratur.de/
Die Landesarbeitsgemeinschaft Jugend und Literatur NRW e.V. wurde 1978 mit dem Ziel gegründet, auf Landesebene kultur-pädagogische Arbeit mit dem Kinder- und Jugendbuch in der außerschulischen Jugendarbeit (z.B. Literatur hinter Gittern) anzuregen und zu fördern.

www.leselust-rlp.de
Informationen rund um die Leseförderung in Rheinland-Pfalz, ausgehend vom LiteraturBüro Mainz e.V.

http://my.uudial.ch/sji/
Das Leseforum Schweiz versteht sich als interdisziplinäre Kontaktstelle für alle Personen und Institutionen, die an Fragen des Lesens, der Alphabetisierung, der Leseförderung und der Schriftlichkeit interessiert sind.

http://nibis.ni.schule.de/nibis.phtml?menid=20
Der Lesebus ist ein mobiler Beratungsdienst zur Leseförderung und Medienerziehung für das Flächenland Niedersachen und ein gemeinsames Projekt der Stiftung Lesen mit dem Niedersächsischen Kultusministerium und dem Ministerium für Wissenschaft und Kultur

www.oldenburg.de/bibliothek/kge.html
Die Oldenburger Kinder- und Jugendbuchmesse (KIBUM) erzielt eine umfassende Information über die Kinder- und Jugendbuchproduktion des laufenden Jahres sowie aktuelle Projekte der Leseförderung.

www.stiftunglesen.de
Die Stiftung Lesen bietet eine umfangreiche Ideenwerkstatt mit einem vielfältigen Angebot an Materialien und Projektbeispielen u.a. die Initiative „Schnapp dir ein Buch!"

www.stube.at/
Studien- und Beratungsstelle für Kinder- und Jugendliteratur - Die STUBE ist eine Serviceeinrichtung für all jene, die Kinder- und Jugendliteratur vermitteln.

www.uni-oldenburg.de/olfoki/
Forschungsstelle Kinder- und Jugendliteratur der Carl von Ossietzky Universität Oldenburg.

www.zentrumlesen.ch/
Das Zentrum Lesen soll Wissen aus den Bereichen Lesen, Medien, Sprache durch verschiedene Forschungs- und Entwicklungsprojekte für die Praxis verfügbar machen.

3. Bibliotheken, Büchereien und Buchhandlungen

www.buechereistelle-neustadt.de/lese foerderaktionen.htm
Unter dem Motto „Lesespaß aus der Bücherei" führen die Öffentlichen Bibliotheken in Rheinland-Pfalz in diesem Jahr verschiedene landesweite Leseförderaktionen durch.

www.frankfurt.de/sis/fr_stadtbuecherei.html
Die Kinder- und Jugendbücherei Frankfurt bietet u.a. Bücherkisten für Schulklassen an.

www.genniges-buecher.de/aktuell.htm
Buchhandlung in Roth mit einem umfassenden Überblick über aktuelle Projekte der Stadt und der Umgebung

www.ijb.de/
Die Internationale Jugendbibliothek ist weltweit die größte Bibliothek für internationale Kinder- und Jugendliteratur.

www.kbs-koeln.de/joseph-dumont-berufskolleg/buch_pro_lesefoe.htm
Projekt zur Leseförderung von BuchhändlerInnen am Joseph-DuMont-Berufskolleg

www.kidsbib-ratingen.de/
Kinder- und Jugendbibliothek Ratingen

www.kinderbuecherei-gladbeck.de/
Kinderbücher Gladbeck mit virtuellem Rundgang und Bibliothekseinführung

www.lesedock.de
„LeseDock" hilft beim Umbau, Ausbau oder Neubau von Schulbibliotheken, gibt Anregungen zu deren Nutzung im Unterricht und zur Leseförderung.

www.lesewelt.org
Lesewelt e.V. bietet Vorlesenachmittage in Berliner Kinder- und Jugendbibliotheken an. Ehrenamtliche Vorleserinnen und Vorleser treffen sich in ihrer Freizeit einmal in der Woche mit Kindern, um ihnen aus Büchern vorzulesen

www.schulbibliothek.at/
Nationales, ministeriell finanziertes Netz aller Leseförderungsaktivitäten in Österreich

www.stbib-koeln.de/leseclub/index.htm
Leseclub für Kinder und Jugendliche

www.stbib-koeln.de/kids/ie3/index.htm
Kinderbücherei Köln

www.stuttgart.de/chilias/
Zentrale Kinderbücherei in Stuttgart

www.voerde.de/buecherei/lesefoerderung.htm
Projekte der Bibliotheken der Stadt Voerde

4. Veranstaltungen und Wettbewerbe

www.akademieremscheid.de/storytelling/erzaehl
Die Veranstaltung „Erzähl mir was!" hat den Charakter eines Festivals. Für fünf Tage kommen Erzähler und Erzählerinnen sowie begeisterte Zuhörer und Hobby-Erzähler in der Akademie Remscheid zusammen, um Geschichten zum Besten zu geben, um Informationen auszutauschen und um voneinander zu lernen.

www.frederick.de
Jedes Jahr am 20. Oktober findet ein zentrales Fest statt, bei dem die Literatur und das Lesen gefeiert werden. Austragungsort der Hauptveranstaltung im Jahr 2003 ist die Stadt Ostfildern in Baden-Württemberg.

www.fruehjahrsbuchwoche.de
Internationale Frühjahrsbuchwoche in München

www.learnline.de/angebote/lesesommer/
Der Lesesommer ist eine Aktion des Soester Anzeigers für Kinder und Jugendliche bis 14 Jahren.

www.lesekoepfe.de/
Der deutsche Lesegipfel am Unesco-Welttag des Buches wird vom Börsen-

verein des Deutschen Buchhandels e.V. unterstützt.

www.literaturatlas.de
Ein Internet-Wettbewerb für niedersächsische Schulen

www.junge-kritiker.de
Rezensionswettbewerb von und für Jugendliche

www.vorlesewettbewerb.de
Der Vorlesewettbewerb wird seit 1959 alljährlich vom Börsenverein des Deutschen Buchhandels e.V. in Zusammenarbeit mit Buchhandlungen, Bibliotheken, Schulen und sonstigen kulturellen Einrichtungen veranstaltet.

www.welttag-des-buches.at/
Welttag des Buches

5. Schulen und Deutschunterricht

www.bbsverden.de/buecherei/lesefoerderung/lesefoerderung_start.htm
Anregungen für einen lesefördernden Deutschunterricht

www.dagmarwilde.de/deutsch.html
Materialien zum Deutschunterricht und Leseförderung in der Grundschule

www.deutsch-als-fremdsprache.de
Service für Lehrende (Material, Informationen) und Lernende

www.deutsch-netz.de
Umfangreiche Linkliste zu den vielfältigsten Themen

du.nw.schule.de/gsmarx/projekt/inselpro/index.htm
Projekt einer sechsten Klasse zu „Insel der blauen Delphine" von Scott O`Dell

www.4teachers.de
Unterrichtsmaterialien im Fach Deutsch, insbesondere für die Primarstufe

www.gah.vs.bw.schule.de/krabat
Projekt zu O. Preußlers „Krabat" durchgeführt in einer sechsten Klasse

www.gerdzen.de/deutsch.html
Internetprojekte eines Gymnasiallehrers

www.germanistik.uni-muenchen.de/deutschdidaktik/material.htm
Materialien für den Deutschunterricht

www.ikg-multimedia.de
Seite des Isolde-Kurz-Gymnasiums in Reutlingen mit Beispielen, Anregungen und Tipps zu Multimediaeinsatz im Deutschunterricht

www.leanet.de
Plattform speziell für LehrerInnen und LehramtsstudentInnen; Information und Austausch

www.lehrerfreund.de
Umfangreiche Linkliste zu den Bereichen Top-Sites, Unterricht, Portale und Nachschlagen

www.lehrernet.de/faecher/deutsch.htm
Sehr gute und umfassende Sammlung für die Unterrichtspraxis des Faches Deutsch; Sammlung dt. Klassiker

http://members.aon.at/kjlpersch/linkliste_gesamt.htm
Kommentierte Linkliste zum Deutschunterricht und besonders zum Bereich der Kinder- und Jugendliteratur

www.n-21.de
Schulen Niedersachsen online, aktuelle Entwicklungen und Projekte, Material

www.pz.bildung-rp.de/pn/pn2_00/s08-11.htm
Anmerkungen und Vorschläge zur Leseförderung in Schulen von Franz-Josef Payrhuber

www.rhs.schwerte.de
Homepage der Reichshofschule mit Projektberichten

www.schulweb.de
Große Fülle an Infos über Schule und Unterrichtsmaterialien im Internet

www.sonnenschule-unna.de/weitere_projekte_lesefoerderung.htm
Konzept zur Leseförderung in der Sonnenschule in Unna-Massen

www.steitz-kallenbach.de/werkstatt-lesefoerderung/start.htm
Werkstatt Leseförderung an der Carl von Ossietzky Universität Oldenburg

www.stud.fernuni-hagen.de/q5059747/deu.htm
Linksammlung zum Thema Deutsch und Deutschunterricht

www.wgenger.de/WGE/rumpel.htm
Schreib- und Literaturwerkstatt des Widukind-Gymnasiums in Enger

www.wlu.ca/~wwwidv/index.html
Der Internationale Deutschlehrerverband informiert hier über Veranstaltungen, Stipendien und Material.

www.zum.de/Faecher/grund/RP/adventure-d/adventure-start.htm
Umsetzung einer Lesebuchgeschichte in einen Hypertext, durchgeführt in einer vierten Klasse

6. Projekte im Medienverbund

www.ideenforumschule.de/mainframe_foerderung.html
Leseförderung im Medienverbund, ausgehend von der Stiftung Lesen, Material zu aktuellen Filmen

www.lernnetz-sh.de/html/projekte/zisch/zisch.htm
„ZiSch - Zeitung in der Schule“ ist ein Projekt der Sparkasse Kiel und der Kieler Nachrichten

www.leseerziehung.de
Auf diesen Seiten finden sich Hintergrundinformationen und Gedanken zum Lesen im Medienzeitalter.

morgenpost.berlin1.de/misc/schueler_zeitung/infotext.html
Schüler machen Zeitung

www.rainbowkids.de/
Online-Zeitschrift, die ausschließlich von Jugendlichen gemacht wird

www.skunk.de/home/index.php
Skunk ist ein Jugendmagazin, das monatlich erscheint und in Schulen erhältlich ist.

www.sowieso.de
Eine informative Online-Zeitung für junge Leser

www.wdr5.de/lilipuz
Interessante Kinderseite zur Sendung des WDR mit vielen Möglichkeiten

www.xyz.lesart.org/xyz.htm
Literaturzeitung Berliner Jugendlicher

7. Sonstige Projekte

www.seitenzahl.de/kinder/kidframe.htm
Treffpunkt für große und kleine Bücherfreunde

www.kibuli.de
Netzwerk von Kinderbuchautoren

www.lesefit.at
Das Projekt Lesefit ist eine Initiative der Bildungsministerin in Zusammenarbeit mit dem Österreichischen Buchklub der Jugend

www.4xl.ch/
Der Verein möchte durch Leseprojekte das Lesen bei Erwachsenen aller Bevölkerungskreise fördern.

www.lesefoerderung.de
Allgemeine Informationen zur Leseförderung von Jörg Knobloch

www.buecherkanon.de
Untersuchungen zum Leserverhalten deutschsprachiger LeserInnen

www.lyrikline.org
Die erste Plattform, die Stimmen deutschsprachiger Lyriker in einem Tonarchiv versammelt

www.mountmedia.de
Zusammenschluss einiger deutscher Verlage mit umfassender Verlagsadressensammlung

http://members.aol.com/artefact/lit-links. html
Internetressourcen zur deutschsprachigen Literatur

www.blinde-kuh.de
Sehr populäre Suchmaschine mit Webkatalog für Kinder

www.br-online.de/kinder/indexf.html
Kindgerechte und werbefreie Seite für Grundschulkinder

www.juma.de
Jugendmagazin rund um das Thema Deutsch-Lernen

www.kids-space.org
Kids Space richtet sich an Schulklassen in der ganzen Welt, die hier ihre eigenen Projekte präsentieren können

www.kidsville.de
Virtuelle Stadt für Kinder, in der Interaktivität im Mittelpunkt steht

www.kidsweb.de
Spiele, Tipps und Infos zu den unterschiedlichsten Themen

www.little-artur.de
Virtuelle Schreibwerkstatt des LiteraturBüros Mainz, die mit Anleitung Kinder und Jugendliche zum Schreiben anregen will

http://members.aol.com/Bfresser/fresser. htm
Jugendliche LeserInnen rezensieren Kinder- und Jugendliteratur

www.lesart.org/uns.htm
LesArt entwickelt unter Einbeziehung aller Künste und Medien kreative Leseförderungsmodelle, die von kindlichen bzw. jugendlichen Lebens-, Lese- und Bilderfahrungen ausgehen.

www.literalino.ch/
Auf dieser „Plattform für junge Leute" stellen Klassen ihre Lese- und Schreibprojekte vor

www.kinder-tierlexikon.de/
Eine Aktion von Kindern für Kinder unter der Leitung der Grundschule Neukirchen und dem Haus der Natur Cismar.

www.kinderbuchfestival.ch/flashed.html
Initiative zur Leseförderung mit dem Magazin Spick. Viele Infos zur Buchherstellung und -produktion.

www.kultur-schweiz.admin.ch/index_d.html
Projekte der Schweizerischen Volksbibliothek, unterstützt durch das Bundesamt für Kultur

www.aerztinnenbund.de/standardFrameset/index.html?/Homepage/Krankenzimmer/20Veroefflich.html
Im Mittelpunkt der Arbeit der Aktion „Das fröhliche Krankenzimmer" steht die Förderung des Heilungsprozesses und die Hilfe bei der Bewältigung von Krankheitserfahrung auch in extremen Situationen bei Kindern und Jugendlichen im Krankenhaus durch gezielte persönliche Vermittlung ausgewählter Kinder- und Jugendliteratur.

www.buchklub.at/klh/
Seit 1993 gibt es in Wien das Kinder-LiteraturHaus, ein Begegnungsort von Büchern und jungen LeserInnen.

www.lesefoerderung-bw.de
Ideenpool zur Leseförderung des Landesbildungsservers Baden-Württemberg

www.buecherwurm.nrw.de
Leseinitiative des Ministeriums für Schule, Jugend und Kinder des Landes NRW

www.saarland.de/3524_4808.htm
Verschiedene Verbände, Projekte und Veranstaltungen zur Leseförderung im Saarland

www.kinderbuchforum.de
Unterstützt vom Bundesministerium für Bildung und Familie sowie der Hessischen Landesregierung, Forum für von Jugendlichen verfasste Geschichten

home.t-online.de/home/wwulz/arbeitskreis_lesefoerderung.htm
Seite des Arbeitskreises Leseförderung Sindelfingen

AutorInnen

Ulf Abraham, Dr. phil., Professor für Didaktik der deutschen Sprache und Literatur an der Julius-Maximilans-Universität Würzburg; Mitherausgeber von ‚Praxis Deutsch'; Ko-Leitung im Forschungsprojekt ‚Mediendidaktik Deutsch' im Rahmen der Virtuellen Hochschule Bayern (VHB). - *Arbeitsschwerpunkte*: Literaturunterricht und literarische Sozialisation; Didaktik des Lesens und Schreibens; AV-Medien im Deutschunterricht.

Matthias Berghoff, Wissenschaftlicher Mitarbeiter für Didaktik der deutschen Sprache und Literatur an der Universität Erlangen-Nürnberg; Mitarbeit im Forschungsprojekt ‚Mediendidaktik Deutsch' im Rahmen der Virtuellen Hochschule Bayern (VHB). - *Arbeitsschwerpunkte*: Neue Medien im Deutschunterricht; identitätsorientierter Deutschunterricht; literarische, sprachliche und ästhetische Sozialisation unter den Bedingungen digitaler Medien; Umgang mit Texten in (sym)medialen Erfahrungs- und Handlungsräumen; Online-Kommunikation und -Kooperation.

Elin-Birgit Berndt, Dr. phil., Wissenschaftliche Mitarbeiterin für Informationstechnologische Grundbildung in der Lehrerausbildung und für computerunterstützten Fachunterricht (Deutsch) an der Universität Bremen; bis 1995 Lehrerin an Gymnasien. - *Arbeitsschwerpunkte*: z. Zt. Rechtschreibung und Computer in der Sekundarstufe I.

Helge Bonholt, Doktorandin im Bereich Didaktik der Germanistik an der Ruhr-Universität Bochum; Mitarbeit im DFG-Teilprojekt ‚Literarisches Lesen und Medienkonsum in der Selbstreflexion durch Schüler/innen im Unterricht'. - *Arbeitsschwerpunkte*: Empirische Literatur- und Mediendidaktik.

Mette Börder, Wissenschaftliche Mitarbeiterin für Didaktik des Deutschunterrichts im Fachbereich Sprach- und Literaturwissenschaft der Universität Osnabrück; 1. und 2. Staatsexamen für das Lehramt an Grundschulen. - *Arbeitsschwerpunkte*: Neue Medien im Deutschunterricht der Grundschule; produktions- und rezeptionsästhetische Forschung zu Kinderhörkassetten.

Jörn Brüggemann, Doktorand am Institut für deutsche Literatur (Literaturdidaktik) an der Humboldt-Universität zu Berlin; (Mit-)Arbeit im Rahmen des Modellversuchs „Übergänge" zur Förderung wissenschaftspropädeutischen Fachlernens im Schulfach Deutsch. - *Arbeitsschwerpunkte*: Literaturdidaktik und Moraldiskurs; Intermediale Annäherungen an das Mittelalter im Deutschunterricht.

Karin Buchgeister, Grund- und Hauptschullehrerin in Schleswig-Holstein; z.Zt. „Abgeordnete Lehrkraft" im Institut für Germanistik an der Universität Flensburg. - *Arbeitsschwerpunkte*: Sprachdidaktik; Kommunikation; Schreibentwicklungsforschung.

Ricarda Dreier, Studentin der Fächer Deutsch und Latein für das Lehramt der Sekundarstufe I und II an der Universität Bielefeld; Mitarbeit im KILIM-Projekt (im Aufbau befindliche Online-Datenbank zur KJL-Forschung). - *Arbeitsschwerpunkte*: Literatur- und Mediendidaktik.

Marie-Joan Föh, Doktorandin und Lehrbeauftragte am Institut für Germanistik der Universität Flensburg. - *Arbeitsschwerpunkte*: Sprachdidaktik; Computereinsatz im Deutschunterricht; Gesprächsforschung.

Volker Frederking, Dr. phil., Professor für Didaktik der deutschen Sprache und Literatur an der Universität Erlangen-Nürnberg; z.Zt. Vorsitzender der Bayerischen Deutschdidaktiker; Mitherausgeber des Jahrbuchs ‚Medien im Deutschunterricht'; Leitung des Forschungsprojekts ‚Mediendidaktik Deutsch' im Rahmen der Virtuellen Hochschule Bayern (VHB). - *Arbeitsschwerpunkte*: Identitätsorientierte Literaturdidaktik; fachspezifische Mediendidaktik und -theorie (Schwerpunkt: neue Medien); Kreativitätsförderung; interkulturelle Deutschdidaktik; Deutschlehrer(innen)-Ausbildung.

Klaus Gattermaier, Hauptschullehrer; z.Z. Doktorand und wissenschaftlicher Angestellter am Lehrstuhl für die Didaktik der deutschen Sprache und Literatur der Universität Regensburg. - *Arbeitsschwerpunkt*: Empirische Unterrichtsforschung.

Axel Goldbeck, Doktorand am Fachbereich Musik/Musikwissenschaft der Universität Osnabrück. - *Arbeitsschwerpunkte*: Mediengestützte Audiokomposition; Komponist; Arrangeur; Musiker und Rezensent für Film- und Bühnenmusik.

Petra Heyer, Dr. phil., Wiss. Mitarbeiterin im Bereich Didaktik der Germanistik an der Ruhr-Universität Bochum; Mitarbeit im DFG-Teilprojekt ‚Literarisches Lesen und Medienkonsum in der Selbstreflexion durch Schüler/innen im Unterricht'. - *Arbeitsschwerpunkte*: Dramentheorie und –didaktik; Empirische Literatur- und Mediendidaktik.

Thomas Hirschle, Päd. Referent am Landesinstitut für Schule und Medien Brandenburg. - *Arbeitsschwerpunkt*: Medienpädagogik in der Schule.

Hartmut Jonas, Dr. phil., Professor für Didaktik der deutschen Sprache und Literatur an der Universität Greifswald; Leiter des SEMIK-Projekts ,Medienkompetenz zum Wissenserwerb in den neuen Medien; Mitherausgeber des Jahrbuchs ,Medien im Deutschunterricht'. - *Arbeitsschwerpunkt*: Kompetenzen im Umgang mit neuen Medien im Deutschunterricht.

Michael Kaemper-van den Boogaart, Dr. phil., Professor für deutsche Literatur und ihre Didaktik an der Humboldt-Universität zu Berlin; Mitherausgeber von ,Didaktik Deutsch'; Fachreferent bei IASL-Online; Herausgeber von „Leitfaden Deutschdidaktik". - *Arbeitsschwerpunkte*: Soziologie literarischer Bildung; Curriculumentwicklung; Literaturgeschichte des 20. Jahrhunderts.

Sven Kantak, Lehrer an der Voltaire-Gesamtschule in Potsdam. - *Arbeitsschwerpunkte*: Medien im Deutschunterricht.

Peter Klotz, Dr. phil., Professor für Didaktik der deutschen Sprache und Literatur an der Universität Bayreuth; Mitherausgeber von ,Didaktik Deutsch'. - *Arbeitsschwerpunkte*: Didaktik der Grammatik, des Schreibens, des textnahen Lesens und der Theater- und Filmrezeption sowie Pragmatik und Textualität.

Ralph Köhnen, Dr. phil., Studienrat i.H. am Germanistischen Institut der Ruhr-Universität Bochum. - *Arbeitsschwerpunkte*: Neuere deutsche Literatur; Deutschdidaktik; Kunstgeschichte (Gegenwart).

Axel Krommer, Wissenschaftlicher Mitarbeiter für Didaktik der deutschen Sprache und Literatur an der Universität Erlangen-Nürnberg; Studienrat (z.Zt. beurlaubt); Mitarbeit im Forschungsprojekt ,Mediendidaktik Deutsch' im Rahmen der Virtuellen Hochschule Bayern (VHB). - *Arbeitsschwerpunkte*: Medientheorie; fachspezifische Mediendidaktik; Entwicklung einer deutschdidaktischen Theorie des Internets.

Beate Laudenberg, Dr. phil., Studienrätin i.H. für deutsche Literatur und ihre Didaktik an der Pädagogischen Hochschule Karlsruhe. - *Arbeitsschwerpunkte*: Interkulturelle Literatur (-didaktik); Medienerziehung.

Bodo Lecke, Dr. phil., Professor für Didaktik der deutschen Sprache und Literatur an der Universität Hamburg; Herausgeber der Reihe ,Beiträge zur Geschichte des Deutschunterrichts'. - *Arbeitsschwerpunkte*: Literaturwissenschaft; Literaturdidaktik; Medienpädagogik; Mediendidaktik; Deutschunterricht.

Martin Leubner, Dr. phil. habil., Privatdozent an der Universität Flensburg. - *Arbeitsschwerpunkte*: Narration in Literatur und Medien; integrierte Medienerziehung; Gebrauchstexte im Deutschunterricht; Editionsphilologie.

Klaus Maiwald, Dr. phil., Wiss. Ass. am Lehrstuhl für Didaktik der deutschen Sprache und Literatur; z.Zt. Vertretungsprofessur an der Pädagogischen Hochschule Freiburg; Ko-Leitung im Forschungsprojekt ‚Mediendidaktik Deutsch' im Rahmen der Virtuellen Hochschule Bayern (VHB). - *Arbeitsschwerpunkte*: Literaturdidaktik; Schreibförderung und -erziehung sowie Lehr-/Lernprozesse in neuen Medien.

Thomas Möbius, Dr. phil., Akademischer Rat an der Pädagogischen Hochschule Heidelberg; Mitarbeit im ViB-Forschungsprojekt ‚Basiswissen für die Deutschlehrerausbildung'. - *Arbeitsschwerpunkte*: Literatur- und Mediendidaktik; virtuelle Lehr-/Lernplattformen; Mediävistik; Literatur des 19. und 20. Jahrhunderts.

Hermann Noering, Künstlerischer Leiter des European Media Art Festival, Osnabrück. - *Arbeitsschwerpunkte*: Leitender Kurator der Ausstellungen; Zahlreiche Vortragsreisen im Auftrag des Goethe Institut in Japan, Südamerika und Europa.

Joachim Pfeiffer, Dr. phil., Professor für Neuere deutsche Literatur und Literaturdidaktik an der Pädagogischen Hochschule Freiburg, Herausgeber des „Jahrbuchs für Literatur und Psychoanalyse"; Leitung des ViB-Forschungsprojekts ‚Virtuelle Lehr-/Lernplattformen in deutschdidaktischen Seminaren'. - *Arbeitsschwerpunkte*: Literaturdidaktik und neue Medien, Literaturpsychologie, Gender Studies, Literarische Moderne.

Caroline Roeder, Wissenschaftliche Mitarbeiterin im DFG-Projekt „Handbuch der Kinder- und Jugendliteratur der SBZ/DDR" am Institut für Deutsche Literatur der Humboldt-Universität Berlin; Lehrbeauftragte im Fachbereich Literaturwissenschaft der Universität Osnabrück. - *Arbeitsschwerpunkte*: DDR-KJL; Phantastik.

Gerhard Rupp, Dr. phil., Professor für Didaktik der Germanistik an der Ruhr-Universität Bochum; Leitung des DFG-Teilprojekts ‚Literarisches Lesen und Medienkonsum in der Selbstreflexion durch Schüler/innen im Unterricht'. - *Arbeitsschwerpunkte*: Deutsche Literatur des 19. und 20. Jahrhunderts; Literatur- und Mediendidaktik; Ästhetische Bildung; Leseforschung; Kulturelle Praxis.

Michael Staiger, Doktorand, Lehrbeauftragter und Wissenschaftlicher Angestellter an der Pädagogischen Hochschule Freiburg; Mitarbeit im Forschungsprojekt ‚Virtuelle Lehr-/Lernplattformen in deutschdidaktischen Seminaren'. *Arbeitsschwerpunkte*: Deutschdidaktik unter den Vorzeichen der Medienkultur.

Antje Streit, M.A., freiberufliche Dozentin für Deutsch als Fremdsprache. - *Arbeitsschwerpunkte*: AV-Medien in der Vermittlung des Deutschen als Fremdsprache; interkulturelles Lernen.

Wolfgang Wangerin, Dr. phil, Akademischer Oberrat für Fachdidaktik Deutsch am Seminar für Deutsche Philologie der Georg-August-Universität Göttingen. - *Arbeitsschwerpunkte*: Kreativer Literaturunterricht; fächerübergreifender Literaturunterricht; historische Jugendliteraturforschung; Theorie der Literaturdidaktik.

Adalbert Wichert, Dr. phil., Professor am Institut für deutsche Sprache und Literatur an der Pädagogischen Hochschule Freiburg; Mitglied des Direktoriums des Medieninstituts; Leitung des ViB-Forschungsprojekts ‚Virtuelle Lehr-/Lernplattformen in deutschdidaktischen Seminaren'. - *Arbeitsschwerpunkte*: Medien in der Deutschdidaktik; Rhetorik; Integrativer Deutschunterricht.